Annales 2020

SUJETS & CORRIGÉS

Physique-Chimie
Term S

Spécifique et spécialité

Michel Faye
Karine Marteau-Bazouni

Nathan

Couverture : Élise Launay
Coordination éditoriale : Sophie Zeegers - Christila Bearzi
Édition : Fanny Morquin
Fabrication : Camille Friquet
Mise en page : DESK (www.desk53.com.fr)
Schémas : Corédoc
Conception graphique intérieur : Julie Lannes
Nathan 2019 - 25, avenue de Coubertin - 75013 Paris - ISBN 978-2-09-157438-7

PRÉSENTATION

Ces *Annales ABC du BAC* ont été conçues pour vous aider à préparer efficacement l'épreuve de Physique-Chimie de la série S. Vous y trouverez **le sujet de France métropolitaine du Bac 2019**, ainsi que les sujets parus dans les centres étrangers. Vous pouvez ainsi vous entraîner dans les conditions réelles de l'épreuve, c'est la clé du succès !

81 sujets corrigés

- **40 sujets** pour préparer l'écrit.
- **6 sujets** pour préparer l'oral de rattrapage.
- **35 exercices** des concours Puissance alpha et Puissance 11 pour revoir l'ensemble du programme de Terminale S.

Un classement thématique

- L'organisation de l'ouvrage suit la **progression du programme officiel** et couvre l'intégralité des thèmes.
- **Le sommaire détaillé** permet de choisir un exercice se rapportant à la notion à approfondir.
- **Un sujet complet**, représentatif de l'épreuve de Bac, est proposé en début d'ouvrage.

Une analyse détaillée de chaque sujet

- **Une rubrique *Les Clés pour réussir*** pour bien analyser et comprendre l'énoncé.
- **Un corrigé détaillé et entièrement rédigé**, conforme à ce que l'on attend de vous à l'examen.

Et en plus, des compléments indispensables et pratiques

- **L'Infos-Bac** : un dossier complet pour bien aborder la nouvelle épreuve à l'écrit et à l'oral de rattrapage.
- **Un mémento** pour retenir les points-clés.

SOMMAIRE

INFOS-BAC

SUJET COMPLET

À refaire | Réussi

ENSEIGNEMENT SPÉCIFIQUE

Observer

Ondes et particules

Caractéristiques et propriétés des ondes

Analyse spectrale

À refaire | Réussi

Synthétiser des molécules, fabriquer de nouveaux matériaux

Transmettre et stocker l'information

Créer et innover

ENSEIGNEMENT DE SPÉCIALITÉ

L'eau

Le son et la musique

Les matériaux

À refaire Réussi

SUJETS DE CONCOURS

SUJETS D'ORAL

MÉMENTO

Fiches de révision

Mon planning de révisions

Ce planning propose une sélection de sujets de difficulté progressive et adaptés aux différents besoins.

Choisissez votre parcours en fonction de vos objectifs de révisions

Parcours vert — Objectif : REPRENDRE CONFIANCE

Parcours bleu — Objectif : RÉUSSITE ASSURÉE

Jour	BAC – 6 semaines	BAC – 5 semaines	BAC – 4 semaines
Lun	n° 24 Économiser les ressources et respecter l'environnement	n° 5 Ondes et particules	
Mar		n° 12 Temps, mouvement et évolution	n° 34 L'eau
Mer	n° 5 Ondes et particules		n° 30 Transmettre et stocker l'information
Jeu		n° 12 Temps, mouvement et évolution	n° 21 Énergie, matière et rayonnement
Ven	n° 19 Structure et transformation de la matière	n° 11 Analyse spectrale	
Sam		n° 22 Énergie, matière et rayonnement	n° 38 Les matériaux
Dim	n° 29 Transmettre et stocker l'information		

6 semaines avant le BAC !

Pour choisir votre parcours, vous pouvez vous aider du QUIZ sur www.abcbac.com

Parcours rouge — **Objectif : EXCELLENCE**

BAC – 3 semaines

Lun	
Mar	n° 20 Structure et transformation de la matière
Mer	n° 5 Ondes et particules
Jeu	
Ven	n° 29 Transmettre et stocker l'information
Sam	
Dim	n° 17 Temps, mouvement et évolution

BAC – 2 semaines

Lun	
Mar	n° 36 Le son et la musique
Mer	n° 25 Économiser les ressources et respecter l'environnement
Jeu	n° 6 Caractéristiques et propriétés des ondes
Ven	
Sam	n° 27 Synthétiser des molécules, fabriquer de nouveaux matériaux
Dim	

BAC – 1 semaine

Lun	n° 16 Temps, mouvement et évolution
Mar	n° 1 à 4 SUJET COMPLET
Mer	n° 1 à 4 SUJET COMPLET
Jeu	
Ven	
Sam	n° 1 à 4 SUJET COMPLET
Dim	

Infos-Bac

Le programme

Enseignement spécifique

OBSERVER : ondes et matière	**Ondes et particules** • Rayonnement dans l'Univers • Les ondes dans la matière • Détecteurs d'ondes et de particules
	Analyse spectrale • Spectres UV-visible • Spectres IR • Spectres RMN du proton
	Caractéristiques et propriétés des ondes • Ondes progressives • Ondes sonores et ultrasonores • Analyse spectrale d'un son • Diffraction • Interférences • Effet Doppler
COMPRENDRE : lois et modèles	**Temps, mouvement et évolution** • Temps, cinématique et dynamique newtonienne • Lois de Newton • Lois de Kepler • Mesure du temps et oscillateur, amortissement • Temps et relativité restreinte • Temps et évolution chimique : cinétique et catalyse
	Structure et transformation de la matière • Représentation spatiale des molécules : – chiralité ; – énantiomérie, diastéréoisomérie ; – conformation. • Transformation en chimie organique : – aspect macroscopique ; – aspect microscopique. • Réaction chimique par échange de proton
	Énergie, matière et rayonnement • Du macroscopique au microscopique • Transfert d'énergie entre systèmes macroscopiques • Transferts quantiques d'énergie • Dualité onde-particule

AGIR : défis du XXIe siècle	**Économiser les ressources et respecter l'environnement** • Enjeux énergétiques • Apport de la chimie au respect de l'environnement • Contrôle de la qualité par dosage – dosages par étalonnage : spectrophotométrie, conductimétrie ; – dosages par titrage direct : titrage pH-métrique, conductimétrique et par indicateur coloré.
	Synthétiser des molécules, fabriquer de nouveaux matériaux • Stratégie de la synthèse organique • Sélectivité en chimie organique
	Transmettre et stocker de l'information • Chaîne de transmission d'informations • Images numériques • Signal analogique et signal numérique • Procédés physiques de transmission • Stockage optique
	Créer et innover • Relation science-société • Métiers de l'activité scientifique

Enseignement de spécialité

Thème : « L'eau »	• Eau et environnement • Eau et ressources • Eau et énergie
Thème « Son et musique »	• Instruments de musique • Émetteurs et récepteurs sonores • Son et architecture
Thème : « Matériaux »	• Structures et propriétés • Cycles de vie • Nouveaux matériaux

Complément

Mesures et incertitudes	• Erreurs et notions associées • Incertitudes et notions associées • Expression et acceptabilité du résultat

L'épreuve en bref

Comment s'organise l'épreuve ?

- **Coefficient** : 6 (ou 8 pour ceux qui ont pris comme spécialité physique-chimie).
- **L'épreuve comporte deux parties** :
  - une épreuve écrite de durée 3 h 30 notée sur 20 au demi-point près ;
  - une épreuve d'évaluation des capacités expérimentales (ECE) d'une durée de 1 heure notée sur 20 au point près.

De quoi est composée l'épreuve ?

Un seul sujet est proposé. Il comporte trois exercices :

- deux exercices, communs à tous les candidats, notés globalement sur 15, qui portent sur l'enseignement spécifique ;
- un troisième exercice, noté sur 5 points, qui diffère suivant que le candidat a choisi ou non la spécialité physique-chimie. S'il a choisi la spécialité physique-chimie, cet exercice porte sur le programme de l'enseignement de spécialité ; s'il n'a pas choisi l'enseignement de spécialité, cet exercice porte sur l'enseignement spécifique.

Comment est notée l'épreuve ?

La note globale de l'écrit de physique-chimie est obtenue par la formule ci-après :

$$N = \frac{4N_1 + N_2}{5}$$

avec N_1 la note de l'épreuve écrite sur 20, N_2 la note de l'épreuve pratique (ou ECE) sur 20, et N la note finale de l'épreuve de physique-chimie.

Par exemple, si vous avez 13,5 sur 20 à l'épreuve écrite et 16 sur 20 à l'épreuve d'évaluation des capacités expérimentales, votre note d'écrit de physique-chimie sera : $N = \frac{(4 \times 13{,}5) + 16}{5} = \frac{70}{5} = 14$ (sur 20).

La méthode pour l'écrit

Conseils pratiques

L'organisation du temps

- La durée de l'épreuve est de 3 h 30, soit 210 minutes. Prenez **5 minutes** pour lire attentivement le sujet **en entier**. Puis choisissez dans quel ordre vous allez résoudre les trois exercices : commencez par celui qui vous paraît le plus facile.
- **Un bon truc** : prévoyez environ **10 minutes par point**. Par exemple, vous consacrerez 50 minutes à un exercice noté sur 5 points. Évitez en tout cas de rester 2 heures ou plus sur un exercice : c'est l'affolement garanti pour faire les deux autres !
- **Prévoyez 5 minutes pour relire votre copie.**

Astuce

Rédigez chaque exercice sur une copie double. Ainsi, si vous devez recommencer un exercice, cela n'aura pas d'incidence sur les autres.

La présentation de la copie

- Inutile de recopier l'énoncé.
- **Écrivez lisiblement** : si vous écrivez mal, écrivez au moins assez gros (pas de « pattes de mouche ») et assez aéré.
- **Employez strictement les notations de l'énoncé** : ne les changez pas. Si vous introduisez de nouvelles notations, pensez à bien les définir.
- Faites des schémas clairs et grands, évitez le format « timbre-poste ».

Les résultats et les applications numériques

- Faites un calcul littéral.
- Pour l'**application numérique**, n'oubliez pas les unités. (L'absence des unités enlève au minimum la moitié et parfois tous les points prévus pour l'application numérique.)
- **Faites attention au nombre de chiffres significatifs** : un résultat n'est jamais plus précis que les données.

À la fin de l'épreuve

Une fois que vous avez relu votre travail, classez dans l'ordre vos différentes copies et numérotez-les. Faites attention à ne pas oublier de rendre une feuille de votre copie !

Analyse et/ou synthèse de documents et résolution de problème

Il est fort probable que dans les trois exercices au moins, l'un d'eux comporte une analyse et/ou une synthèse de documents ou une résolution de problème.

L'analyse de documents

- Lisez attentivement les différents documents.
- Pour chacun d'eux, extrayez les informations qui vous paraissent pertinentes.
- Hiérarchisez ces informations en distinguant nettement celles qui sont importantes de celles qui sont moins significatives.

La synthèse de documents

- En général, la synthèse suit l'analyse.
- Le but est de synthétiser en un nombre restreint de lignes les informations extraites des documents lors de l'analyse.
- Cette synthèse doit en particulier faire ressortir les principaux points donnés dans les différents documents proposés.

La résolution de problème

- Lisez attentivement les différents documents.
- L'objectif est de répondre à la poblématique posée en utilisant ses connaissances et les documents proposés. Un raisonnement en plusieurs étapes est attendu.
- Vous devez être capable de montrer votre aptitude à résoudre un problème posé en prenant des initiatives.
- N'hésitez pas à proposer des pistes, toute initiative est valorisée !

L'épreuve pratique d'Évaluation des Compétences Expérimentales (ECE)

Définition de l'épreuve

Cette épreuve est souvent appelée « épreuve pratique ».

- **Durée** : 1 heure.
- **Lieu** : votre lycée.
- **Date** : fin mai-début juin, avant les épreuves écrites du baccalauréat.

Choix du sujet

- **Vous tirez au sort** le sujet de l'épreuve.
- L'épreuve peut porter soit sur la physique, soit sur la chimie. Les candidats ayant choisi la spécialité physique-chimie peuvent avoir un sujet se rapportant soit à l'enseignement spécifique, soit au programme de la spécialité.
- **Certains sujets comportent l'utilisation de matériels spécifiques à l'établissement** : logiciels informatiques, oscilloscopes à mémoire, pH-mètres, conductimètres... Si nécessaire, une fiche explicative sera fournie avec ce matériel.

Que trouverez-vous sur votre poste de travail ?

- **Le matériel nécessaire** à la manipulation proposée.
- **Une fiche destinée au candidat.**

Qu'indique la fiche destinée au candidat ?

- Cette fiche indique :
  - **le but** de la manipulation ;
  - **les tâches à effectuer** ;
  - **les résultats** qu'il faudra reporter dessus ;
  - **les moments-clés** de la manipulation où vous devez appeler l'examinateur pour faire vérifier votre travail ;
  - **la durée conseillée** pour chaque partie du travail.
- Les réponses à apporter sont à noter directement sur les lignes en pointillés prévues à cet effet.

Évaluation de cette épreuve

• Compétences

Deux compétences au moins parmi les cinq du tableau ci-après sont évaluées.

Compétences	Exemples de capacités et d'attitudes
S'approprier	– Rechercher, extraire et organiser l'information en lien avec une situation – Énoncer une problématique – Définir des objectifs – Formuler une hypothèse – Proposer une stratégie pour répondre à la problématique – Proposer une modélisation – Choisir, concevoir ou justifier un protocole/dispositif expérimental – Évaluer l'ordre de grandeur d'un phénomène et de ses variations
Analyser	– Évoluer avec aisance dans l'environnement du laboratoire – Suivre un protocole – Respecter les règles de sécurité – Utiliser le matériel (dont l'outil informatique) de manière adaptée – Organiser son poste de travail – Effectuer des mesures avec précision – Reporter un point sur une courbe ou dans un tableau – Effectuer un calcul simple
Réaliser	Le cadre spatial
Valider	– Exploiter et interpréter des observations, des mesures – Utiliser les symboles et unités adéquats – Vérifier les résultats obtenus – Valider ou infirmer une information, une hypothèse, une propriété, une loi... – Analyser des résultats de façon critique – Proposer des améliorations de la démarche ou du modèle – Utiliser du vocabulaire de la métrologie
Communiquer	– Utiliser les notions et le vocabulaire scientifique adaptés – Présenter, formuler une proposition, une argumentation, une synthèse ou une conclusion de manière cohérente, complète et compréhensible

Enfin, on évalue votre capacité à être autonome et à faire preuve d'initiative.

Niveau de chaque compétence évaluée

Pour chaque compétence évaluée, vous serez noté suivant quatre niveaux : A, B, C et D (A étant le meilleur et D le plus faible).

• **Niveau A** : le candidat a réalisé l'ensemble du travail demandé de manière satisfaisante selon les critères précisés dans le sujet ou avec une ou deux interventions de l'examinateur, concernant des difficultés identifiées et explicitées par le candidat et auxquelles il apporte une réponse quasiment de lui-même.

• **Niveau B** : le candidat a réalisé l'ensemble du travail demandé de manière satisfaisante selon les critères précisés dans le sujet, mais avec quelques interventions de l'examinateur concernant des difficultés ou erreurs non identifiées par le candidat mais résolues par celui-ci :

- après avoir réfléchi suite à un questionnement ouvert mené par l'examinateur ;
- ou par l'apport d'une solution partielle dans le cas d'une compétence affectée d'un fort coefficient.

• **Niveau C** : le candidat reste bloqué dans l'avancement de la tâche demandée, malgré les questions posées par l'examinateur. Des éléments de solutions lui sont apportés, ce qui lui permet de poursuivre la tâche.

• **Niveau D** : le candidat a été incapable de réaliser la tâche demandée malgré les éléments de réponses apportés par l'examinateur. Cette situation conduit l'examinateur à fournir une solution complète de la tâche : par exemple un protocole à réaliser ou des valeurs à exploiter pour permettre l'évaluation des autres compétences du sujet.

Conseils pratiques

L'organisation du temps

• **Prenez bien le temps de lire en détail la fiche qui vous est destinée.** Ne confondez surtout pas vitesse et précipitation ! La durée de cette épreuve étant relativement courte, une erreur de manipulation due à une lecture trop rapide de l'énoncé peut ne pas être rattrapable.

• Pensez à appeler l'examinateur chaque fois que l'énoncé l'exige et à noter les résultats **au fur et à mesure** de la manipulation. Trop souvent, des candidats pris par le temps oublient d'écrire leurs résultats et perdent les points qui leur sont attribués.

Observer les règles de sécurité

• En particulier en chimie, venez avec une blouse blanche en coton et des gants de protection.

• N'oubliez pas de mettre des lunettes de protection (fournies par le lycée), surtout si l'énoncé l'exige !

Manipuler soigneusement

Évitez toute précipitation : une attitude calme et mesurée est appréciée.

Soin et propreté

• En fin de manipulation, rangez le plan de travail et nettoyez si nécessaire la verrerie utilisée.

• Pour éviter de tacher la fiche qui vous est destinée pendant la manipulation, rangez-la dans une chemise plastique ouverte sur les deux côtés : elle sera facile d'accès et protégée d'éventuelles souillures.

La méthode pour l'oral

Vous avez entre 8 et 10 de moyenne : les oraux de rattrapage sont pour vous.

Pas de panique : si les examinateurs vous ont offert cette chance – car c'en est une –, c'est avant tout parce qu'ils estiment que vous n'aurez pas besoin d'une année supplémentaire pour décrocher votre diplôme... **Le tout est d'adopter la bonne stratégie.**

Quelles matières choisir ?

- Vous ne pourrez en rattraper que deux. Autant bien les choisir pour gagner un maximum de points !
- Repasser la matière dans laquelle vous excellez n'est pas un bon calcul.
- Au contraire, choisissez les matières qui ont le plus fort coefficient, et dans lesquelles vous avez obtenu de mauvaises notes. En partant de 5/20 en mathématiques, par exemple, vous pouvez rattraper pas mal de points...

Définition de l'épreuve

- En physique-chimie, l'épreuve se passe dans une salle où il doit y avoir du matériel de physique-chimie (même si c'est en faible quantité).
- L'examinateur vous fera **tirer un sujet au sort**. Ce sujet est composé d'un exercice de physique ou de chimie.
- Vous aurez **20 minutes pour préparer** cet exercice et **20 minutes pour le présenter à l'oral**.

Conseils pratiques

- Dès la sortie de l'épreuve écrite, vous devez savoir si vous avez réussi ou non. N'attendez pas votre relevé de notes pour commencer à relire votre cours : il ne s'écoule qu'un à trois jours entre la réception des résultats et le début des épreuves orales.
- L'examinateur appréciera la manière dont vous **résolvez votre exercice** et pourra vous poser des **questions portant sur l'ensemble du programme de physique-chimie**.
- Comme vous aurez en général 48 heures entre l'annonce de votre passage au deuxième groupe d'épreuves et l'épreuve orale, **vous n'aurez pas le temps de faire des révisions approfondies**.
- Le mieux est de **revoir votre cours**, en particulier les points sur lesquels vous êtes le moins assuré et de ne pas passer une nuit blanche avant l'épreuve !
- Gardez à l'esprit qu'une grande fatigue ajoutée au stress est la meilleure manière d'échouer à cette épreuve orale.

Les sujets

Sujets 1 à 4 — France métropolitaine – La Réunion, juin 2019

20 pts — 3 h 30

Calculatrice autorisée

EXERCICE 1 De la noix de muscade à la cosmétique

- Synthèse
- Choix du solvant
- Pourcentage massique
- Formules des molécules
- Mécanisme réactionnel
- Réaction acido-basique
- Rendement
- Titrage
- Incertitudes de mesure
- Degré de pureté

EXERCICE 2 Décollage de la fusée Ariane 5

- Débit massique
- Chronophotographie
- Vitesse et accélération
- Seconde loi de Newton
- Force de poussée
- Puissance fournie
- Énergies mécanique, cinétique et potentielle

EXERCICE 3 On vous donne le « *La* »

- Période d'un signal
- Fréquence fondamentale
- Spectre d'un signal
- Taille d'un fichier
- Intensité et niveau sonores
- Atténuation

EXERCICE 4 Accorder un diapason

- Analyse dimensionnelle
- Exploitation de données
- Longueur d'onde
- Fréquence musicale

Les élèves n'ayant pas choisi Physique-Chimie comme enseignement de spécialité traiteront les exercices 1, 2 et 3.

Les élèves ayant choisi Physique-Chimie comme enseignement de spécialité traiteront les exercices 1, 2 et 4.

Exercice 1 Chimie (spécifique) 1 h 35 9 pts

De la noix de muscade à la cosmétique

La noix de muscade contient divers triglycérides dont la trimyristine qui permet d'obtenir le myristate d'isopropyle. Ce dernier trouve de nombreuses utilisations en cosmétique et entre dans la composition de ce qu'on appelle l'« alcool des parfumeurs », un support de dilution très utilisé en parfumerie.

Le but de cet exercice est de comprendre comment, à partir de la trimyristine extraite de noix de muscade, on peut obtenir l'acide myristique nécessaire à l'obtention du myristate d'isopropyle.

Données :

- données physico-chimiques :

	Formule brute	M (g·mol^{-1})	T_{fusion} (°C) 1,013 bar	$T_{ébullition}$ (°C) 1,013 bar
Trimyristine	$C_{45}H_{86}O_6$	723	56-57	
Acide myristique	$C_{14}H_{28}O_2$	228	58,5	
Dichlorométhane	CH_2Cl_2	84,9	– 97	40
Éthanol	C_2H_6O	46,1	– 114	78

- solubilité de la trimyristine et de l'acide myristique dans quelques solvants usuels :

	Éthanol	Dichlorométhane	Propanone
Trimyristine	Soluble	Très soluble	Soluble à chaud Insoluble à froid
Acide myristique	Soluble	Soluble	

- électronégativité de quelques atomes :

Atome	N	H	C	O	Cl
Électronégativité	3,0	2,2	2,6	3,4	3,2

- pour le couple acide myristique/ion myristate : pK_a (RCOOH/RCOO$^-$) ≈ 5 ;
- le degré de pureté d d'un produit dans un échantillon est le rapport entre la masse du produit contenu dans l'échantillon et la masse de l'échantillon, soit :

$$d = \frac{\text{masse du produit contenu dans l'échantillon}}{\text{masse de l'échantillon}}$$

- la trimyristine est un triglycéride dont on donne une représentation ci-contre. Les trois groupes identiques, notés R, sont de longues chaînes carbonées ;

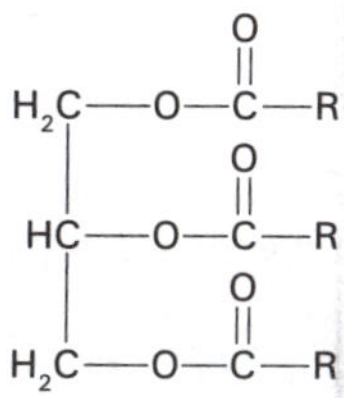

- le pourcentage massique en trimyristine dans la poudre de noix de muscade est compris entre 20 % et 25 %.

Partie I Extraction de la trimyristine à partir de la noix de muscade

15 min 1,25 pt

Une masse de trimyristine $m_{\text{trimyristine}} = 4{,}75$ g a été extraite de 20,0 g de noix de muscade en utilisant le protocole décrit ci-dessous.

Étape 1 : dans un ballon de 250 mL, mélanger 20,0 g de poudre de noix de muscade et 100 mL de dichlorométhane. Chauffer à reflux pendant 30 minutes.

Étape 2 : filtrer sous hotte aspirante le contenu du ballon et rincer ce dernier avec 20 mL de dichlorométhane. Évaporer le solvant à l'aide d'un montage de distillation simple. Le ballon contient alors environ 10 mL de liquide jaune huileux.

Étape 3 : ajouter progressivement 50 mL de propanone dans le ballon afin de dissoudre à chaud le contenu du ballon. Quand la solution est devenue homogène, placer le ballon dans un bain d'eau glacée. On observe progressivement la formation d'un solide blanc.

Étape 4 : filtrer sur Büchner, sécher à l'étuve le solide blanc obtenu et mesurer sa masse.

1 Donner deux arguments qui peuvent justifier l'utilisation du dichlorométhane plutôt que de l'éthanol lors des **étapes 1** et **2** du protocole. 0,5 pt

2 Justifier l'observation faite dans l'**étape 3**. 0,25 pt

3 La masse de trimyristine obtenue est-elle en accord avec les données ? Justifier. 0,5 pt

Partie II Obtention de l'acide myristique

40 min 4 pts

La totalité de la trimyristine extraite précédemment est utilisée pour synthétiser l'acide myristique.

Pour effectuer cette synthèse, on fait tout d'abord réagir la trimyristine avec un excès d'ions hydroxyde selon la réaction dont l'équation est donnée ci-dessous :

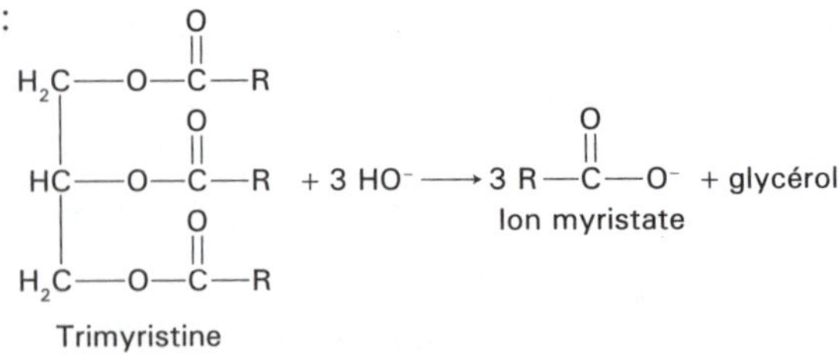

1 Donner la formule semi-développée du glycérol également nommé propan-1,2,3-triol. 0,25 pt

2 À partir des données, retrouver la formule brute des trois groupements R. 0,75 pt

La trimyristine contient trois fonctions ester. On donne ci-après une des étapes du mécanisme de la réaction entre un ester et l'ion hydroxyde :

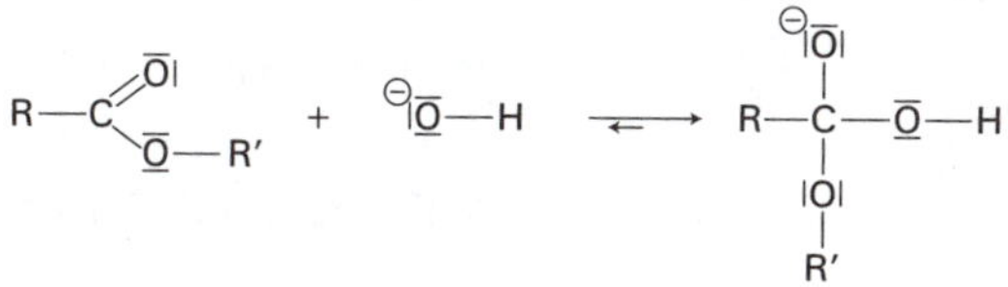

3 Recopier cette étape et représenter les flèches courbes rendant compte du mécanisme. Citer la catégorie de réaction de cette étape. **0,75 pt**

On fait ensuite réagir les ions myristate avec des ions oxonium H_3O^+ apportés par de l'acide chlorhydrique à 1,0 mol·L^{-1} jusqu'à ce que la solution atteigne un pH voisin de 1. L'équation de la réaction est donnée ci-dessous :

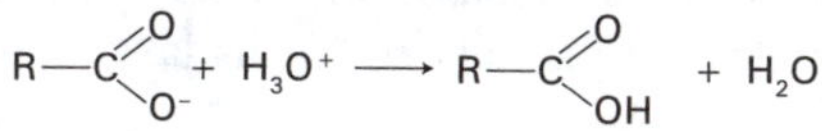

Ion myristate Acide myristique

4 Donner, en justifiant la réponse, la forme prédominante du couple acide myristique/ion myristate en fin d'ajout de l'acide chlorhydrique. **0,5 pt**

5 À la fin de la synthèse et après séchage, on obtient m = 3,36 g de produit. On considère dans un premier temps que ce produit est pur, c'est-à-dire uniquement constitué d'acide myristique.

a. Déterminer la quantité de matière maximale d'acide myristique que l'on pourrait obtenir à l'issue de la synthèse. **1 pt**

b. Déterminer le rendement de cette synthèse de l'acide myristique à partir de la trimyristine. **0,75 pt**

Partie III Détermination par titrage de la pureté de l'acide myristique obtenu

40 min **3,75 pts**

En réalité, le produit obtenu n'est pas forcément pur. Afin d'estimer la pureté du produit obtenu lors de la synthèse précédente, on en prélève un échantillon de masse $m_{\text{éch}}$ = 1, 14 ± 0,01 g. Cet échantillon est entièrement dissout dans un solvant approprié pour préparer une solution appelée S_1 dans une fiole jaugée de volume V_0 = 100,00 ± 0,08 mL.

On réalise le titrage acido-basique suivi par colorimétrie d'une prise d'essai V_1 = 10,00 ± 0,05 mL de la solution S_1 par une solution d'hydroxyde de sodium, (Na^+(aq) + HO^-(aq)), de concentration molaire égale à C_2 = (5,00 ± 0,01) × 10^{-2} mol·L^{-1}. Lors de ce titrage, l'équivalence est obtenue pour un volume versé V_E = 9,60 ± 0,05 mL.

1 Écrire l'équation de la réaction support du titrage de l'acide myristique par l'hydroxyde de sodium. **0,5 pt**

2 Déterminer la concentration massique d'acide myristique de la solution titrée. **1 pt**

3 En déduire la masse d'acide myristique m_{exp} présente dans la solution S_1. **0,5 pt**

4 On admet que, dans les conditions de l'expérience, l'incertitude relative $\frac{U(m_{exp})}{m_{exp}}$ satisfait à la relation :

$$\left(\frac{U(m_{exp})}{m_{exp}}\right)^2 = \left(\frac{U(V_E)}{V_E}\right)^2 + \left(\frac{U(C_2)}{C_2}\right)^2 + \left(\frac{U(V_1)}{V_1}\right)^2 + \left(\frac{U(V_0)}{V_0}\right)^2$$

Proposer un encadrement de la masse m_{exp} d'acide myristique et comparer avec la masse initialement dissoute $m_{éch}$ dans la solution S_1. Commenter. **1,25 pt**

5 Déterminer le degré de pureté du produit synthétisé. **0,5 pt**

Exercice 2 Physique (spécifique) 1 h 05 6 pts

Décollage de la fusée Ariane 5

La propulsion de la fusée Ariane 5 est assurée par :

– un étage principal cryotechnique (EPC) constitué du moteur Vulcain, de puissance transmise à la fusée de l'ordre de 10 MW en moyenne au cours des deux premières secondes du décollage ;

– deux boosters (étages d'accélération à poudre EAP) qui contribuent à environ 90 % de la puissance totale transmise à la fusée au début du décollage.

Le but de cet exercice est de vérifier certaines des caractéristiques de la fusée Ariane 5 à partir d'une chronophotographie de son décollage.

Doc. 1 Représentation d'un modèle de la fusée Ariane 5 d'après *CNES.fr*

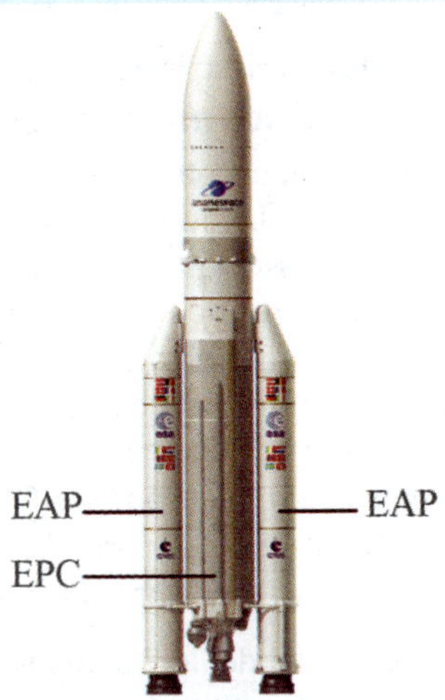

ECA © CNES ESA ill. David DUCROS

Données :
- intensité de la pesanteur : $g = 9{,}8\ \text{m·s}^{-2}$;
- débit massique d'éjection de gaz du moteur Vulcain : $270\ \text{kg·s}^{-1}$;
- débit massique d'éjection de gaz de chaque booster : $1{,}8 \times 10^3\ \text{kg·s}^{-1}$;
- caractéristiques des différentes fusées Ariane :

Fusée	Ariane 1	Ariane 2	Ariane 3	Ariane 4	Ariane 5
Masse au décollage (tonnes)	210	219	234	243 à 480	750 à 780
Poussée* (kN)	2500	2700	2700	2700 à 5400	12000 à 13000
Hauteur de la fusée (m)	47	49	49	59	52

*La poussée, qui s'exprime en kilonewtons (kN), est une action qui s'exerce sur la fusée. C'est l'action de réaction des gaz éjectés au cours de la combustion du carburant. Au décollage, cette action est modélisée par une force verticale et orientée vers le haut.

Doc. 2 Chronophotographie du début du décollage d'Ariane 5

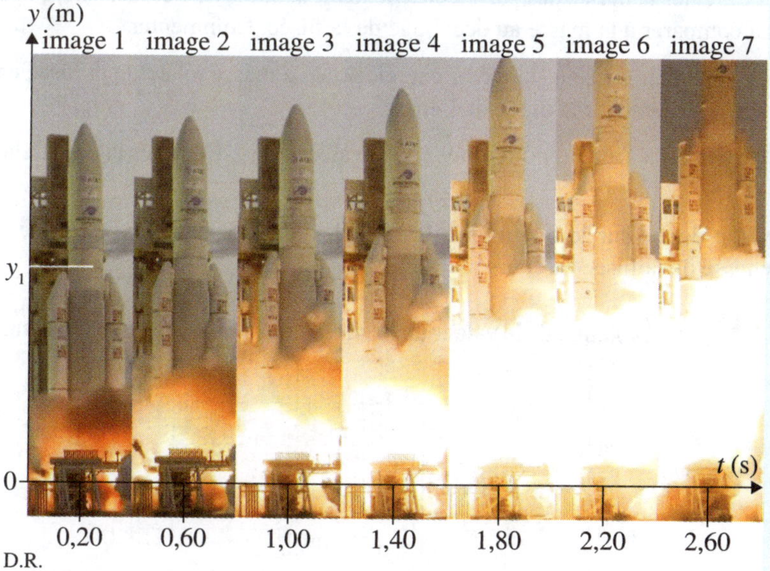

D.R.

Pour faciliter les mesures, les différentes images de la fusée ont été décalées horizontalement les unes par rapport aux autres.

L'étude de cette chronophotographie donne les résultats suivants. L'axe vertical a pour origine la base de la fusée.

Doc. 3 **Détermination expérimentale de la position et de la vitesse de la fusée**

Image	t (s)	y (m)	v_y (m·s^{-1})
1	0,20	$y_1 = 30{,}1$	[redacted]
2	0,60	31,5	v_2
3	1,00	33,3	6,8
4	1,40	36,9	9,6
5	1,80	y_5	12
6	2,20	46,5	15
7	2,60	52,9	[redacted]

L'image 1 du **document 2** précise l'endroit de la fusée qui sert à repérer son mouvement vertical. Son ordonnée sur l'axe des y est notée y_1.

Partie I Estimation de la poussée

35 min **3,5 pts**

1 Calculer la masse des gaz éjectés pendant la durée de l'étude, soit 2,40 s. La comparer à la masse au décollage de la fusée. Commenter. **0,75 pt**

On considère dans la suite de l'exercice que la masse totale de la fusée est constante pendant la durée de l'étude.

2 Estimer, à l'aide du **document 2**, la valeur de y_5. Détailler la démarche. **0,5 pt**

3 On donne sur le **document 4** le graphe représentant l'évolution de la vitesse de la fusée au cours du temps.

Doc. 4 **Évolution de la valeur de la vitesse de la fusée au cours du temps**

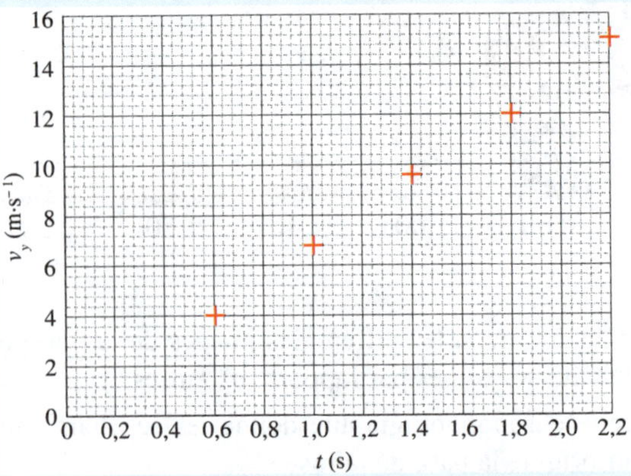

a. Estimer, à l'aide du tableau du **document 3**, la valeur de v_2. Détailler la démarche et vérifier que ce résultat est cohérent avec le graphe du **document 4**. 0,5 pt

b. Montrer que la valeur de l'accélération de la fusée pendant la durée de l'étude est proche de 7 m·s^{-2}. 0,5 pt

c. Préciser, en justifiant, la direction et le sens du vecteur accélération de la fusée. 0,25 pt

4 Choisir, parmi les propositions du **document 5**, le schéma compatible avec le décollage de la fusée. Justifier. 0,5 pt

Doc. 5 **Propositions de représentation des forces s'appliquant sur la fusée qui vient de quitter le sol**

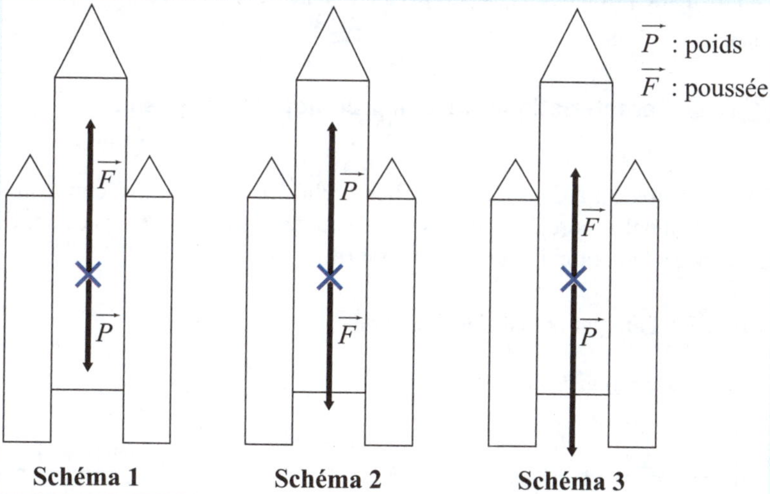

5 À partir des résultats précédents, estimer la valeur de la force de poussée. Vérifier la cohérence de ce résultat avec les données. 0,5 pt

Partie II Estimation de la puissance totale développée par la fusée Ariane 5 au début du décollage

30 min **2,5 pts**

En utilisant les données sur la fusée Ariane 5 et le tableau du **document 3**, estimer la puissance moyenne fournie à la fusée par l'ensemble {moteur Vulcain + boosters} pendant les deux secondes de l'étude comprises entre 0,2 s et 2,2 s.

Comparer cette valeur avec les données du texte d'introduction. 2,5 pts

Exercice 3 Physique (spécifique) 50 min 5 pts

On vous donne le « *La* »

Un diapason à fourche est constitué d'une pièce métallique en forme de U, à la base de laquelle est fixée une tige qui sert à le tenir à la main ou à le fixer à un support. Lorsqu'on frappe le diapason, il « sonne ». Cet objet a été inventé au début du XVIIIe siècle par le luthiste anglais John Shore. Il servait alors à accorder tous les instruments d'un orchestre entre eux afin qu'ils jouent « juste ». La note de référence utilisée était souvent le « *La*3 », soit un son de fréquence 440 Hz.

Données :

- intensité de référence : $I_0 = 1{,}0 \times 10^{-12}$ W·m^{-2} ;
- 1 octet = 8 bits.

Partie I Caractéristiques du son produit par le diapason

15 min **1,5 pt**

On enregistre, à l'aide d'un microphone relié à un dispositif d'enregistrement, le signal sonore émis par un diapason, tenu à la main (sans caisse de résonance). On obtient le signal suivant (**doc. 1**).

Doc. 1 Enregistrement d'un diapason

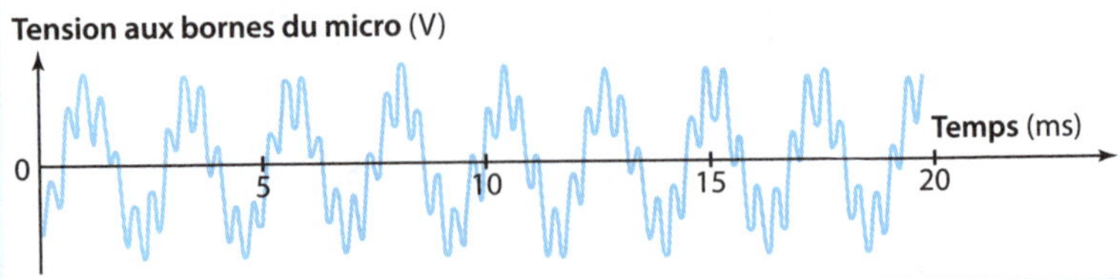

1 Dans ces conditions d'utilisation du diapason, le son obtenu est-il pur ? Justifier. **0,5 pt**

2 Le constructeur annonce que le diapason étudié est en acier et qu'il émet un *La3*, soit un son de fréquence 440 Hz. En exploitant au mieux l'enregistrement du **document 1**, estimer la période de ce signal. Le résultat est-il cohérent avec la donnée annoncée par le constructeur ? Justifier. **1 pt**

Partie II Numérisation d'un signal analogique

20 min **2 pts**

On enregistre le son émis par le diapason à l'aide d'un micro relié à un ordinateur. La tension aux bornes du micro est un signal analogique qui sera converti en signal numérique avant d'être stocké en mémoire. Un logiciel permet d'obtenir son spectre.

1 Parmi les spectres ci-dessous (**doc. 2**), lequel correspond au son enregistré ? Justifier. **0,5 pt**

Doc. 2 Spectres de sons enregistrés

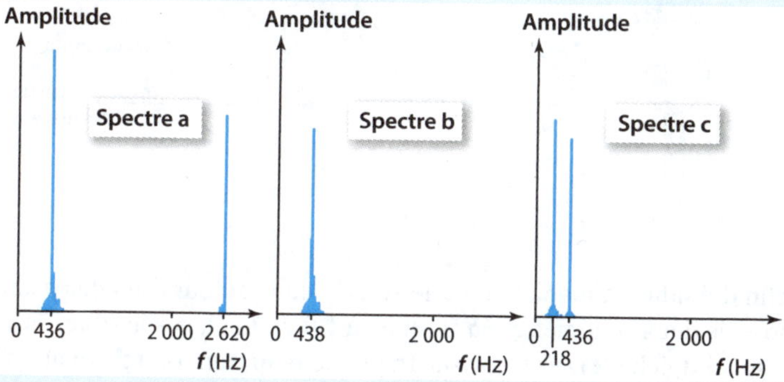

2 Comment distingue-t-on un signal analogique d'un signal numérique ? **0,5 pt**

La première étape de la conversion d'un signal analogique en signal numérique est appelée « échantillonnage ». Cette étape consiste à prélever à intervalle de temps régulier des valeurs du signal analogique. Cet intervalle de temps régulier est la période d'échantillonnage T_e. Après quantification, chacune des valeurs échantillonnées se voit attribuer un nombre binaire codé sur N bits : c'est le codage.
Le logiciel d'acquisition utilisé permet de choisir la durée totale Δt de l'enregistrement, la fréquence d'échantillonnage f_e ainsi que le nombre N. Pour faciliter le transfert des données, on impose de réaliser un enregistrement dont la taille ne doit pas dépasser 500 Ko.

3 Montrer qu'en choisissant $\Delta t = 2{,}0$ s, $f_e = 44$ kHz et $N = 32$ bits, la condition sur la taille du fichier est respectée. **0,5 pt**

4 Quel est l'intérêt d'augmenter la valeur de la fréquence d'échantillonnage ? Quel serait l'inconvénient ? **0,5 pt**

Partie III Émission du son produit par un diapason à 440 Hz

15 min **1,5 pt**

L'émission d'un son par un diapason est un phénomène complexe qui n'a été correctement décrit qu'au milieu du XXe siècle.

Doc. 3 Position des deux sonomètres

3.a.

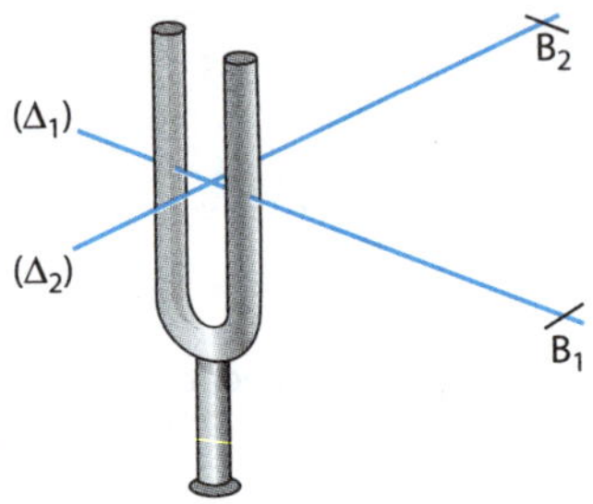

3.b. Vue du dessus

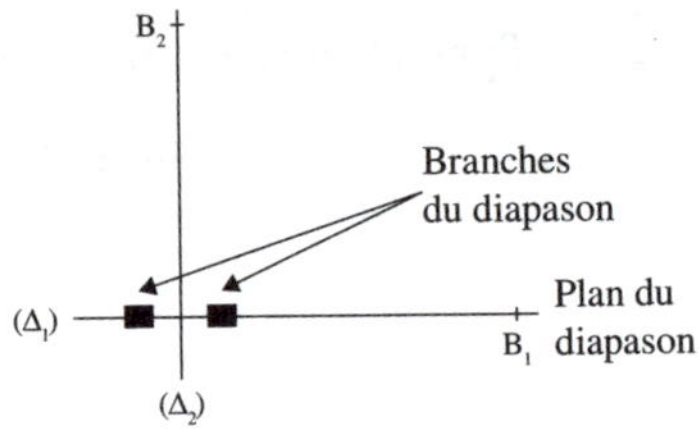

1 Afin d'étudier la manière dont le son est émis autour d'un diapason, on dispose de deux sonomètres en B_1 et B_2 à 1,0 m du diapason (**doc. 3a** et **3b** sans souci d'échelle). Après avoir frappé le diapason, on relève au même instant les niveaux d'intensité sonore mesurés par chacun des sonomètres placés en B_1 et B_2 situés à 1,0 m du diapason. On obtient $L_{B1} = 59$ dB et $L_{B2} = 42$ dB.

Soient I_{B1} et I_{B2} les intensités sonores mesurées à l'instant considéré aux points B_1 et B_2, vérifier que I_{B1} et I_{B2} sont reliées approximativement par la relation :

$$I_{B2} = \frac{I_{B1}}{50}$$

0,75 pt

2 On étudie le niveau d'intensité sonore à un mètre du diapason à 440 Hz en tournant autour de celui-ci. La position du sonomètre est repérée par l'angle θ dont l'origine correspond au plan du diapason (**doc. 4a**). La courbe (**doc. 4b**) représente l'atténuation de l'intensité sonore en fonction de l'angle θ.

L'atténuation de l'intensité sonore est donnée par la relation : $L - L_{max}$ avec L, le niveau d'intensité sonore dans la direction repérée par l'angle θ et L_{max} le niveau d'intensité sonore maximal.

Montrer quantitativement que les deux mesures précédentes, L_{B1} et L_{B2} sont cohérentes avec la courbe du **document 4b**. **0,75 pt**

Doc. 4 Atténuation du son en fonction de la direction d'émission

4.a.

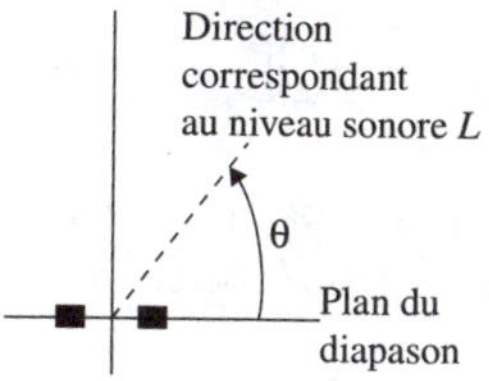

4.b.

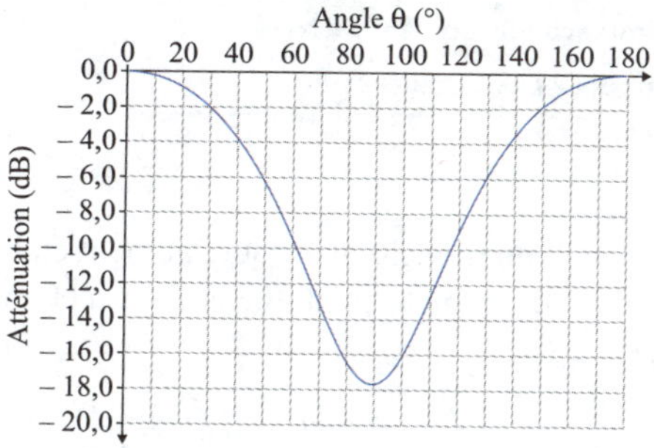

D'après Dossier Pour la Science, n° 32, p. 31

Exercice 4 Physique (spécialité) 50 min 5 pts

Accorder un diapason

Un groupe de quatre élèves dispose de quatre diapasons en aluminium ayant des branches de même largeur $d = 7$ mm et de longueurs L différentes. L'un de ces diapasons est représenté sur le **document 1**. En modifiant la largeur des branches ou leur longueur, il est possible d'ajuster la fréquence du son émis par le diapason.

Le but de cet exercice est de comprendre comment on peut modifier ces quatre diapasons afin qu'ils émettent tous un son de fréquence $f = 440$ Hz, c'est-à-dire un $La3$.

Chaque élève a enregistré le son émis par les quatre diapasons (numérotés de ① à ④) à l'aide d'un microphone relié à un ordinateur. Le signal obtenu a permis de déterminer la fréquence du son émis par chacun des diapasons.

Doc. 1 Dimensions du diapason

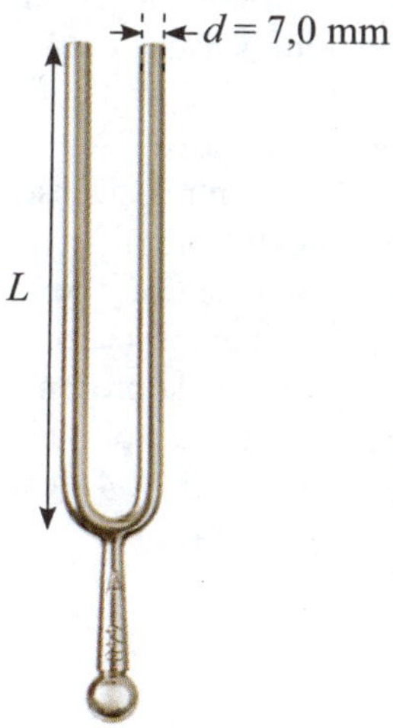

© Dzmitry Lameika – stock.adobe.com

Le tableau du **document 2** regroupe les résultats obtenus et fait le lien entre la fréquence du son émis et la longueur L des branches du diapason.

Doc. 2 **Caractéristiques des quatre diapasons**

Numéro du diapason	①	②	③	④
Fréquence f du son émis (Hz)	485	384	320	256
Longueur L des branches (m)	0,108	0,121	0,133	0,147
$1/L^2$ (m^{-2})	85,7	68,3	56,5	46,3

En utilisant un modèle théorique, on peut établir qu'un diapason en aluminium dont les branches ont une largeur d et une longueur L émet un son de fréquence f telle que :

$$f = 0{,}16 \times \sqrt{\frac{E_A}{\rho_A}} \times \frac{d}{L^2} \qquad \textbf{(1)}$$

où :

- E_A (en $kg \cdot m^{-1} \cdot s^{-2}$) est une constante caractéristique de l'aluminium ;
- ρ_A (en $kg \cdot m^{-3}$) est la masse volumique de l'aluminium ;
- f, d et L sont exprimées dans les unités de base du Système International.

Lorsqu'il est tenu à la main, le son produit par le diapason est difficilement audible. Pour le rendre pur et l'amplifier, Albert Marloye eut l'idée, en 1839, de poser la base du diapason sur une caisse de résonance. Il s'agit d'une boîte en bois ouverte à l'une de ses extrémités (**doc. 3** ci-contre). Dans le cadre d'un modèle simplifié, une onde sonore sinusoïdale de longueur d'onde λ est amplifiée par la caisse à condition que la profondeur D de la cavité interne soit un multiple entier impair de $\lambda/4$ (exemples : $\lambda/4$; $3\lambda/4$; $5\lambda/4$…).

Doc. 3 **Dimension de la caisse de résonance**

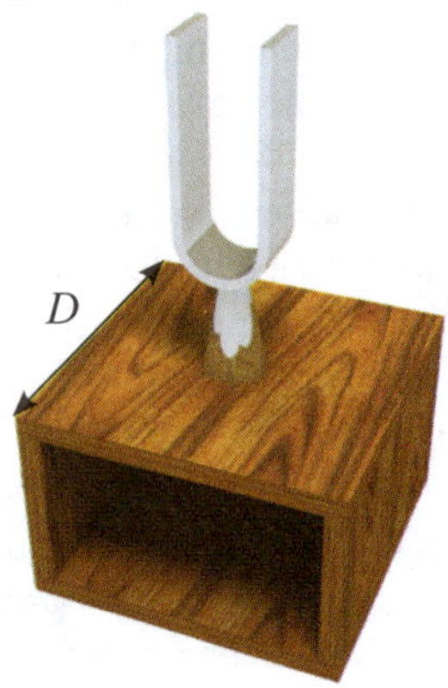

La vitesse du son dans l'air dépend de la température selon la courbe ci-après.

Doc. 4 **Valeur de la vitesse du son dans l'air en fonction de la température de l'air**

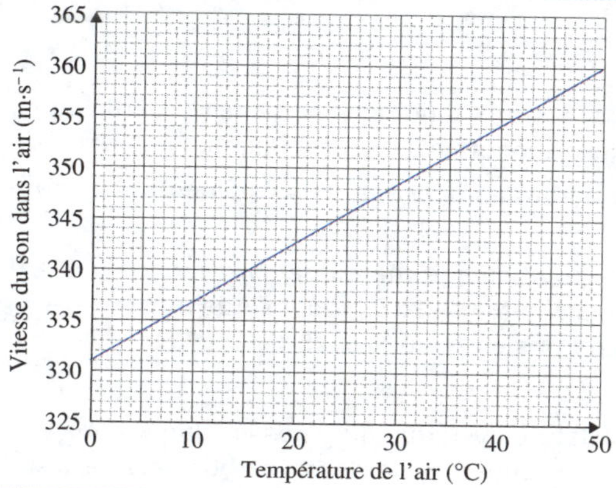

Questions préliminaires

1 Montrer, par une analyse dimensionnelle, que la formule **(1)** est homogène et qu'elle est compatible avec les mesures du **tableau du document 2**.

1,5 pt

2 Déterminer la longueur d'onde d'un son de fréquence 440 Hz se propageant dans l'air à 25 °C.

1 pt

Problème

Dans un atelier disposant d'outils de précision, on peut couper les branches d'un diapason en aluminium à la longueur L désirée ou diminuer la largeur d des branches. On peut également y fabriquer des caisses de résonance en bois.

On dispose des quatre diapasons numérotés de ① à ④. Indiquer la (ou les) instruction(s) à donner à l'atelier pour que chacun des quatre diapasons émette un son de fréquence $f = 440$ Hz (*La*3) amplifié de façon optimale par une caisse de résonance en bois. Le dispositif sera utilisé dans une salle à 25 °C.

2,5 pts

Les clés pour réussir

Exercice 1

Partie I

1 Pensez que le choix d'un solvant se fait à partir de considérations expérimentales, économiques ou sanitaires.

2 Justifiez à partir des données de solubilité de la trimyristine dans la propanone.

3 Calculez le pourcentage massique correspondant à 4,75 g de trimyristine obtenus à partir de 20,0 g de noix de muscade, et vérifiez que le résultat est compris entre 20 % et 25 %.

Partie II

1 En nomenclature systématique, pensez que « prop » signifie que la chaîne carbonée contient 3 atomes de carbone et que le suffixe « ol » est celui de la fonction alcool ou groupe hydroxyle –OH.

2 Pensez à comparer la formule brute des données et celle contenant les radicaux alkyles –R.

3 Cherchez d'abord le site donneur et le site accepteur d'électron. Les flèches courbes symbolisent les déplacements électroniques. Choisissez ensuite la catégorie de la réaction parmi l'addition, l'élimination et la substitution.

4 À partir du pKa du couple acide myristique/ion myristate et du pH = 1, déduisez la forme prédominante de ce couple en solution. Un diagramme de prédominance peut vous être utile.

5 **a.** À partir de la masse de trimyristine extraite, calculez la quantité de matière correspondante. À l'aide d'un tableau d'évolution de la réaction de production des ions myristate à partir de la trimyristine, déduisez-en la quantité de matière maximale d'ions myristate. Elle correspond à celle d'acide myristique.

b. À partir du résultat précédent et connaissant la masse molaire de l'acide myristique, calculez la masse maximale pouvant être obtenue. Le rendement est alors le rapport entre la masse expérimentale et la masse maximale.

Partie III

1 Déterminez les couples mis en jeu avant d'écrire les demi-équations et l'équation bilan support de titrage.

2 Établissez la relation à l'équivalence et déduisez la concentration molaire de l'acide myristique. Connaissant la masse molaire de l'acide, calculez finalement sa concentration massique.

3 Appliquez la relation entre la masse, la concentration massique et le volume de la solution.

4 Exprimez et calculez l'incertitude $U(m_{exp})$ à partir de l'expression proposée de l'incertitude relative. Écrivez ensuite l'encadrement correspondant.

5 Appliquez la formule du degré de pureté proposée dans l'énoncé avec m_{exp} la masse du produit contenu dans l'échantillon de masse $m_{éch}$.

Exercice 2

Partie I

1 Calculez le débit massique total d'éjection des gaz en considérant les données de l'énoncé pour le moteur Vulcain et les deux boosters.

Déduisez-en la masse de gaz en multipliant le débit par la durée de l'étude. Comparez cette masse en la divisant par la masse d'Ariane 5 donnée dans l'énoncé. Estimez ce rapport en pourcentage et concluez.

2 Estimez la valeur de y_5 à l'aide de mesures sur la chronophotographie : prenez la hauteur de la fusée ou la valeur de y_1 comme référence d'échelle et, par un produit en croix ou un rapport de proportionnalité, estimez y_5 avec une précision de 2 chiffres significatifs.

3 **a.** Calculez v_2 comme le rapport entre $y_3 - y_1$ et $t_3 - t_1$. Vérifiez que la valeur trouvée correspond bien à celle du graphe du **document 4**, soit $v_2 = 4{,}0 \text{ m·s}^{-1}$.

b. Sur le **document 4**, tracez la droite passant par l'origine et la plus proche possible des points expérimentaux. Son coefficient directeur correspond à l'accélération de la fusée.

c. Montrez, en utilisant le fait que la vitesse augmente, que le vecteur accélération est vertical ascendant.

4 Le schéma compatible propose un vecteur poids vertical vers le bas, une poussée vers le haut avec une norme supérieure à celle du poids pour que la fusée puisse décoller.

5 Utilisez la seconde loi de Newton permettant d'écrire, avec une masse de fusée constante, que $F = m(a + g)$. Faites le calcul pour les masses minimale et maximale d'Ariane 5 et comparez aux valeurs de la poussée données dans l'énoncé en kN.

Partie II

Commencez par trier les données utiles dans l'énoncé.

Repérez ensuite la valeur de la vitesse v_1 sur la modélisation du **document 4** et calculez la variation d'énergie mécanique entre les instants t_6 et t_1. Déduisez-en la puissance comme la variation d'énergie mécanique par unité de temps.

Comparez avec 10 MW qui correspond à 10 % de la valeur de la puissance fournie à la fusée.

Exercice 3

Partie I

1 Comparez l'enregistrement à une sinusoïde caractéristique d'un son pur.

2 Montrez que 6,5 périodes correspondent à 15 ms et calculez une période *T*. Déduisez-en la fréquence *f* comme l'inverse de *T*. Comparez à la valeur de 440 Hz.

Partie II

1 Ne retenez que le spectre dont la fréquence fondamentale correspond à celle calculée précédemment. Le son n'étant pas pur, ce spectre doit avoir au moins un autre pic d'harmonique correspondant à une fréquence multiple de la fréquence fondamentale.

2 Pensez qu'un signal analogique est continu.

3 Calculez la taille du fichier $f \times \Delta t \times N$ et comparez à 500 Ko.

4 Pensez à la qualité de l'enregistrement et à la taille du fichier à stocker.

Partie III

1 Calculez I_{B1}/I_{B2} avec $10^{1,7} = 50$.

2 Montrez que $L_{B1} = L_{max}$ et que $L_{B2} = L_{min}$. Calculez $L_{B2} - L_{B1}$ et comparez avec la valeur minimale de la courbe de la **figure b** du **document 4**.

Exercice 4

Partie I

1 Faites une analyse dimensionnelle de la formule **(1)** en utilisant les symboles L pour les longueurs, M pour les masses et T pour les temps ou les durées. Montrez que la dimension de cette expression est T^{-1}.

La formule **(1)** est compatible avec les mesures du tableau du **document 2** si la courbe de la fréquence en fonction de $1/L^2$ est une fonction linéaire. Placez sur un repère les points expérimentaux et modélisez par une droite passant par l'origine.

2 À l'aide de la figure du **document 4**, déterminez par lecture graphique la valeur de la vitesse *v* à 25 °C et appliquez la formule de la longueur d'onde λ en fonction de la fréquence *f* et de la vitesse *v* : $\lambda = v/f$.

Partie II

Calculez d'abord la longueur *D* de la caisse de résonance égale à λ/4.

À l'aide de la courbe tracée précédemment, déterminez la longueur de la branche nécessaire à une fréquence de 440 Hz compatible avec un travail sur les diapasons 2, 3 et 4.

Exploitez la courbe pour déterminer son coefficient directeur et, grâce à la formule **(1)**, déduisez-en la dimension *d* du diapason 1.

Sujets 1 à 4

Corrigés

Exercice 1 De la noix de muscade à la cosmétique

Partie I Extraction de la trimyristine à partir de la noix de muscade

1 Les deux arguments qui peuvent justifier l'utilisation du dichlorométhane plutôt que celle de l'éthanol sont :
– la trimyristine est plus soluble dans le dichlorométhane que dans l'éthanol (la trimyristine est « très soluble » dans le dichlorométhane et « soluble » dans l'éthanol d'après les données) ;
– la température d'ébullition de l'éthanol est supérieure à celle du dichlorométhane (40 °C pour le dichlorométhane et 78 °C pour l'éthanol d'après les données). La distillation simple sera donc moins énergivore en utilisant le dichlorométhane, et le distillat sera recueilli plus rapidement.

2 L'étape 3 correspond à l'ajout de propanone à chaud, puis à une trempe (on place le ballon dans un bain d'eau glacée), afin d'observer la formation d'un solide blanc. En effet, d'après les données, la trimyristine est « soluble à chaud », mais « insoluble à froid » dans la propanone. Elle cristallise donc dans la propanone dès que la température diminue.

3 Une des données de l'énoncé est « le pourcentage massique en trimyristine dans la poudre de noix de muscade est compris entre 20 % et 25 % ». Or la masse de trimyristine obtenue à partir de $m = 20{,}0$ g de noix de muscade est de $m_{\text{trimyristine}} = 4{,}75$ g, soit un pourcentage massique de

$\dfrac{m_{\text{trimyristine}}}{m} \times 100 = \dfrac{4{,}75}{20{,}0} \times 100 = 23{,}75\ \%$ (23,8 % avec 3 chiffres significatifs).

Or 20 % < 23,8 % < 25 % : la masse de trimyristine obtenue est bien comprise entre 20 % et 25 %, **elle est donc en accord avec les données.**

Partie II Obtention de l'acide myristique

1 Le glycérol est, en nomenclature systématique, le propan-1,2,3-triol : sa chaîne carbonée contient donc 3 atomes de carbone justifiant le préfixe « prop- », et il possède 3 fonctions alcool ou groupes hydroxyle –OH sur chacun des atomes de carbone 1, 2, 3. D'où sa formule semi-développée :

$CH_2OH - CHOH - CH_2OH$ ou encore 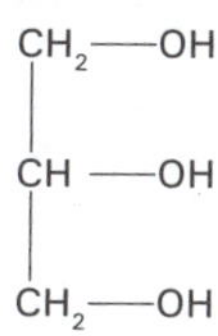

2 À partir de la formule de la trimyristine écrite avec les radicaux alkyles dans l'équation de réaction avec les ions hydroxyde, on peut obtenir sa formule compactée, soit $C_6H_5O_6R_3$.
Or la formule brute de la trimyristine, donnée dans l'énoncé, est $C_{45}H_{86}O_6$.
On peut alors identifier la composition d'un radical R : il contient $\frac{45-6}{3} = 13$ atomes de carbone et $\frac{86-5}{3} = 27$ atomes d'hydrogène.
R correspond donc à $-C_{13}H_{27}$ ou encore à une portion de chaîne carbonée linéaire $-(CH_2)_{12}-CH_3$.
Finalement, la molécule de trimyristine a pour formule :

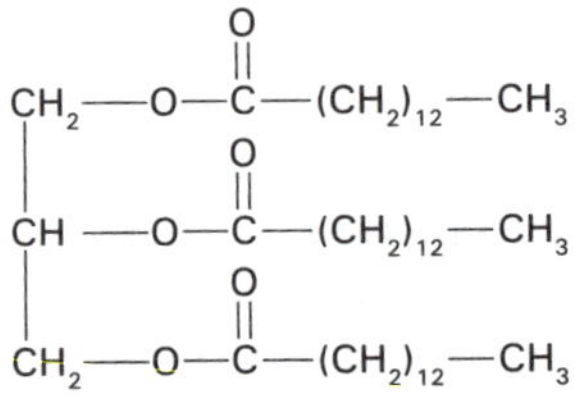

Remarque

On aurait pu faire la même démarche avec l'ion myristate dont on aurait trouvé la formule brute $C_{14}H_{27}O_2^-$ à partir de celle de l'acide myristique.

3 Le site donneur d'électron est l'oxygène de l'ion hydroxyde et le site accepteur est le carbone de la trimyristine. Deux flèches courbes rendent compte du mécanisme réactionnel de cette étape : une attaque du site donneur vers le site accepteur et un déplacement des électrons de la double liaison C=O vers l'atome d'oxygène transformant un doublet liant en doublet non liant.

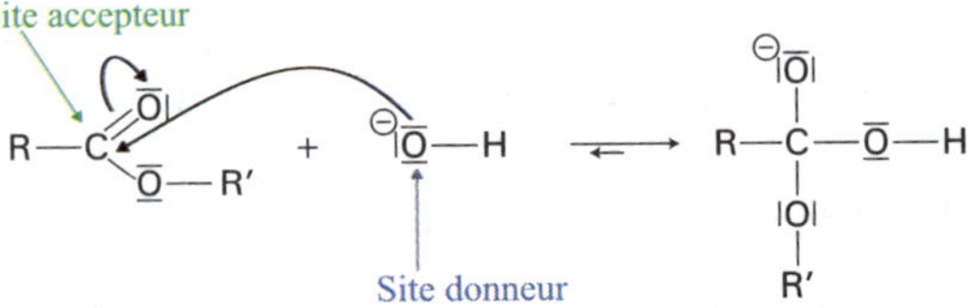

La réaction comporte deux réactifs et un seul produit, il s'agit d'une **addition**.

Réflexe à avoir

Une addition est une réaction à 2 réactifs et 1 produit, l'élimination est une réaction à 1 réactif pour 2 produits, et la substitution est à nombre de réactifs et produits constant.

4 Le pKa du couple acide myristique/ion myristate est de 5. Or le pH de la solution est de 1 à la fin de l'ajout de l'acide chlorhydrique. Le pH est largement inférieur au pKa, la forme acide prédomine, soit l'**acide myristique RCOOH**.
On peut aussi établir un diagramme de prédominance pour s'en rendre compte :

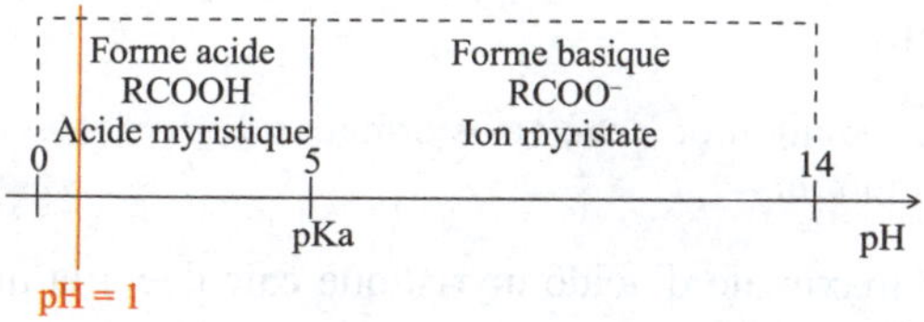

5 a. À partir de la masse de trimyristine $m_{\text{trimyristine}}$ obtenue par extraction et connaissant sa masse molaire, on peut calculer la quantité de matière $n_{\text{trimyristine}}$ correspondante :

$$n = n_{\text{trimyristine}} = \frac{m_{\text{trimyristine}}}{M_{\text{trimyristine}}}$$

A. N. : $m_{\text{trimyristine}} = 4{,}75$ g ; $M_{\text{trimyristine}} = 723$ g·mol^{-1}, d'où :

$$\boldsymbol{n = n_{\text{trimyristine}} = 6{,}57 \times 10^{-3}} \textbf{ mol avec 3 chiffres significatifs}$$

Dressons maintenant le tableau d'évolution de la réaction de transformation de la trimyristine en ion myristate :

		$C_{45}H_{86}O_6$ +	$3HO^-$ →	$3C_{14}H_{27}O_2^-$ +	glycérol
État	**Avancement**	**Quantité de matière**			
EI	$x = 0$	n	n_{HO^-}	0	0
EC	x	$n - x$	$n_{HO^-} - 3x$	$3x$	x
EF	$x = x_{max}$	$n - x_{max}$	$n_{HO^-} - 3x_{max}$	$3x_{max}$	x_{max}

À l'état final (EF), on suppose que toute la trimyristine $C_{45}H_{86}O_6$ a réagi, soit $n - x_{max} = 0$ ou $n = x_{max}$.
On en déduit la quantité d'ions myristate $C_{14}H_{27}O_2^-$ formés :

$$\boldsymbol{n_{\text{ion myristate}} = n_{RCOO^-} = 3x_{max} = 3n}$$

A. N. : $n = 6{,}57 \times 10^{-3}$ mol, d'où :

$$n_{RCOO^-} = 1{,}97 \times 10^{-2} \text{ mol}$$

La stœchiométrie de la réaction acido-basique entre les ions myristate et les ions oxonium montre que la quantité d'acide myristique maximale produite correspond à la quantité d'ions myristate ayant réagi dans cette transformation :

$$n_{RCOO^-} = n_{RCOOH} = 1{,}97 \times 10^{-2}\ \text{mol}$$

Remarque

Un tableau d'évolution de cette transformation acido-basique aurait aussi permis de le montrer.

b. La quantité maximale d'acide myristique calculée à la question précédente permet de déduire la masse maximale que l'on peut obtenir lors de cette synthèse. Il s'agit là d'une masse théorique.

$$m_{\text{théo}} = m_{RCOOH} = n_{RCOOH} \times M_{RCOOH}$$

A. N. : $n_{RCOOH} = 1{,}97 \times 10^{-2}$ mol ; $M_{RCOOH} = 228$ g·mol^{-1}, d'où :

$$m_{\text{théo}} = 4{,}49\ \text{g}$$

La masse effectivement produite, ou masse expérimentale, est en revanche de $m_{\text{exp}} = 3{,}36$ g d'après l'énoncé.
Le rendement d'une synthèse est le rapport entre la masse expérimentale du produit effectivement synthétisé et la masse théorique ou masse maximale de produit formé :

$$\eta = \frac{m_{\text{exp}}}{m_{\text{théo}}}$$

A. N. : $m_{\text{exp}} = 3{,}36$ g ; $m_{\text{théo}} = 4{,}49$ g, d'où :

$$\eta = 0{,}748 \text{ ou } 74{,}8\ \%$$

Gagnez des points !
En multipliant par 100 la valeur du rapport entre la masse expérimentale et la masse théorique, on obtient le rendement en pourcentage.

Partie III Détermination par titrage de la pureté de l'acide myristique obtenu

1 Les couples mis en jeu sont celui de l'acide myristique acide myristique/ion myristate que l'on écrira $RCOOH/RCOO^-$ et le couple de l'eau contenant l'ion hydroxyde H_2O/HO^-.
Les demi-équations correspondantes sont :

$$RCOOH = RCOO^- + H^+ \text{ et } HO^- + H^+ = H_2O$$

Par addition membre à membre et en simplifiant de part et d'autre par l'ion hydrogène, on obtient l'équation support de titrage :

$$RCOOH + HO^- \rightarrow RCOO^- + H_2O$$

2 Le tableau d'évolution de la réaction support de titrage permet d'établir la relation à l'équivalence :

		RCOOH	+ HO⁻	→ RCOO⁻	+ H₂O
État	**Avancement**	**Quantité de matière**			
EI	$x = 0$	n_1	n_2	0	Excès
EC	x	$n_1 - x$	$n_2 - x$	x	Excès
Eq.	$x = x_E$	$n_1 - x_E$	$n_2 - x_E$	x_E	Excès

À l'équivalence, les deux réactifs sont limitants, donc $n_1 - x_E = n_2 - x_E = 0$, soit $n_1 = n_2 = x_E$ ou encore en introduisant les données de l'énoncé : $C_1V_1 = C_2V_E$ ou relation à l'équivalence.

La concentration molaire en acide myristique est ainsi $C_1 = \dfrac{C_2V_E}{V_1}$ et sa concentration massique $C_{1m} = C_1\,M_{\text{acide myristique}}$.

Finalement, on a : $\boldsymbol{C_{1m} = \dfrac{C_2V_E}{V_1}M}$.

A. N. : $C_2 = 5{,}00 \times 10^{-2}$ mol·L^{-1} ; $V_E = 9{,}60 \times 10^{-3}$ L, $M = 228$ g·mol^{-1} ; $V_1 = 10{,}00 \times 10^{-3}$ L, d'où :

$\boldsymbol{C_{1m} = 10{,}944\ \text{g} = 10{,}9\ \text{g·L}^{-1}}$ avec 3 chiffres significatifs

Gagnez des points !
Le calcul numérique de la concentration molaire n'est pas une obligation.

3 La masse d'acide myristique présente dans la solution S_1 est alors :

$$m_{exp} = C_{1m} \times V_0$$

A. N. : $C_{1m} = 10{,}9$ g·L^{-1} ; $V_0 = 100{,}00 \times 10^{-3}$ L, d'où :

$\boldsymbol{m_{exp} = 1{,}09\ \text{g}}$ avec 3 chiffres significatifs

4 À partir de l'expression de l'incertitude relative donnée, on peut exprimer et calculer l'incertitude $U(m_{exp})$:

$$U(m_{exp}) = m_{exp} \times \sqrt{\left(\frac{U(V_E)}{V_E}\right)^2 + \left(\frac{U(C_2)}{C_2}\right)^2 + \left(\frac{U(V_1)}{V_1}\right)^2 + \left(\frac{U(V_0)}{V_0}\right)^2}$$

$$U(m_{exp}) = 1{,}09 \times \sqrt{\left(\frac{0{,}05}{9{,}60}\right)^2 + \left(\frac{0{,}01}{5{,}00}\right)^2 + \left(\frac{0{,}05}{10{,}00}\right)^2 + \left(\frac{0{,}08}{100{,}00}\right)^2}$$

Réflexe à avoir
Pour chaque fraction, le numérateur et le dénominateur doivent être exprimés dans la même unité, mais pas forcément dans celle du système international.

$U(m_{exp}) = 8 \times 10^{-3}$ g en ne gardant qu'un seul chiffre significatif au vu de la précision des $U(X)$.

L'encadrement de la masse m_{exp} est alors :

$$\mathbf{1{,}082\ g = 1{,}09 - 0{,}008\ g < m_{exp} < 1{,}09 + 0{,}008\ g = 1{,}098\ g}$$

Gagnez des points !
Une incertitude $U(X)$ a la même unité que la grandeur X.

Or la masse initialement dissoute est telle que :

$$1{,}13\ g = 1{,}14 - 0{,}01\ g < m_{éch} < 1{,}14 + 0{,}01\ g = 1{,}15\ g$$

On constate que les deux encadrements ne se recoupent pas, donc la masse initialement dissoute n'est pas uniquement celle de l'acide myristique. On en conclut ainsi que **l'échantillon n'est pas pur**.

5 Le degré de pureté d est « le rapport entre la masse de produit contenu dans l'échantillon et la masse de l'échantillon ». Ici, la masse de produit contenu dans l'échantillon est m_{exp}, et $m_{éch}$ est celle de l'échantillon. Le degré de pureté de l'acide myristique synthétisé est :

$$\boldsymbol{d = \frac{m_{exp}}{m_{éch}}}$$

A. N. : $m_{exp} = 1{,}09$ g ; $m_{éch} = 1{,}14$ g, d'où :

$$\boldsymbol{d} = \mathbf{0{,}956\ ou\ 95{,}6\ \%} \text{ avec 3 chiffres significatifs}$$

Exercice 2 Décollage de la fusée Ariane 5

Partie I Estimation de la poussée

1 Le débit massique total D_{total} d'éjection de gaz est la somme des débits concernant le moteur Vulcain et les deux boosters :

$$D_{total} = D_{Vulcain} + 2D_{booster}$$

A. N. : $D_{Vulcain} = 270\ kg{\cdot}s^{-1}$;
$D_{booster} = 1{,}8 \times 10^3\ kg{\cdot}s^{-1}$, d'où :

$$D_{total} = 3{,}87 \times 10^3\ kg{\cdot}s^{-1}$$

ou $3{,}9 \times 10^3\ kg{\cdot}s^{-1}$ avec 2 chiffres significatifs.

Piège à éviter
Pensez à calculer le débit total en additionnant celui du moteur à celui de chaque booster.

La masse des gaz éjectés m_{gaz} pendant la durée Δt de l'étude est alors égale à :

$$m_{gaz} = D_{total} \times \Delta t$$

A. N. : $D_{total} = 3{,}87 \times 10^3\ kg{\cdot}s^{-1}$; $\Delta t = 2{,}4$ s, d'où :

$$m_{gaz} = 9{,}2883 \times 10^3 \text{ kg ou } \mathbf{9{,}3 \times 10^3\ kg = 9{,}3\ tonnes}$$

en ne conservant que 2 chiffres significatifs.

Pour comparer cette masse à celle de la fusée Ariane 5 dont la masse au décollage est comprise entre 750 tonnes et 780 tonnes, on peut calculer le rapport des masses : $\frac{m_{\text{gaz}}}{m_{\text{Ariane 5}}} = \frac{9,3}{750} \approx \frac{9,3}{780} = 0,012$ ou 1,2 % avec 2 chiffres significatifs.

La masse des gaz éjectés au décollage ne représente qu'environ 1 % de la masse de la fusée, ce qui est relativement peu.

2 Le tableau de mesure du **document 3** permet de donner une échelle : y_1 correspond à 30,1 m dans la réalité et à 2,8 cm sur la chronophotographie.

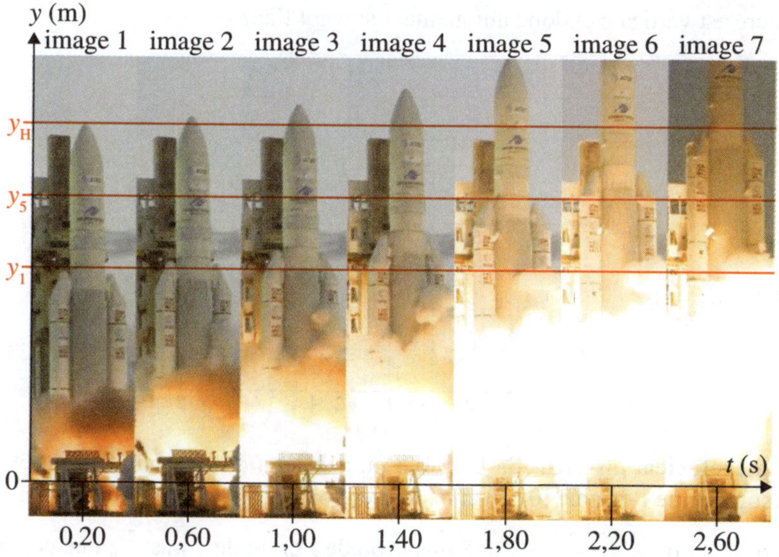

Par ailleurs, la mesure de la valeur de y_5 sur la chronophotographie est de 3,8 cm. On en déduit alors, par proportionnalité, que $y_5 = \frac{3,8 \times 30,1}{2,8} = 41$ m. Une précision au-delà de 2 chiffres significatifs serait illusoire.

> **L'astuce du prof**
> On aurait pu aussi prendre comme échelle la hauteur de la fusée sur l'image 1 valant 52 m dans la réalité.

On vérifie par ailleurs que la valeur trouvée s'inscrit bien entre $y_4 = 36,9$ m et $y_6 = 46,5$ m.

3 a. En considérant que la durée entre deux images est suffisamment petite par rapport au temps caractéristique des variations, on peut estimer que la valeur de vitesse v_2 en y_2 peut s'écrire comme le rapport entre la variation d'altitude et la durée entre les images 1 et 3. On supposera ici que la trajectoire de la fusée est uniquement verticale.

$$v_2 = \frac{y_3 - y_1}{t_3 - t_1}$$

A.N. : $v_2 = \frac{33,3 - 30,1}{1,00 - 0,20} = \mathbf{4,0\ m \cdot s^{-1}}$ avec 2 chiffres significatifs.

On vérifie que pour $t = 0{,}60$ s, la valeur de la vitesse lue sur la courbe est $v_2 = 4{,}0$ m·s^{-1}. **Le résultat calculé précédemment est bien cohérent avec la courbe.**

b. Le **document 4** de l'énoncé permet de constater que la vitesse est quasi constante : les points expérimentaux sont presque tous alignés sur une droite passant par l'origine. Le coefficient directeur de la droite correspond à l'accélération de la fusée sur sa trajectoire, en supposant que cette dernière est verticale et donc uniquement suivant l'axe (O*y*).

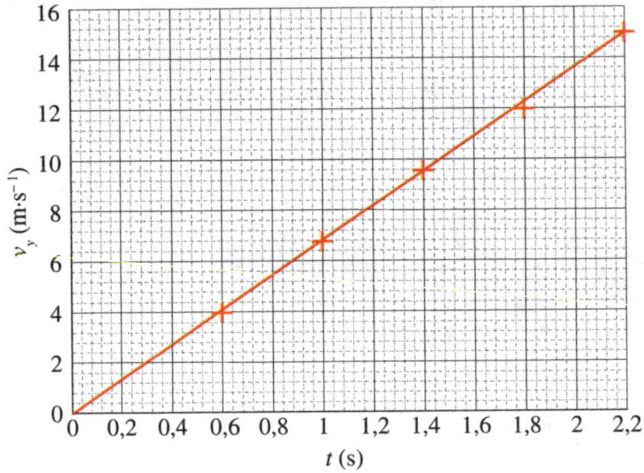

Le coefficient directeur de la droite ou accélération de la fusée peut être estimé entre l'origine (0 ; 0) et le dernier point (2,2 ; 15) qui s'inscrit sur la droite. D'où $a = \dfrac{15-0}{2{,}2-0} = \mathbf{6{,}8\ m{\cdot}s^{-2}}$ ou de l'ordre de 7 m·s^{-2} en ne considérant qu'un chiffre significatif.

c. On a supposé que la trajectoire de la fusée était verticale, soit rectiligne suivant l'axe (O*y*). Or la figure du **document 4** montre une courbe croissante, donc une vitesse qui augmente et une accélération positive. Le vecteur accélération $\vec{a}$ est donc vertical ascendant, soit une **direction verticale** et un sens **vers le haut**.

4 Le **schéma 1** du **document 5** est celui qui est compatible avec le décollage de la fusée. En effet, le poids est toujours vertical vers le bas et la poussée, verticale vers le haut. De plus, en appliquant la seconde loi de Newton avec une masse de fusée supposée constante, on a $m\vec{a} = \vec{P} + \vec{F}$ avec $\vec{a}$ vertical vers le haut. Par projection suivant l'axe (O*y*), la loi de Newton s'écrit : $ma = -P + F > 0$, ce

Réflexe à avoir

Le **schéma 2** n'est pas correct, car les sens des vecteurs sont inversés, et les normes non compatibles avec la seconde loi de Newton. Quant au **schéma 3**, les normes sont telles que la fusée ne peut pas décoller.

qui impose $F > P$. La norme de la poussée doit être supérieure à celle du poids : le vecteur $\vec{F}$ doit être « plus grand » que le vecteur $\vec{P}$.

5 Dans la réponse précédente, on a établi que la seconde loi de Newton appliquée à la fusée se projetait sur l'axe (Oy) en $ma = -P + F$. On en déduit que la valeur F de la poussée est $F = ma + P = ma + mg$ avec m la masse de la fusée. Soit $F = m(a + g)$.
A. N. : $m = 750$ à 780 t ; $a = 6{,}8\ \text{m·s}^{-2}$; $g = 9{,}8\ \text{m·s}^{-2}$, d'où :
F est comprise entre les valeurs $750 \times 10^3 \times (6{,}8 + 9{,}8) = \mathbf{1{,}2 \times 10^7\ N}$ et $780 \times 10^3 \times (6{,}8 + 9{,}8) = \mathbf{1{,}3 \times 10^7\ N}$ en ne gardant que 2 chiffres significatifs.
L'énoncé propose une poussée dont la valeur est comprise entre 12 000 kN et 13 000 kN, ce qui, avec 2 chiffres significatifs, correspond bien aux résultats calculés ci-avant.

Partie II Estimation de la puissance totale développée par la fusée Ariane 5 au début du décollage

Cette question peut être traitée par étapes, chaque étape correspondant à une compétence du programme : l'appropriation des données (APP), l'analyse et le raisonnement (ANA), la réalisation (REA), la validation du raisonnement (VAL) et la communication (COM).

S'APPROPRIER (APP) – *cette phase permet de lister les différents éléments de l'énoncé dont il faut tenir compte, ainsi que les connaissances de cours à mobiliser.*
Le temps $t_1 = 0{,}2$ s correspond à l'image 1. Son altitude de référence est $y_1 = 30{,}1$ m et la vitesse v_1 est déterminée à partir de la courbe modélisée de la **figure 4**.
Le temps $t_6 = 2{,}2$ s correspond à l'image 6 avec $y_6 = 46{,}5$ m et $v_6 = 15\ \text{m·s}^{-1}$.
On peut supposer que la masse $m_1 = 780$ tonnes est celle de la fusée à t_1 et $m_6 = 750$ tonnes, celle de la fusée à t_6.
La puissance P est par définition égale à la variation de l'énergie sur la durée du décollage, soit $P = \dfrac{E_6 - E_1}{t_6 - t_1}$.

L'énergie totale de la fusée est son énergie mécanique, c'est-à-dire la somme de son énergie cinétique E_c et de son énergie potentielle de pesanteur E_{pp}, avec $E_c = \dfrac{1}{2}mv^2$ et $E_{pp} = mgy$.

Les éléments référents de l'énoncé sont : « la puissance transmise à la fusée de l'ordre de 10 MW » pour le moteur Vulcain et deux boosters « qui contribuent à environ 90 % de la puissance totale transmise ».

ANALYSER ET RAISONNER (ANA) – *cette phase est celle du raisonnement, c'est-à-dire des liens à faire entre les éléments listés ci-avant pour arriver à répondre à la question posée.*

On estime d'abord la valeur de v_1 en exploitant la droite modélisant le **document 4** (voir **Partie I 3 b.**). Par lecture graphique, on peut estimer v_1 comme l'ordonnée du point à $t_1 = 0{,}2$s.
On calcule ensuite la variation d'énergie égale à la variation d'énergie mécanique de la fusée entre les instants t_1 et t_6 :

$$\Delta E_{\text{m}} = \left(E_{\text{c}} + E_{\text{pp}}\right)_{t_6} - \left(E_{\text{c}} + E_{\text{pp}}\right)_{t_1}$$

$$\Delta E_{\text{m}} = m_6\left(\frac{1}{2}v_6^2 + gy_6\right) - m_1\left(\frac{1}{2}v_1^2 + gy_1\right)$$

On en déduit alors la puissance fournie à la fusée : $P = \dfrac{\Delta E_{\text{m}}}{t_6 - t_1}$.

L'énoncé dit que la puissance transmise par les boosters correspond à 90 % de la puissance totale, donc celle fournie par le moteur Vulcain correspond à 10 % de la puissance totale. Connaissant cette puissance du moteur, on en déduit la puissance totale en multipliant cette dernière par un facteur 10.

RÉALISER (REA) – *c'est la phase de réalisation pratique de la phase de raisonnement. Elle comprend les lectures de courbes et les calculs à faire.*

La droite modélisant la figure du **document 4** permet de lire la vitesse $v_1 = 1{,}4\ \text{m·s}^{-1}$ à $t_1 = 0{,}2$ s.
Le calcul de la variation de l'énergie mécanique de la fusée couplé à celui de la puissance peut se faire en une seule étape :

$$P = \frac{\Delta E_m}{t_6 - t_1} = \frac{m_6\left(\frac{1}{2}v_6^2 + gy_6\right) - m_1\left(\frac{1}{2}v_1^2 + gy_1\right)}{t_6 - t_1}$$

$$P = \frac{750\times 10^3\left(\frac{1}{2}\times 15^2 + 9{,}8\times 46{,}5\right) - 780\times 10^3\left(\frac{1}{2}\times 1{,}4^2 + 9{,}8\times 30{,}1\right)}{2{,}2 - 0{,}2}$$

$P = 9{,}8 \times 10^7$ W en ne conservant que 2 chiffres significatifs.

En se basant sur l'énoncé, si 10 % de la puissance totale correspond à 10 MW = 10×10^6 W, alors 100 % correspond à 10 × 10 MW = $1{,}0 \times 10^8$ W.

VALIDER (VAL) – *cette phase permet de vérifier que le raisonnement arrive à la réponse attendue.*

Par comparaison entre cette dernière valeur calculée à partir de la puissance fournie par le moteur Vulcain et celle de P calculée plus avant, on devrait trouver le même ordre de grandeur.

Un taux de comparaison peut être calculé : $\frac{10-9{,}8}{9{,}8} = 2\ \%$ d'écart. On peut donc conclure à la compatibilité des résultats.

COMMUNIQUER (COM) – *cette phase est celle de la rédaction, c'est-à-dire ce que vous devez noter sur votre copie comme réponse à la question posée. Elle reprend les différents éléments précédents.*

La valeur de v_1 est estimée en exploitant la droite modélisant la figure du **document 4** (voir Partie I 3 b.). Par lecture graphique, on a v_1 comme l'ordonnée du point à $t_1 = 0{,}2$ s : $v_1 = 1{,}4\ \text{m·s}^{-1}$.

La puissance totale fournie à la fusée est : $P = \frac{\Delta E}{t_6 - t_1}$.

On calcule ensuite la variation d'énergie égale à la variation d'énergie mécanique de la fusée entre les instants t_1 et t_6 :

$$\Delta E = \Delta E_\text{m} = \left(E_\text{c} + E_\text{pp}\right)_{t_6} - \left(E_\text{c} + E_\text{pp}\right)_{t_1}$$

$$\Delta E_\text{m} = m_6\left(\frac{1}{2}v_6^2 + gy_6\right) - m_1\left(\frac{1}{2}v_1^2 + gy_1\right)$$

On en déduit alors la puissance fournie à la fusée :

$$P = \frac{m_6\left(\frac{1}{2}v_6^2 + gy_6\right) - m_1\left(\frac{1}{2}v_1^2 + gy_1\right)}{t_6 - t_1}$$

$$P = \frac{750\times10^3\left(\frac{1}{2}\times15^2 + 9{,}8\times46{,}5\right) - 780\times10^3\left(\frac{1}{2}\times1{,}4^2 + 9{,}8\times30{,}1\right)}{2{,}2-0{,}2}$$

$P = 9{,}8 \times 10^7$ W en ne conservant que 2 chiffres significatifs.
Or l'énoncé dit que la puissance transmise par les boosters correspond à 90 % de la puissance totale, donc celle fournie par le moteur Vulcain correspond à 10 % de la puissance totale. La puissance totale correspond à 10MW = 10×10^6 W, alors 100 % correspond à 10 × 10 MW = $1{,}0 \times 10^8$ W.
La valeur calculée $P = 9{,}8 \times 10^7$ W est comparable à la valeur $1{,}0 \times 10^8$ W déduite du texte de l'énoncé.

Un taux de comparaison est de $\frac{10-9{,}8}{9{,}8} = 2\ \%$ d'écart, ce qui est relativement faible.
On peut donc conclure à **la compatibilité des résultats**.

Exercice 3 On vous donne le « *La* »

Partie I Caractéristique du son produit par le diapason

1 **Le son obtenu n'est pas un son pur**, car dans le cas d'un son pur, l'enregistrement est celui d'une sinusoïde, ce qui n'est pas le cas ici.

2 Sur l'enregistrement du **document 1**, on constate qu'environ 6,5 périodes correspondent à une durée de 15 ms : $6{,}5T = 15 \times 10^{-3}$ s.

Soit $T = \dfrac{15 \times 10^{-3}}{6{,}5} = 2{,}3 \times 10^{-3}$ s ou $\boldsymbol{T = 2{,}3}$ **ms**.

Or la fréquence du signal est l'inverse de la période : $f = \dfrac{1}{T}$.

$f = \dfrac{1}{T} = \dfrac{6{,}5}{15 \times 10^{-3}} = 433{,}3$ Hz ou $f = 4{,}3 \times 10^{2}$ Hz en ne retenant que 2 chiffres significatifs.

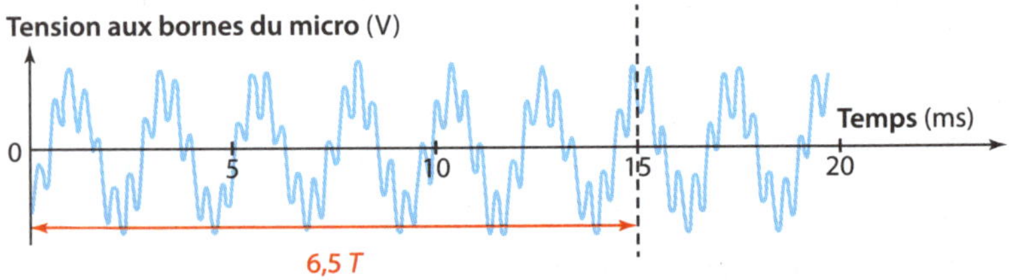

La valeur de la fréquence obtenue à partir d'une lecture graphique est **compatible avec une fréquence de 440 Hz**.

> **Gagnez des points !**
> La mesure réalisée sur l'enregistrement du **document 1** n'est pas suffisamment précise pour obtenir une fréquence à 3 chiffres significatifs à comparer à 440 Hz.

Partie II Numérisation d'un signal analogique

1 **Le spectre a correspond au son enregistré**, car :

– sa fréquence fondamentale $f_0 = 436$ Hz (premier pic du spectre) correspond bien à une fréquence de l'ordre de 440 Hz ;

– il possède un second pic, compatible avec un signal non sinusoïdal possédant au moins un harmonique. On vérifie bien que cette fréquence est un multiple de la fréquence fondamentale :

$f_1 = 2\,620$ Hz $= 6 \times 436$ Hz $= 6f_0$.

> **Réflexe à avoir**
> Le **spectre b** n'a qu'un seul pic, c'est un son pur. Le **spectre b** a une fréquence fondamentale de 218 Hz différente de 440 Hz du diapason.

2 Un signal analogique est un signal continu dans le temps, alors qu'un signal numérique est un signal discrétisé.

3 La taille du fichier peut être calculée par multiplication des trois données de la question :

$$\text{Taille} = f_e \times \Delta t \times N = 44 \times 10^3 \times 2{,}0 \times 32 = 2{,}8 \times 10^6 \text{ bits}$$

Sachant qu'un octet vaut 8 bits, la taille du fichier est alors de :

$$\frac{2{,}8 \times 10^6}{8} = 3{,}5 \times 10^5 \text{ octets ou } 3{,}5 \times 10^2 \text{ Ko} < 500 \text{ Ko}.$$

La condition sur la taille du fichier est donc respectée.

4 Augmenter la valeur de la fréquence d'échantillonnage permettrait d'**augmenter la qualité de l'enregistrement**. En revanche, cela **augmenterait aussi la taille du fichier à stocker**.

Partie III Émission du son produit par un diapason à 440 Hz

1 On peut exprimer I_{B1} et I_{B2}, puis calculer le rapport I_{B1}/I_{B2}.

On peut écrire $I_{B1} = I_0 \times 10^{L_{B1}/10}$ et $I_{B2} = I_0 \times 10^{L_{B2}/10}$.

En divisant la première expression par la seconde, on a :

> **Réflexe à avoir**
>
> $L = 10 \log (I/I_0)$, donc $\log (I/I_0) = L/10$. La fonction inverse du logarithme est la fonction puissance de 10, ce qui permet d'écrire que $I/I_0 = 10^{L/10}$ et donc que $I = I_0 \times 10^{L/10}$.

$$\frac{I_{B1}}{I_{B2}} = \frac{I_0 \times 10^{L_{B1}/10}}{I_0 \times 10^{L_{B2}/10}} = \frac{10^{L_{B1}/10}}{10^{L_{B2}/10}} = 10^{L_{B1}/10} \times 10^{-L_{B2}/10}$$

$$\boldsymbol{\frac{I_{B1}}{I_{B2}} = 10^{L_{B1}-L_{B2}/10}}$$

A. N. : $L_{B1} = 59$ dB ; $L_{B2} = 42$ dB, d'où :

$$\frac{I_{B1}}{I_{B2}} = 10^{1,7} = 50$$

d'où finalement $I_{B1} = 50 I_{B2}$ que l'on peut écrire aussi sous la forme demandée $I_{B2} = \frac{I_{B1}}{50}$.

2 Le sonomètre B_1 est positionné à $\theta = 0°$ suivant le schéma de la **figure b** du **document 3**, ce qui correspond sur la courbe de la **figure b** du **document 4** à une atténuation nulle. On en déduit que le niveau sonore L_{B1} correspond au niveau sonore maximal, sans atténuation : $L_{B1} = L_{max}$.

Par le même raisonnement, le sonomètre B_2 est positionné à $\theta = 90°$ suivant le schéma de la **figure b** du **document 3**, ce qui correspond sur la courbe de la **figure b** du **document 4** à une atténuation maximale de – 18 dB.

On en déduit que le niveau sonore L_{B2} correspond au niveau sonore maximal, sans atténuation : $L_{B2} = L_{min}$.
Calculons la différence des niveaux sonores :
– en utilisant les données de l'énoncé : $L_{B2} - L_{B1} = 42 - 59 = -17$ dB ;
– en utilisant la courbe de la **figure b** du **document 4** :
$L_{B2} - L_{B1} = L_{min} - L_{max} = -18 - 0 = -18$ dB.

L'écart relatif entre les deux résultats est de $\dfrac{18-17}{18} = 6$ %, ce qui n'est pas forcément négligeable, mais qui permet tout de même de conclure à la **cohérence des mesures avec les valeurs du graphe**.

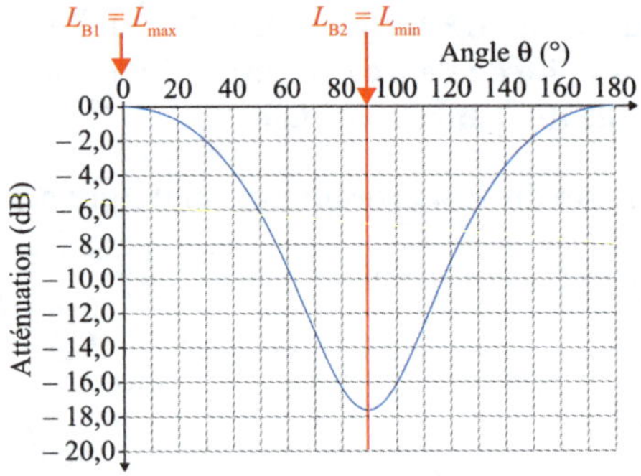

Exercice 4 Accorder un diapason

Partie I Questions préliminaires

1 Soit les notations suivantes : L dimension d'une longueur, M dimension d'une masse et T dimension d'un temps ou d'une durée. On notera aussi [X] la dimension d'une grandeur X quelconque.

La formule **(1)** est : $f = 0{,}16\sqrt{\dfrac{E_A}{\rho_A}\dfrac{d}{L^2}}$.

Analysons la dimension de la formule **(1)** par morceaux :
– E_A s'exprime en kg·m^{-1}·s^{-2}, donc sa dimension est : $[E_A] = \text{M}\cdot\text{L}^{-1}\cdot\text{T}^{-2}$;
– ρ_A s'exprime en kg·m^{-3}, donc $[\rho_A] = \text{M}\cdot\text{L}^{-3}$;
– d et L sont des distances, donc $[d] = [L] = \text{L}$.

Finalement, $\left[\sqrt{\dfrac{E_A}{\rho_A}\times\dfrac{d}{L^2}}\right] = \sqrt{\dfrac{\text{ML}^{-1}\text{T}^{-2}}{\text{ML}^{-3}}\times\dfrac{\text{L}}{\text{L}^2}} = \sqrt{\dfrac{\text{T}^{-2}}{\text{L}^{-2}}}\times\text{L}^{-1} = \text{T}^{-1}$.

Or une fréquence est l'inverse d'une période, donc sa dimension est l'inverse d'un temps : $[f] = \text{T}^{-1}$.

La formule **(1)** est donc homogène, car f et son expression ont la même dimension à condition que le facteur 0,16 soit sans dimension.

Piège à éviter

La dimension est différente de l'unité : un angle est sans dimension, mais possède une unité.

Dans le cas où l'on peut supposer que E_A, ρ_A et d sont constants, alors la formule **(1)** devient $f = \frac{k}{L^2}$ avec $k = 0{,}16 \times \sqrt{\frac{E_A}{\rho_A}} \times d$ une constante.

La fréquence est donc proportionnelle à l'inverse du carré de la longueur des branches.

Gagnez des points !

Une courbe vaut mieux que des calculs de coefficients de proportionnalité à partir du tableau des données.

D'après les données du tableau du **document 2**, on peut tracer la courbe ci-après représentative de f en fonction de $1/L^2$.

La modélisation par une fonction linéaire donne de très bons résultats : on peut en déduire que les données montrent une proportionnalité de la fréquence f avec l'inverse du carré de L, ce qui est bien compatible avec la formule **(1)**, et inversement.

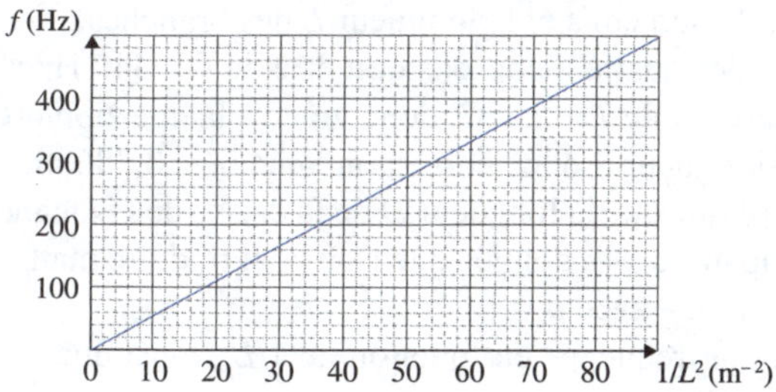

2 Le **document 4** permet de déterminer la vitesse du son dans l'air pour une température de 25 °C. Par lecture graphique, on obtient $v = 346\ \text{m}\cdot\text{s}^{-1}$.

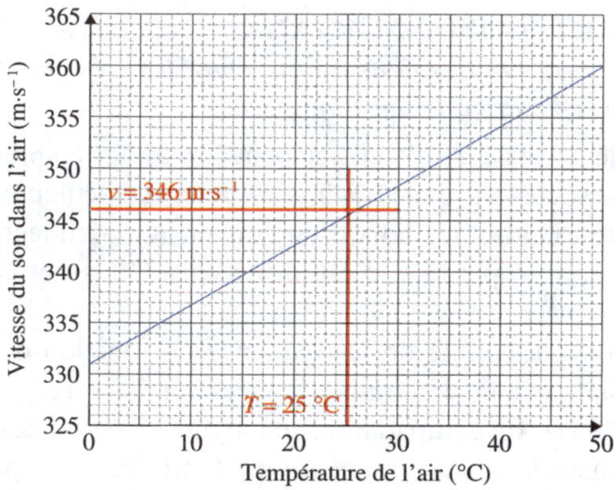

La longueur d'onde λ se calcule alors à partir de la fréquence f du son et de sa vitesse v de propagation : $\lambda = \frac{v}{f}$.

A. N. : $v = 346\ \text{m}\cdot\text{s}^{-1}$; $f = 440$ Hz, d'où :

$\boldsymbol{\lambda = 0{,}786}$ **m** avec 3 chiffres significatifs

Partie II Problème

Cette question peut être traitée par étapes, chaque étape correspondant à une compétence du programme : l'appropriation des données (APP), l'analyse et le raisonnement (ANA), la réalisation (REA), la validation (VAL) et la communication (COM).

S'APPROPRIER (APP) – *cette phase permet de lister les différents éléments de l'énoncé dont il faut tenir compte, ainsi que les connaissances de cours à mobiliser.*

Les éléments à retenir et à utiliser pour résoudre le problème sont :
– le tableau du **document 2** concernant les quatre diapasons, en particulier la fréquence f du son émis et la longueur L des branches ;
– la fréquence des quatre diapasons doit être de $f_0 = 440$ Hz ;
– la température est de $T = 25$ °C, donc grâce à la question préliminaire **2**, on connaît la longueur d'onde correspondante, $\lambda = 0{,}786$ m ;
– l'énoncé explique que la longueur D de la caisse de résonance est un multiple entier impair de $\lambda/4$, donnée que l'on peut traduire mathématiquement par $D = (2p + 1)\ \lambda/4$ avec $p \in \mathbb{N}^*$;
– la courbe de la fréquence en fonction de $1/L^2$, ainsi que sa modélisation peuvent être exploitées ;
– la formule **(1)** est : $f = 0{,}16 \times \sqrt{\frac{E_A}{\rho_A}} \times \frac{d}{L^2}$.

ANALYSER ET RAISONNER (ANA) – *cette phase est celle du raisonnement, c'est-à-dire des liens à faire entre les éléments listés ci-avant pour arriver à répondre à la question posée.*

La longueur de la caisse de résonance peut être traitée en premier : on peut faire des essais successifs avec $p = 0$, $p = 1$, etc. et calculer les longueurs D correspondantes. On fait le choix d'une dimension pertinente et réalisable (ni trop grande, ni trop petite, c'est-à-dire entre 20 cm et 30 cm) pour la longueur de la caisse.
L'exploitation de la courbe de la fréquence en fonction de $1/L^2$ permet, par lecture graphique, de déterminer la longueur L_0 correspondant à la fréquence $f_0 = 440$ Hz. En comparant cette longueur à celles des quatre diapasons données dans le tableau, on peut faire le tri des diapasons : ceux dont la longueur L est supérieure à L_0 peuvent être coupés.

Concernant les diapasons pour lesquels $L < L_0$, il faut diminuer la dimension d de leurs branches. Pour cela, il faut calculer le coefficient directeur de la courbe de la fréquence en fonction de $1/L^2$ obtenue pour $d = 7{,}0$ mm.

En utilisant la formule **(1)**, on peut en déduire la valeur du facteur $\sqrt{\frac{E_A}{\rho_A}}$, puis calculer d pour une fréquence $f_0 = 440$ Hz.

RÉALISER (REA) – *c'est la phase de réalisation pratique de la phase de raisonnement. Elle comprend les lectures de courbes et les calculs à faire.*

La longueur de la caisse de résonance peut être :

– $D_0(p = 0) = \frac{\lambda}{4} = \frac{0{,}786}{4} = 0{,}197$ m ou 19,7 cm ;

– $D_1(p = 1) = 3 \times \frac{\lambda}{4} = 0{,}590$ m ou 59,0 cm.

$D_2, D_3, D_4, \ldots$ sont forcément de longueur supérieure à 59,0 cm.

Il semble donc raisonnable de choisir une longueur de caisse de résonance de $\boldsymbol{D = 19{,}7}$ **cm**.

L'exploitation de la courbe de la fréquence f en fonction de l'inverse du carré de la longueur des branches permet de déterminer que, pour $f = f_0 = 440$ Hz, $\frac{1}{L_0^2} = 78{,}0$ m^{-2}.

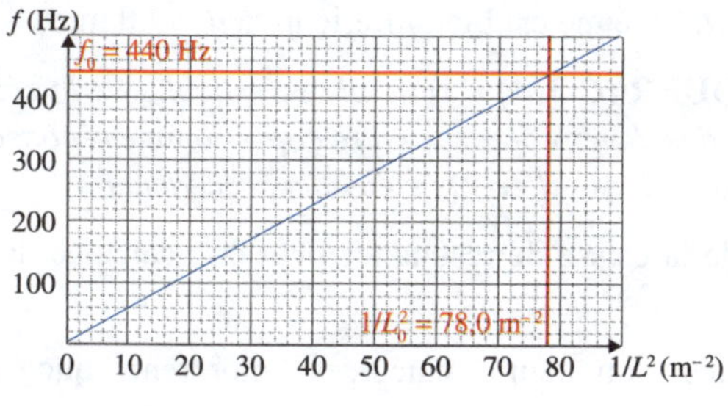

On en déduit $L_0 = \sqrt{\frac{1}{78{,}0}} = 0{,}113$ m ou $\boldsymbol{L_0 = 11{,}3}$ **cm**.

En comparant aux longueurs L du tableau du **document 2**, on constate que les longueurs des branches des diapasons 2, 3 et 4 (respectivement 0,121 m ; 0,133 m et 0,147 m) sont supérieures à 0,113 m. On va donc pouvoir diminuer la longueur de chaque branche afin d'obtenir des branches de 11,3 cm de longueur.

Seul le diapason 1, tel que $L_1 = 0{,}108$ m $< L_0 = 0{,}113$ m, a des branches plus courtes que celles donnant une fréquence de 440 Hz.

À partir de la courbe, on calcule le coefficient directeur a de la droite passant par l'origine. En utilisant le point (0,0) et les données f_0 = 440 Hz, $\frac{1}{L_0^2} = 78{,}0\ \text{m}^{-2}$, on en déduit $a = \frac{440-0}{78{,}0-0} = 5{,}64\ \text{Hz·m}^2$.

Or $f = 0{,}16 \times \sqrt{\frac{E_A}{\rho_A}} \times \frac{d}{L^2}$ donc $a = 0{,}16 \times \sqrt{\frac{E_A}{\rho_A}} \times d$.

On en déduit le facteur $\sqrt{\frac{E_A}{\rho_A}} = \frac{a}{0{,}16 \times d} = \frac{5{,}64}{0{,}16 \times 7{,}0 \times 10^{-3}} = 5{,}0 \times 10^3\ \text{Hz·m}$

avec $d = 7{,}0$ mm $= 7{,}0 \times 10^{-3}$ m.

On peut maintenant déterminer la dimension d_1 de la branche de longueur $L_1 = 0{,}108$ m pour le diapason 1 :

$$d_1 = \frac{L_1^2 \times f_0}{0{,}16 \times \sqrt{\frac{E_A}{\rho_A}}} = \frac{0{,}108^2 \times 440}{0{,}16 \times 5{,}0 \times 10^3} = 6{,}4 \times 10^{-3}\ \text{m soit } \boldsymbol{d_1 = 6{,}4\ \text{mm}}.$$

VALIDATION (VAL) – *cette phase permet de vérifier un certain nombre de cohérences dans le travail effectué.*

On peut vérifier que :
– une des dimensions D calculées pour la caisse de résonance correspond à une dimension vue en séance de TP de Terminale ;
– la valeur de d_1 obtenue est bien inférieure à $d = 7{,}0$ mm.

COMMUNIQUER (COM) – *cette phase est celle de la rédaction, c'est-à-dire ce que vous devez noter sur votre copie comme réponse à la question posée. Elle reprend les différents éléments précédents.*

La longueur de la caisse de résonance peut être calculée dans un premier temps.

Les différentes longueurs calculées montrent que seule $D_0 = \frac{\lambda}{4} = \frac{0{,}786}{4} = 0{,}197$ m ou **19,7 cm** est réalisable. Les autres dimensions sont supérieures ou égales à $D_1 = 3 \times \frac{\lambda}{4} = 0{,}590$ m ou 59,0 cm.

La courbe ci-après montre que pour $f = f_0 = 440$ Hz, la longueur des branches doit être telle que $\frac{1}{L_0^2} = 78{,}0\ \text{m}^{-2}$.

On en déduit $L_0 = \sqrt{\frac{1}{78{,}0}} = 0{,}113$ m ou $\boldsymbol{L_0}$ **= 11,3 cm**.

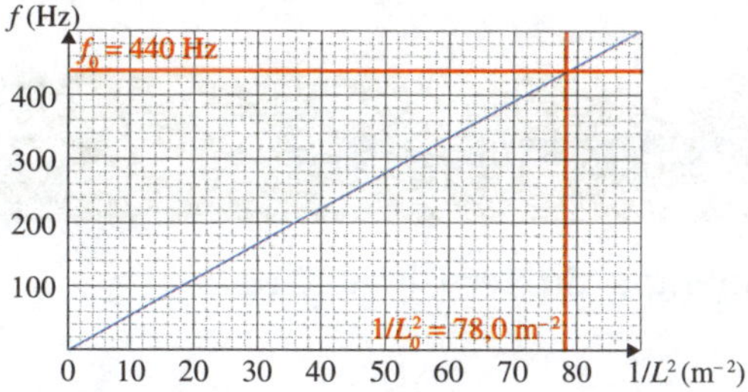

D'après le tableau du **document 2**, les longueurs des branches des diapasons 2, 3 et 4 sont supérieures à 0,113 m et peuvent donc être coupées.
Concernant le diapason 1, la courbe précédente a le coefficient directeur $a = 0{,}16 \times \sqrt{\frac{E_A}{\rho_A}} \times d = \frac{440 - 0}{78{,}0 - 0}$ = 5,64 Hz·m², en utilisant les points (0,0) et (78,0 ; 440).
Avec la valeur d = 7,0 mm, on obtient :

$$\sqrt{\frac{E_A}{\rho_A}} = \frac{a}{0{,}16 \times d} = \frac{5{,}64}{0{,}16 \times 7{,}0 \times 10^{-3}} = 5{,}0 \times 10^3 \text{ Hz·m.}$$

La dimension d_1 de la branche de longueur L_1 = 0,108 m pour le diapason 1 est alors :

$$d_1 = \frac{L_1^2 \times f_0}{0{,}16 \times \sqrt{\frac{E_A}{\rho_A}}}$$

A.N. : $d_1 = \frac{0{,}108^2 \times 440}{0{,}16 \times 5{,}0 \times 10^3} = 6{,}4 \times 10^{-3}$ m, soit $\boldsymbol{d_1}$ **= 6,4 mm**.

Les consignes à donner à l'atelier sont donc les suivantes :
– fabriquer 4 caisses de résonance de longueur D = 19,7 cm ;
– diminuer la dimension d de la branche du premier diapason de 7,0 mm à 6,4 mm ;
– couper les branches des autres diapasons pour qu'elles mesurent toutes 11,3 cm.

Sujet 5 — Surfer sur la vague

5 pts — 50 min

Amérique du Nord, juin 2013

Calculatrice autorisée

LISTE DES NOTIONS

- Les ondes dans la matière : la houle
- Ondes mécaniques progressives
- Vitesse de propagation d'une onde mécanique
- Diffraction d'une onde mécanique
- Extraire et exploiter des informations de documents

La houle est un train de vagues régulier généré par un vent soufflant sur une grande étendue de mer sans obstacle, le fetch. En arrivant près du rivage, sous certaines conditions, la houle déferle au grand bonheur des surfeurs !

Donnée : intensité de la pesanteur : $g = 9{,}8\ \text{m} \cdot \text{s}^{-2}$.

Partie I La houle, onde mécanique progressive

30 min 3 pts

1 Pourquoi peut-on dire que la houle est une onde mécanique progressive ? **0,5 pt**

2 Il est possible de simuler la houle au laboratoire de physique avec une cuve à ondes en utilisant une lame vibrante qui crée à la surface de l'eau une onde progressive sinusoïdale de fréquence $f = 23$ Hz. On réalise une photographie du phénomène observé (**document 1**).
Déterminer, en expliquant la méthode utilisée, la vitesse de propagation v de l'onde sinusoïdale générée par le vibreur. **1 pt**

Doc. 1 **Simulation de la houle au laboratoire avec une cuve à ondes**

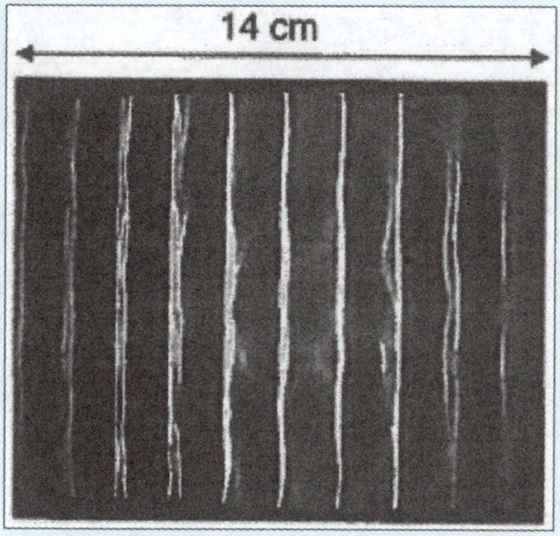

3 Au large de la pointe bretonne, à une profondeur de 3 000 m, la houle s'est formée avec une longueur d'onde de 60 m.
En utilisant le **document 2**, calculer la vitesse de propagation v_1 de cette houle. En déduire sa période T_1. **0,75 pt**

Doc. 2 **Vitesse de propagation des ondes à la surface de l'eau**

• Cas des ondes dites « courtes » (en eau profonde) :
longueur d'onde λ faible devant la profondeur h de l'océan ($\lambda < 0,5\ h$)

$$v = \sqrt{\frac{g \cdot \lambda}{2\pi}}$$

• Cas des ondes dites « longues » (eau peu profonde) :
longueur d'onde λ très grande devant la profondeur de l'océan ($\lambda > 10\ h$)

$$v = \sqrt{g \cdot h}$$

g est l'intensité du champ de pesanteur terrestre.

D'après http://ifremer.fr/

4 Arrivée de la houle dans une baie

a. Sur la photographie aérienne du **document 3**, quel phénomène peut-on observer ? Quelle est la condition nécessaire à son apparition ? **0,5 pt**

SPÉCIFIQUE

Doc. 3 **Photographie aérienne de l'arrivée de la houle dans une baie**

b. Citer un autre type d'onde pour laquelle on peut observer le même phénomène. **0,25 pt**

Partie II Surfer sur la vague

20 min **2 pts**

La houle atteint une côte sablonneuse et rentre dans la catégorie des ondes longues.

1 Calculer la nouvelle vitesse de propagation v_2 de la houle lorsque la profondeur est égale à 4,0 m, ainsi que sa nouvelle longueur d'onde λ_2. Les résultats obtenus sont-ils conformes aux informations données dans le **document 4** ? **1 pt**

Doc. 4 **Déferlement des vagues sur la côte**

En arrivant près de la côte, la houle atteint des eaux peu profondes. Dès que la profondeur est inférieure à la moitié de la longueur d'onde, les particules d'eau sont freinées par frottement avec le sol. La houle est alors ralentie et sa longueur d'onde diminue. Ces modifications des caractéristiques de l'onde s'accompagnent d'une augmentation d'amplitude. La période est la seule propriété de l'onde qui ne change pas à l'approche de la côte.
Ainsi en arrivant près du rivage, la vitesse des particules sur la crête est plus importante que celle des particules dans le creux de l'onde, et lorsque la crête n'est plus en équilibre, la vague déferle.

D'après http://ifremer.fr/

2 Pour la pratique du surf, la configuration optimale est :

- à marée montante, c'est-à-dire entre le moment de basse mer et celui de pleine mer ;
- avec une direction du vent venant du Sud-Ouest.

Un surfeur consulte au préalable un site Internet qui lui donne toutes les prévisions concernant le vent, la houle et les horaires des marées (**document 5**).

Doc. 5 Prévisions maritimes

GFS 19.06.2012 00 UTC	Je 21 05h	Je 21 08h	Je 21 11h	Je 21 14h	Je 21 17h	Je 21 20h	Ve 22 05h	Ve 22 08h	Ve 22 11h	Ve 22 14h	Ve 22 17h	Ve 22 20h	Sa 23 05h	Sa 23 08h	Sa 23 11h	Sa 23 14h	Sa 23 17h	Sa 23 20h
Vitesse du vent (nœuds)	4	7	16	23	21	21	17	15	15	15	15	12	10	10	10	13	14	15
Rafales (nœuds)	5	10	25	28	28	28	23	21	18	19	18	15	13	13	12	15	18	21
Direction du vent	↗	↖	↑	↗	↗	↗	↗	→	→	→	→	→	↗	↗	↗	↗	↑	↑
Vagues (m)	0,7	0,7	0,9	1,3	1,7	2,1	2,6	2,6	2,6	2,4	2,3	2,2	1,8	1,7	1,6	1,5	1,4	1,3
Période des vagues (s)	6	7	4	6	6	6	7	8	8	8	8	8	8	7	7	7	7	7
Direction des vagues	→	→	↗	↗	↗	↗	↗	↗	↗	→	→	→	→	→	→	→	→	→
*Température (°C)	13	14	14	14	15	14	14	14	15	15	15	14	13	14	15	16	16	15

Tableau des marées – Juin 2012

Jour	Pleine mer (h:min)		Basse mer (h:min)	
Jeudi 21 juin	06:54	19:08	00:58	13:10
Vendredi 22 juin	07:31	19:44	01:34	13:46
Samedi 23 juin	08:08	20:22	02:10	14:24
Dimanche 24 juin	08:47	21:02	02:49	15:04

D'après http://www.windguru.cz/fr/

Proposer, en justifiant, un créneau favorable à la pratique du surf entre le jeudi 21 et le samedi 23 juin 2012. **0,5 pt**

3 Un autre phénomène très attendu par les surfeurs, lors des marées importantes, est le mascaret.
Le mascaret est une onde de marée qui remonte un fleuve. Cette onde se propage à une vitesse v de l'ordre de 5,1 $m \cdot s^{-1}$.
Le passage du mascaret étant observé sur la commune d'Arcins à 17 h 58, à quelle heure arrivera-t-il à un endroit situé à une distance d = 13 km en amont du fleuve ? **0,5 pt**

SPÉCIFIQUE

Les clés pour réussir

Partie I

2 Pour déterminer la vitesse v, il faut au préalable déterminer graphiquement la longueur d'onde λ.

Pour une meilleure précision, on mesurera la longueur correspondant au plus grand nombre de longueurs d'onde λ.

Faites aussi attention à l'échelle de la photographie !

Partie II

2 Dessinez un diagramme temporel où vous situerez les créneaux horaires correspondant aux différentes conditions.

La configuration optimale est obtenue quand toutes les conditions sont favorables.

Pensez aussi que l'on ne surfe pas la nuit.

Sujet 5 Corrigé

Partie I La houle, onde mécanique progressive

1 La houle est une perturbation : déformation de la surface de l'eau, qui se propage sans transport de matière et qui a besoin d'un milieu matériel (l'eau), pour se propager.
C'est donc **une onde mécanique progressive**.

Remarque

La direction de la perturbation est perpendiculaire à la direction de la propagation. C'est donc une onde mécanique progressive transversale.

2 Par définition, on a :

$$\lambda = vT$$

avec λ la longueur d'onde de l'onde progressive, v la vitesse de propagation de l'onde et T la période de la source vibrante.

Il en résulte : $$v = \frac{\lambda}{T}$$

Comme $T = \frac{1}{f}$, avec f la fréquence de la source vibrante (ici la lame vibrante), on a :

$$v = \lambda f$$

Utilisons le **document 1** pour déterminer la longueur d'onde λ :

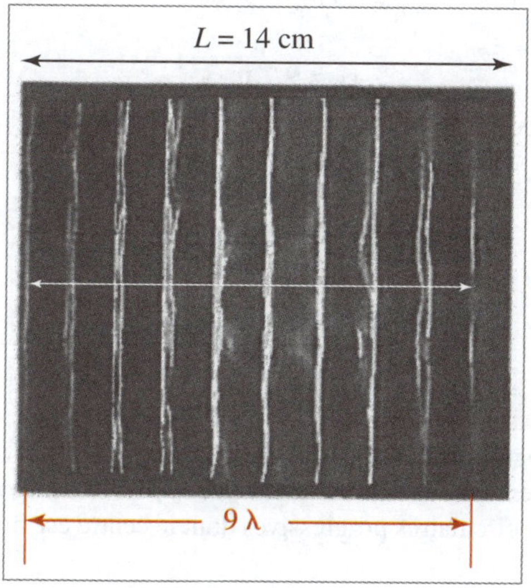

Document 1

Par mesure sur le **document 1**, on trouve que « 9λ » est représenté par un segment de 53 mm et que « L » est représentée par un segment de 59 mm.

On a donc : $$\frac{9\lambda}{L} = \frac{53}{59} = 0{,}90$$

d'où $9\lambda = 0{,}90\ L$, soit : $$\lambda = \frac{L}{10}$$

A. N. : $L = 14$ cm, d'où $\lambda = 1{,}4$ cm $= 1{,}4 \times 10^{-2}$ m ; $f = 23$ Hz,

d'où : $$\mathbf{v = 0{,}32\ m \cdot s^{-1}}$$

3 Au large de la pointe bretonne, la houle s'est formée avec une longueur d'onde $\lambda_1 = 60$ m, la profondeur de l'océan valant à cet endroit $h_1 = 3\,000$ m.

On constate que la longueur d'onde λ_1 est très faible devant la profondeur h_1 de l'océan : le rapport $\frac{\lambda}{h_1} = \frac{60}{3\,000} = 0{,}02$ est nettement inférieur à 0,5, on est dans le cas des ondes dites « courtes ».

SPÉCIFIQUE

D'après le **document 2**, la vitesse de propagation v_1 de cette houle est donnée par la relation :

$$v_1 = \sqrt{\frac{g\lambda_1}{2\pi}}$$

A. N. : $g = 9{,}8\ \text{m}\cdot\text{s}^{-2}$; $\lambda_1 = 60$ m,

d'où : $$\mathbf{v_1 = 9{,}7\ m\cdot s^{-1}}$$

La période T_1 de ces ondes, sachant que $\lambda_1 = v_1T_1$, s'écrit :

$$T_1 = \frac{\lambda_1}{v_1}$$

A. N. : $\lambda_1 = 60$ m, $v_1 = 9{,}7\ \text{m}\cdot\text{s}^{-1}$:

d'où : $$\mathbf{T_1 = 6{,}2\ s}$$

4 Arrivée de la houle dans une baie

a. Sur la photographie aérienne du **document 3**, on observe la diffraction de la houle à l'entrée de la baie. L'entrée de la baie se comporte comme une source d'ondes circulaires progressives dont le centre est situé à l'entrée de la baie.

Ce phénomène sera d'autant plus visible que la dimension de l'entrée de la baie sera petite par rapport à la longueur d'onde de la houle.

b. On peut aussi observer le phénomène de diffraction avec des ondes électromagnétiques, par exemple la diffraction d'un faisceau laser passant par une toute petite ouverture.

Partie II Surfer sur la vague

1 La nouvelle vitesse de propagation v_2 de la houle en eau très peu profonde (cas où λ_2 est nettement plus grande que h_2 d'après le **document 2**) est donnée par la relation :

$$v_2 = \sqrt{gh_2} \qquad \text{(}\textit{cf.}\ \textbf{document 2}\text{)}$$

A. N. : $g = 9{,}8\ \text{m}\cdot\text{s}^{-2}$; $h_2 = 4{,}0$ m,

d'où : $$\mathbf{v_2 = 6{,}3\ m\cdot s^{-1}}$$

- La nouvelle longueur d'onde λ_2 de la houle est donnée par la relation :

$$\lambda_2 = v_2T_2$$

Comme, d'après le **document 4**, la période de la houle ne change pas, on a $T_2 = T_1 = 6{,}2$ s, donc :

$$\boldsymbol{\lambda_2 = 39\ \text{m}}$$

On vérifie bien que λ_2 est nettement plus grande que h_2 :

$$\lambda_2 \approx 10\ h_2$$

Les résultats obtenus sont bien conformes aux informations données dans le **document 4**. En effet, on lit « En arrivant près de la côte, la houle atteint des eaux plus profondes » :

- « la houle est alors ralentie » : EXACT (on a $v_2 < v_1$) ;
- « sa longueur d'onde diminue » : EXACT (on a $\lambda_2 < \lambda_1$).

2 Pour la pratique du surf, la configuration optimale est :

- **à marée montante**, c'est-à-dire entre le moment de basse mer et celui de pleine mer. Dans le diagramme temporel ci-après, on met en **bleu** les créneaux horaires qui vérifient cette condition ;
- **avec une direction du vent venant du Sud-Ouest**. Dans le diagramme temporel ci-après, on met en **vert** les créneaux horaires qui vérifient cette condition.

D'où le diagramme temporel allant du jeudi 21 juin 0 h au samedi 23 juin minuit, en utilisant les données du **document 5** :

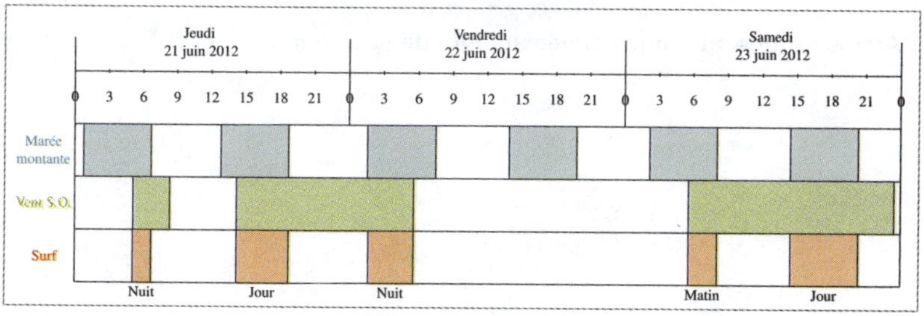

En rouge : créneaux horaires où la configuration est optimale pour la pratique du surf.

Diagramme temporel

En évitant la nuit, les créneaux horaires pour avoir la configuration optimale pour la pratique du surf sont :

- **jeudi 21 juin après-midi de 14 h à 19 h 08 min** ;
- **samedi 23 juin tôt le matin de 5 h à 8 h 08 min** ;
- **samedi 23 juin après-midi de 14 h 24 min à 20 h 22 min.**

SPÉCIFIQUE

Remarque

Si l'on regarde la vitesse du vent, on constate qu'il soufflera beaucoup plus « fort » le jeudi 21 juin après-midi que le samedi 23 juin après-midi (rafales à 28 nœuds le jeudi et à 12 nœuds le samedi).
Les surfeurs débutants et moyens surferont plutôt le samedi après-midi, les surfeurs confirmés plutôt le jeudi après-midi (et en plus, il y aura moins de monde ce jour-là).
Enfin, ceux qui n'hésitent pas à se lever très tôt le matin pourront surfer dans des bonnes conditions le samedi en début de matinée.

3 Le mascaret passera à un endroit en amont du fleuve à la distance *d* de la commune d'Arcins avec un retard $\tau = \frac{d}{v}$.

A. N. : $d = 13\text{ km} = 1{,}3 \times 10^4\text{ m}$; $v = 5{,}1\text{ m}\cdot\text{s}^{-1}$,

d'où : $$\tau = 2{,}55 \times 10^3\text{ s} = 42\text{ min}$$

Le mascaret passant à 17 h 58 min à Arcins, il passera au point situé à 13 km en amont du fleuve à la date t = 17 h 58 min + 42 min, soit à **t = 18 h 40 min**.

Remarque

Arcins est une commune située au bord de la Gironde.

Sujet 6 — De l'effet Doppler à ses applications

6 pts — 1 heure

France métropolitaine – La Réunion, juin 2016

Calculatrice autorisée

SPÉCIFIQUE

LISTE DES NOTIONS

- Période, fréquence, longueur d'onde
- Vélocimétrie Doppler en médecine
- Célérité d'un son
- Perception d'un son
- Détermination de la vitesse d'un mobile

Christian Doppler (1803-1853)

Christoph Buys-Ballot (1817-1890)

Christian Doppler, savant autrichien, propose en 1842 une explication de la modification de la fréquence du son perçu par un observateur immobile lorsque la source sonore est en mouvement. Buys-Ballot, scientifique hollandais, vérifie expérimentalement la théorie de Doppler en 1845, en enregistrant le décalage en fréquence d'un son provenant d'un train en mouvement et perçu par un observateur immobile.
On se propose de présenter l'effet Doppler puis de l'illustrer au travers de deux applications.

Partie I Mouvement relatif d'une source sonore et d'un détecteur

15 min — 1,5 pt

Nous nous intéressons dans un premier temps au changement de fréquence associé au mouvement relatif d'une source sonore S et d'un détecteur placé au point M (**document 1**). Le référentiel d'étude est le référentiel terrestre dans lequel le détecteur est immobile. Une source S émet des « bips » sonores à intervalles de temps réguliers dont la période d'émission est notée T_0. Le signal sonore se propage à la célérité v_{son} par rapport au référentiel terrestre.

Doc. 1 **Schéma représentant une source sonore immobile (cas A), puis en mouvement (cas B)**

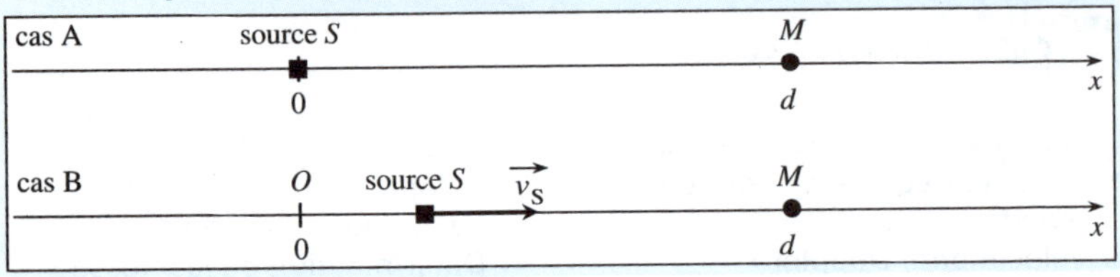

1 **Cas A :** la source S est immobile en $x = 0$ et le détecteur M, situé à la distance d, perçoit chaque bip sonore avec un retard lié à la durée de propagation du signal.

a. Définir par une phrase, en utilisant l'expression « bips sonores », la fréquence f_0 de ce signal périodique. **0,25 pt**

b. Comparer la période temporelle T des bips sonores perçus par le détecteur à la période d'émission T_0. **0,5 pt**

2 **Cas B** : la source S, initialement en $x = 0$, se déplace à une vitesse constante v_S suivant l'axe Ox en direction du détecteur immobile. La vitesse v_S est inférieure à la célérité v_{son}. On suppose que la source reste à gauche du détecteur. **0,75 pt**

Le détecteur perçoit alors les différents bips séparés d'une durée :

$$T' = T_0\left(1 - \frac{v_H}{v_{son}}\right)$$

Indiquer si la fréquence f' des bips perçus par le détecteur est inférieure ou supérieure à la fréquence f_0 avec laquelle les bips sont émis par la source S. Justifier.

Partie II La vélocimétrie Doppler en médecine

22 min **2,25 pts**

La médecine fait appel à l'effet Doppler pour mesurer la vitesse d'écoulement du sang dans les vaisseaux sanguins (**document 2**).

Un émetteur produit des ondes ultrasonores qui traversent la paroi d'un vaisseau sanguin. Pour simplifier, on suppose que lorsque le faisceau ultrasonore traverse des tissus biologiques, il rencontre :

- des cibles fixes sur lesquelles il se réfléchit sans modification de la fréquence ;
- des cibles mobiles, comme les globules rouges du sang, sur lesquelles il se réfléchit avec une modification de la fréquence ultrasonore par effet Doppler (**document 3**).

Doc. 2 Vitesse moyenne du sang dans différents vaisseaux sanguins

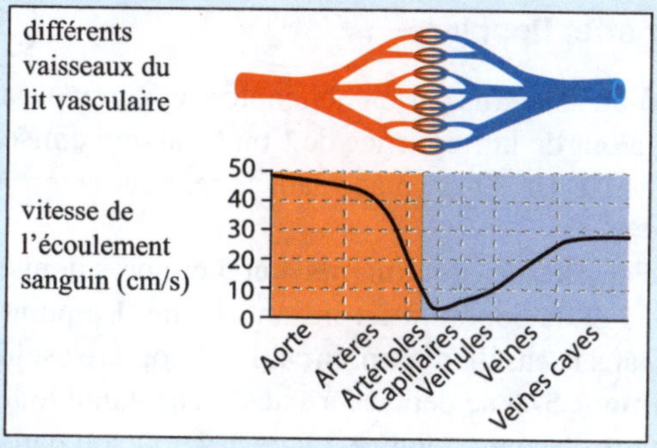

Doc. 3 Principe de la mesure d'une vitesse d'écoulement sanguin par effet Doppler (échelle non respectée)

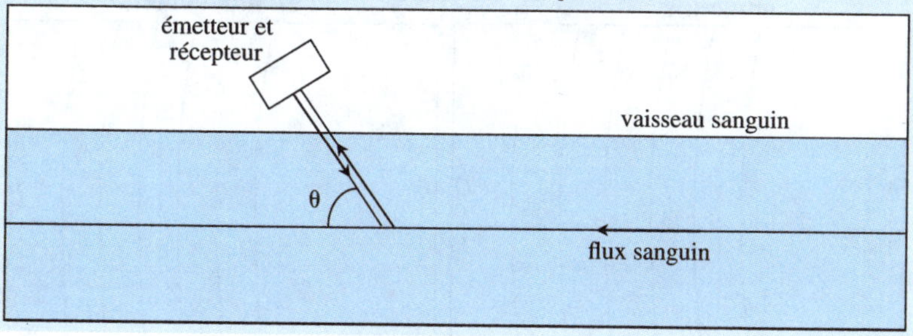

L'onde ultrasonore émise, de fréquence $f_E = 10$ MHz, se réfléchit sur les globules rouges qui sont animés d'une vitesse v. L'onde réfléchie est ensuite détectée par le récepteur.

La vitesse v des globules rouges dans le vaisseau sanguin est donnée par la relation $v = \frac{v_{ultrason}}{2\cos\theta} \cdot \frac{\Delta f}{f_E}$ où Δf est le décalage en fréquence entre l'onde émise et l'onde réfléchie, $v_{ultrason}$ la célérité des ultrasons dans le sang et θ l'angle défini sur le **document 3**.

On donne $v_{ultrason} = 1{,}57 \times 10^3\ \text{m·s}^{-1}$ et $\theta = 45°$.

1 Le décalage en fréquence mesuré par le récepteur est de 1,5 kHz. Identifier le(s) type(s) de vaisseaux sanguins dont il pourrait s'agir. **1,5 pt**

2 Pour les mêmes vaisseaux sanguins et dans les mêmes conditions de mesure, on augmente la fréquence des ultrasons émis f_E. Indiquer comment évolue le décalage en fréquence Δf. Justifier. **0,75 pt**

Partie III Détermination de la vitesse d'un hélicoptère par effet Doppler

23 min **2,25 pts**

On s'intéresse à un son émis par un hélicoptère et perçu par un observateur immobile. La valeur de la fréquence de l'onde sonore émise par l'hélicoptère est $f_0 = 8{,}1 \times 10^2$ Hz. On se place dans le référentiel terrestre pour toute la suite de cette partie.
Les portions de cercles des **documents 4** et **5** ci-après donnent les maxima d'amplitude de l'onde sonore à un instant donné. Le point *A* schématise l'hélicoptère. Dans le cas du **document 4**, l'hélicoptère est immobile. Dans le cas du **document 5**, il se déplace à vitesse constante le long de l'axe et vers l'observateur placé au point *O*. La célérité du son dans l'air est indépendante de sa fréquence.

Doc. 4 L'hélicoptère est immobile

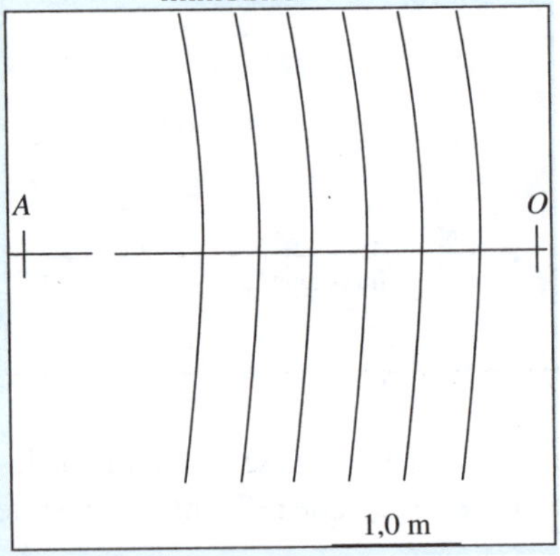

Doc. 5 L'hélicoptère est en mouvement

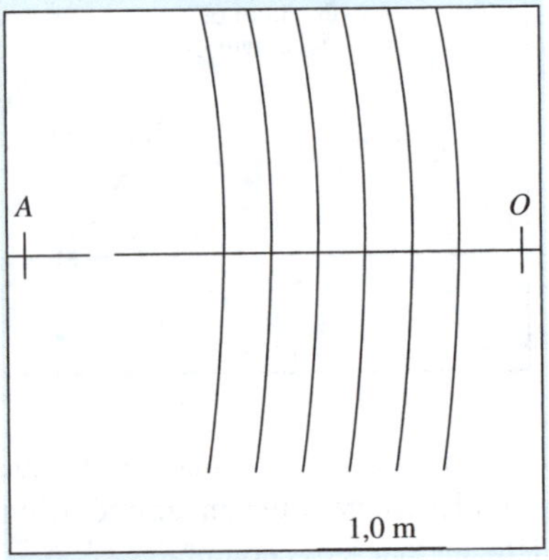

1 Déterminer, avec un maximum de précision, la longueur d'onde λ_0 de l'onde sonore perçue par l'observateur lorsque l'hélicoptère est immobile, puis la longueur d'onde λ' lorsque l'hélicoptère est en mouvement rectiligne uniforme. **1 pt**

2 En déduire une estimation de la valeur de la célérité de l'onde sonore. Commenter la valeur obtenue. **0,5 pt**

3 Déterminer la fréquence du son perçu par l'observateur lorsque l'hélicoptère est en mouvement. Cette valeur est-elle en accord avec le résultat de la question **I.2** ? Comment la perception du son est-elle modifiée ? **0,5 pt**

4 En déduire la valeur de la vitesse de l'hélicoptère. Cette valeur vous paraît-elle réaliste ? **0,25 pt**

Les clés pour réussir

Partie I

2 Appliquez la relation donnée dans l'énoncé.

Si un son a une fréquence plus élevée qu'un autre son, on dit que le premier est plus aigu que le second.

Partie II

1 Utilisez le tableau donnant les vitesses de l'écoulement sanguin suivant le type de vaisseau.

2 On admet que la vitesse des ultrasons ne dépend pas de la fréquence.

Partie III

1 Faites les mesures graphiques avec soin.

2 Attention au nombre de chiffres significatifs !

3 Évitez les résultats intermédiaires : faites les calculs avec les données initiales.

4 Utilisez la relation donnée à la question **I.1** en remplaçant la vitesse de la source sonore par celle de l'hélicoptère. Vérifiez que la valeur trouvée est plausible.

SPÉCIFIQUE

Sujet 6 Corrigé

Partie I Mouvement relatif d'une source sonore et d'un détecteur

1 Cas A : source *S* et détecteur *M* immobiles

a. Définition de la fréquence f_0 du signal périodique

La fréquence f_0 du signal périodique de la source sonore S est égale au **nombre de bips sonores par seconde émis par cette source**.

Remarque

La fréquence s'exprime en hertz (Hz).

b. Comparaison de la période temporelle T des bips sonores perçus par le détecteur M à la période d'émission T_0

La source S et le détecteur M étant immobiles, la distance entre eux ne varie pas : il n'y a pas d'effet Doppler. La période temporelle T des bips sonores perçus par le détecteur M est égale à la période d'émission T_0 de la source S, d'où :

$$T = T_0$$

2 Cas B : source S se déplaçant avec une vitesse constante vers le détecteur M immobile

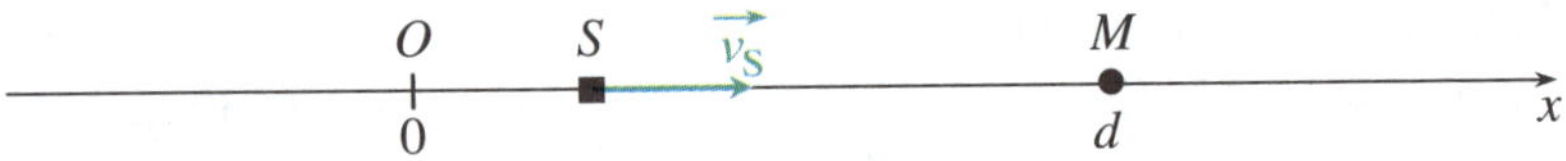

D'après l'énoncé, la période T' des bips sonores reçus par le détecteur M est :

$$T' = T_0\left(1 - \frac{v_s}{v_{son}}\right) \quad \textbf{(1)}$$

La fréquence f' des bips sonores reçus par le détecteur, qui est égale au nombre de ces bips sonores reçus par seconde, vaut :

$$f' = \frac{1}{T'}$$

soit :

$$f' = \frac{1}{T_0\left(1 - \dfrac{v_s}{v_{son}}\right)}$$

Sachant que $f_0 = \dfrac{1}{T_0}$, il en résulte :

$$f' = \frac{f_0}{1 - \dfrac{v_s}{v_{son}}}$$

Comme la vitesse de déplacement v_s de la source est inférieure à la vitesse du son v_{son} (c'est l'énoncé qui le précise), on a $v_s < v_{son}$.

Donc $\dfrac{v_s}{v_{son}} < 1$.

On en déduit que $1 - \dfrac{v_s}{v_{son}} < 1$, et donc que :

$f' > f_0$.

La fréquence f' des bips perçus par le détecteur est supérieure à la fréquence f_0 avec laquelle les bips sont émis par la source.

> **Remarque**
> Le son perçu par le détecteur est dit plus aigu que le son émis par la source.

Partie II La vélocimétrie Doppler en médecine

1 Types de vaisseaux sanguins étudiés

La vitesse v des globules rouges dans le vaisseau sanguin est donnée par la relation :

$$v = \frac{v_{\text{ultrason}} \cdot \Delta f}{2\cos\theta \cdot f_E} \quad \textbf{(2)}$$

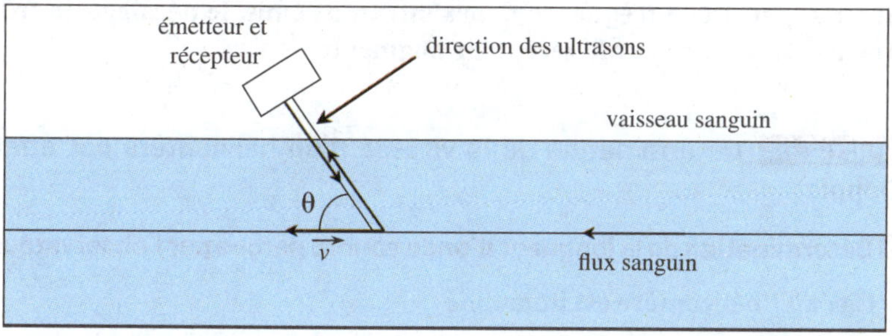

Doc. 1

Dans le cas étudié, on a :

- vitesse des ultrasons dans le sang : $v_{\text{ultrason}} = 1{,}57 \times 10^3$ m·s^{-1} ;
- décalage de fréquence entre l'onde émise et l'onde réfléchie : $\Delta f = 1{,}5$ kHz $= 1{,}5 \times 10^3$ Hz ;
- angle entre la direction du vecteur vitesse $\vec{v}$ et la direction des ultrasons $\theta = 45°$;
- fréquence de l'onde ultrasonore émise : $f_E = 10$ MHz $= 1{,}0 \times 10^7$ Hz

d'où $v = 0{,}17$ m·s^{-1} $= 17$ cm·s^{-1}.

D'après le **document 2**, les vaisseaux sanguins étudiés sont :

- cas 1 : des **artérioles** ;
- cas 2 : des **veines**.

Ce sont les deux types de vaisseaux sanguins pour lesquels la vitesse d'écoulement des globules rouges est de l'ordre de 17 cm·s^{-1}.

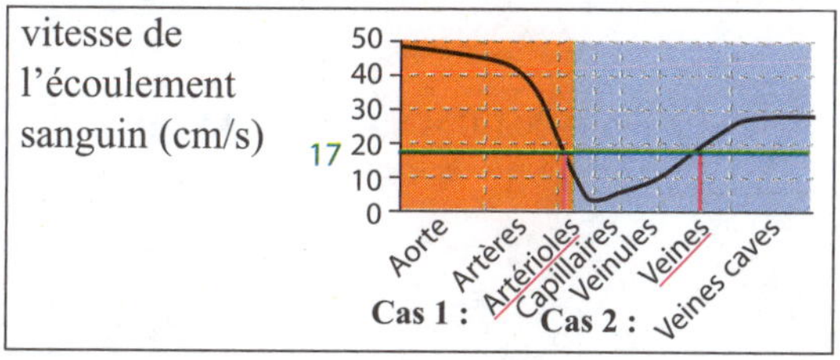

Doc. 2 Vitesse moyenne du sang dans différents vaisseaux sanguins

2 Que se passe-t-il si on augmente la fréquence des ultrasons émis f_E ?

De la relation **(2)**, on déduit :

$$\Delta f = \frac{2\cos\theta \cdot f_E}{v_{\text{ultrason}}}$$

θ et v_{ultrason} ne variant pas, Δf est proportionnelle à f_E.

Si on augmente la fréquence f_E des ultrasons émis, le décalage en fréquence Δf mesuré par le récepteur augmente.

Partie III Détermination de la vitesse d'un hélicoptère par effet Doppler

1 Détermination de la longueur d'onde sonore perçue par l'observateur

- **Cas où l'hélicoptère est immobile**

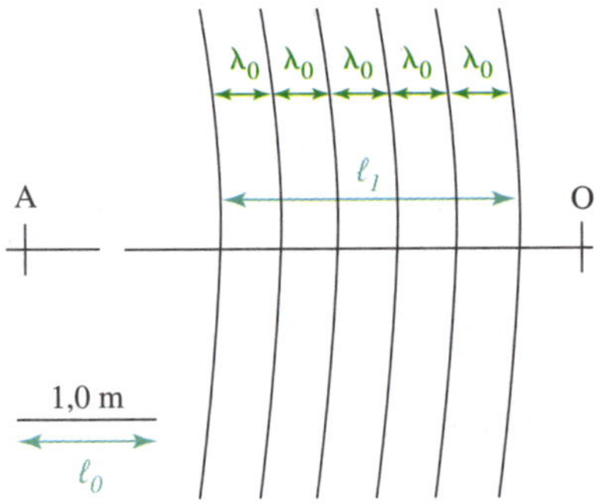

Doc. 4 L'hélicoptère est immobile

Sur le **document 4**, $5\lambda_0$ est représenté par un segment de longueur ℓ_1 = 2,6 cm et 1 m est représenté par un segment de longueur ℓ_0 = 1,2 cm.

On a donc :

$$\lambda_0 = \frac{\ell_1}{5\ell_0} \times 1{,}0 = 0{,}43 \text{ m} = \mathbf{43\ cm}$$

> **Remarque**
> Une précision supérieure serait illusoire, les mesures n'étant connues qu'avec 2 chiffres significatifs.

- **Cas où l'hélicoptère est en mouvement**

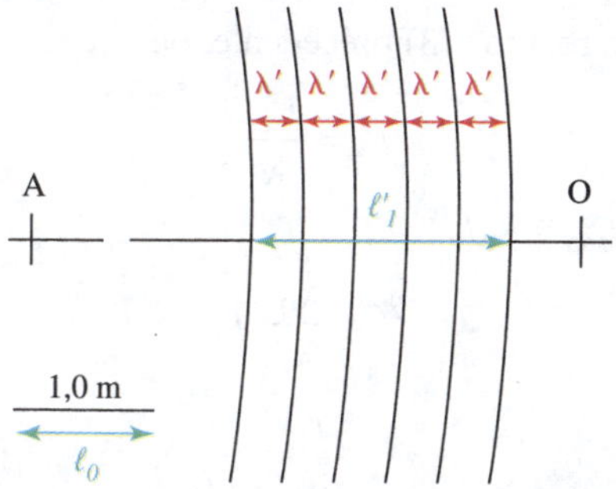

Doc. 5 L'hélicoptère est en mouvement

Sur le **document 5**, $5\lambda'$ est représenté par un segment de longueur $\ell'_1 = 2{,}2$ cm et 1 m est représenté par un segment de longueur $\ell_0 = 1{,}2$ cm.
On a donc :

$$\lambda' = \frac{\ell'_1}{5\ell_0} \times 1{,}0 = 0{,}37 \text{ m} = \mathbf{37\ cm}$$

Remarque
Comme précédemment, une précision supérieure serait illusoire, les mesures n'étant connues qu'avec 2 chiffres significatifs.

2 Estimation de la valeur de la célérité de l'onde sonore

Par définition de la longueur d'onde, on a :

$$\lambda_0 = v_{son} T_0 = \frac{v_{son}}{f_0}$$

car $T_0 = \dfrac{1}{f_0}$, d'où :

$$\boldsymbol{v_{son} = \lambda_0 f_0} \qquad \textbf{(3)}$$

A.N. : $\lambda_0 = 0{,}43$ cm ; $f_0 = 8{,}1 \times 10^2$ Hz,
d'où : $$\boldsymbol{v_{son} = 3{,}5 \times 10^2\ \mathrm{m{\cdot}s^{-1}}}$$

Vu la précision sur la valeur de λ_0, on se limite à 2 chiffres significatifs pour la valeur de la vitesse du son v_{son}.
On a une bonne estimation de la vitesse du son qui à 20 °C vaut environ **$3{,}4 \times 10^2$ m·s^{-1}**.
Cette estimation ne peut pas être meilleure vu la faible précision de la valeur de λ_0.

3 Fréquence f'_0 du son perçu par l'observateur lorsque l'hélicoptère est en mouvement

Par analogie avec la relation **(3)** précédente, on a :

$$f' = \frac{v_{son}}{\lambda'}$$

ou encore comme $v_{son} = \lambda_0 f_0$:

$$f' = \frac{\lambda_0}{\lambda'} \cdot f_0$$

Comme $$\frac{\lambda_0}{\lambda'} = \frac{\frac{\ell_1}{5\ell_0}}{\frac{\ell'_1}{5\ell_0}} = \frac{\ell_1}{\ell'_1}$$

on a finalement : $$\boldsymbol{f' = \frac{\ell_1}{\ell'_1} \cdot f_0} \qquad \textbf{(4)}$$

A.N. : $f' = \dfrac{2,6}{2,2} \times 8,1 \times 10^2 =$ **$9,6 \times 10^2$ Hz.**

On a $f' > f_0$. On retrouve le résultat obtenu à la question **I.2**.

La fréquence du son perçu par l'observateur est plus élevée que la fréquence du son émis par l'hélicoptère quand ce dernier se rapproche de l'observateur.

Le son perçu est donc plus aigu que le son émis.

4 Vitesse de l'hélicoptère

De la relation **(1)** donnée dans l'énoncé, on a, en remplaçant v_s par v_H, vitesse de l'hélicoptère qui émet le son :

$$T' = T_0\left(1 - \frac{v_H}{v_{son}}\right)$$

On obtient, sachant que $T' = \dfrac{1}{f'}$ et $T_0 = \dfrac{1}{f_0}$:

$$\frac{1}{f'} = \frac{1}{f_0}\left(1 - \frac{v_H}{v_{son}}\right)$$

d'où : $$\frac{f_0}{f'} = 1 - \frac{v_H}{v_{son}}$$

soit :
$$\frac{v_H}{v_{son}} = 1 - \frac{f_0}{f'}$$

En utilisant la relation **(4)** $\frac{f_0}{f'} = \frac{\ell_1'}{\ell_1}$, on a :
$$\frac{v_H}{v_{son}} = 1 - \frac{\ell_1'}{\ell_1}$$

Sachant de plus (*cf.* question **III.1**) que :
$$v_{son} = \lambda_0 f_0 = \frac{\ell_1}{5\ell_0} f_0$$

on a finalement :
$$\mathbf{v_H = \frac{\ell_1}{5\ell_0}\left(1 - \frac{\ell_1'}{\ell_1}\right) f_0}$$

Remarque
En faisant les calculs à partir des mesures initiales et non à partir de résultats intermédiaires, on réduit l'imprécision sur la valeur finale.

A.N. : $\ell_1 = 2{,}6$ cm ; $\ell_1' = 2{,}2$ cm ; $\ell_0 = 1{,}2$ cm ; $f_0 = 8{,}1 \times 10^2$ Hz,

d'où : $v_H = 54 \text{ m·s}^{-1} \approx 1{,}9 \times 10^2 \text{ km·h}^{-1}$

La vitesse de l'hélicoptère est de l'ordre de 200 km·h^{-1}. Cette valeur est réaliste pour un hélicoptère.

Sujet 7 — Observation d'une exoplanète

5 pts — 50 min

Antilles-Guyane, septembre 2017

Calculatrice autorisée

LISTE DES NOTIONS

- Propriétés des ondes
- Diffraction
- Écart angulaire
- Critère de Rayleigh
- Interférences
- Retard

L'existence de planètes situées en dehors du système solaire (ou exoplanètes) fait l'objet d'études scientifiques depuis le XIXe siècle. Leur éloignement, mais aussi leur manque de luminosité par rapport aux étoiles autour desquelles elles tournent, rendent leur détection difficile.

Partie I Comment la diffraction rend-elle difficile l'observation d'une exoplanète ?

20 min — 1,75 pt

Un télescope de diamètre D collecte la lumière émise par un objet céleste, puis la renvoie vers un système optique de formation d'image qui ne sera pas étudié ici. Actuellement, l'observation de détails avec un télescope terrestre est principalement limitée par le phénomène de diffraction lié à la valeur de l'ouverture circulaire D du télescope, car il est possible d'annuler l'effet des turbulences atmosphériques sur la qualité des images formées.

La première planète extrasolaire dont on a pu faire une image par observation directe dans le proche infrarouge s'appelle 2M1207b. Cette exoplanète orbite à une distance estimée à 55 unités astronomiques (ua) autour de l'étoile 2M1207a, située à 230 années-lumière (al) de la Terre.

Doc. 1 Diffraction par une ouverture circulaire

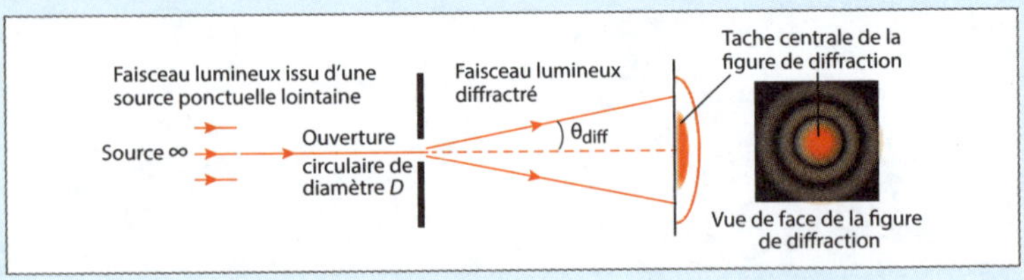

Dans le cas d'une ouverture circulaire, on admet que l'angle de diffraction θ_{diff} (exprimé en radians) vérifie la relation $\theta_{diff} = 1{,}22\,\frac{\lambda}{D}$, où λ est la longueur d'onde du faisceau incident et D le diamètre de l'ouverture.

Écart angulaire et diffraction

Des rayons lumineux issus d'un couple étoile-planète et passant par l'ouverture circulaire d'un télescope terrestre sont représentés dans le schéma ci-dessous :

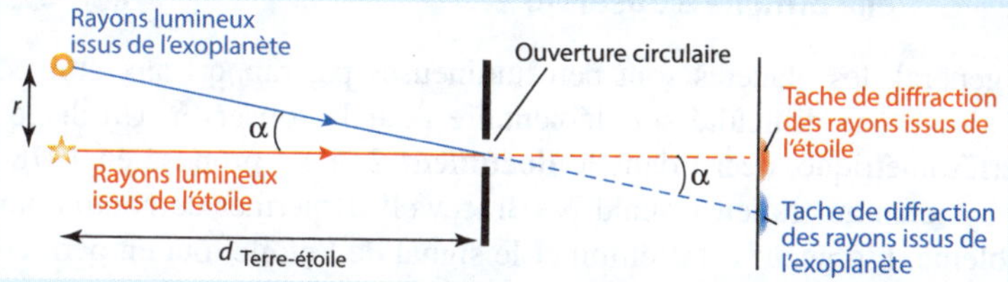

α est l'écart angulaire entre l'étoile et la planète, c'est-à-dire l'angle sous lequel l'écart angulaire étoile-planète est vu depuis la Terre.

Il se calcule grâce à la relation : $\alpha \approx \tan\alpha = \frac{r}{d_{\text{Terre-étoile}}}$ où r est la distance entre la planète et l'étoile et $d_{\text{Terre-étoile}}$ la distance entre la Terre et l'étoile.

Critère de Rayleigh pour distinguer deux objets

Un télescope permet de distinguer deux objets à condition que l'écart angulaire α entre ces deux objets soit supérieur ou égal à l'angle de diffraction θ_{diff}.

$\alpha > \theta_{diff}$

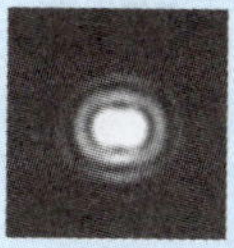

$\alpha = \theta_{diff}$

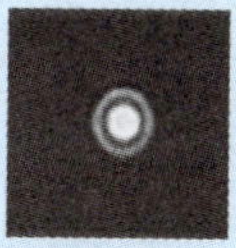

$\alpha < \theta_{diff}$

On peut distinguer les deux objets.

On ne peut pas distinguer les deux objets.

Données :

- unité astronomique : 1 ua = $1{,}496 \times 10^{11}$ m ;
- année-lumière : 1 al = $9{,}461 \times 10^{15}$ m ;
- vitesse de la lumière dans le vide : $c = 3 \times 10^{8}\ \text{m} \cdot \text{s}^{-1}$.

1 Quelle propriété de la lumière permet d'expliquer le phénomène de diffraction ? **0,25 pt**

2 Déterminer le diamètre D du télescope terrestre permettant de distinguer la planète 2M1207b de l'étoile 2M1207a. On admet que la longueur d'onde des rayons lumineux provenant des deux objets célestes a pour valeur $\lambda = 2{,}0$ µm. **1,5 pt**

Partie II Comment la faible luminosité d'une exoplanète la rend-elle difficile à observer ?

30 min **3,25 pts**

En général, les planètes sont peu lumineuses par rapport aux étoiles, ce qui ajoute une difficulté supplémentaire pour les observer. Un dispositif interférométrique, décrit dans le **document 2**, a été proposé en 1978 par le physicien australien Ronald N. Bracewell. Il permet de contourner ce problème. L'objectif est d'éliminer le signal de l'étoile tout en permettant l'enregistrement du signal émis par la planète.

Doc. 2 Dispositif interférométrique

On considère deux télescopes identiques dont les lignes de visée sont dirigées vers une étoile lointaine. La direction d'une exoplanète à proximité de l'étoile fait un angle α avec la ligne de visée.

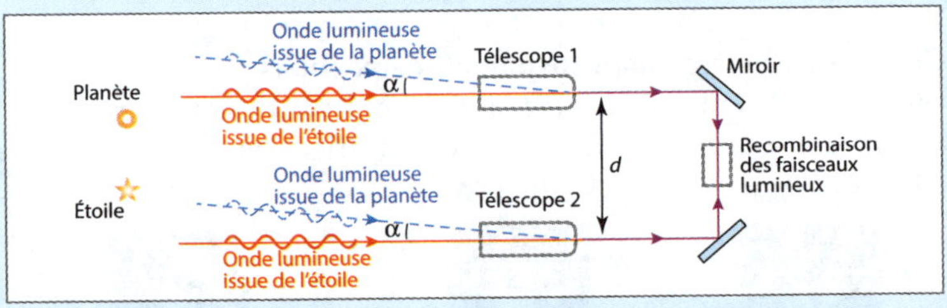

Dans ce dispositif, les faisceaux issus des deux télescopes sont recombinés grâce à un dispositif optique situé à égale distance des deux télescopes.

1 Recombinaison des signaux issus de l'étoile

a. Justifier que, dans le dispositif décrit dans le **document 2**, les rayons lumineux issus de l'étoile et captés par les télescopes interfèrent de manière constructive au niveau de la recombinaison. **0,5 pt**

b. On appelle T la période de l'onde lumineuse. L'idée de Bracewell est d'ajouter, juste après le télescope 2, un système optique permettant d'ajouter un retard d'une demi-période $\frac{T}{2}$ sur le signal provenant de ce télescope.

Montrer que ce système optique produit des interférences destructives entre les deux rayons issus de l'étoile au niveau de la recombinaison. Quelle sera alors l'intensité du signal lié à l'étoile ? **0,75 pt**

2 Recombinaison des signaux issus de l'exoplanète

Les rayons lumineux issus de l'exoplanète arrivent sur les dispositifs interférométriques en faisant un angle α avec la ligne de visée. À cause de cette inclinaison, le signal lumineux arrive sur le télescope 2 avec un retard $\tau = \frac{d\sin\alpha}{c}$ où d est la distance entre les deux miroirs.

a. Montrer que le signal issu du télescope 2 a un retard de $\tau' = \frac{d\sin\alpha}{c} + \frac{T}{2}$ par rapport au signal issu du premier télescope. **0,5 pt**

b. À quelle condition sur le retard τ' va-t-on obtenir une interférence constructive ? **0,5 pt**

c. Montrer que cette relation peut aussi s'écrire $d\sin\alpha = \left(k - \frac{1}{2}\right)\lambda$, k étant un nombre entier. **0,5 pt**

d. Pour des petits angles, $\sin\alpha \approx \tan\alpha = \frac{r}{d_{\text{Terre-étoile}}}$, en déduire la distance minimale d entre les deux télescopes pour obtenir une interférence constructive lors de l'observation de l'exoplanète 2M1207b en rotation autour de l'étoile 2M107a, sachant que l'on travaille en infrarouge $\lambda = 10$ µm. **0,5 pt**

Les clés pour réussir

Partie I

1 Pensez que la lumière a un caractère corpusculaire et ondulatoire.

2 Surlignez dans les documents et l'énoncé les données utiles à la résolution de la question. Repérez l'expression donnant le diamètre D et déduisez le raisonnement à élaborer pour calculer D à partir des données connues.

Partie II

1 a. Déterminez si la différence de marche δ correspond à un nombre pair (interférences constructives) ou impair (interférences destructives) de demi-longueurs d'onde.

b. L'onde électromagnétique a une double périodicité. Pensez qu'une période temporelle T correspond à une période spatiale de $\lambda = cT$.

SPÉCIFIQUE

2 a. Le retard est la somme du retard dû au dispositif et de celui dû à l'inclinaison.

b. Montrez que les interférences sont constructives si le retard est un multiple de la période temporelle, soit $\tau' = kT$.

c. Appliquez la condition précédente en utilisant l'expression de τ' en **2 a**.

d. Remplacez $\sin\alpha$ par son expression aux petits angles et faites l'application numérique pour $k = 1$.

Sujet 7 Corrigé

Partie I Comment la diffraction rend-elle difficile l'observation d'une exoplanète ?

1 Le **caractère ondulatoire** de la lumière permet d'expliquer les phénomènes de diffraction.

Remarque

L'onde électromagnétique a un comportement particulier lorsqu'elle éclaire une ouverture ou un objet de petite taille. Le phénomène de diffraction est observable typiquement lorsque la taille caractéristique de l'objet diffractant est de l'ordre de grandeur de la longueur d'onde de l'onde électromagnétique.

2 Cette question peut être traitée par étapes, chaque étape correspondant à une compétence évaluée.

S'APPROPRIER – Les informations utiles sont :

(1) La relation entre le diamètre D et l'angle de diffraction : $\theta_{\text{diff}} = 1{,}22\,\dfrac{\lambda}{D}$.

(2) « Cette exoplanète orbite à une distance estimée à 55 unités astronomiques (ua) autour de l'étoile 2M1207a, située à 230 années-lumière (al) de la Terre. »

(3) Les données pour les conversions :
– unité astronomique : 1 ua = $1{,}496 \times 10^{11}$ m ;
– année-lumière : 1 al = $9{,}461 \times 10^{15}$ m.

(4) L'expression de l'écart angulaire : $\alpha \approx \tan\alpha = \dfrac{r}{d_{\text{Terre–étoile}}}$.

(5) Le critère de Rayleigh pour distinguer l'exoplanète de l'étoile : $\alpha > \theta_{\text{diff}}$.

(6) « La longueur d'onde des rayons lumineux provenant des deux objets célestes a pour valeur $\lambda = 2{,}0\ \mu m$. »

ANALYSER – Le diamètre D est calculé à partir de l'expression **(1)**.
Pour cela, il faut connaître la valeur de la longueur d'onde λ **(6)** et l'angle de diffraction θ_{diff}. Ce dernier n'est pas calculé précisément, mais le critère de Rayleigh **(5)** permet d'en avoir une borne supérieure à partir de l'écart angulaire α.
Le calcul de l'angle α est donné par l'expression **(4)**, sachant que les grandeurs r et $d_{\text{Terre-étoile}}$ sont données dans l'énoncé **(2)**, et qu'il va falloir les convertir en unités du système international **(3)** avant toute application numérique.

RÉALISER – Le raisonnement mathématique est le suivant :

$\theta_{diff} = 1{,}22 \cdot \dfrac{\lambda}{D}$ donc $D = 1{,}22 \cdot \dfrac{\lambda}{\theta_{diff}}$ avec $\theta_{diff} < \alpha$.

Cela implique que $D > 1{,}22 \cdot \dfrac{\lambda}{\alpha} = 1{,}22 \cdot \dfrac{\lambda}{\dfrac{r}{d_{\text{Terre-étoile}}}} = 1{,}22 \cdot \dfrac{\lambda d_{\text{Terre-étoile}}}{r}$.

A.N. : $\lambda = 2{,}0\ \mu m = 2{,}0 \times 10^{-6}$ m ; $d_{\text{Terre-étoile}} = 230 \times 9{,}461 \times 10^{15}$ m ; $r = 55 \times 1{,}496 \times 10^{11}$ m, d'où :

$$D > 0{,}65 \text{ m}$$

COMMUNIQUER – La rédaction de cette question est donc la suivante :
Le diamètre D dépend de l'angle de diffraction :

$$D = 1{,}22 \cdot \frac{\lambda}{\theta_{diff}}$$

avec $\theta_{diff} < \alpha$ selon le critère de Rayleigh afin de distinguer l'exoplanète de l'étoile.

Or l'écart angulaire vaut $\alpha = \dfrac{r}{d_{\text{Terre-étoile}}}$.

Finalement, en tenant compte de l'expression de l'angle de diffraction, de l'écart angulaire et du critère de Rayleigh, on obtient une borne inférieure du diamètre recherché :

$$\boldsymbol{D > 1{,}22 \cdot \frac{\lambda d_{\text{Terre-étoile}}}{r}}$$

A.N. : $\lambda = 2{,}0\ \mu m = 2{,}0 \times 10^{-6}$ m ; $d_{\text{Terre-étoile}} = 230 \times 9{,}461 \times 10^{15}$ m ; $r = 55 \times 1{,}496 \times 10^{11}$ m, d'où :

$$\boldsymbol{D > 0{,}65 \text{ m}}$$

SPÉCIFIQUE

Partie II Comment la faible luminosité d'une exoplanète la rend-elle difficile à observer ?

1 a. Le **document 2** montre que les deux rayons lumineux (issus des télescopes 1 et 2) parcourent les mêmes chemins jusqu'au lieu de recombinaison. **La différence de marche entre ces trajets est donc nulle :** $\delta = 0$. On est dans le cas des **interférences constructives** pour lesquelles $\delta = k\lambda$ avec $k = 0$.

Remarques

- Dans le cas des interférences constructives, la différence de marche correspond à un nombre pair de demi-longueurs d'onde, soit $\delta = 2k\frac{\lambda}{2} = k\lambda$, avec k un nombre entier.
- Dans le cas des interférences destructives, la différence de marche correspond à un nombre impair de demi-longueurs d'onde, soit $\delta = (2k + 1)\frac{\lambda}{2}$ avec k un nombre entier.

b. Le dispositif introduit un retard d'une demi-période temporelle au niveau du second télescope : la différence temporelle au niveau de la recombinaison est donc de $\tau = \frac{T}{2}$.

Ce retard correspond à une différence de marche de $\delta = c\tau = \frac{cT}{2} = \frac{\lambda}{2}$. On est bien dans le cas d'interférences destructives $\delta = (2k + 1)\frac{\lambda}{2}$, avec $k = 0$.

L'intensité du signal sera donc minimale, voire nulle.

2 a. Le retard du télescope 2 par rapport au télescope 1 est la somme de celui introduit par construction dans le dispositif de Bracewell, soit une demi-période $\frac{T}{2}$, et de celui dû à l'inclinaison du signal reçu avec une inclinaison α, soit $\frac{d\sin\alpha}{c}$.

Le retard est donc :

$$\boldsymbol{\tau' = \frac{d\sin\alpha}{c} + \frac{T}{2}}$$

b. La condition d'interférences constructives, déjà mentionnée ci-avant, est $\delta = k\lambda = kcT$. On en déduit que $\tau = \frac{\delta}{c} = kT$ avec k un nombre entier.

On obtient ainsi une interférence constructive si le retard τ' est un multiple de la période temporelle T, soit :

$$\tau' = kT$$

Remarque

L'onde électromagnétique périodique progressive est doublement périodique : la longueur d'onde λ est la période spatiale et T est la période temporelle. La relation entre les périodes spatiale et temporelle est : $\lambda = cT$ avec c la célérité de l'onde électromagnétique.

c. Si l'on applique la condition précédente, on obtient :
$\tau' = \frac{d\sin\alpha}{c} + \frac{T}{2} = kT$, soit $\frac{d\sin\alpha}{c} = kT - \frac{T}{2} = \left(k - \frac{1}{2}\right)T$ avec k un nombre entier.
Sachant que la double périodicité de l'onde électromagnétique permet d'écrire $\lambda = cT$, on a finalement : $d\sin\alpha = \left(k - \frac{1}{2}\right)cT$, soit :

$$\boldsymbol{d\sin\alpha = \left(k - \frac{1}{2}\right)\lambda}$$

d. Dans le cas des petits angles, $\sin\alpha \approx \tan\alpha = \frac{r}{d_{\text{Terre-étoile}}}$.

En remplaçant dans la condition précédente, on peut écrire :

$$d\frac{r}{d_{\text{Terre-étoile}}} = \left(k - \frac{1}{2}\right)\lambda \text{ ou } d = \left(k - \frac{1}{2}\right)\lambda\frac{d_{\text{Terre-étoile}}}{r}.$$

La valeur positive minimale de d est obtenue pour $k = 1$, c'est-à-dire :

$$k - \frac{1}{2} = 1 - \frac{1}{2} = \frac{1}{2}$$

La distance minimale entre les deux miroirs est ainsi :

$$\boldsymbol{d_{\min} = \frac{\lambda d_{\text{Terre-étoile}}}{2r}}$$

Remarque
La valeur numérique de la vitesse de la lumière dans le vide n'est pas utile pour traiter l'ensemble de cet exercice.

A.N. : $\lambda = 10 \times 10^{-6}$ m ; $d_{\text{Terre-étoile}} = 230 \times 9{,}461 \times 10^{15}$ m ; $r = 55 \times 1{,}496 \times 10^{11}$ m, d'où :

$$\boldsymbol{d_{\min} = 1{,}3 \text{ m}}$$

SPÉCIFIQUE

Sujet 8 — Un son peut en masquer un autre

5,5 pts — 50 min

France métropolitaine, septembre 2016

Calculatrice autorisée

LISTE DES NOTIONS

- Fréquence d'une onde sonore
- Niveau d'intensité sonore *L* (dB)
- Intensité sonore
- Fondamental et harmoniques
- Débit binaire

Les oreilles captent les sons et le cerveau les interprète. La psychoacoustique est la science qui étudie l'interprétation des sons par le cerveau. Un des effets psychoacoustiques, l'effet de masquage, est étudié dans cet exercice.

Données :

- débit binaire lors de la lecture d'une musique enregistrée sur CD : $1{,}41 \times 10^6$ bits·s^{-1} ;
- 1 octet correspond à 8 bits ;
- intensité sonore de référence : $I_0 = 1{,}0 \times 10^{-12}$ W·m^{-2}.

Partie I La fondamentale manquante

10 min — 0,5 pt

Le cerveau a la capacité de reconstituer certaines informations manquantes pour construire une perception auditive interprétable. C'est le cas pour un son musical dont on perçoit la hauteur bien que sa fréquence fondamentale ait été supprimée.

Un son joué par un piano est numérisé, puis transmis. Son spectre après réception est donné dans le **document 1**. La composante spectrale correspondant à la fréquence fondamentale a été supprimée au cours d'un traitement spécifique du signal.

Doc. 1 **Spectre après réception**

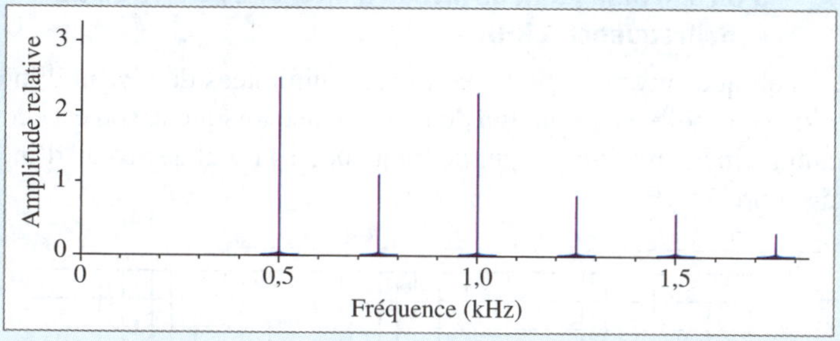

Déterminer la hauteur du son joué par le piano. Expliquer le raisonnement.

Partie II L'effet de masquage

40 min **5 pts**

Si deux sons purs sont écoutés simultanément, le plus intense, appelé « son masquant », peut créer une gêne sur la perception du second, le « son masqué ». Il peut même le rendre inaudible. La comparaison des courbes des **documents 2** et **3**, données à la suite, met en évidence ce phénomène psychoacoustique appelé « effet de masquage ».

Doc. 2 **Seuil d'audibilité humaine en fonction de la fréquence**

Le graphique suivant indique les valeurs minimales de niveau d'intensité sonore audible en fonction de la fréquence lorsque le son est écouté en environnement silencieux.

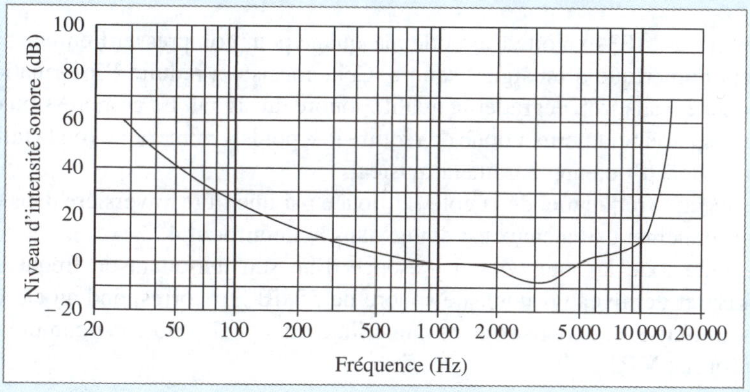

Exemple de lecture : un son de fréquence 80 Hz doit avoir un niveau sonore supérieur à 30 dB pour être audible.

SPÉCIFIQUE

Doc. 3 **Seuil d'audibilité humaine d'un son en présence d'un son masquant de niveau d'intensité sonore 55 dB et de fréquence 1 kHz**

Le graphique suivant indique les valeurs minimales de niveau d'intensité sonore audible en fonction de la fréquence lorsque le son est écouté simultanément avec un son pur de fréquence 1 kHz et de niveau d'intensité sonore 55 dB.

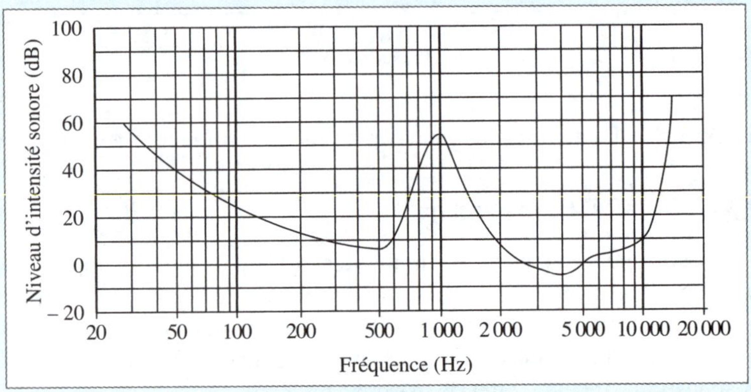

1 Déterminer le niveau d'intensité sonore minimal pour qu'un son de fréquence 800 Hz soit audible en présence d'un son masquant de fréquence 1 kHz et de niveau sonore 55 dB. **0,5 pt**

Le format MP3 exploite l'effet de masquage pour compresser l'enregistrement numérique d'un signal sonore. Cela consiste à réduire l'information à stocker sans trop dégrader la qualité sonore du signal. La compression de l'enregistrement permet donc de réduire le « poids » numérique (ou la taille du fichier) d'un enregistrement musical.

Le spectre fréquentiel de la note La_3 jouée par une flûte traversière dans un environnement silencieux est donné dans le **document 4**.

La flûte joue la note La_3 en présence d'un son masquant de fréquence 1 kHz et de niveau d'intensité sonore de 55 dB qui correspond au cas du **document 3**. L'enregistrement numérique du signal sonore est compressé au format MP3.

2 En étudiant chaque pic du spectre du **document 4**, indiquer celui (ou ceux) qui sera(ont) éliminé(s) par ce codage MP3. Justifier. **1,5 pt**

Doc. 4 **Spectre fréquentiel de la note *La*$_3$ jouée par une flûte traversière**

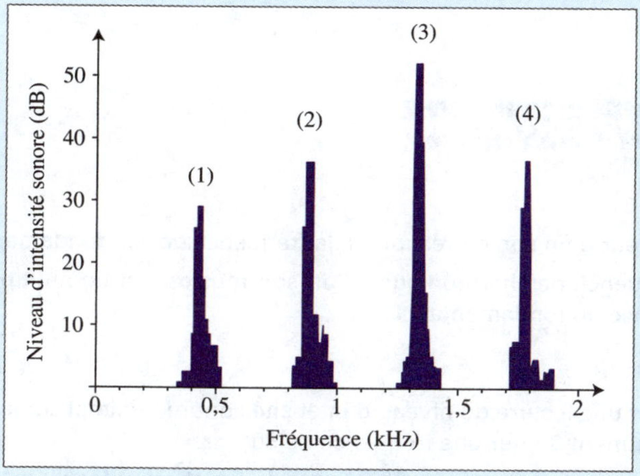

3 Une chanson de 3 minutes est enregistrée sur un CD. Cet enregistrement est compressé au format MP3. Le « poids » numérique du fichier obtenu est alors égal à $2{,}88 \times 10^6$ octets. À l'aide des données, déterminer le facteur de compression du format MP3 après en avoir proposé une définition. **0,5 pt**

4 Effet de masquage lors du passage d'un train

Dans une ambiance sonore calme, deux personnes conversent à un mètre l'une de l'autre. L'auditeur perçoit la parole de l'orateur avec un niveau d'intensité sonore égal à 50 dB.

Un train passe. La parole de l'orateur est masquée par le bruit du train. On suppose que, dans ces conditions, le bruit du train masque toutes les fréquences audibles.

On admettra que le niveau d'intensité sonore minimal audible de la parole, en présence du train, est égal à 60 dB quelle que soit la fréquence. Pour être entendu, l'orateur parlera plus fort ou se rapprochera de son auditeur.

a. L'orateur ne se rapproche pas, mais parle plus fort. Là où se trouve l'auditeur, le niveau d'intensité sonore est de 70 dB. Déterminer s'il perçoit le son. **0,5 pt**

Pour une source isotrope (c'est-à-dire émettant de la même façon dans toutes les directions), l'intensité sonore en un point situé à une distance d de la source est inversement proportionnelle à d^2, c'est-à-dire que :

$$I = \frac{k}{d^2}$$

où k est une constante.

b. Si l'orateur ne parle pas plus fort, mais se rapproche de l'auditeur, à quelle distance de l'auditeur devra-t-il se placer pour être audible ? Justifier les étapes du raisonnement. **2 pts**

Les clés pour réussir

Partie I

La hauteur d'un son correspond à la fréquence de son fondamental.

La fréquence des harmoniques d'un son musical est un multiple de la fréquence du fondamental.

Partie II

1 Faites une lecture du niveau d'intensité sonore minimal sur la courbe du **document 3** pour une fréquence de 800 Hz.

2 Estimez la fréquence de chaque pic du spectre du **document 4**, ainsi que son niveau d'intensité sonore.

Comparez ce niveau d'intensité sonore au niveau d'intensité sonore minimal nécessaire pour être audible donné dans le **document 3** pour la même fréquence.

3 Calculez la taille du fichier non compressé en octets avec les données de l'énoncé.

Le facteur ou taux de compression est le rapport entre la taille du fichier non compressé et celle du fichier compressé.
Exemple : un taux de compression de 10 permet d'obtenir un fichier de 2 Mo à partir d'un fichier de 20 Mo.

4 **a.** Comparez le niveau d'intensité sonore au seuil audible de 60 dB.

b. Utilisez la relation entre le niveau d'intensité sonore L (dB) et l'intensité sonore I ($W \cdot m^{-2}$) :

$$L = 10 \times \log \frac{I}{I_0}$$

avec $I_0 = 1{,}0 \times 10^{-12}\ W \cdot m^{-2}$ pour exprimer I en fonction de L.

Calculez les intensités sonores correspondant à $L = 50$ dB et 60 dB.

Exprimez la constante k en fonction des intensités sonores et des distances dans les deux situations et déduisez-en la distance demandée.

Sujet 8 Corrigé

Partie I La fondamentale manquante

Les fréquences f_n des harmoniques présents dans le **document 1** sont des fréquences multiples de celle du fondamental f_1 :

$$f_n = n \times f_1 \text{ avec } n \text{ entier non nul}$$

Entre deux fréquences consécutives f_{n+1} et f_n, on a :

$$f_{n+1} - f_n = \Delta f = (n + 1) \times f_1 - n \times f_1 = f_1$$

En utilisant les deux premières fréquences consécutives, on trouve :

$$\Delta f = f_1 = 0{,}75 - 0{,}5 = 0{,}25 \text{ kHz}$$

Remarque

On peut vérifier sur le **document 1** que les fréquences des harmoniques représentés sont $f_2 = 2f_1 = 2 \times 0{,}25 = 0{,}5$ kHz ; $f_3 = 3f_1 = 0{,}75$ kHz ; $f_4 = 4f_1 = 1{,}0$ kHz ; $f_5 = 5f_1 = 1{,}25$ kHz ; $f_6 = 6f_1 = 1{,}5$ kHz et $f_7 = 7f_1 = 1{,}75$ kHz.

La hauteur d'un son étant la fréquence de son fondamental, **le son musical proposé ici est un son à 0,25 kHz**.

Partie II L'effet de masquage

1 Par lecture graphique du **document 3**, on obtient, pour l'abscisse 800 Hz, un **niveau d'intensité sonore minimal de 40 dB**.

2 Le premier pic ou pic (1) du **document 4** correspond à une plage en fréquences allant de 0,4 kHz à 0,5 kHz. Pour cet intervalle de fréquence, la lecture du **document 3** permet de conclure que le niveau d'intensité sonore minimal audible se situe légèrement au-dessous de 10 dB (environ 8 dB). Cela signifie donc que tous les signaux constituant le pic (1) seront restitués dans la compression, à l'exception des composantes de niveau d'intensité sonore inférieur à 10 dB.

On peut donc conclure que **le pic (1) sera bien présent** après codage MP3, mais qu'il sera quelque peu « affiné ».

Le pic (2) correspond à un intervalle de fréquence entre 0,8 kHz et 1,0 kHz. Pour qu'il soit présent dans le fichier comprimé, il faut que le niveau d'intensité sonore soit supérieur à 40 dB à 800 Hz et à 55 dB à 1,0 kHz. Or sur le **document 4**, le pic (2) a un maximum à 35 dB.

On peut donc conclure que **le pic (2) sera éliminé** par le codage MP3.

Concernant les pics (3) et (4), le raisonnement est un peu plus délicat, car le **document 3** ne fait référence qu'aux valeurs 1 000 Hz et 2 000 Hz sans

SPÉCIFIQUE

valeurs intermédiaires. Les graduations entre ces deux bornes sont en fait positionnées de la même manière que dans l'intervalle 100 Hz-1 000 Hz :

- la valeur 1 200 Hz se situe environ à un tiers de l'intervalle 1 000 Hz-2 000 Hz et correspond à un niveau d'intensité sonore minimal de 30 dB environ ;
- la valeur 1 500 Hz se situe environ aux deux tiers de l'intervalle 1 000 Hz-2 000 Hz et correspond à un niveau d'intensité sonore minimal de 20 dB environ.

Le pic (3) a une fréquence comprise entre 1,25 kHz et 1,45 kHz avec un niveau d'intensité sonore maximal de 50 dB supérieur à 20 ou 30 dB du **document 3**.

Le pic (3) ne sera donc pas éliminé par le codage MP3, mais sera, comme le pic (1), « affiné ».

Enfin, le pic (4) a une fréquence comprise entre 1,7 kHz et 1,8 kHz, fréquences très proches de 2 000 Hz dans le **document 3**. Le niveau d'intensité sonore minimal est donc proche de celui à 2 000 Hz, soit 10 dB.

Le pic (4) ne sera pas éliminé par le codage MP3, mais sera « affiné ».

Si l'on ne prend en compte que les valeurs maximales de chacun des pics, la lecture du **document 4** est plus aisée.

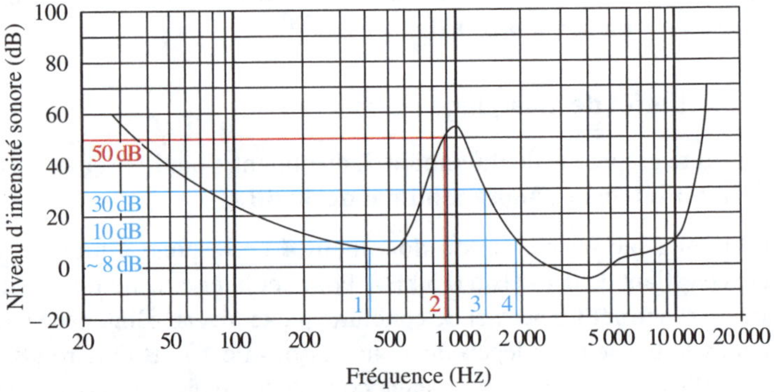

Finalement, les pics (1), (3) et (4) seront conservés, mais le pic (2) sera éliminé par le codage MP3.

Remarques

La fréquence du La_3 est de 440 Hz :

- le maximum du pic (1) correspond à cette fréquence,
- celui du pic (2) correspond à la fréquence du premier harmonique, soit 440 × 2 = 880 Hz ;
- celui du pic (3) correspond à 440 × 3 = 1 320 Hz ;
- et enfin celui du pic (4) correspond à 440 × 4 = 1 760 Hz.

3 D'après les données de l'énoncé, le débit binaire est $D = 1{,}41 \times 10^6$ bits/s.
Une chanson de $\Delta t = 3$ minutes a une taille en octets de :

$$\text{Taille} = D \times \Delta t = \frac{1{,}41 \times 10^6 \text{ bits/s} \times (3 \times 60 \text{ s})}{8 \text{ bits/octet}} = 3{,}17 \times 10^7 \text{ octets}$$

soit 3×10^7 octets en ne gardant qu'un chiffre significatif.
Le facteur ou taux de compression est le **rapport entre la taille non compressée d'un fichier et sa taille compressée**.

Le facteur de compression est alors de $\frac{3 \times 10^7}{2{,}88 \times 10^6} = 11$ ou $\mathbf{1 \times 10^1}$ avec un seul chiffre significatif.

4 Effet de masquage lors du passage d'un train

a. Si l'on suppose que le niveau d'intensité sonore de la parole est de 70 dB, alors **le son est audible**, car ce niveau est bien supérieur au seuil de 60 dB.

b. Dans un environnement calme, le niveau d'intensité sonore est $L_1 = 50$ dB, mais lors du passage du train, le niveau doit être au minimum de $L_2 = 60$ dB.
Chaque niveau d'intensité sonore L correspond à une intensité sonore I telle que :

$$L = 10 \times \log \frac{I}{I_0}$$

soit :

$$I = I_0 \times 10^{\frac{L}{10}}$$

avec $I_0 = 1{,}0 \times 10^{-12}$ W·m^{-2}, intensité sonore de référence.

Pour $L_1 = 50$ dB, $I_1 = 1{,}0 \times 10^{-12} \times 10^{\frac{50}{10}} = 1{,}0 \times 10^{-7}$ W·m^{-2}, les personnes étant à $d_1 = 1$ m l'une de l'autre.
Pour $L_2 = 60$ dB, $I_2 = 1{,}0 \times 10^{-12} \times 10^{\frac{60}{10}} = 1{,}0 \times 10^{-6}$ W·m^{-2}, les personnes étant à d_2 maximum l'une de l'autre.

Pour une source isotrope, $I = \frac{k}{d^2}$ soit : $k = I_1 \times d_1^2 = I_2 \times d_2^2$.

On en déduit la distance d_2 :

$$\mathbf{d_2 = \sqrt{\frac{I_1 \times d_1^2}{I_2}}}$$

A.N. : $I_1 = 1{,}0 \times 10^{-7}$ W·m^{-2} ; $d_1 = 1$ m ; $I_2 = 1{,}0 \times 10^{-6}$ W·m^{-2},
d'où :

$$\mathbf{d_2 = 0{,}3 \text{ m}}$$

La distance maximale entre les deux personnes en présence du train est ainsi d'une trentaine de centimètres.

On vérifie que la distance obtenue $d_2 = 0{,}3$ m est bien inférieure à $d_1 = 1$ m, l'orateur se rapprochant de l'auditeur.

SPÉCIFIQUE

Sujet 9 L'arôme de vanille

5 pts — 50 min

Asie, juin 2013

Calculatrice autorisée

LISTE DES NOTIONS

- Carbone asymétrique
- Groupes caractéristiques
- Isomérie
- Spectrophotométrie UV-visible
- Dosage par étalonnage
- Séparation de liquides non miscibles
- Réaction acide-base
- Loi de Beer-Lambert
- Absorbance d'une solution

La vanille est le fruit d'une orchidée grimpante, le vanillier, qui a besoin d'un climat tropical chaud et humide pour se développer. On la cultive à Madagascar, à Tahiti, à La Réunion, en Amérique du Sud...

Elle est utilisée dans de nombreux domaines comme par exemple la parfumerie, l'industrie agroalimentaire, en tant qu'intermédiaire de synthèse dans l'industrie pharmaceutique.

La composition de la gousse de vanille est très riche en arômes dont le principal est la vanilline. Du fait de son coût d'extraction élevé, on lui préfère souvent aujourd'hui la vanilline de synthèse ou encore l'éthylvanilline qui a un pouvoir aromatisant 2 à 4 fois plus grand.

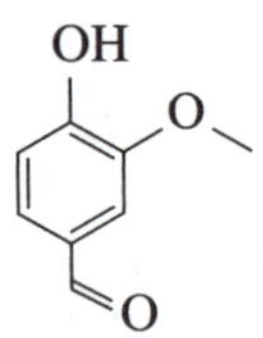

Molécule de vanilline

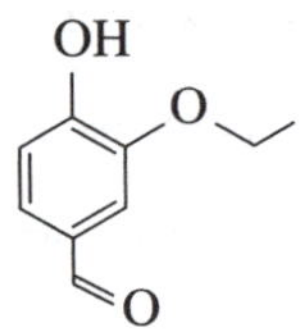

Molécule d'éthylvanilline

Partie I À propos de la molécule de vanilline

12 min — 1,25 pt

1 La molécule de vanilline possède-t-elle un carbone asymétrique ? Justifier la réponse. **0,25 pt**

2 La molécule de vanilline possède plusieurs groupes caractéristiques. Après avoir recopié la formule de la molécule sur votre copie, entourer et nommer deux d'entre eux. **0,5 pt**

3 Indiquer en justifiant brièvement si les propositions suivantes sont vraies ou fausses.
Proposition a : les molécules de vanilline et d'éthylvanilline sont isomères.
Proposition b : les molécules de vanilline et d'éthylvanilline sont chirales. **0,5 pt**

Partie II Dosage spectrophotométrique de la vanilline contenue dans un extrait de vanille acheté dans le commerce

38 min 3,75 pts

SPÉCIFIQUE

Principe du dosage

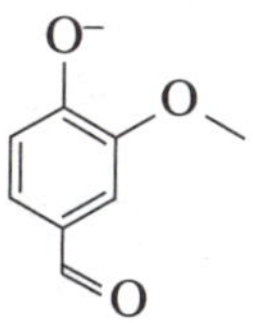

La vanilline contenue dans un échantillon du commerce (solution aqueuse sucrée) est extraite par du dichlorométhane. Un traitement basique à l'aide d'une solution aqueuse d'hydroxyde de sodium ($Na^{+}_{(aq)}$ + $HO^{-}_{(aq)}$) permet ensuite de faire repasser la vanilline en solution aqueuse sous forme d'ion phénolate représenté ci-contre.

On réalise ensuite un dosage par étalonnage de cet ion par spectrophotométrie UV-visible afin de déterminer la concentration en vanilline de l'échantillon du commerce.

Protocole du dosage

Étape 1 : Extraction de la vanilline et passage en solution basique

- À 1,0 mL d'échantillon de vanille liquide, on ajoute 10 mL d'eau distillée.
- On procède à trois extractions successives en utilisant à chaque fois 20 mL de dichlorométhane.
- À partir de la phase organique, on extrait trois fois la vanilline avec 50 mL d'une solution aqueuse d'hydroxyde de sodium de concentration $0{,}1\ mol \cdot L^{-1}$.
- On rassemble les phases aqueuses.

Étape 2 : Préparation de la solution à doser et mesure de son absorbance

On introduit les phases aqueuses précédentes dans une fiole jaugée de 250 mL et on complète jusqu'au trait de jauge avec la solution aqueuse d'hydroxyde de sodium de concentration $0{,}1\ mol \cdot L^{-1}$.

La mesure de l'absorbance de la solution à doser donne $A = 0{,}88$.

Étape 3 : Préparation d'une gamme étalon de solutions de vanilline basique et mesure de leur absorbance

À partir d'une solution mère de vanilline, on prépare par dilution dans une solution aqueuse d'hydroxyde de sodium de concentration $0{,}1\ mol \cdot L^{-1}$ des solutions filles et on mesure leur absorbance.

Les résultats sont rassemblés dans le tableau ci-après :

Solution fille	S_1	S_2	S_3	S_4	S_5
Concentration en vanilline ($mol \cdot L^{-1}$)	$5,0 \times 10^{-5}$	$4,0 \times 10^{-5}$	$3,0 \times 10^{-5}$	$2,0 \times 10^{-5}$	$1,0 \times 10^{-5}$
Absorbance	1,36	1,08	0,81	0,54	0,27

Données :

- Couples acido-basiques de l'eau : H_3O^+/H_2O et H_2O/HO^-.
- Dichlorométhane CH_2Cl_2 : densité $d = 1,33$; non miscible à l'eau.
- Vanilline $C_8H_8O_3$:

– solubilité : soluble dans la plupart des solvants organiques, très peu soluble dans l'eau ;

– masse molaire moléculaire : $M_{\text{vanilline}} = 152 \text{ g} \cdot \text{mol}^{-1}$.

1 Lors de l'extraction par le dichlorométhane de la vanilline, indiquer sur le schéma donné sur le **document 1** ci-après :

- le nom de l'instrument de verrerie utilisé ;
- en justifiant sa position, la phase dans laquelle se trouve la vanilline en fin d'extraction. **0,5 pt**

Doc. 1 Nom de l'instrument de verrerie :

....

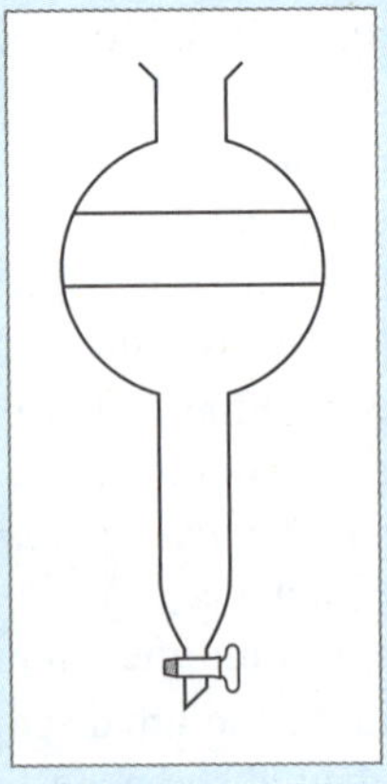

2 L'équation de réaction de la vanilline avec les ions hydroxyde de la solution d'hydroxyde de sodium s'écrit :

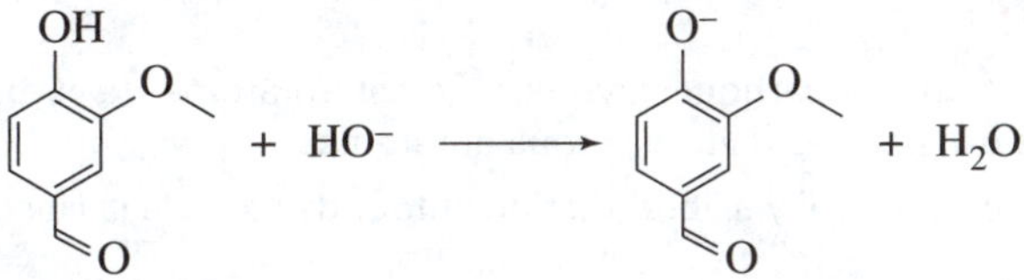

Dans la théorie de Brönsted, la vanilline est-elle un acide ou une base ? Expliquer la réponse. **0,25 pt**

3 Le spectre d'absorption UV-visible de l'ion phénolate est donné ci-après :

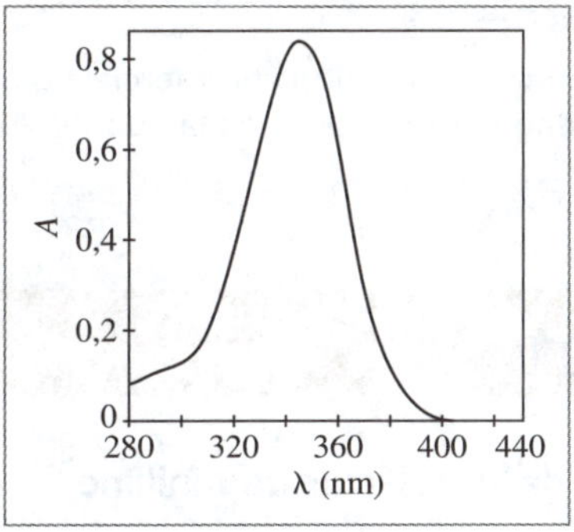

a. Cet ion absorbe-t-il dans le domaine du visible ? Justifier la réponse à l'aide du graphe ci-avant. **0,25 pt**

b. On rappelle que la présence de sept liaisons conjuguées ou plus dans une molécule organique qui ne présente pas de groupe caractéristique forme le plus souvent une substance colorée. Les solutions basiques de vanilline sont-elles colorées ? Expliquer pourquoi à l'aide de la structure de l'ion phénolate. **0,5 pt**

4 **a.** Tracer sur papier millimétré la courbe d'étalonnage $A = f(c)$ (Échelle : 1 cm pour 0,10 en absorbance et 1 cm pour $0{,}50 \times 10^{-5}$ mol · L^{-1} en concentration). **0,5 pt**

b. La loi de Beer-Lambert est vérifiée. À l'aide du graphique précédent, expliquer pourquoi elle s'énonce sous la forme $A = k \cdot c$. **0,5 pt**

5 Déterminer en détaillant la méthode utilisée la concentration en vanilline dans la solution à doser. On précise que la concentration en vanilline est égale à celle de l'ion phénolate. **0,75 pt**

6 Compte tenu du protocole suivi, en déduire la concentration en g · L^{-1} de vanilline dans l'échantillon de vanille liquide du commerce. **0,5 pt**

Les clés pour réussir

Partie I

1 a. Un atome de carbone asymétrique est un atome de carbone lié à 4 atomes ou groupes d'atomes tous différents.

c. N'oubliez pas qu'il y a libre rotation autour de l'axe de la liaison C—C.

Partie II

1 Comparez les densités des deux phases présentes.

3 Attention, l'ion phénolate n'est pas la base conjuguée de la vanilline !

b. Des liaisons conjuguées sont des liaisons doubles C═C séparées par des liaisons simples C—C.

5 Pensez à la dilution de la solution commerciale d'extrait de vanille. Le fait de diluer ne change pas la valeur de la quantité de matière.

Sujet 9 Corrigé

Partie I À propos de la molécule de vanilline

1 La molécule de vanilline ne possède aucun atome de carbone lié à 4 atomes ou groupes d'atomes tous différents les uns des autres : **la molécule de vanilline ne possède donc pas d'atome de carbone asymétrique**.

2 La molécule de vanilline possède deux groupes caractéristiques :

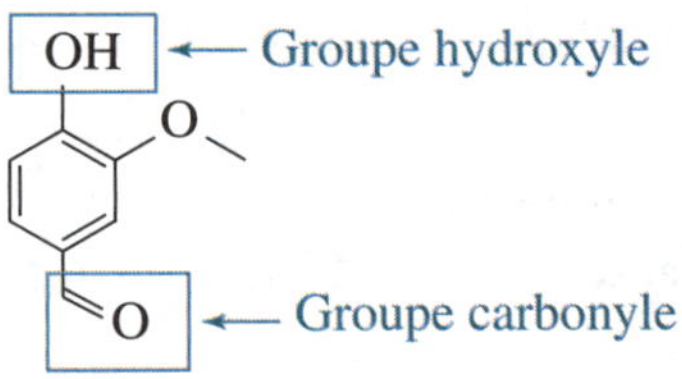

Remarque

Le groupe hydroxyle lié à un noyau aromatique donne une fonction phénol. Le groupe carbonyle donne ici une fonction aldéhyde, l'atome de carbone étant aussi lié à un atome d'hydrogène :

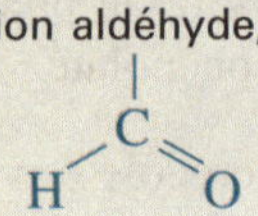

3 • Les molécules de vanilline et d'éthylvanilline sont-elles isomères ?
Non, car la molécule d'éthylvanilline s'obtient à partir de la molécule de vanilline en substituant à un atome d'hydrogène un groupement méthyl. Les deux molécules ne peuvent pas avoir la même formule brute : elles ne sont pas isomères. **La proposition a est fausse.**

• Les molécules de vanilline et d'éthylvanilline sont-elles chirales ?
Par définition, une molécule chirale n'est pas superposable à son image dans un miroir plan.
Pour la vanilline, on a :

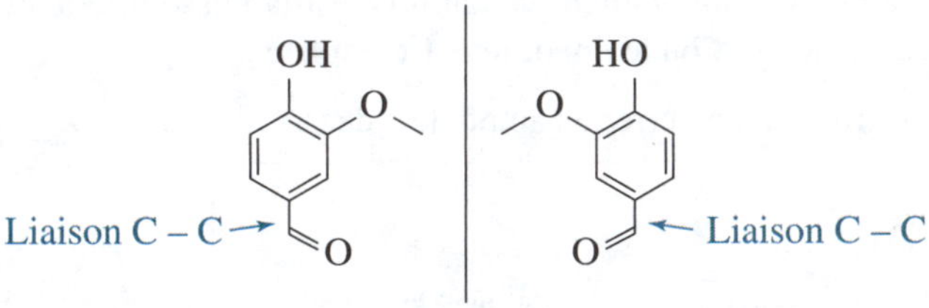

Molécule de vanilline — Plan de symétrie — Image de la molécule de vanilline (symétrique plane)

Du fait de la libre rotation autour de la liaison C—C, ces deux molécules sont superposables.
La molécule de vanilline n'est pas chirale.
Pour l'éthylvanilline :

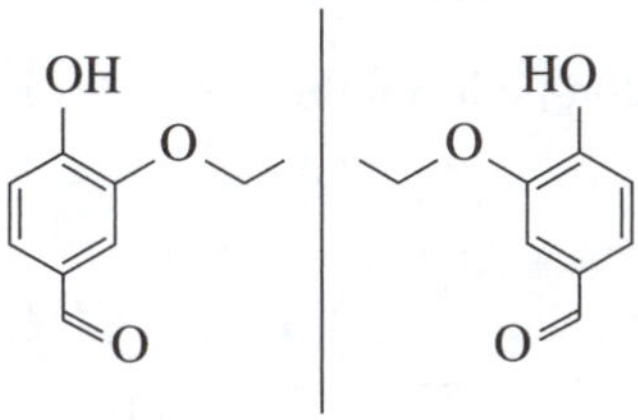

Molécule d'éthylvanilline — Plan de symétrie — Image de la molécule d'éthylvanilline (symétrique plane)

Comme pour la molécule de vanilline, du fait de la libre rotation autour de la liaison C—C, ces deux molécules sont superposables.
La molécule d'éthylvanilline n'est pas chirale.
La proposition b est fausse.

Pensez-y !
Si une molécule possédant un atome de carbone asymétrique est chirale, la réciproque n'est pas forcément vraie : une molécule peut être chirale sans avoir d'atome de carbone asymétrique.

Partie II Dosage spectrophotométrique de la vanilline contenue dans un extrait de vanilline acheté dans le commerce

1 D'après les données, la vanilline est très peu soluble dans l'eau, par contre elle est soluble dans la plupart des solvants organiques.
Comme dans l'ampoule à décanter, on a deux phases (une phase aqueuse et une phase organique constituée de dichlorométhane plus dense que l'eau – densité 1,33 – et non miscible avec l'eau), il en résulte que :

- la vanilline se trouve pratiquement entièrement dans la phase organique ;
- la phase organique qui contient la vanilline est la phase inférieure dans l'ampoule à décanter, d'où le **document 1** complété :

Nom de l'instrument de verrerie : ampoule à décanter

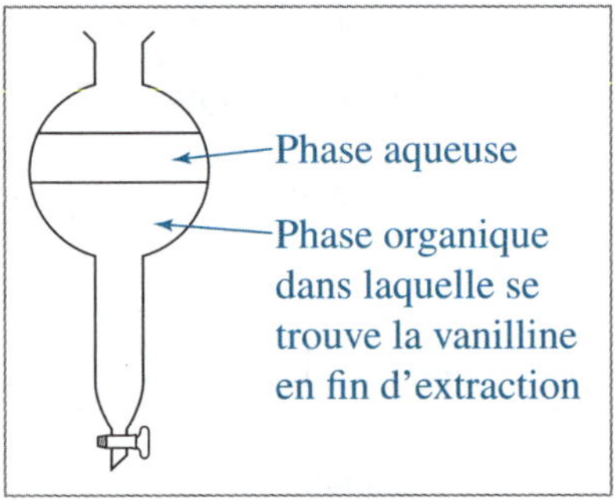

Document 1

2 L'équation de la réaction de la vanilline avec les ions hydroxyde HO^- est :

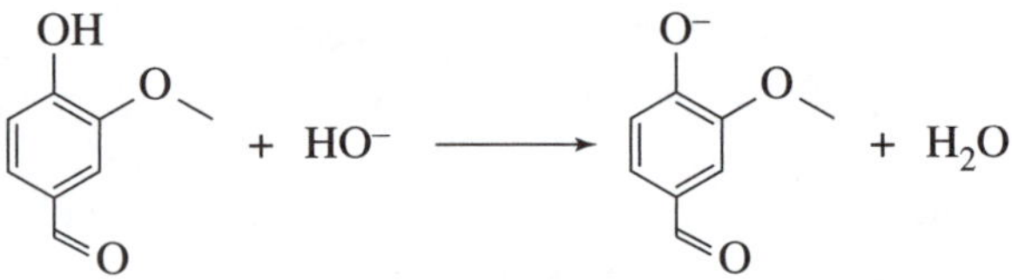

La vanilline a cédé un proton H^+, donc dans la théorie de Brönsted, la vanilline est un **acide**.

3 a. L'ion phénolate n'absorbe pas dans le domaine du visible.
En effet, son spectre UV-visible ci-avant montre une absorbance nulle pour $\lambda \geqslant 400$ nm. Or le domaine du visible ne commence qu'à partir de 400 nm (le spectre du visible s'étale de $\lambda = 400$ nm à $\lambda = 750$ nm).
L'ion phénolate n'absorbe pas dans le domaine du visible. Il n'absorbe que dans le domaine des UV.

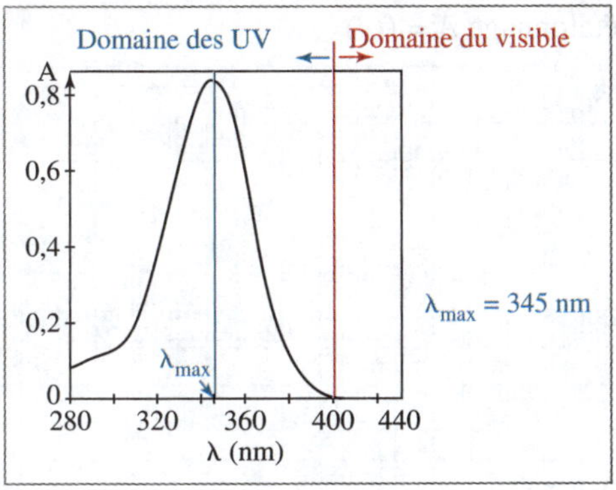

b. Les solutions basiques de vanilline contiennent l'ion ci-après :

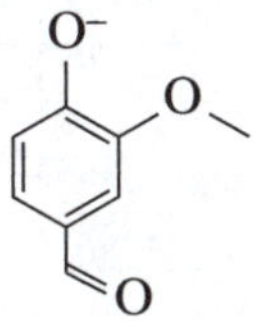

Cet ion ne contient que 4 doubles liaisons conjuguées (liaisons doubles séparées par une liaison simple).
Or il faut la présence d'au moins 7 liaisons conjuguées dans une molécule organique, qui ne présente pas de groupe caractéristique, pour avoir une substance colorée.
Avec seulement 4 doubles liaisons conjuguées, l'ion, base conjuguée de la vanilline, présent dans les solutions basiques de vanilline, n'est pas une substance colorée, de même que l'ion phénolate qui n'a que 3 doubles liaisons conjuguées.

Remarque

Dans l'énoncé, il y a confusion entre l'ion base conjuguée de la vanilline :

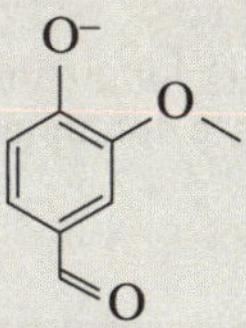

et l'ion phénolate

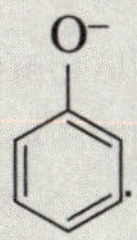

. Ces ions ont des propriétés voisines mais ne sont pas identiques.

4 **a.** Courbe d'étalonnage $A = f(c)$

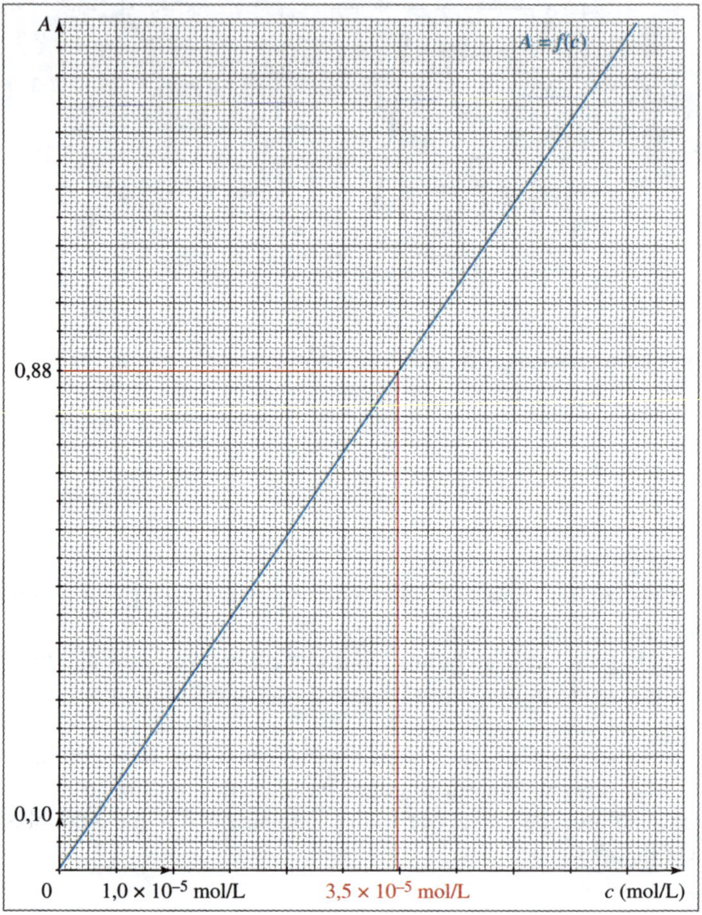

Remarque

Pour tracer cette courbe, on a travaillé dans le domaine UV, la longueur d'onde λ_{max} correspondant au maximum d'absorption étant dans le domaine des UV.

On constate que la courbe représentant $A = f(c)$ est une droite passant par l'origine.

b. Du graphe précédent, on déduit :

$$A = k \cdot c$$

On retrouve la loi de Beer-Lambert qui indique que pour des concentrations faibles, l'absorbance est proportionnelle à la concentration c de la solution étudiée.

5 On admet que la concentration en vanilline est égale à celle de l'ion qui est la base conjuguée de la vanilline. En solution basique, la vanilline est sous cette forme.
Pour une absorbance $A = 0{,}88$, on trouve une concentration molaire $\boldsymbol{c = 3{,}5 \times 10^{-5}\ \mathrm{mol \cdot L^{-1}}}$ par détermination graphique en utilisant la droite $A = f(c)$ établie précédemment.

6 À partir de l'échantillon de vanille liquide acheté dans le commerce, de volume $V_0 = 1{,}0$ mL et de concentration molaire C_0, on a préparé un volume $V = 250$ mL d'une solution de vanilline diluée de concentration molaire $C = 3{,}5 \times 10^{-5}\ \mathrm{mol \cdot L^{-1}}$, en admettant qu'il n'y ait pas eu de pertes lors des différentes extractions.
La quantité de matière n de vanilline ne changeant pas, on a :

$$n = C_0V_0 = cV$$

d'où :

$$C_0 = \frac{cV}{V_0}$$

Pour obtenir la concentration massique C_m en vanilline dans l'échantillon de vanille du commerce, il suffit de multiplier la concentration molaire par la masse molaire M de la vanilline ($M = 152\ \mathrm{g \cdot mol^{-1}}$), d'où :

$$C_\mathrm{m} = C_0 \cdot M$$

soit :

$$\boldsymbol{C_\mathrm{m} = \frac{c \cdot V \cdot M}{V_0}}$$

A. N. : $c = 3{,}5 \times 10^{-5}\ \mathrm{mol \cdot L^{-1}}$; $V = 250$ mL ; $M = 152\ \mathrm{g \cdot mol^{-1}}$; $V_0 = 1{,}0$ mL, d'où :

$$\boldsymbol{C_\mathrm{m} = 1{,}3\ \mathrm{g \cdot L^{-1}}}$$

Sujet 10 — Acide lactique et médecine animale

7 pts — 1 h 10

Liban, mai 2013

Calculatrice autorisée

LISTE DES NOTIONS

- Formule topologique des molécules organiques
- Acides carboxyliques, alcools
- Chiralité, carbone asymétrique
- Représentation de Cram
- Énantiomérie
- Spectres IR
- Spectres RMN du proton
- Réaction support de dosage
- Dosage par titrage direct
- Équivalence dans un titrage
- Incertitudes
- Expression et acceptabilité d'un résultat
- Réactions lentes – durée d'une réaction chimique
- Facteurs cinétiques
- Catalyseur

Des tests d'effort sont pratiqués par des vétérinaires afin d'évaluer la condition physique des chevaux. Celle-ci est liée à l'apparition d'acide lactique dans les muscles pouvant entraîner des crampes douloureuses après un exercice physique prolongé. L'acide lactique est également à la base de la fabrication d'un polymère biodégradable, l'acide polylactique, utilisé en chirurgie vétérinaire pour réaliser des sutures.

Les parties I, II et III sont indépendantes.

Partie I L'acide lactique

32 min — 3,25 pts

La formule semi-développée de l'acide lactique est la suivante :

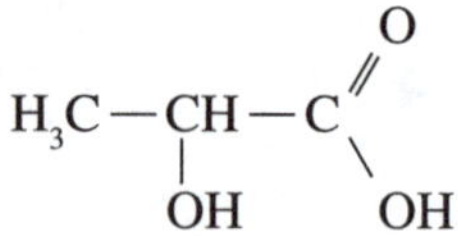

1 Étude de la molécule d'acide lactique

a. Donner la formule topologique de cet acide. **0,25 pt**

b. Entourer sur la représentation précédente les groupes caractéristiques présents dans la molécule et les nommer. **0,5 pt**

c. Justifier la chiralité de la molécule d'acide lactique et représenter ses stéréoisomères. Préciser le type de stéréoisomérie. **1 pt**

2 Analyse spectroscopique

a. Parmi les spectres IR proposés dans le **document 1** ci-après, choisir en justifiant celui correspondant à l'acide lactique. **0,5 pt**

Doc. 1 Spectres IR

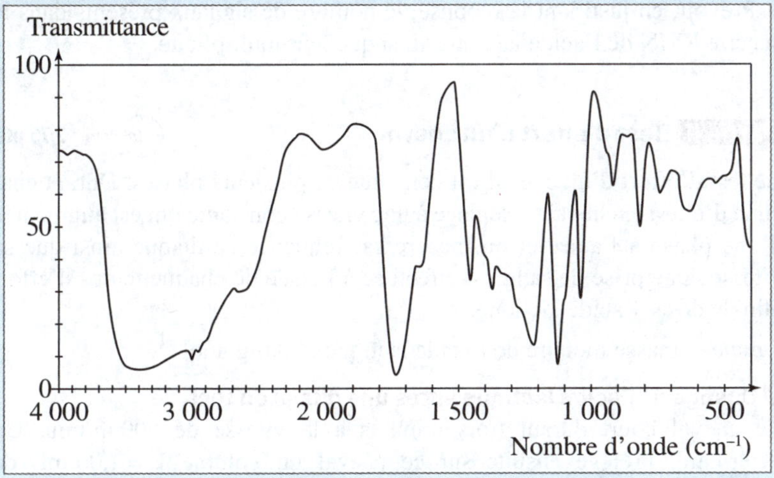

Spectre IR n° 1

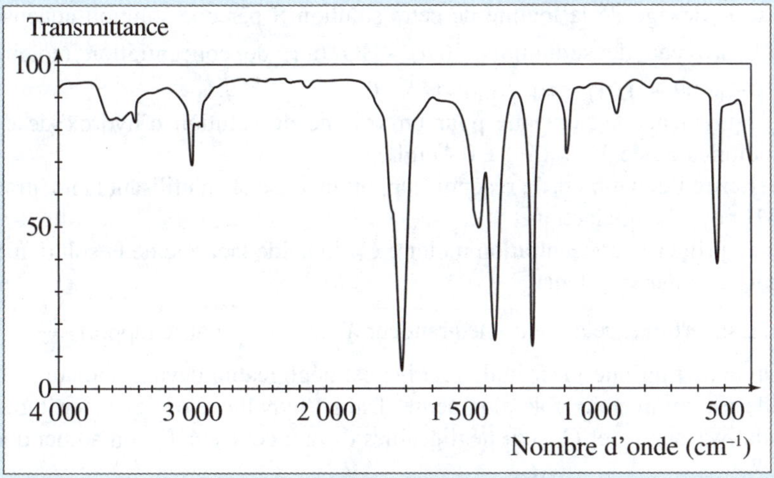

Spectre IR n° 2

SPÉCIFIQUE

Donnée : bandes d'absorption en spectroscopie IR.

Liaison	C—C	C=O	O—H (acide carboxylique)	C—H	O—H (alcool)
Nombre d'onde (cm^{-1})	1 000-1 250	1 700-1 800	2 500-3 200	2 800-3 000	3 200-3 700

b. Prévoir, en justifiant la réponse, le nombre de signaux présents dans le spectre RMN de l'acide lactique ainsi que leur multiplicité. **1 pt**

Partie II Test d'effort d'un cheval

28 min **2,75 pts**

Le test d'effort d'un cheval est constitué de plusieurs phases. Durant chacune d'elles, le cheval se déplace à une vitesse constante qui est augmentée d'une phase à l'autre et on mesure sa fréquence cardiaque ainsi que sa vitesse. Une prise de sang est effectuée à l'issue de chaque temps d'effort afin de doser l'acide lactique.

Donnée : masse molaire de l'acide lactique : $90{,}0\ g \cdot mol^{-1}$.

1 Dosage de l'acide lactique après une phase du test

Le cheval court durant trois minutes à la vitesse de 500 m/min. Un vétérinaire prélève ensuite sur ce cheval un volume $V = 1{,}00$ mL de sang dont il extrait l'acide lactique. Cet acide est dissous dans l'eau pour obtenir une solution S de volume $V_S = (50{,}0 \pm 0{,}05)$ mL. Il réalise le dosage de la totalité de cette solution S par une solution aqueuse d'hydroxyde de sodium $Na^+(aq) + HO^-(aq)$ de concentration molaire $C_1 = (1{,}00 \pm 0{,}01) \times 10^{-3}\ mol \cdot L^{-1}$.

L'équivalence est obtenue pour un volume de solution d'hydroxyde de sodium ajoutée $V_E = (4{,}0 \pm 0{,}4)$ mL.

a. Écrire l'équation de la réaction support du dosage en utilisant la notation AH pour l'acide lactique. **0,25 pt**

b. Exprimer la concentration molaire C_S en acide lactique de la solution S puis calculer sa valeur. **0,5 pt**

c. L'incertitude relative d'une grandeur X est définie par le rapport $\frac{\Delta X}{X}$.

On admet qu'une incertitude relative est négligeable devant une autre, si elle est environ dix fois plus petite. Dans l'hypothèse où les incertitudes relatives sur V_S et C_1 sont négligeables devant celle sur V_E, on admet que l'incertitude relative $\frac{\Delta C_S}{C_S}$ est égale à $\frac{\Delta V_E}{V_E}$.

Déterminer l'encadrement de la concentration molaire en acide lactique C_S obtenue par le vétérinaire. **0,5 pt**

d. En déduire l'encadrement de la concentration molaire C en acide lactique dans le sang du cheval. **0,5 pt**

2 Évaluation de la condition physique du cheval

Le cheval a subi un test similaire trois semaines auparavant.

À l'aide des **documents 2** et **3**, déterminer si le cheval examiné par le vétérinaire est actuellement en meilleure forme que trois semaines auparavant. **1 pt**

Doc. 2 Concentration massique en acide lactique à l'issue de différentes phases d'un test d'effort en fonction de la vitesse, pour un test réalisé trois semaines auparavant

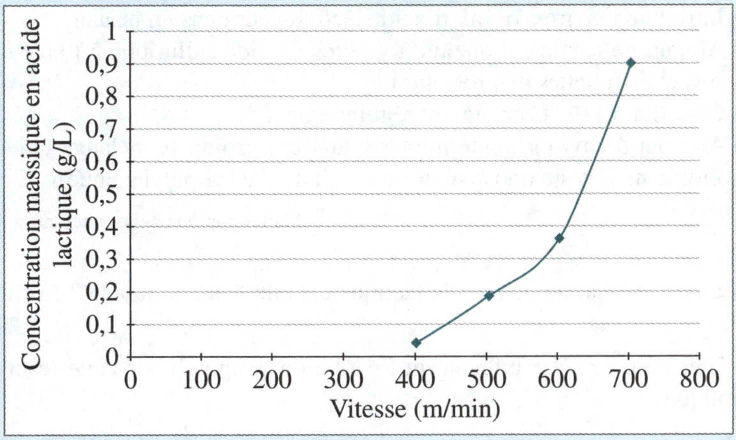

Doc. 3 « Paramètre V4 »

Le « paramètre V4 » est défini par la valeur de la vitesse qui correspond à une concentration en acide lactique de $0{,}36\ \text{g} \cdot \text{L}^{-1}$. Ce paramètre est assimilable à un seuil de fatigue. Il dépend de l'âge du cheval, de son niveau d'entraînement et de sa capacité individuelle à l'effort.

D'après http://pegase.mayenne

Donnée : pour une vitesse donnée, un cheval est d'autant plus performant que la concentration en acide lactique de son sang est faible.

Partie III Polymérisation de l'acide lactique

10 min 1 pt

Une molécule d'acide lactique peut, dans certaines conditions, réagir avec une autre molécule d'acide lactique pour former une molécule de chaîne plus longue, à six atomes de carbone. À son tour, cette dernière peut réagir avec une autre molécule d'acide lactique pour donner une molécule encore plus longue, et ainsi de suite.

On obtient ainsi une molécule de polymère constituée d'un très grand nombre d'atomes de carbone, appelée acide polylactique, reproduisant régulièrement le même motif d'atomes. L'acide polylactique est un polymère biodégradable : l'action de l'eau peut le détruire en régénérant l'acide lactique.

Doc. 4 Protocole de synthèse de l'acide polylactique

- Introduire environ 10 mL d'acide lactique pur dans un bécher.
- Ajouter délicatement quelques gouttes d'acide sulfurique à l'aide de gants et de lunettes de protection.
- Chauffer à 110 °C en agitant régulièrement.
- Au bout d'environ trente minutes, laisser refroidir le mélange qui se solidifie mais reste transparent : il s'agit de l'acide polylactique.

D'après http://www.ac-nancy-metz.fr/

1 La polymérisation de l'acide lactique est-elle lente ou rapide ? Justifier. **0,25 pt**

2 Citer un paramètre influençant l'évolution temporelle de cette réaction chimique. **0,25 pt**

3 Proposer un protocole permettant de vérifier que l'acide sulfurique est un catalyseur de cette réaction. **0,5 pt**

Les clés pour réussir

Partie I

1 c. Si une molécule possède un atome de carbone asymétrique, elle est chirale.

2 a. L'acide lactique possède le groupement alcool O—H qui a une bande d'absorption profonde et large très caractéristique.

b. Recherchez les groupes différents de protons équivalents.

Le spectre RMN des protons des atomes d'hydrogène des groupements hydroxyle et carboxyle est toujours un signal singulet.

▶ Partie II

1 c. Comparez les différentes incertitudes relatives entre elles.
Attention au nombre de chiffres significatifs !

2 Tous les documents ne sont pas forcement utiles.

▶ Partie III

3 Pour savoir si un corps est un catalyseur, on réalise le même protocole avec ou sans la présence de ce corps, puis on compare les quantités de matière des produits obtenus.

SPÉCIFIQUE

Sujet 10 Corrigé

Partie I L'acide lactique

1 Étude de la molécule d'acide lactique

a. La formule topologique de l'acide lactique de formule semi-développée

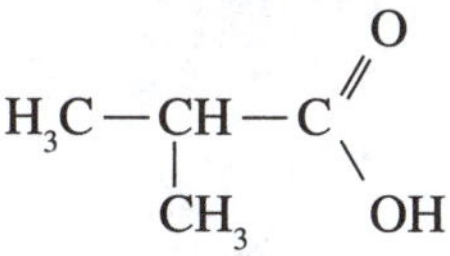

est :

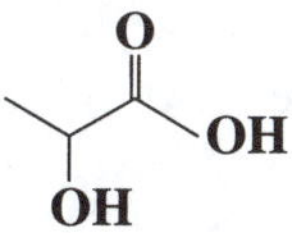

> **Pensez-y !**
> Dans une formule topologique, on ne représente pas les atomes de carbone du squelette carboné, ainsi que les atomes d'hydrogène liés à ces atomes de carbone.

b. L'acide lactique possède deux groupes caractéristiques entourés sur la formule topologique ci-après :

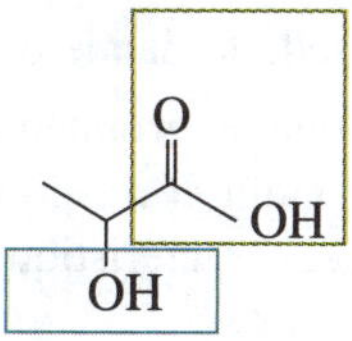

Groupe carboxyle : fonction acide carboxylique

Groupe hydroxyle : fonction alcool

Remarque

Le groupement hydroxyle étant lié à un atome de carbone lié à deux autres atomes de carbone, on a plus précisément une fonction alcool secondaire.

c. La molécule d'acide lactique possède un et un seul atome de carbone asymétrique noté *C dans sa formule semi-développée ci-après :

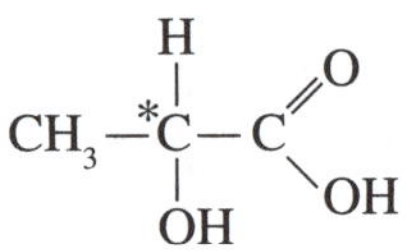

Pensez-y !

Un atome de carbone asymétrique est lié à quatre atomes ou groupes d'atomes tous différents les uns des autres.

Cette molécule est donc chirale.

Cette molécule possède donc deux stéréoisomères qui sont images l'un de l'autre dans un miroir (on a une symétrie plane).

La représentation de Cram de ces deux isomères est :

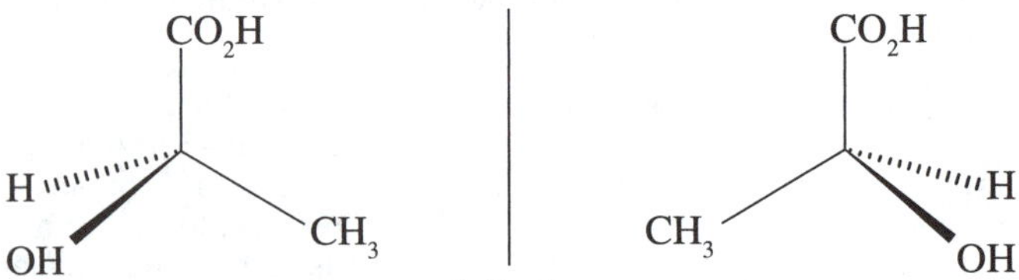

Miroir
(plan de symétrie)

Ce type de stéréoisomérie est appelé **énantiomérie**, deux énantiomères étant des stéréoisomères symétriques plans.

2 Analyse spectroscopique

a. Seul le spectre infrarouge IR1 possède la bande d'absorption comprise entre 3 200 et 3 700 cm^{-1} caractéristique du groupement alcool O—H : C'est donc le **spectre infrarouge n° 1** qui correspond à l'acide lactique, l'acide lactique ayant une liaison O—H caractéristique d'un groupe alcool.

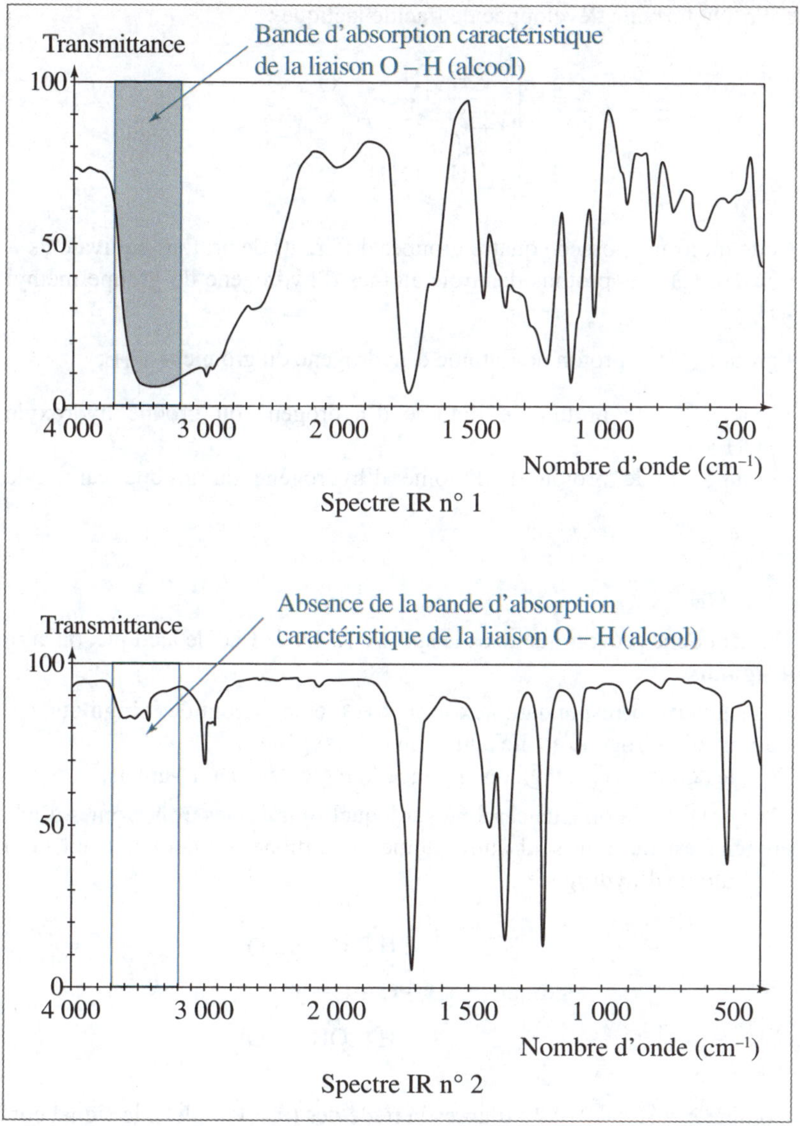

Doc. 1 – Spectres IR

SPÉCIFIQUE

b. Soit la formule développée de l'acide lactique :

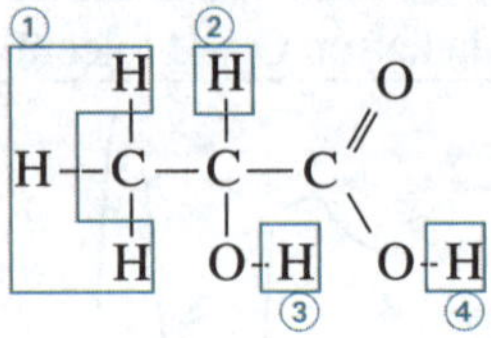

Cette molécule possède quatre groupes différents de protons équivalents :

• groupe ① : les protons des trois atomes d'hydrogène du groupe méthyl CH_3— ;

• groupe ② : le proton de l'atome d'hydrogène du groupe —CH ;

• groupe ③ : le proton de l'atome d'hydrogène du groupe hydroxyle —OH ;

• groupe ④ : le proton de l'atome d'hydrogène du groupe carboxyle

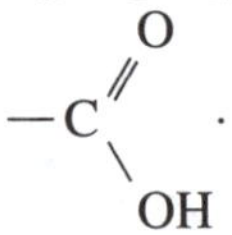

.

On peut donc prévoir que dans le spectre RMN de l'acide lactique, on aura **4 signaux**.

Les signaux correspondant aux groupes ③ et ④ seront des **singulets**, car l'atome d'hydrogène est lié à un atome d'oxygène.

Pour les groupes ① et ②, on applique la règle des (n + 1)-uplets.

Groupe ① – L'atome de carbone sur lequel sont liés les trois atomes d'hydrogène est lié à un seul autre atome de carbone, ce dernier étant lié à $n = 1$ atome d'hydrogène :

groupe ① 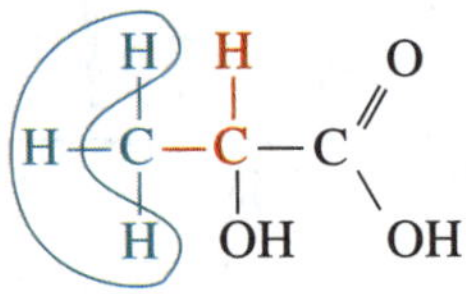

Comme $n = 1$, $n + 1 = 2$: d'après la règle des (n + 1)-uplets, le signal correspondant au groupe ① dans le spectre RMN de l'acide lactique est un **doublet**.

Groupe ② – L'atome de carbone sur lequel est lié l'atome d'hydrogène est lié à un seul autre atome de carbone lié à des atomes d'hydrogène, ce dernier atome de carbone étant lié à $n = 3$ atomes d'hydrogène :

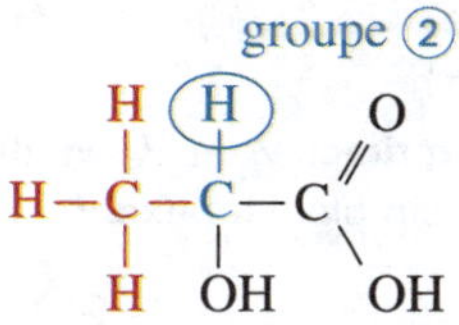

Comme $n = 3$, $n + 1 = 4$: d'après la règle des $(n + 1)$-uplets, le signal correspondant au groupe ② dans le spectre RMN de l'acide lactique est un **quadruplet**.

Partie II Test d'effort d'un cheval

1 Dosage de l'acide lactique après une phase du test

a. La réaction support du dosage de l'acide lactique AH(aq) par une solution aqueuse d'hydroxyde de sodium Na^+(aq) + HO^-(aq) a pour équation :

$$\mathbf{AH(aq) + HO^-(aq) = A^-(aq) + H_2O(\ell)}$$

Remarque

Dans cette équation, on ne met que les corps qui réagissent et les produits de la réaction. On n'écrit pas les ions spectateurs comme Na^+(aq), qui ne participent pas à la réaction : ils assurent simplement la neutralité électronique du mélange réactionnel.

b. À l'équivalence acido-basique, on a versé autant de quantité de matière de solution aqueuse d'hydroxyde de sodium, soit $n_{\text{bé}}$, qu'il y avait initialement de quantité de matière d'acide lactique n_a dans l'échantillon dosé, vu que d'après l'équation de la réaction de dosage, les deux réactifs ont même coefficient stœchiométrique (réaction « mole à mole »), d'où :

$$n_{\text{bé}} = n_a$$

Comme $n_{\text{bé}} = C_1 V_E$ et $n_a = C_S V_S$, on a :

$$C_1 V_E = C_S V_S$$

d'où :
$$\mathbf{C_S = \frac{C_1 V_E}{V_S}}$$

A. N. : $C_1 = 1{,}00 \times 10^{-3}\ \text{mol} \cdot \text{L}^{-1}$; $V_E = 4{,}0$ mL ; $V_S = 50{,}0$ mL,

d'où :
$$\mathbf{C_S = 8{,}0 \times 10^{-5}\ mol \cdot L^{-1}}$$

Remarque

Il n'est pas nécessaire d'exprimer V_E et V_S en litres, car on a un rapport de ces deux volumes : il faut simplement exprimer ces deux volumes avec la même unité.

c. Cherchons d'abord à vérifier si les incertitudes relatives sur V_S et C_1 sont négligeables par rapport à l'incertitude relative sur V_E, selon l'hypothèse proposée par l'énoncé.

On a : $V_S = (50{,}0 \pm 0{,}05)$ mL, d'où $\Delta V_S = 0{,}05$ mL.

Il en résulte : $$\frac{\Delta V_S}{V_S} = \frac{0{,}05}{50} = 1{,}0 \times 10^{-3}$$

On a : $C_1 = (1{,}00 \pm 0{,}01) \times 10^{-3}\ \text{mol} \cdot \text{L}^{-1}$, d'où $\Delta C_1 = 0{,}01 \times 10^{-3}\ \text{mol} \cdot \text{L}^{-1}$.

Il en résulte : $$\frac{\Delta C_1}{C_1} = \frac{0{,}01}{1{,}00} = 1{,}0 \times 10^{-2}$$

Enfin, on a $V_E = (4{,}0 \pm 0{,}4)$ mL, d'où $\Delta V_E = 0{,}4$ mL.

Il en résulte : $$\frac{\Delta V_E}{V_E} = 1{,}0 \times 10^{-1}$$

On a donc : $$\frac{\dfrac{\Delta V_S}{V_S}}{\dfrac{\Delta V_E}{V_E}} = \frac{1{,}0 \times 10^{-3}}{1{,}0 \times 10^{-1}} = 10^{-2} = \frac{1}{100} < \frac{1}{10}$$

et $$\frac{\dfrac{\Delta C_1}{C_1}}{\dfrac{\Delta V_E}{V_E}} = \frac{1{,}0 \times 10^{-2}}{1{,}0 \times 10^{-1}} = 10^{-1} = \frac{1}{10}$$

Comme on admet qu'une incertitude relative est négligeable devant une autre si elle est environ dix fois plus petite, on en déduit que les incertitudes relatives sur V_S et C_1, respectivement 100 fois et 10 fois plus petites que l'incertitude relative sur V_E, sont négligeables devant l'incertitude relative sur V_E.

Dans ce cas, comme l'énoncé l'indique, on admet que :

$$\frac{\Delta C_S}{C_S} = \frac{\Delta V_E}{V_E}$$

$\dfrac{\Delta C_S}{C_S}$ étant l'incertitude relative sur C_S.

Il en résulte : $\dfrac{\Delta C_S}{C_S} = \dfrac{\Delta V_E}{V_E} = 1 \times 10^{-1}$.

A. N. : $\Delta C_S = 1 \times 10^{-1} \times C_S$ soit, comme $C_S = 8{,}0 \times 10^{-5}\ \text{mol} \cdot \text{L}^{-1}$,

$$\Delta C_S = 8 \times 10^{-6}\ \text{mol} \cdot \text{L}^{-1}$$

Pensez-y !

Comme $V_E = (4{,}0 \pm 0{,}4)$ mL, on a $\Delta V_E = 0{,}4$ mL.
La valeur de ΔV_E n'étant connue qu'avec un seul chiffre significatif, la valeur de $\dfrac{\Delta V_E}{V_E}$, donc la valeur de $\dfrac{\Delta C_S}{C_S}$, donc la valeur de ΔC_S seront exprimées avec un seul chiffre significatif.

L'encadrement de la concentration molaire en acide lactique C_S obtenue par le vétérinaire est donc :

$$(8{,}0 - 0{,}8) \times 10^{-5}\ \text{mol} \cdot \text{L}^{-1} \leqslant C_S \leqslant (8{,}0 + 0{,}8) \times 10^{-5}\ \text{mol} \cdot \text{L}^{-1}$$

soit : $\mathbf{7{,}2 \times 10^{-5}\ mol \cdot L^{-1} \leqslant C_S \leqslant 8{,}8 \times 10^{-5}\ mol \cdot L^{-1}}$

d. La solution S est obtenue en diluant d'un facteur 50 le volume V de sang prélevé par le vétérinaire.

En effet : $\dfrac{V_S}{V} = \dfrac{50{,}0}{1{,}00} = 50$

On a donc $C = 50\ C_S$, avec C la concentration molaire en acide lactique du sang de cheval et C_S la concentration molaire en acide lactique de la solution S diluée.
D'où l'encadrement de cette concentration molaire :

$$50 \times 7{,}2 \times 10^{-5}\ \text{mol} \cdot \text{L}^{-1} \leqslant C \leqslant 50 \times 8{,}8 \times 10^{-5}\ \text{mol} \cdot \text{L}^{-1}$$

soit :

$$\mathbf{3{,}6 \times 10^{-3}\ mol \cdot L^{-1} \leqslant C \leqslant 4{,}4 \times 10^{-3}\ mol \cdot L^{-1}}$$

Remarque

On ne tient pas compte de l'incertitude relative sur la mesure de V_S, car elle est de $\dfrac{1}{1\,000}$.
Il faudrait pouvoir exprimer C_S avec trois chiffres significatifs pour que l'on ne néglige pas cette incertitude, ce qui n'est pas le cas ici.

2 Évaluation de la condition physique du cheval

La concentration massique C_m en acide lactique dans le sang du cheval est donnée par la relation :

$$C_m = C \cdot M$$

avec C la concentration molaire en acide lactique dans le sang du cheval et M la masse molaire de l'acide lactique.
De l'encadrement de C obtenu à la question précédente, on a pour l'encadrement de C_m :

$$3{,}6 \times 10^{-3} \times M \leqslant C_m = C \cdot M \leqslant 4{,}4 \times 10^{-3} \times M$$

soit avec $M = 90\ \text{g} \cdot \text{mol}^{-1}$:

$$0{,}32\ \text{g} \cdot \text{L}^{-1} \leqslant C_m \leqslant 0{,}40\ \text{g} \cdot \text{L}^{-1}$$

La valeur minimale de la concentration massique C_m en acide lactique dans le sang du cheval est donc de $0{,}32\ \text{g} \cdot \text{L}^{-1}$ après le test d'effort.
Or d'après le **document 2**, trois semaines auparavant, cette même concentration massique était de $0{,}19\ \text{g} \cdot \text{L}^{-1}$ après un test d'effort réalisé dans les mêmes conditions : course de 3 minutes à la vitesse de 500 m/min.

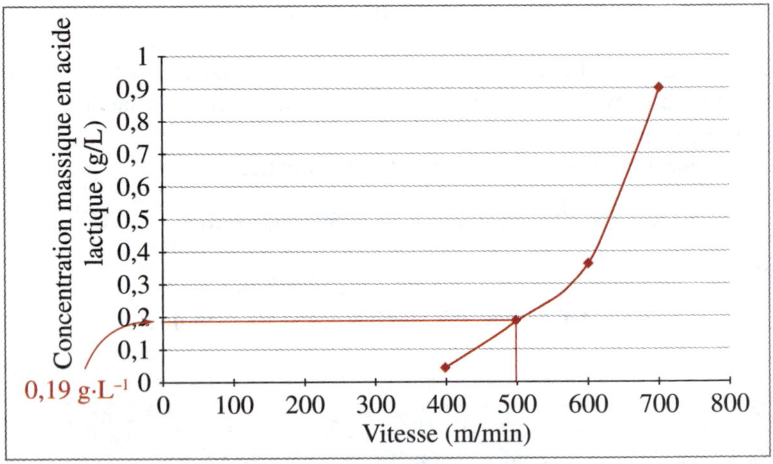

Document 2

Comme « pour une vitesse donnée, un cheval est d'autant plus performant que la concentration en acide lactique de son sang est faible » (donnée de l'énoncé), il en résulte que le cheval examiné par le vétérinaire est **en moins bonne forme** que trois semaines auparavant.

Remarque

La connaissance du « paramètre V4 » donnée par le **document 3** n'est d'aucune utilité pour répondre à la question posée.

Partie III Polymérisation de l'acide lactique

1 La polymérisation de l'acide lactique est **lente**, car il faut chauffer pendant environ 30 minutes.

2 La **température** est un facteur cinétique : c'est donc un paramètre influençant l'évolution temporelle de cette réaction de polymérisation.

Remarque

De façon générale, une élévation de température augmente la vitesse d'une réaction chimique.

3 Pour vérifier que l'acide sulfurique est un catalyseur de cette réaction, on réalise aussi la synthèse de l'acide polylactique avec le même protocole que celui décrit dans l'énoncé SANS ajouter les quelques gouttes d'acide sulfurique.
On compare au bout d'une même durée la quantité de matière d'acide polylactique formé. Si l'acide sulfurique est un catalyseur de cette réaction, la quantité de matière d'acide polylactique obtenue en utilisant le protocole SANS la présence de quelques gouttes d'acide sulfurique sera plus petite que celle obtenue en utilisant le protocole AVEC la présence de quelques gouttes d'acide sulfurique.

Remarque

Pour vérifier en toute rigueur que l'acide sulfurique est bien un catalyseur, il faut aussi vérifier que dans les deux cas, le mélange réactionnel obtenu en fin de réaction est bien le même, le catalyseur n'étant pas un réactif de cette réaction.

Sujet 11 — Techniques physico-chimiques de détection de médicaments contrefaits

5 pts — 50 min

France métropolitaine, septembre 2016

Calculatrice autorisée

LISTE DES NOTIONS

- Propriétés physico-chimiques
- Polyalcool
- Liaisons H
- Spectre IR
- Spectre RMN du proton

L'Organisation mondiale de la santé alerte sur le commerce illicite de médicaments contrefaits qui s'étend aujourd'hui à l'échelle mondiale. On peut citer l'exemple d'un sirop contre la toux dans lequel l'un des excipients, le glycérol, a été substitué par un antigel toxique, l'éthylène glycol.

Doc. 1 Spectre de RMN du proton

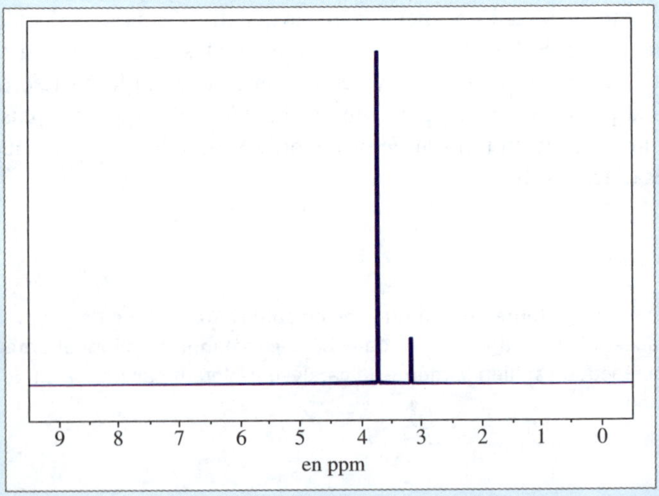

D'après http://sdbs.db.aist.go.jp
(National institute of advanced industrial science and technology)

Doc. 2 Propriétés physico-chimiques du glycérol et de l'éthylène glycol

	Glycérol ou propane-1,2,3-triol	Éthylène glycol ou éthane-1,2-diol
Formule brute	$C_3H_8O_3$	$C_2H_6O_2$
Formule semi-développée	$HO{-}CH_2{-}CH(OH){-}CH_2{-}OH$	$HO{-}CH_2{-}CH_2{-}OH$
Caractéristiques diverses	Liquide transparent incolore, visqueux, non toxique, au goût sucré ; agent hydratant qui améliore l'onctuosité des préparations pharmaceutiques	Liquide transparent incolore, au goût sucré, toxique, pouvant être mortel à l'ingestion
Masse molaire ($g{\cdot}mol^{-1}$)	92,1	62,1
Masse volumique à 25 °C ($g{\cdot}cm^{-3}$)	1,3	1,1
Température de fusion à la pression atmosphérique (°C)	17,8	-13,7
Température d'ébullition à la pression atmosphérique (°C)	290	197
Indice de réfraction à 589,3 nm à 25 °C	1,47	1,44

Partie I Comparaison des propriétés du glycérol et de l'éthylène glycol

15 min **1 pt**

1 À quelle famille de composés organiques appartiennent le glycérol et l'éthylène glycol ? **0,25 pt**

2 Quelle(s) caractéristique(s) commune(s) au glycérol et à l'éthylène glycol rend(ent) possible la contrefaçon d'un sirop ? **0,25 pt**

3 Proposer une interprétation pour rendre compte de la grande différence de température d'ébullition de ces deux molécules. **0,5 pt**

SPÉCIFIQUE

Partie II Différentes techniques pour distinguer le glycérol de l'éthylène glycol

35 min 4 pts

1 Citer deux techniques expérimentales non spectroscopiques permettant de distinguer le glycérol de l'éthylène glycol. **1 pt**

2 Spectroscopie infrarouge

a. Quelle information sur une molécule un spectre infrarouge permet-il d'obtenir ? **0,5 pt**

b. La spectroscopie infrarouge est-elle une technique pertinente pour repérer un sirop contrefait à l'éthylène glycol ? Justifier. **0,5 pt**

3 Spectroscopie de RMN du proton

a. La spectroscopie de RMN du proton permet-elle de distinguer le glycérol de l'éthylène glycol ? Justifier si le spectre du **document 1** est celui du glycérol ou celui de l'éthylène glycol. **1,5 pt**

b. La spectroscopie de RMN du proton est une méthode adaptée pour connaître la structure d'un composé pur ; elle est par contre mal adaptée pour analyser les constituants d'un mélange contenant un grand nombre d'espèces chimiques et reconnaître ainsi un sirop contrefait. Justifier cette affirmation. **0,5 pt**

Les clés pour réussir

Partie I

1 La fonction hydroxyle est caractéristique de la famille des alcools. En nomenclature systématique, le nom d'un alcool a comme suffixe « –ol ».

2 Utilisez la ligne « Caractéristiques diverses » du tableau du **document 2** et retenez les similitudes.

3 Pensez aux liaisons hydrogène que peuvent réaliser les fonctions hydroxyle. La température de changement d'état dépend de la longueur de la chaîne carbonée, mais aussi du nombre de fonctions hydroxyle de la molécule.

Partie II

1 Inspirez-vous des propriétés du **document 2** et proposez un protocole pour mesurer celles qui permettent de distinguer un liquide de l'autre. Dans le cas proposé ici, les valeurs d'une même propriété sont très différentes d'une molécule à l'autre.

2 a. La spectroscopie IR met en évidence les liaisons et les fonctions caractéristiques d'une molécule.

b. La spectroscopie IR permet de distinguer des molécules ayant des groupements caractéristiques différents.

3 **a.** Comparez les formules semi-développées et distinguez les ensembles de protons équivalents.

Le spectre RMN doit comporter autant de signaux que d'ensembles de protons équivalents de la molécule correspondante.

b. Dans le cas d'un mélange, le spectre RMN comporte beaucoup de signaux qui peuvent se superposer.

Sujet 11 Corrigé

SPÉCIFIQUE

Partie I Comparaison des propriétés du glycérol et de l'éthylène glycol

1 Le glycérol et l'éthylène glycol possèdent des fonctions hydroxyle, c'est-à-dire un groupement –OH attaché à un carbone tétravalent (en rouge dans les formules semi-développées ci-après). Ces deux molécules appartiennent donc à la famille des alcools.

Glycérol : 3 fonctions hydroxyle (en rouge)	$HO{-}CH_2{-}CH(OH){-}CH_2{-}OH$
Éthylène glycol : 2 fonctions hydroxyle (en rouge)	$HO{-}CH_2{-}CH_2{-}OH$

Sachant qu'elles possèdent plusieurs fonctions hydroxyle, on les appelle des **polyalcools ou polyols**.

Remarque

Les alcools ont des noms, en nomenclature systématique, qui se terminent par le suffixe « **–ol** ». On le vérifie bien pour le glycérol qui est le propane-1,2,3-tri**ol** et l'éthylène glycol qui se nomme l'éthane-1,2-di**ol**.

On peut aussi remarquer que le glycérol possède 3 fonctions hydroxyle (c'est un **tri**alcool : -**tri**ol) alors que l'éthylène glycol en possède 2 (c'est un **di**alcool : -**di**ol).

2 Si l'on compare les « caractéristiques diverses » du tableau du **document 2**, on constate que le glycérol et l'éthylène glycol ont en commun d'être des liquides transparents incolores, au goût sucré.

Remarque

On pourrait ajouter que les indices de réfraction de ces deux liquides sont assez proches.

3 La différence des températures de changement d'état est due aux liaisons hydrogène réalisées par les fonctions hydroxyle. La température est d'autant plus importante qu'il faut apporter de l'énergie pour casser ces liaisons. Ainsi, la température d'ébullition est d'autant plus élevée que le nombre de liaisons hydrogène ou le nombre de fonctions hydroxyle est important, mais aussi que la chaîne carbonée est grande.
Le glycérol est un trialcool (trois fonctions hydroxyle) en C3 (sa chaîne carbonée est composée de trois atomes de carbone), alors que l'éthylène glycol est un dialcool en C2. **Le glycérol a donc une température d'ébullition (290 °C) plus importante** que celle de l'éthylène glycol (197 °C).

Partie II Différentes techniques pour distinguer le glycérol de l'éthylène glycol

1 Parmi les techniques expérimentales non spectroscopiques pouvant distinguer les deux molécules, on peut citer :

- **la mesure de la masse volumique**. Il s'agit de peser le même volume de chacun des liquides. Le liquide ayant la plus grande masse est le glycérol ;
- **la mesure de la température de changement d'état à pression atmosphérique**. Soit on refroidit à partir de la température ambiante chacun des liquides, et celui dont la température de solidification est la plus grande est le glycérol. Soit on chauffe chacun des deux liquides, et celui dont la température d'ébullition est la plus faible est l'éthylène glycol.

Remarque

On pourrait citer aussi la mesure de l'angle de réfraction, mais la différence des indices est assez faible, et le protocole nécessite un matériel plus complexe que pour la mesure de la masse volumique ou de la température de changement d'état.

2 Spectroscopie infrarouge

a. La spectroscopie IR permet de mettre en évidence les **liaisons d'une molécule**, ainsi que ses **fonctions caractéristiques**. La spectroscopie IR met en évidence pour le glycérol et l'éthylène glycol les fonctions hydroxyle –OH (sans les dénombrer) et les liaisons entre les atomes de carbone tétravalents et les atomes d'hydrogène $C_{tétra}$–H de la chaîne carbonée.

b. La spectroscopie IR ne permet donc pas de faire la différence entre les deux molécules, qui ont toutes les deux des fonctions hydroxyle et des liaisons $C_{tétra}$–H.

Remarque

La spectroscopie IR permet de distinguer deux molécules possédant au moins une fonction différente.

3 Spectroscopie de RMN du proton

a. Les formules semi-développées du glycérol et de l'éthylène glycol permettent de conclure que **la spectroscopie de RMN du proton peut distinguer ces deux molécules**. Le nombre d'ensembles de protons équivalents n'étant pas identique dans les deux molécules, le nombre de pics dans un signal RMN ne sera pas le même.

Le glycérol possède quatre ensembles de protons équivalents :

- les atomes d'hydrogène (en rouge) des fonctions hydroxyle initiale et terminale : les 2 atomes d'hydrogène forment un seul ensemble de protons équivalents par symétrie de la molécule ;
- l'hydrogène (en bleu) de la fonction hydroxyle reliée à l'atome de carbone central ;
- les atomes d'hydrogène (en vert) des $-CH_2-$: les 2 atomes d'hydrogène forment un seul ensemble de protons équivalents par symétrie de la molécule ;
- l'hydrogène (en noir) rattaché au carbone central.

HO–CH_2–CH–CH_2–OH
|
OH

L'éthylène glycol possède deux ensembles de protons équivalents :

- les atomes d'hydrogène (en rouge) des fonctions hydroxyle (symétrie de la molécule) ;
- les atomes d'hydrogène (en vert) des $-CH_2-$ (symétrie de la molécule).

HO–CH_2–CH_2–OH

Le spectre RMN du proton proposé en **document 1** est celui de **l'éthylène glycol**. En effet, il comporte deux signaux pour un déplacement chimique δ entre 3 ppm et 4 ppm. Or seul l'éthylène glycol possède deux ensembles de protons équivalents.

Remarque

Concernant l'éthylène glycol :

- les atomes d'hydrogène des fonctions hydroxyle constituent un singulet : ils n'ont pas de plus proches voisins puisqu'ils sont rattachés à des atomes d'oxygène ;
- les autres atomes d'hydrogène constituent aussi un singulet : les considérant comme un ensemble, ils sont liés aux fonctions hydroxyle par l'intermédiaire de –C–O– ne permettant pas de considérer les atomes d'hydrogène des fonctions hydroxyle comme des plus proches voisins.

Enfin, la courbe d'intégration montrerait qu'un singulet correspondrait à une marche double de celle de l'autre singulet, le nombre de protons d'un ensemble de protons équivalents étant le double de l'autre.

b. Dans le cas d'un mélange, le spectre RMN comporte **beaucoup de signaux** dus aux différents ensembles de protons équivalents de l'ensemble des différentes molécules. Certains de ces signaux peuvent **se superposer** et ne plus permettre de distinguer les protons couplés d'une même molécule.

Les molécules ne pourraient donc plus être distinguées en tant que telles, et les sirops contrefaits représentant des mélanges ne pourraient plus être identifiés.

Sujet 12

11 pts

1 h 50

Service et réception au volley-ball

France métropolitaine – La Réunion, juin 2018

Calculatrice autorisée

LISTE DES NOTIONS

- Effet Doppler
- Équation horaire
- Loi de Newton
- Énergies cinétique, potentielle de pesanteur et mécanique
- Vitesse moyenne

SPÉCIFIQUE

Au volley-ball, le service smashé est le type de service pratiqué le plus fréquemment par les professionnels : le serveur doit se placer un peu après la limite du terrain, lancer très haut son ballon, effectuer une petite course d'élan, puis sauter pour frapper la balle.

D'après : https://fr.wikipedia.org/wiki/Volley-ball

Source : FIVB 2012

Après la course d'élan, le serveur saute de façon à frapper le ballon en un point B_0 situé à la hauteur h au-dessus de la ligne de fond de terrain. La hauteur h désigne alors l'altitude initiale du centre du ballon. Le vecteur vitesse initiale $\vec{v_0}$ du ballon est horizontal et perpendiculaire à la ligne de fond du terrain (voir **document 1**).

Le mouvement du ballon est étudié dans le référentiel terrestre supposé galiléen muni du repère (Ox, Oy) et l'instant de la frappe est choisi comme origine des temps : $t = 0$ s. Le mouvement a lieu dans le plan (Oxy).

Doc. 1 Dimensions du terrain de volley-ball et allure de la trajectoire du ballon

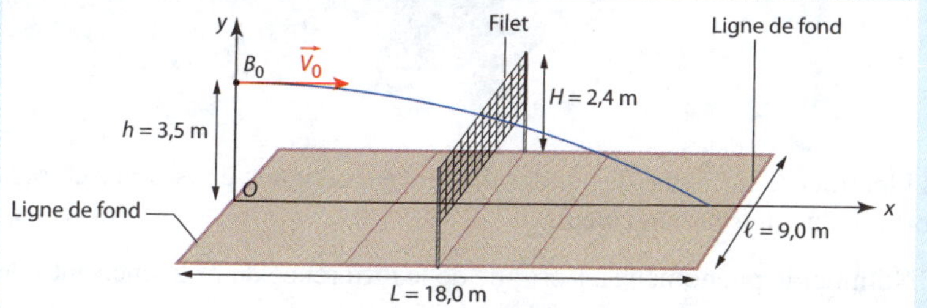

Le but de cet exercice est de déterminer la valeur de la vitesse initiale du ballon, de vérifier la validité du service et d'étudier la réception du service par un joueur de l'équipe adverse. Pour cela, on étudie le mouvement du centre du ballon sans tenir compte de l'action de l'air, de la rotation du ballon sur lui-même et de ses déformations.

Données :

- le ballon de volley-ball a une masse $m = 260$ g et un rayon $r = 10$ cm ;
- intensité du champ de pesanteur : $g = 9{,}81\ \text{m·s}^{-2}$;
- la valeur de la célérité c de la lumière dans le vide ou dans l'air est supposée connue du candidat ;
- domaines des ondes électromagnétiques en fonction de la longueur d'onde λ :

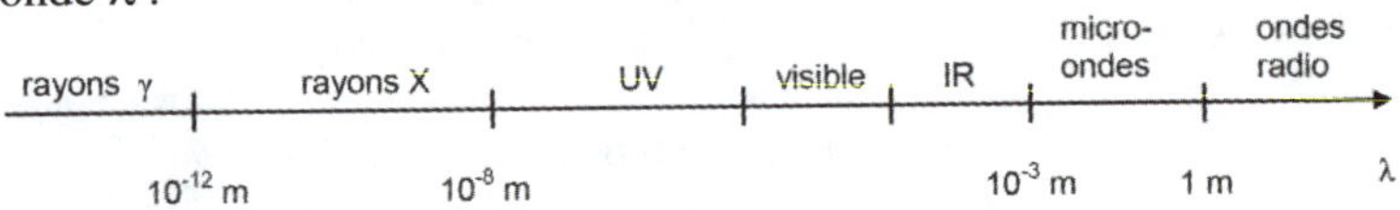

Partie I **Mesure de la vitesse initiale du ballon** 30 min **3 pts**

Afin d'évaluer les performances du serveur, on mesure la valeur de la vitesse initiale v_0 du ballon grâce à un radar portatif (voir **document 2**), que l'on pointe en direction de la position de frappe B_0.
Le manuel du radar portatif indique que celui-ci envoie des ondes électromagnétiques haute fréquence ($3{,}47 \times 10^{10}$ Hz) et mesure la différence de fréquence entre l'onde émise et l'onde réfléchie sur un objet en mouvement.

Doc. 2 **Radar portatif utilisé lors de la mesure de la vitesse (indiquée en km·h⁻¹)**

1 Identifier le domaine des ondes électromagnétiques émises par ce radar portatif. Justifier par un calcul. **1 pt**

2 Nommer le phénomène à l'origine de la différence de fréquence entre les ondes émise et reçue par le radar portatif. **0,25 pt**

3 Le radar portatif est positionné face au serveur et vise le ballon. La fréquence de l'onde reçue est-elle inférieure ou supérieure à celle de l'onde émise ? Justifier. **0,5 pt**

4 Dans les mêmes conditions de mesure que pour la question **3**, le décalage Δf entre la fréquence $f_{\text{émise}}$ de l'onde émise et la fréquence $f_{\text{reçue}}$ de l'onde reçue vérifie la relation :

$$|\Delta f| = \left|f_{\text{reçue}} - f_{\text{émise}}\right| = \frac{2v_0 \cdot f_{\text{émise}}}{c}$$

Le décalage $|\Delta f|$ mesuré par le radar portatif est de 4,86 kHz.
En déduire la valeur de la vitesse du ballon. Vérifier l'accord avec l'indication de l'écran du radar portatif du **document 2**. **1,25 pt**

SPÉCIFIQUE

Partie II Validité du service

1 h **6 pts**

Le service est effectué depuis le point B_0 à la vitesse $v_0 = 21{,}0\ \text{m·s}^{-1}$. Le service sera considéré comme valide à condition que le ballon franchisse le filet sans le toucher et qu'il retombe dans le terrain adverse.

1 Montrer que, si on néglige l'action de l'air, les coordonnées du vecteur accélération du centre du ballon après la frappe sont :

$$a_x(t) = 0 \text{ et } a_y(t) = -g$$

0,5 pt

2 Établir que les équations horaires du mouvement du centre du ballon s'écrivent :

$$x(t) = v_0 t \text{ et } y(t) = -\frac{gt^2}{2} + h$$

En déduire que l'équation de la trajectoire reliant x et y s'écrit :

$$y(x) = -\frac{g}{2v_0^2}x^2 + h$$

1,25 pt

3 En admettant que le ballon franchisse le filet, vérifier qu'il touche le sol avant la ligne de fond. **1 pt**

4 Afin de déterminer la vitesse du ballon au moment où il touche le sol, on effectue une étude énergétique. L'origine de l'énergie potentielle de pesanteur est choisie de la manière suivante : $E_{pp} = 0$ J pour $y = 0$ m.

a. Rappeler les expressions littérales des énergies cinétique E_c, potentielle de pesanteur E_{pp} et mécanique E_m du ballon en un point quelconque de la trajectoire. **0,75 pt**

b. Le graphe du **document 3** représente l'évolution en fonction du temps des trois énergies précédentes. Associer chaque courbe 1, 2, 3 à l'une des trois énergies E_m, E_{pp}, E_c. Justifier. **1 pt**

Doc. 3 **Allure de l'évolution des énergies du ballon au cours du temps**

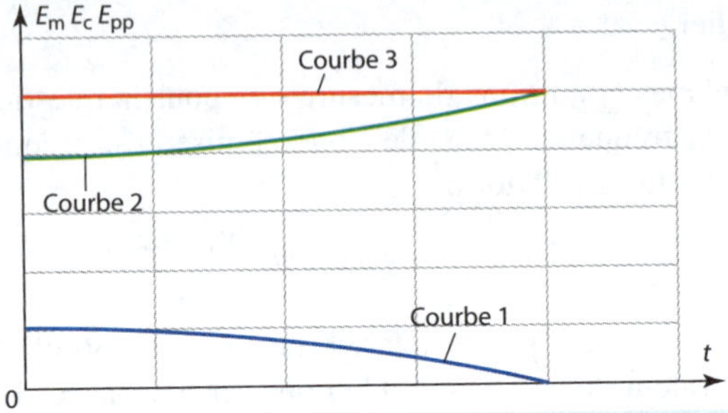

c. À l'aide de l'étude énergétique précédente, déterminer la valeur de la vitesse du centre du ballon v_{sol} lorsque le ballon touche le sol. **1 pt**

5 En réalité, la vitesse v_{sol} avec laquelle le ballon atteint le sol est plus faible que celle déterminée à la question **4**. Proposer une explication. **0,5 pt**

Partie III Réception du ballon par un joueur de l'équipe adverse

20 min **2 pts**

Au moment où le serveur frappe le ballon ($t = 0$ s), un joueur de l'équipe adverse est placé au niveau de la ligne de fond de son terrain. Il débute sa course vers l'avant pour réceptionner le ballon en réalisant une « manchette » comme le montre le **document 4**.
Le contact entre le ballon et le joueur se fait au point R situé à une hauteur de 80 cm au-dessus du sol.

Doc. 4 **Réception du ballon**

D'après : http://lesportdauphinois.com

On admet que les équations horaires du mouvement du ballon établies à la question **2** de la **Partie II** restent valables. Évaluer la vitesse moyenne minimale du déplacement de ce joueur pour qu'il réalise la réception dans la position photographiée ci-avant. Ce résultat semble-t-il réaliste ? **2 pts**

Les clés pour réussir

Partie I

1 Utilisez la relation entre la longueur d'onde et la fréquence de l'onde électromagnétique afin de pouvoir exploiter le diagramme des domaines des ondes proposé dans l'énoncé.

3 Lorsque le mobile se rapproche, sa fréquence est supérieure à la fréquence émise, alors que lorsqu'il s'éloigne, sa fréquence est inférieure.

4 Utilisez la relation du décalage en fréquence pour calculer v_0. Comparez-la à l'indication de la photo à 76 km/h.

Partie II

1 Appliquez la seconde loi de Newton avec le poids du ballon comme seule force extérieure exercée sur le système.

2 À partir de l'expression de l'accélération, exprimez les coordonnées du vecteur vitesse par intégration, en prenant en compte les conditions initiales. Réitérez la méthode pour obtenir les équations horaires proposées.

À partir de l'équation de $x(t)$, exprimez t en fonction de x et réinjectez cette expression dans celle de $y(t)$ pour retrouver l'équation de la trajectoire.

3 Résolvez l'équation $y(x) = r$ avec r le rayon du ballon, et vérifiez que la solution x est bien inférieure à la longueur L du terrain de volley-ball.

4 **b.** Pensez que l'altitude du ballon diminue, ainsi que son énergie potentielle de pesanteur, que sa vitesse est en augmentation, entraînant celle de son énergie cinétique, et que l'énergie mécanique est constante.

c. Exprimez la conservation de l'énergie mécanique entre l'instant initial et l'instant où le ballon touche le sol. Exprimez la vitesse v_{sol} et faites l'application numérique.

5 Pensez aux forces de frottements.

Partie III

Déterminez les coordonnées du point R et, en utilisant une des équations horaires, déduisez-en le temps t_R mis par le ballon pour arriver en R.

Calculez la distance parcourue par le joueur pendant ce temps, puis déduisez-en sa vitesse moyenne.

SPÉCIFIQUE

Pensez que l'ordre de grandeur d'une vitesse de course est d'une dizaine de km/h.

Sujet 12 Corrigé

Partie I Mesure de la vitesse initiale du ballon

1 Le radar envoie des ondes de fréquence $f = 3{,}47 \times 10^{10}$ Hz. La longueur d'onde λ correspondante est définie par :

$$\lambda = \frac{c}{f}$$

avec c la célérité des ondes.
A. N. : $c = 3{,}00 \times 10^{8}\ \text{m} \cdot \text{s}^{-1}$; $f = 3{,}47 \times 10^{10}$ Hz ;
d'où :

$$\lambda = \mathbf{8{,}65 \times 10^{-3}\ m}$$

Le diagramme des domaines des ondes électromagnétiques permet de situer les ondes émises par le radar dans les **micro-ondes**.

2 L'**effet Doppler** est à l'origine de la différence de fréquence entre les ondes émise et reçue par le radar portatif.

3 Le ballon se rapproche du radar, l'onde a une fréquence **supérieure** à celle de l'onde émise.

4 Dans les conditions de mesure de la question précédente, la fréquence reçue est supérieure à la fréquence émise donc $f_{\text{reçue}} - f_{\text{émise}} > 0$ et :

$$f_{\text{reçue}} - f_{\text{émise}} = \Delta f = \frac{2v_0 f_{\text{émise}}}{c}$$

On en déduit :

$$v_0 = \frac{c\Delta f}{2 f_{\text{émise}}}$$

A. N. : $c = 3{,}00 \times 10^{8}\ \text{m}\cdot\text{s}^{-1}$; $\Delta f = 4{,}86\ \text{kHz} = 4{,}86 \times 10^{3}$ Hz ;
$f_{\text{émise}} = 3{,}47 \times 10^{10}$ Hz, d'où :

$$v_0 = \mathbf{21{,}0\ m\cdot s^{-1}}$$

La photo du **document 2** montre que la vitesse du radar est de 76 km/h, ce qui correspond à $\dfrac{76}{3{,}6} = 21\ \text{m}\cdot\text{s}^{-1}$ avec 2 chiffres significatifs.

En considérant la précision des deux valeurs, **elles sont bien en accord l'une avec l'autre.**

Partie II Validité du service

1 Appliquons la seconde loi de Newton au ballon de masse constante, soumis à son seul poids dans le référentiel terrestre supposé galiléen :

$$m\vec{a} = \vec{P} = m\vec{g}$$

La masse étant non nulle, l'expression précédente se résume à $\vec{a} = \vec{g}$.
Le vecteur $\vec{g}$ étant vertical descendant, il a pour coordonnées $\vec{g}(0, -g)$.
On en déduit donc ceux de l'accélération : $\boldsymbol{a_x(t) = 0}$ et $\boldsymbol{a_y(t) = -g}$.

2 Par intégration des coordonnées de l'accélération, on obtient celles de la vitesse du ballon : $v_x(t) = K_1$ et $v_y(t) = -gt + K_2$ avec K_1 et K_2 les constantes d'intégration à déterminer en exploitant les conditions initiales du problème.
À $t = 0$, $v_x = K_1 = v_0$ et $v_y = K_2 = 0$ si l'on utilise le **document 1** avec un vecteur vitesse initiale $\vec{v}_0$ horizontal.
Finalement, $v_x(t) = v_0$ et $v_y(t) = 0$.
Par une nouvelle intégration, on déduit les coordonnées du vecteur position : $x(t) = v_0t + K_3$ et $y(t) = -\dfrac{gt^2}{2} + K_4$ avec K_3 et K_4 les constantes d'intégration à déterminer en exploitant les conditions initiales du problème.
À $t = 0$, $x = K_3 = 0$ et $y = K_4 = h$.

Finalement, on retrouve $\boldsymbol{x(t) = v_0t}$ et $\boldsymbol{y(t) = -\dfrac{gt^2}{2} + h}$, les équations horaires proposées.

En utilisant l'expression de $x(t)$, on peut en déduire $t = \dfrac{x(t)}{v_0}$. On réinjecte l'expression de t dans la seconde équation horaire pour obtenir celle de la trajectoire :

$$\boldsymbol{y = -\frac{g}{2}\left(\frac{x(t)}{v_0}\right)^2 + h = -\frac{gx^2}{2v_0^2} + h}$$

On retrouve bien l'équation de la trajectoire proposée.

3 Le ballon touche le sol en $y = 0$ avec un centre positionné en $y = r$ avec r le rayon du ballon, soit en utilisant l'équation de la trajectoire :

$$y = -\frac{gx^2}{2v_0^2} + h = r$$

On en déduit que :

$$\boldsymbol{x = \sqrt{\frac{2v_0^2(h-r)}{g}}}$$

A. N. : $h = 3{,}5$ m ; $r = 10$ cm $= 0{,}10$ m ; $v_0 = 21{,}0$ m·s^{-1} ; $g = 9{,}81$ m·s^{-1}, d'où :

$$\boldsymbol{x = 17\text{ m} < L = 18{,}0\text{ m}}$$

On constate que **la position du ballon est bien avant la ligne de fond.**

SPÉCIFIQUE

Remarque

On pourrait vérifier que le ballon franchit le filet.

Pour $x = \frac{L}{2}$ au niveau de la position du filet, on a $y = -\frac{gL^2}{8v_0^2} + h$.

A. N. : h = 3,5 m ; r = 0,1 m ; v_0 = 21,0 m·s⁻¹ ; g = 9,81 m·s⁻¹ ; H = 2,4 m ; L = 18,0 m, d'où :

$$y = 2{,}6 \text{ m} > H + r = 2{,}4 + 0{,}1 = 2{,}5 \text{ m}$$

L'ordonnée du centre du ballon est bien supérieure à la hauteur du filet.

4 **a.** Les expressions littérales des différentes énergies sont :

- énergie cinétique : $E_c = \frac{1}{2}mv^2$;
- énergie potentielle de pesanteur : $E_{pp} = mgy$;
- énergie mécanique : $E_m = E_c + E_{pp} = \frac{1}{2}mv^2 + mgy$.

b. L'énoncé précise que l'étude est réalisée « sans tenir compte de l'action de l'air ».
On peut donc supposer que les frottements sont nuls ou que de manière plus générale, les forces dissipatives sont nulles. L'énergie mécanique est donc constante et correspond à la courbe 3.
Le mouvement du ballon est descendant, son ordonnée diminue donc, ainsi que son énergie potentielle de pesanteur. Cette dernière est représentée par la courbe 1.
Enfin, la vitesse du ballon augmente, entraînant une augmentation de son énergie cinétique représentée par la courbe 2.
Le tableau suivant récapitule la correspondance courbe-énergie :

Pensez-y !
Vérifiez que la courbe 3 est bien la somme des deux autres.

Courbe 1	**E_{pp} énergie potentielle de pesanteur**
Courbe 2	**E_c énergie cinétique**
Courbe 3	**E_m énergie mécanique**

c. L'énergie mécanique est constante, on peut écrire, entre l'instant $t = 0$ et le moment où le ballon touche le sol pour lequel l'altitude du centre du ballon est r son rayon :

$$E_m = \frac{1}{2}mv_0^2 + mgh = \frac{1}{2}mv_{sol}^2 + mgr$$

Ou en multipliant par 2 et en divisant par la masse m non nulle :

$$v_0^2 + 2gh = v_{sol}^2 + 2gr$$

On en déduit alors une expression de la vitesse v_{sol} :

$$\boldsymbol{v_{sol} = \sqrt{v_0^2 + 2g(h-r)}}$$

A. N. : $h = 3{,}5$ m ; $r = 10$ cm $= 0{,}10$ m ; $v_0 = 21{,}0$ m·s^{-1} ; $g = 9{,}81$ m·s^{-1} d'où :

$$\boldsymbol{v_{sol} = 23\ \text{m·s}^{-1}}$$

5 La vitesse mesurée est plus faible que celle calculée, car **l'étude théorique n'a pas pris en compte les forces dissipatives**, en particulier les frottements de l'air.

SPÉCIFIQUE

Partie III Réception du ballon par un joueur de l'équipe adverse

Cette question peut être traitée par étapes, chaque étape correspondant à une compétence évaluée.

S'APPROPRIER – Les informations utiles sont :

(1) « Le point R situé à une hauteur de 80 cm au-dessus du sol. »

(2) Les équations horaires sont : $x(t) = v_0 t$ et $y(t) = -\dfrac{gt^2}{2} + h$.

(3) L'équation de la trajectoire est : $y(x) = -\dfrac{gx^2}{2v_0^2} + h$.

(4) Le joueur part de la ligne de fond donc $x_J = L = 18{,}0$ m.

ANALYSER – Le raisonnement est le suivant.

L'équation de la trajectoire permet de déterminer l'abscisse correspondant à $y_R = 80$ cm **(1)** :

$$y_R = -\frac{gx_R^2}{2v_0^2} + h \qquad \textbf{(3)}$$

D'où :

$$\boldsymbol{x_R = \sqrt{(h - y_R) \times \frac{2v_0^2}{g}}}$$

On en déduit que le temps mis par le ballon pour parcourir sa trajectoire à partir de l'équation horaire de $x(t)$ **(2)** est $t_R = \dfrac{x_R}{v_0}$.

Enfin, le joueur part de la ligne de fond **(4)** : $x_J = L$. Il doit atteindre x_R, soit une distance à parcourir de $x_J - x_R$ en un temps t_R (on supposera nul son temps de réflexe).

La vitesse moyenne du joueur est alors :

$$v_{moy} = \frac{x_J - x_R}{t_R}$$

RÉALISER – Les applications numériques à réaliser sont, avec $h = 3{,}5$ m ; $r = 10$ cm $= 0{,}10$ m ; $v_0 = 21{,}0$ m·s^{-1}, $g = 9{,}81$ m·s^{-1} ; $L = 18{,}0$ m ; $y_R = 0{,}80$ m :
$x_R = 16$ m, $t_R = 0{,}74$ s et $v_{moy} = 3{,}3$ m·s^{-1} ou, en convertissant en km/h :

$$v_{moy} = 12 \text{ km/h}$$

VALIDER – La validité du résultat est donnée par comparaison avec l'ordre de grandeur de la vitesse d'un coureur.
La vitesse moyenne d'un coureur est de l'ordre d'une dizaine de km/h.

COMMUNIQUER – La rédaction de cette question pourrait être la suivante.
Le ballon se trouve à une altitude $y_R = 0{,}80$ m du sol.
En utilisant l'équation de la trajectoire, on en déduit son abscisse $x_R = \sqrt{(h - y_R) \times \dfrac{2v_0^2}{g}}$ et le temps $t_R = \dfrac{x_R}{v_0}$ mis pour atteindre le point R en utilisant la première équation horaire.
Or le joueur se trouve sur la ligne de fond au moment où le ballon débute sa trajectoire. Il a donc le temps de parcourir une distance $d = L - x_R$ en supposant nul son temps de réflexe.
Finalement, sa vitesse moyenne est $v_{moy} = v_J = \dfrac{d}{t_R}$.

A. N. : $h = 3{,}5$ m ; $r = 10$ cm $= 0{,}10$ m ; $v_0 = 21{,}0$ m·s^{-1}, $g = 9{,}81$ m·s^{-1} ; $L = 18{,}0$ m et $y_R = 0{,}80$ m, d'où $x_R = 16$ m, $t_R = 0{,}74$ s et $v_{moy} = 3{,}3$ m·s^{-1} ou, en convertissant en km/h :

$$v_{moy} = v_J = 12 \text{ km/h}$$

La vitesse du joueur étant d'une dizaine de km/h environ, **cette vitesse semble tout à fait réaliste**.

Sujet 13 — Coucher de soleils sur Tatooine

5 pts — 50 min

France métropolitaine – La Réunion, juin 2016

Calculatrice autorisée

SPÉCIFIQUE

LISTE DES NOTIONS

- Détermination graphique du rayon d'une étoile
- Masse d'une étoile
- Mouvement circulaire uniforme
- Force d'attraction gravitationnelle
- Périodes de révolution de planètes

Dans la saga *Star Wars*, deux héros, Luke et Anakin Skywalker, ont passé leur enfance sur la planète Tatooine. Cette planète désertique a la particularité d'être en orbite autour de deux étoiles : Tatoo 1 et Tatoo 2.

Image du film *Star wars Episode IV : A new hope*, George Lucas, 1977, Collection Christophe L © Lucas Film / Walt Disney

On se propose de déterminer quelques caractéristiques de cette planète et de ses deux étoiles à partir de données extraites du film.

Données :

- masse et rayon du Soleil et de la Terre :

	Soleil	Terre
Masse (kg)	$2{,}0 \times 10^{30}$	$6{,}0 \times 10^{24}$
Rayon (km)	$7{,}0 \times 10^{5}$	$6{,}4 \times 10^{3}$

- constante gravitationnelle : $G = 6{,}67 \times 10^{-11}\ \text{m}^3\cdot\text{s}^{-2}\cdot\text{kg}^{-1}$;
- volume d'une sphère de rayon r : $V = \frac{4}{3}\pi r^3$.

Doc. 1 **L'orbite de Tatooine**

Impossible d'évoquer la célèbre planète Tatooine, repère de brigands galactiques sur laquelle règne le fameux Jabba le Hutt, sans parler de ses deux soleils (ou étoiles).
Cette particularité n'est pas si étonnante quand on considère que les deux tiers des étoiles visibles à l'œil nu font partie d'un système multiple. Le problème n'est donc pas de trouver une étoile double, mais de comprendre comment une planète peut évoluer dans un tel système.
(...) L'orbite de Tatooine pourrait englober ses deux soleils à la fois. Ce type d'orbite n'est stable que si la distance qui sépare la planète de ses soleils est au moins quatre fois plus grande que celle qui sépare les étoiles. Du point de vue de la planète, tout se passe comme si les étoiles ne faisaient qu'une. Peut-on estimer le rayon de l'orbite de Tatooine ? Oui, bien sûr !
(...) Remarquons d'abord que les deux étoiles sont assez semblables à notre Soleil : l'une est jaune et l'autre est orange, laissant supposer qu'elle est un peu plus froide. Si ces deux étoiles étaient trop proches l'une de l'autre, elles devraient être déformées par leur gravité mutuelle. Comme aucune déformation n'est perceptible dans la scène du coucher des soleils, on peut calculer que leur distance est légèrement supérieure à 10 millions de kilomètres. Pour avoir une orbite stable, Tatooine doit donc être distante de ces deux étoiles d'au moins 40 millions de kilomètres. En fait, elle ne doit pas être si près, sous peine d'être vraiment trop chaude et totalement inhabitable. Deux cent millions de kilomètres est une bonne position : à cette distance Tatooine reçoit une énergie lumineuse un peu supérieure à celle qui frappe la Terre, ce qui expliquerait son aspect désertique.

D'après Carte blanche à Roland Lehoucq, astrophysicien,
http://www.knowtex.com/nav/les-secrets-de-star-wars_26418

Partie I Les étoiles Tatoo 1 et Tatoo 2

15 min **1,5 pt**

1 En supposant que Tatoo 1 et Tatoo 2 ne sont pas déformées et sont à égale distance de Tatooine, montrer, en s'appuyant sur la photo et sur le texte, que la valeur du rayon de chacune des deux étoiles est environ égale à deux millions de kilomètres. Justifier avec soin la démarche utilisée. **0,5 pt**
On adoptera pour la suite de l'exercice cette valeur commune pour le rayon des deux étoiles.

2 En supposant que les deux étoiles ont la même masse volumique moyenne que le Soleil, évaluer l'ordre de grandeur de la masse M_{Tatoo} de Tatoo (1 ou 2). Commenter le résultat obtenu. **1 pt**

Partie II Tatooine en orbite

35 min **3,5 pts**

Du point de vue de Tatooine, tout se passe comme si les étoiles ne faisaient qu'une. L'étoile unique équivalente sera appelée Tatoo 1-2 ; sa masse sera prise égale à $9{,}5 \times 10^{31}$ kg.

1 Justifier la phrase précédente à l'aide d'informations données dans le texte. **0,25 pt**

2 Faire un schéma du système Tatooine-Tatoo 1-2 et représenter sans souci d'échelle la force d'attraction gravitationnelle exercée par Tatoo 1-2 sur Tatooine ainsi que le vecteur accélération de la planète Tatooine dans le référentiel lié à Tatoo 1-2 considéré comme galiléen. **1,5 pt**

3 Montrer que le mouvement, supposé circulaire, de la planète dans ce référentiel est uniforme. **0,5 pt**

4 Déduire des résultats précédents et du texte la valeur de la période de révolution de Tatooine. Comparer cette valeur à la période de révolution de la Terre autour du Soleil. **1,25 pt**

Les clés pour réussir

Partie I

1 Comparez le rayon des étoiles à la distance entre ces deux étoiles : pour cela, faites des mesures avec soin sur des segments relativement grands.

Partie II

2 Comparez votre résultat avec la valeur donnée dans l'énoncé

3 Le référentiel « $\text{Tatoo}_{1\text{-}2}$ – centrique » est considéré comme galiléen. On peut appliquer la deuxième loi de Newton à la planète Tatooine considérée comme ponctuelle.

4 Attention aux unités : exprimez toutes les grandeurs en unités du Système International.

Sujet 13 Corrigé

Partie I Les étoiles Tatoo 1 et Tatoo 2

1 Rayons de ces étoiles

Les deux étoiles sont situées à égale distance de la planète Tatooine.

Sur l'image donnée dans l'énoncé, on peut tracer deux droites (Δ_1) et (Δ_2) tangentes chacune aux deux étoiles : on constate que ces deux tangentes sont parallèles entre elles, ce qui implique que ces deux étoiles ont même diamètre, donc même rayon.

Pour faire des mesures les plus précises possibles, il faut mesurer les segments les plus grands possibles.

Sur le schéma, on appelle d la distance entre les centres des deux étoiles et r leur rayon commun. Nous allons mesurer les deux segments $d + 2r = \ell_1$ et $d - 2r = \ell_2$.

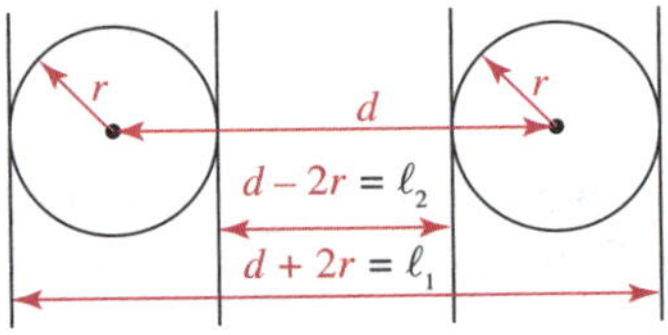

On aura $\ell_1 + \ell_2 = 2d$ d'où : $$d = \frac{\ell_1 + \ell_2}{2}$$

et $\ell_1 - \ell_2 = 4r$, d'où : $$r = \frac{\ell_1 - \ell_2}{4}$$

En utilisant la photo donnée dans l'énoncé, on a :

$$d + 2r = \ell_1 = 23 \text{ mm et } d - 2r = \ell_2 = 11 \text{ mm}$$

on en déduit $d = \dfrac{\ell_1 + \ell_2}{2} = 17$ mm et $r = \dfrac{\ell_1 - \ell_2}{4} = 3$ mm.

Soit D la distance réelle entre les deux étoiles et R le rayon commun de ces deux étoiles.

On a :
$$\frac{R}{D} = \frac{r}{d}$$

d'où :
$$R = \frac{r}{d}D = \frac{3}{17}D = 0{,}18D$$

L'énoncé précise que D a une valeur légèrement supérieure à 10 millions de km.
Cela implique que ***R*, rayon commun aux deux étoiles, a une valeur légèrement supérieure à 1,8 million de km**.
Cette valeur de R est bien compatible avec l'énoncé qui indique que cette valeur est environ égale à 2 millions de km.

Remarque
Les segments mesurés étant petits, la précision des mesures est relativement faible.

SPÉCIFIQUE

2 Masse d'une étoile Tatoo

Les étoiles étant sphériques, on a :

$$M_{\text{Tatoo}} = \rho V_{\text{Tatoo}} = \rho \frac{4}{3} \pi R^3_{\text{Tatoo}} \quad \textbf{(1)}$$

$$M_{\text{Soleil}} = \rho V_{\text{Soleil}} = \rho \frac{4}{3} \pi R^3_{\text{Soleil}} \quad \textbf{(2)}$$

(la masse volumique ρ étant la même pour les étoiles Tatoo et le Soleil).
En faisant le rapport des deux égalités, on a :

$$\frac{M_{\text{Tatoo}}}{M_{\text{Soleil}}} = \frac{R^3_{\text{Tatoo}}}{R^3_{\text{Soleil}}}$$

d'où :
$$\boldsymbol{M_{\text{Tatoo}} = \left(\frac{R_{\text{Tatoo}}}{R_{\text{Soleil}}}\right)^3 M_{\text{Soleil}}}$$

A.N. :
$$M_{\text{Tatoo}} = \left(\frac{2 \times 10^6}{7{,}0 \times 10^5}\right)^3 \times 2{,}0 \cdot 10^{30}$$

soit :
$$\boldsymbol{M_{\text{Tatoo}} = 4{,}7 \times 10^{31} \text{ kg}}$$

L'ordre de grandeur de la masse d'une étoile Tatoo est de 10^{31} kg.
Les étoiles Tatoo sont chacune environ 20 fois plus massives que le Soleil.

Partie II Tatooine en orbite

1 Justification de l'expression : « du point de vue de la planète, tout se passe comme si les étoiles ne faisaient qu'une »

Pour avoir une orbite stable, la planète Tatooine doit être distante d'au moins 40 millions de km des étoiles, soit au moins 4 fois la distance séparant les deux étoiles qui est de 10 millions de km.
Or, le texte donné dans l'énoncé indique que la planète Tatooine doit être située probablement à 200 millions de km, soit 20 fois la distance entre les deux étoiles.
On peut alors assimiler le système des deux étoiles Tatoo 1 et Tatoo 2 à une étoile unique Tatoo 1-2 de masse $M = M_{Tatoo1} + M_{Tatoo2} = 2\,M_{Tatoo}$, les deux étoiles ayant la même masse.
À la question I.2, on a trouvé $M_{Tatoo} = 4{,}7 \times 10^{31}$ kg. On devrait avoir $M = 2\,M_{Tatoo} = 9{,}4 \times 10^{31}$ kg.
L'énoncé propose $M = 9{,}5 \times 10^{31}$ kg, valeur très proche de celle que l'on a calculée. Nos calculs sont validés.

2 Schéma du système Tatooine – Tatoo 1-2

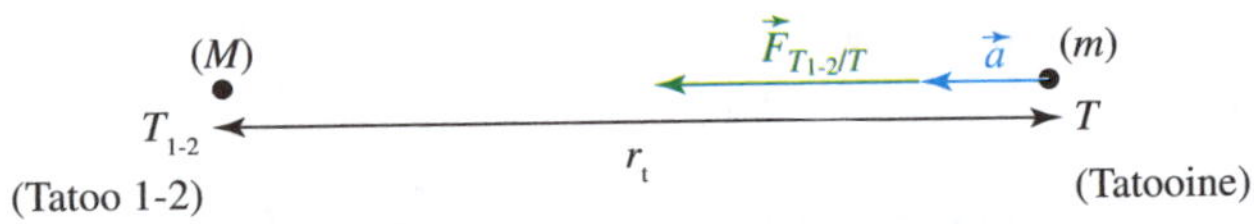

3 Le mouvement circulaire de Tatooine autour de Tatoo 1-2 est-il uniforme dans le référentiel Tatoo 1-2 centrique ?

On se place dans le référentiel « Tatoo 1– 2 centrique » considéré comme galiléen.
Dans ce référentiel, le mouvement de Tatooine est circulaire, donc la distance Tatoo 1-2 – Tatooine est constante.
On prend comme repère d'étude le repère de Frenet $\left(T, \vec{n}, \vec{\tau}\right)$: origine planète Tatooine, vecteurs unitaires $\vec{n}$ et $\vec{\tau}$ $\left(\vec{n} \perp \vec{\tau}\right)$.

Dans le référentiel « Tatoo 1-2 centrique » considéré comme galiléen, la planète Tatooine est soumise de la part de l'étoile Tatoo 1-2 à la force gravitationnelle $\vec{F}_{T_{1\text{-}2}/T}$ telle que :

$$\vec{F}_{T_{1\text{-}2}/T} = \frac{G\,M\,m\,\vec{n}}{r^2} \quad \textbf{(3)}$$

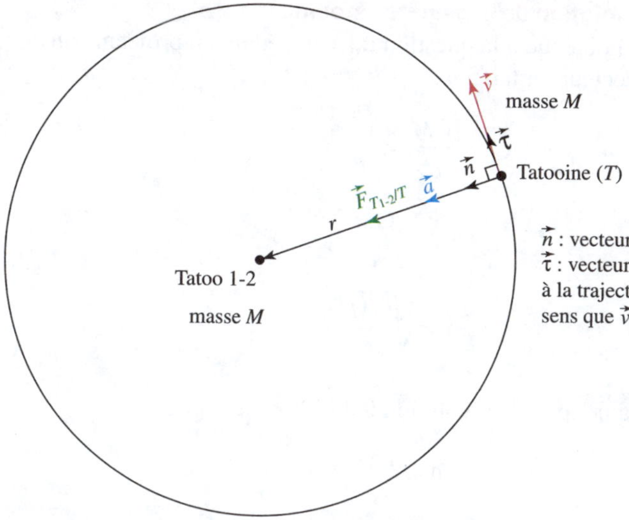

$\vec{n}$: vecteur unitaire centripète
$\vec{\tau}$: vecteur unitaire tangent à la trajectoire et de même sens que $\vec{v}$

Appliquons la seconde loi de Newton à la planète Tatooine considérée comme ponctuelle :

$$\vec{F}_{T_{1\text{-}2}/T} = m\vec{a} \quad \textbf{(4)}$$

En comparant les égalités **(3)** et **(4)**, on a :

$$m\vec{a} = \frac{\mathrm{G}Mm\vec{n}}{r^2}$$

d'où :

$$\vec{a} = \frac{\mathrm{G}M}{r^2}\vec{n} \quad \textbf{(5)}$$

Or, dans le repère de Frenet, l'accélération d'un corps animé d'un mouvement circulaire est :

$$\vec{a} = \frac{\mathrm{d}v}{\mathrm{d}t}\vec{\tau} + \frac{v^2}{r}\vec{n} \quad \textbf{(6)}$$

En comparant les égalités **(5)** et **(6)**, on obtient :

$$\frac{\mathrm{G}M\vec{n}}{r^2} = \frac{\mathrm{d}v}{\mathrm{d}t}\vec{\tau} + \frac{v^2}{r}\vec{n} \quad \textbf{(7)}$$

ce qui implique $\frac{\mathrm{d}v}{\mathrm{d}t} = 0$ d'où v = constante.

Ce mouvement de la planète Tatooine dans le référentiel Tatoo 1-2 centrique est **uniforme**, le module de sa vitesse étant constant.

4 Période de révolution de la planète Tatooine

De la relation (7) obtenue à la question II.3 on déduit, en projetant suivant la direction du vecteur unitaire $\vec{n}$:

$$\frac{GM}{r^2} = \frac{v^2}{r}$$

d'où : $$v^2 = \frac{GM}{r}$$

soit : $$v = \sqrt{\frac{GM}{r}}$$

Par définition, la période de révolution θ de Tatooine est égale à :

$$\theta = \frac{2\pi r}{v}$$

(durée pour faire un tour complet de l'orbite circulaire de Tatooine)

soit : $$\theta = \frac{2\pi r\sqrt{r}}{\sqrt{GM}}$$

d'où : $$\boldsymbol{\theta = 2\pi\sqrt{\frac{r^3}{GM}}}$$

A.N. : G = $6{,}67 \times 10^{-11}$ $m^3 \cdot s^{-2} \cdot kg^{-1}$; $M = 9{,}510^{31}$ kg ;
r = 200 millions de km = $2{,}00 \times 10^8$ km = $2{,}00 \times 10^{11}$ m (pensez à tout exprimer en unités SI, en particulier les longueurs en m et non en km),
d'où : $\boldsymbol{\theta = 7{,}06 \times 10^6}$ **s**

Sachant que 1 an = 365,25 × 24 × 3600 = $3{,}16 \times 10^7$ s, on a **θ = 0,22 an.**

Une année sur la planète Tatooine est environ 5 fois plus courte qu'une année terrestre.

Sujet 14 Son et lumière

11 pts 1 h 30

France métropolitaine – La Réunion, juin 2017

Calculatrice autorisée

LISTE DES NOTIONS

- Spectre d'émission
- Relation de Planck
- Domaines du spectre visible
- Équation du mouvement
- Altitude maximale
- Niveau d'intensité sonore

SPÉCIFIQUE

Son et lumière

Pour obtenir un feu d'artifice qui produit son, lumière et fumée, on procède à l'éclatement d'une pièce pyrotechnique. Bien que produisant des effets différents, toutes ces pièces sont conçues selon le même principe. Un dispositif permet de projeter la pièce pyrotechnique vers le haut. Une fois que ce projectile a atteint la hauteur prévue par l'artificier, il éclate, créant l'effet « son et lumière » souhaité.

Le but de cet exercice est d'étudier la couleur observée, la trajectoire du projectile et le son émis.

Les caractéristiques de deux pièces pyrotechniques nommées « crackling R100 » et « marron d'air » sont consignées dans le tableau ci-dessous :

Doc. 1 Caractéristiques constructeur

Caractéristiques constructeur	Crackling R100	Marron d'air
Masse	$2{,}8 \times 10^2$ g	40 g
Vitesse initiale	250 km·h^{-1}	200 km·h^{-1}
Niveau d'intensité sonore estimé à 15 m du point d'éclatement	Non renseigné	120 dB
Hauteur atteinte à l'éclatement	120 m	70 m
Durée entre la mise à feu et l'éclatement	3,2 s	2,5 s
Couleur entre la mise à feu et l'éclatement	Rouge (intense)	Blanc (peu intense)
Distance de sécurité recommandée	130 m	95 m

Données :

- domaines de longueur d'onde de la lumière visible :

Couleur	Violet	Bleu	Vert	Jaune	Orange	Rouge
Domaine de longueur d'onde (en nm)	380-446	446-520	520-565	565-590	590-625	625-780

- constante de Planck : $h = 6{,}63 \times 10^{-34}$ J·s ;
- la valeur de la célérité de la lumière dans le vide est supposée connue du candidat ;
- $1 \text{ eV} = 1{,}60 \times 10^{-19}$ J ;
- intensité du champ de pesanteur : $g = 9{,}81$ m·s^{-2}.
- Au cours de la propagation d'une onde et en l'absence d'atténuation, le niveau d'intensité sonore L diminue avec la distance d à la source S suivant la formule :

$$L_2 = L_1 + 20\log\left(\frac{d_1}{d_2}\right)$$

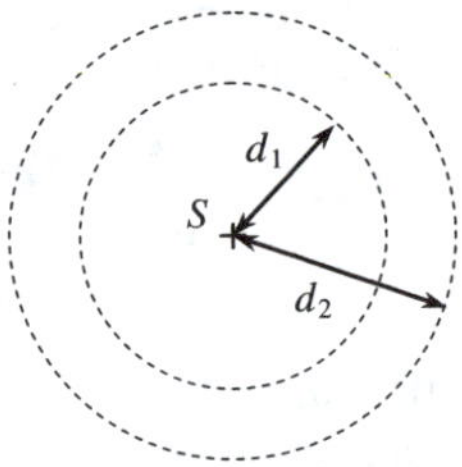

où L_2 est le niveau d'intensité sonore mesuré à la distance d_2 de la source et L_1 le niveau d'intensité sonore mesuré à la distance d_1 de la source (voir schéma ci-contre).

- Échelle des niveaux d'intensité sonore en décibels (dB) et risques auditifs associés :

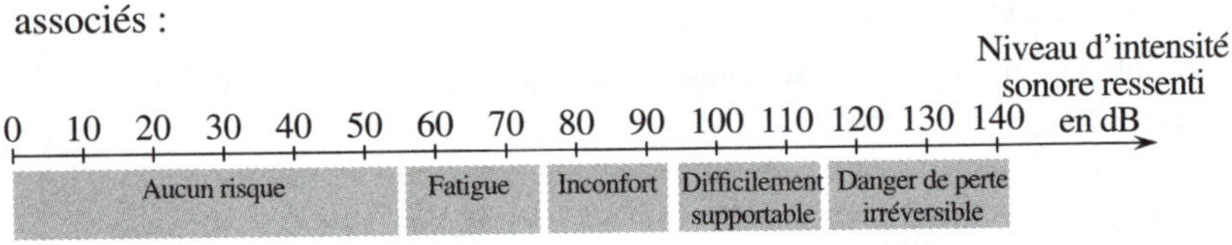

Partie I Tout en couleur

30 min 3 pts

Doc. 2 Les feux d'artifice

Les feux d'artifice émettent de la lumière. Les phénomènes mis en jeu sont notamment l'incandescence et l'émission atomique. Il y a tout d'abord l'incandescence des particules d'oxyde métallique, formées lors de la combustion, qui va du « blanc rouge » (aux alentours de 1 000 °C) jusqu'au blanc éblouissant (vers 3 000 °C). Pour l'émission atomique, les électrons de l'atome sont excités thermiquement, ce qui leur permet de passer du niveau d'énergie fondamental à un niveau d'énergie supérieur ; au cours de leur retour vers le niveau d'énergie fondamental, l'énergie qu'ils avaient absorbée est émise sous forme de photons dont la longueur d'onde est caractéristique de l'atome.

D'après : http://www.ambafrance-cn.org/Feux-d-artifice-histoire-et-technologie

1 Le texte fait référence à deux processus d'émission de lumière. Citer chacun de ces processus et préciser, dans chaque cas, si le spectre de la lumière émise est un spectre de raies ou un spectre continu. **0,75 pt**

Le « crackling R100 » est principalement composé de strontium. Les photons émis par le strontium sont responsables de la couleur perçue lors de l'éclatement du « crackling R100 ». Le tableau ci-dessous regroupe les énergies des photons émis par le strontium :

	Photon 1	Photon 2	Photon 3
Énergie des photons (eV)	1,753	1,802	1,825

2 Déterminer la couleur perçue lors de l'émission du photon 3. **1,5 pt**

3 Sans effectuer de calcul supplémentaire, montrer que l'émission de ces trois photons permet d'expliquer la couleur de la lumière émise par le « crackling R100 ». **0,75 pt**

SPÉCIFIQUE

Partie II Étude des trajectoires des pièces pyrotechniques

30 min **5 pts**

On s'intéresse au mouvement de la pièce pyrotechnique jusqu'à son éclatement dans un référentiel terrestre supposé galiléen muni d'un repère (Ox, Oy). On étudie le mouvement d'un point M de la pièce « crackling R100 ». On prend l'instant du lancement comme origine des temps $t = 0$ s.

À cet instant, le vecteur vitesse initiale $\vec{v}_0$ de M fait un angle $\alpha = 80°$ par rapport à l'horizontal (schéma ci-contre).

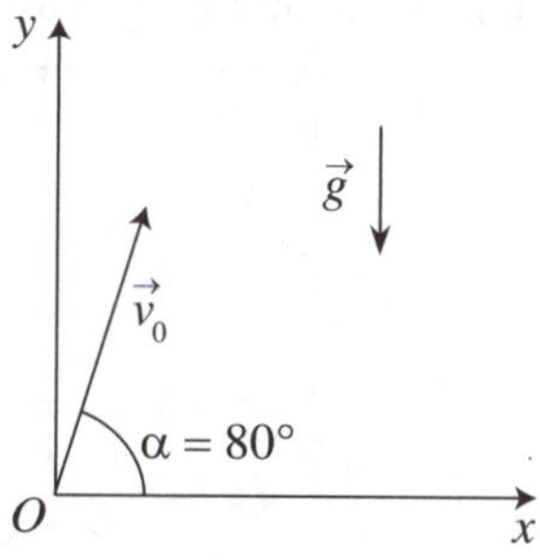

1 Donner les expressions littérales des coordonnées du vecteur $\vec{v}_0$ en fonction de v_0 et α. **0,5 pt**

2 Montrer que, si on néglige toute action de l'air, le vecteur accélération de M noté $\vec{a}_M$ est égal au vecteur champ de pesanteur $\vec{g}$ dès que le projectile est lancé. **1 pt**

3 Montrer alors que les équations horaires du mouvement de M sont :

$$x_M(t) = 12{,}1t \text{ et } y_M(t) = -\,4{,}91t^2 + 68{,}4t$$

en exprimant $x_M(t)$ et $y_M(t)$ en mètres et le temps t en secondes. **2,5 pts**

4 Dans le cadre de ce modèle, déterminer, à l'aide des équations horaires, l'altitude théorique atteinte par le projectile à $t = 3{,}2$ s. **0,5 pt**

5 Sachant que l'éclatement se produit lors de la montée, expliquer l'écart entre cette valeur et celle annoncée par le constructeur. **0,5 pt**

Partie III Le « marron d'air »

30 min **3 pts**

Au début et à la fin de chaque feu d'artifice, les artificiers utilisent une pièce pyrotechnique appelée « marron d'air » pour obtenir une détonation brève et puissante. Désireux de l'envoyer le plus haut possible, ils effectuent un tir vertical avec une vitesse initiale v_i. Par la suite, on suppose que la pièce n'éclate pas avant d'atteindre sa hauteur maximale h.

1 Dans l'hypothèse où l'énergie mécanique de la pièce pyrotechnique se conserve, montrer que la hauteur maximale h atteinte par cette pièce est donnée par la relation :

$$h = \frac{v_i^2}{2g}$$

1 pt

2 Déterminer la valeur de la hauteur maximale atteinte h. **0,5 pt**

En réalité, arrivé à une hauteur H de 70 m, le « marron d'air » éclate au point E et le son émis se propage dans toutes les directions de l'espace. Un artificier A se trouve à la distance $\ell = 95$ m recommandée par le constructeur du point de tir T du « marron d'air ».

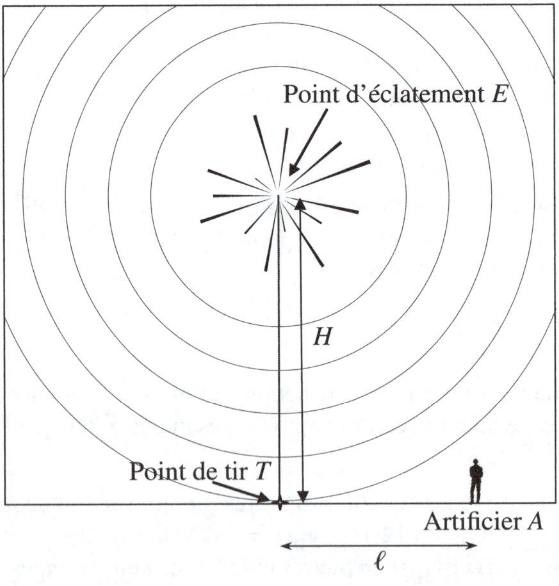

3 Doit-on recommander à l'artificier le port d'un dispositif de protection auditive (casque, bouchons d'oreille…) ? Justifier par un calcul. **1,5 pt**

Les clés pour réussir

Partie I

1 Lisez attentivement la seconde phrase.

2 Commencez par convertir l'énergie du photon en joules à partir de sa valeur en électronvolts. Utilisez la relation de Planck entre énergie et longueur d'onde, et déduisez-en la longueur d'onde du photon 3.

Référez-vous au tableau des domaines de longueur d'onde de la lumière visible pour en déduire la couleur du photon.

3 Comparez les énergies des trois photons et déduisez-en une comparaison entre les longueurs d'onde.

Partie II

1 À partir de la représentation du vecteur $\vec{v_0}$ donnée dans l'énoncé, projetez ce vecteur sur les axes (Ox) et (Oy) pour repérer v_{0x} et v_{0y}, les composantes du vecteur. Exprimez cosα et sinα en fonction de v_0, la norme du vecteur $\vec{v_0}$, et de v_{0x} et v_{0y}. Déduisez v_{0x} et v_{0y} en fonction de v_0, cosα et sinα.

2 Faites l'inventaire des forces extérieures s'appliquant à la pièce pyrotechnique. Appliquez la seconde loi de Newton et déduisez-en que $\vec{a_M} = \vec{g}$ en simplifiant par la masse non nulle du système.

3 À partir des composantes du vecteur accélération, exprimez celles du vecteur vitesse par intégration par rapport au temps. N'oubliez pas les constantes d'intégration à déterminer grâce au vecteur vitesse initiale. Faites de même pour trouver l'expression des composantes $x_M(t)$ et $y_M(t)$ du vecteur position. Repérez ensuite la vitesse v_0 de la pièce « crackling R100 » dans le tableau des données. Convertissez cette vitesse initiale en $m{\cdot}s^{-1}$ et procédez aux applications numériques des coefficients des expressions de $x_M(t)$ et $y_M(t)$.

4 Remplacez simplement t par 3,2 s dans l'expression numérique de $y_M(t)$.

5 Comparez $y_M(t = 3{,}2\text{ s})$ obtenu précédemment à la hauteur atteinte à l'éclatement pour une pièce « crackling R100 ». La différence est due au fait que $y_M(t = 3{,}2\text{ s})$ est calculé dans le cas d'une hypothèse à remettre en question.

Partie III

1 Appliquez la conservation de l'énergie mécanique entre le point de départ O et le point d'altitude maximale tel que $y = h$ ayant une vitesse nulle. Simplifiez la relation pour trouver l'expression de h demandée.

2 Pensez à repérer la vitesse initiale v_i dans les caractéristiques constructeur pour le « marron d'air » et convertissez-la en $m \cdot s^{-1}$.

3 Utilisez le tableau des caractéristiques constructeur pour définir d_1 et L_1. Pensez au théorème de Pythagore pour calculer d_2 et appliquez la relation donnant L_2 en fonction de L_1, d_1 et d_2. Placez enfin la valeur de L_2 calculée dans l'échelle d'intensité sonore pour conclure.

Sujet 14 Corrigé

Partie I Tout en couleur

1 Le texte fait référence à la production de **lumière par « incandescence »**, dont le spectre de la lumière émise est un **spectre de lumière continue**, et **par « émission atomique »**, dont le spectre est un **spectre de raies**.

2 L'énergie E_3 du photon 3 est exprimée en électronvolts. En multipliant par $1{,}60 \times 10^{-19}$ J/eV, on obtient cette même énergie en joules, soit $E_3 = 2{,}92 \times 10^{-19}$ J.
La relation entre l'énergie d'un photon et sa longueur d'onde λ permet d'écrire pour le photon 3 :

$$E_3 = \frac{hc}{\lambda_3}$$

d'où

$$\boldsymbol{\lambda_3 = \frac{hc}{E_3}}$$

A.N. : $h = 6{,}63 \times 10^{-34}$ J·s ; $c = 3{,}00 \times 10^{8}$ m·s^{-1} ; $E_3 = 2{,}92 \times 10^{-19}$ J,
d'où : $\boldsymbol{\lambda_3 = 6{,}81 \times 10^{-7}\ \text{m} = 681\ \text{nm}}$

En utilisant le tableau des domaines de longueur d'onde de la lumière visible, on peut situer λ_3 dans le domaine du rouge défini entre 625 nm et 780 nm.
La couleur perçue lors de l'émission du photon 3 est donc du rouge.

3 Les énergies des photons 1, 2 et 3 sont très voisines, de l'ordre de 1,8 eV si l'on ne considère que 2 chiffres significatifs. Cela entraîne que les longueurs d'onde sont aussi très voisines, de l'ordre de $6{,}9 \times 10^{-7}$ m.

On peut donc supposer que la couleur perçue lors de l'émission de ces trois photons reste dans le domaine du rouge.

Autre méthode

Les énergies des photons 1, 2 et 3 sont telles que $E_1 < E_2 < E_3$. Au vu de la relation entre l'énergie et la longueur d'onde du rayonnement correspondant, on en déduit alors que $\lambda_3 < \lambda_2 < \lambda_1$. La longueur d'onde augmente donc par rapport à celle du photon 3. On peut ainsi conclure, en supposant que cette augmentation ne soit pas suffisamment importante, que l'on reste dans le domaine du rouge, avec λ_1 inférieure à 780 nm.

SPÉCIFIQUE

Partie II Étude des trajectoires des pièces pyrotechniques

1 Soient v_{0x} et v_{0y} les composantes, respectivement suivant (Ox) et (Oy), du vecteur $\vec{v_0}$: $\vec{v_0}\,(v_{0x}\,;\,v_{0y})$.

La représentation du vecteur $\vec{v_0}$ dans le repère (xOy) permet de faire apparaître ses composantes.

Soit v_0 la norme du vecteur $\vec{v_0}$. On peut alors écrire les relations trigonométriques suivantes :

$$\cos\alpha = \frac{v_{0x}}{v_0} \quad \text{d'où} \quad v_{0x} = v_0 \cos\alpha$$

$$\sin\alpha = \frac{v_{0y}}{v_0} \quad \text{d'où} \quad v_{0y} = v_0 \sin\alpha$$

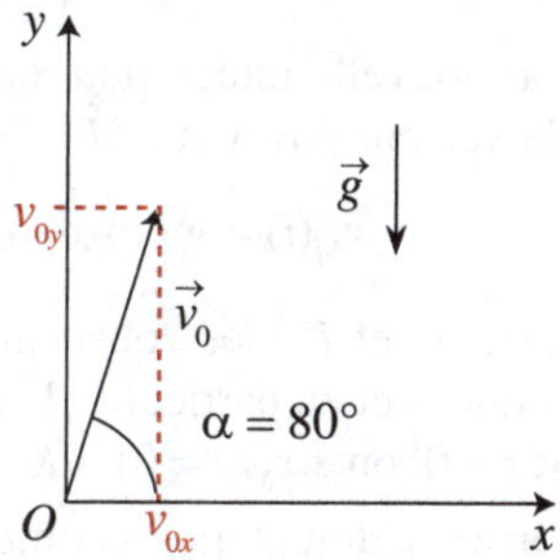

On en déduit les expressions littérales des coordonnées du vecteur $\vec{v_0}$ vitesse initiale :

$$\boldsymbol{\vec{v_0}\,(v_0\cos\alpha,\ v_0\sin\alpha)}$$

2 Si l'on néglige toute action de l'air, les forces extérieures s'appliquant à la pièce pyrotechnique se résument au poids $\vec{P} = m\vec{g}$ du système avec m la masse de la pièce.

En appliquant la seconde loi de Newton au système dans le référentiel terrestre supposé galiléen, on a :

$$m\vec{a}_M = \vec{P} = m\vec{g}$$

Or la pièce pyrotechnique n'étant pas de masse nulle, la relation précédente peut être simplifiée par m et devient ainsi :

$$\vec{a}_M = \vec{g}$$

Le vecteur accélération de la pièce pyrotechnique est bien égal au vecteur champ de pesanteur, si l'on néglige les actions de l'air.

Remarque

La seconde loi de Newton s'exprime ici comme suit :

$$\frac{d\vec{p}}{dt} = \sum \vec{F}_{ext} = \vec{P} = m\vec{g}$$

Or la masse de la pièce étant constante, $\frac{d\vec{p}}{dt}$ peut s'écrire $m\frac{d\vec{v}}{dt} = m\vec{a}$.

3 Le vecteur accélération du système est : $\vec{a}_M = \vec{g}\,(0, -g)$.
Par intégration, on peut exprimer le vecteur vitesse du système $\vec{v}_M\,(v_x, v_y)$ tel que : $v_x(t) = K_1$ et $v_y(t) = -gt + K_2$, avec K_1 et K_2 des constantes d'intégration déterminées par les conditions initiales et en particulier la vitesse initiale du système.
À $t = 0$, on a :

$$v_x(t = 0) = K_1 = v_{0x} = v_0\cos\alpha \text{ et } v_y(t = 0) = K_2 = v_{0y} = v_0\sin\alpha$$

On en déduit alors les composantes du vecteur vitesse du système :

$$\vec{v}_M\,(v_0\cos\alpha, -gt + v_0\sin\alpha)$$

Par nouvelle intégration, on peut exprimer les composantes $x_M(t)$ et $y_M(t)$ du vecteur position $\overrightarrow{OM}$:

$$x_M(t) = v_0\cos\alpha\cdot t + K_3 \text{ et } y_M(t) = -\frac{1}{2}gt^2 + v_0\sin\alpha\cdot t + K_4$$

avec K_3 et K_4 des constantes d'intégration déterminées par les conditions initiales et en particulier la position initiale du système.
À $t = 0$, on a $x_M(t = 0) = K_3 = 0$ et $y_M(t = 0) = K_4 = 0$.
On en déduit alors les composantes du vecteur position du système :

$$x_M(t) = v_0\cos\alpha\cdot t$$

$$y_M(t) = -\frac{1}{2}gt^2 + v_0\sin\alpha\cdot t$$

Le fait que $x_M(t)$ et $y_M(t)$ soient exprimées en mètres et t en secondes impose d'exprimer les vitesses en $m\cdot s^{-1}$ et non en $km\cdot h^{-1}$. Il faut donc convertir v_0 en divisant sa valeur en $km\cdot h^{-1}$ par 3,6.
Par ailleurs, il s'agit ici d'une pièce pyrotechnique « crackling R100 » c'est-à-dire, d'après le tableau des données, d'une pièce ayant une vitesse initiale $v_0 = 250\ km\cdot h^{-1} = \frac{250}{3,6}\ m\cdot s^{-1}$.

A.N. : $v_0 = \frac{250}{3,6}\ m\cdot s^{-1}$; $g = 9,81\ m\cdot s^{-2}$; $\alpha = 80°$,

d'où : $\mathbf{v_0\cos\alpha = 12,1\ m\cdot s^{-1}}$; $\mathbf{v_0\sin\alpha = 68,4\ m\cdot s^{-1}}$; $\mathbf{-\frac{1}{2}g = -4,91\ m\cdot s^{-2}}$

Les résultats ci-avant sont obtenus en gardant 3 chiffres significatifs et en utilisant la valeur non arrondie de $v_0 = \dfrac{250}{3,6}$ m·s^{-1}.

On retrouve bien numériquement les équations horaires du mouvement proposées dans l'énoncé :

Remarque

L'angle de 80° étant exprimé avec 2 chiffres significatifs, les résultats numériques calculés ci-avant devraient normalement garder cette précision.

$$\mathbf{x_M(t) = 12{,}1\,t \text{ et } y_M(t) = -\,4{,}9\,t^2 + 68{,}4\,t}$$

4 L'altitude théorique atteinte à t = 3,2 s correspond à la composante $y_M(t = 3{,}2$ s), expression numérique dans laquelle on remplace t par 3,2.

A.N. : $$\mathbf{y_M(t = 3{,}2 \text{ s}) = 1{,}7 \times 10^2 \text{ m}}$$

en gardant autant de chiffres significatifs que pour t = 3,2 s.

5 Le tableau des caractéristiques constructeur pour une pièce « crackling R100 » donne une hauteur atteinte à l'éclatement de 120 m, ce qui est inférieur à $y_M(t = 3{,}2$ s) = 1,7 × 10^2 m calculé précédemment.

L'écart entre les deux valeurs est dû au fait que $y_M(t = 3{,}2$ s) a été calculé en supposant que toute action de l'air était négligeable. Il semble que cette hypothèse soit à remettre en question. En effet, **les frottements de l'air sont à prendre en compte dans le calcul de la hauteur atteinte à l'éclatement.**

Partie III Le « marron d'air »

1 Soit A le point d'altitude maximale tel que $OA = h$.
Dans l'hypothèse où toute action de l'air est négligeable, les forces dissipatives sont nulles. On peut donc en conclure que l'énergie mécanique E_m du système, somme de l'énergie cinétique E_c et de l'énergie potentielle de pesanteur E_{pp}, se conserve.

Remarque

La variation de l'énergie mécanique est égale au travail des forces dissipatives. Ce dernier étant nul puisque les forces dissipatives sont négligeables, l'énergie mécanique est constante au cours du temps.

En particulier, on peut écrire que l'énergie mécanique $E_m(O)$ au point O d'altitude nulle $y_O = 0$ et de vitesse $v(O) = v_i$, la vitesse initiale du système, est égale à l'énergie mécanique $E_m(A)$ au point A d'altitude $y_A = h$ et de vitesse nulle $v(A) = 0$.

$$E_m(O) = E_c(O) + E_{pp}(O) = \frac{1}{2}mv^2(O) + mgy_O = \frac{1}{2}mv_i^2$$

$$E_m(A) = E_c(A) + E_{pp}(A) = \frac{1}{2}mv^2(A) + mgy_A = mgh$$

Or $$E_m(O) = E_m(A) \text{ d'où : } \frac{1}{2}mv_i^2 = mgh$$

La masse m du système n'étant pas nulle, la relation précédente se simplifie en :

$$\frac{1}{2}v_i^2 = gh$$

Soit finalement, comme attendu : $\boldsymbol{h = \frac{v_i^2}{2g}}$.

2 Le tableau des caractéristiques constructeur donne une vitesse initiale $v_i = 200$ km/h pour le « marron d'air ».

A.N. : $v_i = \frac{200}{3{,}6}$ m·s^{-1} ; $g = 9{,}81$ m·s^{-2},

d'où : $\boldsymbol{h = 157}$ **m**

en ne gardant que 3 chiffres significatifs.

3 La relation $L_2 = L_1 + 20\log\frac{d_1}{d_2}$ avec $d_1 < d_2$ permet de calculer L_2, le niveau sonore perçu par l'artificier.

Le tableau des caractéristiques constructeur précise que le niveau d'intensité sonore estimé à 15 m du point d'éclatement est de 120 dB. Soit alors $d_1 = 15$ m et $L_1 = 120$ dB.

Le calcul de d_2, distance entre le point d'éclatement et l'artificier, nécessite d'utiliser le théorème de Pythagore. En effet, le triangle ETA est rectangle en A (voir schéma ci-après), et on a la relation : $H^2 + \ell^2 = d_2^2$.

On obtient alors : $$d_2 = \sqrt{H^2 + \ell^2}$$

On en déduit ainsi le niveau d'intensité sonore perçu par l'artificier :

$$\boldsymbol{L_2 = L_1 + 20\log\frac{d_1}{\sqrt{H^2 + \ell^2}}}$$

A.N. : $d_1 = 15$ m ; $L_1 = 120$ dB ; $H = 70$ m ; $\ell = 95$ m,

d'où : $\boldsymbol{L_2 = 102}$ **dB**

En utilisant l'échelle des niveaux d'intensité sonore et des risques auditifs associés, on peut conclure que $L_2 = 102$ dB correspond à un **niveau sonore « difficilement supportable ». Le port d'un dispositif de protection auditive doit être recommandé à l'artificier.**

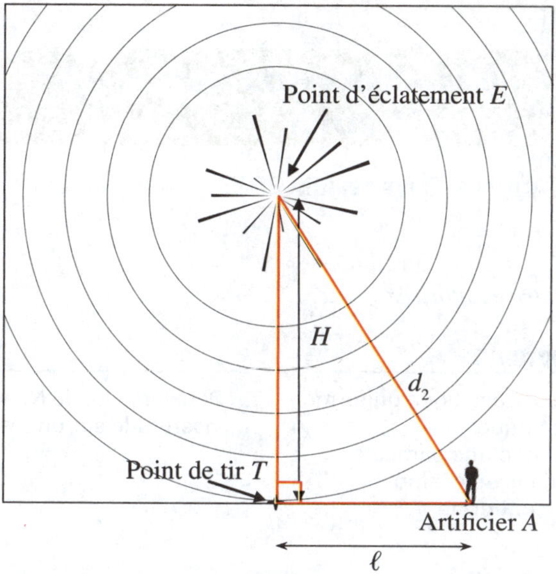
Point d'éclatement E
H
d_2
Point de tir T
Artificier A
ℓ

Sujet 15 Détermination du rapport e/m pour l'électron

5 pts — 50 min

Antilles-Guyane, juin 2013

Calculatrice autorisée

LISTE DES NOTIONS

- Champ électrostatique uniforme
- Force électrique
- Mouvement d'une particule chargée dans un champ électrique uniforme
- Deuxième loi de Newton
- Incertitude sur un résultat

Doc. 1 La deuxième expérience de Thomson

Le physicien anglais Joseph John Thomson utilisa un tube à vide, dans lequel une cathode émet des électrons. Ceux-ci sont accélérés dans un champ électrostatique créé par des anodes de collimation. À la sortie de ces anodes, les électrons forment un faisceau très étroit. Ce faisceau passe ensuite entre deux plaques métalliques de charges opposées. Les électrons, soumis à un nouveau champ électrostatique, sont alors déviés de leur trajectoire et viennent frapper un écran constitué d'une couche de peinture phosphorescente.

Joseph John Thomson (1856-1940), physicien anglais

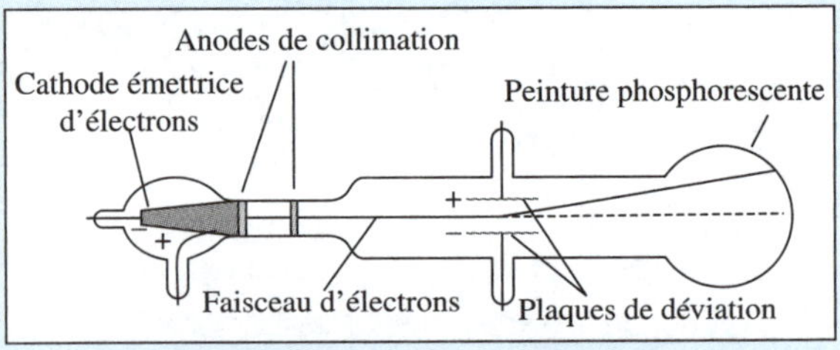

Tube utilisé par Thomson pour montrer la déviation de particules chargées par un champ électrostatique

Doc. 2 Création d'un champ électrostatique

Deux plaques métalliques horizontales portant des charges opposées possèdent entre elles un champ électrostatique uniforme $\vec{E}$ caractérisé par :

- sa direction : perpendiculaire aux plaques ;
- son sens : de la plaque chargée positivement vers la plaque chargée négativement.

Doc. 3 Force électrostatique subie par une particule chargée dans un champ électrique $\vec{E}$

Force subie par la particule chargée

Champ électrostatique

$$\vec{F} = q \cdot \vec{E}$$

Pour un électron : q = – e ; e étant la charge élémentaire.

Charge de la particule

Doc. 4 Interactions entre particules chargées

Deux particules de charges de même signe se repoussent ; deux particules de charges opposées s'attirent.

Doc. 5 Expérience de laboratoire ; détermination du rapport e/*m* pour l'électron

Le montage ci-après reprend le principe de la deuxième expérience de Thomson. Il comporte un tube à vide dans lequel un faisceau d'électrons est dévié entre deux plaques de charges opposées. On mesure la déviation verticale du faisceau d'électrons lors de la traversée des plaques sur une longueur *L*, afin de déterminer la valeur du rapport e/*m*.

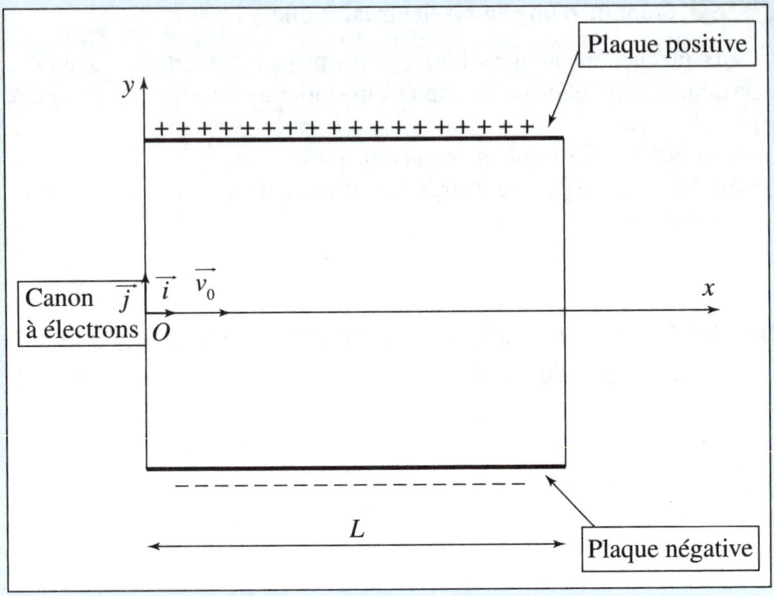

Données de l'expérience :

Les électrons sortent du canon à électrons avec une vitesse $v_0 = 2{,}27 \times 10^7\ \text{m} \cdot \text{s}^{-1}$.

Le faisceau d'électrons passe entre les deux plaques chargées et est dévié d'une hauteur h quand il sort des plaques.

L'intensité du champ électrostatique entre les deux plaques est : $E = 15{,}0\ \text{kV} \cdot \text{m}^{-1}$.

La longueur des plaques est : $L = 8{,}50$ cm.

On fait l'hypothèse que le poids des électrons est négligeable par rapport à la force électrostatique $\vec{F}$.

Partie I Détermination du caractère négatif de la charge de l'électron par J. J. Thomson

25 min **2,5 pts**

1 À l'aide du **document 2**, représenter sur le **document 6** ci-après le vecteur correspondant au champ électrostatique $\vec{E}$.

On prendra l'échelle suivante : 1,0 cm pour $5{,}0\ \text{kV} \cdot \text{m}^{-1}$. 0,75 pt

Doc. 5 (suite)

L'intensité du champ électrique entre les deux plaques est $E = 15{,}0\ \text{kV} \cdot \text{m}^{-1}$.

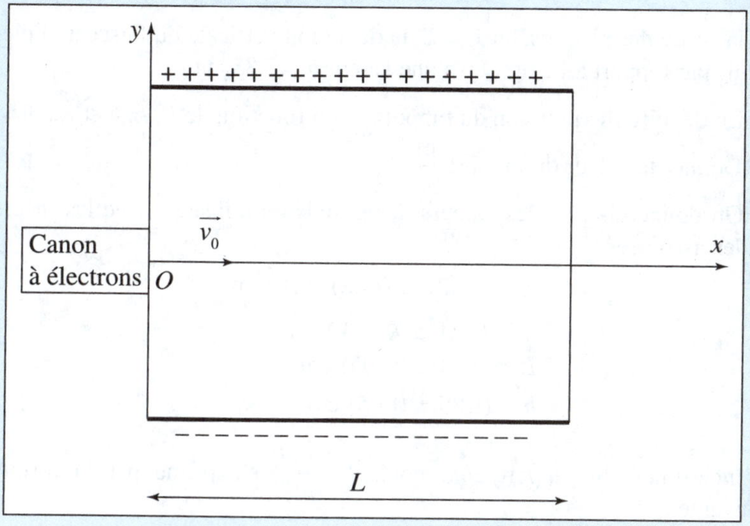

2 J. J. Thomson a observé une déviation du faisceau d'électrons vers la plaque métallique chargée positivement (voir **document 1**).
Expliquer comment J. J. Thomson en a déduit que les électrons sont chargés négativement. **0,5 pt**

3 À l'aide du **document 3**, donner la relation entre la force électrostatique $\vec{F}$ subie par un électron, la charge élémentaire e et le champ électrostatique $\vec{E}$.
Montrer que le sens de déviation du faisceau d'électrons est cohérent avec le sens de $\vec{F}$. **1,25 pt**

Partie II Détermination du rapport e/*m* pour l'électron — 25 min — 2,5 pts

1 En appliquant la deuxième loi de Newton à l'électron, montrer que les relations donnant les coordonnées de son vecteur accélération sont :

$$a_x = 0 \quad \text{et} \quad a_y = \frac{\mathrm{e}E}{m}$$ **0,5 pt**

SPÉCIFIQUE

2 On montre que la courbe décrite par les électrons entre les plaques admet pour équation :

$$y = \frac{eE}{2mv_0^2}x^2$$

À la sortie des plaques, en $x = L$, la déviation verticale du faisceau d'électrons par rapport à l'axe (Ox) a une valeur $h = 1{,}85$ cm.

a. En déduire l'expression du rapport $\frac{e}{m}$ en fonction de E, L, h et v_0. **0,5 pt**

b. Donner la valeur du rapport $\frac{e}{m}$. **0,5 pt**

c. On donne ci-après les valeurs des grandeurs utilisées, avec les incertitudes associées :

$$v_0 = (2{,}27 \pm 0{,}02) \times 10^7 \ \text{m} \cdot \text{s}^{-1}$$
$$E = (15{,}0 \pm 0{,}1) \ \text{kV} \cdot \text{m}^{-1}$$
$$L = (8{,}50 \pm 0{,}05) \ \text{cm}$$
$$h = (1{,}85 \pm 0{,}05) \ \text{cm}$$

L'incertitude du rapport e/m, notée $U\left(\frac{e}{m}\right)$, s'exprime par la formule suivante :

$$U\left(\frac{e}{m}\right) = \frac{e}{m}\sqrt{\left[\left(\frac{U(h)}{h}\right)^2 + \left(\frac{U(E)}{E}\right)^2 + 4\left(\frac{U(v_0)}{v_0}\right)^2 + 4\left(\frac{U(L)}{L}\right)^2\right]}$$

Calculer l'incertitude $U\left(\frac{e}{m}\right)$, puis exprimer le résultat de $\left(\frac{e}{m}\right)$ avec cette incertitude. **1 pt**

Les clés pour réussir

Partie I

1 Faites un schéma en respectant l'échelle imposée.

2 La plaque positive attire les charges négatives.

Partie II

2 c. Exprimez le résultat en tenant compte des incertitudes :

$$X = X_{moyen} \pm \text{incertitude sur } X$$

Sujet 15 Corrigé

Partie I Détermination du caractère négatif de la charge de l'électron par J. J. Thomson

1 Le champ électrique est dirigé de la plaque positive vers la plaque négative (**document 2**) et il est perpendiculaire aux plaques avec $E = 15{,}0\ \text{kV} \cdot \text{m}^{-1}$.
Échelle : 1,0 cm pour $5{,}0\ \text{kV} \cdot \text{m}^{-1}$.
Le champ $\vec{E}$ sera donc représenté par une flèche de 3 cm.
L'intensité du champ électrique entre les deux plaques est $E = 15{,}0\ \text{kV} \cdot \text{m}^{-1}$.

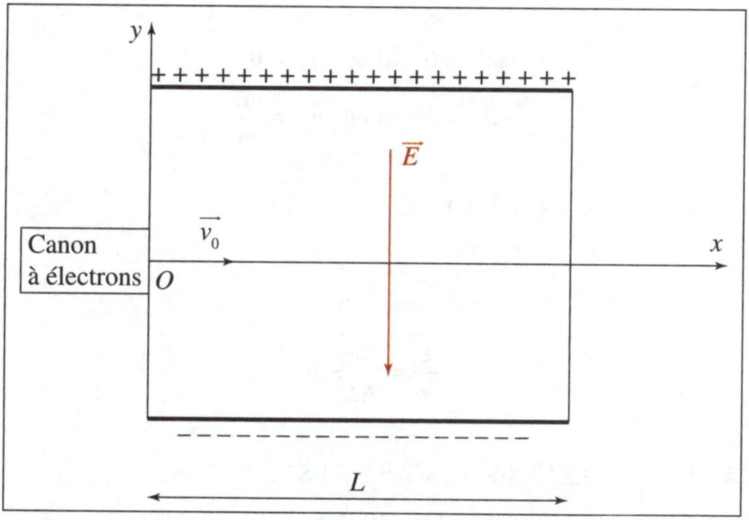

Document 6

2 D'après le **document 3**, $\vec{F}$ et $\vec{E}$ sont de même sens si la charge q est positive.
Or J. J. Thomson a observé une déviation des charges vers la plaque positive, c'est-à-dire que les charges du faisceau sont attirées par les charges positives. Il s'agit donc de charges négatives (**document 4**).

3 La charge des électrons est $q = -e$ et $\vec{F} = q\vec{E} = -e\vec{E}$. La force et le champ électrique sont opposés, d'après le **document 3**. Cette force tend donc bien à amener les électrons vers la plaque positive.

Partie II Détermination du rapport $\frac{e}{m}$ pour l'électron

On utilise le référentiel terrestre, supposé galiléen. En effet, le trajet d'un électron dure bien moins d'une heure, on peut donc négliger la rotation de la Terre sur elle-même, et encore plus la rotation de la Terre autour du Soleil.

1 Dans le référentiel terrestre considéré comme galiléen, la deuxième loi de Newton s'écrit :

$$m\vec{a} = \vec{F} = q\vec{E} = -e\vec{E}$$

$\vec{a}$ est de sens opposé à $\vec{E}$.
En projection sur les axes x et y (**document 5**), il vient :

$$ma_x = 0 \quad \text{d'où} \quad \boldsymbol{a_x = 0}$$

$$ma_y = eE \quad \text{d'où} \quad \boldsymbol{a_y = \frac{eE}{m}}$$

2 a. Pour $x = L,\ y = h$, d'où :

$$h = \frac{e}{m} \times \frac{E}{2v_0^2} L^2$$

$$\boldsymbol{\frac{e}{m} = \frac{2v_0^2}{EL^2} h}$$

b. A. N. : $v_0 = 2{,}27 \times 10^7\ \text{m}\cdot\text{s}^{-1}$; $h = 1{,}85 \times 10^{-2}\ \text{m}$;
$E = 1{,}5 \times 10^3\ \text{V}\cdot\text{m}^{-1}$; $L = 8{,}5 \times 10^{-2}\ \text{m}$,
d'où :

$$\boldsymbol{\frac{e}{m} = 1{,}76 \times 10^{11}\ \text{C}\cdot\text{kg}^{-1}}$$

Pensez-y !
La charge est en coulombs (C), la masse est en kilogrammes (kg), unités SI.

c. Calcul d'incertitude :

$$U\left(\frac{e}{m}\right) = \frac{e}{m}\sqrt{\left(\frac{U(h)}{h}\right)^2 + \left(\frac{U(E)}{E}\right)^2 + 4\left(\frac{U(v_0)}{v_0}\right)^2 + 4\left(\frac{U(L)}{L}\right)^2}$$

A. N. : $\frac{\mathrm{e}}{m} = 1{,}76 \times 10^{11}\ \mathrm{C \cdot kg^{-1}}$; $U(h) = 0{,}05$ cm ; $h = 1{,}85$ cm,
$U(E) = 0{,}1\ \mathrm{kV \cdot m^{-1}}$; $E = 15{,}0\ \mathrm{kV \cdot m^{-1}}$; $U(v_0) = 0{,}02 \times 10^7\ \mathrm{m \cdot s^{-1}}$;
$v_0 = 2{,}27 \times 10^7\ \mathrm{m \cdot s^{-1}}$; $U(L) = 0{,}05$ cm ; $L = 8{,}50$ cm,
d'où :

$$U\left(\frac{\mathrm{e}}{m}\right) = 6{,}15 \times 10^9\ \mathrm{C \cdot kg^{-1}}$$

Remarque

Observer : $\frac{\mathrm{e}}{m} = 1{,}76 \times 10^{11}\ \mathrm{C \cdot kg^{-1}}$

et $U\left(\frac{\mathrm{e}}{m}\right) = 6{,}15 \times 10^9\ \mathrm{C \cdot kg^{-1}}$

d'où : $U\left(\frac{\mathrm{e}}{m}\right) = 0{,}0615 \times 10^{11}\ \mathrm{C \cdot kg^{-1}}$

harmoniser : $\frac{\mathrm{e}}{m} = 1{,}76 \times 10^{11}\ \mathrm{C \cdot kg^{-1}}$

$U\left(\frac{\mathrm{e}}{m}\right) = 0{,}06 \times 10^{11}\ \mathrm{C \cdot kg^{-1}}$

On obtient :

$$\frac{\mathrm{e}}{m} = (1{,}76 \pm 0{,}06) \times 10^{11}\ \mathrm{C \cdot kg^{-1}}$$

SPÉCIFIQUE

Sujet 16 La mécanique au service de la pétanque

5 pts 50 min

Liban, mai 2017

Calculatrice autorisée

LISTE DES NOTIONS

- Trajectoire d'un mobile
- Équations horaires
- Chronophotographie
- Conservation de l'énergie
- Quantité de mouvement

Doc. La pétanque

La pétanque est un jeu de boules dérivé du jeu provençal aussi appelé « la longue ». Le but du jeu consiste tout simplement à lancer la boule le plus près possible du « but » matérialisé par le bouchon. Le terrain de jeu est horizontal.
Au début d'une partie de pétanque, un joueur trace un cercle sur le sol, il se place dans ce cercle et lance le bouchon à une distance entre 6 et 10 mètres de ce cercle.
Les joueurs de pétanque ont le choix entre pointer, c'est-à-dire tenter de placer leur boule plus près du but que l'adversaire, ou tirer, c'est-à-dire déplacer la boule adverse pour l'éloigner du « but » et remporter le point.
Le pointeur joue avec des boules de petit diamètre (71 à 74 mm) pour offrir moins de surface au tireur, assez lourdes pour un meilleur contrôle (710 à 740 g). Le tireur joue avec des boules de gros diamètre (74 à 78 mm), légères afin de limiter la fatigue (670 à 700 g).

D'après www.labouleblleue.fr

Cet exercice aborde l'étude d'un lancer d'une boule par un pointeur, puis par un tireur. Dans tout l'exercice, les frottements seront négligés.

Partie I Le pointeur

25 min 2,5 pts

Le pointeur lance sa boule de masse m = 710 g avec une vitesse initiale $\vec{V}_0$ faisant un angle α par rapport à l'horizontale. L'origine O est prise au point où le pointeur lâche la boule. Le modèle de la chute libre conduit aux équations horaires du mouvement du centre G de la boule dans le repère (O, x, y) :

$$\begin{cases} x = V_0 \cos(\alpha) t \\ y = -\dfrac{1}{2} g t^2 + V_0 \sin(\alpha) t \end{cases}$$

Donnée :
Intensité du champ de pesanteur sur Terre : $g = 9{,}81\ \text{m} \cdot \text{s}^{-2}$.

1 On réalise la chronophotographie du mouvement de la boule lancée par le pointeur. Cette chronophotographie est représentée ci-dessous ; l'intervalle de temps entre deux prises de vue est de 33,3 ms.

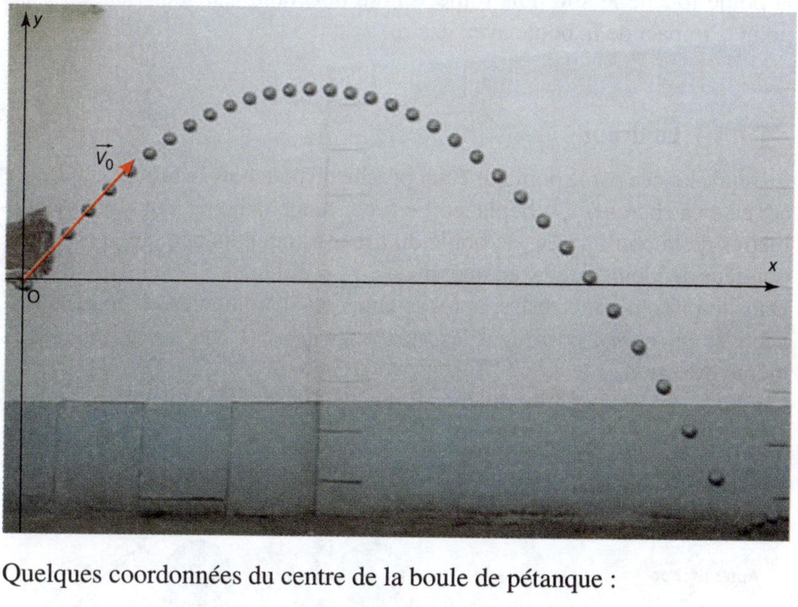

Quelques coordonnées du centre de la boule de pétanque :

Date t (s)	x (m)	y (m)
0,000	0,000	0,000
0,033	0,117	0,117
0,067	0,243	0,243
0,100	0,346	0,360

SPÉCIFIQUE

a. Déterminer, à partir de la chronophotographie, la valeur de l'angle α entre l'horizontale et le vecteur vitesse à l'origine des dates en précisant la méthode choisie. **0,5 pt**

b. En exploitant le modèle de la chute libre et en utilisant les résultats expérimentaux, déterminer la valeur de la vitesse initiale V_0. **0,5 pt**

2 Le pointeur lance la boule en direction du bouchon et la lâche au point O origine du repère choisi. Le point O est situé à une hauteur de 1,2 m du sol.

a. Montrer que la boule suit une trajectoire parabolique d'équation : **0,5 pt**

$$y = -\frac{1}{2}g\frac{x^2}{(V_0\cos(\alpha))^2} + \tan(\alpha)x$$

b. Pour un angle α de 51° et une vitesse initiale de valeur égale à 5,5 $m \cdot s^{-1}$, la boule touche le sol, puis roule vers le bouchon. Calculer l'abscisse du point d'impact de la boule avec le sol. **1 pt**

Partie II Le tireur

25 min **2,5 pts**

La boule lancée par le pointeur étant proche du bouchon, le tireur de l'équipe adverse va chercher à la déplacer. Le tireur lance sa boule à quelques centimètres de la boule visée ; la boule du tireur roule, puis percute la boule du pointeur de plein fouet avec une vitesse $V_2 = 8{,}0\ m \cdot s^{-1}$.

Dans le référentiel terrestre, après le choc, les deux boules, de masses respectives m_1 et m_2, possèdent les vecteurs vitesse $\vec{V_1'}$ et $\vec{V_2'}$ portés par la même direction.

On étudie le cas de figure du choc donné par le schéma suivant :

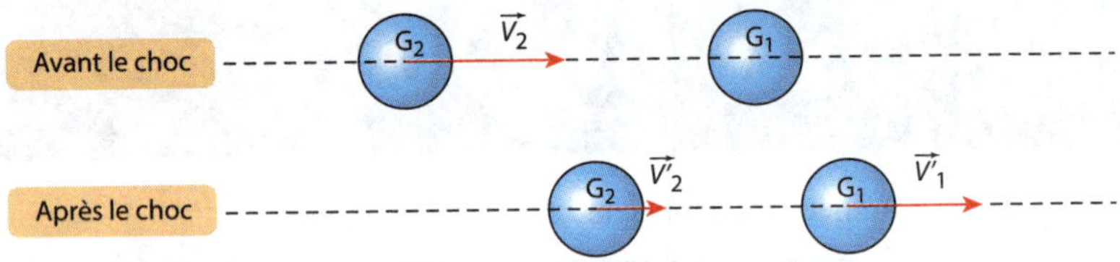

1 Lors de ce choc, deux grandeurs se conservent et permettent d'écrire les relations suivantes :

$$m_2 \cdot \vec{V_2} = m_1 \cdot \vec{V_1'} + m_2 \cdot \vec{V_2'}$$

$$\frac{1}{2}m_2 \cdot V_2^2 = \frac{1}{2}m_1 \cdot (V_1')^2 + \frac{1}{2}m_2 \cdot (V_2')^2$$

Nommer les deux grandeurs dont la conservation est exprimée par ces relations. **0,5 pt**

2 La résolution du système précédent permet d'écrire les relations vectorielles suivantes :

$$\overrightarrow{V_1'} = \frac{2m_2}{m_1 + m_2}\overrightarrow{V_2} \text{ et } \overrightarrow{V_2'} = \frac{m_2 - m_1}{m_1 + m_2}\overrightarrow{V_2}$$

À partir de ces relations vectorielles, associer les relations A, B et C comparant les masses aux trois propositions 1, 2 et 3 et justifier chaque choix.

$m_1 = m_2$	A
$m_1 > m_2$	B
$m_1 < m_2$	C

1	La boule G_2 repart en sens inverse.
2	La boule G_2 suit la boule G_1.
3	Les boules échangent leur vitesse.

1 pt

SPÉCIFIQUE

3 Que se passe-t-il si la masse m_1 est très largement supérieure à la masse m_2 ? **1 pt**

Les clés pour réussir

Partie I

1 a. Pensez à exploiter la chronophotographie en utilisant un rapporteur pour mesurer directement l'angle, en faisant usage de la trigonométrie ou en vous servant en complément du tableau de mesures expérimentales de manière pertinente.

b. Tracez la courbe de l'abscisse en fonction du temps. Déduisez-en le coefficient directeur et montrez qu'il vaut $V_0\cos(\alpha)$.

2 a. Utilisez les équations horaires et substituez l'expression du temps obtenue à partir de $x(t)$ dans celle de $y(t)$.

b. Résolvez l'équation précédente pour une ordonnée y_s correspondant au sol avec les valeurs de V_0 et de a données dans l'énoncé. Pensez que l'origine des ordonnées est à 1,2 m du sol.

Partie II

1 Identifiez la quantité de mouvement et l'énergie cinétique.

2 Reprenez les expressions des vitesses des boules G_1 et G_2 après le choc dans les trois cas proposés.

3 Reprenez la démarche de la question précédente pour une masse m_2 négligeable.

Sujet 16 Corrigé

Partie I Le pointeur

1 a. En exploitant la chronophotographie, plusieurs méthodes sont possibles pour obtenir la valeur de l'angle α :

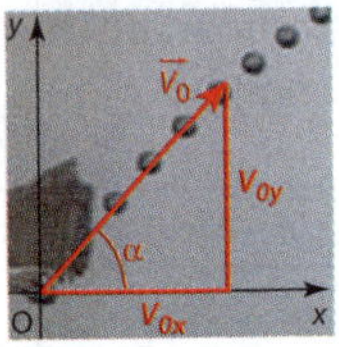

- L'utilisation directe d'un rapporteur sur la chronophotographie permet de mesurer un angle α.
- Le calcul de la tangente permet d'obtenir $\tan\alpha = \frac{V_{0y}}{V_{0x}}$, le rapport des composantes de V_0 correspond aussi à celui des segments mesurés en centimètres directement sur la chronophotographie.

Quelle que soit la méthode utilisée, **α = 48°**.

Pensez-y !
Le calcul de la tangente pourrait être remplacé par celui du cosinus ou du sinus de l'angle.

Remarque
L'utilisation du premier point non nul du tableau de valeurs permet d'obtenir un angle α_0 correspondant à un bon ordre de grandeur de la valeur de l'angle α : $\tan\alpha_0 = \frac{y}{x} = 1$, soit $\alpha_0 = 45°$.

b. En utilisant la première équation horaire $x = V_0 \cos(\alpha)t$, on peut tracer la courbe de $x = f(t)$. On modélise la droite obtenue par une fonction $x = at$ avec $a = V_0 \cos(\alpha) = 3{,}5 \text{ m} \cdot \text{s}^{-1}$.

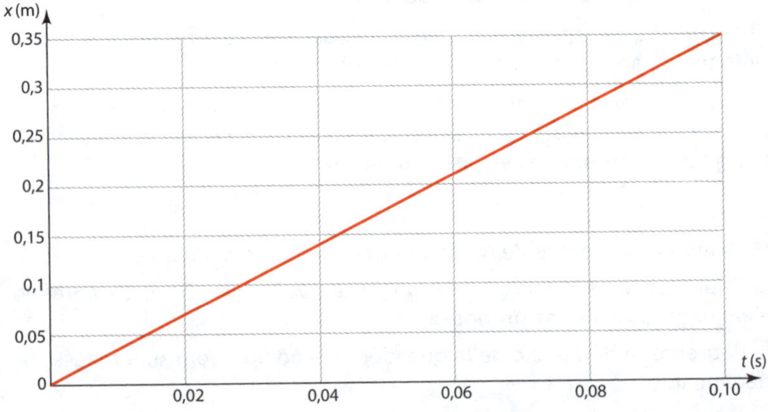

On en déduit alors que $\boldsymbol{V_0 = \dfrac{a}{\cos(\alpha)}}$.

A. N. : $a = 3{,}5\ \text{m} \cdot \text{s}^{-1}$; $\alpha = 48°$,
d'où : $$\boldsymbol{V_0 = 5{,}2\ \text{m} \cdot \text{s}^{-1}}$$

Remarque

Si le jour du Bac, vous n'avez pas le temps de tracer la courbe de l'abscisse x en fonction du temps t, vous pouvez utiliser l'une ou l'autre des valeurs expérimentales pour avoir un bon ordre de grandeur de V_0.

Exemple : $V_0 = \dfrac{x}{\cos(\alpha)t}$ avec $\alpha = 48°$.

En prenant les 2e valeurs expérimentales, on a alors $V_0 = 5{,}3\ \text{m} \cdot \text{s}^{-1}$, ou $V_0 = 5{,}4\ \text{m} \cdot \text{s}^{-1}$ avec les 3e valeurs et $V_0 = 5{,}2\ \text{m} \cdot \text{s}^{-1}$ avec les dernières.

SPÉCIFIQUE

2 a. En utilisant les équations horaires, on a :

- $t = \dfrac{x}{V_0 \cos(\alpha)}$ à partir de la première équation ;
- $y = -\dfrac{1}{2} g \left(\dfrac{x}{V_0 \cos(\alpha)}\right)^2 + V_0 \sin(\alpha) \dfrac{x}{V_0 \cos(\alpha)}$ en réinjectant dans la seconde équation.

En réarrangeant, en simplifiant par V_0 non nul et sachant que $\tan(\alpha) = \dfrac{\sin(\alpha)}{\cos(\alpha)}$, on obtient, comme attendu :

$$\boldsymbol{y = -\frac{1}{2} g \frac{x^2}{(V_0 \cos(\alpha))^2} + \tan(\alpha) x}$$

b. L'origine du repère est à 1,2 m du sol. On en déduit donc que la boule arrive au sol en $y_s = -1{,}2$ m.

Trouver l'abscisse x_s du point d'impact de la boule avec le sol revient à résoudre l'équation de la trajectoire pour $y = y_s$.

Pensez-y !
Avant toute résolution d'un problème de trajectoire, pensez à faire un schéma annoté de la situation.

$$y_s = -\frac{1}{2} g \frac{x_s^2}{(V_0 \cos(\alpha))^2} + \tan(\alpha) x_s$$

soit : $$\boldsymbol{\frac{1}{2} g \frac{x_s^2}{(V_0 \cos(\alpha))^2} - \tan(\alpha) x_s + y_s = 0}$$

A. N. : $g = 9{,}81\ \text{m} \cdot \text{s}^{-2}$; $V_0 = 5{,}5\ \text{m} \cdot \text{s}^{-1}$; $\alpha = 51°$; $\tan(\alpha) = 1{,}23$; $\dfrac{g}{2(V_0 \cos(\alpha))^2} = 0{,}409$.

L'équation en x_s à résoudre devient : $0{,}409\ x_s^2 - 1{,}23\ x_s - 1{,}2 = 0$.
Cette équation est de la forme $ax_s^2 + bx_s + c = 0$ avec $a > 0$, $b < 0$ et $c < 0$.
Le discriminant vaut $\Delta = b^2 - 4ac = 3{,}4761$.
Les solutions sont donc :

$$x_1 = \frac{-b+\sqrt{\Delta}}{2a} = 3{,}78 \text{ m}$$

$$x_2 = \frac{-b-\sqrt{\Delta}}{2a} = -0{,}78 \text{ m}$$

Seule x_1 est une solution pertinente pour le problème physique : **l'abscisse du point d'impact de la boule avec le sol est donc de 3,78 m**.

Partie II Le tireur

1 Les grandeurs qui sont conservées sont :

- le vecteur $m\vec{V}$ ou **vecteur quantité de mouvement total du système** : le vecteur quantité de mouvement avant le choc $m_1\vec{V_1} + m_2\vec{V_2} = m_2\vec{V_2}$, car $\vec{V_1} = \vec{0}$, est égal au vecteur quantité de mouvement après le choc $m_1\vec{V_1'} + m_2\vec{V_2'}$;
- **l'énergie cinétique totale du système** : l'énergie cinétique avant le choc $\frac{1}{2}m_1V_1^2 + \frac{1}{2}m_2V_2^2 = \frac{1}{2}m_2V_2^2$, car $V_1 = 0$, est égale à l'énergie cinétique après le choc $\frac{1}{2}m_1\left(V_1'\right)^2 + \frac{1}{2}m_2\left(V_2'\right)^2$.

Remarque

- Dans le cas le plus général, les deux grandeurs conservées sont le vecteur quantité de mouvement et l'énergie mécanique du système.
- Dans le cas présent, le choc se fait au niveau du sol, à altitude constante : l'énergie potentielle de pesanteur est donc constante, voire nulle. La conservation de l'énergie mécanique du système revient alors à la conservation de son énergie cinétique.

2 **Dans le cas A,** $m_1 = m_2 = m$. On obtient $\vec{V_1'} = \frac{2m}{2m}\vec{V_2} = \vec{V_2}$ et $\vec{V_2'} = \frac{m-m}{2m}\vec{V_2} = \vec{0} = \vec{V_1}$: les boules échangent leur vitesse.

Dans le cas B, $m_1 > m_2$, $\frac{m_2 - m_1}{m_1 + m_2} < 0$. $\vec{V_2'}$ et $\vec{V_2}$ sont deux vecteurs en sens opposé : la boule G_2 repart en sens opposé.

Dans le cas C, $m_1 < m_2$, $\frac{m_2 - m_1}{m_1 + m_2} > 0$ et $\frac{2m_2}{m_1 + m_2} > 0$. $\overrightarrow{V_1'}$ et $\overrightarrow{V_2'}$ sont dans le même sens que $\overrightarrow{V_2}$: la boule G_1 suit la boule G_2.

Finalement, la correspondance se résume au tableau suivant :

$m_1 = m_2$	A	3	Les boules échangent leur vitesse.
$m_1 > m_2$	B	1	La boule G_2 repart en sens opposé.
$m_1 < m_2$	C	2	La boule G_2 suit la boule G_1.

3 Dans le cas où $m_1 \gg m_2$:

- $\frac{m_2 - m_1}{m_1 + m_2}$ tend vers $\frac{-m_1}{m_1} = -1$. On a donc $\overrightarrow{V_2'} = -\overrightarrow{V_2}$: **la boule G_2 repart en sens inverse avec la même valeur de vitesse** ;
- $\frac{2m_2}{m_1 + m_2}$ tend vers 0. On en déduit que $\overrightarrow{V_1'} = \vec{0}$: **la boule G_1 reste immobile**.

SPÉCIFIQUE

Sujet 17 Collisions au LHC

6 pts — 1 heure

France métropolitaine – La Réunion, juin 2014

Calculatrice autorisée

LISTE DES NOTIONS

- Boson de Higgs
- Relativité restreinte
- Durée de vie propre
- Référentiel propre
- Facteur de Lorentz
- Dilatation des durées

Doc. 1 Le boson de Higgs

« La découverte du boson de Higgs est aussi importante pour l'histoire de la pensée humaine que la loi de la gravitation universelle de Newton », s'enthousiasme Carlo Rovelli, du Centre de physique théorique de Marseille-Lumini. La théorie de Newton, en son temps, avait prédit l'emplacement de Neptune avant même que les astronomes ne l'observent directement. La découverte du boson de Higgs signe le triomphe de ce qu'on appelle le « modèle standard » de la physique, qui a prédit depuis quelques décennies les détails les plus infimes du monde et qui a été élaboré avec passion par les plus grands scientifiques ces cent dernières années. Grâce au Higgs (comme l'appellent familièrement les physiciens), des voies s'ouvrent, permettant d'explorer la texture de l'espace-temps ou de plonger dans les premiers moments de l'Univers. [...] Le boson de Higgs est une particule qui était présente dans un passé extrêmement lointain de l'Univers, autour de 10^{-10} s après le Big Bang, à une époque où la température frisait les 10^{15} °C. Si elle a été « vue » au CERN (Conseil Européen pour la Recherche Nucléaire), c'est parce que de telles énergies ont été atteintes au cœur du LHC (Large Hadron Collider ou Grand Collisionneur de Hadrons), recréant les conditions qui régnaient alors.

D'après un extrait de *Sciences et Avenir* n° 786, août 2012

Le modèle standard arrive à décrire toutes les particules élémentaires connues et la façon dont elles interagissent les unes avec les autres. Mais notre compréhension de la nature est incomplète. En particulier, le modèle standard ne répond pas à une question simple : pourquoi la plupart des particules élémentaires ont-elles une masse ?

Les physiciens Peter Higgs, Robert Brout et François Englert ont proposé une solution à cette énigme. Leur théorie est que, juste après le Big Bang, aucune particule n'avait de masse. Lorsque l'Univers a refroidi et que la température est tombée en-dessous d'un seuil critique, un champ de force invisible appelé « champ de Higgs » s'est formé en même temps que le boson de Higgs, particule qui lui est associée. L'interaction avec ce champ répandu partout dans le cosmos permet aux particules d'acquérir une masse par l'intermédiaire du boson de Higgs. Plus les particules interagissent avec le champ de Higgs, plus elles deviennent lourdes.
Au contraire, les particules qui n'interagissent pas avec ce champ ne possèdent aucune masse.

D'après un texte de Michel Spiro, chercheur au CNRS et président du conseil du CERN

Doc. 2 **Le LHC**

Le LHC est une boucle souterraine accélératrice de particules. Sa circonférence est de 26 659 m. Il y règne un intense champ électromagnétique accélérant des paquets de particules chargées positivement, par exemple des protons ou des ions plomb.

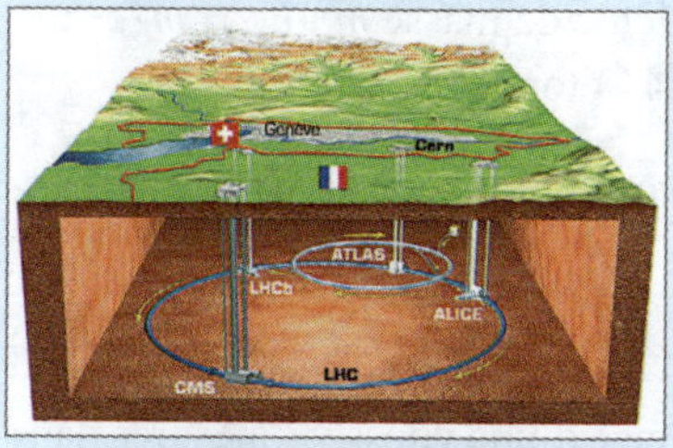

Le LHC sous la frontière franco-suisse

Vue intérieure du LHC

On fait circuler des paquets d'ions dans les deux sens. Ils entrent en collision frontale à une vitesse proche de celle de la lumière dans le vide : cette collision produit des bosons de Higgs. Leur durée de vie étant très brève, ils se désintègrent immédiatement en une multitude de particules. Ce sont ces particules qu'on détecte par l'expérience. Entre 2008 et 2011, 400 000 milliards de collisions ont été enregistrées. Une particule d'énergie de masse au repos d'environ 125 GeV a été détectée, avec un degré de confiance de 99,999 97 %, le boson de Higgs !

D'après le *Guide du LHC* édité par le CERN

Doc. 3 Vitesse et énergie dans le LHC

Les protons pénètrent dans le LHC à une vitesse v_0 égale à 0,999 997 828 fois la célérité de la lumière dans le vide, notée c. Ils ont alors une énergie cinétique de 450 GeV. Au maximum, les protons pourront atteindre la vitesse v_1 égale à 0,999 999 991 × c. Leur énergie cinétique sera environ multipliée par 15.
En permanence, il circule simultanément 2 808 paquets contenant chacun 110 milliards de protons, générant jusqu'à 600 millions de collisions par seconde.

D'après le *Guide du LHC* édité par le CERN

Dans cet exercice, on se propose d'étudier des modèles théoriques de la physique contemporaine qui ont été utilisés au LHC.

Données :

- masse d'un proton $m_P = 1{,}672\,621 \times 10^{-27}$ kg ;
- célérité de la lumière dans le vide $c = 299\,792\,458\ \text{m}\cdot\text{s}^{-1}$;
- $1\ \text{eV} = 1{,}60 \times 10^{-19}$ J ;
- $1\ \text{TeV} = 10^3\ \text{GeV} = 10^{12}\ \text{eV}$;
- énergie de masse au repos d'une particule de masse m : $E_m = m \cdot c^2$;
- masse d'une rame de TGV : $m_{TGV} = 444$ tonnes ;
- facteur de Lorentz $\gamma = \dfrac{1}{\sqrt{1 - \dfrac{v^2}{c^2}}}$ avec v, vitesse de la particule dans le référentiel du laboratoire ;
- la durée de vie ΔT d'une particule animée d'une vitesse v, mesurée dans le référentiel du laboratoire, est liée à sa durée de vie propre ΔT_0 : $\Delta T = \gamma \cdot \Delta T_0$.

Partie I À propos du boson de Higgs

10 min **1 pt**

1 En quoi l'observation du boson de Higgs permet-elle de compléter la théorie du modèle standard ? **0,5 pt**

2 À quelle période de l'Univers l'observation du boson de Higgs nous ramène-t-elle ? **0,5 pt**

Partie II Apport de la relativité restreinte

25 min **2,5 pts**

Dans le cadre de la mécanique dite relativiste, l'énergie cinétique d'un proton vaut : $E_c = (\gamma - 1) m_P \cdot c^2$.

1 Si la vitesse v d'un proton tend vers la célérité de la lumière, vers quelle limite tend son énergie cinétique ? **0,5 pt**

2 Vérifier que l'énergie cinétique E_c d'un proton a été multipliée dans les proportions indiquées dans le *Guide du LHC*. **1,5 pt**

3 L'énergie totale d'un proton E_{totale} est égale à la somme de son énergie cinétique et de son énergie de masse au repos. Donner l'expression de l'énergie totale d'un proton. Vérifier numériquement que l'énergie totale d'un proton du LHC est pratiquement égale à son énergie cinétique. **0,5 pt**

Partie III Une manipulation à haute énergie

12 min **1,25 pt**

On peut assimiler l'énergie de collision entre deux protons $E_{collision}$ à la somme des énergies cinétiques des deux protons lancés à pleine vitesse en sens inverse. On doit obtenir au LHC une énergie de collision de 14,0 TeV, considérée comme phénoménale.

1 Vérifier que l'énergie de collision entre deux protons lancés à pleine énergie en sens opposés vaut $E_{collision}$ = 14,0 TeV. **0,25 pt**

2 Chaque proton, lancé à vitesse maximale, possède une énergie totale de 7,00 TeV. Comparer l'énergie de l'ensemble des protons circulant simultanément dans le LHC avec l'énergie cinétique d'une rame de TGV lancée à pleine vitesse. *Le candidat sera amené à proposer un ordre de grandeur de la vitesse d'un TGV.*
Commenter le résultat obtenu. **1 pt**

Partie IV Quelle durée de vie au LHC ?

13 min **1,25 pt**

Une des particules émises lors des collisions entre les protons est le méson B. Sa durée de vie propre est $\Delta T_0 = 1{,}5 \times 10^{-12}$ s. Un détecteur, le VELO (VErtex LOcator), repère les mésons B produits.

1 Dans quel référentiel la durée de vie propre du méson B est-elle définie ? **0,25 pt**

2 On se place dans le référentiel du laboratoire supposé galiléen. Le détecteur VELO mesure une distance moyenne de parcours du méson B : d = 1,0 cm avant sa disparition.
On fait l'hypothèse que le méson B se déplace à une vitesse pratiquement égale à c. Calculer la valeur de la durée de vie ΔT du méson B mesurée dans le référentiel du laboratoire. Montrer alors que l'hypothèse faite est justifiée. **1 pt**

SPÉCIFIQUE

Les clés pour réussir

Partie I

1 Toutes les réponses sont dans les **documents 1** et **2.**

Partie II

2 Faites calmement les calculs pour éviter des erreurs d'étourderie ! Vérifiez que vous trouvez bien la valeur proposée par l'énoncé.

3 Si $E_{totale} \approx E_{c'}$ cela implique que le facteur de Lorentz est très grand par rapport à 1.

Partie III

2 La vitesse maximale des TGV en service en France est de 320 km/h (TGV Est). Pensez à exprimer en unités SI les valeurs des grandeurs intervenant dans l'expression de l'énergie cinétique du TGV : masse en kg, vitesse en $m \cdot s^{-1}$.

Partie IV

2 Si le facteur de Lorentz γ est nettement supérieur à 1, cela implique que v est pratiquement égale à c.

Sujet 17 Corrigé

Partie I À propos du boson de Higgs

1 L'observation du boson de Higgs permet de vérifier la théorie élaborée par les physiciens Higgs, Brout et Englert.
Cette théorie permet d'expliquer pourquoi la plupart des particules élémentaires ont une masse.
En résumé, la découverte du boson de Higgs signe le triomphe du « modèle standard » de la physique.

2 L'observation du boson de Higgs nous ramène dans un passé extrêmement lointain de l'Univers, autour de **10^{-10} s après le Big Bang**, à une époque où la température frisait les 10^{15} °C.

Partie II Apport de la relativité restreinte

1 Dans le cadre relativiste, l'énergie cinétique d'un proton, de masse m_P, vaut :

$$E_c = (\gamma - 1)m_P c^2$$

avec γ le facteur de Lorentz : $\gamma = \dfrac{1}{\sqrt{1 - \dfrac{v^2}{v^2}}}$.

Si $v \to c$, on a $\gamma \to \infty$ d'où $E_c \to \infty$.
Donc si la vitesse v d'un proton tend vers c, célérité de la lumière dans le vide, **l'énergie cinétique E_c d'un proton tend vers l'infini**.

2 Les protons pénètrent dans le LHC avec une vitesse v_0 et peuvent atteindre une vitesse v_1, ces vitesses étant proches de c (vitesse de la lumière dans le vide).

Il faut donc se placer dans le cadre de la relativité restreinte.

> **Attention !**
> Pensez à expliquer pourquoi vous vous placez dans le cadre de la relativité restreinte.

L'énergie cinétique des protons quand ils pénètrent dans le LHC est :

$$E_{c0} = (\gamma_0 - 1)m_P c^2$$

soit :

$$E_{c_0} = \left(\frac{1}{\sqrt{1 - \dfrac{v_0^2}{c^2}}} - 1\right) m_P c^2$$

L'énergie cinétique maximale que peuvent atteindre les protons dans le LHC est :

$$E_{c1} = (\gamma_1 - 1)m_P c^2$$

soit :

$$E_{c_1} = \left(\frac{1}{\sqrt{1 - \dfrac{v_1^2}{c^2}}} - 1\right) m_P c^2$$

Il en résulte que le rapport $\dfrac{E_{c_1}}{E_{c_0}}$ vaut :

SPÉCIFIQUE

$$\frac{E_{c_1}}{E_{c_0}} = \frac{\left(\dfrac{1}{\sqrt{1-\dfrac{v_1^2}{c^2}}} - 1\right)}{\left(\dfrac{1}{\sqrt{1-\dfrac{v_0^2}{c^2}}} - 1\right)}$$

A. N. : Sachant que $v_0 = 0{,}999\,997\,828\ c$ et que $v_1 = 0{,}999\,999\,991\ c$, il en résulte :

$$\frac{E_{c_1}}{E_{c_0}} = \frac{\left(\dfrac{1}{\sqrt{1-0{,}999\,999\,991^2}} - 1\right)}{\left(\dfrac{1}{\sqrt{1-0{,}999\,997\,828^2}} - 1\right)}$$

d'où :

$$\frac{E_{c_1}}{E_{c_0}} = 15{,}33 \simeq 15{,}5$$

Ce résultat est cohérent avec la valeur de ce rapport (15) donnée dans le *Guide du LHC*.

Remarque

Les facteurs de Lorentz étant chaque fois très grands (très supérieurs à 1), on peut simplifier les calculs en négligeant 1 par rapport aux facteurs de Lorentz, d'où :

$$\frac{E_{c_1}}{E_{c_0}} \approx \frac{\gamma_1}{\gamma_0}$$

soit :

$$\frac{E_{c_1}}{E_{c_0}} = \frac{\left(\dfrac{1}{\sqrt{1-\dfrac{v_1^2}{c^2}}} - 1\right)}{\left(\dfrac{1}{\sqrt{1-\dfrac{v_0^2}{c^2}}} - 1\right)} \approx \sqrt{\frac{1-\dfrac{v_0^2}{c^2}}{1-\dfrac{v_1^2}{c^2}}} = \sqrt{\frac{c^2 - v_0^2}{c^2 - v_1}}$$

Comme $a^2 - b^2 = (a + b)(a - b)$, on a :

$$\frac{E_{c_1}}{E_{c_0}} = \sqrt{\frac{(c + v_0)(c - c_0)}{(c + v_1)(c - c_1)}}$$

Comme v_1 et v_0 sont pratiquement identiques, on a $c + v_1 \simeq c + v_0$,

d'où : $$\frac{E_{c_1}}{E_{c_0}} = \sqrt{\frac{c - v_0}{c - v_1}} = \sqrt{\frac{c(1 - 0{,}999\,997\,828)}{c(1 - 0{,}999\,999\,991)}}$$

soit : $$\frac{E_{c_1}}{E_{c_0}} = \sqrt{\frac{2{,}172 \times 10^{-6}}{9 \times 10^{-9}}} = \sqrt{\frac{2{,}172 \times 10^{-6}}{0{,}9 \times 10^{-9}}}$$

d'où : $$\frac{E_{c_1}}{E_{c_0}} = \sqrt{\frac{2{,}172}{0{,}9}} \times 10 = \sqrt{2{,}41} \times 10$$

et enfin : $$\frac{E_{c_1}}{E_{c_0}} = 15{,}5$$

On retrouve bien le même résultat : les hypothèses simplificatrices sont justifiées.

SPÉCIFIQUE

3 $E_{\text{totale}} = E_c + E_m = (\gamma - 1)m_p c^2 + m_p c^2$ d'où $E_{\text{totale}} = \gamma m_p c^2$ soit pour les protons circulant à leur vitesse maximale (vitesse v_1), dans le LHC :

$$\boldsymbol{E_{\text{totale}} = \frac{1}{\sqrt{1 - \frac{v_1^2}{c^2}}} m_p c^2}$$

A. N. : $\frac{v_1^2}{c^2} = 0{,}999\,999\,991^2$; $m_p = 1{,}672\,621 \times 10^{-27}$ kg ;

$c = 2{,}997\,924\,58 \times 10^8$ d'où : $E_{\text{totale}} = 1{,}120 \times 10^{-6}$ J

Comme 1 eV $= 1{,}60 \times 10^{-19}$ J, $1\text{ J} = \frac{1\text{ eV}}{1{,}60 \times 10^{-19}}$ d'où :

$$E_{\text{totale}} = 7{,}00 \times 10^{12}\text{ eV} = 7{,}00\text{ TeV}$$

Précédemment, on avait vu que l'énergie cinétique E_c de ces protons était telle que $\frac{E_{c_1}}{E_{c_0}} = 15{,}5$ soit :

$$E_c = 15{,}5 \times 0{,}450 = 7{,}00\text{ TeV}$$

On retrouve bien que pour ces protons, $E_{\text{totale}} = E_c$.

Partie III Une manipulation à haute énergie

1 Par définition :

$$E_{\text{collision}} = 2\,E_c$$

Comme l'énergie cinétique de chaque proton vaut $E_c = 7{,}00$ TeV, on a :

$$\mathbf{E_{collision} = 14{,}0\ TeV}$$

On vérifie bien la valeur donnée dans l'énoncé pour l'énergie de collision de 2 protons lancés à pleine vitesse en sens opposé.

2 Énergie E_P de l'ensemble des protons circulant simultanément dans le LHC à pleine vitesse

Le nombre n_P de protons vaut :

$$n_P = 2\,808 \times 110 \times 10^9 = 3{,}088\,8 \times 10^{14}$$

(nombre de paquets de protons × nombre de protons dans chaque paquet), d'où :

$$E_P = n_P E_c$$

Sachant que $E_c = 7{,}00$ TeV, on a :

$$E_P = 3{,}088\,8 \times 10^{14} \times 7{,}00 = 2{,}16 \times 10^{15}\ \text{TeV}$$

Comme 1 TeV $= 1{,}60 \times 10^{-19} \times 10^{12} = 1{,}60 \times 10^{-7}$ J, on a :

$$\mathbf{E_P = 3{,}46 \times 10^8\ J}$$

L'énergie cinétique d'une rame TGV lancée à pleine vitesse est :

$$E_{\text{TGV}} = \frac{1}{2} m_{\text{TGV}}\, v_{\text{TGV}}^2$$

Les TGV français ont une vitesse maximale commerciale de 320 km/h (TGV Est), soit environ 90 m/s $\left(\dfrac{302\ \text{km/h}}{3{,}6} = 89\ \text{m/s}\right)$.

A. N. : $m_{\text{TGV}} = 444 \times 10^3$ kg ; $v_{\text{TGV}} = 90\ \text{m}\cdot\text{s}^{-1}$,

d'où :

$$E_{\text{TGV}} = 1{,}80 \times 10^9\ \text{J}$$

L'ordre de grandeur de l'énergie cinétique d'un TGV lancé à pleine vitesse est donc de 10^9 J.

Cet ordre de grandeur est similaire à celui de l'énergie de l'ensemble des protons circulant simultanément dans le LHC, donc l'ordre de grandeur est compris entre 10^8 et 10^9 J.

Partie IV Quelle durée de vie au LHC ?

1 La durée de vie propre du méson est définie dans le référentiel propre, c'est-à-dire dans **le référentiel lié au méson**.

2 Dans le référentiel du laboratoire supposé galiléen, le méson parcourt la distance d à une vitesse v pratiquement égale à c (célérité de la lumière dans le vide).

La durée de vie ΔT du méson dans un référentiel est donc :

$$\Delta T = \frac{d}{v} = \frac{d}{c}$$

A. N. : $d = 1{,}0 \times 10^{-2}$ m ; $c = 3{,}00 \times 10^{8}$ m·s^{-1}, d'où :

$$\Delta T = 3{,}3 \times 10^{-11} \text{ s}$$

Comme $\Delta T = \gamma\, \Delta T_0$ (*cf.* données), on a pour le facteur de Lorentz :

$$\gamma = \frac{\Delta T}{\Delta T_0} = \frac{3{,}3 \times 10^{-11}}{1{,}5 \times 10^{-12}}$$

soit : $$\gamma = 22$$

γ est très supérieur à 1, cela implique que la vitesse v du méson est pratiquement égale à c. L'hypothèse faite : **« le méson se déplace à une vitesse pratiquement égale à c » est vérifiée**.

SPÉCIFIQUE

Remarque : Détermination précise de v

Comme $\gamma = \frac{1}{\sqrt{1 - \frac{v^2}{c^2}}}$, on a :

$$\sqrt{1 - \frac{v^2}{c^2}} = \frac{1}{\gamma}$$

d'où : $$1 - \frac{v^2}{c^2} = \frac{1}{\gamma^2}$$

soit : $$\frac{v^2}{c^2} = 1 - \frac{1}{\gamma^2}$$

d'où : $$\frac{v}{c} = \sqrt{1 - \frac{1}{\gamma^2}}$$

soit : $$v = c \cdot \sqrt{1 - \frac{1}{\gamma^2}}$$

A. N. : $\gamma = 22$, $c = 3{,}00 \times 10^{8}$ m·s^{-1}, d'où :

$$v = 0{,}999\ c$$

On a bien v pratiquement égale à c.

Sujet 18 — Les acteurs de la mission Rosetta

6 pts — 1 heure

Antilles-Guyane, septembre 2016

Calculatrice autorisée

LISTE DES NOTIONS

- Lois de Kepler
- Vitesse de déplacement
- Période de révolution
- Force gravitationnelle
- Intensité de pesanteur
- Poids et masse
- Taille numérique
- Débit de transmission

Doc. 1 Le voyage de Rosetta

En 2004, la sonde européenne Rosetta a quitté la Terre pour un voyage long de 10 ans. Sa destination ? La comète 67P/Churyumov-Gerasimenko, surnommée Tchouri, dont elle s'est approchée au cours de l'année 2014.

Une fois à proximité de cette dernière, Rosetta a entamé ses observations en juillet 2014. Puis, en novembre 2014, la sonde a largué Philae, un atterrisseur, qui est venu se poser à la surface de la comète.

La mission de Philae consiste à analyser la comète sous tous ses aspects : composition du sol, propriétés physiques, niveau d'activité. Ces mesures, d'une durée de 18 mois au moins, permettront de mieux comprendre les processus qui ont mené à la formation du système solaire.

En effet, les comètes se sont formées en même temps que le système solaire, il y a 4,5 milliards d'années, bien avant les planètes. Leur étude est donc l'occasion de mieux comprendre la situation qui prévalait lorsque notre système solaire est né.

D'après https://rosetta.cnes.fr

Doc. 2 Les chiffres-clés de la mission Rosetta

2.a. La comète Tchouri

6,44
C'est le nombre d'années que met 67P/Churyumov-Gerasimenko pour tourner autour du Soleil

510 millions de km
C'est la distance entre la Terre et la comète au moment de l'atterrissage

Son orbite est elliptique et l'amène à

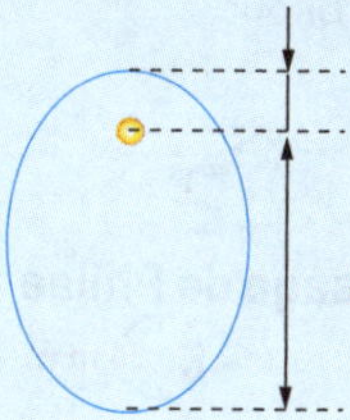

187 millions de km du Soleil au plus près

851 millions de km du Soleil au plus loin

Le noyau de la comète Tchouri

mesure environ

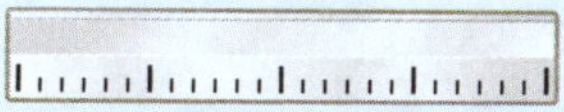

4,1 × 5,4 km

a une masse de

10 milliards de tonnes

2.b. La sonde Rosetta

28 minutes
C'est le temps nécessaire pour recevoir les données de Rosetta, au moment de l'atterrissage

2.c. L'atterrisseur Philae

Partie I La trajectoire de la comète et l'atterrissage de Philae

30 min **3 pts**

Données :

- masse du Soleil : $M_S = 2{,}00 \times 10^{30}$ kg ;
- constante de gravitation : $G = 6{,}67 \times 10^{-11}$ N·m²·kg⁻² ;
- intensité de la pesanteur sur Terre : $g_T = 10$ m·s⁻² ;
- célérité de la lumière : $c = 3{,}00 \times 10^8$ m·s⁻¹ ;
- 1 octet = 8 bits ; 1 Go = 10^9 octets.

1 On suppose que la comète parcourt une trajectoire elliptique autour du Soleil.

a. En utilisant une des lois de Kepler, préciser la position du Soleil représentée sur le schéma ci-dessous. **0,25 pt**

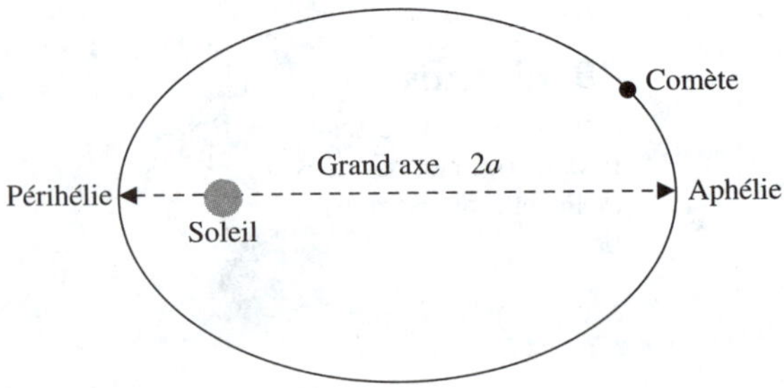

b. Quelle est la valeur du demi-grand axe a de l'ellipse de la trajectoire de la comète Tchouri ? **0,25 pt**

c. En vous appuyant sur le schéma habituellement proposé, comme celui représenté ci-dessous, énoncer la deuxième loi de Kepler. **0,25 pt**

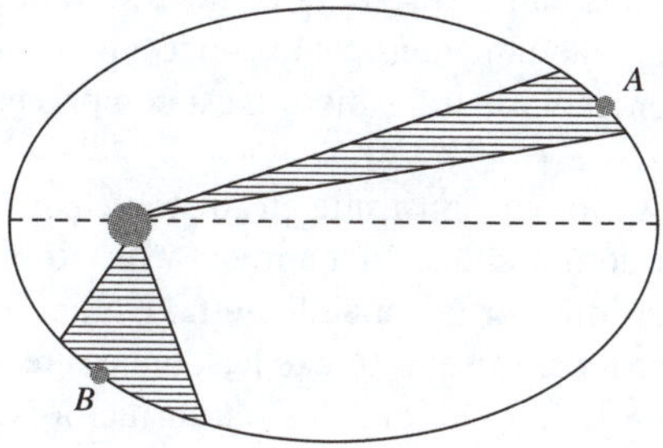

d. La vitesse de la comète est-elle plus grande en A ou en B ? Justifier. **0,25 pt**

2 La troisième loi de Kepler a pour expression :

$$\frac{T^2}{a^3} = \frac{4\pi^2}{GM}$$

avec a le demi-grand axe de l'ellipse correspondant à la trajectoire, M la masse de l'astre attracteur et T la période de révolution de la comète. Retrouver la valeur de la période de révolution T de la comète autour du Soleil. **0,5 pt**

3 On s'intéresse maintenant à l'atterrisseur Philae qui s'est posé sur la comète. On assimile la comète à une sphère de rayon 2,5 km.

a. Donner l'expression de la force gravitationnelle exercée par la comète sur Philae, quand l'atterrisseur est à la surface de la comète. **0,25 pt**

b. En supposant que cette force est égale au poids de Philae sur la comète, déterminer la valeur de l'intensité de pesanteur g_C sur la comète. **0,5 pt**

c. Expliquer et apporter une correction scientifique à la phrase du document : « Philae pèse 100 kg sur Terre et 1 g sur la comète. » **0,5 pt**

4 En faisant l'hypothèse que la vitesse de Philae reste constante, lors de sa descente sur la comète, estimer la valeur de la durée de la phase d'atterrissage de Philae. **0,25 pt**

SPÉCIFIQUE

Partie II Communication entre Rosetta et la Terre

30 min 3 pts

Doc. 3 Les données transmises par Rosetta

Les communications entre Rosetta et la Terre se font par transmission de signaux. Le signal étudié dans cet exercice a pour fréquence d'émission 8,4 GHz. Son débit de transmission est compris entre 5 et 20 kilobits par seconde.

La station de New Norica, construite en Australie par l'Agence spatiale européenne pour communiquer notamment avec Rosetta, n'est visible que 12 heures par jour par la sonde Rosetta. Durant les périodes où le signal ne peut être reçu, Rosetta stocke les données recueillies dans une mémoire de masse de 25 Go, puis les retransmet lorsque la fenêtre de communication le permet.

Voici une photographie en noir et blanc de la surface de la comète, prise le 22 août 2014 par le système d'imagerie NavCam de Rosetta, lorsque la sonde était située à 64,5 km du centre de la comète. Cette image représente un carré de 7,4 km de côté et possède une définition de 1 024 × 1 024 pixels, chaque pixel étant codé par 1 octet.

Crédits : ESA/Rosetta/NAVCAM

1 Quelle est la nature du signal transmis entre la sonde Rosetta et la Terre ? **0,25 pt**

2 La durée nécessaire pour recevoir les données de Rosetta sur Terre est-elle en accord avec la position de Rosetta par rapport à la Terre au moment de l'atterrissage ? **0,5 pt**

3 Est-il possible de distinguer un détail de 1 m sur la comète à partir de la photographie ? **0,5 pt**

4 Cette photographie permet-elle de retrouver les dimensions de la comète ? **0,75 pt**

5 Quelle est la taille numérique, notée TN et exprimée en kilooctets, de cette photographie ? **0,5 pt**

6 Lorsque le débit de transmission vaut $D_t = 12$ kilobits par seconde, quelle est la durée de transmission de la photographie considérée ? **0,25 pt**

7 Combien de photographies prises par la NavCam la mémoire de masse peut-elle stocker ? **0,25 pt**

Les clés pour réussir

Partie I

1 a. Utilisez la première loi de Kepler ou observez la trajectoire de la comète et la position du Soleil sur le schéma proposé.

b. Utilisez les données du **document 2a** concernant l'orbite elliptique de la comète Tchouri pour calculer le double du demi-grand axe 2*a*, puis divisez par 2.

c. La deuxième loi de Kepler est la loi des aires.

d. La vitesse est d'autant plus importante que la distance parcourue est importante. Observez les distances parcourues par *A* et *B* sur le schéma proposé pour comparer leur vitesse.

2 À partir de la formule proposée, déterminez l'expression de la période de révolution *T* en fonction de G, *M* et *a*. Faites l'application numérique avec *a* en mètres pour obtenir *T* en secondes.
Comparez la valeur de *T* trouvée avec *T* = 6,44 ans du **document 2a**.

3 a. La force gravitationnelle est un vecteur. Définissez un vecteur unitaire $\vec{u}$ suivant le rayon comète-Philae de Philae vers la comète.

b. Écrivez que la valeur de la force gravitationnelle obtenue à la question précédente est égale au poids $P = m_P g_C$ de Philae de masse m_P sur la comète d'intensité de pesanteur g_C.
La masse de la comète est donnée dans le **document 2a**.

c. La masse est une caractéristique de Philae : elle est constante. En revanche, le poids de Philae n'est pas constant, il n'est pas le même sur la comète et sur Terre.

4 Le **document 2c** donne la vitesse de descente de Philae et son altitude.

Partie II

1 Seules les ondes électromagnétiques se propagent dans le vide.

2 Les **documents 2a** et **2b** donnent la distance entre Rosetta et la Terre, ainsi que la durée de transmission. La vitesse des ondes électromagnétiques est à retrouver dans les données de l'exercice.

3 Calculez la distance que représente 1 pixel. Si cette distance est supérieure à 1 m, alors les détails ne sont pas visibles sur la photographie proposée.

4 À la règle, mesurez la hauteur et la largeur de la comète sur la photographie, ainsi que son côté. Sachant que chaque côté de la photographie correspond à 7,4 km, déduisez les dimensions de la comète par proportionnalité.

5 La photographie « noir et blanc » est en fait une photographie en niveaux de gris : chaque pixel est codé sur 256 valeurs, soit 1 octet.
Calculez le nombre de pixels de la photographie, c'est-à-dire le nombre d'octets correspondant directement à la taille numérique TN de la photographie.

6 Le produit du débit de transmission et de la durée de transmission correspond à la taille numérique TN de la photographie.

7 La mémoire de masse est le produit du nombre de photographies pouvant être stockées et de sa taille numérique.

Sujet 18 Corrigé

Partie I La trajectoire de la comète et l'atterrissage de Philae

1 **a.** En utilisant la première loi de Kepler, la comète a une **trajectoire elliptique** et **le Soleil est l'un de ses foyers**.

Remarque

On peut vérifier sur le schéma proposé que la trajectoire est bien une ellipse et que la position du Soleil correspond aussi à l'un des deux foyers de l'ellipse.

b. Le **document 2a** donne les valeurs des distances suivantes :
- distance entre la comète et le Soleil au plus près : 187 millions de km ;
- distance entre la comète et le Soleil au plus loin : 851 millions de km.

La distance $2a$ correspondant au grand axe est la somme de ces deux distances :

$$2a = 187 \times 10^6 + 851 \times 10^6 = 1{,}038 \times 10^9 \text{ km}$$

La valeur du demi-grand axe est donc la moitié de la distance calculée ci-avant : $a = \mathbf{5{,}19 \times 10^8}$ **km.**

c. La deuxième loi de Kepler est aussi appelée loi des aires : **le rayon-vecteur reliant la comète au Soleil balaie des aires égales pendant des durées égales**.

En se basant sur le schéma proposé, cela signifie que le point A balaie la même aire hachurée que celle balayée par B pendant une durée déterminée.

d. Les durées de parcours de A et de B étant égales, les vitesses sont donc proportionnelles aux distances parcourues. La vitesse est d'autant plus grande que la distance parcourue par le point considéré est grande.

Or d'après le schéma proposé en question **1 c.**, le point B parcourt une distance de l'ellipse plus importante que celle parcourue par A. On en déduit alors que ***B* a une vitesse plus importante que *A*** : $v_B > v_A$.

2 À partir de la troisième loi de Kepler, on exprime la période de révolution T en fonction de G, M et a :

$$\frac{T^2}{a^3} = \frac{4\pi^2}{GM} \Rightarrow T^2 = \frac{4a^3\pi^2}{GM}$$

soit :

$$T = \sqrt{\frac{4a^3\pi^2}{GM}}$$

ou encore :

$$\boldsymbol{T = 2\pi\sqrt{\frac{a^3}{GM}}}$$

A.N. : $a = 5{,}19 \times 10^8$ km $= 5{,}19 \times 10^{11}$ m ; $G = 6{,}67 \times 10^{-11}$ N·m²·kg⁻² ; $M = M_S = 2{,}00 \times 10^{30}$ kg, d'où :

$$\boldsymbol{T = 2{,}03 \times 10^8 \text{ s}} \text{ en ne gardant que 3 chiffres significatifs}$$

Le **document 2a** donne la valeur suivante :

$$T' = \mathbf{6{,}44\ années}$$

ce qui correspond à :

$$T' = 6{,}44 \times 365 \times 24 \times 3\,600 = \mathbf{2{,}03 \times 10^8\ s}$$

On retrouve bien la valeur de la période de révolution de la comète autour du Soleil.

3 a. La force gravitationnelle exercée par la comète sur Philae est un vecteur centré sur Philae et dirigé vers la comète.
On définit un vecteur unitaire $\vec{u}$ joignant le centre de la comète au centre de Philae et dirigé vers la comète.
La distance d entre le centre de la comète et Philae est égale au rayon r_C de 2,5 km de la comète, l'atterrisseur étant sur la surface de la comète.
La force gravitationnelle est alors :

$$\vec{F} = G\frac{M_C m_P}{r_C^2}\vec{u}$$

avec M_C la masse de la comète (en kg), m_P la masse de Philae (en kg) et r_C le rayon de la comète.

Remarque

La valeur de la force gravitationnelle est la norme du vecteur force et vaut :

$$F = G\frac{M_C m_P}{r_C^2}$$

b. Si l'on suppose que la force gravitationnelle est égale au poids :

$$P = m_P g_C = G\frac{M_C m_P}{r_C^2} = F$$

avec g_C la valeur de l'intensité de pesanteur sur la comète.
La masse de la comète n'étant pas nulle, on peut simplifier l'égalité précédente et obtenir l'expression de g_C :

$$g_C = G\frac{M_C}{r_C^2}$$

Le **document 2a** donne la masse de la comète : le noyau de la comète a une masse de 10 milliards de tonnes.
A.N. : $M_C = 10 \times 10^9 \times 10^3 = 1{,}0 \times 10^{13}$ kg ; $r_C = 2{,}5$ km $= 2{,}5 \times 10^3$ m ; $G = 6{,}67 \times 10^{-11}$ N·m²·kg⁻²,

d'où : $$g_C = \mathbf{1{,}1 \times 10^{-4}\ m \cdot s^{-2}}$$

avec 2 chiffres significatifs

Remarque

L'intensité de pesanteur s'exprime en $m \cdot s^{-2}$ ou en $N \cdot m^{-1}$.

c. La proposition « Philae pèse 100 kg sur Terre et 1 g sur la comète » est une proposition erronée. En effet, la masse est une constante : Philae a la même masse sur Terre et sur la comète.
En revanche, l'intensité de pesanteur est variable : $g = g_T = 10\ m \cdot s^{-2}$ sur Terre et $g_C = 1{,}1 \times 10^{-4}\ m \cdot s^{-2}$ sur la comète, soit environ 10^5 fois moins que sur Terre.
Le poids de Philae, dépendant de la valeur de l'intensité de pesanteur, est donc différent sur Terre et sur la comète.
Son poids sur Terre est de :

$$P_T = m_P \cdot g_T = 100 \times 10 = 1\ 000\ N$$

Si l'on calcule le poids de Philae sur la comète, en supposant que la masse de la comète est de 100 kg, on a :

$$P_C = m_P \cdot g_C = 100 \times 1{,}1 \times 10^{-4} = 1{,}1 \times 10^{-2}\ N$$

soit 0,01 N environ.
Pour avoir le même poids sur Terre, il faudrait un objet de masse m' telle que :

$$m' = \frac{P}{g_T}$$

A.N. : $m' = \dfrac{1{,}1 \times 10^{-2}}{10} = 1{,}1 \times 10^{-3}\ kg \approx 1\ g$.

C'est ce que signifie la phrase proposée dans l'énoncé, de manière très maladroite !
Il faudrait ainsi corriger la proposition en se basant sur le poids de Philae sur Terre et sur la comète : « **Philae a un poids de 1 000 N sur Terre et de 0,01 N sur la comète** ».

4 Si l'on suppose que Philae a un mouvement uniforme, alors la durée de la phase de descente est :

$$\Delta t = \frac{d}{v}$$

avec d la distance de la descente et v sa vitesse.
Le **document 2c** donne la vitesse v et la distance d ou altitude au début de la phase de descente.
A.N. : $d = 20\ km = 20 \times 10^3\ m$; $v = 3{,}5\ km/h$ ou $v = \dfrac{3{,}5}{3{,}6} = 0{,}97\ m/s$ en gardant 2 chiffres significatifs, d'où :

$$\Delta t = \mathbf{2{,}1 \times 10^4\ s} \text{ avec 2 chiffres significatifs}$$

soit une durée de descente de **5 h 50**.

SPÉCIFIQUE

Partie II Communication entre Rosetta et la Terre

1 Le signal transmis est de nature **électromagnétique**. Seules les ondes électromagnétiques se propagent dans le vide.

2 Le **document 2b** donne le temps ΔT nécessaire pour recevoir les données de Rosetta, au moment de l'atterrissage. Les données sont transmises sous forme électromagnétique se propageant à la vitesse c de la lumière dans le vide.
La position de Rosetta par rapport à la Terre au moment de l'atterrissage est la distance d telle que :

$$\boldsymbol{d = c\Delta T}$$

A.N. : $c = 3{,}00 \times 10^8$ m/s ; $\Delta t = 28$ min $= 1{,}7 \times 10^3$ s,
d'où : $$\boldsymbol{d = 5{,}1 \times 10^{11}\ \text{m}}$$
La distance entre la Terre et la comète au moment de l'atterrissage donnée par le **document 2a** est de 510 millions de km ou $5{,}10 \times 10^{11}$ m. On retrouve bien la valeur de la distance d obtenue avec moins de précision.
On conclut donc que **la durée nécessaire pour recevoir les données de Rosetta sur Terre est en accord avec sa position par rapport à la Terre au moment de l'atterrissage**.

3 L'image proposée dans le **document 3** est un carré de 7,4 km de côté, soit un carré de 7,4 km × 7,4 km qui possède une définition de 1 024 px × 1 024 px. On en déduit donc que 7,4 km ou $7{,}4 \times 10^3$ m sont représentés par 1 024 pixels.

Le pixel correspond ainsi à $\dfrac{7{,}4 \times 10^3}{1024} = 7{,}2$ m dans la réalité dans les conditions de la photographie.
Deux points séparés de 1 m correspondent donc au même pixel et ne peuvent être séparés. **Aucun détail de 1 m sur la comète ne peut être distingué sur la photographie**.

4 La photographie permet de retrouver les dimensions de la comète. Il suffit de mesurer la hauteur et la largeur de la comète, ainsi que le côté du cadre en centimètres à l'aide de la règle graduée directement sur la photographie.

On peut alors calculer les rapports hauteur sur côté ou $\dfrac{H}{a}$ et largeur sur côté ou $\dfrac{L}{a}$. On obtient ainsi :

$$\boldsymbol{\frac{H}{a} = 0{,}56 \quad \text{et} \quad \frac{L}{a} = 0{,}73}$$

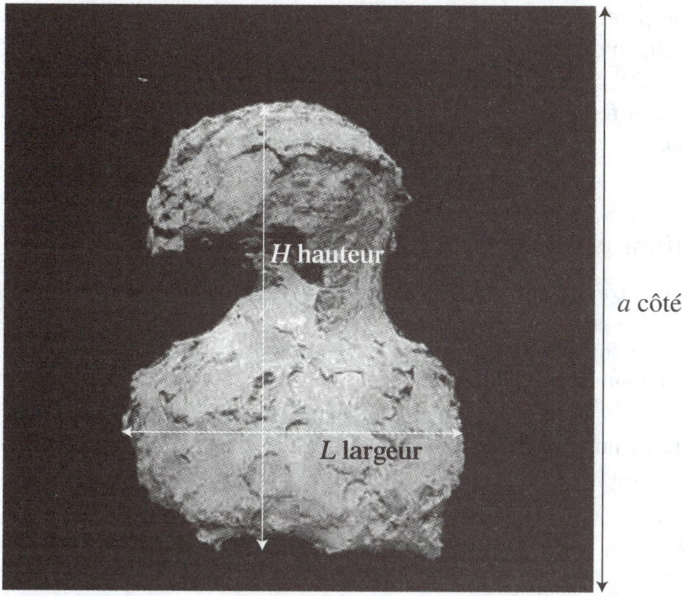

Les rapports étant conservés dans la réalité et sur la photographie, on en déduit finalement que :

$$H = 0{,}56a = 0{,}56 \times 7{,}4 = \mathbf{4{,}1\ km}$$
$$L = 0{,}77a = 0{,}73 \times 7{,}4 = \mathbf{5{,}4\ km}$$

On retrouve bien les données du **document 2a** : « Le noyau de la comète mesure environ 4,1 × 5,4 km ».

Remarque

On peut proposer un tableau de proportionnalité en mesurant sur l'image la longueur du côté de la photographie (en cm) et en la faisant correspondre aux 7,4 km de la réalité.

Il suffit ensuite de mesurer à la règle graduée une dimension de la comète sur la photographie et d'en déduire par produit croisé sa dimension dans la réalité.

5 La photographie représente :

$$1\,024 \times 1\,024 = 1{,}049 \times 10^6 \text{ px}$$

Cette photographie « noir et blanc » est en fait une photographie en niveaux de gris. On le voit aisément sur l'image de l'énoncé.

SPÉCIFIQUE

Chaque pixel est donc codé sur $2^8 = 256$ niveaux de gris, soit 1 octet par pixel. On en déduit que la photographie est codée sur :

$$1{,}049 \times 10^6 \times 1 = 1{,}049 \times 10^6 \text{ octets}$$

1 kilooctet représentant 10^3 octets, la taille numérique de la photographie est donc :

$$TN = 1{,}049 \times 10^3 \text{ kilooctets ou } \mathbf{1\ 049\ Ko}$$

Remarque

Chaque pixel est codé par un ensemble de trois couleurs Rouge, Vert, Bleu. Chaque couleur peut prendre 256 valeurs.
Or un codage en niveaux de gris correspond aux mêmes valeurs de Rouge, Vert et Bleu, ce qui réduit le codage du pixel à seulement 256 valeurs.

6 La taille numérique de la photographie calculée à la question précédente est de 1 049 Ko. Sachant que 1 octet correspond à 8 bits, on obtient :

$$TN = 1\ 049 \times 8 = \mathbf{8\ 392\ kilobits}$$

La durée Δt_t nécessaire à la transmission de cette image dépend du débit de transmission :

$$\Delta \boldsymbol{t}_t = \frac{\mathbf{TN}}{\boldsymbol{D}_t}$$

A.N. : TN = 8 392 kilobits ; D_t = 12 kilobits/s ;
d'où : $\Delta t_t = 7{,}0 \times 10^2$ s avec 2 chiffres significatifs,
soit $\Delta \boldsymbol{t}_t$ = **12 minutes environ.**

Remarque

Une précision supplémentaire sur la durée de transmission serait totalement inutile sachant qu'un débit de 12 kilobits/s correspond au débit maximum : « Son débit de transmission est compris entre 5 et 20 kilobits par seconde », précise le **document 3**.

7 Chaque photographie a une taille numérique de 1 049 Ko, soit :

$$1{,}049 \times 10^6 \text{ octets}$$

La mémoire de masse est de 25 Go, soit 25×10^9 octets (**document 3**) et correspond au nombre d'images stockées multiplié par leur taille numérique. On en déduit donc le nombre N de photographies :

$$N = \frac{25 \times 10^9}{1{,}049 \times 10^6} = \mathbf{2{,}4 \times 10^4}$$

La mémoire de masse de Rosetta peut stocker, durant les périodes où le signal ne peut être reçu, **24 000 images**.

Sujet 19 Le Diester®

4 pts 40 min

Inde, avril 2016

Calculatrice autorisée

LISTE DES NOTIONS

- Ester
- Transestérification
- Mécanisme réactionnel
- Catalyse basique
- Indice de cétane
- Groupe caractéristique et fonction

SPÉCIFIQUE

Un agrocarburant est un carburant obtenu à partir de ressources issues de l'agriculture, par opposition aux carburants issus de ressources fossiles. Il vient en complément ou en substitution du combustible fossile.
Développé dans les années 80, le Diester® (marque déposée provenant de la contraction de « DIESel » et « esTER ») est le nom donné au premier agrocarburant issu essentiellement de la transformation des huiles de colza et de tournesol, végétaux cultivés en France.

Doc. 1 Schéma de la chaîne de fabrication d'un carburant à base de Diester®

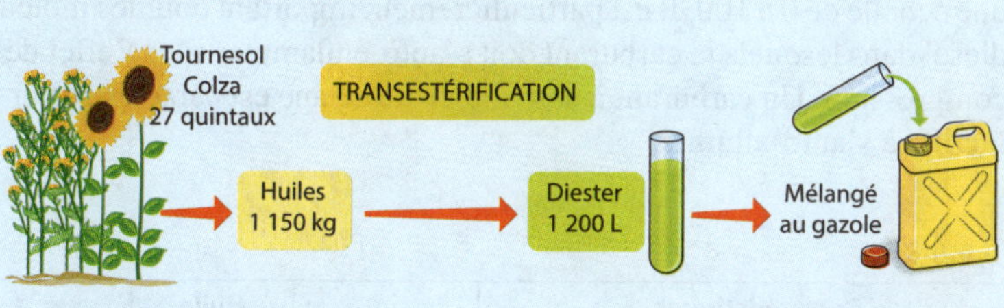

D'après lesbiocarburants.e-monsite.com

Au-delà de sa teneur quasi nulle en soufre, le Diester® contribue à la lutte contre le réchauffement climatique avec un bilan carbone réputé plus favorable que le gazole fossile.
Néanmoins, ces agrocarburants de première génération ont un bilan controversé du fait de l'occupation de terres cultivables et de la remise en cause de leur neutralité environnementale.

L'objet de cet exercice est l'étude de la synthèse du Diester® à partir de l'huile de colza.

Doc. 2 La transformation de l'huile de colza

L'huile de colza est un mélange d'esters d'acide gras. Dans un souci de simplification, on l'assimilera à son constituant majoritaire, le trioléate de glycéryle.
La modification de cette huile est nécessaire pour le fonctionnement d'un moteur diesel. Elle va donc subir une transformation appelée transestérification en présence d'un excès de méthanol et d'hydroxyde de potassium de formule KOH. On obtient l'oléate de méthyle qui sera assimilé au Diester®, ainsi qu'un produit dérivé, la glycérine. L'équation chimique de la réaction modélisant cette transformation est écrite ci-après :

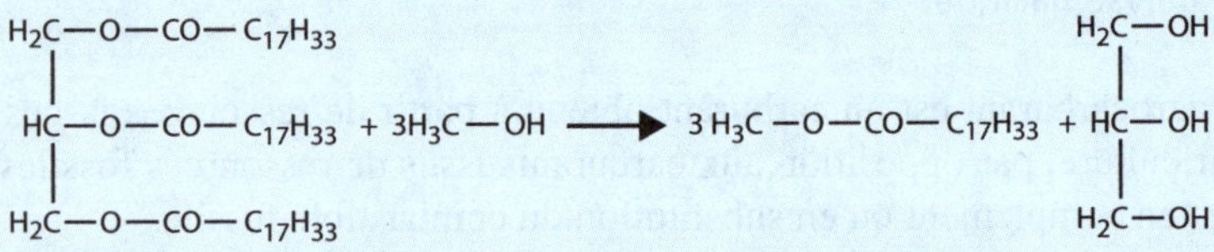

Trioléate de glycéryle assimilé à l'huile de colza — Méthanol — Oléate de méthyle assimilé au Diester® — Glycérine

Doc. 3 Indice de cétane

L'indice de cétane évalue la capacité d'un carburant à s'enflammer sur une échelle de 0 à 100. Il est particulièrement important pour les moteurs diesel dans lesquels le carburant doit s'auto-enflammer sous l'effet de la compression. Un carburant à haut indice de cétane est caractérisé par sa facilité à s'auto-allumer.

Données :

Caractéristiques physico-chimiques	Gazole	Huile de colza	Diester®
Masse volumique (kg/m^3 à 15 °C)	820-860	920	880
Viscosité à 40 °C (mm/s)	2-4,5	30,2	4,5
Indice de cétane	51	35	49-51
Teneur en soufre (mg/kg)	350	≈ 0	≈ 0

	Formule brute	Masse molaire ($g \cdot mol^{-1}$)
Trioléate de glycéryle	$C_{57}H_{104}O_6$	884
Méthanol	CH_3OH	32
Glycérine	$C_3H_8O_3$	92
Oléate de méthyle	$C_{19}H_{36}O_2$	296
Hydroxyde de potassium	KOH	56

1 Entourer les groupes caractéristiques présents dans le méthanol et l'oléate de méthyle, et nommer les fonctions associées. **0,5 pt**

Formules :

Méthanol $CH_3 - OH$

Oléate de méthyle

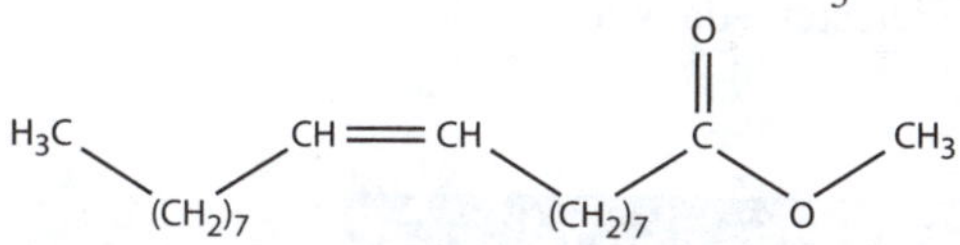

2 Choisir le nom, en nomenclature systématique, de la glycérine parmi les trois propositions suivantes : propan-1,2,3-trione ; propan-1,2,3-trial ; propan-1,2,3-triol. Justifier votre choix. **0,25 pt**

3 Pour simplifier l'écriture d'étapes du mécanisme réactionnel de cette transestérification d'un triester, on donne les étapes d'une transestérification analogue sur l'exemple d'un ester simple. Dans le cas de l'huile de colza, le changement de groupe caractéristique s'applique aux trois groupes présents dans le trioléate de glycéryle. Compléter l'étape 2 à l'aide de flèches courbes. **0,5 pt**

Étape 1 :

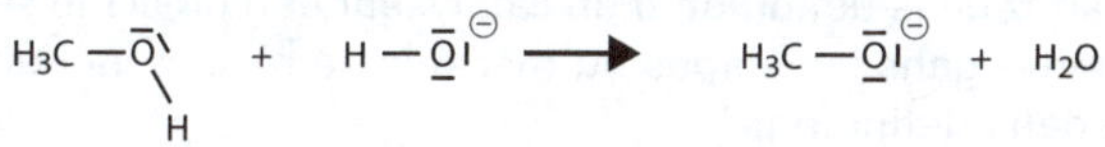

Étape 2 :

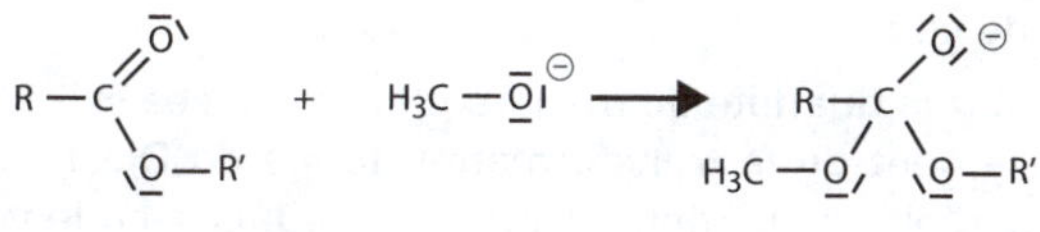

Étape 3 :

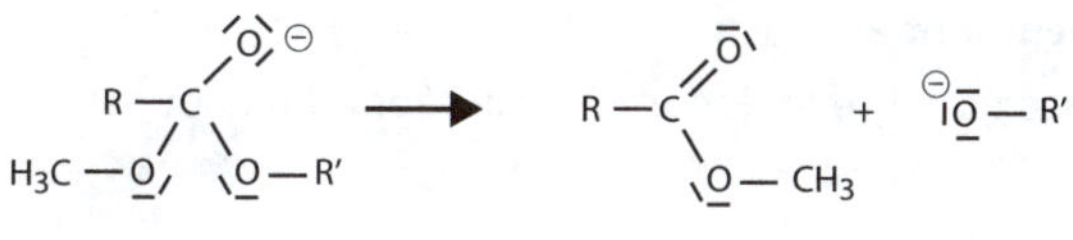

Étape 4 :

4 Justifier le terme de catalyse basique associé à la transestérification et préciser l'espèce chimique qui en est à l'origine. **0,5 pt**

5 Justifier le fait qu'une transestérification de l'huile de colza soit nécessaire avant son incorporation au gazole. **0,25 pt**

6 Le schéma de la chaîne de fabrication d'un carburant à base de Diester® suggère que 1 150 kg d'huile de colza permettent d'obtenir environ 1 200 L de Diester®. Déterminer le volume de Diester® obtenu théoriquement si la transestérification est totale. Proposer une explication pour rendre compte d'un éventuel écart entre la valeur du volume de Diester® trouvée et la valeur annoncée dans le schéma. **1,5 pt**

7 Citer un avantage et un inconvénient à l'ajout d'un agrocarburant comme le Diester® dans le gazole. **0,5 pt**

Les clés pour réussir

1 Identifiez le groupe carboxyle caractéristique des fonctions esters et des acides carboxyliques, ainsi que le groupe hydroxyle caractéristique des alcools.

2 Pensez à identifier les fonctions à partir du suffixe terminal du nom proposé : -one pour les cétones, -al pour les aldéhydes et -ol pour les alcools.

3 Les flèches courbes doivent partir du site donneur nucléophile vers le site accepteur électrophile.

4 Partez de la définition d'un catalyseur et d'un acide selon Brönsted, et cherchez dans les étapes du mécanisme réactionnel un ion qui répond aux deux définitions.

5 Pensez à comparer les indices de cétane du Diester®, du gazole et de l'huile de colza.

6 Calculez la quantité de matière d'huile utilisée et établissez le tableau d'avancement de la transformation totale en Diester® pour obtenir la quantité d'oléate de méthyle produit. Déduisez-en le volume demandé. Pour expliquer la différence de volumes, relisez les premières phrases du **document 2**.

7 Pensez à relire le document qui répond à la question.

Sujet 19 Corrigé

1 Concernant le **méthanol**, on identifie le groupe fonctionnel hydroxyle ou – OH : il est caractéristique de la fonction **alcool**.

Méthanol : CH_3 – OH groupe hydroxyle – fonction alcool.

L'**oléate de méthyle** possède un groupe carboxyle –CO–O– caractéristique de la fonction **ester**.

Oléate de méthyle :

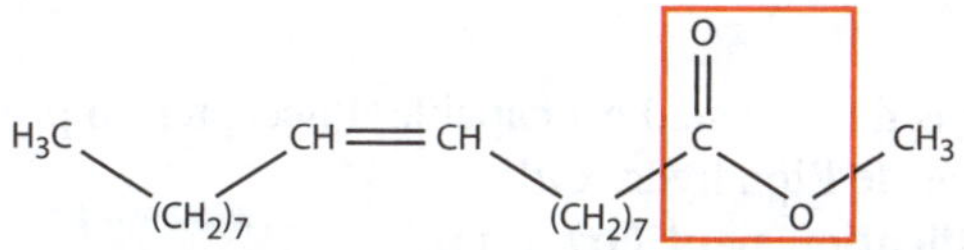

groupe carboxyle – fonction ester

SPÉCIFIQUE

Remarque

Le groupe fonctionnel correspond à un groupe d'atomes qui donne ses propriétés chimiques à la molécule. Le groupe est caractéristique d'une ou de plusieurs familles de composés chimiques ou fonction.
Dans le cas d'un groupe carboxyle, la fonction est celle des acides carboxyliques si le groupe est situé en bout de chaîne et celle des esters sinon.

2 La glycérine est un trialcool, car elle possède trois groupes hydroxyle caractéristiques des alcools. Le nom en nomenclature systématique doit donc se terminer par triol, avec –ol le suffixe caractéristique des alcools.
Il s'agit donc du **propan-1,2,3-triol**.

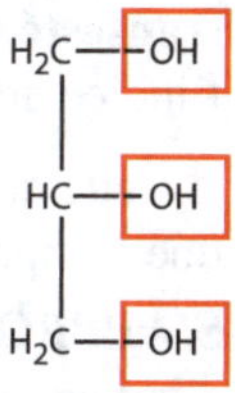

Remarque

Il est important de bien vérifier que la glycérine est composée de 3 atomes de carbone – d'où le préfixe prop – et que les groupements hydroxyle sont situés sur les atomes de carbone 1, 2 et 3, c'est-à-dire que chaque groupement est lié à un atome de carbone différent.

3 Le mécanisme réactionnel de l'**étape 2** montre deux mouvements électroniques simultanés :

Étape 2 :

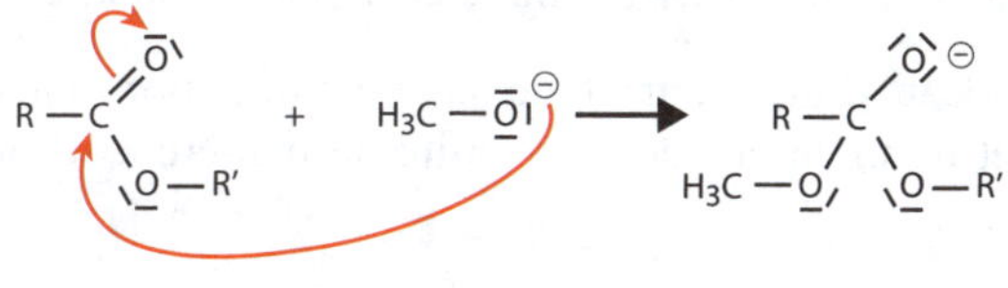

4 Un catalyseur est une substance qui accélère la réaction sans intervenir dans l'équation bilan de celle-ci. Cela signifie qu'elle doit être régénérée entre la première et la dernière étape du mécanisme réactionnel.
C'est le cas pour l'ion hydroxyde HO^- qui est consommé dans l'étape 1 et produit lors de l'étape 4 :

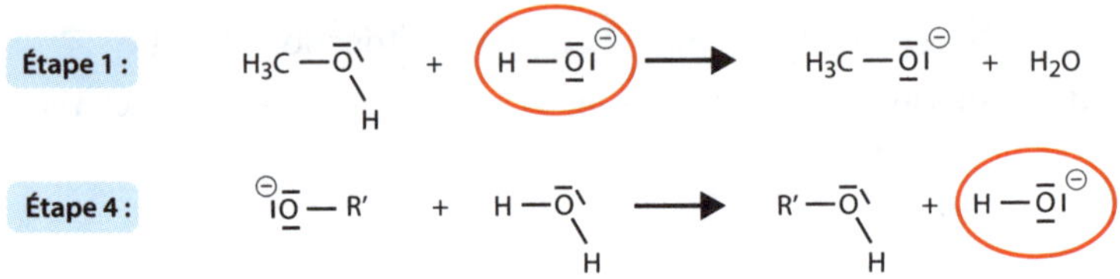

Une base au sens de Brönsted est capable d'accepter un proton ou ion H^+.
C'est aussi le cas de l'ion hydroxyde.
La transestérification peut être qualifiée de catalyse basique, le catalyseur étant l'**ion hydroxyde**, ion basique régénéré en fin de transformation.

> **Pensez-y !**
> L'ion hydroxyde est la base d'un couple de l'eau : H_2O/HO^-.

5 Le **document 3** donne l'explication : l'huile de colza doit avoir un indice de cétane élevé pour « s'auto-enflammer sous l'effet de la compression ».
Or ce n'est pas le cas, l'indice de cétane de l'huile de colza est donné à 35, alors que le gazole doit avoir un indice de 51.
Il faut donc augmenter l'indice de cétane de l'huile de colza par transestérification. Le produit de cette transformation est le Diester® dont l'indice de cétane est compris entre 49 et 51.

6 Cette question peut être traitée par étapes, chaque étape correspondant à une compétence évaluée.

S'APPROPRIER – Les informations utiles sont :
- la masse d'huile de colza utilisée $m_1 = m_{huile} = 1\,150$ kg sachant que le trioléate de glycéryle est assimilé à l'huile de colza ;
- la masse molaire du trioléate de glycéryle $M_1 = 884 \text{ g} \cdot \text{mol}^{-1}$;
- l'équation de la transformation du trioléate de glycéryle (assimilé à l'huile de colza) en oléate de méthyle (assimilé au Diester®) ;
- la masse molaire du Diester® prise comme celle de l'oléate de méthyle et la masse volumique du Diester® : $M_2 = 296 \text{ g} \cdot \text{mol}^{-1}$ et $\rho_2 = 880 \text{ kg} \cdot \text{m}^{-3}$.

ANALYSER – La quantité de matière n_1 de trioléate de glycéryle est obtenue en utilisant la masse d'huile et sa masse molaire : $n_1 = \dfrac{m_1}{M_1}$.

Le tableau d'avancement de la transformation, en la supposant totale, permet de montrer que la quantité de matière n_2 d'oléate de méthyle est $n_2 = 3n_1$.

Or n_2 peut s'exprimer en fonction du volume V de Diester® : $n_2 = \frac{m_2}{M_2} = \frac{\rho_2 V}{M_2}$. On en déduit l'expression de V : $V = \frac{n_2 M_2}{\rho_2}$.

RÉALISER – Les calculs à réaliser sont les suivants :

$n_1 = \frac{m_1}{M_1} = \frac{1\,150 \times 10^3}{884} = 1{,}30 \times 10^3$ mol en ayant converti la masse m_1 en g.

$n_2 = 3n_1 = 3 \times 1{,}30 \times 10^3 = 3{,}90 \times 10^3$ mol.

$V = \frac{n_2 M_2}{\rho_2} = \frac{3{,}90 \times 10^3 \times 296}{880} = 1{,}31 \times 10^3$ L en ayant converti la masse volumique ρ_2 en g · L^{-1} (soit $\rho_2 = 880$ kg · m^{-3} = 880 g · L^{-1}).

COMMUNIQUER – La rédaction de cette question est donc la suivante. Soit $m_1 = m_{huile} = 1\,150$ kg la masse d'huile de colza utilisée. Sachant que le trioléate de glycéryle est assimilé à l'huile de colza, cette masse correspond aussi à celle de trioléate de glycéryle.

On en déduit alors la quantité de matière n_1 de trioléate, soit :

$$n_1 = \frac{m_1}{M_1}$$

A. N. : $m_1 = m_{huile} = 1\,150$ kg $= 1\,150 \times 10^3$ g et $M_1 = 884$ g · mol^{-1},

d'où : $$n_1 = 1{,}30 \times 10^3 \text{ mol}$$

Le tableau d'avancement de la transformation est le suivant :

État	Avancement	Trioléate de glycéryle	+ 3 méthanol →	3 oléate de méthyle	+ glycérine
		Quantité de matière			
initial (EI)	$x = 0$	n_1	/	0	0
en cours (EC)	x	$n_1 - x$	/	$3x$	x
final (EF)	$x = x_{max}$	$n_1 - x_{max}$	/	$3x_{max}$	x_{max}

Si la réaction est totale, $n_1 - x_{max} = 0$ à l'état final. Soit $x_{max} = n_1$ et pour la quantité de matière d'oléate de méthyle, $n_2 = 3x_{max} = 3n_1$.

A. N. : $$\mathbf{n_2 = 3{,}90 \times 10^3\ mol}$$

La quantité de matière de Diester® correspond à celle n_2 d'oléate de méthyle et s'exprime en fonction du volume V, de la masse volumique du Diester® ρ_2 et de la masse molaire de l'oléate de méthyle :

$$n_2 = \frac{m_2}{M_2} = \frac{\rho_2 V}{M_2}$$

On en déduit l'expression de V : $\mathbf{V = \frac{n_2 M_2}{\rho_2}}$.

SPÉCIFIQUE

A. N. : $n_2 = 3{,}90 \cdot 10^3$ mol ; $M_2 = 296$ g · mol^{-1} ; $\rho_2 = 880$ kg · m^{-3}, soit $\rho_2 = 880$ g · L^{-1},

d'où : $V = 1{,}31 \times 10^3$ L

La valeur annoncée est de 1 200 L de Diester® contre $1{,}31 \times 10^3$ L évalués précédemment. Le volume calculé a donc été surestimé.

Une explication est que l'huile de colza a été assimilée à du trioléate de glycéryle, alors que le **document 2** mentionne que « L'huile de colza est un mélange d'esters d'acide gras.

Dans un souci de simplification, on l'assimilera à son constituant majoritaire, le trioléate de glycéryle. »

7 Le **document 1** répond à cette dernière question.

Avantage : « Au-delà de sa **teneur quasi nulle en soufre**, le Diester® contribue à la **lutte contre le réchauffement climatique** avec un bilan carbone réputé plus favorable que le gazole fossile. »

Inconvénient : « Néanmoins, ces agrocarburants de première génération ont un bilan controversé du fait de l'**occupation de terres cultivables** et de la **remise en cause de leur neutralité environnementale**. »

Sujet 20 — 10 pts — 1 h 40

De la betterave sucrière aux carburants

France métropolitaine – La Réunion, juin 2016

Calculatrice autorisée

SPÉCIFIQUE

LISTE DES NOTIONS

- Formule développée, formule topologique
- Atome de carbone asymétrique
- Mécanisme réactionnel
- Spectre infrarouge
- Stéréoisomérie
- Solubilité du saccharose dans l'eau
- Hydrolyse du saccharose
- Catalyseur
- Chromatographie
- Spectre RMN
- Biocarburant

Le sucre produit dans les feuilles de betteraves sucrières grâce à la photosynthèse s'accumule dans la racine sous forme de saccharose.

Le bioéthanol – éthanol issu de l'agriculture – peut notamment être obtenu par fermentation du sucre extrait des racines de betterave sucrière. Le bioéthanol peut être incorporé à l'essence utilisée par un grand nombre de moteurs de voiture.

© Fotolia/Nivellen 77

Betteraves sucrières récoltées dans la région de la Beauce

Dans cet exercice, on s'intéresse au saccharose présent dans la betterave sucrière, à la production d'éthanol par fermentation du saccharose et à l'utilisation du bioéthanol dans les carburants.

Données :

- économie betteravière en France pour la récolte 2009 :
– rendement de la culture de betterave sucrière : 74,8 tonnes par hectare ;
– pourcentage massique moyen de saccharose dans la betterave : 19,5 % ;
- surface agricole française cultivée : environ 10 millions d'hectares ;
- masse volumique de l'éthanol : $\rho = 789 \times 10^3\ g{\cdot}m^{-3}$;

- masses molaires moléculaires : M(éthanol) = 46,0 g·mol^{-1} ; M(saccharose) = 342,0 g·mol^{-1} ;
- électronégativités comparées χ de quelques éléments : χ(O) > χ(C), χ(C) environ égale à χ(H) ;
- données de spectroscopie infrarouge :

Liaison	O – H libre	O – H lié	N – H	C – H	C = O	C = C
Nombre d'onde σ (en cm^{-1})	3600 Bande fine	3200 – 3400 Bande large	3100 – 3500	2700 – 3100	1650 – 1750	1625 – 1685

- formules topologiques de quelques sucres :

Formes linéaires		**Formes cycliques**	
		D-Glucose	D-Fructose
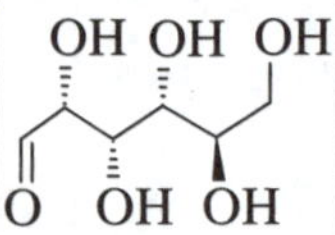 D-Glucose	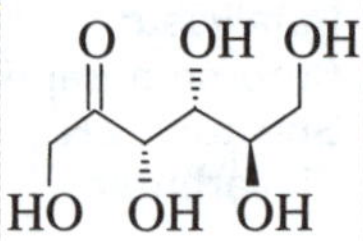 D-Fructose	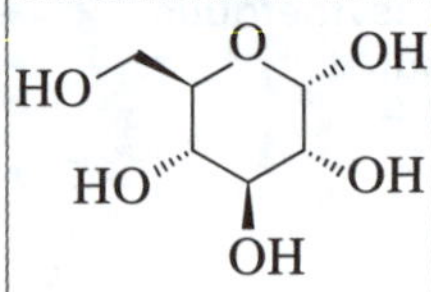 α-(D)-Glucose	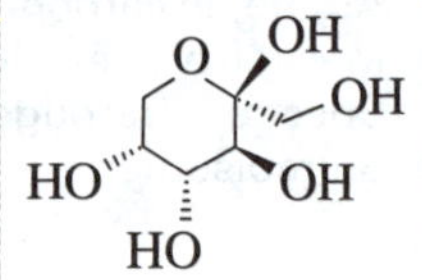 β-(D)-Fructopyranose
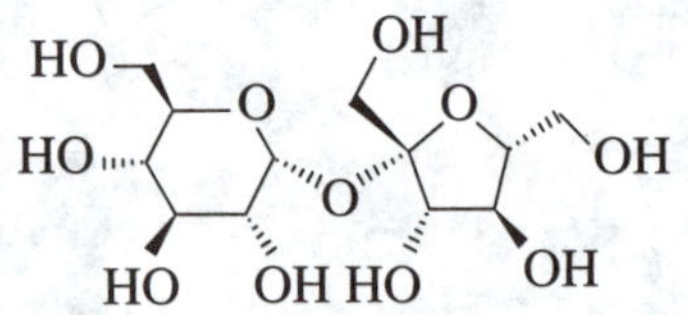 Saccharose		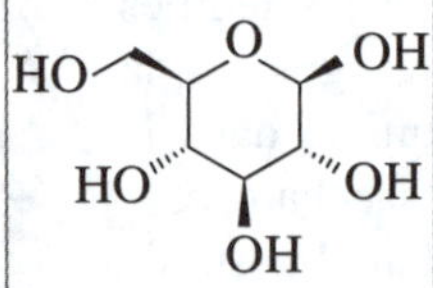 β-(D)-Glucose	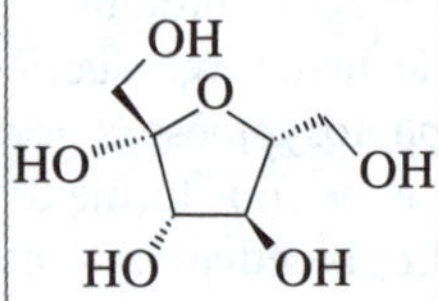 β-(D)-Fructofuranose

Partie I Étude de la structure du saccharose

50 min **5 pts**

Le saccharose est formé à partir du D-Glucose et du D-Fructose.

1 Écrire la formule développée de la forme linéaire du D-Glucose, puis identifier par un astérisque les atomes de carbone asymétriques. **1,25 pt**

Par réaction entre deux de ses groupes caractéristiques, la forme linéaire du D-Glucose peut se transformer en l'une ou l'autre de ses formes cycliques lors d'une réaction de cyclisation. En solution aqueuse à 25 °C, il s'établit un équilibre entre les différentes formes du glucose avec les proportions suivantes : 65 % de β-(D)-Glucose, 35 % de α-(D)-Glucose et environ 0,01 % de forme linéaire de D-Glucose. Le mécanisme de la cyclisation est proposé sur le **document 1** ci-après, il peut conduire à l'un ou l'autre des stéréoisomères cycliques.

Doc. 1 **Mécanisme réactionnel de cyclisation du D-Glucose**

Étape 1

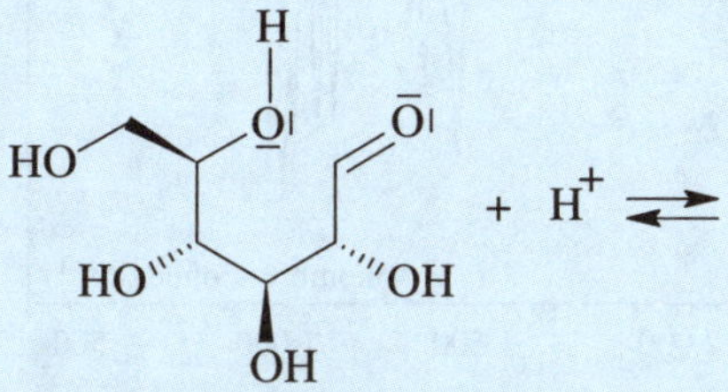

(D)-Glucose (forme linéaire)

Étape 2

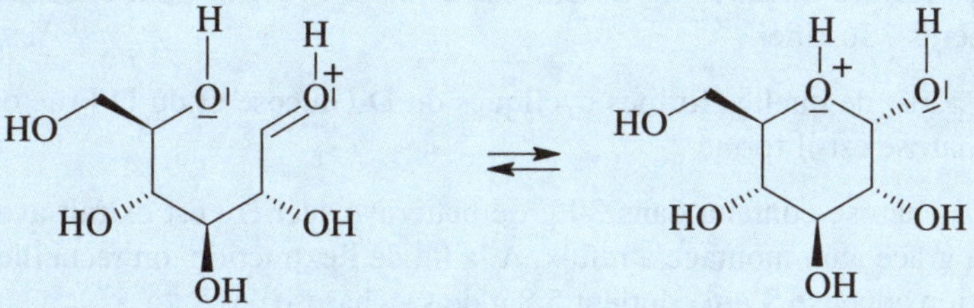

Étape 3

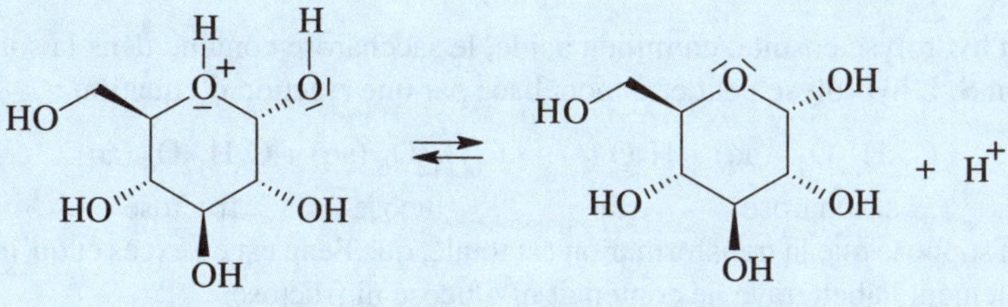

α-(D)-Glucose (forme cyclique)

2 Dans un mécanisme réactionnel apparaissent usuellement des flèches courbes ; que représentent-elles ? Compléter les trois étapes du mécanisme de cyclisation du D-Glucose figurant sur le **document 1** avec les flèches courbes nécessaires. **0,75 pt**

3 Le spectre infrarouge obtenu par analyse d'un échantillon de glucose est fourni ci-après. Ce spectre confirme-t-il la très faible proportion de la forme linéaire dans le glucose ? Justifier. **0,75 pt**

SPÉCIFIQUE

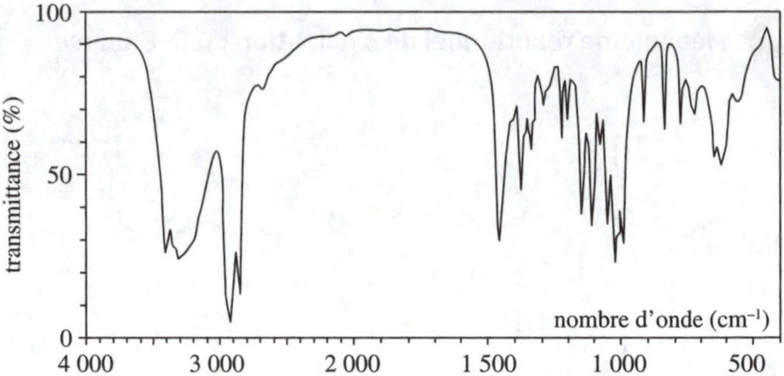

Source : National Institute of Advanced Industrial Science and Technology – http://sdbs.db.aist.go.jp

4 Les formes linéaires du D-Glucose et du D-Fructose sont-elles stéréo-isomères ? Justifier. **0,25 pt**

5 À partir de quelles formes cycliques du D-Glucose et du D-Fructose le saccharose est-il formé ? **0,5 pt**

Le saccharose contenu dans 30 g de betterave sucrière est extrait avec de l'eau grâce à un montage à reflux. À la fin de l'extraction, on recueille une solution aqueuse S qui contient 5,8 g de saccharose.

6 L'eau est un solvant adapté à cette extraction. Proposer une explication à la grande solubilité du saccharose dans ce solvant. **0,5 pt**

On hydrolyse ensuite, en milieu acide, le saccharose contenu dans la solution S. L'hydrolyse peut être modélisée par une réaction d'équation :

$$\underset{\text{saccharose}}{C_{12}H_{22}O_{11}\,(aq)} + \underset{\text{eau}}{H_2O\,(\ell)} \rightarrow \underset{\text{glucose}}{C_6H_{12}O_6\,(aq)} + \underset{\text{fructose}}{C_6H_{12}O_6\,(aq)}$$

On suppose que la transformation est totale, que l'eau est en excès et qu'initialement la betterave ne contenait ni glucose ni fructose.

7 Émettre une hypothèse sur le rôle de l'acide utilisé lors de cette hydrolyse et proposer une expérience simple permettant de la tester. **0,5 pt**

On a réalisé la chromatographie du saccharose, du D-Glucose et du D-fructose. Le chromatogramme obtenu est donné et schématisé sur le **document 2** ci-après.

Tous les chromatogrammes sont supposés réalisés dans les mêmes conditions expérimentales que celui qui est photographié.

8 Représenter, sur le **document 2**, l'allure du chromatogramme obtenu après élution et révélation, sachant que : **0,5 pt**

- le dépôt A est un échantillon du milieu réactionnel avant hydrolyse du saccharose ;
- le dépôt B est un échantillon du milieu réactionnel au cours de l'hydrolyse du saccharose ;
- le dépôt C est un échantillon du milieu réactionnel après hydrolyse complète du saccharose.

Doc. 2 Chromatogrammes

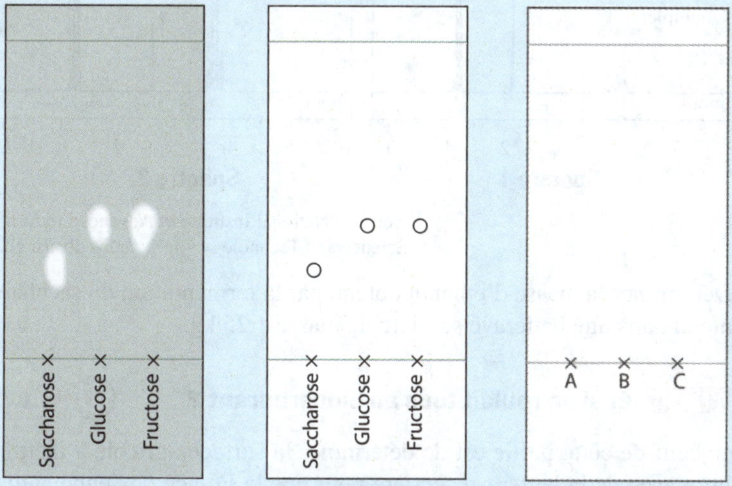

Photographie du chromatogramme — Schématisation du chromatogramme — Schéma à compléter

Partie II Du saccharose au bioéthanol

32 min **3,25 pts**

La fermentation alcoolique des jus sucrés sous l'action de micro-organismes est une source de production d'alcools. Dans le cas de la betterave sucrière, la solution de saccharose (jus sucré) extrait de la betterave fermente pour produire de l'éthanol (bioéthanol) et du dioxyde de carbone selon la réaction supposée totale d'équation :

$$C_{12}H_{22}O_{11}(aq) + H_2O(\ell) \rightarrow 4\ C_2H_6O(aq) + 4\ CO_2(aq)$$

1 Écrire la formule semi-développée de l'éthanol. **1 pt**

2 Attribuer à la molécule d'éthanol l'un des deux spectres de RMN proposés ci-après. Justifier. **1,5 pt**

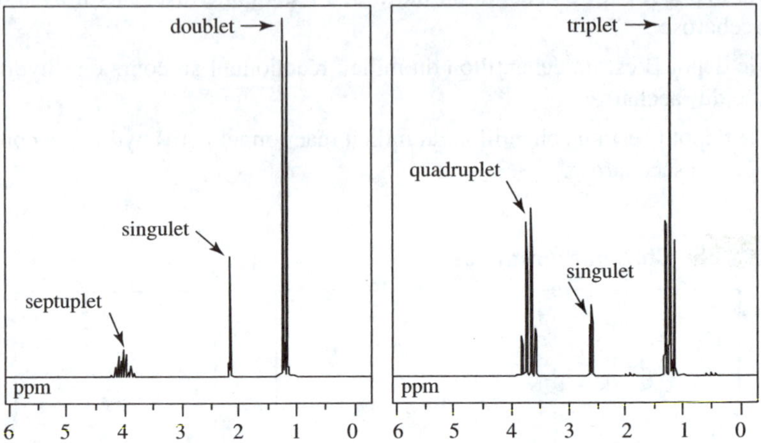

Spectre 1 **Spectre 2**

Source : National Institute of Advanced Industrial Science and Technology – http://sdbs.db.aist.go.jp

3 Déterminer la masse d'éthanol obtenu par la fermentation du saccharose contenu dans une betterave sucrière de masse 1,25 kg. **0,75 pt**

Partie III Et si on roulait tous au biocarburant ? 8 min 0,75 pt

L'objectif de cette partie est de déterminer la surface agricole à mettre en culture avec de la betterave sucrière pour que la France devienne autosuffisante en bioéthanol.
On fait l'hypothèse que la totalité du parc automobile utilise du carburant contenant du bioéthanol obtenu à partir du saccharose extrait de la betterave. Dans cette hypothèse, on estime que le volume de bioéthanol nécessaire au fonctionnement du parc automobile pendant un an est de l'ordre de 3×10^6 m^3.

Montrer que la masse de betteraves sucrières qu'il faut pour produire ce volume de bioéthanol est de l'ordre de 2×10^7 tonnes. En déduire l'ordre de grandeur de la surface agricole nécessaire à cette production de betteraves sucrières. Comparer avec la surface agricole française cultivée de 2009.

Les clés pour réussir

Partie I

1 Un atome de carbone asymétrique est un atome de carbone lié à 4 atomes ou groupes d'atomes tous différents.

2 La flèche courbe représentant un transfert d'électrons part d'un site donneur vers un site accepteur de doublet d'électrons.

3 On recherche un groupe fonctionnel présent dans une forme et absent dans l'autre forme.

4 Deux stéréoisomères ont la même formule développée.

5 On étudie la configuration spatiale des atomes de carbone liés à l'atome d'oxygène « central ».

6 Pensez à la polarité des liaisons O – H et aux liaisons hydrogène.

7 Un catalyseur n'intervient pas dans le bilan d'une réaction, mais accélère cette dernière.

8 Quand une réaction est totale, un réactif disparaît.

Partie II

2 On cherche les signaux qui sont présents dans le spectre RMN de l'éthanol.

Partie III

Pensez à commenter le résultat trouvé et cherchez des explications à la faible utilisation du bioéthanol.

Sujet 20 Corrigé

Partie I Étude de la structure du saccharose

1 Étude de la forme linéaire du D-Glucose

• Formule développée

La formule topologique de sa forme linéaire étant :

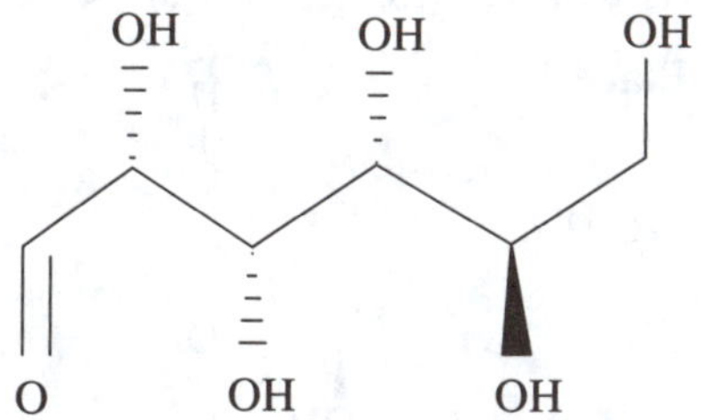

sa forme développée est :

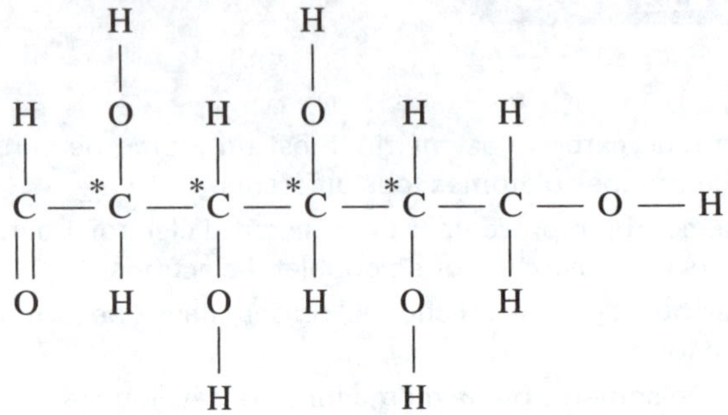

Figure 1

- **Atomes de carbone asymétriques**

Un atome de carbone asymétrique est un atome de carbone lié à 4 atomes ou groupe d'atomes tous différents les uns des autres.

On note avec un astérisque* un atome de carbone asymétrique : *C.

La forme linéaire du D-Glucose possède 4 atomes de carbone asymétriques (*cf.* **figure 1**).

2 Mécanisme de cyclisation du D-Glucose

- **Que représentent les flèches courbes dans un mécanisme réactionnel ?**

Les flèches courbes représentent **un transfert de doublet d'électrons** ; elles partent d'un site donneur de doublet d'électrons et vont vers un site accepteur de doublet d'électrons.

- **Mécanisme réactionnel de cyclisation du D-Glucose**

Étape 1

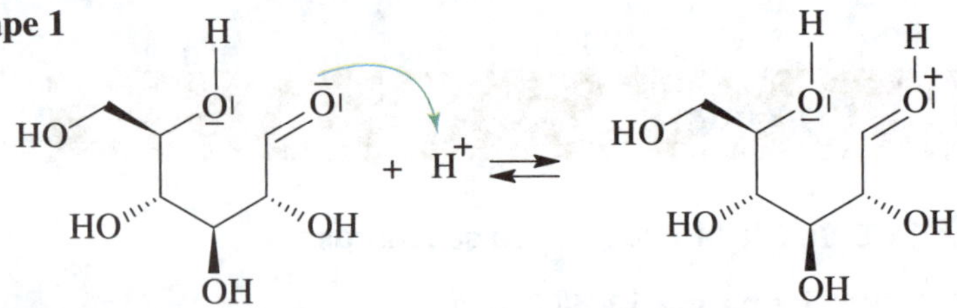

(D)-Glucose (forme linéaire)

Étape 2

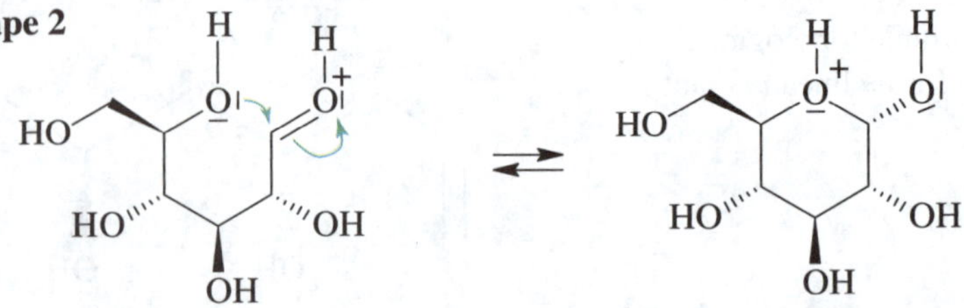

Étape 3

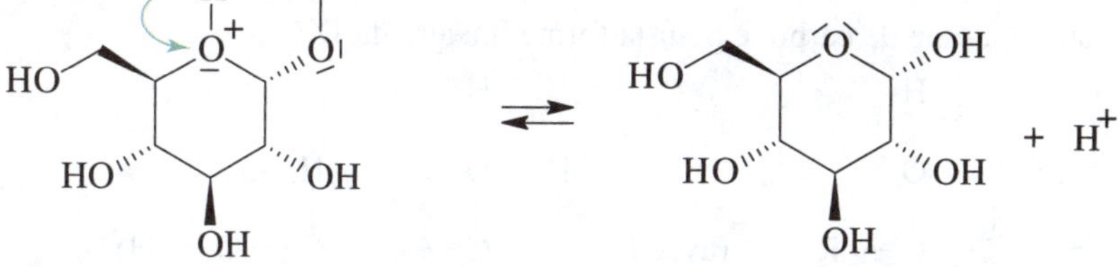

α-(D)-Glucose (forme cyclique)

3 Étude d'un échantillon de glucose

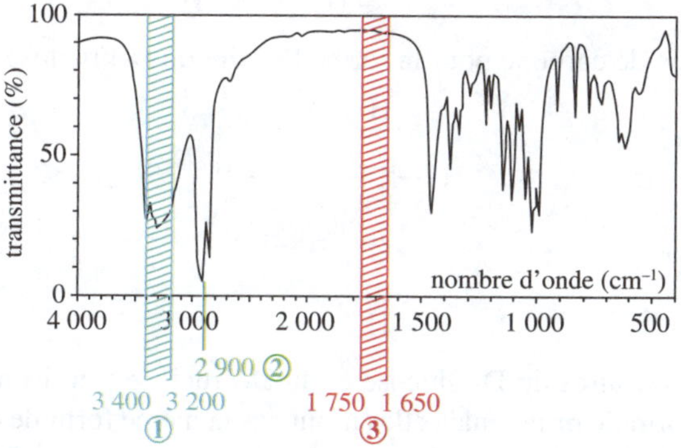

Le spectre infrarouge de l'échantillon de glucose étudié présente :
– une bande large d'absorption ① comprise entre 3 200 cm^{-1} et 3 400 cm^{-1} : elle correspond à des liaisons O – H lié ;
– un pic d'absorption ② à 2 900 cm^{-1} : il correspond à des liaisons C – H.
Les liaisons O – H lié et C – H sont présentes dans les formes linéaire et cyclique du D-Glucose : ces données ne permettent pas de discriminer ces deux formes.
Par contre, ce spectre ne présente pas de pic d'absorption ③ compris entre 1 650 cm^{-1} et 1 750 cm^{-1}.
Cela est caractéristique de l'absence de groupe carbonyle C = O. Or, ce groupe est présent dans la forme linéaire du D-Glucose et absent dans sa forme cyclique.
Cette donnée permet de discriminer ces deux formes.
La forme linéaire du D-Glucose est donc soit absente, soit présente en très faible proportion dans l'échantillon de glucose étudié.

4 Stéréoisomérie

Les formes linéaires du D-Glucose et du D-Fructose ont la même formule développée $C_6H_{12}O_6$: ce sont deux isomères.

Par contre, le groupement carbonyle C = O est lié :

- au 1er atome de carbone pour la forme linéaire du D-Glucose :

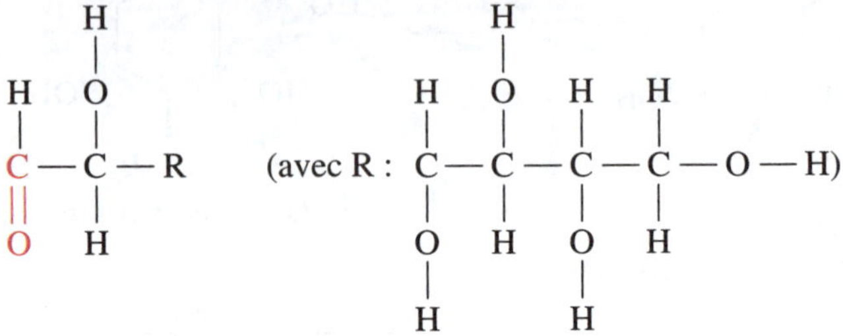

- au 2e atome de carbone pour la forme linéaire du D-Fructose :

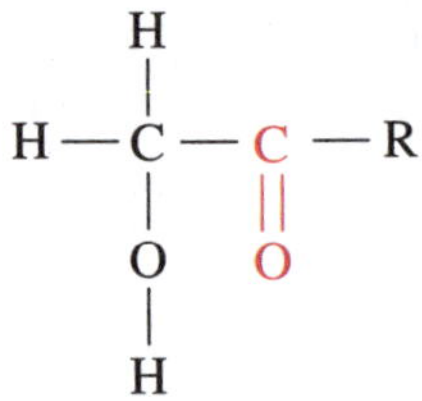

Les formes linéaires du D-Glucose et du D-Fructose sont isomères : elles ont même formule brute, mais elles n'ont pas la même formule développée. **Elles ne sont pas stéréoisomères.**

5 Formation du saccharose

On étudie la configuration spatiale de chaque atome de carbone asymétrique lié à l'atome d'oxygène qui relie les deux parties de la molécule de saccharose :

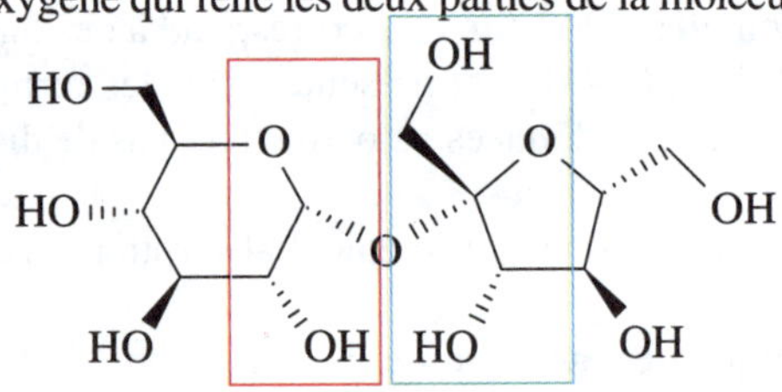

Saccharose

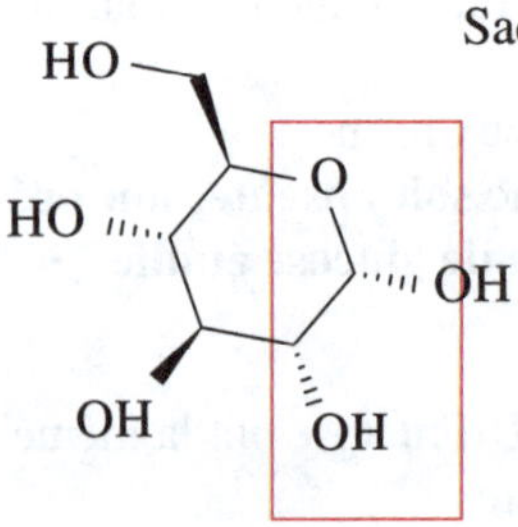

α-(D)-Glucose

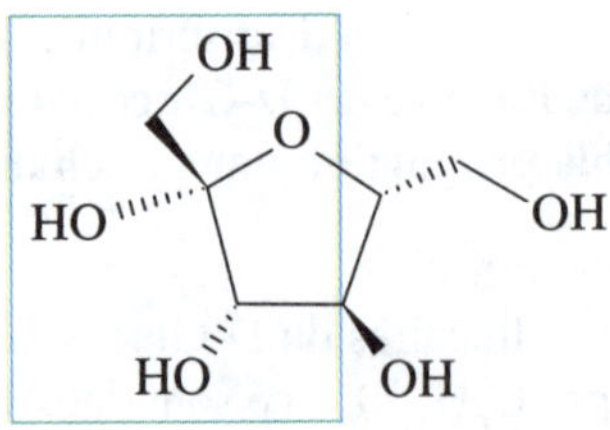

β-(D)Fructofuranose

Le saccharose est donc formé à partir du α-(D)-Glucose et du β-(D)-Fructofuranose :

α-(D)-Glucose + β-(D)-Fructofuranose → Saccharose + eau

6 Solubilité du saccharose dans l'eau

La molécule de saccharose possède un grand nombre de groupements hydroxyle OH : 8.

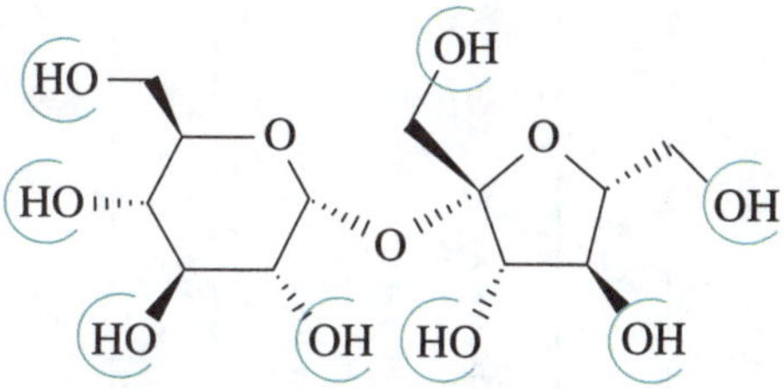

Or, l'électronégativité de l'atome d'oxygène est supérieure à celle de l'atome d'hydrogène : χ(0) > χ(H) (c'est une donnée de l'énoncé).
Il en résulte que les groupements hydroxyle OH sont polarisés :

$$O^{-\delta} - H^{+\delta}$$

L'eau étant une molécule polarisée : 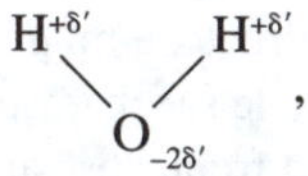 , **les groupements hydroxyle du saccharose forment des liaisons hydrogène avec les molécules d'eau. C'est ce qui entraîne la grande solubilité du saccharose dans l'eau.**

7 Rôle de l'acide lors de l'hydrolyse du saccharose

L'hydrolyse du saccharose en milieu acide est modélisée par une réaction d'équation :

$$\underset{\text{saccharose}}{C_{12}H_{22}O_{11(aq)}} + \underset{\text{eau}}{H_2O_{(\ell)}} \rightarrow \underset{\text{glucose}}{C_6H_{12}O_6(aq)} + \underset{\text{fructose}}{C_6H_{12}O_6\,(aq)}$$

- On constate que l'acide n'apparaît pas dans l'équation de la réaction d'hydrolyse : l'acide doit probablement jouer **le rôle de catalyseur** : il est consommé puis régénéré au cours de cette réaction.
- Pour tester cette hypothèse, on refait cette hydrolyse sans utiliser d'acide. Si dans ce cas la réaction est plus lente (ce qui peut se mettre en évidence en comparant les temps de demi-réaction), cela montre que l'acide utilisé dans la première réaction joue bien le rôle de catalyseur.

8 Chromatogrammes

Photographie du chromatogramme 1

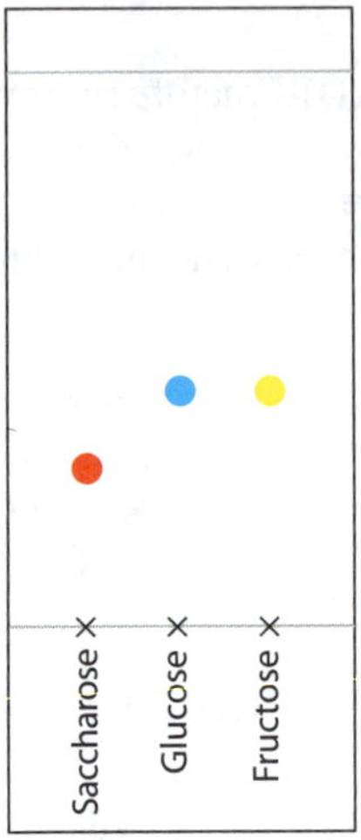

Schématisation du chromatogramme 1

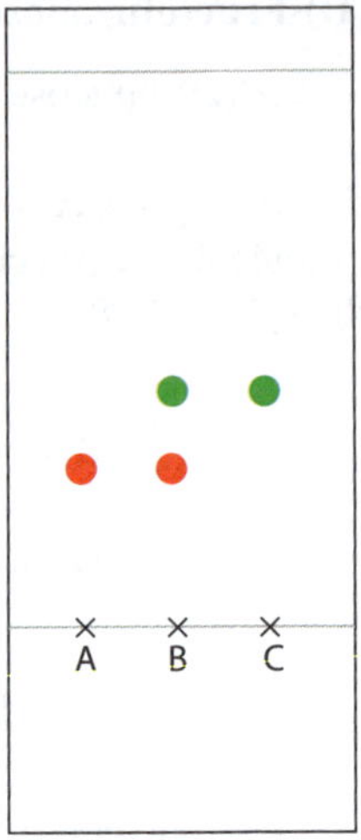

Schéma du chromatogramme 2 complété

- **D'après le chromatogramme 1** (schématisé et pris en photo), on constate que le glucose et le fructose migrent à la même vitesse et que tous les deux migrent plus vite que le saccharose : lors d'une élution, ils ont même rapport frontal et leur rapport frontal est supérieur à celui du saccharose.

- **Allure du chromatogramme 2**

– Le dépôt A est un échantillon du milieu réactionnel **avant** hydrolyse : on n'aura qu'une tache lors de l'élution qui correspond au saccharose.

– Le dépôt B est un échantillon du milieu réactionnel au cours de l'hydrolyse du saccharose. On aura deux taches :

• l'une correspondant au saccharose ;

• l'autre correspondant au glucose et au fructose. Les deux ne donnent qu'une tache ou plus précisément deux taches confondues car ces deux corps ont même vitesse d'élution, donc même rapport frontal.

– Le dépôt C est un échantillon du milieu réactionnel après hydrolyse complète du saccharose : on n'aura qu'une seule tache.

En effet, la tache correspondant au

Remarque 1

Pour le chromatogramme 2, on s'est placé à une durée d'élution identique à celle correspondant au chromatogramme 1.

Remarque 2

Pour mieux schématiser les chromatogrammes, on a mis en rouge la tache correspondant au saccharose, en bleu celle correspondant au glucose, en jaune celle correspondant au fructose et en vert celle correspondant à la superposition des taches dues au glucose et au fructose.

saccharose n'existe plus car il n'y a plus de saccharose (hydrolyse complète) De plus, comme pour le dépôt B, la tache obtenue correspond aux deux taches confondues du fructose et du glucose.

Partie II Du saccharose au bioéthanol

1 Formule semi-développée de l'éthanol

$$CH_3 - CH_2 - OH$$

2 Spectre RMN de l'éthanol

Les deux spectres RMN proposés ont chacun 3 signaux :

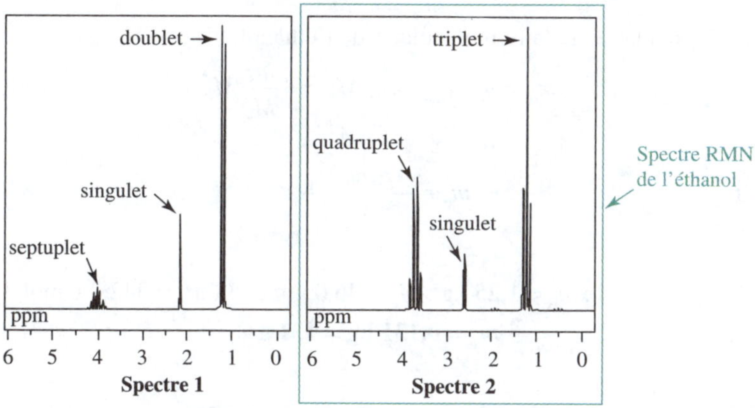

- Le spectre 1 a un singulet, un doublet, un septuplet.
- Le spectre 2 a un singulet, un triplet, un quadruplet.

Dans le spectre RMN de l'éthanol, on a un signal qui provient de l'atome d'hydrogène du groupement hydroxyle OH : ce signal est un **singulet**.
On a un signal qui provient des protons du groupement – CH_2 – : ils ont 3 atomes d'hydrogène plus proches voisins, les 3 atomes d'hydrogène du groupement CH_3 –. Ce signal est donc un **quadruplet** (d'après la règle du $n + 1$ avec $n = 3$: nombre d'atomes d'hydrogène plus proches voisins).
Enfin, on a un signal qui provient des protons du groupement CH_3 – : ils ont 2 atomes d'hydrogène plus proches voisins, les 2 atomes d'hydrogène du groupement – CH_2 –. Ce signal est donc un **triplet** (d'après la règle du $n + 1$ avec $n = 2$).

C'est donc le spectre RMN n° 2 qui correspond à l'éthanol.

3 Masse d'éthanol obtenue par la fermentation du saccharose

D'après l'équation de cette réaction :

$$C_{12}H_{22}O_{11(aq)} + H_2O_{(\ell)} \rightarrow 4\,C_2H_6O_{(aq)} + 4\,CO_{2(aq)}$$

On déduit que si cette réaction est totale, la quantité de matière obtenue d'éthanol n_e est 4 fois supérieure à la quantité de matière initiale de saccharose n_s, soit :

$$n_e = 4\, n_s$$

Or $n_s = \dfrac{m_s}{M_s}$ avec m_s la masse de saccharose traitée et M_s la masse molaire moléculaire du saccharose.

Comme $m_s = p\, m_b$, avec m_b la masse de la betterave sucrière utilisée et p la proportion en masse de saccharose dans la betterave sucrière, la masse d'éthanol obtenue est :

$$m_e = n_e\, M_e$$

avec M_e la masse molaire moléculaire de l'éthanol, d'où :

$$m_e = n_e\, M_e = 4 n_s\, M_e = 4\frac{m_s}{M_s} M_e$$

soit :

$$\boldsymbol{m_e = \frac{4\, p\, m_b\, M_e}{M_s}}$$

A.N. : $p = 0{,}195$; $m_b = 1{,}25$ kg ; $M_e = 46{,}0\ \text{g·mol}^{-1}$; $M_s = 342{,}0\ \text{g·mol}^{-1}$, d'où :

$$\boldsymbol{m_e = 0{,}131\ \text{kg} = 131\ \text{g}}$$

Partie III Et si on roulait tous au biocarburant ?

• Ordre de grandeur de la masse m_{bn} de betteraves sucrières nécessaires

La masse m_1 d'éthanol nécessaire est :

$$m_1 = \rho V$$

avec ρ la masse volumique de l'éthanol et V le volume de bioéthanol nécessaire pour que la totalité du parc automobile français utilise comme carburant le bioéthanol obtenu à partir du saccharose extrait de la betterave.

De plus, d'après la question **II.3**, le rendement μ en masse de la transformation betterave sucrière en éthanol vaut :

$$\mu = \frac{m_e}{m_b} = \frac{0{,}131}{1{,}25} = 0{,}1048$$

Comme $\mu = \dfrac{m_1}{m_{bn}} = \dfrac{\rho V}{m_{bn}}$, il en résulte :

$$\boldsymbol{m_{bn} = \frac{\rho V}{\mu}}$$

A.N. : $\rho = 789$ kg·m^{-3} ; $V = 3 \times 10^6$ m^3,

d'où : $$\boldsymbol{m_{bn} = 2{,}26 \times 10^{10}\ \text{kg} = 2{,}26 \times 10^7\ \text{tonnes}}$$

On vérifie bien que la masse de betteraves sucrières qu'il faut pour produire ce volume de bioéthanol est de l'ordre de 2×10^7 tonnes.

• Ordre de grandeur de la surface agricole *S* nécessaire

Par définition, η étant le rendement de la culture sucrière, on a :

$$m_{bn} = \eta S$$

d'où : $$\boldsymbol{S = \frac{m_{bn}}{\eta}}$$

A.N. : $m_{bn} = 2{,}26 \times 10^7$ tonnes ; $\eta = 74{,}8$ tonnes·ha^{-1},

d'où : $$\boldsymbol{S = 3{,}02 \times 10^5\ \text{ha} \simeq 3 \times 10^5\ \text{ha}}$$

• Comparaison de cette surface avec la surface agricole française S_F cultivée en 2009

On a $\dfrac{S}{S_F} = \dfrac{3 \times 10^5}{1{,}0 \times 10^7} = 3 \times 10^{-2} = \mathbf{3\%}$.

La surface agricole nécessaire pour produire des betteraves sucrières afin que la totalité du parc automobile utilise comme carburant le bioéthanol obtenu à partir de ces betteraves est **faible** ! Il n'y aurait pas compétition entre cultures vivrières et cette culture pour obtenir du biocarburant.

Si, de fait, le bioéthanol est peu utilisé, c'est dû :

– à des raisons de coût : son coût doit être inférieur aux carburants classiques ;

– à son bilan énergétique : il ne faut pas consommer plus d'énergie pour l'obtenir qu'il n'est capable d'en fournir lors de son utilisation ;

– à son bilan carbone global qui n'est pas négligeable.

Sujet 21 Le bâtiment à énergie positive

10 pts 1 h 40

Antilles-Guyane, septembre 2014

Calculatrice autorisée

LISTE DES NOTIONS

- Résistance thermique
- Pertes thermiques
- Variation de l'énergie interne
- Puissance thermique
- Transfert thermique
- Coefficient de performance
- Pompe à chaleur

Doc. 1 Consommation d'énergie et développement humain

La consommation d'énergie par habitant est liée au bien-être social d'un pays. Celui-ci peut être mesuré par l'« indice de développement humain » (IDH), indice basé sur des mesures de santé, de longévité, d'éducation et de niveau de vie. La **figure 1** représente l'indice de développement humain en fonction de la consommation globale d'électricité par habitant et par jour pour quelques pays.

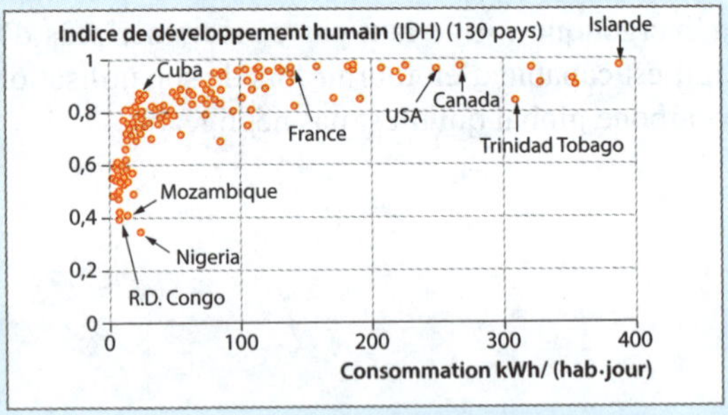

Figure 1

Prix du kWh d'électricité en France en 2013 : 0,13 €.

Doc. 2 **Quelques définitions**

La résistance thermique d'une paroi est définie par $R_{th} = \frac{e}{\lambda \times S}$ avec :
- λ : conductivité thermique de la paroi en $W \cdot m^{-1} \cdot K^{-1}$;
- S : surface de la paroi en m^2 ;
- e : épaisseur de la paroi en m.

Lorsque plusieurs parois sont superposées, la résistance thermique totale est égale à la somme des résistances thermiques de chaque paroi.

Doc. 3 **Conductivité thermique et bilan carbone**

	Polystyrène	Laine de chanvre
Conductivité thermique λ ($W \cdot m^{-1} \cdot K^{-1}$)	0,036	0,039
Bilan carbone*	Élevé	Faible

*Bilan carbone : le bilan carbone d'un produit ou d'une entité humaine (individu, groupe, collectivité…) est un outil de comptabilisation des émissions de gaz à effet de serre, tenant compte de l'énergie primaire et de l'énergie finale du produit.

Doc. 4 **Bâtiments à énergie positive**

Les nouveaux bâtiments devraient bientôt produire en moyenne au moins autant d'énergie qu'ils en consomment grâce à des dispositifs innovants. Cet objectif d'habitat passif (ou « à énergie positive ») est fixé pour 2020 par le Grenelle 2 de l'environnement.

Crédit : INES/CEA

Figure 2 – Extrait du dossier de presse « Bâtiments intelligents et efficacité énergétique », CEA.

SPÉCIFIQUE

• Piste 1 : l'isolation ; améliorer les matériaux isolants afin de diminuer les pertes thermiques.
• Piste 2 : l'inertie, c'est-à-dire la capacité de la maison à amortir ou à décaler les contraintes.
• Piste 3 : des panneaux solaires photovoltaïques pour produire l'électricité.
• Piste 4 : le solaire thermique pour la production d'eau chaude sanitaire.
• Piste 5 : des batteries de stockage de l'électricité pour recharger le véhicule électrique familial.
• Piste 6 : la géothermie, c'est-à-dire l'exploitation de l'énergie interne du sol comme source d'énergie pour le chauffage, avec par exemple une pompe à chaleur.
• Piste 7 : éléments domotiques pour optimiser la consommation d'énergie, comme par exemple le pilotage automatisé des volets roulants.

Doc. 5 Fonctionnement d'une pompe à chaleur

La pompe à chaleur (PAC en abrégé) est destinée à assurer le chauffage d'un local à partir d'une source de chaleur externe (l'air, le sol ou l'eau) dont la température est inférieure à celle du système à chauffer. La PAC est un matériel qui permet de réaliser un transfert thermique d'un milieu froid vers un milieu chaud, c'est-à-dire inverse du sens naturel.

Pour réaliser ce transfert « inverse », une dépense d'énergie est nécessaire, elle correspond à un échange de travail W fourni par un compresseur à un fluide caloporteur, c'est-à-dire un corps capable de s'écouler et qui permet d'échanger de l'énergie avec les sources chaude et froide. Ce fluide, au contact de la source froide extérieure (air, sol ou eau), absorbe de l'énergie qu'il restitue ensuite lors de son contact avec la source chaude, c'est-à-dire le local à chauffer. On fait donc décrire une série de transformations au fluide qui le ramènent, périodiquement, dans un état initial. On parle de « cycle thermodynamique ».

Dans les PAC à condensation, l'absorption et la restitution d'énergie par le fluide reposent sur le changement d'état de celui-ci :
• son évaporation (passage du fluide de l'état liquide à l'état gazeux dans l'évaporateur) permet l'absorption d'énergie lors du contact avec la source froide extérieure, l'échange d'énergie est noté Q_F ;
• sa condensation (passage du fluide de l'état gazeux à l'état liquide dans le condenseur) permet la restitution d'énergie lors du contact avec le local à chauffer, l'échange d'énergie est noté Q_C.

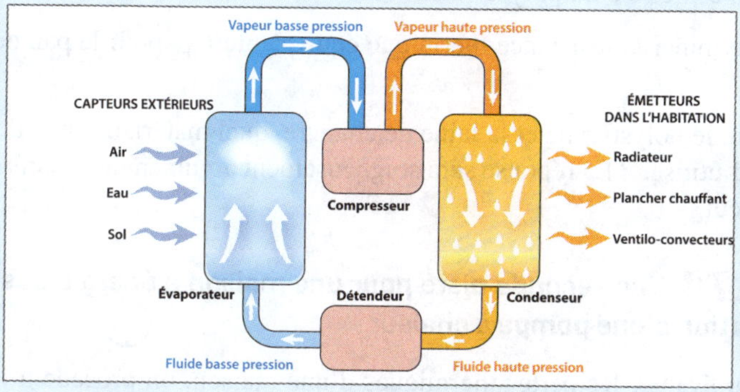

Le « bâtiment à énergie positive » est un concept de bâtiment performant. Il pourrait peut-être constituer l'une des réponses possibles aux défis énergétiques et environnementaux d'aujourd'hui. Il est toutefois encore peu mis en œuvre, notamment en raison des contraintes économiques et d'un faible retour d'expérience.

Partie I Consommation d'énergie et « indice de développement humain : IDH »

15 min 1,5 pt

À partir du **document 1** et de vos connaissances, répondre aux questions suivantes :

1 Estimer le coût annuel de la consommation électrique en France par habitant. 0,5 pt

2 Interpréter la **figure 1** en 10 lignes maximum. 1 pt

Partie II Une première piste pour une maison à énergie positive : utilisation de matériaux isolants

20 min 2 pts

Un pan de mur de 20 m^2 sépare l'intérieur de l'extérieur de la maison. De l'intérieur vers l'extérieur, les matériaux utilisés sont les suivants :

- plâtre d'épaisseur e_1 = 1,3 cm et de conductivité thermique $\lambda = 0{,}325\ \text{W} \cdot \text{m}^{-1} \cdot \text{K}^{-1}$;
- polystyrène d'épaisseur e_2 = 5,0 cm ;
- béton d'épaisseur e_3 = 20 cm et de conductivité thermique $\lambda' = 1{,}4\ \text{W} \cdot \text{m}^{-1} \cdot \text{K}^{-1}$;
- polystyrène d'épaisseur $e_4 = e_2$ = 5,0 cm ;
- ciment projeté d'épaisseur e_5 = 1,5 cm et de conductivité thermique $\lambda'' = 1{,}1\ \text{W} \cdot \text{m}^{-1} \cdot \text{K}^{-1}$.

1 Quel est le rôle du polystyrène ? Justifier le choix de ce matériau. **0,5 pt**

2 Déterminer la résistance thermique équivalente R_{the} pour le pan de mur. **0,75 pt**

3 Entre le polystyrène et la laine de chanvre, quel matériau serait-il préférable d'utiliser ? La réponse sera soigneusement argumentée et comportera un calcul. **0,75 pt**

Partie III Une seconde piste pour une maison à énergie positive : utilisation d'une pompe à chaleur

1 h 05 min **6,5 pts**

1 Pour évaluer les pertes thermiques d'une maison, on procède à l'expérience suivante : la masse m_a d'air à l'intérieur de la maison étant initialement à la température $T_1 = 19{,}0$ °C, on coupe le système de chauffage pendant une durée $\Delta t = 1{,}00$ h. On mesure une température finale $T_2 = 15{,}6$ °C. Exprimer, puis calculer, la variation de l'énergie interne ΔU de l'air contenu dans la maison. **1 pt**

Données :
- capacité thermique massique de l'air : $c_a = 1\,000\ \text{J} \cdot \text{K}^{-1} \cdot \text{kg}^{-1}$;
- volume intérieur de la maison : $V = 400\ \text{m}^3$;
- masse volumique de l'air : $\rho = 1{,}3\ \text{kg} \cdot \text{m}^{-3}$.

2 Interpréter le signe du résultat obtenu à la question précédente. **0,5 pt**

3 Déterminer la puissance thermique P_{th} nécessaire au maintien d'une température constante (égale à 19,0 °C) de l'air à l'intérieur de cette maison. **1 pt**

4 En réalité, la puissance thermique que doit fournir la pompe à chaleur pour chauffer l'habitation est $P'_{th} = 4{,}0$ kW. Quelle peut être la raison de l'écart avec la valeur trouvée à la question précédente ? **On utilisera la valeur de 4,0 kW pour la suite de l'exercice.** **0,5 pt**

5 Qu'entend-on par l'expression « sens naturel » pour un transfert thermique dans le **document 5 ?** Qu'en est-il dans le cas de la pompe à chaleur ? Recopier et compléter le schéma ci-dessous représentant le bilan énergétique de la pompe à chaleur en faisant apparaître W, Q_C et Q_F et les sources en présence. **1,5 pt**

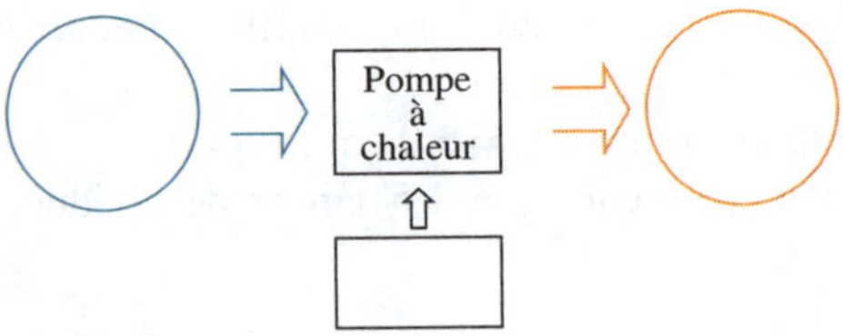

6 Le coefficient de performance (COP) d'une pompe à chaleur est défini par : $\text{COP} = \frac{Q_C}{W}$.

a. Justifier cette expression. **0,25 pt**

b. Sachant que la puissance thermique nécessaire pour chauffer l'habitation est $P'_{th} = 4{,}0$ kW, déterminer l'énergie Q_C échangée par le fluide caloporteur avec l'habitat pendant 24 heures si l'on suppose que la pompe à chaleur fonctionne sans interruption. **0,25 pt**

c. Le coefficient de performance de la pompe à chaleur étudiée vaut 3,1. En déduire le travail électrique W reçu par le compresseur de la pompe à chaleur en une journée. **0,25 pt**

d. Calculer le coût journalier d'utilisation de cette pompe à chaleur. **0,25 pt**

e. Calculer le coût journalier de la même habitation si celle-ci était chauffée par des radiateurs électriques pour lesquels le coefficient de performance vaut 1. Conclure. **0,75 pt**

f. Proposer une piste supplémentaire pour compenser le coût journalier d'utilisation de la pompe à chaleur. **0,25 pt**

SPÉCIFIQUE

Les clés pour réussir

Partie I

2 Produire de l'électricité ne suffit pas, il faut aussi pouvoir la distribuer.

Partie II

3 À conductivité thermique voisine, il vaut mieux choisir le matériau isolant qui a un bilan carbone faible.

Partie III

2 $\Delta U < 0$: le système perd de l'énergie.

5 Une pompe à chaleur permet d'extraire de la chaleur de la source froide et de donner de la chaleur à la source chaude.

6 **f.** Pensez aux énergies renouvelables permettant d'obtenir de l'électricité.

Sujet 21 Corrigé

Partie I Consommation d'énergie et « indice de développement humain : IDH »

1 Coût annuel de la consommation électrique en France par habitant

Soit C_{an} et C_j les coûts annuel et journalier de la consommation électrique en France par habitant.
Sachant que 1 an = 365 jours, on a :

$$C_{an} = 365C_j$$

Le coût journalier est égal au nombre n de kW · h consommés par jour multiplié par le prix p d'un kWh d'électricité, soit :

$$C_j = np$$

d'où :

$$C_{an} = 365\,np$$

D'après la figure 1 du **document 1**, on a :

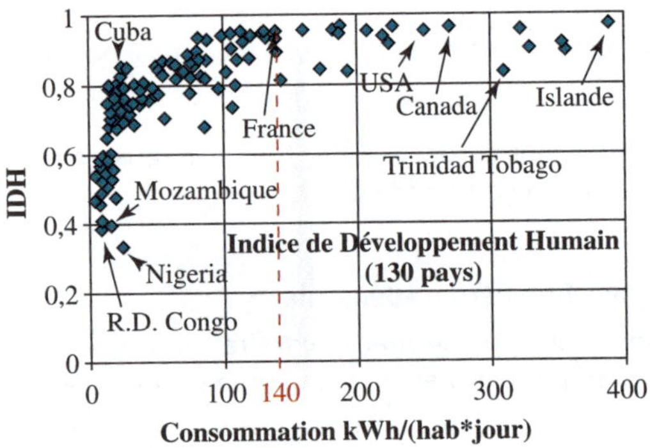

A. N. : $n = 1{,}4 \times 10^2$ kW · h ; $p = 0{,}13$ € (*cf.* **document 1**), d'où :

$$\mathbf{C_{an} = 6{,}6 \times 10^3\ €}$$

Remarque

Attention au nombre de chiffres significatifs !
n n'est connu, par lecture graphique, qu'avec 2 chiffres significatifs.

2 Relation entre l'indice de développement humain (IDH) et la consommation électrique par habitant

L'IDH est une grandeur sans dimension variant de 0 à 1. Cet indice est basé sur des mesures de santé, de longévité, d'éducation et de niveau de vie ; toutes ces grandeurs sont d'une manière ou d'une autre très dépendantes de l'électricité.

Une consommation électrique importante nécessite de pouvoir produire de grandes quantités d'électricité et de pouvoir facilement la distribuer. Ces deux points sont vérifiés dans les pays dits « développés ». Ce sont ces mêmes pays, comme la France, les USA, le Canada et l'Islande, qui ont un IDH élevé : compris entre 0,95 et 1.

Par contre, les pays où produire et/ou distribuer l'électricité est difficile ont un IDH inférieur à 0,5. C'est le cas du Mozambique, du Nigéria, de la RD du Congo.

Partie II Une première piste pour une maison à énergie positive : utilisation de matériaux isolants

1 Rôle du polystyrène

Le polystyrène est un isolant. Sa conductivité thermique : $\lambda_{polys} = 0{,}036\ W \cdot m^{-1} \cdot K^{-1}$ est 9 fois inférieure à celle du plâtre ($\lambda = 0{,}325\ W \cdot m^{-1} \cdot K^{-1}$), 30 fois inférieure à celle du ciment ($\lambda'' = 1{,}1\ W \cdot m^{-1} \cdot K^{-1}$) et plus de 38 fois inférieure à celle du béton ($\lambda' = 1{,}4\ W \cdot m^{-1} \cdot K^{-1}$).

Le polystyrène est donc un très bon isolant qui va fortement diminuer la conduction thermique entre les matériaux formant le pan du mur.

2 Résistance thermique équivalente R_{the} pour le pan de mur

Par définition, la résistance thermique d'une paroi est :

$$R_{the} = \frac{e}{\lambda \cdot S}$$

avec e l'épaisseur de la paroi, λ la conductivité thermique du matériau constituant la paroi et S la surface de la paroi.

De plus, la résistance thermique totale $R_{totale_{the}}$ du pan de mur est égale à la somme des résistances thermiques de chaque paroi.

Ce pan de mur est formé de 5 parois :

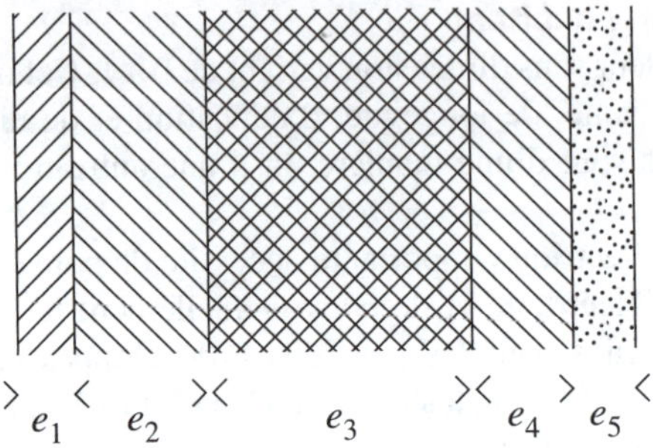

: plâtre, de conductivité thermique λ

: polystyrène, de conductivité thermique λ_{polys}

: béton, de conductivité thermique λ'

: ciment projeté, de conductivité thermique λ''

d'où :

$$R_{totale_{the}} = R_{1_{the}} + R_{2_{the}} + R_{3_{the}} + R_{4_{the}} + R_{5_{the}}$$

avec :

$$R_{1_{the}} = \frac{e_1}{\lambda S},\ R_{2_{the}} = \frac{e_2}{\lambda_{polys} S},\ R_{3_{the}} = \frac{e_3}{\lambda' S},\ R_{4_{the}} = \frac{e_4}{\lambda_{polys} S} \text{ et } R_{5_{the}} = \frac{e_5}{\lambda'' S}.$$

soit :

$$R_{totale_{the}} = \left(\frac{e_1}{\lambda} + \frac{e_2 + e_4}{\lambda_{polys}} + \frac{e_3}{\lambda'} + \frac{e_5}{\lambda''}\right) \cdot \frac{1}{S} \qquad \textbf{(1)}$$

A. N. : $e_1 = 1{,}3 \times 10^{-2}$ m ; $e_2 = e_4 = 5{,}0 \times 10^{-2}$ m ; $e_3 = 20 \times 10^{-2}$ m ; $e_5 = 1{,}5 \times 10^{-2}$ m ; $\lambda = 0{,}325$ W · m^{-1} · K^{-1} ; $\lambda_{polys} = 0{,}036$ W · m^{-1} · K^{-1} $\lambda' = 1{,}4$ W · m^{-1} · K^{-1} ; $\lambda'' = 1{,}1$ W · m^{-1} · K^{-1} et $S = 20$ m^2 (pensez à tout exprimer en unités du Système International), d'où :

$$\mathbf{R_{totale_{the}} = 0{,}15\ K \cdot W^{-1}}$$

Remarque

La résistance thermique du pan de mur (égale à la résistance thermique totale) provient essentiellement des parois de polystyrène. En effet, $R_{the_{polystyrène}} = R_{2_{the}} + R_{4_{the}} = \dfrac{e_2 + e_4}{\lambda_{polys} \cdot S} = 0{,}14\ K \cdot W^{-1}$.

3 Polystyrène ou laine de chanvre : quel matériau choisir ?

Si l'on remplace le polystyrène par de la laine de chanvre, on a comme résistance thermique des deux parois en laine de chanvre :

$$R_{the_{ldc}} = \frac{e_2 + e_4}{\lambda_{ldc} \cdot S} = 0{,}13 \text{ K} \cdot \text{W}^{-1}$$

avec $\lambda_{ldc} = 0{,}039 \text{ W} \cdot \text{m}^{-1} \cdot \text{K}^{-1}$ (*cf.* **document 3**).

Dans ce cas, la résistance thermique totale devient $R'_{totale_{the}}$ avec :

$$R'_{totale_{the}} = R_{totale_{the}} - R_{the_{polystyrène}} + R_{the_{ldc}} = 0{,}14 \text{ K} \cdot \text{W}^{-1}$$

La nouvelle résistance thermique totale n'est que légèrement inférieure à celle obtenue en utilisant le polystyrène à la place de la laine de chanvre. Par contre, le bilan carbone de la laine de chanvre est faible, alors que celui du polystyrène est élevé (*cf.* **document 3**).

Il est donc préférable d'utiliser la laine de chanvre plus que le polystyrène comme isolant : on a une légère diminution de la résistance thermique, mais un bilan carbone nettement plus faible.

SPÉCIFIQUE

Partie III Une seconde piste pour une maison à énergie positive : utilisation d'une pompe à chaleur

1 Variation de l'énergie interne ΔU en 1 heure de l'air contenu dans la maison

Par définition, la variation de l'énergie interne ΔU est donnée par la relation :

$$\Delta U = m \cdot C_a \cdot \Delta\theta$$

avec m la masse d'air contenue dans la maison ($m = \rho \cdot V$, ρ étant la masse volumique de l'air et V le volume intérieur de la maison) et $\Delta\theta = T_2 - T_1$ la variation de la température de l'air de la maison en 1 heure.

On obtient :

$$\Delta U = \rho \cdot V \cdot C_a (T_2 - T_1) \qquad \textbf{(2)}$$

A. N. : $\rho = 1{,}3 \text{ kg} \cdot \text{m}^{-3}$; $V = 400 \text{ m}^3$;
$C_a = 1\,000 \text{ J} \cdot \text{K}^{-1} \cdot \text{kg}^{-1}$;
$T_2 - T_1 = 15{,}6 - 19 = -3{,}4 \text{ °C} = -3{,}4 \text{ K}$
d'où :

$$\mathbf{\Delta U = -1{,}8 \times 10^6 \text{ J}}$$

Pensez-y !
Attention au nombre de chiffres significatifs ! La masse volumique de l'air n'est connue qu'avec 2 chiffres significatifs.

2 Interprétation du signe de la variation de l'énergie interne

$\Delta U < 0$: le système, ici l'air situé à l'intérieur de la maison, **perd** de l'énergie.

3 Puissance thermique P_{th} nécessaire au maintien d'une température constante à l'intérieur de cette maison

La puissance thermique P_{th} doit être telle qu'elle compense les pertes thermiques subies par l'air à l'intérieur du bâtiment en 1 heure :

$$P_{th} = -\frac{\Delta U}{\Delta t}$$

avec $-\Delta U$ l'énergie thermique apportée pendant la durée $\Delta t = 1$ heure, ΔU étant égale en valeur et opposée en signe à la variation de l'énergie interne du système (masse d'air contenue à l'intérieur de la maison).
Soit en utilisant l'égalité **(2)** :

$$P_{th} = \frac{-\rho \cdot V \cdot C_a(T_2 - T_1)}{\Delta t}$$

A. N. : $\Delta t = 1$ h $= 3\,600$ s (les autres valeurs ont été données à la question **1**) d'où :

$$\mathbf{P_{th} = 4{,}9 \times 10^2\ W}$$

Avec cette valeur, la température de l'air à l'intérieur de cette maison restera à 19 °C.

Remarque

Pour éviter des erreurs dues aux « arrondis » précédemment effectués, on reprend les expressions littérales obtenues à partir des grandeurs dont les valeurs sont données par l'énoncé.
Par exemple, si on avait pris la valeur « arrondie » $-\Delta U = 1{,}8 \times 10^6$ J trouvée à la question **1**, on obtiendrait $P_{th} = 5{,}0 \times 10^2$ W au lieu de la valeur plus proche de la valeur réelle de P_{th}.

4 Raison de l'écart entre la valeur calculée et la valeur réelle de la puissance thermique fournie par la pompe à chaleur

La valeur réelle de la puissance thermique fournie par la pompe à chaleur $P_{th} = 4{,}0$ kW est très supérieure à sa valeur calculée $P_{th} = 0{,}49$ kW (*cf.* question **3**).
En effet, le rendement d'une pompe à chaleur dépend de la différence de température entre la source de chaleur externe et le système (ici l'air à l'intérieur de la maison) à chauffer.
Quand la pompe à chaleur doit extraire de la chaleur d'une source externe trop froide, son rendement diminue fortement et dans ce cas, $P_{th_{réelle}}$ est très supérieure à $P_{th_{calculée}}$.

5 Bilan énergétique de la pompe à chaleur

• **« Sens naturel » d'un transfert thermique :**
Quand un corps chaud est en contact avec un corps froid, le sens naturel des échanges thermique est du corps chaud vers le corps froid : la chaleur va du corps chaud vers le corps froid.

• Dans le cas d'une pompe à chaleur, on a un transfert thermique de sens opposé au sens naturel : la pompe à chaleur permet de transférer de la chaleur d'un corps froid vers un corps chaud.
Pour que cela soit possible, la pompe à chaleur doit recevoir une énergie W de la part du compresseur.
Cela permet à la pompe à chaleur d'extraire une quantité de chaleur Q_F de la source froide et de donner une quantité de chaleur Q_C à la source chaude.
D'où le schéma complété :

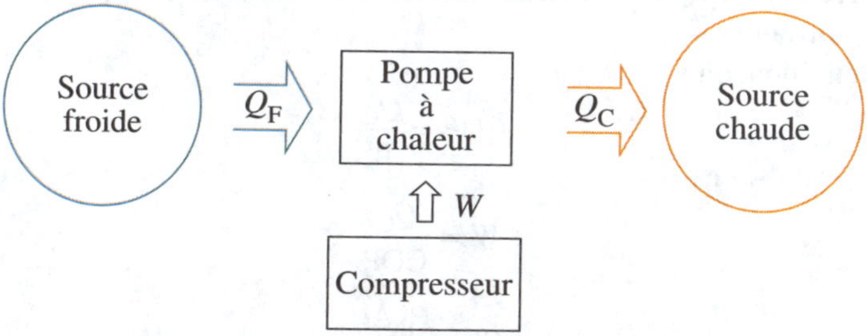

Explication du fonctionnement de la pompe à chaleur (*cf.* **document 5) :**

• Le fluide caloporteur contenu dans la pompe à chaleur se réchauffe dans l'évaporateur : on a extraction de la quantité de chaleur Q_F de la source froide ; dans le cas étudié, la source froide est l'air à l'extérieur de la maison.

• Le compresseur fournit l'énergie W nécessaire pour élever le fluide caloporteur à une température supérieure à celle de la source chaude (dans le cas étudié, la source chaude est l'air situé à l'intérieur de la maison) et pour faire circuler le fluide caloporteur.

• Enfin, le fluide caloporteur cède, dans le condenseur, la quantité de chaleur Q_C à la source chaude.

6 Utilisation de la pompe à chaleur

a. Coefficient de performance (COP) d'une pompe à chaleur

Par définition :
$$\text{COP} = \frac{Q_C}{W}$$

C'est la proportion d'énergie fournie à la source chaude par rapport à l'énergie fournie au système pour changer le sens naturel du transfert thermique.
C'est donc le rendement énergétique de la pompe à chaleur.

SPÉCIFIQUE

b. Énergie Q_C (ou quantité de chaleur Q_C) échangée par le fluide caloporteur avec l'habitat pendant 24 h

On admet que la pompe à chaleur fonctionne sans arrêt pendant $\Delta t = 24$ heures.

Par définition :

$$P'_{th} = \frac{Q_C}{\Delta t}$$

soit :

$$\mathbf{Q_C = P'_{th} \cdot \Delta t}$$

A. N. : $P'_{th} = 4{,}0 \times 10^3$ W (*cf.* question 4) ; $\Delta t = 24$ h $= 24 \times 3\,600 = 86\,400$ s (pensez à tout convertir en unités du Système International !), d'où :

$$\mathbf{Q_C = 3{,}5 \times 10^8\ J}$$

Pensez-y !
Attention aux chiffres significatifs : $P'_{th} = 4{,}0 \times 10^3$ W n'est connue qu'avec 2 chiffres significatifs.

c. Travail électrique W reçu par le compresseur de la pompe à chaleur en 1 journée

Par définition, on a :

$$\text{COP} = \frac{Q_C}{W}$$

d'où :

$$W = \frac{Q_C}{\text{COP}}$$

soit :

$$\mathbf{W = \frac{P'_{th}\Delta t}{COP}}$$

A. N. : COP = 3,1 ; $P'_{th} = 4{,}0 \times 10^3$ W ; $\Delta t = 86\,400$ s, d'où :

$\mathbf{W = 1{,}1 \times 10^8\ J}$

d. Coût journalier d'utilisation de cette pompe à chaleur

Sachant que 1 kW · h = 1 000 × 3 600 = $3{,}6 \times 10^6$ J, le nombre n de kW · h consommés par cette pompe à chaleur chaque jour est :

$$n = \frac{1{,}1 \times 10^8}{3{,}6 \times 10^6} = 31$$

Le coût journalier d'utilisation de cette pompe à chaleur est donc 31 × 0,13 soit **4,0 €** (le prix du kWh étant de 0,13 €, *cf.* **document 1**).

e. Coût journalier si cette habitation était chauffée par des radiateurs électriques de COP = 1

On se place dans le cas où la puissance thermique nécessaire à chauffer l'habitation est $P'_{th} = 4{,}0$ kW, tel que c'est indiqué à la question 4.

Comme $\text{COP} = \dfrac{Q_C}{W'}$, avec COP = 1, on a :

$$W' = Q_C$$

Or à la question 6 c, on avait :

$$W = \frac{Q_C}{\text{COP}}$$

Avec COP = 3,1, on a :

$$W = \frac{Q_C}{3{,}1}$$

d'où :

$$\frac{W'}{W} = \frac{Q_C}{\frac{Q_C}{3{,}1}}$$

soit :

$$\mathbf{W' = 3{,}1\ W}$$

Le coût journalier d'utilisation étant proportionnel à l'énergie électrique consommée, le coût est donc dans ce cas-là 3,1 fois plus important, soit égal à 3,1 × 4,0 = 12,4 €.

On en conclut qu'une pompe à chaleur peut permettre de substantielles économies, mais le COP d'une pompe à chaleur dépendant de la température de la source froide (plus sa température est basse, plus le COP diminue), **il faut dans la mesure du possible disposer d'une source froide dont la température varie peu pour avoir un COP relativement constant.**

f. Piste pour compenser le coût journalier d'utilisation d'une pompe à chaleur

Pour réduire, voire compenser, la dépense d'énergie électrique nécessaire au fonctionnement de la pompe à chaleur, **on peut utiliser une source d'énergie autonome et renouvelable** pouvant fournir de l'énergie électrique, par exemple un panneau photovoltaïque, une éolienne, une microcentrale hydraulique…

SPÉCIFIQUE

Sujet 22 Les LiDAR : « *Light Detection and Ranging* »

10 pts 1 h 40

Asie, juin 2016

Calculatrice autorisée

LISTE DES NOTIONS

- Laser visible/IR
- Phénomène d'écho
- Retard
- Transition énergétique
- Cartographie
- Effet Doppler

Les **Parties I**, **II** et **III** sont indépendantes.

Les LiDAR, acronyme de « *Light Detection And Ranging* », sont des systèmes de mesure à distance utilisant généralement les propriétés laser. On les utilise pour la télémétrie (distance Terre-Lune par exemple), la topographie (réalisation de cartes), les mesures de concentrations de gaz ou encore pour déterminer la vitesse des vents.

Données à 25 °C :

Célérité ($m \cdot s^{-1}$)	Dans l'air	Dans l'eau
Onde sonore et ultrasonore	$3{,}40 \times 10^2$	$1{,}48 \times 10^3$
Onde électromagnétique	$3{,}00 \times 10^8$	$2{,}26 \times 10^8$

Constante de Planck : $h = 6{,}62 \times 10^{-34}$ J · s.

Partie I Le LiDAR topographique embarqué

40 min 4 pts

Doc. 1 LiDAR topographique

Un LiDAR topographique envoie des impulsions laser de courte durée et de longueur d'onde $\lambda = 1\,064$ nm. Tout obstacle sur le trajet du faisceau va renvoyer une partie du rayonnement dans la direction du faisceau incident. La mesure de la durée de l'aller-retour de chaque impulsion permet alors de reconstituer numériquement l'espace environnant. Embarqué à bord d'un avion ou d'un satellite, le LiDAR topographique est un moyen de cartographier la Terre à distance avec une grande précision.

D'après *La physique en applications*, R. Carpentier et B. Depret

Un des lasers utilisés est un laser dont le milieu amplificateur est un cristal solide néodyme-YAG décrit dans le **document 2**.

Doc. 2 Schéma du laser néodyme-YAG et de son diagramme énergétique simplifié

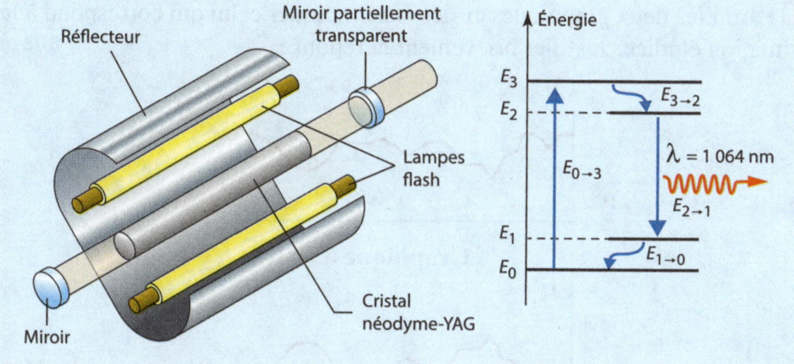

1 Donner deux propriétés caractéristiques du rayonnement émis par un laser. **0,5 pt**

2 À quoi servent les lampes flash lors du fonctionnement de ce laser ? **0,25 pt**

3 Le niveau fondamental d'énergie E_0 est pris comme origine des énergies. L'énergie du niveau E_3 est égale à $2{,}458 \times 10^{-19}$ J.
Quelle longueur d'onde doit être présente dans le spectre de la lumière émise par une lampe flash ? **1 pt**

Sur la figure ci-dessous, l'avion embarquant le LiDAR topographique vole à une altitude H = 3,50 km à la vitesse de 450 km · h^{-1}. Sa position est déterminée par un GPS.

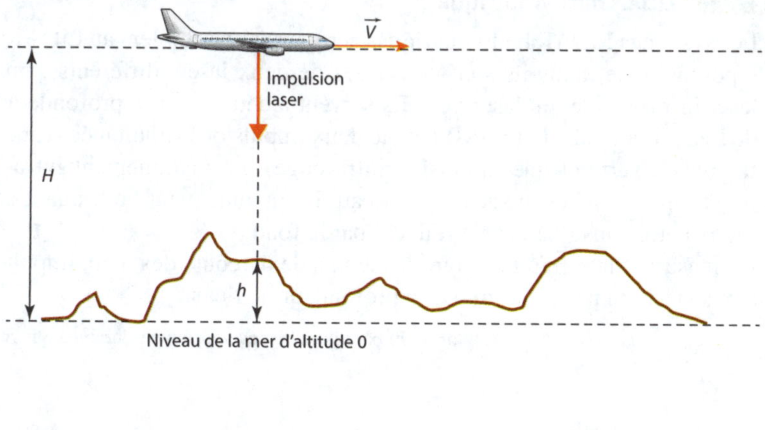

4 En faisant l'hypothèse que la distance parcourue par l'avion pendant la durée Δt est négligeable par rapport à H, montrer que la durée Δt du trajet aller-retour de l'impulsion laser en fonction de H, h et de la célérité de la lumière c est :

$$\Delta t = \frac{2 \times (H - h)}{c}$$

0,5 pt

5 Parmi les deux graphiques ci-dessous, indiquer celui qui correspond à la situation étudiée. Justifier brièvement la réponse. **0,75 pt**

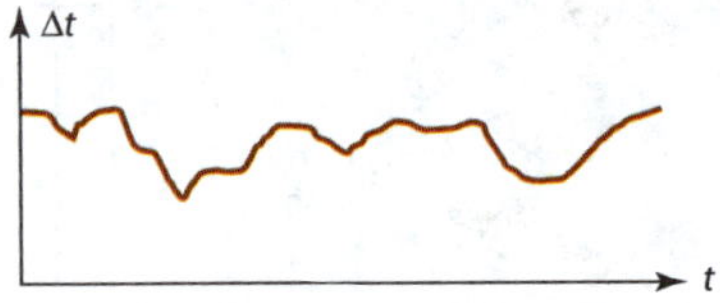

Graphique a

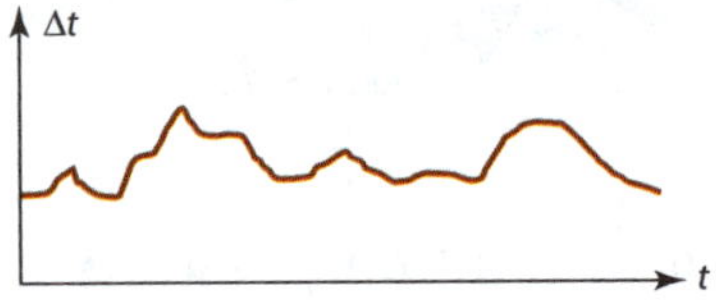

Graphique b

6 Lors du survol du Puy de Dôme (volcan du centre de la France), on mesure Δt = 13,6 µs. Estimer l'altitude du Puy de Dôme par rapport au niveau de la mer. **0,5 pt**

7 Dans le cas de la mesure de l'altitude du Puy de Dôme, l'hypothèse faite à la question **4** est-elle vérifiée ? **0,5 pt**

Partie II Le LiDAR bathymétrique

20 min **2,25 pts**

Doc. 3 LiDAR bathymétrique

Les systèmes LiDAR bathymétriques aéroportés ressemblent au LiDAR topographique, mais ils sont constitués de deux lasers différents : un laser infrarouge et un laser vert. Ils servent à déterminer la profondeur de l'eau. Pour cela, le LiDAR envoie deux impulsions simultanées (une impulsion verte et une impulsion infrarouge). Le rayonnement infrarouge sert à repérer la surface de l'eau. Le rayonnement vert, quant à lui, pénètre dans l'eau et est réfléchi par le fond.
En mesurant la différence entre les temps de parcours des deux impulsions laser, on peut déterminer la profondeur de l'eau.

D'après : http://wikhydro.developpement-durable.gouv.fr

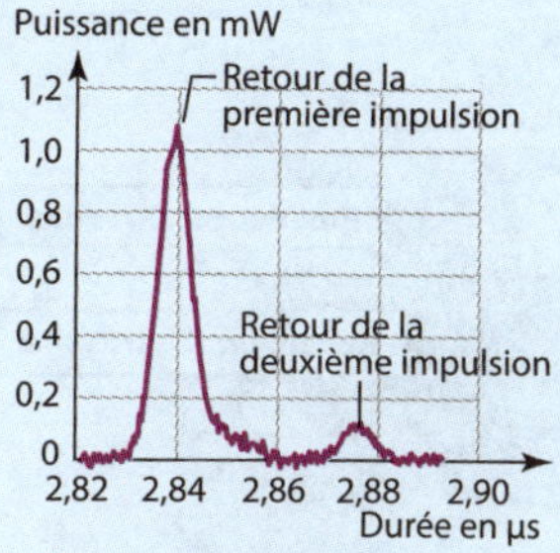

Graphique 1
Puissance lumineuse reçue par le récepteur en fonction du temps

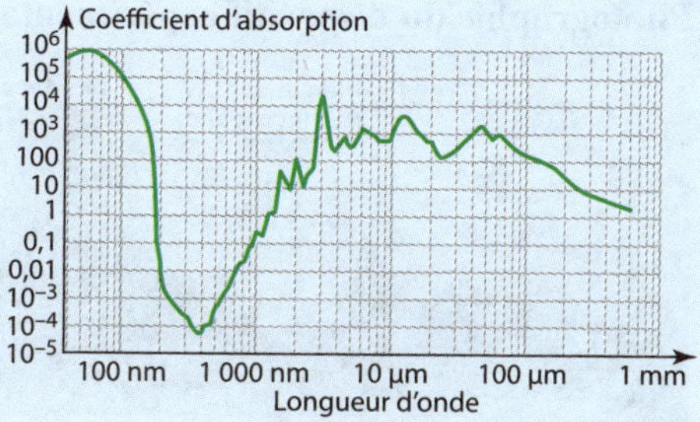

Graphique 2
Spectre d'absorption de l'eau

La radiation est d'autant plus absorbée que le coefficient d'absorption est élevé.

1 Les longueurs d'onde des deux lasers sont de 532 nm et de 1 064 nm. Attribuer, en justifiant, la longueur d'onde à chacun des deux lasers du LiDAR bathymétrique. **0,5 pt**

2 Expliquer pourquoi il est plus judicieux d'utiliser le laser vert, plutôt que le laser infrarouge, pour détecter le fond de l'eau. **0,5 pt**

3 En vous appuyant sur un schéma expliquant le principe de cette mesure, estimer la valeur de la profondeur de l'eau à l'endroit où la mesure du graphique 1 du **document 3** a été effectuée. **1,25 pt**

Partie III Le LiDAR à effet Doppler

40 min **3,75 pts**

Il permet de faire des mesures de la vitesse de vents ou de nuages grâce à l'effet Doppler.

Doc. 4 LiDAR à effet Doppler

Pour présenter ce principe, un professeur propose le dispositif expérimental photographié ci-après dans lequel le LiDAR est remplacé par un ensemble « émetteur-récepteur » d'ultrasons, et le nuage est modélisé par une plaque fixée sur un chariot mobile.

On suppose que la température de la salle est de 25 °C.

Photographie du dispositif expérimental :

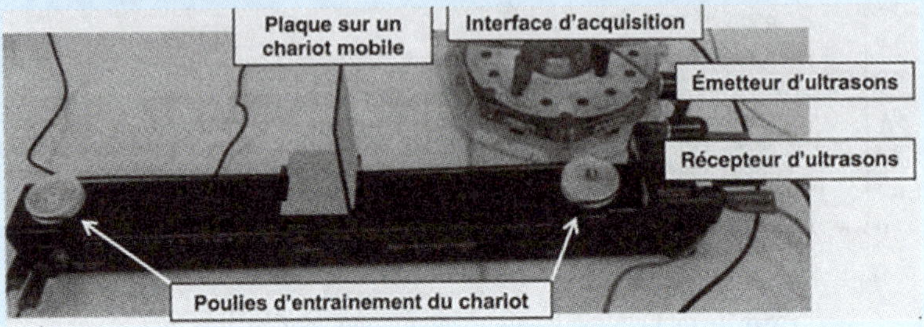

À l'aide de ce dispositif, le professeur a proposé aux élèves de réaliser deux expériences pour mesurer la vitesse de déplacement d'un objet.

Expérience n° 1

Pour déterminer la valeur v de la vitesse de déplacement du chariot, Anna, à l'aide d'un chronomètre, mesure la durée mise par le chariot pour se déplacer d'une distance $d = 30{,}0 \pm 0{,}5$ cm.

Elle réalise plusieurs chronométrages dont les résultats sont regroupés dans le tableau suivant :

Mesure n°	1	2	3	4	5	6	7	8	9	10
Durée τ (s)	2,08	2,05	2,06	2,13	2,08	2,07	2,09	2,05	2,08	2,09

Dans les conditions de l'expérience :

- l'écart-type sur la durée est $\sigma_{n-1} = 2{,}35 \times 10^{-2}$ s ;
- l'incertitude sur la durée se calcule avec la formule $U(\tau) = \dfrac{2{,}26 \times \sigma_{n-1}}{\sqrt{n}}$,

où n est le nombre de mesures réalisées ;

- l'incertitude relative sur la valeur de la vitesse est :

$$\frac{U(v)}{v} = \sqrt{\left(\frac{U(\tau)}{\tau}\right)^2 + \left(\frac{U(d)}{d}\right)^2}$$

Expérience n° 2

Avec les mêmes réglages, Karim détermine la valeur de la vitesse v de déplacement du chariot à l'aide de l'effet Doppler.

Disposant d'une interface d'acquisition et d'un logiciel de traitement, il mesure la fréquence reçue par le récepteur dans deux situations expérimentales :

- lorsque le chariot est immobile, $f_1 = 42\,170$ Hz ;
- lorsque le chariot est en mouvement, $f_2 = 42\,134$ Hz.

Dans les conditions de l'expérience :

- lors de la réflexion sur un obstacle en mouvement, la fréquence de l'onde reçue après réflexion est différente de celle de l'onde émise de fréquence $f_{\text{ém}}$;
- la valeur absolue de la variation de fréquence $|\Delta f|$ est donnée par :

$$|\Delta f| = \frac{2 \times v \times f_{\text{ém}}}{c}$$

Dans cette relation, v est la valeur de la vitesse de déplacement de l'obstacle par rapport à la source ; c est la célérité de l'onde.

1 Citer une différence entre les ondes utilisées par un LiDAR et celles utilisée dans ces deux expériences. **0,25 pt**

2 Dans le cas de l'**expérience 1**, déterminer la valeur de la vitesse de déplacement du chariot, notée v_{exp1}, et exprimer le résultat en prenant en compte l'incertitude associée. **1,5 pt**

3 Lors de l'**expérience 2**, le chariot se rapproche-t-il ou s'éloigne-t-il de l'ensemble « émetteur-récepteur » ? Justifier. **0,5 pt**

4 L'incertitude relative sur la valeur de la vitesse déterminée dans l'**expérience 2** est de 5 %. Les deux expériences donnent-elles des valeurs de vitesse compatibles ? **1,5 pt**

SPÉCIFIQUE

Les clés pour réussir

Partie I

2 Pensez à l'inversion de population.

3 Utilisez la relation entre la variation d'énergie ΔE et la longueur d'onde de la transition énergétique λ : $\Delta E = \frac{hc}{\lambda}$.

4 Déterminez la distance de l'aller-retour de deux manières différentes.

5 Pensez que la durée Δt est proportionnelle à $H - h$ et confirmez votre choix par l'allure attendue du graphique à $t = 0$.

6 À partir de l'expression de Δt obtenue à la question **4**, déduisez-en une expression de l'altitude h par rapport au niveau de la mer. Faites l'application numérique.

7 Calculez la distance parcourue par l'avion pendant Δt et comparez-la à la distance H.

Partie II

1 Pensez que 532 nm est une longueur d'onde dans le visible contrairement à 1 064 nm.

2 Étudiez le graphique 2 du **document 3** pour comparer les coefficients d'absorption de la radiation verte et de la radiation infrarouge, et identifiez la radiation la moins absorbée dans l'eau.

3 Montrez que le retard entre la réception de la deuxième impulsion et celle de la première est égal au double de la profondeur de l'eau.

Partie III

1 Les ondes utilisées dans les deux expériences sont des ondes ultrasonores différentes des ondes électromagnétiques. Une des différences est explicitée dans les données en début d'énoncé.

2 Calculez la moyenne des durées mesurées et déduisez-en la vitesse. Déterminez l'incertitude $U(v)$ en appliquant les formules proposées.

3 Pensez qu'en cas d'éloignement, la fréquence diminue et qu'en cas de rapprochement du mobile, la fréquence augmente.

4 Déterminez la vitesse v_{exp2} à partir de la formule de l'effet Doppler. Calculez $U(v_{exp2})$ et déduisez un intervalle de valeurs. Comparez-le à celui obtenu à la question **2**.

Sujet 22 Corrigé

Partie I Le LiDAR topographique embarqué

1 Les deux propriétés caractéristiques du rayonnement laser sont la **directivité du faisceau** et sa **monochromaticité**.

> **Pensez-y !**
> Vous pouvez aussi indiquer la puissance du laser.

2 Les lampes flash permettent l'**inversion de population**, c'est-à-dire de passer du niveau énergétique E_0 au niveau E_3.

3 Une lampe flash permet la transition énergétique entre les niveaux E_0 et E_3, soit $\Delta E = E_{0\to3} = E_3 - E_0 = 2{,}458 \times 10^{-19} - 0 = 2{,}458 \times 10^{-19}$ J.

Or $\Delta E = \frac{hc}{\lambda}$, on en déduit alors la longueur d'onde associée à la transition : $\boldsymbol{\lambda = \frac{hc}{\Delta E}}$ qui doit être présente dans le spectre de la lampe flash.

A. N. : h = 6,62 × 10^{-34} J · s ; c = 3,00 × 10^8 m · s^{-1} ; ΔE = 2,458 × 10^{-19} J,
d'où : $\boldsymbol{\lambda = 8{,}08 \times 10^{-7}}$ **m**

4 Soit D la distance parcourue par l'onde électromagnétique pendant l'aller-retour entre l'avion et la surface du relief réflecteur.
D peut être exprimée de deux manières différentes :

- $D = c\Delta t$, car l'onde électromagnétique se propage à la célérité c dans l'air et Δt correspond à la durée de l'aller-retour de l'onde ;
- $D = 2 \times (H - h)$, car la distance $H - h$ correspond à celle entre l'avion et l'obstacle, et le facteur 2 indique le fait qu'il s'agit d'un aller-retour.

En identifiant les deux expressions, on obtient $D = c\Delta t = 2 \times (H - h)$, soit :

$$\boldsymbol{\Delta t = \frac{2 \times (H - h)}{c}}$$

5 L'expression précédente de Δt montre que la durée de l'aller-retour est proportionnelle à la distance $H - h$. Ainsi, plus le relief a une altitude h élevée et plus Δt est faible : cela correspond donc au graphique a.
Ce choix peut être confirmé par le fait qu'à $t = 0$, l'avion survole un relief d'altitude nulle $h = 0$, correspondant à une durée d'aller-retour maximale. Le **graphique a** présente bien une valeur de Δt maximale à $t = 0$.

6 À partir de l'expression précédente de $\Delta t = \frac{2 \times (H - h)}{c}$, on déduit une expression de l'altitude h par rapport au niveau de la mer $H - h = \frac{c\Delta t}{2}$, soit :

$$\boldsymbol{h = H - \frac{c\Delta t}{2}}$$

A. N. : H = 3,50 km = 3,50 × 10^3 m ; c = 3,00 × 10^8 m · s^{-1} ; Δt = 13,6 µs = 13,6 × 10^{-6} s,
d'où : $\boldsymbol{h = 1{,}46 \times 10^3}$ **m**

7 La distance d parcourue par l'avion pendant Δt est : $\boldsymbol{d = v\Delta t}$.
A. N. : v = 450 km · h^{-1} = 125 m · s^{-1} ; Δt = 13,6 × 10^{-6} s,
d'où : $\boldsymbol{d = 1{,}70 \times 10^{-3}}$ **m**

Si l'on calcule le rapport entre d et la hauteur H, on obtient :
$\frac{H}{d}$ = 2,06 × 10^6 ≫ 100, **l'hypothèse faite à la question 4 est bien vérifiée**.

Gagnez des points !
Pour comparer deux grandeurs, calculez le rapport entre les deux grandeurs.

SPÉCIFIQUE

Partie II Le LiDAR bathymétrique

1 La fréquence du laser infrarouge est plus faible que celle du laser visible. Or la fréquence est inversement proportionnelle à la longueur d'onde. On en déduit que la longueur d'onde du laser infrarouge est supérieure à celle du laser visible vert. Finalement, $\boldsymbol{\lambda_{vert} = 532}$ **nm** et $\boldsymbol{\lambda_{infrarouge} = 1\,064}$ **nm**.

Pensez-y !
Les longueurs d'onde visibles sont comprises entre 400 et 700 nm.

2 Le graphique 2 du **document 3** permet d'évaluer le coefficient d'absorption de chaque radiation.

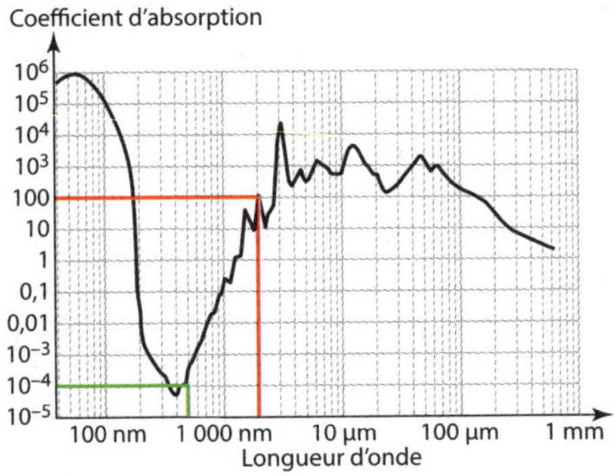

Si l'on considère les longueurs d'onde de 500 nm (tracé vert) et de 1 100 nm (tracé rouge), on montre que le coefficient d'absorption est de l'ordre de 10^{-4} pour la radiation verte et de 100 pour la radiation infrarouge.

Or la « radiation est d'autant plus absorbée que le coefficient d'absorption est élevé » : la radiation verte est donc moins absorbée que la radiation infrarouge. **Il est donc plus judicieux d'utiliser le laser vert plutôt que le laser infrarouge pour détecter le fond de l'eau.**

3 Le schéma de principe de la mesure est donné ci-contre :

La radiation verte parcourt un trajet de 2 h supplémentaires par rapport à la radiation infrarouge IR avec h la valeur de la profondeur de l'eau.

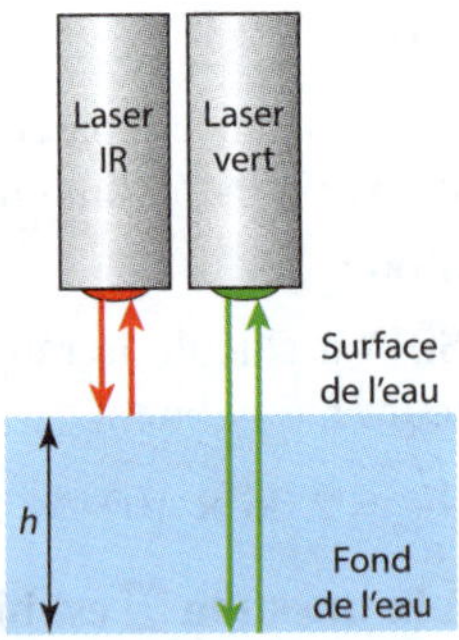

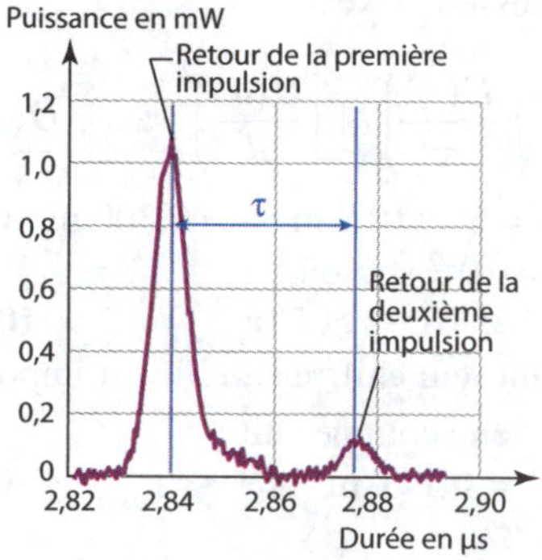

Ainsi, pendant la durée τ entre la réception du premier signal et celle du second signal, la radiation verte parcourt $2h = v\tau$ avec v la vitesse de propagation de l'onde électromagnétique dans l'eau.

On en déduit : $\boldsymbol{h = \frac{v\tau}{2}}$ avec $\tau = 2{,}875 - 2{,}84 = 0{,}035$ µs.

A. N. : $v = 2{,}26 \times 10^8\ \text{m} \cdot \text{s}^{-1}$; $\tau = 3{,}5 \times 10^{-8}$ s, d'où :

$$\boldsymbol{h = 4{,}0\ \text{m}}$$

Partie III Le LiDAR à effet Doppler

1 Les ondes utilisées dans les deux expériences sont des ondes **ultrasonores**. Contrairement aux ondes électromagnétiques, **elles ont besoin d'un milieu matériel pour se propager** : les ondes ultrasonores sont des ondes mécaniques.

> **Remarque**
>
> Les données en début d'exercice mettent en évidence une autre différence : la vitesse de propagation des ondes ultrasonores est différente de celle des ondes électromagnétiques.
> D'autres différences existent sur la nature des ondes, leur fréquence…

2 La valeur moyenne des durées mesurées $\overline{\tau}$ est égale à $\frac{\sum_n \tau}{n}$, soit $\overline{\tau} = 2{,}078$ s. On en déduit alors la vitesse de déplacement du chariot :

$$v_{\text{exp1}} = \frac{d}{\overline{\tau}}$$

A. N. : $d = 30{,}0$ cm $= 0{,}300$ m ; $\overline{\tau} = 2{,}078$ s,

d'où : $$\boldsymbol{v_{\text{exp1}} = 0{,}144\ \text{m} \cdot \text{s}^{-1}}$$

SPÉCIFIQUE

L'incertitude sur la vitesse v_{exp1} est :

$$U(v_{exp1}) = v_{exp1}\sqrt{\left(\frac{U(\tau)}{\tau}\right)^2+\left(\frac{U(d)}{d}\right)^2} \text{ avec } U(\tau)=\frac{2{,}26\times\sigma_{n-1}}{\sqrt{n}}$$

A. N. : $U(d)$ = 0,5 cm = 5×10^{-3} m ; d = 0,300 m ; v_{exp1} = 0,144 m · s^{-1} ; n = 10 ; $\sigma_{n-1} = 2{,}35 \times 10^{-2}$ s, d'où :

$U(\tau) = 1{,}7 \times 10^{-2}$ s et $\boldsymbol{U(v_{exp1}) = 3 \times 10^{-3}}$ **m · s^{-1}**

en ne considérant qu'un seul chiffre significatif imposé par $U(d)$.

Le résultat s'exprime donc comme suit :

0,144 – 0,003 m · s^{-1} = **0,141 m · s^{-1}** $\leq$ $\boldsymbol{v_{exp1}}$ $\leq$ **0,147 m · s^{-1}** = 0,144 + 0,003 m · s^{-1}.

3 La fréquence du signal reçu par le récepteur lorsque le chariot est en mouvement est inférieure à celle du signal reçu lorsque le chariot est immobile :

f_2 = 42 134 Hz < f_1 = 42 170 Hz.

Le chariot s'éloigne donc du système émetteur-récepteur.

> **Gagnez des points !**
> Dans le cas d'un rapprochement du mobile, sa fréquence est supérieure à celle du signal reçu en cas d'immobilité.
> Dans le cas d'un éloignement, la fréquence est inférieure.

4 Dans le cas de l'**expérience 2**, la fréquence $f_{ém}$ de l'onde émise est celle du signal reçu par le récepteur lorsque le chariot est immobile : $f_{ém} = f_1$ = 42 170 Hz.

L'expression de l'effet Doppler $|\Delta f| = \dfrac{2\times v\times f_{ém}}{c}$ permet de calculer la vitesse v_{exp2} du chariot dans l'**expérience 2** : $\boldsymbol{v_{exp2} = \dfrac{c\times(f_1 - f_2)}{2\times f_1}}$.

A. N. : c = $3{,}40 \times 10^2$ m · s^{-1} (vitesse des ultrasons dans l'air) ; f_1 = 42 170 Hz ; f_2 = 42 134 Hz,

d'où : $\boldsymbol{v_{exp2}}$ **= 0,145 m · s^{-1}**

L'incertitude relative sur la valeur de la vitesse déterminée dans l'**expérience 2** est de 5 %, donc $\dfrac{U(v_{exp2})}{v_{exp2}} = 0{,}05$.

D'où $U(v_{exp2})$ = 0,05 × 0,145 = 0,007 m · s^{-1},

et 0,145 – 0,007 m · s^{-1} = **0,138 m · s^{-1}** $\leq$ $\boldsymbol{v_{exp2}}$ $\leq$ **0,152 m · s^{-1}** = 0,145 + 0,007 m · s^{-1}.

Les deux intervalles sont donc :

0,141 m · s^{-1} $\leq v_{exp1} \leq$ 0,147 m · s^{-1}

0,138 m · s^{-1} $\leq v_{exp2} \leq$ 0,152 m · s^{-1}

Ils se chevauchent sur l'intervalle de valeurs de v_{exp1}. On peut donc en conclure à la **compatibilité des deux expériences**.

Sujet 23 Protons énergétiques

5,5 pts 55 min

Inde, avril 2013

SPÉCIFIQUE

Calculatrice autorisée

LISTE DES NOTIONS

- Interactions dans un noyau atomique
- Énergie cinétique
- Particules relativistes
- Dualité onde-particule
- Relation de De Broglie
- Quantité de mouvement
- Dilatation des durées
- Caractère relatif du temps
- Radiothérapies

Des protons énergétiques sont des protons animés d'une grande vitesse.

Le but de cet exercice est d'exploiter des documents relatifs à deux exemples de l'action de protons énergétiques sur la matière : le rayonnement cosmique et la protonthérapie.

Données :

- charge électrique du proton : $e = 1{,}602 \times 10^{-19}$ C ;
- masse du proton : $m_p = 1{,}673 \times 10^{-27}$ kg ;
- mégaélectron-volt : $1 \text{ MeV} = 1{,}602 \times 10^{-3}$ J ;
- vitesse de la lumière dans le vide : $c = 3{,}00 \times 10^8 \text{ m} \cdot \text{s}^{-1}$;
- constante de Planck : $h = 6{,}62 \times 10^{-34} \text{ J} \cdot \text{s}$.

Partie I Le proton

10 min 1 pt

Doc. 1 Les interactions dans le noyau

Dans un noyau atomique, trois interactions fondamentales sont mises en jeu entre les nucléons (protons et neutrons) : l'interaction gravitationnelle, l'interaction électrique et l'interaction nucléaire forte.
L'interaction gravitationnelle est attractive ; dans un noyau, elle est nettement plus faible que l'interaction électrique répulsive entre protons. C'est l'interaction nucléaire forte qui assure la cohésion du noyau atomique.

Doc. 2 Les quarks constitutifs du proton

Le proton est composé de trois particules : deux quarks *up* et un quark *down*. Les quarks sont des particules élémentaires qui portent une fraction de la charge électrique du proton.

La charge d'un quark *down* est $-\frac{e}{3}$.

1 L'interaction forte est-elle attractive ou répulsive ? Est-elle plus ou moins intense que l'interaction électrique ? Justifier ces réponses à l'aide du **document 1**. 0,5 pt

2 Déterminer la charge électrique d'un quark *up* en l'exprimant sous la forme d'une fraction de la charge e du proton. 0,5 pt

Partie II Les protons cosmiques

20 min 2 pts

Doc. 3 Rayonnement cosmique

La Terre est arrosée constamment par une pluie de particules, nommée rayonnement cosmique. Ce phénomène est le résultat de l'arrivée de particules énergétiques (provenant du Soleil, de la galaxie et plus globalement de tout l'Univers) dans la haute atmosphère terrestre. Ces particules, principalement des protons (87 %), entrent en collision avec les noyaux des molécules de l'atmosphère. Les produits de ces collisions primaires heurtent à leur tour d'autres noyaux, produisant ainsi une gerbe de particules secondaires. Certaines parviennent jusqu'au sol, d'autres sont absorbées par l'atmosphère, et d'autres encore induisent de nouvelles réactions qui donneront naissance à des particules tertiaires, etc.

Une seule particule cosmique très énergétique peut générer une gerbe contenant plusieurs milliards de particules (voir **figure 1**). Plusieurs types de particules atteignent le sol. Parmi ces particules, on trouve les muons.

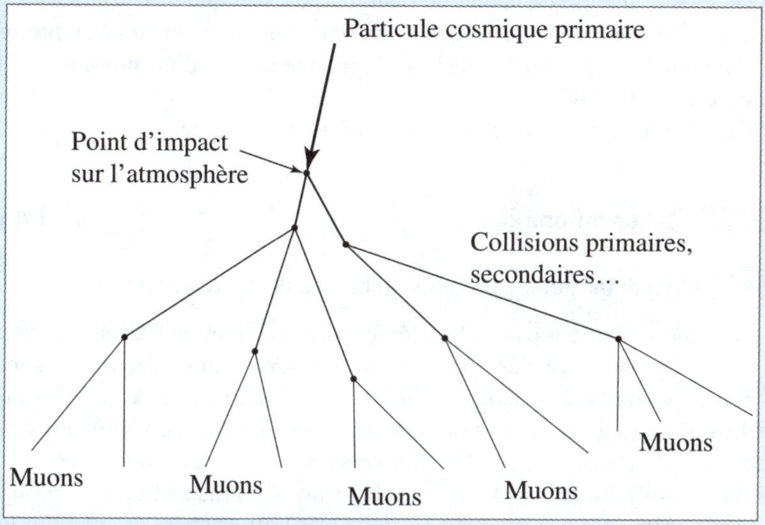

Figure 1 – Représentation simplifiée des gerbes issues de rayonnements cosmiques

Doc. 4 Rayons cosmiques relativistes

On peut appliquer avec une bonne approximation les lois de la mécanique classique à toute particule animée d'une vitesse inférieure à 10 % de la célérité de la lumière dans le vide, et utiliser l'expression de l'énergie cinétique $E_c = \frac{mv^2}{2}$.

Lorsqu'on est dans cette situation, la particule est dite « classique ».
Dans le cas contraire, la particule est dite « relativiste ». Par exemple, les protons les plus énergétiques des rayons cosmiques sont relativistes. Ils sont d'origine extrasolaire et leur énergie cinétique est typiquement comprise entre 100 MeV et 10 GeV.

1 Calculer, en joules puis en mégaélectron-volts, l'énergie cinétique d'un proton animé d'une vitesse égale à 10 % de la célérité c de la lumière dans le vide. **0,5 pt**

2 Justifier par un argument quantitatif la phrase du **document 4** : « ...les protons les plus énergétiques des rayons cosmiques sont relativistes. » **0,5 pt**

3 D'après la théorie de la dualité onde-corpuscule, que l'on doit au scientifique Louis de Broglie, on associe une onde électromagnétique au proton.

a. Calculer la valeur de la quantité de mouvement p d'un proton dont la vitesse vaut 10 % de c. **0,5 pt**

b. En déduire la valeur de la longueur d'onde λ associée. **0,5 pt**

Partie III Les muons

12 min **1,25 pt**

Doc. 5 La détection des muons au niveau du sol terrestre

Les muons sont des particules élémentaires voisines de l'électron, mais beaucoup plus massives. Ceux qui sont observés au niveau du sol sont créés dans la haute atmosphère à 20 km d'altitude, lors de la collision de protons (appartenant au rayonnement cosmique) avec les noyaux des atomes de l'atmosphère (voir **figure 1**). Ils voyagent à une vitesse de valeur très élevée (v = 0,999 7 c). Pour un observateur terrestre, 67 µs sont nécessaires aux muons pour traverser l'atmosphère et atteindre le sol. Or, les muons sont très instables et diverses expériences ont montré que leur durée de vie propre n'est que Δt_0 = 2,2 µs. Cette durée de vie est donc *a priori* insuffisante pour leur permettre d'atteindre la surface de la Terre.

Pourtant, des muons sont effectivement détectés au niveau du sol. Cette apparente contradiction s'explique par la dilatation des durées dans le cadre de la théorie de la relativité restreinte. En effet, la durée de vie des muons Δt mesurée sur Terre et la durée de vie propre des muons Δt_0 qui se déplacent par rapport à la Terre ont des valeurs différentes. Ces deux durées sont liées par la relation de dilatation des durées $\Delta t = \gamma \cdot \Delta t_0$ avec $\gamma = \dfrac{1}{\sqrt{1 - \dfrac{v^2}{c^2}}}$.

1 Expliquer pourquoi les muons sont des particules relativistes. **0,25 pt**

2 Expliquer par un raisonnement quantitatif pourquoi des muons issus des rayons cosmiques peuvent être observés au niveau du sol terrestre. **1 pt**

Partie IV La protonthérapie

13 min 1,25 pt

Doc. 6 Les différentes radiothérapies

La radiothérapie (thérapie par rayonnement) est un moyen de traitement du cancer dans lequel les cellules cancéreuses sont détruites par un rayonnement. Si ce rayonnement est électromagnétique (rayons X ou rayons gamma), on parle de photonthérapie. S'il s'agit d'un faisceau de protons, on parle de protonthérapie. Lorsqu'un rayonnement (photon X ou gamma, proton...) pénètre dans un tissu, il interagit avec celui-ci en lui cédant tout au long de son trajet une part de son énergie, on parle d'énergie déposée. Dans l'exemple du traitement d'une tumeur dans un organisme, le graphique de la **figure 2** représente la manière dont évolue l'énergie déposée en fonction de la profondeur de pénétration, d'une part pour un faisceau de photons X ou gamma, et d'autre part pour un faisceau de protons de 150 MeV.

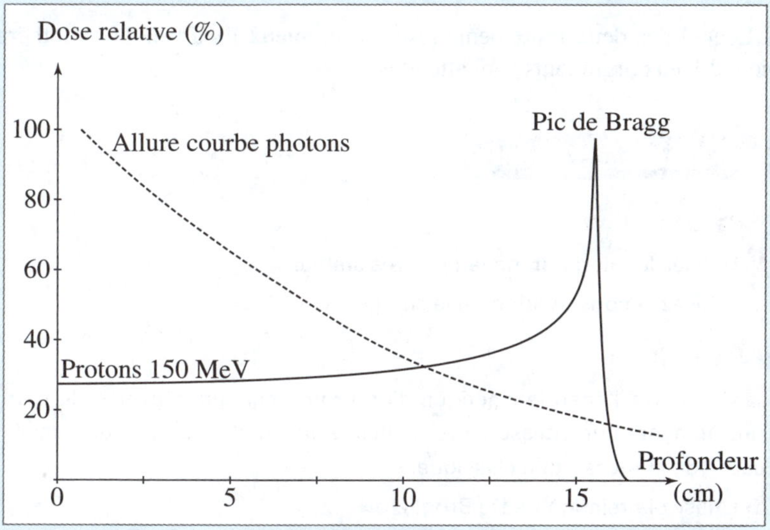

Figure 2 – Énergie déposée dans un tissu en fonction de la profondeur de pénétration du faisceau

La dose relative est l'énergie déposée par unité de masse de matière, exprimée en pourcentage par rapport au maximum d'énergie qui peut être déposée.

Le faisceau de photons est fortement absorbé dès son entrée dans l'organisme et continue de céder progressivement son énergie tout au long de son parcours. Au contraire, les protons déposent relativement peu d'énergie au début de leur parcours dans l'organisme. L'énergie libérée augmente progressivement au fur et à mesure que leur vitesse diminue. C'est au moment de leur arrêt que l'énergie libérée est maximale. Il apparaît alors un pic de dose (le pic de Bragg), au-delà duquel la dose chute brutalement à zéro.
Tout l'art de la radiothérapie consiste à administrer une dose suffisante pour détruire sans exception toutes les cellules cancéreuses. En revanche, cette dose doit endommager le moins possible les cellules saines.

1 Pour l'exemple de la **figure 2**, déterminer à quelle profondeur doit se trouver la tumeur traitée pour que la protonthérapie soit la plus efficace. Justifier cette réponse. **0,5 pt**

2 Lequel des deux traitements respecte le mieux l'« art de la radiothérapie » ? Deux arguments sont attendus. **0,75 pt**

Les clés pour réussir

Partie I

1 Utilisez le fait qu'un noyau est très stable.

2 Utilisez la conservation de la charge électrique.

Partie II

2 Comparez l'énergie cinétique d'un proton cosmique avec celle d'un proton ayant une vitesse $v = \frac{c}{10}$, vitesse maximale d'un proton dans le cadre de la mécanique classique.

3 Utilisez la relation de De Broglie $p = \frac{h}{\lambda}$.

Partie III

2 Comparez la durée de vie des muons Δt mesurée sur Terre et la durée nécessaire aux muons pour traverser l'atmosphère et atteindre le sol.

Partie IV

2 Une bonne radiothérapie doit permettre de détruire les cellules cancéreuses en endommageant le moins possible les cellules saines.

Sujet 23 Corrigé

Partie I Le proton

1 Pour assurer la cohésion du noyau atomique, il faut compenser l'interaction électrique répulsive entre protons. Comme l'interaction gravitationnelle attractive est nettement plus faible que l'interaction électrique, c'est l'interaction nucléaire forte qui compense largement l'interaction électrique répulsive et qui assure ainsi la cohésion du noyau atomique.
L'interaction nucléaire forte est donc attractive, et elle est nettement plus intense que l'interaction électrique.

2 Soient q_u et q_d les charges électriques respectives d'un quark *up* et d'un quark *down*.
Un proton étant formé de deux quarks *up* et d'un quark *down*, du fait de la conservation de la charge électrique, on a :

$$2\,q_u + q_d = \mathrm{e}$$

e étant la charge électrique d'un proton, d'où :

$$2\,q_u = \mathrm{e} - q_d$$

soit :

$$q_u = \frac{\mathrm{e} - q_d}{2}$$

Comme $q_d = -\dfrac{\mathrm{e}}{3}$, on a :

$$\boldsymbol{q_u = \frac{2}{3}\,\mathrm{e}}$$

Comme le quark *down*, le quark *up* a une charge électrique fractionnaire de la charge élémentaire.

Partie II Les protons cosmiques

1 L'énergie cinétique d'un proton est donnée par la relation :

$$E_c = \frac{1}{2}\,m_p v^2$$

avec $v \leqslant \dfrac{c}{10}$. Si $v = \dfrac{c}{10}$, on a :

$$\boldsymbol{E_c = \frac{m_p c^2}{200}}$$

SPÉCIFIQUE

A. N. : $m_p = 1{,}673 \times 10^{-27}$ kg ; $c = 3{,}00 \times 10^{8}$ m · s^{-1},

d'où : $$\mathbf{E_c = 7{,}53 \times 10^{-13}\ J}$$

(m_p et c étant connues avec 3 chiffres significatifs, on donnera E_c avec 3 chiffres significatifs).

Sachant que **1 MeV = 1,602 × 10^{-13}**, on a :

$$E_c(\text{en MeV}) = \frac{E_c(\text{en J})}{1{,}602 \times 10^{-13}}$$

d'où : $$\mathbf{E_c = 4{,}70\ MeV}$$

2 Jusqu'à $v = \dfrac{c}{10}$, le proton est dit « classique ». L'énergie maximale d'un proton « classique » est donc de 4,70 MeV.

Les protons les plus énergétiques des rayons cosmiques ont, d'après le **document 2**, une énergie cinétique typiquement comprise entre 100 MeV et 10 GeV (soit 10 000 MeV), soit une énergie très supérieure à 4,70 MeV. Il en résulte que ces protons sont « relativistes ».

3 Dualité onde-particule

a. Par définition, la quantité de mouvement p d'un proton de masse m_p et de vitesse v est :

$$p = m_p v$$

Soit avec $v = \dfrac{c}{10}$:

$$\boldsymbol{p = \frac{m_p c}{10}}$$

A. N. : $m_p = 1{,}673 \times 10^{-27}$ kg ; $c = 3{,}00 \times 10^{8}$ m · s^{-1},

d'où : $$\mathbf{p = 5{,}02 \times 10^{-20}\ kg \cdot m \cdot s^{-1}}$$

(m_p et c étant connues avec 3 chiffres significatifs, on donne la valeur de p avec 3 chiffres significatifs).

b. D'après la relation de De Broglie, la longueur d'onde λ associée à ce proton est telle que :

$$\lambda = \frac{\mathbf{h}}{\boldsymbol{p}}$$

A. N. : h = $6{,}62 \times 10^{-34}$ J · s ; $p = 5{,}02 \times 10^{-20}$ kg · m · s^{-1},

d'où : $$\mathbf{\lambda = 1{,}32 \times 10^{-14}\ m}$$

Partie III Les muons

1 Une particule ayant une vitesse supérieure à 0,10 c est considérée comme relativiste.
Les muons ayant une vitesse v = 0,9997 c, donc très supérieure à 0,10 c, sont des particules relativistes.

2 La durée de vie propre des muons est $\Delta t_0 = 2{,}2\ \mu s$.

La durée de vie des muons Δt mesurée sur Terre est $\Delta t = \gamma \Delta t_0$, soit :

$$\Delta t = \frac{1}{\sqrt{1 - \frac{v^2}{c^2}}} \Delta t_0$$

A. N. : $v = 0{,}9997\ c$; $\Delta t_0 = 2{,}2\ \mu s$,

d'où : $\mathbf{\Delta t = 90\ \mu s}$

Comme pour un observateur, 67 µs sont nécessaires aux muons pour traverser l'atmosphère et atteindre la Terre, en 90 µs, le muon aura le temps de traverser l'atmosphère pour pouvoir être observé au niveau du sol terrestre.

Partie IV La protonthérapie

1 Pour que la protonthérapie soit la plus efficace, la tumeur doit se trouver à la profondeur où l'énergie déposée par unité de masse de matière est la plus grande possible.
Dans le graphe de la **figure 2** (voir page suivante), on cherche à quelle profondeur la dose relative due au faisceau de protons est la plus grande.
C'est la profondeur qui correspond au pic de Bragg, soit une **profondeur de 15,5 cm**.

2 On compare le traitement d'une tumeur par radiothérapie :
- soit à l'aide d'un faisceau de photons (X ou gamma), on a une photonthérapie ;
- soit à l'aide d'un faisceau de protons, on a une protonthérapie.

En photonthérapie, le faisceau est fortement absorbé dès son entrée dans l'organisme et continue de céder progressivement son énergie tout au long de son parcours. Par conséquence, on endommage des cellules saines et seule une partie minoritaire du faisceau peut effectivement détruire les cellules cancéreuses.
En protonthérapie, on peut déposer un maximum d'énergie dans une zone très localisée où se trouve la tumeur (on se place à une profondeur telle que

dans cette zone, on a le pic de Bragg) : on détruit ainsi beaucoup de cellules cancéreuses.

De plus, dans les autres zones traversées par le faisceau de protons, peu d'énergie est libérée, ce qui permet de préserver le maximum de cellules saines.

La protonthérapie respecte mieux l'« art de la radiothérapie » que la photonthérapie.

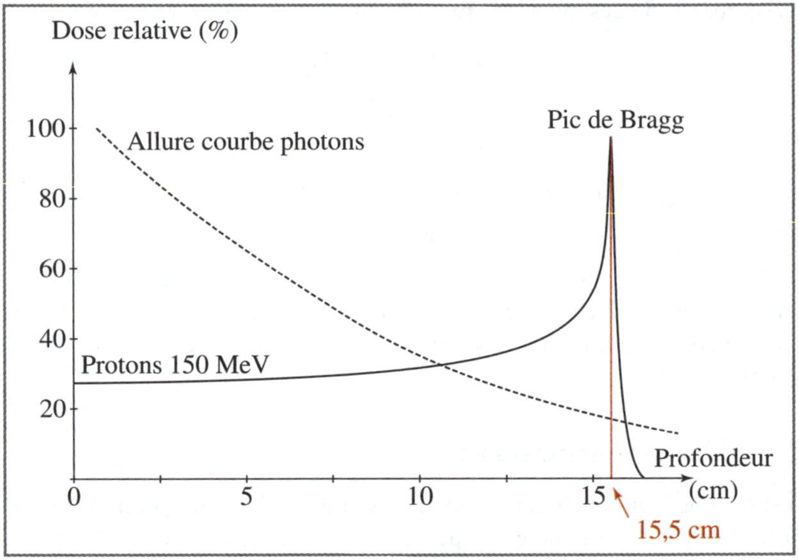

Figure 2 – Énergie déposée dans un tissu en fonction de la profondeur de pénétration du faisceau

Sujet 24 Vitamine C

4 pts — 40 min

France métropolitaine – La Réunion, juin 2018

Calculatrice autorisée

SPÉCIFIQUE

LISTE DES NOTIONS

- Formule brute
- Réaction d'addition
- Fonction organique
- Titrage pH-métrique
- Relation à l'équivalence

L'acide ascorbique, communément appelé vitamine C, est un antioxydant présent dans de nombreux fruits et légumes. Une carence prolongée en vitamine C provoque une maladie appelée scorbut. En pharmacie, il est possible de trouver l'acide ascorbique, sous forme de comprimés de vitamine C 500, chacun contenant 500 mg de vitamine C.

L'objectif de l'exercice est d'étudier une voie de synthèse industrielle de l'acide ascorbique, puis de vérifier la valeur de la masse d'acide ascorbique contenue dans un comprimé.

Données :

- données de spectroscopie infrarouge :

Liaison	Nombre d'onde (cm^{-1})	Caractéristiques de la bande d'absorption
O – H alcool	3 200-3 700	Forte, large
O – H acide carboxylique	2 500-3 200	Forte à moyenne, large
C – H	2 800-3 100	Forte ou moyenne
O = O	1 650-1 740	Forte

- masse molaire moléculaire de la vitamine C :

$$M \text{ (acide ascorbique)} = 176 \text{ g·mol}^{-1}$$

Partie I Synthèse industrielle de l'acide ascorbique (18 min, 1,75 pt)

L'acide ascorbique est synthétisé industriellement à partir du D-Glucose. La synthèse selon le procédé Reichstein se déroule en plusieurs étapes ; un schéma réactionnel simplifié est décrit ci-après.

Doc. 1 Synthèse de l'acide ascorbique

Étape 1

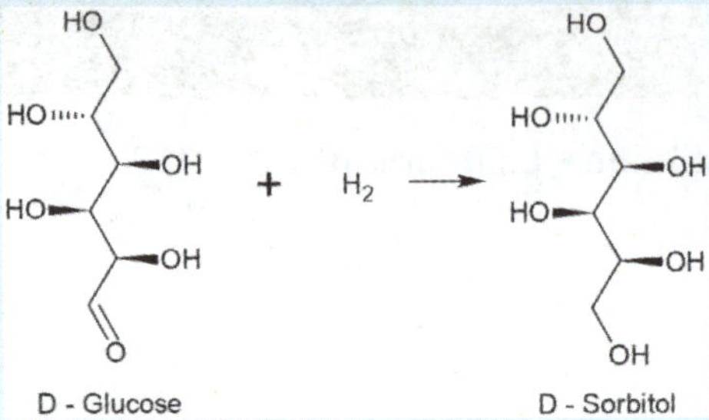

Étape 2

Une oxydation du D-Sorbitol produit le composé (E) de formule topologique :

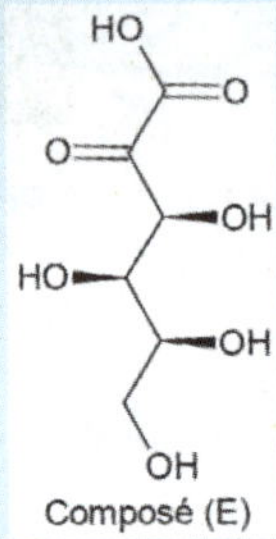

Étape 3

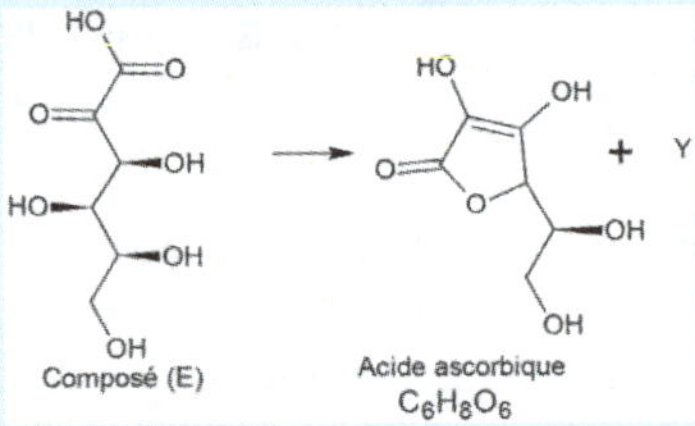

1 Étape 1 de la synthèse

a. Le passage du D-Glucose au D-Sorbitol correspond-il à une modification de chaîne ou de groupe caractéristique ? **0,25 pt**

b. Donner le nom de la catégorie de réaction. Justifier. **0,25 pt**

2 Étape 3 de la synthèse

a. Écrire la formule brute du composé (E). **0,25 pt**

b. Identifier l'espèce chimique Y et la nommer. **0,5 pt**

3 Le déroulement de la synthèse peut être contrôlé par spectroscopie infrarouge. Attribuer les spectres A et B ci-dessous au D-Sorbitol et à l'acide ascorbique. Justifier. **0,5 pt**

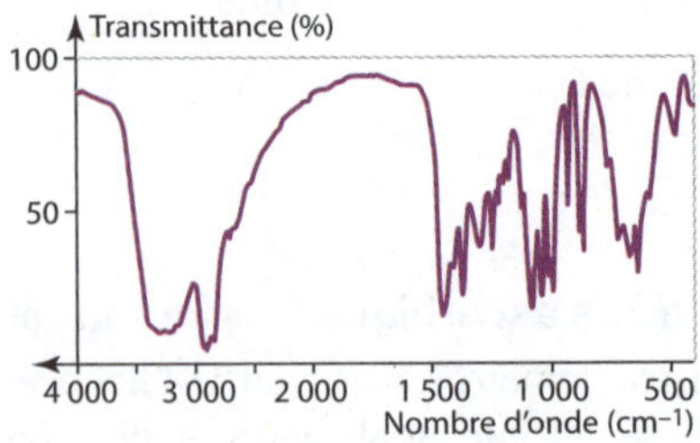

Spectre A

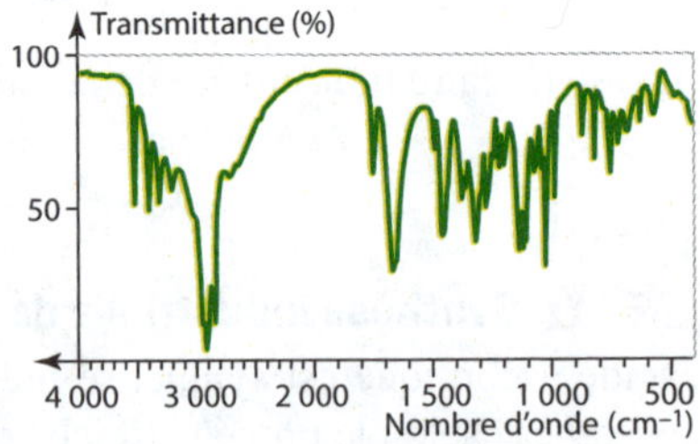

Spectre B

Partie II Titrage de l'acide ascorbique contenu dans un comprimé de vitamine C 500

22 min **2,25 pts**

On souhaite vérifier l'indication « vitamine C 500 » figurant sur le tube de comprimés.

Pour cela, on dissout un comprimé de vitamine C dans de l'eau distillée afin d'obtenir 100,0 mL de solution S. On prélève un volume de 10,0 mL de cette solution S que l'on dose par une solution aqueuse d'hydroxyde de sodium ($Na^+(aq) + HO^-(aq)$) de concentration molaire égale à $2{,}00 \times 10^{-2}\ mol \cdot L^{-1}$.

Le titrage est suivi par pH-métrie (**document 2**).

L'équation de la réaction support du titrage est la suivante :

$$C_6H_8O_6(aq) + HO^-(aq) \rightarrow C_6H_7O_6^-(aq) + H_2O$$

Doc. 2 Titrage de l'acide ascorbique : évolution du pH en fonction du volume V_B de solution d'hydroxyde de sodium ajouté

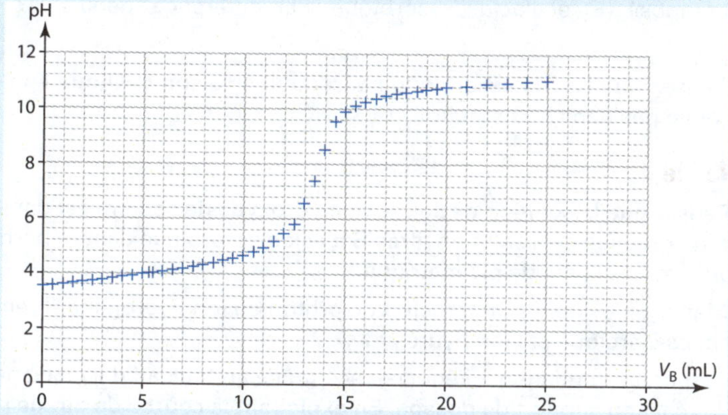

1 Réaliser un schéma légendé du dispositif expérimental utilisé pour réaliser le titrage. **0,25 pt**

2 Justifier que la réaction support du titrage est une réaction acido-basique. **0,5 pt**

3 Déterminer la concentration molaire en acide ascorbique dans la solution S. **0,5 pt**

4 En déduire la masse m de vitamine C contenue dans un comprimé. Comparer la valeur obtenue à l'indication donnée par le fabricant. Proposer deux sources d'erreurs possibles, liées à la mise en œuvre du titrage, pouvant expliquer l'écart observé. **1 pt**

SPÉCIFIQUE

Les clés pour réussir

Partie I

1 **a.** Regardez si toutes les fonctions organiques présentes dans la molécule de D-glucose se retrouvent dans le D-sorbitol.

b. Choisissez entre les trois réactions d'addition, de substitution ou d'élimination.

2 **a.** À partir de la formule topologique, représentez la formule semi-développée en introduisant des atomes de carbone C à chaque brisure ou intersection de liaison, et complétez avec des atomes d'hydrogène H afin que les atomes de carbone tétravalents soient liés à 4 atomes et les atomes de carbone trivalents à 3 atomes.

b. Écrivez la réaction de l'étape 3 en utilisant les formules brutes pour le composé (E) et l'acide ascorbique. Par différence, déduisez celle de Y.

3 Pensez que l'acide ascorbique possède une liaison C=O que l'on ne retrouve pas dans le D-sorbitol.

Partie II

1 Pensez que la solution de soude ou hydroxyde de sodium est dans la burette graduée et la solution titrée S d'acide ascorbique dans le bécher. N'oubliez pas la sonde pH-métrique !

2 Mettez en évidence un transfert de proton ou ion hydrogène H^+ entre l'acide ascorbique et l'ion hydroxyde.

3 Établissez la relation à l'équivalence grâce au tableau d'avancement de la réaction support de dosage. En exploitant la courbe de titrage pH-métrique par la méthode des tangentes, trouvez la valeur du volume de solution d'hydroxyde de sodium versé à l'équivalence et déduisez-en la concentration molaire de l'acide ascorbique dans la solution S.

4 Exprimez la masse d'acide ascorbique m en fonction de c_S, M et V, respectivement la concentration en acide ascorbique de la solution S, la masse molaire de l'acide ascorbique et le volume d'eau de 100,0 mL utilisé pour dissoudre le comprimé.

Pensez à calculer une erreur relative en pourcentage pour comparer la valeur obtenue et celle proposée par le fabricant.

Les erreurs possibles proviennent de l'utilisation des différentes verreries, des pertes par transvasement et de l'exploitation de la courbe.

Sujet 24 Corrigé

Partie I Synthèse industrielle de l'acide ascorbique

1 a. En comparant les molécules de D-glucose et de D-sorbitol, on constate que la fonction aldéhyde C=O du D-glucose s'est transformée en fonction alcool $-CH_2OH$ du D-sorbitol.

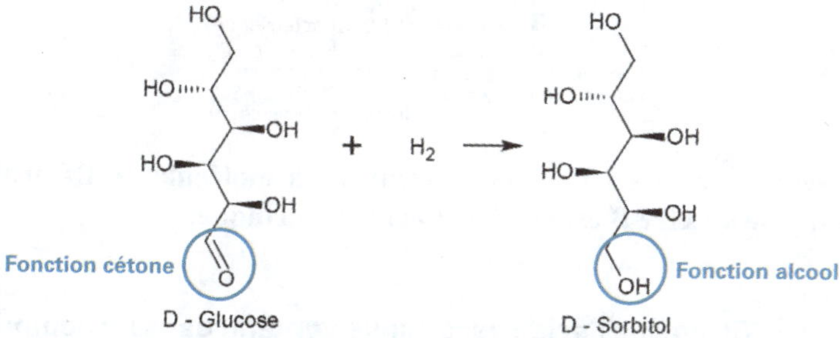

Il s'agit donc d'une **modification du groupe caractéristique**.

> **Remarque**
>
> Le groupe carbonyle du D-glucose s'est transformé en groupe hydroxyle du D-sorbitol.

b. Il s'agit d'une **addition** : du dihydrogène réagit avec le D-glucose pour transformer la fonction aldéhyde C=O en fonction alcool $-CH_2OH$. La réaction d'addition est une **hydrogénation**.

> **Pensez-y !**
>
> La réaction d'addition met en jeu deux réactifs et un seul produit.

2 a. La formule brute du composé (E) est $\mathbf{C_6H_{10}O_7}$.

b. En utilisant les formules brutes, on peut écrire l'équation bilan de l'étape 3 : $C_6H_{10}O_7 \rightarrow C_6H_8O_6 + Y$.
Par conservation des éléments chimiques, on en déduit la formule brute de la molécule Y : $\mathbf{H_2O}$. Y est donc une **molécule d'eau**.

> **Remarque**
>
> Le groupe carbonyle du D-glucose s'est transformé en groupe hydroxyle. La réaction de l'étape 3 est une déshydratation, c'est-à-dire une élimination d'une molécule d'eau.

SPÉCIFIQUE

3 Le D-sorbitol ne présente que des groupements hydroxyle (fonction alcool), alors que l'acide ascorbique possède, entre autres, une liaison C=O supplémentaire. Cette dernière est caractérisée par une bande d'absorption forte à 1 650-1 740 cm^{-1} que l'on retrouve dans le spectre B.

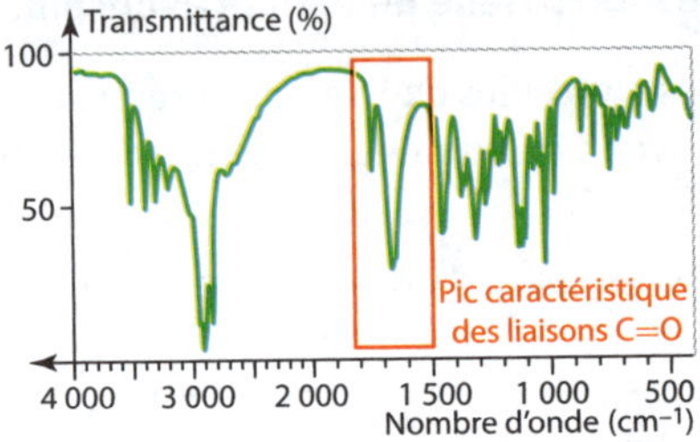

Le spectre A correspond donc à celui de la molécule de D-sorbitol, alors que le spectre B est celui de l'acide ascorbique.

Partie II Titrage de l'acide ascorbique contenu dans un comprimé de vitamine C 500

1 Le dispositif de titrage de la solution S d'acide ascorbique par une solution aqueuse d'hydroxyde de sodium est le suivant :

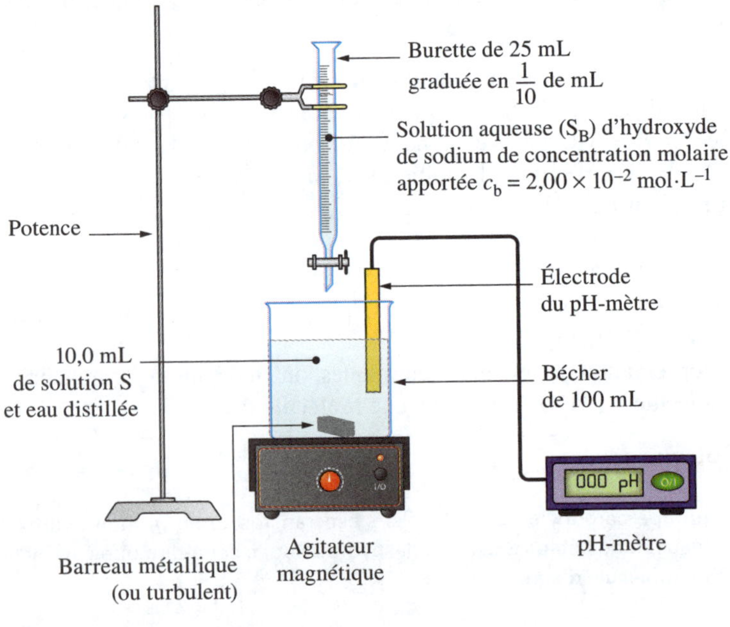

2 La réaction support de dosage est acido-basique si l'on peut mettre en évidence un transfert de proton ou ion hydrogène H^+.
Cette réaction fait intervenir :
- le couple de l'eau $H_2O(l)/HO^-(aq)$, dont la demi-équation est :

$$HO^- + H^+ = H_2O$$

- le couple $C_6H_8O_6(aq)/C_6H_7O_6^-(aq)$, dont la demi-équation est :

$$C_6H_8O_6 = C_6H_7O_6^- + H^+$$

On a bien un **transfert de proton H^+** cédé par l'acide ascorbique et accepté par l'ion hydroxyde.

3 En utilisant la méthode des tangentes, on obtient la valeur du volume V_{BE} de soude ou solution d'hydroxyde de sodium versé à l'équivalence.

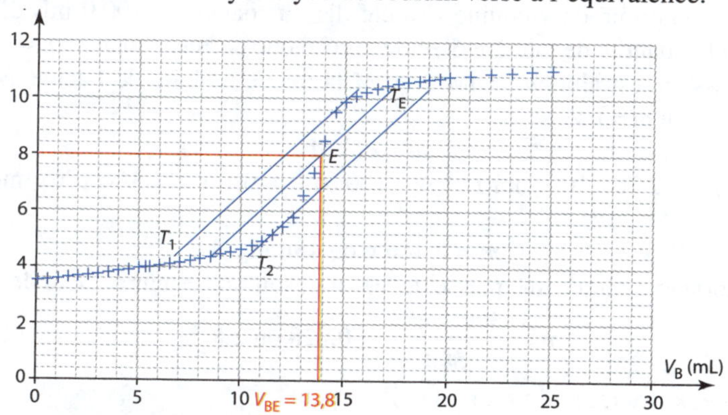

Par lecture graphique, le volume de solution d'hydroxyde de sodium versé à l'équivalence est $V_{BE} = 13{,}8$ mL.

Remarque

La méthode des tangentes consiste à tracer les tangentes parallèles entre elles (T_1 et T_2), puis à rechercher la tangente T_E parallèle et équidistante à T_1 et T_2. T_E coupe la courbe du pH en fonction du volume de solution titrante versé au point d'équivalence *E*. L'abscisse de ce point d'intersection *E* a pour valeur le volume de solution titrante versé à l'équivalence.

Le tableau d'avancement de la réaction support de dosage permet d'établir la relation à l'équivalence :

		$C_6H_8O_6$ +	HO^- →	$C_6H_7O_6^-$ +	H_2O
État	**Avancement**	**Quantité de matière**			
initial	$x = 0$	$n_A = c_A V_A$	$n_B = c_B V_B$	0	excès
en cours	x	$n_A - x$	$n_B - x$	x	excès
équivalence	$x = x_E$	$n_A - x_E$	$n_B - x_E$	x_E	excès

À l'équivalence, les réactifs titrant et titré sont introduits dans les proportions stœchiométriques, donc $n_A - x_E = 0$ et $n_B - x_E = 0$.
On en déduit que $n_A = x_E = n_B$, soit la relation à l'équivalence :

$$c_A V_A = c_B V_{BE}$$

La concentration molaire en acide ascorbique dans la solution S est alors :

$$c_S = c_A = \frac{c_B V_{BE}}{V_A}$$

A. N. : $c_B = 2{,}00 \times 10^{-2}$ mol·L^{-1} ; $V_{BE} = 13{,}8$ mL ; $V_A = 10{,}0$ mL, d'où :

$$\mathbf{c_S = c_A = 2{,}76 \times 10^{-2}\ mol \cdot L^{-1}}$$

4 Le comprimé de vitamine C a été dissous dans $V = 100{,}0$ mL d'eau. Soit n la quantité de matière d'acide ascorbique correspondante : $n = c_S V$.
La masse m est alors $m = nM$ avec M la masse molaire de l'acide ascorbique, d'où $m = nM$, soit :

$$\mathbf{m = c_S V M}$$

A. N. : $c_S = 2{,}76 \times 10^{-2}$ mol·L^{-1} ; $V = 100{,}0$ mL $= 0{,}1000$ L ; $M = 176$ g·mol^{-1}, d'où :

$$m = \mathbf{0{,}486\ g}\ \text{ou}\ \mathbf{486\ mg}$$

Le fabricant indique une masse de 500 mg, soit une erreur relative de :

$$\eta = \frac{\mathbf{500 - 486}}{\mathbf{500}} = \mathbf{0{,}028}\ \text{ou}\ \mathbf{2{,}8\ \%}$$

Les deux sources d'erreur que l'on peut envisager sont par exemple :

- une **utilisation approximative de la pipette jaugée** pour le prélèvement des 10,0 mL de solution S à titrer ;
- une **lecture imprécise** du volume à l'équivalence par la méthode des tangentes.

Pensez-y !
Les autres erreurs possibles peuvent être la mesure du volume de 100,0 mL lors de la dissolution du comprimé ou les pertes de produits par transvasement.

Sujet 25 — Éliminer le tartre

5 pts — 50 min

France métropolitaine – La Réunion, juin 2017

Calculatrice autorisée

LISTE DES NOTIONS

- Concentration molaire
- Titrage acido-basique
- Relation à l'équivalence
- Suivi conductimétrique
- Tableau d'avancement
- Réactif limitant

SPÉCIFIQUE

Dans nos maisons, les dépôts de tartre sont nombreux. Ils se forment sur les robinets, dans les baignoires, les lavabos, les éviers, les lave-linge… Ces dépôts de tartre sont constitués de carbonate de calcium, de formule $CaCO_3(s)$. Ils peuvent être dissous en utilisant des solutions acides telles que les solutions de détartrants commerciaux.

Données :

- masse volumique de la solution commerciale de détartrant : $\rho_d = 1{,}04 \times 10^3\ g{\cdot}L^{-1}$;
- masse volumique du carbonate de calcium : $\rho = 2{,}65 \times 10^6\ g{\cdot}m^{-3}$;
- masses molaires : $M(HC\ell) = 36{,}5\ g{\cdot}mol^{-1}$; $M(CaCO_3) = 100{,}1\ g{\cdot}mol^{-1}$;
- aire de la surface extérieure totale d'un cylindre fermé de rayon R et de hauteur h : $2\pi R^2 + 2\pi Rh$.

Partie I Détermination de la concentration en acide chlorhydrique d'un détartrant commercial

40 min — 3,75 pts

L'étiquette d'un détartrant commercial indique : « acide chlorhydrique à 9 % », ce qui correspond à 9,0 g de $HC\ell(g)$ dissous dans de l'eau pour obtenir 100 g de solution détartrante. $HC\ell(g)$ réagit totalement avec l'eau pour former une solution d'acide chlorhydrique ($H_3O^+(aq) + C\ell^-(aq)$).

1 Montrer que la concentration molaire en acide chlorhydrique de la solution commerciale est de l'ordre de $2{,}6\ mol{\cdot}L^{-1}$. **0,75 pt**

On souhaite vérifier ce résultat. Pour cela, on réalise le titrage de 10,0 mL de détartrant par une solution d'hydroxyde de sodium ($Na^+(aq) + HO^-(aq)$) de concentration molaire c_b égale à $1{,}0 \times 10^{-1}\ mol{\cdot}L^{-1}$.

L'équation support du titrage est : $H_3O^+(aq) + HO^-(aq) \rightarrow 2\ H_2O(\ell)$.

2 Identifier les couples mis en jeu dans cette réaction acido-basique. **0,5 pt**

3 Montrer que, dans ces conditions, le volume de solution d'hydroxyde de sodium qu'il faudrait verser pour atteindre l'équivalence est supérieur au volume de la burette graduée de 25,0 mL. **1 pt**

Lors d'une activité expérimentale réalisée en classe, les élèves préparent une solution *S* en diluant 20 fois le détartrant commercial. Ils réalisent le titrage conductimétrique d'un volume $V_S = 10{,}0$ mL de la solution *S* par une solution d'hydroxyde de sodium de concentration $c_b = 1{,}0 \times 10^{-1}$ mol·L^{-1}, après avoir ajouté de l'eau distillée à la solution *S*.
La courbe de suivi conductimétrique du titrage réalisé par un groupe d'élèves est donnée ci-dessous.

Doc. 1 **Variation de la conductivité σ en fonction du volume d'hydroxyde de sodium versé**

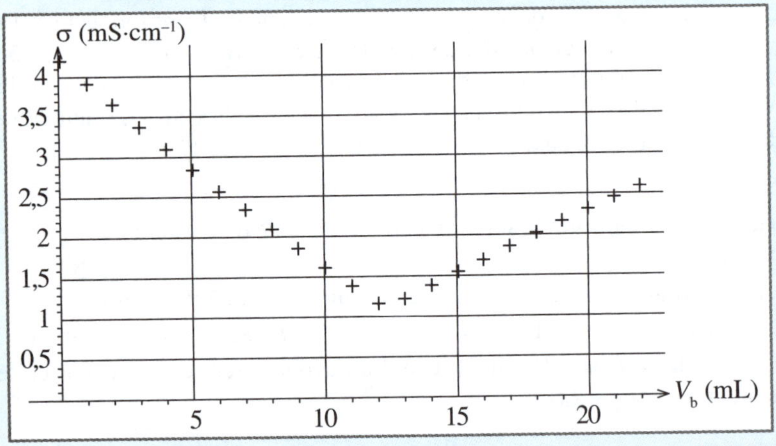

4 Comment les élèves ont-ils résolu le problème soulevé à la question **3** ? **0,5 pt**

5 Déterminer la concentration molaire en ions H_3O^+(aq) dans la solution diluée *S*. Ce résultat est-il compatible avec l'indication de l'étiquette du détartrant ? **1 pt**

Partie II Utilisation domestique du détartrant commercial

10 min **1,25 pt**

L'acide chlorhydrique agit sur le tartre selon la réaction d'équation :

$$2\ H_3O^+(aq) + CaCO_3(s) \rightarrow Ca^{2+}(aq) + CO_2(g) + 3\ H_2O(\ell)$$

On souhaite détartrer la surface extérieure du tambour cylindrique fermé d'un lave-linge recouvert d'une épaisseur de calcaire d'environ 10 µm. Le schéma légendé du tambour est fourni ci-contre.

Étant donnée la faible épaisseur de la couche de tartre, son volume est approximativement égal au produit de la surface extérieure du tambour par l'épaisseur de la couche de tartre.

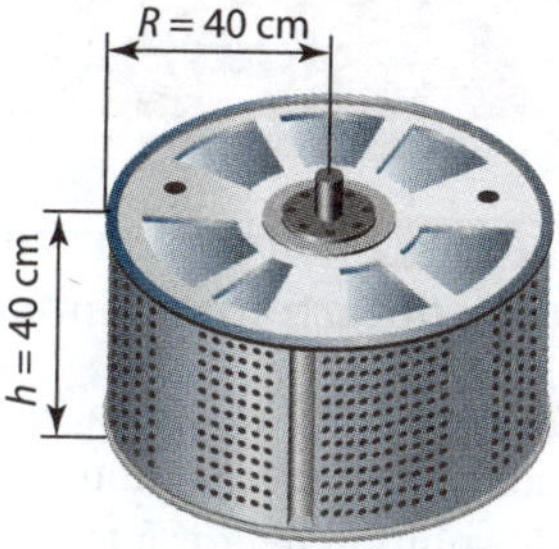

1 Estimer le volume total de tartre déposé sur la surface extérieure du tambour du lave-linge. **0,5 pt**

Un flacon contient 750 mL de détartrant commercial de concentration molaire en ions $H_3O^+(aq)$ égale à $2{,}4\ mol{\cdot}L^{-1}$.

2 Ce flacon est-il suffisant pour détartrer totalement le tambour du lave-linge ? **0,75 pt**

Les clés pour réussir

Partie I

1 Calculez le volume de la solution commerciale correspondant à 100 g de détartrant. Déduisez-en la concentration massique en acide chlorhydrique dissous, puis sa concentration molaire.

2 Pensez aux couples de l'eau. Écrivez les demi-équations pour vérifier que vous obtenez bien l'équation support de titrage.

3 Établissez la relation à l'équivalence à partir d'un tableau d'avancement. Pensez que la concentration en ions oxonium est aussi celle de l'acide chlorhydrique, et que la concentration en ions hydroxyde est aussi celle de la soude.

4 Relisez bien le paragraphe précédant l'énoncé de la question.

5 Déterminez le point d'intersection de la courbe de σ en fonction de V_b et déduisez-en la valeur du volume de soude versé à l'équivalence. Appliquez la relation à l'équivalence pour obtenir celle de la concentration molaire c_S en ions oxonium de la solution S diluée, puis de la solution commerciale.

Partie II

1 Appliquez la formule du volume $V = S \times e$ avec S la surface du tambour fermé donnée dans l'énoncé et e l'épaisseur de tartre.

2 Calculez les quantités de matière des réactifs de la réaction entre l'acide chlorhydrique et le tartre. Établissez le tableau d'avancement de la réaction et déduisez-en le réactif limitant ou le réactif en excès pour répondre à la question.

Sujet 25 Corrigé

Partie I Détermination de la concentration en acide chlorhydrique d'un détartrant commercial

1 Pour calculer la concentration molaire de la solution, il faut connaître sa concentration massique, c'est-à-dire la masse de $HC\ell(g)$ dissous par litre de solution détartrante.
Il faut donc calculer le volume V_d de solution correspondant à $m_d = 100$ g de solution détartrante, soit :

$$V_d = \frac{m_d}{\rho_d}$$

La concentration massique $c_m(HC\ell)$ en $HC\ell(g)$ dissous est alors :

$$c_m(HC\ell) = \frac{m(HC\ell)}{V_d}$$

avec $m(HC\ell)$ la masse de $HC\ell(g)$ dissous dans 100 g de solution détartrante.
On en déduit la concentration molaire en acide chlorhydrique de la solution commerciale :

$$[HC\ell] = \frac{c_m(HC\ell)}{M(HC\ell)}$$

avec $M(HC\ell)$ la masse molaire de l'acide chlorhydrique.

On a alors, en combinant les trois relations précédentes :

$$\mathbf{[HC\ell] = \frac{m(HC\ell)\rho_d}{M(HC\ell)m_d}}$$

A.N. : $m(HC\ell) = 9{,}0$ g ; $\rho_d = 1{,}04 \times 10^3$ g·L^{-1} ; $m_d = 100$ g ;
$M(HC\ell) = 36{,}5$ g·mol^{-1},

d'où : $$\mathbf{[HC\ell] = 2{,}6\ mol{\cdot}L^{-1}}$$

avec 2 chiffres significatifs

2 Les couples mis en jeu dans l'équation support de dosage sont les couples acido-basiques de l'eau :
$H_3O^+(aq)/H_2O(\ell)$ et $H_2O(\ell)/HO^-(aq)$.

> **Remarque**
> L'eau est à la fois l'acide d'un couple et la base d'un autre couple. On dit que l'eau est un ampholyte ou qu'elle est amphotère.

On peut vérifier que la somme membre à membre des demi-équations donne bien l'équation support du titrage :

$$H_3O^+ = H_2O + H^+$$
$$HO^- + H^+ = H_2O$$
$$\overline{H_3O^+(aq) + HO^-(aq) \rightarrow 2\,H_2O(\ell)}$$

3 Soit n_a la quantité d'ions oxonium et n_b la quantité d'ions hydroxyde à l'état initial. Le tableau d'avancement de la réaction support du titrage s'établit comme suit :

	$H_3O^+(aq)$ +	$HO^-(aq)$ →	$2H_2O(\ell)$
État	**Quantité de matière**		
État initial	n_a	n_b	Excès
État en cours	$n_a - x$	$n_b - x$	Excès
Équivalence	$n_a - x_e$	$n_b - x_e$	Excès

À l'équivalence, les réactifs ont été introduits dans les proportions stœchiométriques. On a donc :

$$n_a - x_e = n_b - x_e = 0$$

avec x_e l'avancement de la réaction à l'équivalence.
La relation à l'équivalence est ainsi $n_a = n_b$ avec n_a la quantité d'ions oxonium, mais aussi d'acide chlorhydrique, et n_b la quantité d'ions hydroxyde, mais aussi de soude ou hydroxyde de sodium.
En introduisant les concentrations molaires c_a et c_b des solutions, le volume V_a d'acide chlorhydrique et le volume V_{be} de soude versé à l'équivalence, on en déduit la relation :

$$c_a\,V_a = c_b\,V_{be} \text{ d'où } \mathbf{V_{be} = \frac{c_a V_a}{c_b}}$$

A.N. : $c_a = 2{,}6\ \text{mol·L}^{-1}$; $c_b = 1{,}0 \times 10^{-1}\ \text{mol·L}^{-1}$; $V_a = 10{,}0$ mL,
d'où : $$\mathbf{V_{be} = 0{,}26\ L = 26 \times 10^2\ mL}$$
volume très supérieur au volume de 25,0 mL d'une burette graduée.

4 L'énoncé répond à la question posée « les élèves préparent une solution S en diluant 20 fois le détartrant commercial ».

Vérification

On peut vérifier que cette dilution répond bien au problème de la question **3**.
La relation à l'équivalence devient : $V_{be} = \dfrac{c_a V_S}{20 c_b}$.
A.N. : $V_S = 10{,}0$ mL ; $c_a = 2{,}6\ \text{mol·L}^{-1}$; $c_b = 1{,}0 \times 10^{-1}\ \text{mol·L}^{-1}$,
d'où : $V_{be} = 0{,}013\ \text{L} = 13\ \text{mL}$,
volume inférieur au volume de 25,0 mL d'une burette graduée.

SPÉCIFIQUE

5 En utilisant la courbe de la conductivité σ de la solution en fonction du volume de soude versé, on peut déterminer le volume versé à l'équivalence.

L'intersection des deux demi-droites correspond au point *E* ou équivalence du titrage.

La lecture directe de l'abscisse de *E* renseigne sur le volume de soude versé à l'équivalence, soit V_{be} = 12,0 mL.

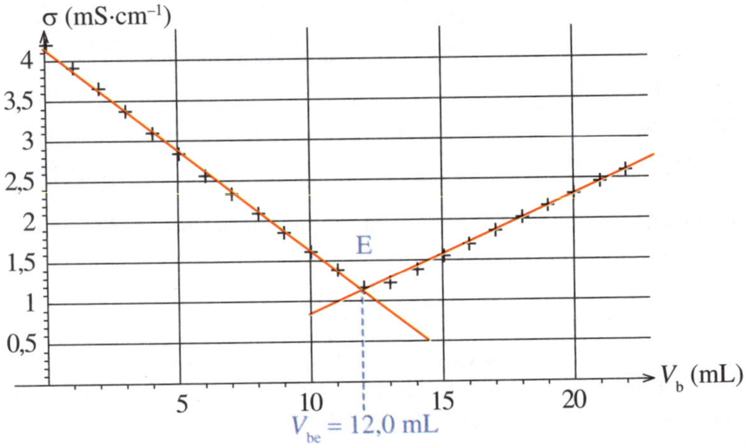

On en déduit alors $c_S = \frac{c_b V_{be}}{V_S}$ avec c_S la concentration molaire en ions oxonium dans la solution diluée.

A.N. : $c_b = 1,0 \times 10^{-1}$ mol·L⁻¹ ; V_{be} = 12,0 mL ; V_S = 10,0 mL,

d'où :

$$c_S = 0,12 \text{ mol·L}^{-1}$$

La concentration c_S obtenue correspond aussi à la concentration en acide chlorhydrique de la solution diluée.

Soit [HCℓ(g)] la concentration en acide chlorhydrique de la solution commerciale. On a :

$$[\text{HC}\ell\text{(g)}] = 20\ c_S$$

A.N. : c_S = 0,12 mol·L⁻¹ d'où **[HCℓ(g)] = 2,4 mol·L⁻¹**.

La valeur obtenue à la question **1** est de 2,6 mol·L⁻¹, ce qui correspond à un écart relatif de 8 %.

Sachant que « la concentration molaire en acide chlorhydrique de la solution commerciale est **de l'ordre de 2,6 mol·L⁻¹** », **on peut conclure à la compatibilité entre les deux valeurs**.

Partie II Utilisation domestique du détartrant commercial

1 Le volume V est le produit de la surface S du tambour fermé et de l'épaisseur e de tartre :

$$V = Se = e(2\pi R^2 + 2\pi Rh)$$

Remarque

La surface du tambour est la somme des deux disques de rayon R, soit $2 \times \pi R^2$, et de la surface latérale de largeur h et de longueur $2\pi R$, périmètre du disque précédent.

A.N. : $R = 40$ cm $= 0{,}40$ m ; $h = 40$ cm $= 0{,}40$ m ; $e = 10$ µm $= 1{,}0 \times 10^{-5}$ m,
d'où :

$$\mathbf{V = 2{,}0 \times 10^{-5}\ m^3}$$

Le volume de tartre déposé sur la surface extérieure du lave-linge est de $2{,}0 \times 10^{-5}$ m³.

2 La quantité de matière en ions oxonium contenus dans le flacon de volume $V_a = 750$ mL est $\boldsymbol{n_a = c_a V_a}$ avec c_a la concentration molaire en ions oxonium.
A.N. : $c_a = 2{,}4$ mol·L^{-1} ; $V_a = 750$ mL $= 0{,}750$ L,

d'où : $\mathbf{n_a = 1{,}8\ mol}$ avec 2 chiffres significatifs

La quantité de matière $n(CaCO_3)$ de carbonate de calcium correspondant au volume de tartre déposé sur le tambour est telle que :

$$n(CaCO_3) = \frac{m(CaCO_3)}{M(CaCO_3)} = \frac{\rho V_{tartre}}{M(CaCO_3)}$$

avec ρ la masse volumique du carbonate de calcium, V_{tartre} le volume de tartre ou de carbonate de calcium déposé et $M(CaCO_3)$ la masse molaire du carbonate de calcium.

A.N. : $\rho = 2{,}65 \times 10^6$ g·m^{-3} ; $V_{tartre} = 2{,}0 \times 10^{-5}$ m³ ; $M(CaCO_3) = 100{,}1$ g·mol^{-1},
d'où :

$\mathbf{n(CaCO_3) = 0{,}53\ mol}$ avec 2 chiffres significatifs

Le tableau d'avancement de la réaction de l'acide chlorhydrique sur le tartre ou carbonate de calcium est le suivant :

	$2H_3O^+(aq)$ +	$CaCO_3(s)$	$\rightarrow Ca^{2+}(aq)$ +	$CO_2(g)$ +	$3H_2O(\ell)$
État	**Quantité de matière**				
État initial	n_a	$n(CaCO_3)$	0	0	Excès
État en cours	$n_a - 2x$	$n(CaCO_3) - x$	x	x	Excès
État final	$n_a - 2x_{max}$	$n(CaCO_3) - x_{max}$	x_{max}	x_{max}	Excès

SPÉCIFIQUE

On recherche le réactif limitant :

- si l'acide chlorhydrique est limitant, alors :
$n_a - 2x_{max} = 0$ et $x_{max} = \frac{n_a}{2} = 0{,}9$ mol ;
- si le carbonate de calcium est limitant, alors :
$n(CaCO_3) - x_{max}$ et $x_{max} = n(CaCO_3) = 0{,}53$ mol.

L'avancement maximal étant la plus petite des valeurs précédentes, on en déduit que le carbonate de calcium est le réactif limitant, et que les ions oxonium ou l'acide chlorhydrique sont le réactif en excès.

Le contenu du flacon est donc largement suffisant pour détartrer le tambour du lave-linge.

Sujet 26 Crème anesthésiante

5 pts 1 heure

France métropolitaine – La Réunion, juin 2018

Calculatrice autorisée

LISTE DES NOTIONS

- Groupe fonctionnel
- Règle des $n + 1$-uplets
- Quantité de matière
- Rendement de synthèse
- Mécanisme réactionnel
- Chauffage à reflux

Certains actes médicaux sont douloureux ; le confort du patient peut être amélioré par une anesthésie locale.

L'objectif de cet exercice est d'étudier la synthèse d'un anesthésiant, la lidocaïne, et quelques caractéristiques d'une crème anesthésiante contenant ce principe actif.

Données :

- masse molaire moléculaire de la lidocaïne : 234,3 g·mol^{-1} ;
- le rendement usuel de la synthèse de la lidocaïne est supérieur à 70 % ;
- masse volumique de la crème anesthésiante : $\rho_c = 1{,}0$ g·cm^{-3}.

Partie I Étude de la molécule de lidocaïne

17 min 1,25 pt

Doc. 1 Formules de la lidocaïne

Formules topologiques de la lidocaïne	Formule semi-développée simplifiée de la lidocaïne
Formule topologique complète (**formule 1**) 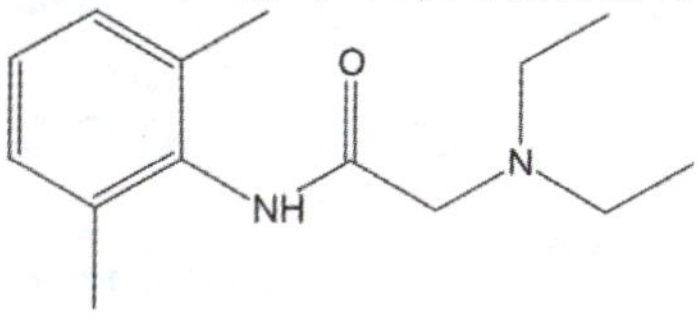 Formule topologique simplifiée (**formule 2**) 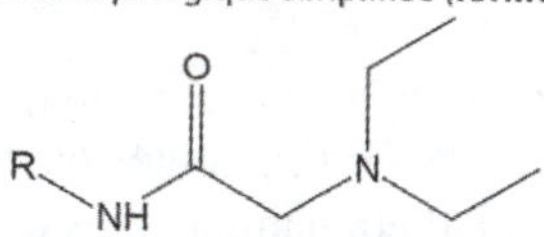 R est un groupement d'atomes	(**formule 3**) 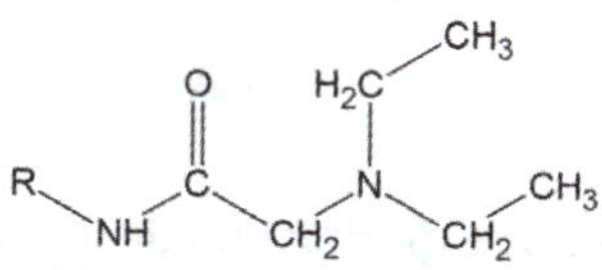 R est un groupement d'atomes

1 Recopier la formule topologique simplifiée de la molécule de lidocaïne (formule 2 du **document 1**), entourer les groupes caractéristiques et nommer les familles chimiques correspondantes. **0,5 pt**

Le **document 2** résume certaines informations contenues dans le spectre de RMN du proton de la lidocaïne. Les protons du groupement d'atomes R ne sont pas pris en compte.

Doc. 2 Déplacement chimique et multiplicité des signaux de la lidocaïne

Déplacement chimique	Multiplicité des signaux
$\delta = 1,1$ ppm	Triplet
$\delta = 2,7$ ppm	Quadruplet
$\delta = 3,2$ ppm	Singulet
$\delta = 8,9$ ppm	Singulet

D'après : National Institute of Advance Industrial Science and Technology – http://sdbs.db.aist.go.jp

2 Recopier la formule semi-développée simplifiée de la molécule de lidocaïne (formule 3 du **document 1**).

Identifier sur cette formule le(s) groupe(s) de protons équivalents correspondant au quadruplet situé à 2,7 ppm et ceux correspondant au triplet situé à 1,1 ppm sur le spectre de RMN. Justifier. **0,75 pt**

Partie II Synthèse de la lidocaïne

25 min **2,25 pts**

L'équation de la réaction de synthèse de la lidocaïne est la suivante :

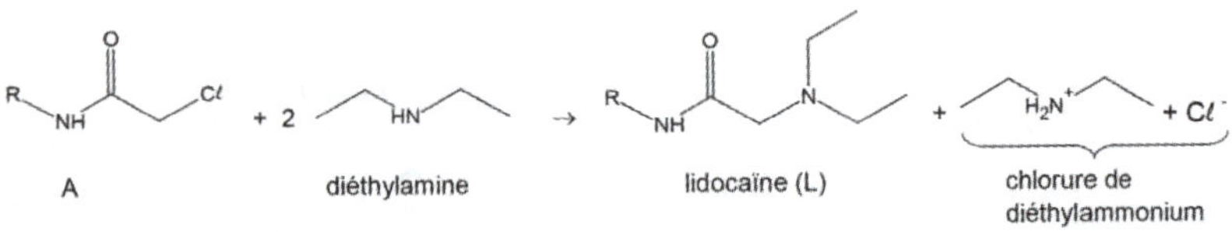

Protocole expérimental de la synthèse :

- *Étape 1* : introduire 6,0 g ($3,0 \times 10^{-2}$ mol) de N-(2,6-diméthylphényl) chloroacétamide, noté A, dans un ballon de 250 mL. Ajouter 60 mL de toluène (solvant) et 15 mL ($1,5 \times 10^{-1}$ mol) de diéthylamine, puis chauffer à reflux sous agitation pendant 1 h 30 min.

• *Étape 2* : après élimination de la diéthylamine restante et du chlorure de diéthylammonium formé du mélange réactionnel, traiter le milieu restant par ajout de 30 mL d'une solution aqueuse d'acide chlorhydrique concentré. À l'aide d'une ampoule à décanter, récupérer la phase aqueuse qui renferme la forme acide associée à la lidocaïne synthétisée.

• *Étape 3* : faire précipiter la lidocaïne à l'aide d'une solution d'hydroxyde de sodium.

• *Étape 4* : après filtration et séchage, on obtient une masse de lidocaïne $m_L = 5{,}6$ g.

SPÉCIFIQUE

1 Mise en œuvre du protocole expérimental

a. Indiquer l'intérêt du chauffage à reflux utilisé dans l'étape 1. **0,5 pt**

b. Vérifier que le réactif A est le réactif limitant du protocole mis en œuvre. **0,5 pt**

c. Déterminer la valeur du rendement de la synthèse effectuée. Commenter. **0,75 pt**

2 Mécanisme réactionnel de la synthèse

Première étape du mécanisme de la synthèse de la lidocaïne :

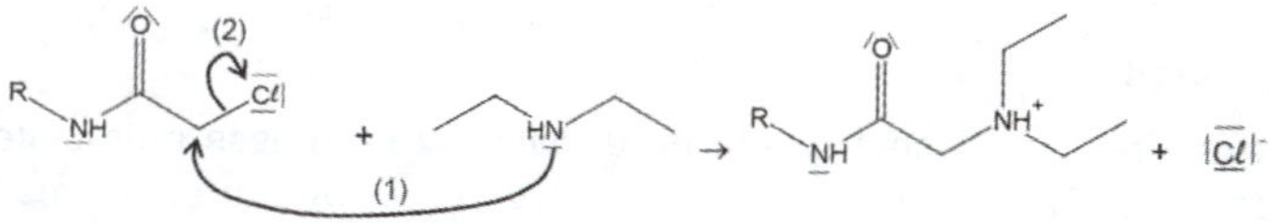

a. Que représentent les flèches courbes figurant sur cette première étape du mécanisme ? **0,25 pt**

b. Identifier le site accepteur et le site donneur associés à la flèche (1). **0,25 pt**

Partie III Étude d'une crème anesthésiante

18 min **1,5 pt**

La crème étudiée contient 2,5 % en masse de lidocaïne.

Lorsque la crème est appliquée sur la peau, les principes actifs diffusent à travers les couches de la peau avant d'atteindre des terminaisons nerveuses. On admet qu'une quantité de 10^{-7} mol de lidocaïne par cm^2 de peau est suffisante pour l'anesthésie. L'épaisseur de crème généralement appliquée sur la peau est de l'ordre de 1 mm.

1 Vérifier que la quantité de matière de lidocaïne dans la crème étudiée est égale à $1{,}1 \times 10^{-4}$ mol par centimètre cube de crème. **0,5 pt**

2 Montrer qu'une épaisseur de 0,1 mm de crème anesthésiante sur une zone de 1 cm^2 de peau est suffisante pour anesthésier cette zone. **1 pt**

Les clés pour réussir

Partie I

1 Identifiez les groupes correspondant aux fonctions amine et amide.

2 La règle des $n + 1$-uplets permet d'identifier le quadruplet comme un environnement ayant 3 plus proches voisins et le triplet comme un environnement ayant 2 plus proches voisins. Pensez que chaque environnement est en double exemplaire du fait de la symétrie locale de la molécule.

Partie II

1 **b.** Établissez le tableau d'avancement de la réaction et déduisez-en le réactif limitant correspondant à la plus petite valeur de l'avancement maximal. Faites bien attention aux coefficients stœchiométriques.

c. Calculez la masse maximale de lidocaïne produite en supposant la réaction totale et en vous aidant du tableau d'avancement établi à la question précédente. Le rendement est alors défini comme le rapport entre la masse obtenue expérimentalement et la masse maximale. Vérifiez que le rendement est supérieur à 70 %.

Partie III

1 Raisonnez sur 1 cm^3 de crème et calculez sa masse puis celle de lidocaïne à 2,5 % en masse. Déduisez-en la quantité de matière correspondante.

2 En utilisant les résultats de la question précédente, calculez la quantité de matière de lidocaïne nécessaire. Comparez à la quantité suffisante pour l'anesthésie.

Sujet 26 Corrigé

Partie I Étude de la molécule de lidocaïne

1 La formule simplifiée de la lidocaïne fait état de deux groupes caractéristiques correspondant à la famille des **amines** (en bleu) et à la famille des **amides** (en rouge).

Formule topologique simplifiée (formule 2)

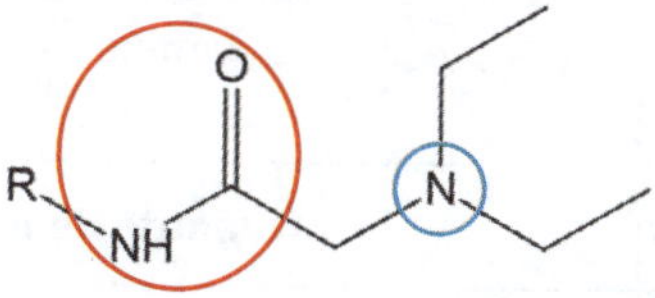

R est un groupement d'atomes

2 Un quadruplet est un environnement de protons équivalents ayant 3 plus proches voisins, alors qu'un triplet n'a que 2 plus proches voisins selon la règle des $n + 1$-uplets.

On peut identifier deux quadruplets et deux triplets :

> **Pensez-y !**
> Deux atomes d'hydrogène sont plus proches voisins lorsqu'ils sont reliés entre eux par une liaison simple –C–C–.

(formule 3)

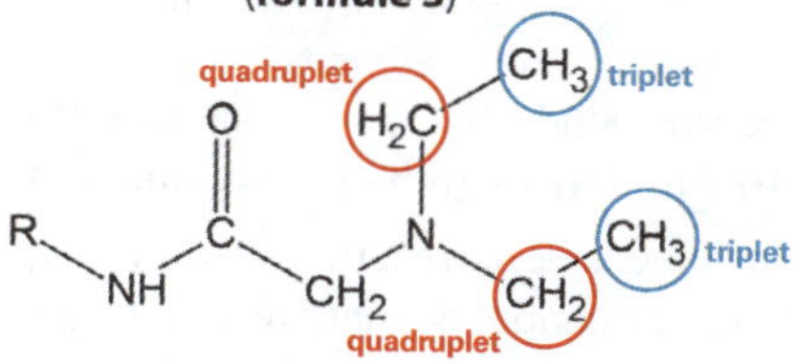

R est un groupement d'atomes

En effet, les **environnements $–CH_2–$** ont 3 plus proches voisins que sont les H des $–CH_3$: ils correspondent aux **quadruplets**.
Les **environnements $–CH_3$** ont 2 plus proches voisins que sont les H des $–CH_2–$: ils correspondent aux **triplets**.

Partie II Synthèse de la lidocaïne

1 a. Un chauffage à reflux permet d'**accélérer la réaction**, **sans perte de matière** et sans modification de pression.
b. L'équation de synthèse de la lidocaïne est la suivante :

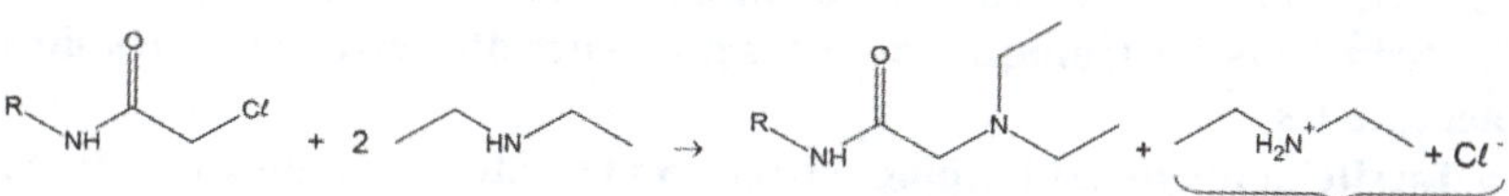

A | diéthylamine | lidocaïne (L) | chlorure de diéthylammonium

Le tableau d'avancement de la réaction est alors :

		A	+ 2 diéthylamine →	L	+ chlorure de diéthylammonium
État	**Avancement**	**Quantité de matière**			
initial	$x = 0$	n_A	n_D	0	0
en cours	x	$n_A - x$	$n_D - 2x$	x	x
final	$x = x_{max}$	$n_A - x_{max}$	$n_D - 2x_{max}$	x_{max}	x_{max}

avec $n_A = 3{,}0 \times 10^{-2}$ mol de composé A et $n_D = 1{,}5 \times 10^{-1}$ mol de diéthylamine.
Si A est limitant, alors $n_A - x_{max} = 0$, soit $x_{max} = n_A = 3{,}0 \times 10^{-2}$ mol.
Si le diéthylamine est limitant, alors $n_D - 2x_{max} = 0$, soit :

$$x_{max} = \frac{n_D}{2} = 7{,}5 \times 10^{-2} \text{ mol}$$

Le réactif limitant correspond à l'avancement maximal le plus petit, soit $x_{max} = n_A = 3{,}0 \times 10^{-2}$ mol. Il s'agit bien du **composé A**.
c. Le tableau d'avancement de la réaction établi à la question précédente permet de montrer que la quantité de matière de lidocaïne à l'état final (EF) est $n_L = x_{max} = 3{,}0 \times 10^{-2}$ mol.
Elle correspond à une masse théorique maximale de $m_{théo} = n_L \times M$ avec M la masse molaire de la lidocaïne.
A. N. : $n_L = 3{,}0 \times 10^{-2}$ mol ; $M = 234{,}3$ g·mol^{-1},
d'où : $m_{théo} = 7{,}0$ g
Le rendement η, exprimé en pourcentage, est défini comme suit :

$$\boldsymbol{\eta = \frac{m_L}{m_{théo}} \times 100}$$

A. N. : $m_{théo} = 7{,}0$ g ; $m_L = 5{,}6$ g,
d'où : $\boldsymbol{\eta = 80\ \%}$
L'énoncé mentionne que « le rendement usuel de la synthèse de la lidocaïne est supérieur à 70 % ». C'est bien le cas ici avec un rendement de 80 %.

2 **a.** Les flèches courbes dans les mécanismes réactionnels représentent les **transferts électroniques des sites donneurs d'électrons vers les sites accepteurs**.
b. Le site donneur est l'atome d'azote N et le site accepteur est l'atome de carbone C non représenté dans la formule topologique de la molécule.

Partie III Étude d'une crème anesthésiante

1 Raisonnons sur 1 cm^3 de crème.
La masse de crème est $m_c = \rho V$ avec ρ sa masse volumique et $V = 1\ cm^3$.
La crème contient 2,5 % de lidocaïne, donc la masse de lidocaïne correspondante est $m_L' = \dfrac{2,5}{100} m_c = 0,025 m_c$.

On en déduit la quantité de matière de lidocaïne : $n_L' = \dfrac{m_{L'}}{M}$ avec M la masse molaire de la lidocaïne.

Finalement, on a :
$$\boldsymbol{n_L' = \frac{0,025 \rho V}{M}}$$

A. N. : $\rho = 1,0\ g \cdot cm^{-3}$; $V = 1\ cm^3$; $M = 234,3\ g \cdot mol^{-1}$,
d'où : $\boldsymbol{n_L' = 1,1 \times 10^{-4}}$ **mol, résultat attendu**

2 Le volume de crème est :
$$\boldsymbol{V_c = Se}$$
avec S la surface de crème d'épaisseur e.
A. N. : $S = 1\ cm^2$; $e = 0,1\ mm = 0,01\ cm$,
d'où : $\boldsymbol{V_c = 0,01\ cm^3}$
Ce volume est 100 fois plus faible que $V = 1\ cm^3$ de la question précédente. La quantité de matière en lidocaïne est alors aussi 100 fois plus faible que précédemment, soit $1,1 \times 10^{-6}$ mol.
Or on « admet qu'une quantité de 10^{-7} mol de lidocaïne par cm^2 de peau est suffisante pour l'anesthésie ». On en déduit que la quantité de matière de lidocaïne, environ 10 fois supérieure à 10^{-7} mol, est **largement suffisante** pour anesthésier la peau.

SPÉCIFIQUE

Sujet 27 — L'acide lévulinique, une molécule qui a de l'avenir

10 pts — 1 h 40

Liban, mai 2017

Calculatrice autorisée

LISTE DES NOTIONS

- Synthèse organique
- Rendement
- Teneur massique
- Paramètres d'influence
- Stéréoisomérie
- Catalyseur
- Fonctions et groupes caractéristiques
- Mécanisme réactionnel
- Analyse spectrale (IR et RMN)

Cet exercice porte sur l'optimisation de la synthèse de l'acide lévulinique et sur la transformation de l'acide lévulinique en valérolactone.

Doc. 1 L'acide lévulinique

L'acide lévulinique est synthétisé à partir de la cellulose présente dans les déchets agricoles. Il s'agit d'une molécule « plateforme » au sens où elle peut mener, par différentes transformations chimiques, à de nombreux produits d'intérêts tels que les composés pharmaceutiques, les plastiques, les parfums…

Elle pourrait même remplacer à terme le pétrole comme matière première de l'industrie chimique.

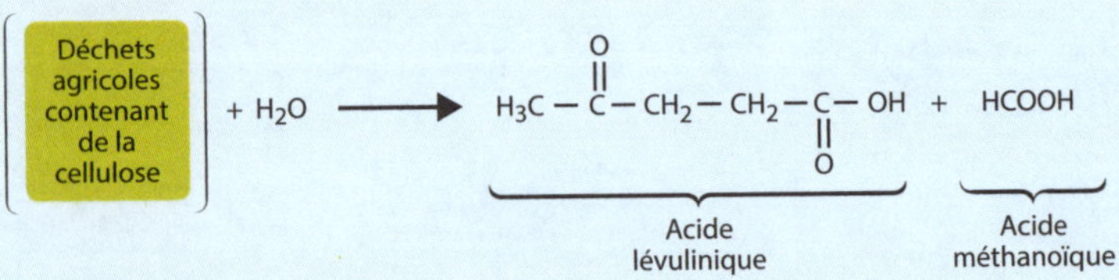

La cellulose est une macromolécule de formule brute $(C_6H_{10}O_5)_n$ constituée d'une succession de n motifs.

Données :

	Motif de la cellulose	Acide lévulinique	Acide méthanoïque	Valérolactone
Masse molaire *M* (g · mol^{-1})	162,1	116,1	46,0	100,1
Masse volumique ρ (g · mL^{-1})	1,50	1,14	1,22	1,05

Doc. 2 Les 12 principes de la chimie verte

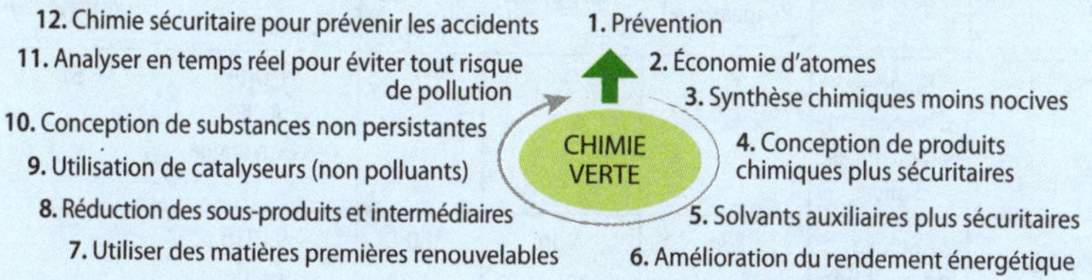

D'après http://culturesciences.chimie.ens.fr/

Doc. 3 Table des nombres d'onde

Liaison	Nombre d'onde (cm^{-1})	Intensité F : fort ; m : moyen	Famille
C_{tet}–H	2 850-3 000 et 1 430-1 480	F	Alcane
O–$H_{lié}$	3 200-3 400	F (large)	Alcool
O–$H_{lié}$	2 500-3 200	F à m (large)	Acide carboxylique
C_{tri}=O	1 700-1 740	F	Cétone
C_{tri}=O	1 700-1 725	F	Acide carboxylique
C_{tri}=O	1 735-1 750	F	Ester

C_{tet} : carbone tétragonal (tétraédrique)
C_{tri} : carbone trigonal

Partie I Optimisation du protocole de synthèse de l'acide lévulinique

30 min   3 pts

Pour optimiser la synthèse de l'acide lévulinique, les chercheurs ont réalisé 6 synthèses en faisant varier différents paramètres.

Doc. 4 Synthèse de l'acide lévulinique

Protocole général :
Chaque synthèse a été réalisée sous agitation à 200 °C. Un volume d'eau $V = 24$ mL contenant le catalyseur en quantité désirée a été mélangé à une masse $m = 1{,}75$ g de matière première (déchets agricoles) réduite en poudre sous atmosphère inerte de diazote. Les résultats des synthèses numérotées de 1 à 6 sont regroupés dans le tableau ci-dessous.

Synthèse	Matière première	Teneur en cellulose (% massique)	Irradiation micro-ondes	Durée de la synthèse (min)	Catalyseur (quantité en mol pour 1 mole de cellulose)	Rendement de la synthèse (%)
1	Branches d'olivier non productrices d'olives	39,4	Oui	15	0,0115 Acide chlorhydrique	51
2	Sciure de peuplier	57,6	Non	60	0,0115 Acide chlorhydrique	37
3	Sciure de peuplier	57,6	Oui	15	0,0115 Acide chlorhydrique	45,8
4	Boues de papier	57,1	Non	60	0,0115 Acide chlorhydrique	55,1
5	Boues de papier	57,1	Oui	15	0,0115 Acide chlorhydrique	55,5
6	Boues de papier	57,1	Non	60	0,0115 Acide sulfurique	26,5

D'après Galetti *et al.* (2012), *Levulinic Acid from waste*, BioRessources.

1 Citer les paramètres que les chercheurs ont fait varier pour optimiser cette synthèse. **0,25 pt**

2 Identifier le paramètre favorisant le rendement de la synthèse qui est mis en évidence dans les **synthèses 2** et **3**. Justifier. **0,25 pt**

3 Identifier le paramètre ayant une influence sur le rendement de la synthèse qui est mis en évidence par les **synthèses 2** et **4**. Préciser son influence. **0,5 pt**

4 Quel catalyseur est-il préférable de choisir ? Justifier. **0,25 pt**

5 Quelle expérience, parmi celles proposées, correspond à la synthèse de l'acide lévulinique la plus « verte » possible ? Justifier. **0,5 pt**

6 Si le rendement était de 100 %, on obtiendrait une mole d'acide lévulinique pour une mole d'un motif de cellulose transformée. Déterminer la masse expérimentale m_{exp} réellement obtenue en acide lévulinique dans l'**expérience 5**. **1,25 pt**

Partie II Transformation de l'acide lévulinique en valérolactone

1 h 10 **7 pts**

La valérolactone est un précurseur de nombreux composés pharmaceutiques permettant de lutter, par exemple, contre l'hypertension ou la leucémie. L'objectif de cette partie est d'étudier deux voies de synthèse de la valérolactone.

1 Étude théorique d'une première voie de synthèse de la valérolactone

La valérolactone peut être synthétisée directement à partir de l'acide lévulinique par deux réactions successives 1 et 2 dont les équations sont données ci-après :

Réaction 1

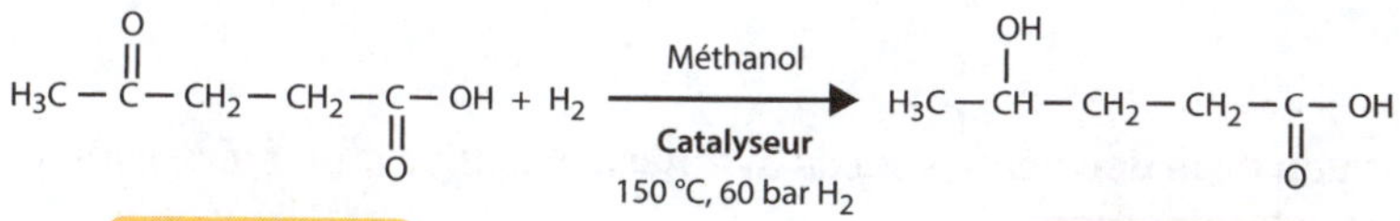

Acide lévulinique — Composé 1

Réaction 2

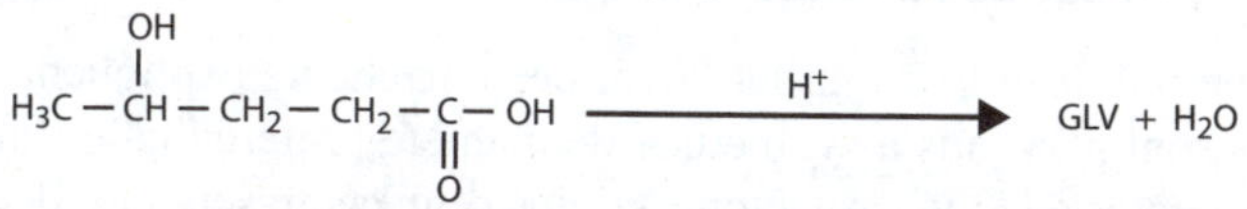

Composé 1 — Valérolactone

a. Recopier l'équation de la **réaction 1** en utilisant les formules topologiques. Entourer les groupes caractéristiques et nommer les fonctions correspondantes. **1 pt**

b. À quelle catégorie de réaction la **réaction 1** appartient-elle ? **0,25 pt**

c. Recopier la formule semi-développée de l'acide lévulinique, entourer les groupes de protons équivalents et prédire la multiplicité du signal en RMN du proton pour chaque groupe de protons. **1,25 pt**

d. Expliquer comment les chercheurs peuvent s'assurer de l'existence du composé 1, à la fin de la **réaction 1**, par spectroscopie infrarouge (IR) et par résonance magnétique nucléaire du proton (RMN). **1 pt**

SPÉCIFIQUE

e. Au cours de la **réaction 1**, deux stéréoisomères du composé 1 sont obtenus. Donner les représentations de Cram de ces deux stéréoisomères. Par quelle relation de stéréoisomérie sont-ils liés ? Justifier. **0,75 pt**

f. La **réaction 2** est une estérification particulière : la molécule du composé 1 possède les deux fonctions qui peuvent réagir entre elles pour donner un ester cyclique, la valérolactone. Sur une partie du mécanisme simplifié d'estérification intramoléculaire ci-après, compléter les **étapes a et b** à l'aide du formalisme des flèches courbes. **0,5 pt**

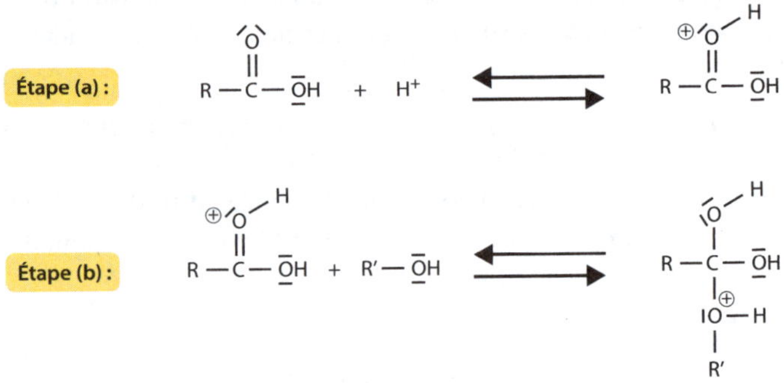

2 Étude de la deuxième voie de synthèse sélective d'un stéréoisomère de la valérolactone

Doc. 5 **Synthèse de l'acide lévulinique**

Dans une publication de juillet 2015, des chercheurs expliquent comment ils sont parvenus à synthétiser de manière préférentielle l'un des stéréoisomères de la valérolactone à l'aide d'un catalyseur chiral. Deux réactions chimiques successives mènent à ce stéréoisomère.

Protocole de la synthèse sélective du stéréoisomère de la valérolactone :

Un volume $V = 0{,}75$ mL d'une solution méthanolique d'acide lévulinique à la concentration massique $C_m = 785$ g · L^{-1} est placé sous une atmosphère chargée en dihydrogène (H_2) à la pression $P = 60$ bar et chauffé à une température de 150 °C en présence de 0,009 mmol du catalyseur chiral sous agitation pendant 20 h. Après traitement du milieu réactionnel et purification, un volume $V' = 0{,}38$ mL du stéréoisomère de la valérolactone est obtenu sous la forme d'un liquide incolore.

Les équations des deux réactions sont données par :

Réaction 1′

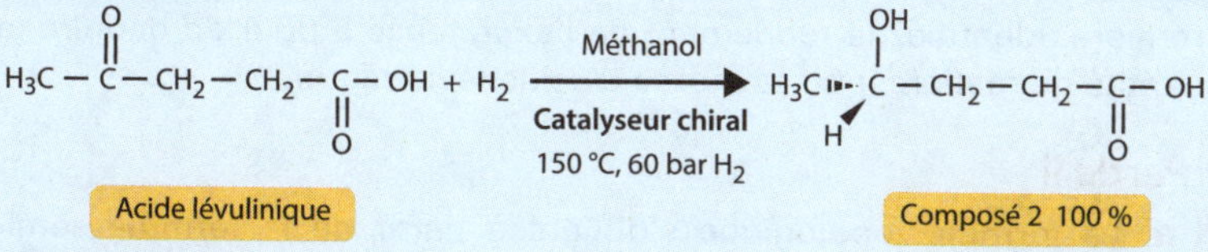

Réaction 2′

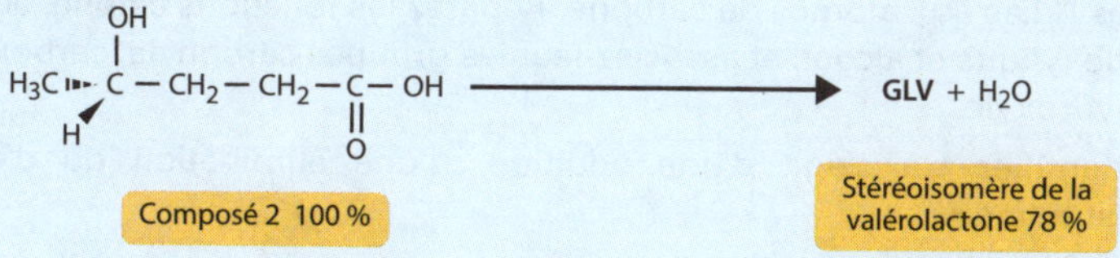

D'après József M. Tukacs *et al.* (2015), *Direct asymmetric reduction of levulinic acid to y-valerolactone : synthesis of a chiral platform molecule*, Green Chem.

a. Justifier la nécessité de trouver des synthèses ne menant qu'à un seul stéréoisomère dans l'industrie pharmaceutique. **0,25 pt**

b. Quelle est la quantité initiale n_{acide} d'acide lévulinique transformée lors de cette synthèse ? **0,5 pt**

c. Calculer le volume maximal théorique V_{max} de valérolactone susceptible d'être obtenu lors de cette synthèse si le rendement des deux réactions était de 100 % et le dihydrogène H_2 introduit en excès. Le volume V' réellement obtenu du stéréoisomère de la valérolactone est-il compatible avec le rendement de 78 % de la **réaction 2′** indiqué dans la publication ? **1,5 pt**

Les clés pour réussir

Partie I

1 Pensez à regarder le tableau du **document 4**.

2 Identifiez le paramètre qui varie entre les **synthèses 2** et **3**, et montrez que le rendement augmente entre la **synthèse 2** et la **synthèse 3**.

3 Identifiez le paramètre qui varie entre les **synthèses 2** et **4**, et déterminez la valeur du paramètre qui permet d'obtenir un plus fort rendement.

4 Recherchez deux protocoles à comparer pour lesquels seule la nature du catalyseur change afin de pouvoir conclure sur le rendement de la synthèse.

5 Identifiez, dans le **document 2**, les principes de la chimie verte qui permettent d'identifier le protocole à retenir.

6 Utilisez la teneur en cellulose pour en déduire la masse, puis la quantité de matière de cellulose présente dans l'échantillon de matière première. Identifiez le rendement de l'**expérience 5** pour en déduire la quantité de matière, puis la masse d'acide lévulinique.

Partie II

1 **a.** La formule topologique s'obtient à partir de la formule semi-développée : supprimez les C, les liaisons entre carbone et hydrogène, et les H liés aux atomes de carbone. Repérez les fonctions cétone, acide carboxylique et alcool, et associez-leur les groupes carbonyle, carboxyle et hydroxyle.

b. Identifiez s'il s'agit d'une addition, d'une élimination ou d'une substitution.

c. Repérez les quatre groupes de protons équivalents, leur nombre n de plus proches voisins, et déduisez la multiplicité m de chaque signal par la règle des $n + 1$-uplets : $m = n + 1$.

d. Utilisez la table des nombres d'onde du **document 2** et par le même raisonnement que dans la question précédente, explicitez l'allure du spectre RMN du composé 1.

e. Recherchez le carbone asymétrique dans la molécule du composé 1 et établissez les deux représentations de Cram images l'une de l'autre dans un miroir et non superposables. Identifiez une énantiomérie.

f. Pensez que les flèches courbes vont du site donneur d'électrons au site accepteur, ou encore du site nucléophile au site électrophile.

2 **a.** Pensez que deux énantiomères n'ont pas les mêmes propriétés chimiques.

b. Calculez la quantité de matière d'acide lévulinique à partir du volume et de la concentration massique donnés dans l'énoncé du protocole du **document 5**.

c. Pensez que les **réactions 1′ et 2′** se font mole à mole et que l'on a donc $n_{GLV} = n_{acide}$. Déduisez-en le volume de GLV produit si la réaction est totale en utilisant les données en début d'énoncé. Le rendement d'une synthèse est le rapport des quantités de matière, montrez qu'il correspond aussi au rapport des volumes et que l'on retrouve un rendement de 78 %.

Sujet 27 Corrigé

Partie I Optimisation du protocole de synthèse de l'acide lévulinique

1 Les paramètres modifiés lors des différentes synthèses sont au nombre de trois :

- le **type de matière première** ayant une teneur en cellulose spécifique ;
- l'**irradiation micro-ondes** ;
- le **catalyseur**.

SPÉCIFIQUE

Remarque

La teneur en cellulose est la même pour une matière première donnée, et la quantité du catalyseur ne varie pas.
La durée de la synthèse et son rendement ne sont pas des paramètres, mais des informations dépendant des trois paramètres cités précédemment.

2 La seule différence entre les protocoles des **synthèses 2** et **3** est le recours à l'**irradiation micro-ondes** pour la synthèse 3. Le rendement est alors modifié, passant de 37 % pour la **synthèse 2** à 45,8 % pour la **synthèse 3**, réduisant aussi la durée de la synthèse de 60 min à 15 min.

3 La seule différence entre les protocoles des **synthèses 2** et **4** est l'**utilisation de matières premières différentes** faisant varier le taux de cellulose d'une synthèse à l'autre. Le rendement de 55,4 % de la **synthèse 4** est plus important avec une utilisation de boues de papier qu'avec de la sciure de peuplier dans la **synthèse 2** dont le rendement reste de 37 %. **Les boues de papier sont donc plus favorables** que la sciure de peuplier, alors que les taux en cellulose de ces deux matières premières restent comparables : 57,1 % pour les boues de papier et 57,6 % pour la sciure de peuplier.

4 Si l'on compare les protocoles des **synthèses 4 et 6**, seule la nature du catalyseur varie. Le rendement est de 26,5 % avec l'acide sulfurique comme catalyseur et de 55,1 % avec l'acide chlorhydrique. **Il est donc préférable d'utiliser le catalyseur offrant le meilleur rendement, soit l'acide chlorhydrique.**

5 Parmi les 12 principes de la chimie verte proposés par le **document 2**, on peut retenir :

- principe 6 : amélioration du rendement énergétique ;
- principe 7 : utiliser des matières premières renouvelables ;
- principe 9 : utilisation de catalyseurs (non polluants).

L'ensemble des synthèses respectent les principes 7 et 9. En revanche, si l'on s'intéresse au rendement énergétique, c'est-à-dire au rendement au regard de la durée de la synthèse, on note que le protocole 5 a le rendement le plus important (55,5 %) pour la durée de synthèse la plus faible (15 min). On conclut donc que **la synthèse correspondant au protocole 5 correspond à la synthèse de l'acide lévulinique la plus « verte » possible**.

6 L'échantillon de l'**expérience 5** contient une masse $m_1 = 1{,}75$ g de matières premières.
La masse de cellulose m_2 correspondante dépend de la teneur massique t.
Dans le cas de l'expérience 5, $t = 57{,}1\ \% = 0{,}571$ et $m_2 = t \times m_1$.
La quantité de matière n_2 de cellulose s'obtient alors par la formule :
$n_2 = \dfrac{m_2}{M_2}$ avec M_2 la masse molaire d'un motif de cellulose.
« Si le rendement était de 100 %, on obtiendrait une mole d'acide lévulinique pour une mole d'un motif de cellulose transformée. » Le rendement r de la synthèse permet de déterminer la quantité de matière n_3 d'acide lévulinique : $n_3 = r \times n_2$ avec $r = 55{,}5\ \% = 0{,}555$ pour la synthèse de l'**expérience 5**.
Finalement, on en déduit la masse m_3 d'acide lévulinique $m_3 = m_{exp} = n_3 \times M_3$ avec M_3 la masse molaire de l'acide lévulinique.
On peut rassembler toutes ces étapes de raisonnement :

$$m_3 = m_{exp} = n_3 \times M_3 = r \times n_2 \times M_3 = r \times \frac{m_2}{M_2} \times M_3 = r \times \frac{t \times m_1}{M_2} \times M_3$$

soit finalement : $$\boldsymbol{m_{exp} = r \times \frac{t \times m_1}{M_2} \times M_3}$$

A. N. : $r = 0{,}555$; $t = 0{,}571$; $m_1 = 1{,}75$ g ; $M_2 = 162{,}1\ \text{g} \cdot \text{mol}^{-1}$; $M_3 = 116{,}1\ \text{g} \cdot \text{mol}^{-1}$,
d'où : $$\boldsymbol{m_{exp} = 0{,}397\ \text{g}}$$

Partie II Transformation de l'acide lévulinique en valérolactone

1 a. La **réaction 1** est :

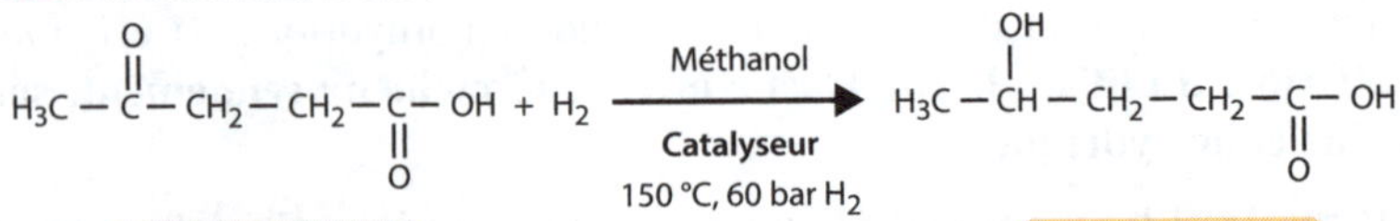

Acide lévulinique — Composé 1

Les formules topologiques de l'acide lévunilique et du composé 1 s'obtiennent en supprimant les notations H_3C et CH_2 des formules semi-développées et en brisant les liaisons C – C ou C – OH.

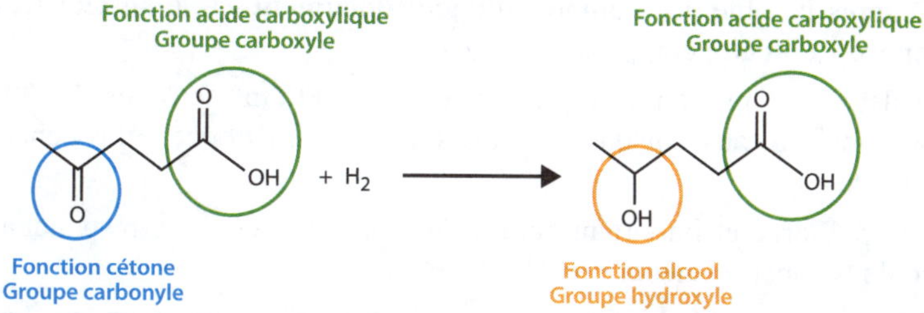

b. La **réaction 1** est une **addition** : c'est une **hydrogénation**.

Gagnez des points !
Une addition de deux réactifs correspond à un seul et unique produit. Le contraire correspond à une élimination.

c. La molécule d'acide lévunilique possède quatre groupes différents de protons équivalents :

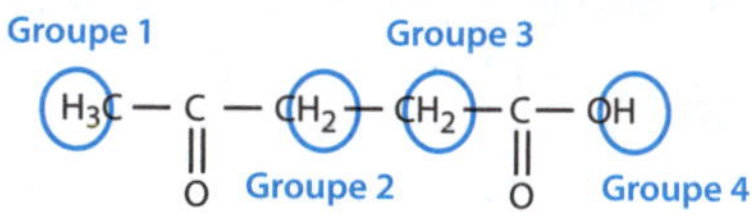

La multiplicité m dépend du nombre n de plus proches voisins : $m = n + 1$ en appliquant la règle des $n + 1$-uplets.
Le tableau suivant récapitule le nombre n de plus proches voisins de chaque groupe et sa multiplicité m.

Groupe de protons équivalents	Nombre de plus proches voisins	Multiplicité du signal RMN	Type de massif
1	0	1	Singulet
2	2	3	Triplet
3	2	3	Triplet
4	0	1	Singulet

Rappel

Deux atomes d'hydrogène sont plus proches voisins s'ils sont liés par deux atomes consécutifs : H – C – C – H.
Les H liés à un atome d'oxygène des fonctions alcool par exemple n'ont pas de plus proches voisins.

SPÉCIFIQUE

d. D'après la table des nombres d'onde **(document 2)**, le spectre IR du composé 1 doit être composé :

- de deux pics prononcés entre 2 850 et 3 000 cm^{-1} et entre 1 430 et 1 480 cm^{-1} dus aux liaisons C – H des atomes de carbone tétravalents de la molécule ;
- d'un pic large et important entre 3 200 et 3 400 cm^{-1} correspondant à celui de la fonction alcool ;
- d'un pic large entre 2 500 et 3 200 cm^{-1} confirmé par un second pic entre 1 700 et 1 725 cm^{-1} pour la fonction acide carboxylique.

Dans le cas de la **réaction 1**, la mise en évidence du composé 1 est l'apparition dans le spectre IR du **pic large 3 200-3 400 cm^{-1} de la fonction alcool**, seule différence avec l'acide lévulinique.

Concernant le spectre RMN du composé 1, 6 groupes de protons équivalents peuvent être identifiés, donnant 6 massifs différents dans le spectre RMN :

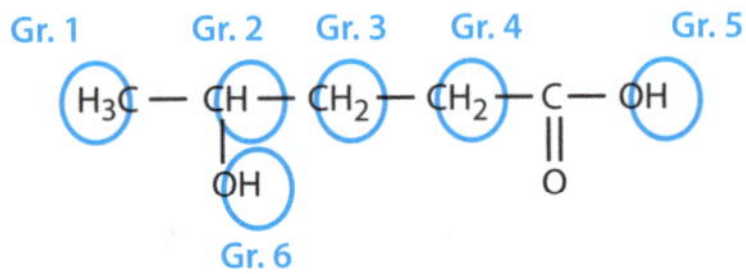

En raisonnant de la même manière que pour la question précédente, on peut calculer la multiplicité de chacun des signaux. Le tableau ci-après récapitule le nombre *n* de plus proches voisins de chaque groupe et sa multiplicité *m*.

Groupe de protons équivalents	Nombre de plus proches voisins	Multiplicité du signal RMN	Type de massif
1	1	2	Doublet
2	5	6	Sextuplet
3	3	4	Quadruplet
4	2	3	Triplet
5	0	1	Singulet
6	0	1	Singulet

L'apparition du composé 1 lors de la transformation 1 se caractérise par une **modification importante du spectre RMN** avec un spectre à 6 massifs pour le composé formé : un chercheur devrait constater l'apparition de 2 singulets, 1 doublet, 1 triplet, 1 quadruplet et 1 massif à 6 pics.

e. Le composé 1 possède un carbone asymétrique :

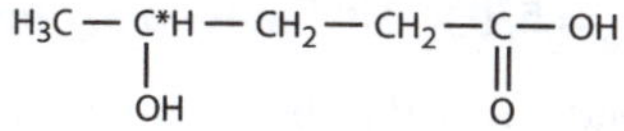

La molécule du composé 1 est donc **chirale** : on peut ainsi proposer deux représentations de Cram, images l'une de l'autre à travers un miroir et non superposables. La relation de stéréoisomérie est donc une **énantiomérie**.

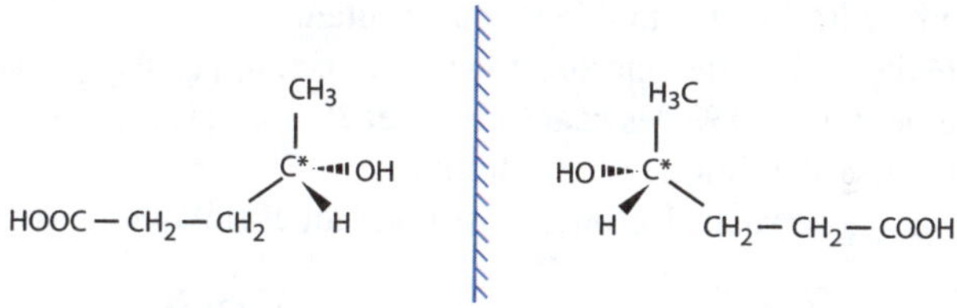

f. Les flèches courbes symbolisent les transferts électroniques des sites donneurs nucléophiles vers les sites accepteurs d'électrons ou électrophiles.

Étape (a) : / **Étape (b) :**

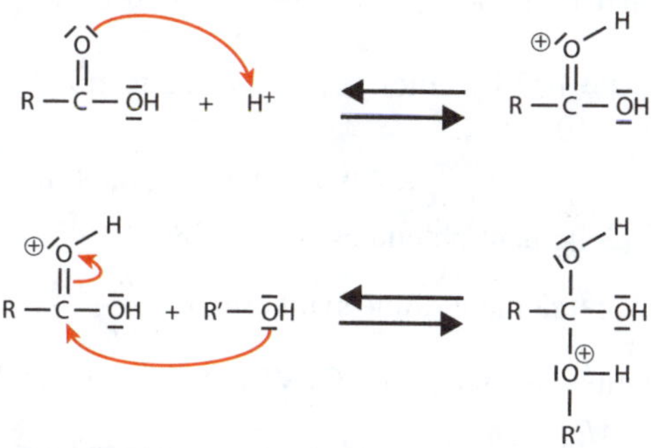

2 a. Deux énantiomères ne possédant pas les mêmes propriétés chimiques, une des deux molécules peut être un principe actif recherché par l'industrie pharmaceutique, tandis que son énantiomère ne l'est pas. Il est donc important de sélectionner une molécule par rapport à l'autre.

b. La quantité de matière n_{acide} d'acide lévulinique est telle que :

$$n_{acide} = \frac{C_m}{M} V$$

avec C_m la concentration massique en acide lévulinique donnée dans l'énoncé du protocole du **document 5**, M sa masse molaire et V le volume de la solution méthanolique.

Pensez-y !

La concentration massique C_m et la concentration molaire c sont liées : $C_m = c \times M$ avec M la masse molaire du composé concerné.

A. N. : $C_m = 785\ g \cdot L^{-1}$; $M = 116{,}1\ g \cdot mol^{-1}$; $V = 0{,}75\ mL = 7{,}5 \times 10^{-4}\ L$;
d'où : $\mathbf{n_{acide} = 5{,}1 \times 10^{-3}}$ **mol ou 5,1 mmol**

c. Dans le cas d'un rendement de 100 % pour chacune des réactions, à l'aide d'un tableau d'avancement ou en identifiant les coefficients stœchiométriques, on en conclut qu'une mole d'acide lévulinique produit une mole de composé 2 (**réaction 1′**) et ainsi une mole de GLV ou valérolactone (**réaction 2′**). On produit donc autant de GLV que d'acide lévulinique initialement présent, l'acide étant le réactif limitant.
La quantité de matière de valérolactone est donc : $n_{GLV} = n_{acide}$ dans le cas d'un rendement de 100 % des **réactions 1′** et **2′**, et de H_2 introduit en excès, soit avec l'acide lévulinique réactif limitant.
Le volume V_{max} de valérolactone correspondant est tel que :

$n_{GLV} = \dfrac{m_{GLV}}{M_{GLV}} = \dfrac{\rho_{GLV} \times V_{max}}{M_{GLV}}$ avec m_{GLV} la masse de GLV produite, M_{GLV} sa masse molaire et ρ_{GLV} sa masse volumique.

Ainsi, on en déduit que $V_{max} = \dfrac{M_{GLV} \times n_{GLV}}{\rho_{GLV}}$ d'où $\mathbf{V_{max} = \dfrac{M_{GLV} \times n_{acide}}{\rho_{GLV}}}$.

A. N. : $M_{GLV} = 100{,}1\ g \cdot mol^{-1}$; $\rho_{GLV} = 1{,}05\ g \cdot mL^{-1} = 1{,}05 \times 10^3\ g \cdot L^{-1}$; $n_{acide} = 5{,}1 \times 10^{-3}$ mol,
d'où : $\mathbf{V_{max} = 4{,}9 \times 10^{-4}}$ **L ou 0,49 mL**
Le volume réellement obtenu est $V' = 0{,}38$ mL.

On définit le rendement d'une synthèse : $r = \dfrac{n_{produit}}{n_{max}}$.

Or les quantités de matière de GLV sont proportionnelles aux volumes de GLV : $V = \dfrac{M_{GLV} \times n}{\rho_{GLV}}$. Le rendement r peut être alors calculé avec le rapport des volumes : $\mathbf{r = \dfrac{V'}{V_{max}}}$

A. N. : $V' = 0{,}38$ mL ; $V_{max} = 0{,}49$ mL,
d'où : $\mathbf{r = 78\ \%}$

On retrouve le rendement donné pour cette synthèse : **le volume V' est donc compatible** avec le rendement de 78 % de la **réaction 2′** si le rendement de la **réaction 1′** est de 100 %, ce qui est bien l'information donnée dans la publication, **document 5**.

Gagnez des points !
Le rendement d'une synthèse est le rapport entre la quantité de matière réellement produite et celle obtenue en supposant la réaction totale.

Sujet 28 — Synthèse de la carvone à partir du limonène

4 pts — 1 h 00

France métropolitaine – La Réunion, juin 2017

Calculatrice autorisée

SPÉCIFIQUE

LISTE DES NOTIONS

- Formule semi-développée
- Spectre infrarouge
- Chiralité
- Synthèse
- Extraction
- Rendement

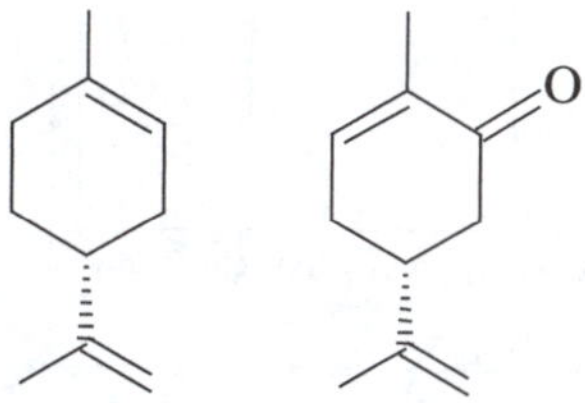

R-limonène R-carvone

La peau des oranges contient une huile essentielle constituée principalement d'un des énantiomères du limonène : le R-limonène, qui est responsable de leur odeur caractéristique. Le R-limonène sert de matière première pour produire des arômes dans l'industrie agroalimentaire, comme la R-carvone.

Dans cet exercice, on s'intéresse à la synthèse de la R-carvone à partir du R-limonène.

Données :

- Caractéristiques physiques :

Espèce chimique	R-limonène	Nitrosochlorure de limonène	R-carvone	Eau
Masse molaire moléculaire ($g \cdot mol^{-1}$)	136,0	201,5	150,0	18,0
Masse volumique ($g \cdot mL^{-1}$)	0,84	–	0,96	1,0

- Données de spectroscopie infrarouge :

Liaison	O – H	C – H	C = O	C = C
Nombre d'onde (en cm^{-1})	3 200-3 400	2 900-3 200	1 660-1 725	1 640-1 660

Partie I Extraction du limonène

15 min 1 pt

L'extraction de cette huile essentielle peut se faire par hydrodistillation. À partir de l'écorce de six oranges, on recueille 3,0 mL d'huile essentielle que l'on analyse par spectrophotométrie.

Doc. 1 Spectre infrarouge de l'huile essentielle obtenue à partir des écorces d'orange

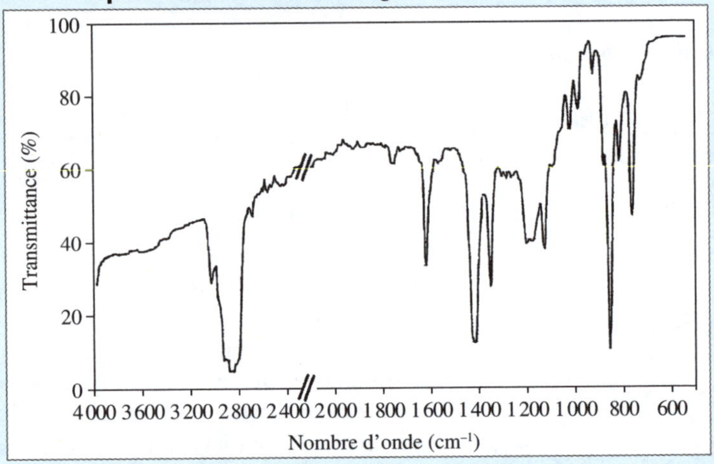

D'après *Chimie des couleurs et des odeurs*, M. Capon, Culture et techniques.

1 Représenter la formule semi-développée du R-limonène. **0,5 pt**

2 Montrer que le spectre infrarouge de l'huile essentielle recueillie est compatible avec la structure du R-limonène. **0,5 pt**

Partie II Synthèse de la R-carvone

23 min 1,5 pt

La synthèse de la R-carvone s'effectue à partir du R-limonène en trois étapes schématisées ainsi :

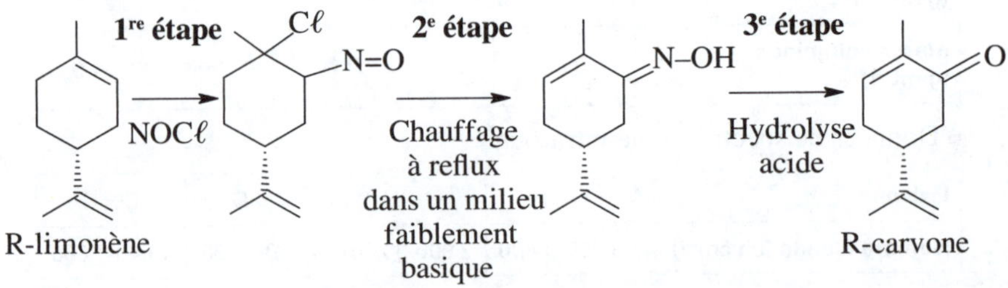

La première étape de cette synthèse est décrite ci-après.
La réaction entre le limonène et le chlorure de nitrosyle NOCℓ en excès permet, après filtration, de recueillir un produit sous forme solide : le nitrosochlorure de limonène.

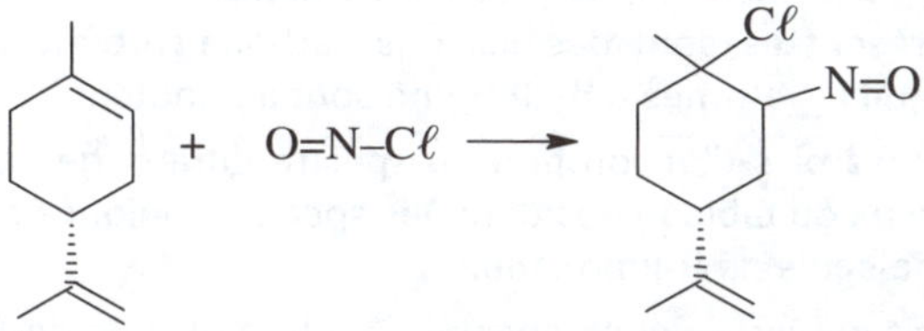

R-limonène — Nitrosochlorure de limonène

À l'issue de la synthèse, on recueille un mélange constitué de deux phases : une phase aqueuse et une phase organique constituée principalement de R-carvone. Cette phase organique est séparée de la phase aqueuse à l'aide d'une ampoule à décanter, puis la phase organique est séchée.

1 La R-carvone est une molécule chirale. Justifier. **0,5 pt**

2 Indiquer la catégorie de la réaction mise en jeu lors de la première étape de la synthèse. Justifier. **0,5 pt**

3 Le schéma de l'ampoule à décanter utilisée à l'issue de l'étape 3 de la synthèse est donné ci-contre.
Identifier la phase (phase 1 ou phase 2) où se situe la R-carvone. Justifier. **0,5 pt**

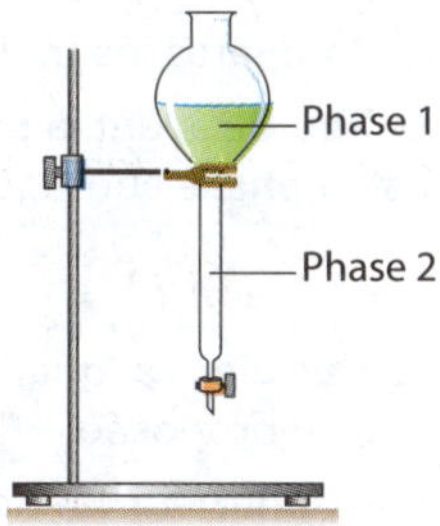

Partie III Des oranges à la carvone

22 min **1,5 pt**

On fait l'hypothèse que l'huile essentielle recueillie par hydrodistillation (voir **Partie I**) est uniquement constituée de R-limonène. Le rendement de la synthèse effectuée (voir **Partie II**) est de 30 %.

1 Vérifier que la quantité de matière de R-limonène nécessaire à la synthèse de 13 g de R-carvone est égale à 0,29 mol. **0,75 pt**

2 Estimer le nombre d'oranges nécessaire pour synthétiser 13 g de R-carvone à partir du R-limonène extrait des peaux d'orange. **0,75 pt**

Les clés pour réussir

Partie I

1 Partez de la formule topologique du R-limonène, sachant que les liaisons représentées sont des liaisons carbone-carbone simples ou doubles, et que les atomes d'hydrogène sont à rajouter.

2 Comparez les pics d'absorption du spectre infrarouge de l'huile essentielle et ceux du tableau des données spectroscopiques pour les liaisons de la molécule de R-limonène.

Vérifiez aussi que les liaisons absentes de la molécule de R-limonène répertoriées dans le tableau des données sont aussi absentes du spectre IR de l'huile essentielle.

Partie II

1 Partez de la formule topologique de la molécule de R-carvone pour trouver sa formule semi-développée.

Repérez alors le carbone asymétrique qui fait de la R-carvone une molécule chirale. Ce carbone est tétravalent, car lié à quatre constituants différents.

2 Faites le choix entre une addition, une élimination et une substitution.

3 Comparez les masses volumiques de la R-carvone et de l'eau.

Le liquide ayant la plus petite masse volumique ou la plus petite densité est la phase surnageante, c'est-à-dire la phase 1 supérieure.

Partie III

1 Calculez la quantité de matière de R-carvone correspondant à la masse proposée.

Raisonnez sur la stœchiométrie de la réaction en trois étapes donnée dans l'énoncé et considérez dans un premier temps un rendement de 100 %.

Déduisez-en la quantité de matière de R-limonène nécessaire, puis prenez en compte le rendement réel de 30 %.

2 Partez de l'indication de l'énoncé « À partir de six oranges, on recueille 3,0 mL d'huile essentielle » en considérant que l'huile est constituée uniquement de R-limonène.

Déduisez la quantité de matière de R-limonène correspondant au volume de 3,0 mL.

Utilisez finalement le résultat de la question précédente pour en déduire par proportionnalité la quantité d'oranges nécessaire.

Sujet 28 Corrigé

Partie I Extraction du limonène

1 La première molécule de l'énoncé représente la formule topologique du R-limonène. Elle comporte aussi une liaison hachurée triangulaire représentant une liaison en arrière du plan.

À partir de cette formule, on peut obtenir la formule semi-développée du R-limonène :

- les traits pleins représentent des liaisons C-C ;
- la liaison en arrière du plan est aussi une liaison C-C ;
- les atomes d'hydrogène ne sont pas représentés dans la formule topologique, il va falloir les rajouter, sachant que chaque atome de carbone possède 4 liaisons.

À partir de la formule topologique proposée, on obtient ainsi la formule semi-développée du R-limonène :

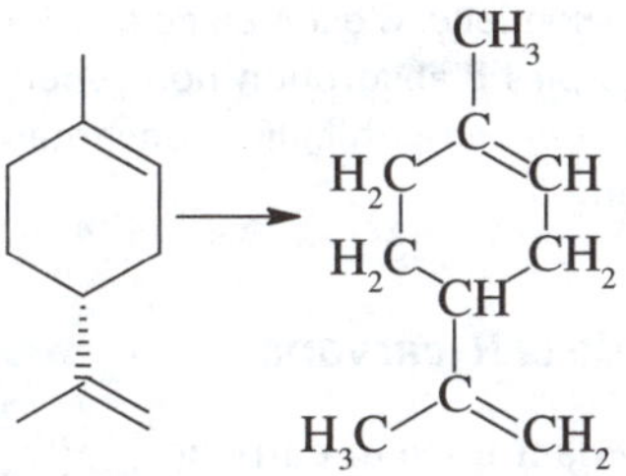

2 Le R-limonène ne possède que des liaisons C-C, C=C ou C-H. D'après le tableau des données de spectroscopie infrarouge, le spectre doit rendre compte d'une bande d'absorption entre 2 900 et 3 200 cm^{-1} (liaisons C-H) et d'une bande entre 1 640 et 1 660 cm^{-1} (liaisons C=C).

Le spectre infrarouge de l'huile essentielle obtenue à partir des écorces d'orange présente ces deux absorptions.

Le spectre infrarouge de l'huile essentielle recueillie est bien compatible avec la structure du R-limonène.

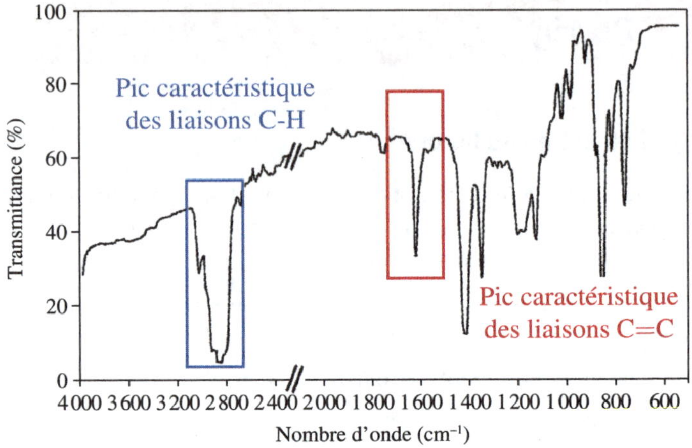

Remarque

Comme il n'y a pas de liaisons O-H ou C=O, les pics d'absorption à 3 200-3 400 cm^{-1} ou 1 660-1 725 cm^{-1} n'apparaissent pas dans le spectre infrarouge de l'huile essentielle. C'est bien ce que l'on constate.
Il existe aussi d'autres pics d'absorption non répertoriés dans la table des données spectroscopiques, en particulier concernant les liaisons C-C de la molécule de R-limonène.

Partie II Synthèse de la R-carvone

1 Une molécule possédant un seul carbone asymétrique, c'est-à-dire tétravalent ayant des liaisons vers des constituants différents, est chirale.

Remarque

Une molécule est chirale si elle ne possède pas de plan de symétrie ou encore si elle n'est pas superposable à son image dans un miroir.

La molécule de R-carvone possède un seul carbone asymétrique, noté C*, que l'on peut mettre en évidence sur la formule semi-développée :

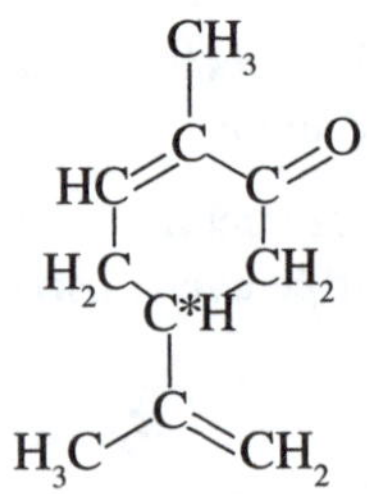

Le carbone asymétrique est bien relié à 4 constituants différents, car le cycle n'a pas de symétrie axiale et n'est donc pas identique s'il est parcouru dans un sens ou dans l'autre.

Remarque
Pour obtenir la formule semi-développée, on part de la formule topologique comme dans la réponse **2** de la **Partie I**.

2 Lors de la première étape de la synthèse, le chlorure de nitrosyle NOCℓ va se fixer sur la molécule de R-limonène. **Il s'agit donc d'une réaction d'addition**. On vérifie bien que l'on a deux réactifs et un seul produit.

3 Le tableau des caractéristiques physiques donne les masses volumiques de la R-carvone et de l'eau, constituants essentiels de, respectivement, la phase organique et la phase aqueuse.
Ces deux liquides ont des masses volumiques ρ telles que :

$$\rho(\text{R-carvone}) = 0{,}96 \text{ g/mL} < 1{,}0 \text{ g/mL} = \rho(\text{eau})$$

On en déduit que la R-carvone est un liquide qui est moins dense que l'eau. Cela permet de conclure que **la R-carvone, constituant de la phase organique, est la phase supérieure, surnageante ou phase 1** dans l'ampoule à décanter. La phase aqueuse est la phase inférieure ou phase 2.

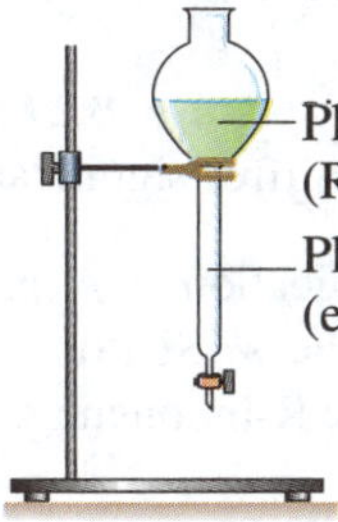

Remarque

La densité d'un liquide est le rapport entre sa masse volumique et la masse volumique de l'eau. L'ordre des masses volumiques de deux liquides correspond ainsi à celui des densités de ces liquides.

Partie III Des oranges à la carvone

1 Soit n_1 la quantité de matière de R-limonène nécessaire à la synthèse de la R-carvone. En considérant un rendement de 100 % dans un premier temps, la réaction en 3 étapes proposée dans l'exercice montre qu'une seule mole de R-limonène conduit à la production d'une seule mole de R-carvone.

On en déduit donc que n_l mol de R-limonène produit n_l mol de R-carvone pour un rendement de 100 % ou $0{,}30n_l$ de R-carvone pour un rendement de 30 %.
Soit m_c = 13 g la masse de R-carbone. On peut en déduire la quantité de matière n_c correspondante :

$$n_c = \frac{m_c}{M_c} = 0{,}30n_l$$

Remarque
Un tableau d'avancement de la réaction montre aisément que la réaction de n_l mol de R-limonène produit n_l mol de R-carvone pour un rendement de 100 %.

avec M_c la masse molaire de la R-carvone.
Soit finalement, la quantité de matière n_l de R-limonène nécessaire :

$$n_l = \frac{n_c}{0{,}30}$$

d'où
$$\boldsymbol{n_l = \frac{m_c}{0{,}30M_c}}$$

A.N. : m_c = 13 g ; M_c = 150,0 g·mol^{-1},
d'où :

$$\boldsymbol{n_l = 0{,}29\ \text{mol}}$$

en ne conservant que 2 chiffres significatifs.

2 L'énoncé donne l'indication « À partir de six oranges, on recueille 3,0 mL d'huile essentielle ». Si l'on suppose que l'huile essentielle est entièrement constituée de R-limonène, avec 6 oranges, on recueille 3,0 mL de R-limonène.
Le volume V = 3,0 mL de R-limonène correspond à une quantité de matière n selon la formule :

$$n = \frac{\rho V}{M}$$

avec ρ la masse volumique et M la masse molaire du R-limonène.
Cette quantité n correspond à l'extraction de l'huile essentielle de l'écorce de 6 oranges. Or la production de 13 g de R-carvone nécessite n_l = 0,29 mol de R-limonène provenant de 6 oranges.
Proportionnellement, on en déduit le nombre N d'oranges nécessaire :

$$N = 6\frac{n_l}{n} = \boldsymbol{6\frac{Mn_l}{\rho V}}$$

A.N. : ρ = 0,84 g·mL^{-1} ; V = 3,0 mL ; M = 136,0 g·mol^{-1} ; n_l = 0,29 mol,
d'où : **N = 94 oranges**
en ne conservant que 2 chiffres significatifs.

Il faut donc extraire le R-limonène de la peau de 94 oranges pour produire 13 g de R-carvone.

Sujet 29 Chaîne de transmission de l'information

5 pts — 60 min

Asie, juin 2017

Calculatrice autorisée

LISTE DES NOTIONS

- Chaîne de transmission
- Retard
- Oscillogramme
- Coefficient d'atténuation
- Incertitude de mesure
- Échantillonnage et quantification

La chaîne de transmission de l'information est, de manière simplifiée, constituée d'un émetteur, d'un canal de transmission et d'un récepteur.

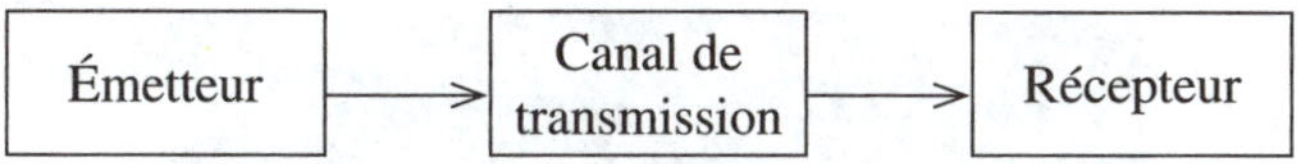

La propagation des signaux peut se faire selon deux types :
– propagation libre : la propagation est libre lorsque les informations sont transmises sans dispositif de guidage ;
– propagation guidée : la propagation guidée nécessite un guide d'onde qui contraint l'onde à se propager selon un certain chemin.

Dans cet exercice, la **Partie I** s'intéresse à la transmission du signal, puis la **Partie II** à sa réception. Les **Parties I** et **II** sont indépendantes.

Partie I Transmission de l'information

40 min — 3,25 pts

1 Transmission de l'information via un câble coaxial

Le montage photographié ci-après permet d'étudier la propagation de signaux électriques le long d'un câble coaxial.
Un générateur de fonctions (GBF) délivrant une tension de fréquence fondamentale proche de 1 MHz est relié à un câble coaxial de longueur $\ell = 40{,}00 \pm 0{,}05$ m (la longueur ℓ tient compte de la longueur des fils de connexion utilisés).

Doc. 1 **Oscilloscope numérique**

Un oscilloscope numérique permet de visualiser :
– sur la voie 1, la tension $u_e(t)$ à l'entrée du câble ;
– sur la voie 2, la tension $u_s(t)$ à la sortie du câble (voir l'oscillogramme ci-après).

La platine de montage permet de relier la sortie du câble coaxial à l'oscilloscope.

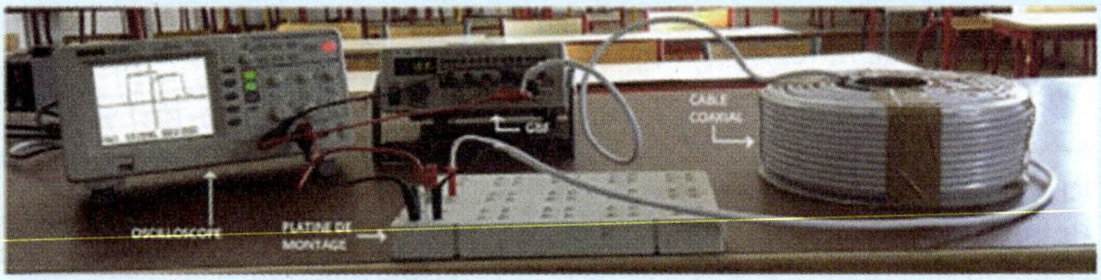

a. Dans l'expérience précédente, identifier l'émetteur, le canal de transmission, le type de transmission et le récepteur. **0,5 pt**

On obtient l'oscillogramme ci-après.

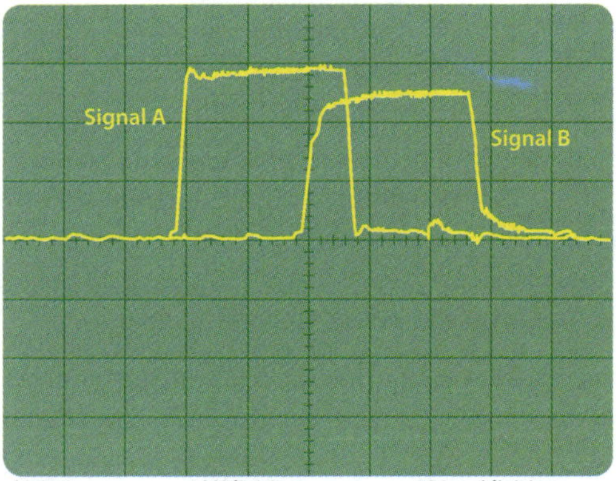

Voie 1 1 V/division 100 ns/division
Voie 2 1 V/division 100 ns/division

b. Identifier, à partir de l'oscillogramme ci-dessus, le signal correspondant à la tension d'entrée du câble et celui correspondant à la tension de sortie. Justifier la réponse. **0,25 pt**

c. Déterminer la durée de propagation τ du signal dans le câble. **0,25 pt**

d. On estime que la lecture sur l'oscillogramme s'effectue avec une incertitude absolue correspondant à la plus petite graduation. En déduire l'incertitude $U(\tau)$ sur la détermination de la durée de propagation. **0,25 pt**

e. Calculer la vitesse de propagation v du signal dans ce câble. **0,25 pt**

f. La relation permettant de calculer l'incertitude $U(v)$ sur la vitesse est :

$$U(v)=v\sqrt{\left(\frac{U(\ell)}{\ell}\right)^2+\left(\frac{U(\tau)}{\tau}\right)^2}$$

où $U(\ell)$ représente l'incertitude sur la valeur de ℓ.

Montrer que l'une des incertitudes relatives $\frac{U(\ell)}{\ell}$ ou $\frac{U(\tau)}{\tau}$ peut être négligée. Déterminer alors un encadrement de la vitesse v. **0,5 pt**

g. La vitesse théorique de propagation d'un signal le long d'un câble coaxial peut être calculée à l'aide de la relation suivante : $v_{th}=\frac{c}{\sqrt{\varepsilon_R}}$.

Dans cette relation, $c = 3{,}00 \times 10^8$ m · s^{-1} est la célérité des ondes électromagnétiques dans le vide et ε_R une grandeur appelée permittivité diélectrique relative de l'isolant situé dans le câble coaxial. Pour le câble utilisé dans cette expérience, $\varepsilon_R = 2{,}1$. Calculer v_{th}. **0,25 pt**

h. La valeur de la vitesse expérimentale est-elle acceptable ? Justifier à l'aide des réponses précédentes. **0,25 pt**

SPÉCIFIQUE

2 Affaiblissement du signal

Doc. 2 Coefficient d'atténuation linéique

Lors de la transmission, le signal subit un affaiblissement qui est évalué par le coefficient d'atténuation linéique α de la transmission.

$$\alpha=\frac{20}{\ell}\log\left(\frac{U_e}{U_s}\right)$$

avec :
- α en dB · m^{-1} ;
- ℓ : longueur du câble en m ;
- U_e : amplitude de la tension à l'entrée du câble en V ;
- U_s : amplitude de la tension à la sortie du câble en V.

Référence des câbles	Coefficient d'atténuation (dB · m^{-1})
RG-174/U	$8{,}0 \times 10^{-2}$
RG-188A/U	$4{,}0 \times 10^{-2}$
RG-58C/U	$2{,}3 \times 10^{-2}$
RG-59/BU	$1{,}4 \times 10^{-2}$

Parmi les câbles référencés, proposer un câble compatible avec les résultats de l'expérience. Étant donné la précision sur les mesures, que peut-on dire de cette méthode ? **0,75 pt**

Partie II Réception du signal

20 min **1,75 pt**

Un microphone est un dispositif permettant de convertir une onde sonore en signal électrique. Un système d'acquisition muni d'un convertisseur 12 bits, relié à un ordinateur, permet de prélever la tension aux bornes du microphone.

L'acquisition a été réalisée sur le calibre – 0,5 V/+ 0,5 V. Elle a duré 30 ms avec 2 000 points de mesure.

On a représenté le signal analogique à la sortie du microphone entre 0 et 225 µs. Le signal est appliqué à l'entrée du convertisseur.

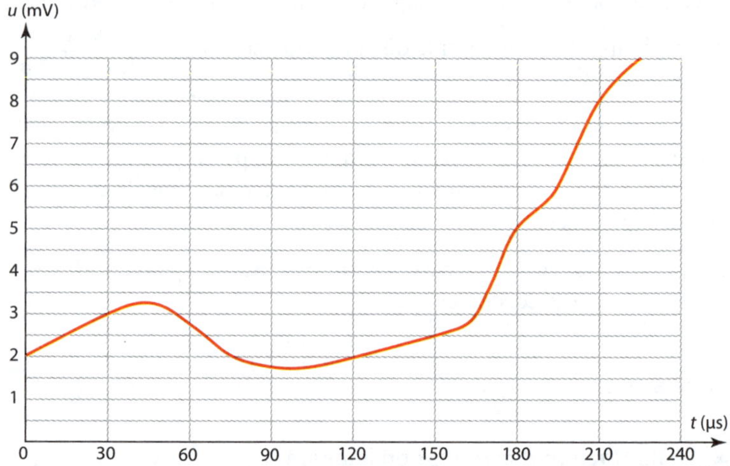

Le pas d'un convertisseur (plus petite variation de tension que le convertisseur puisse mesurer) se calcule à l'aide de la relation $p = \frac{\Delta U}{2^n}$ avec :

- $\Delta U = U_{max} - U_{min}$ la plage de mesures ;
- n le nombre de bits du convertisseur.

La fréquence d'échantillonnage est le nombre de mesures effectuées par seconde.

1 Calculer le pas du convertisseur. **0,25 pt**

2 Calculer la fréquence d'échantillonnage, puis en déduire la période d'échantillonnage T_e. **0,5 pt**

3 Représenter, sur la courbe donnée ci-avant, toutes les valeurs du signal après échantillonnage entre les dates $t = 0$ µs et $t = 60$ µs. Pour simplifier, on prendra un pas de 0,25 mV. **0,5 pt**

4 Proposer une amélioration, avec le même matériel, pour obtenir un signal échantillonné de meilleure qualité. **0,5 pt**

Les clés pour réussir

Partie I

1 a. Regardez la photographie du **document 1** et identifiez l'émetteur, le récepteur et le canal de transmission parmi les trois éléments que sont le GBF, le câble coaxial et l'oscilloscope. Choisissez entre un mode de propagation libre ou guidé.

b. Identifiez le signal reçu comme celui enregistré avec un retard et dont l'amplitude est la plus faible.

c. Identifiez la différence des abscisses entre 2 points du signal A et B correspondant au même état électronique sur l'oscillogramme, soit par exemple le début et la fin du signal de tension. Déduisez la valeur de la durée de propagation en utilisant la sensibilité horizontale.

d. Montrez qu'une plus petite graduation correspond à 0,2 div.

e. Calculez la vitesse de propagation v en calculant le rapport entre la longueur du câble et la durée de propagation du signal.

f. Montrez que $\frac{U(\ell)}{\ell}$ est négligeable devant $\frac{U(\tau)}{\tau}$. Simplifiez alors l'expression de $U(v)$ et déduisez-en un encadrement du type $v \pm U(v)$.

g. Faites l'application numérique avec les valeurs proposées dans la question.

h. Montrez que la valeur théorique appartient à l'intervalle expérimental calculé en **f**.

2 Calculez le coefficient d'atténuation linéique dont l'expression est donnée dans le **document 2** en évaluant les tensions d'entrée et de sortie sur l'oscillogramme. Montrez que l'imprécision de mesure rend toutefois incertain le choix du câble le plus adapté.

Partie II

1 Calculez p avec les données de l'énoncé.

2 Considérant que l'enregistrement de 30 ms correspond à 2 000 points soit 1 999 intervalles de temps, calculez la fréquence d'échantillonnage. Déduisez-en la période d'échantillonnage, inverse de la fréquence.

3 Utilisez la courbe du signal analogique et identifiez les valeurs de la tension toutes les T_e = 15 µs, les valeurs devant être un multiple du pas de quantification 0,25 mV.

4 Pensez à diminuer le pas de quantification ou à augmenter la fréquence d'échantillonnage.

Sujet 29 Corrigé

Partie I Transmission de l'information

1 Transmission de l'information via un câble coaxial

a. L'**émetteur** est le **générateur du signal**, c'est-à-dire le GBF. Le signal est alors transmis par le câble coaxial jusqu'à l'**oscilloscope**, qui est donc le **récepteur**, et le **canal de transmission** est le **câble**.
La propagation par câble est une **propagation guidée**.

b. Le signal B est reçu avec un retard par rapport au signal A. Il a une amplitude plus faible que le signal A.
On en déduit donc que **le signal B est le signal reçu ou tension de sortie**, alors que **le signal A est le signal émis ou tension d'entrée**.

c. La durée de propagation du signal électrique dans le câble coaxial correspond au retard τ entre la tension d'entrée A et la tension d'entrée B.
L'oscillogramme permet de mesurer ce retard. On peut le mettre en évidence en plusieurs points des deux courbes A et B :

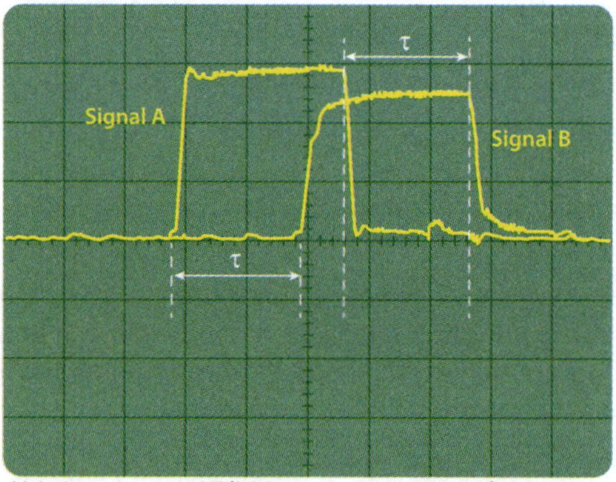

Voie 1	1 V/division	100 ns/division
Voie 2	1 V/division	100 ns/division

Dans les deux cas mis en évidence ci-avant, τ est équivalent à 2 divisions.
Avec un balayage ou une sensibilité horizontale de 100 ns/division, on a :

$$\boldsymbol{\tau = 2 \times 10^2 \text{ ns} = 2 \times 10^{-7} \text{ s}}$$

> **Gagnez des points !**
> Pensez à vérifier votre mesure de τ en plusieurs points de l'oscillogramme.

d. Si la lecture sur l'oscillogramme s'effectue avec une incertitude absolue correspondant à la plus petite graduation, alors $U(\tau)$ = 20 ns. En effet, la

plus petite graduation correspond au 1/5e de la division, soit 0,2 division ou 0,2 div × 100 ns/div = 20 ns.
Si l'on reste réaliste en ne notant l'incertitude qu'avec un seul chiffre significatif, on obtient : $\boldsymbol{U(\tau) = 2 \times 10^{-8}}$ **s.**

e. La vitesse v de propagation du signal dans le câble est telle que : $\boldsymbol{v = \frac{\ell}{\tau}}$.

A. N. : $\ell = 40{,}00$ m ; $\tau = 2 \times 10^{-7}$ s,

d'où :
$$\boldsymbol{v = 2 \times 10^{8}\ \text{m} \cdot \text{s}^{-1}}$$

f. L'incertitude sur la vitesse se calcule comme suit :

$$\boldsymbol{U(v) = v\sqrt{\left(\frac{U(\ell)}{\ell}\right)^2 + \left(\frac{U(\tau)}{\tau}\right)^2}}$$

A. N. : $\ell = 40{,}00$ m ; $U(\ell) = 0{,}05$ m ; $\tau = 2 \times 10^{-7}$ s ; $U(\tau) = 2 \times 10^{-8}$ s,

d'où :
$$\frac{U(\ell)}{\ell} = 1{,}25 \times 10^{-3} \text{ et } \frac{U(\tau)}{\tau} = 0{,}1$$

Le rapport entre $\frac{U(\ell)}{\ell}$ et $\frac{U(\tau)}{(\tau)}$ est de l'ordre de $\frac{1\times10^{-3}}{1\times10^{-1}} = 1\times10^{-2}$. On en déduit que $\boldsymbol{\frac{U(\ell)}{\ell}}$ **est négligeable devant** $\boldsymbol{\frac{U(\tau)}{\tau}}$.

Pensez-y !
Une grandeur *A* est négligeable devant une grandeur *B* si la valeur de *A* est au moins 100 fois plus petite que celle de *B*.

Dans ce cas, l'expression de l'incertitude sur la vitesse se réduit à :

$$\boldsymbol{U(v) = v \times \frac{U(\tau)}{\tau}}$$

A. N. : $v = 2 \times 10^{8}$ m · s^{-1} ; $\frac{U(\tau)}{\tau} = 0{,}1$,

d'où :
$$U(v) = 2 \times 10^{7}\ \text{m} \cdot \text{s}^{-1} = 0{,}2 \times 10^{8}\ \text{m} \cdot \text{s}^{-1}$$

On en déduit ainsi un encadrement de la vitesse de propagation du signal dans le câble coaxial :

$$\boldsymbol{v = (2 \pm 0{,}2) \times 10^{8}\ \text{m} \cdot \text{s}^{-1}}$$

g.
$$\boldsymbol{v_{\text{th}} = \frac{c}{\sqrt{\varepsilon_R}}}$$

A. N. : $c = 3{,}00 \times 10^{8}$ m · s^{-1} ; $\varepsilon_R = 2{,}1$,

d'où :
$$\boldsymbol{v_{\text{th}} = 2{,}1 \times 10^{8}\ \text{m} \cdot \text{s}^{-1}}$$

SPÉCIFIQUE

h. La valeur théorique $v_{th} = 2{,}1 \times 10^8$ m · s^{-1} appartient à l'intervalle calculé précédemment $v_{exp} = (2 \pm 0{,}2) \times 10^8$ m · s^{-1}. On en conclut que **la valeur expérimentale est acceptable.**

2 L'oscillogramme permet d'évaluer les tensions d'entrée et de sortie.

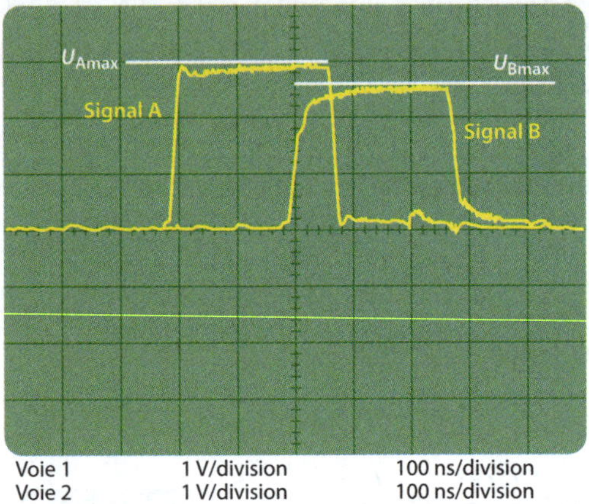

Par lecture graphique, on peut évaluer les tensions d'entrée et de sortie comme les valeurs maximales des tensions A et B :

$$U_e = U_{Amax} = 2{,}9 \text{ div} \times 1 \text{ V/div} = 2{,}9 \text{ V}$$
$$U_s = U_{Bmax} = 2{,}5 \text{ div} \times 1 \text{ V/div} = 2{,}5 \text{ V}$$

Le coefficient d'atténuation linéique du câble utilisé est donné par l'expression :

$$\alpha = \frac{20}{\ell}\log\left(\frac{U_e}{U_s}\right)$$

A. N. : $\ell = 40{,}00$ m ; $U_e = 2{,}9$ V ; $U_s = 2{,}5$ V,

d'où : $$\boldsymbol{\alpha = 3{,}2 \times 10^{-2}\ \mathrm{dB \cdot m^{-1}}}$$

Le câble RG-188A/U a une atténuation linéique de $4{,}0 \times 10^{-2}$ dB · m^{-1} et le câble RG-58C/U une atténuation linéique de $2{,}3 \times 10^{-2}$ dB · m^{-1}.
En surestimant U_e à 3,0 V et en sous-estimant U_s à 2,4 V, on surestime la valeur de α : $\boldsymbol{\alpha_{max} = 4{,}8 \times 10^{-2}\ \mathrm{dB \cdot m^{-1}}}$.
De même, en sous-estimant U_e à 2,8 V et en surestimant U_s à 2,6 V, on sous-estime la valeur de α : $\boldsymbol{\alpha_{min} = 1{,}6 \times 10^{-2}\ \mathrm{dB \cdot m^{-1}}}$.
En considérant une incertitude de lecture sur les valeurs de la tension de 0,2 V, on obtient ainsi $\boldsymbol{1{,}6 \times 10^{-2}\ \mathrm{dB \cdot m^{-1}} < \alpha < 4{,}8 \times 10^{-2}\ \mathrm{dB \cdot m^{-1}}}$.
Il n'est donc pas possible de déterminer avec certitude le câble utilisé pour la transmission du signal.

Partie II Réception du signal

1 Le pas du convertisseur est $p = \frac{\Delta U}{2^n}$ soit : $\boldsymbol{p = \frac{U_{max} - U_{min}}{2^n}}$.

A. N. : $U_{max} = 0{,}5$ V ; $U_{min} = -0{,}5$ V ; $n = 12$,

d'où : $\boldsymbol{p = 2 \times 10^{-4}\ \text{V} = 0{,}2\ \text{mV}}$

Pensez-y !
Le pas de quantification est exprimé en volts.

2 L'enregistrement a duré 30 ms avec 2 000 points de mesure. La période d'échantillonnage est la durée entre 2 points.
Donc $\Delta t = 30$ ms correspond à $(2\,000 - 1)T_e = 1\,999T_e$.

Finalement, $T_e = \frac{\Delta t}{1999}$. On en déduit la fréquence d'échantillonnage à partir de la période d'échantillonnage : $f_e = \frac{1}{T_e}$ soit $\boldsymbol{f_e = \frac{1999}{\Delta t}}$.

A. N. : $\Delta t = 30$ ms, d'où $\boldsymbol{f_e = 6{,}7 \times 10^4}$ **Hz** et $\boldsymbol{T_e = 1{,}5 \times 10^{-5}}$ **s = 15 µs.**

3 Les valeurs doivent être échantillonnées toutes les 15 µs avec un pas de quantification de 0,25 mV.

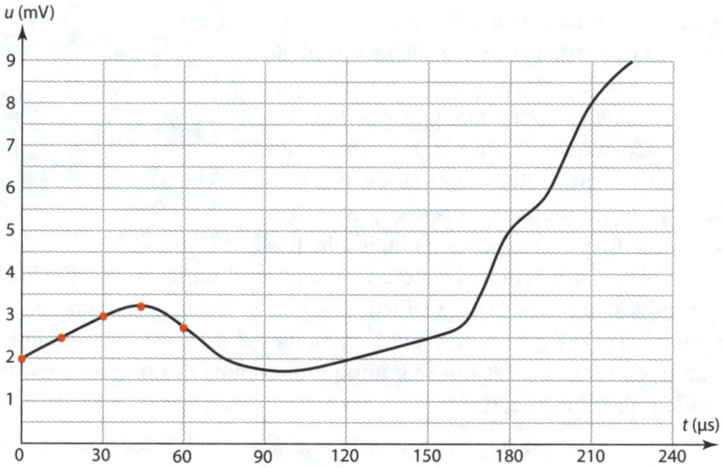

t	0	$T_e = 15$ µs	$2T_e = 30$ µs	$3T_e = 45$ µs	$4T_e = 60$ µs
U (V)	2,0	2,5	3,0	3,25	2,75

4 Pour améliorer la qualité du signal échantillonné, on peut **diminuer le pas du convertisseur** en diminuant le calibre ou **augmenter la fréquence d'échantillonnage**.

Sujet 30 — Micro-texturation de surface par un laser femtoseconde

5 pts — 50 min

France métropolitaine – La Réunion, juin 2015

Calculatrice autorisée

LISTE DES NOTIONS

- Laser pulsé
- Domaine d'ondes électromagnétiques
- Énergie transportée par une impulsion laser
- Gravure d'une cavité circulaire
- Fluence d'un laser

Doc. 1 La micro-texturation de surface

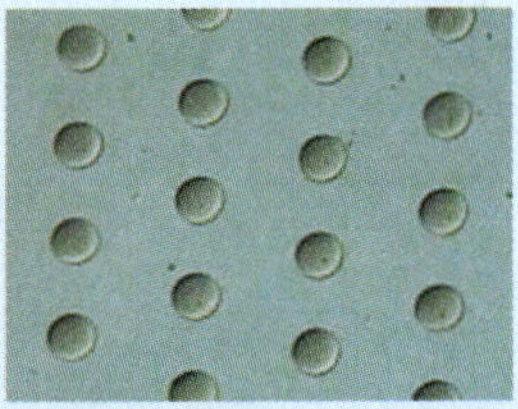

Crédit : © *HEF*

La micro-texturation de surface est une technologie qui permet d'optimiser la lubrification des pièces métalliques en contact, par exemple dans les moteurs employés dans les sports mécaniques (Formule 1, moto grand prix, etc.). Cette micro-texturation est réalisée sur des matériaux appelés DLC (*Diamond Like Carbon*) déposés en fines couches sur les pièces à lubrifier. Grâce à l'utilisation d'un laser à impulsions ultra-brèves, on crée à la surface des pièces mécaniques un réseau de motifs (cavités, rainures, etc.) ayant des dimensions de quelques dizaines de micromètres qui se comportent comme des microréservoirs d'huile (après lubrification).

D'après *MAG'MAT*, n° 31, juillet-décembre 2009

Les lasers pulsés

À la différence d'un laser conventionnel qui produit un rayonnement continu, les lasers pulsés émettent des flashs lumineux très brefs qu'on appelle des impulsions. La durée τ et la cadence (fréquence) f de ces impulsions sont réglables. Un laser pulsé est dit « femtoseconde » si la durée τ est de l'ordre d'une à quelques centaines de femtosecondes. Contrairement aux lasers continus qui produisent un rayonnement monochromatique, les lasers pulsés émettent un rayonnement polychromatique dans une bande de fréquence de largeur $\Delta\nu$ centrée sur une fréquence ν_0 (voir schéma). Les énergies des impulsions femtosecondes peuvent paraître faibles (de l'ordre du mJ à $f = 1$ kHz), mais leur brièveté fait que la puissance instantanée du laser durant une impulsion (puissance de crête) peut atteindre plusieurs gigawatts dans le domaine industriel.

	Laser continu	**Laser pulsé de période de répétition T**
Évolution de la puissance au cours du temps	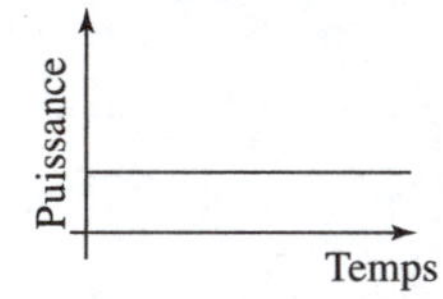	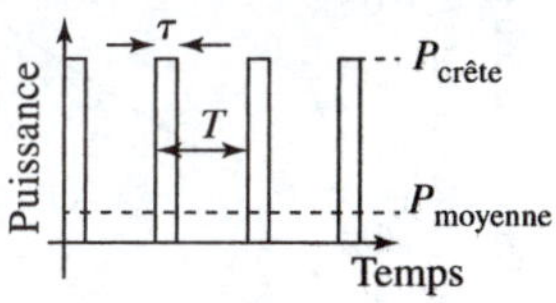
Spectre en fréquence	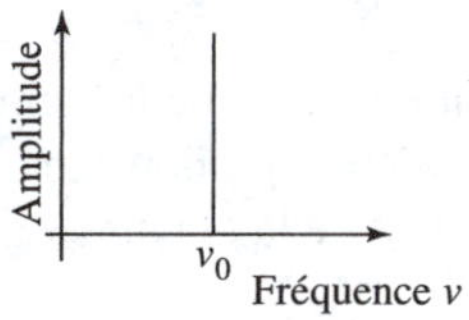	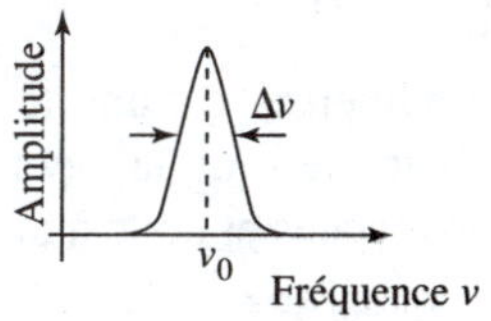

Caractéristiques techniques d'un « laser femtoseconde » infrarouge

Fréquence centrale du rayonnement émis	$\nu_0 = 375$ THz
Largeur de la bande de fréquence d'émission	$\Delta_v = 100$ THz
Cadence (fréquence) des impulsions	$f = 1{,}0$ kHz
Durée d'une impulsion	$\tau = 150$ fs
Puissance de crête atteinte durant une impulsion	$P_{crête} = 1{,}0$ GW
Diamètre de la section circulaire du faisceau	$D = 98$ µm

Cavité de diamètre *D* et de profondeur *p* dans une couche de DLC

Lorsqu'on dirige un faisceau laser pulsé femtoseconde vers une surface recouverte de DLC, chaque impulsion laser apporte suffisamment d'énergie pour graver (creuser) une cavité cylindrique dans la couche de DLC.

On admet que le diamètre de la cavité gravée correspond au diamètre D du faisceau laser utilisé.

On a tracé ci-après la courbe donnant le taux d'ablation du DLC par impulsion, c'est-à-dire la profondeur de la cavité gravée par une seule impulsion laser, en fonction de la fluence F du laser utilisé. La fluence est obtenue en divisant l'énergie d'une impulsion laser (en J) par la surface circulaire gravée (en cm^2).

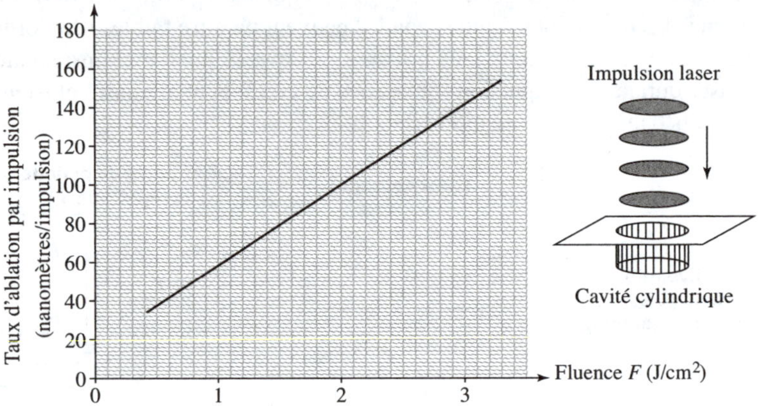

On admettra, comme le montrent les schémas ci-dessous, que la profondeur totale p de la cavité gravée est proportionnelle au nombre d'impulsions reçues et donc à la durée Δt de la gravure.

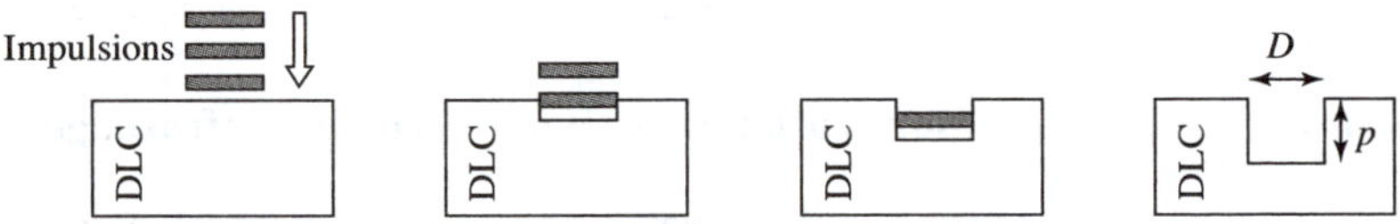

Données :

- gamme de longueurs d'onde correspondant aux radiations visibles « rouges » : [620 nm – 780 nm] ;
- préfixes utilisés dans le système international d'unités :

Préfixe	tera	femto
Abréviation	T	f
Puissance de 10	10^{12}	10^{-15}

- la valeur de la célérité de la lumière dans le vide (ou dans l'air) doit être connue par le candidat ;
- constante de Planck : $h = 6{,}63 \times 10^{-34}$ J · s.

Partie I Domaine d'émission du laser femtoseconde — 15 min — 3,5 pts

1 Le laser femtoseconde présenté est dit « infrarouge ». Justifier. **2 pts**

2 Ce laser apparaît rouge à l'observateur. Justifier. **1,5 pt**

Partie II Caractéristiques d'une impulsion du laser femtoseconde — 15 min — 1 pt

1 Montrer que l'énergie transportée par une seule impulsion du laser précédent est égale à 0,15 mJ. **0,75 pt**

2 Évaluer le nombre de photons produits par le laser durant une seule impulsion. **0,25 pt**

Partie III Gravure par le laser femtoseconde — 20 min — 0,5 pt

On utilise le laser femtoseconde pour graver une cavité dans une couche de DLC.

Déterminer la fluence du laser étudié, puis la durée Δt nécessaire à la gravure d'une cavité circulaire cylindrique de 98 µm de diamètre et de 6 µm de profondeur.

Le candidat est invité à prendre des initiatives et à présenter la démarche suivie même si elle n'a pas abouti. La démarche suivie est évaluée et nécessite donc d'être correctement présentée.

Les clés pour réussir

Partie I

1 Recherchez la longueur d'onde centrale des rayonnements émis par le laser.

2 À partir de la bande de fréquence d'émission, recherchez la plus petite longueur d'onde des rayonnements émis par le laser.

Partie II

1 et **2** Appliquez les définitions.

Partie III

Utilisez le graphe donnant le taux d'ablation par impulsion en fonction de la fluence.

SPÉCIFIQUE

Sujet 30 Corrigé

Partie I Domaine d'émission du laser femtoseconde

1 Pourquoi le laser femtoseconde présenté est-il dit « infrarouge » ?

La fréquence centrale du rayonnement émis par le laser femtoseconde étudié est $\nu_0 = 375$ THz $= 375 \times 10^{12}$ Hz.

La longueur d'onde centrale associée à cette fréquence est :

$$\lambda_0 = \frac{c}{\nu_0}$$

A. N. :

$$\lambda_0 = \frac{3{,}00 \times 10^8}{3{,}75 \times 10^{14}} = 8{,}00 \times 10^{-7} \text{ m} = 800 \text{ nm}$$

$\lambda_0 > 780$ nm : le rayonnement émis par ce laser est au-delà des radiations visibles « rouges ». **Le rayonnement émis par ce laser femtoseconde est donc dans l'infrarouge**.

2 Pourquoi la lumière émise par ce laser paraît-elle rouge ?

La largeur de la bande de fréquence d'émission est $\Delta\nu = 100$ THz.

Il en résulte que la fréquence maximale du rayonnement émis par ce laser femtoseconde est :

$$\nu_{max} = \nu_0 + \frac{\Delta\nu}{2} = 375 + 50 = 425 \text{ THz}$$

À cette fréquence maximale ν_{max} correspond une longueur d'onde minimale λ_{min}, avec :

$$\lambda_{min} = \frac{c}{\nu_{max}}$$

> **L'astuce du prof**
> Comme on utilise les longueurs d'onde pour délimiter le domaine du visible, on passe des fréquences aux longueurs d'onde pour étudier une lumière.

(Plus la fréquence est grande, plus la longueur d'onde est petite.)

A. N. : $\lambda_{min} = \dfrac{3{,}00 \times 10^8}{4{,}25 \times 10^{14}} = 7{,}06 \times 10^{-7}$ m $= 706$ nm

On constate que λ_{min} appartient à l'intervalle de longueurs d'onde caractéristique du rouge :

$$620 \text{ nm} < \lambda_{min} = 706 \text{ nm} < 780 \text{ nm}$$

Ce laser a donc une partie de son rayonnement émis dans le rouge : la partie correspondant au rayonnement visible.

Pour un observateur, **la lumière émise par ce laser femtoseconde est rouge**.

Partie II Caractéristiques d'une impulsion du laser femtoseconde

1 Énergie *E* transportée par une seule impulsion de ce laser

Par définition, on a :

$$E = P_{\text{crête}} \times \tau$$

avec P la puissance de crête et τ la durée d'une impulsion.

A. N. : $P_{\text{crête}} = 1{,}0 \text{ GW} = 1{,}0 \times 10^9 \text{ W}$;
$\tau = 150 \text{ fs} = 150 \times 10^{-15} \text{ s} = 1{,}50 \times 10^{-13} \text{ s}$;
d'où :

$$\mathbf{E = 1{,}5 \times 10^{-4} \text{ J} = 0{,}15 \text{ mJ}}$$

2 Nombre *N* de photons produits par ce laser durant une seule impulsion

Par définition :

$$E = \text{N}h\nu_0$$

$h\nu_0$ étant l'énergie d'un seul photon associée au rayonnement de fréquence ν_0 d'où :

$$N = \frac{E}{h\nu_0}$$

A. N. : $E = 1{,}5 \times 10^{-4}$ J ; $h = 6{,}63 \times 10^{-34}$ J · s ; $\nu_0 = 3{,}75 \times 10^{14}$ Hz, d'où :

$$\mathbf{N = 6{,}0 \times 10^{14} \text{ photons}}$$

Partie III Gravure par le laser femtoseconde

• Fluence *F* du laser étudié

Par définition :

$$F = \frac{E}{S}$$

avec E l'énergie délivrée par une impulsion du laser et S la surface circulaire gravée de diamètre d, soit :

$$F = \frac{E}{\frac{\pi d^2}{4}} = \frac{4E}{\pi d^2}$$

A. N. : $E = 1{,}5 \times 10^{-4}$ J (*cf.* question 1 de la Partie II) et $d = 98$ µm soit $d = 9{,}8 \times 10^{-5} \text{ m} = 9{,}8 \times 10^{-3}$ cm, d'où :

$$\mathbf{F = 2{,}0 \text{ J} \cdot \text{cm}^{-2}}$$

SPÉCIFIQUE

• Durée Δt nécessaire pour réaliser la gravure

D'après le graphe donnant le taux d'ablation par impulsion en fonction de la fluence, on constate que pour une fluence de 2,0 $J \cdot cm^{-2}$, on a un taux d'ablation par impulsion de 100 nm/impulsion.

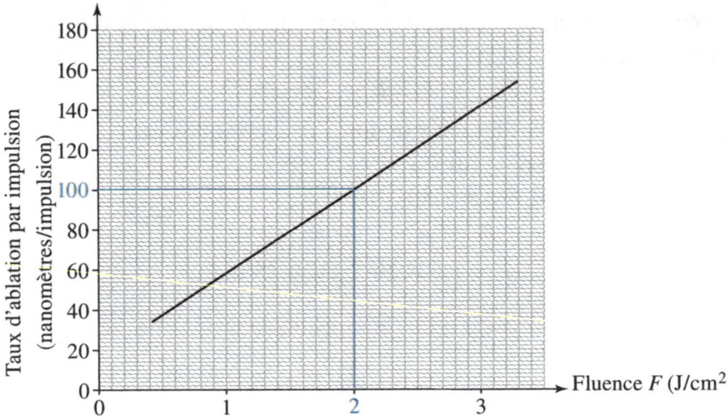

Le nombre n d'impulsions nécessaires est donc :

$$n = \frac{\text{Profondeur de la gravure}}{\text{Taux d'ablation par impulsion}}$$

Sachant que la profondeur de la gravure vaut 6 µm, soit 6×10^3 nm, on a :

$$n = \frac{6 \times 10^3}{100} = 60 \text{ impulsions}$$

La cadence (fréquence) des impulsions est f.

La période des impulsions, c'est-à-dire la durée T séparant deux impulsions, vaut $T = \frac{1}{f}$, d'où la durée ΔT pour réaliser la gravure :

$$\Delta T = nT = \frac{n}{f}$$

Remarque

On néglige la durée τ d'une impulsion par rapport à la période T entre deux impulsions (en réalité, la durée entre les débuts de deux impulsions consécutives est $T + \tau$).

A. N. : $n = 60$; $f = 1{,}0$ kHz $= 1{,}0 \times 10^3$ Hz, d'où :

$$\mathbf{\Delta T = 6{,}0 \times 10^{-2}\ s = 60\ ms}$$

Sujet 31 — Le dioxyde de carbone : le réduire dans l'atmosphère et le valoriser ?

5 pts — 50 min

Antilles-Guyane, septembre 2014

Calculatrice autorisée

LISTE DES NOTIONS

- Dosage d'une base par un acide
- Espèce chimique prédominante
- Équivalence acido-basique
- Lutte contre le réchauffement climatique

SPÉCIFIQUE

Partie I Traitement des eaux usées alcalines par le dioxyde de carbone

20 min 2 pts

Doc. 1 Traitement des eaux usées

Pour pouvoir déverser des eaux usées dans les canalisations ou dans les eaux du domaine public, il faut que celles-ci aient un pH généralement compris entre 6,5 et 8,5.

Les eaux usées alcalines (basiques) peuvent être « neutralisées » avec des acides minéraux ; cependant, le procédé technique est complexe et l'utilisation de ces acides n'est pas sans problème : corrosion, salinisation (chlorures, sulfates, phosphates, nitrates), risque de surdosage.

La « neutralisation » au dioxyde de carbone s'impose dans la plupart des cas comme la solution la plus efficace. Les domaines industriels concernés sont multiples : blanchisseries, industries du papier et de la cellulose, industries textiles, laiteries…

D'après http://www.carbagas.ch et http://www.linde-gas.fr

Données :

- Couples acide/base :

$H_2O, CO_2(aq)/HCO_3^-(aq)$: $pK_{A_1} = 6,4$ (à 25 °C) ;

$HCO_3^-(aq)/CO_3^{2-}(aq)$: $pK_{A_2} = 10,3$ (à 25 °C) ;

H_3O^+/H_2O ;

$H_2O/HO^-(aq)$.

- $pK_e = 14,0$ (à 25 °C).

Un groupe d'élèves a comparé la « neutralisation » des eaux alcalines par un acide minéral et par le dioxyde de carbone à l'aide d'un logiciel de simulation. Dans cette simulation, les eaux usées alcalines sont modélisées par une solution aqueuse d'hydroxyde de sodium (Na^+ (aq) + HO^- (aq)) notée S, de concentration molaire apportée $c = 1{,}0 \times 10^{-3}$ mol · L^{-1}.
Le **document 2** montre l'évolution du pH de la solution S lorsqu'on ajoute une solution acide. Les solutions acides utilisées sont d'une part une solution d'acide chlorhydrique (H_3O^+(aq) + Cl^-(aq)), d'autre part une solution aqueuse de dioxyde de carbone (H_2O, CO_2(aq)), de mêmes concentrations molaires apportées $c_A = 1{,}0 \times 10^{-3}$ mol · L^{-1}.

Doc. 2 Courbes de « neutralisation » de la solution S par le dioxyde de carbone (pointillés) et par l'acide chlorhydrique (trait plein)

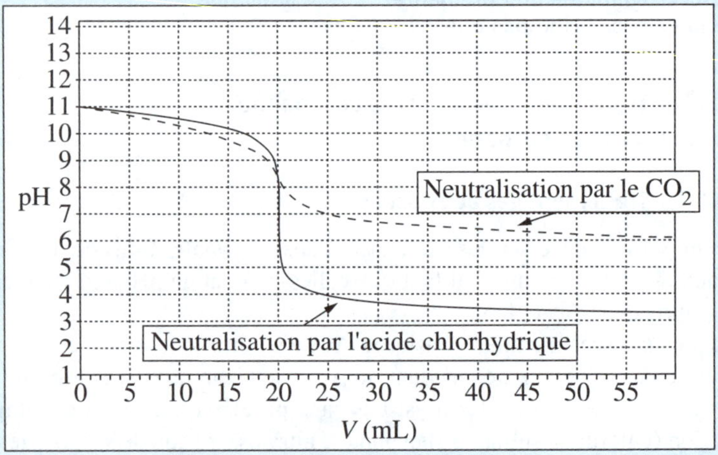

1 Écrire l'équation de la réaction qui se produit lors de l'ajout de l'acide chlorhydrique dans la solution S. **0,25 pt**

2 Dans le cas de la neutralisation par le dioxyde de carbone, quelle est l'espèce carbonatée qui prédomine (parmi CO_3^{2-}, HCO_3^- et CO_2) à l'équivalence du titrage ? Justifier. **0,5 pt**

3 En déduire l'équation de la réaction lors de l'ajout de la solution de dioxyde de carbone dans la solution S. **0,25 pt**

4 Comparer les points d'équivalence et interpréter le résultat. **0,5 pt**

5 Soit V_E le volume à l'équivalence. Pour les deux neutralisations, évaluer graphiquement les variations du pH autour de $V_E \pm 2$ gouttes. En déduire la neutralisation la plus adaptée au traitement des eaux usées. **0,5 pt**

Partie II Synthèse : les émissions de dioxyde de carbone dans l'atmosphère

30 min 3 pts

La lutte contre le réchauffement climatique constitue un défi majeur de ce début de siècle. Dans ce contexte, la diminution des émissions de dioxyde de carbone est une priorité.

À l'aide des documents et de vos connaissances personnelles, rédiger une synthèse en 15 à 20 lignes qui répond à la problématique : « Comment réduire le dioxyde de carbone dans l'atmosphère et le valoriser ? »

Doc. 3 Traitements du CO_2

Les émissions de CO_2 dans l'atmosphère sont à la fois d'origine naturelle et anthropique (issues des activités humaines). Naturellement, le CO_2 est au cœur du cycle du carbone, dans lequel a lieu un échange continu des éléments carbone entre les compartiments de l'eau, de l'air et du sol. Les activités humaines ont émis tant de CO_2 que ce cycle n'est plus capable de fonctionner de manière équilibrée.

Diminuer les émissions de CO_2, principal gaz à effet de serre anthropique, constitue un des enjeux majeurs de ce début de siècle.

Les technologies développées pour réduire les émissions visent en premier lieu les gisements concentrés en CO_2, comme la production d'énergie (centrales thermiques), le raffinage, la sidérurgie ou les cimenteries.

Les mesures prises concernent par exemple la maîtrise de la consommation énergétique, l'amélioration de l'efficacité énergétique, ou plus récemment, le captage et le stockage du CO_2 dans le sous-sol.

La croissance de la demande énergétique ne permettant pas, à l'heure actuelle, de s'affranchir des énergies fossiles, le CSC (captage et stockage du CO_2 émis) constitue une solution à fort potentiel qui fait l'objet de nombreux travaux de recherche et projets de démonstration.

La France, malgré une production d'électricité fortement décarbonée, est aujourd'hui bien positionnée dans le domaine du CSC, à travers le secteur privé et les établissements publics.

En complément du CSC, il est également envisageable de valoriser le CO_2 comme matière première. Dans ce contexte, le CO_2 n'apparaît plus comme une contrainte mais comme une opportunité économique.

Il s'agit de rechercher des applications à une matière première largement disponible et de la transformer/convertir en un produit à plus forte valeur ajoutée (produits chimiques, carburants…).

D'après l'Agence De l'Environnement et de la Maîtrise de l'Énergie

SPÉCIFIQUE

Doc. 4 Transformation chimique du CO_2

Le dioxyde de carbone sert également en synthèse organique en tant que réactif et peut donc être valorisé par transformation chimique.

• **Synthèse en laboratoire** : synthèse de l'acide benzoïque

$$\text{Ph-MgBr} + CO_2(s) \xrightarrow[2)\ +H^+,\ -Mg^{2+}\ ,\ -Br^-]{1)\ Et_2O} \text{PhCOOH}$$

• **Synthèse industrielle** : synthèse de l'urée $CO(NH_2)_2$ (70 millions de tonnes par an)

L'urée est fabriquée industriellement à partir d'ammoniac (NH_3) et de dioxyde de carbone (CO_2). La réaction de synthèse se fait sous forte pression (de 140 à 160 bar) et à des températures comprises entre 160 °C et 180 °C. Elle a lieu en deux temps :

❶ Synthèse du carbamate d'ammonium (NH_2COONH_4), produit intermédiaire stable uniquement sous haute pression :

$$CO_2 + 2\ NH_3 \rightarrow NH_2COONH_4$$

❷ Décomposition du carbamate d'ammonium en urée et eau :

$$NH_2COONH_4 \rightarrow CO(NH_2)_2 + H_2O$$

Doc. 5 Extraction supercritique

Le dioxyde de carbone peut directement être utilisé dans les procédés d'extraction supercritique.

L'extraction par le CO_2 supercritique permet d'obtenir des parfums, fragrances et ingrédients actifs à partir d'un solvant d'origine naturelle : le dioxyde de carbone CO_2.

Le procédé d'extraction au CO_2 supercritique permet d'obtenir des extraits sous leur forme la plus naturelle qui soit, car seul le CO_2 est mis en contact sous haute pression avec le végétal, le tout à faible température, garantissant ainsi la préservation de toutes les substances actives.

Le procédé d'extraction se décompose selon les étapes suivantes :

1. La plante est introduite dans l'extracteur.

2. Le CO_2 est acheminé vers l'extracteur après avoir été comprimé sous plusieurs dizaines de bars et chauffé de 30 °C à 40 °C maximum. Il se trouve dans un état dit « supercritique » (état intermédiaire entre l'état liquide et l'état vapeur).

3. Le CO_2 à l'état supercritique présent dans l'extracteur se charge ainsi en composé extrait, puis il est détendu.
4. Le CO_2 retrouve alors une forme gazeuse qui lui permet de se séparer de l'extrait proprement dit ; cette opération a lieu dans un séparateur.
5. L'extrait est récupéré par décantation alors que le CO_2 est recyclé.

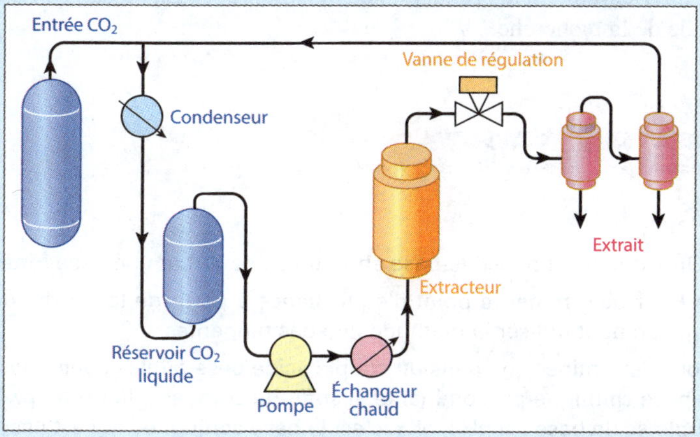

D'après www.aroma-zone.com

Doc. 6 **CO_2 et biocarburant**

Les microalgues sont des plantes microscopiques présentes dans les rivières, les lacs et les océans. Pour leur croissance, elles ont besoin de soleil, d'eau et de dioxyde de carbone. On injecte le CO_2 capté dans des bassins de microalgues, puis la biomasse ainsi produite sera transformée en biocarburant (application qui présente le plus grand enjeu), servira au traitement de l'eau ou à la production de molécules à haute valeur ajoutée pour l'alimentation et la santé.
Une autre voie consiste à injecter le CO_2 dans des photobioréacteurs, réacteurs fermés dans lesquels a lieu la croissance d'une souche de microalgue, sélectionnée et exposée à des conditions opératoires optimales (température, pH, intensité lumineuse…).

Doc. 7

La biocatalyse vise à reproduire des phénomènes naturels en utilisant des enzymes pour catalyser une réaction chimique et ainsi convertir le dioxyde de carbone en molécules (lipides et composés oxygénés) intéressantes pour l'industrie pharmaceutique, la production d'hydrogène et, ultérieurement, la production de biocarburants. La biocatalyse est au stade de la recherche.

Les clés pour réussir

Partie I

1 On a une réaction acide-base entre un acide fort et une base forte.

2 • Pour déterminer le point d'équivalence à partir de la courbe de titrage, on peut utiliser la méthode dite des tangentes.

• Pour déterminer qui, dans un couple acide/base faibles conjugués est l'espèce chimique prédominante, il suffit de comparer le pH au pK_A du couple acide/base : si $pH > pK_A$, c'est la base conjuguée qui est l'espèce chimique prédominante ; si $pH < pK_A$, c'est l'acide conjugué qui est l'espèce chimique prépondérante.

5 Il faut préférer un procédé, qui malgré une petite erreur sur le volume de solution acide versé, n'entraîne pas une variation de pH trop importante : le pH de la solution obtenue doit rester dans l'intervalle de pH autorisé.

Partie II

Dans cette synthèse, donner les différentes possibilités pour réduire le dioxyde de carbone dans l'atmosphère et le valoriser, soit :

- réduire sa quantité formée ;
- le stocker ;
- le valoriser ;
- ne pas en créer.

Sujet 31 Corrigé

Partie I Traitement des eaux usées alcalines par le dioxyde de carbone

1 Équation de la réaction entre une solution d'acide chlorhydrique et la solution (S) d'hydroxyde de sodium

C'est une réaction acide-base : on a réaction entre les ions $H_3O^+(aq)$ provenant de la solution d'acide chlorhydrique et les ions $HO^-(aq)$ provenant de la solution (S), d'où l'équation demandée :

$$H_3O^+(aq) + HO^-(aq) \rightarrow 2H_2O(\ell)$$

2 Espèce carbonatée prédominante à l'équivalence lors de la neutralisation de la solution (S) par le dioxyde de carbone

• Déterminons d'abord le pH du mélange réactionnel à l'équivalence lors de la neutralisation de la solution (S) par le dioxyde de carbone.
À partir de la courbe pH $= f(V)$ du titrage de la solution (S) par le dioxyde de carbone (*cf.* **document 2**), on détermine par la méthode dite « des tangentes » le pH à l'équivalence. On trace deux droites (Δ_1) et (Δ_2) parallèles entre elles et tangentes à la courbe pH $= f(V)$. Puis on trace une troisième droite (Δ) parallèle aux deux premières et équidistante d'elles. L'intersection de (Δ) avec la courbe pH $= f(V)$ donne le point d'équivalence E_1.

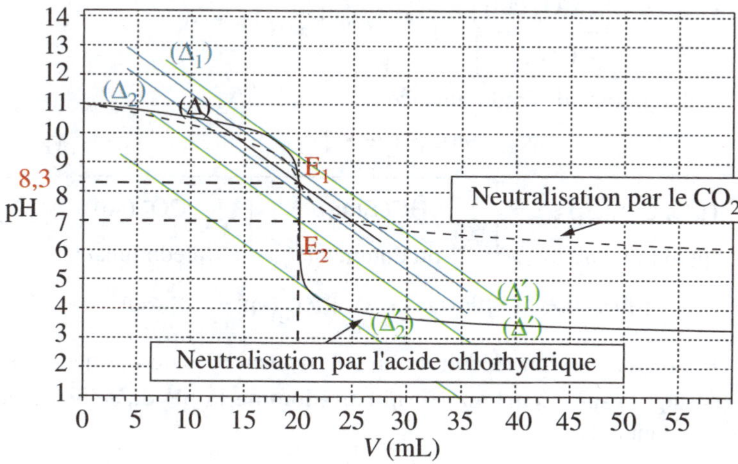

$V_{E_2} = V_{E_1} = 20{,}0$ mL

Graphiquement, on obtient $pH_{E_1} = 8,3$ et $V_{E_1} = 20,0\,mL$.

- Recherchons le diagramme de prédominance des espèces chimiques carbonatées : $CO_3^{2-}(aq)$, $HCO_3^-(aq)$ et $CO_2(aq)$ en fonction du pH.

Par définition de la constante d'acidité K_A, on a :

$$K_A = \frac{[H_3O^+(aq)][\text{Base conjuguée}(aq)]}{[\text{Acide conjugué}(aq)]}$$

soit :

$$\frac{[\text{Acide conjugué}(aq)]}{[\text{Base conjuguée}(aq)]} = \frac{[H_3O^+(aq)]}{K_A} = \frac{10^{-pH}}{10^{-pK_A}}$$

d'où :

$$\frac{[\text{Acide conjugué}(aq)]}{[\text{Base conjuguée}(aq)]} = 10^{pK_A - pH}$$

Il en résulte :

- si $pK_A > pH$: l'acide conjugué est la forme prédominante ;
- si $pK_A < pH$: la base conjuguée est la forme prédominante.

D'après les données concernant les couples acides bases, on a :

$$\frac{[H_2O, CO_2(aq)]}{[HCO_3^-(aq)]} = 10^{pK_{A_1} - pH} = 10^{6,4-pH}$$

$$\frac{[HCO_3^-(aq)]}{[CO_3^{2-}(aq)]} = 10^{pK_{A_2} - pH} = 10^{10,3-pH}$$

d'où le diagramme de prédominance :

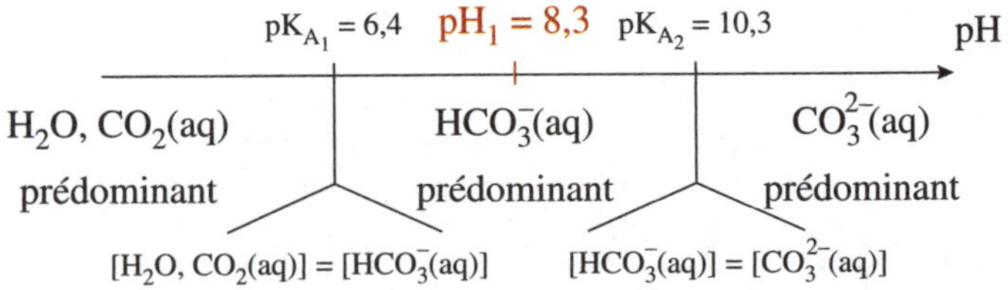

De ce diagramme, on déduit qu'à l'équivalence acido-basique, **c'est HCO_3^-(aq) l'espèce carbonatée qui prédomine** le pH du milieu réactionnel valant 8,3.

3 Équation de la réaction lors de l'ajout de la solution de dioxyde de carbone dans la solution S

On a :

$$H_2O,CO_2\,(aq) + HO^-\,(aq) \rightarrow HCO_3^-\,(aq) + H_2O(\ell)$$

4 Comparaison des points d'équivalence

Recherchons les coordonnées du point d'équivalence E_2 lors de la neutralisation de la solution (S) par l'acide chlorhydrique.
On applique la même méthode qu'à la question 2.
Graphiquement, on obtient $pH_{E_2} = 7{,}0$ et $V_{E_2} = 20{,}0\,mL$.
On constate que les deux points d'équivalence ont même volume $V_E = V_{E_1} = V_{E_2} = 20{,}0$ mL.
On a $pH_{E_1} = 8{,}3$, $pH > 7$, car on a équivalence entre une base forte et un acide faible et $pH_{E_2} = 7{,}0$, caractéristique d'une équivalence entre une base forte et un acide fort.
Dans les deux cas, les solutions obtenues à l'équivalence ont un pH compris entre 6,5 et 8,5.
Les eaux usées ainsi neutralisées donnent des solutions qui peuvent être déversées dans les canalisations ou dans les eaux du domaine public.

5 Neutralisation la plus adaptée au traitement des eaux usées

Généralement, on considère qu'il faut 20 gouttes pour obtenir 1 mL de liquide. Donc 2 gouttes correspondent à un volume d'environ 0,1 mL.
Les variations du pH autour de $V_E \pm 2$ gouttes sont donc :

- **cas de la neutralisation par le dioxyde de carbone :**

La variation du pH autour de l'équivalence dans ce cas est très faible : le pH varie au plus de ± 0,1 unité pH (*cf.* **document 2**). Dans ce cas, on a : $8{,}2 \leq pH \leq 8{,}4$;

- **cas de la neutralisation par l'acide chlorhydrique :**

La variation du pH autour de l'équivalence dans ce cas est nettement plus forte : le pH varie au moins de ± 1 unité pH (*cf.* **document 2**).
Dans ce cas, on a : $6{,}0 \leq pH \leq 8{,}0$.
Dans le premier cas, une petite erreur sur le volume versé de solution de dioxyde de carbone pour neutraliser les eaux usées n'a pas de conséquence, le pH de la solution obtenue n'ayant pratiquement pas varié.
Dans le deuxième cas, une petite erreur sur le volume versé de solution d'acide chlorhydrique pour neutraliser les eaux usées peut avoir de graves conséquences, la solution obtenue risquant de ne plus pouvoir être déversée dans les canalisations ou dans les eaux du domaine public.
La neutralisation la plus adaptée au traitement des eaux usées est celle utilisant la solution de dioxyde de carbone.

Partie II Synthèse : les émissions de dioxyde de carbone dans l'atmosphère

• Comment réduire le dioxyde de carbone dans l'atmosphère et le valoriser ?

Les activités humaines, en particulier dans le domaine industriel et le domaine d'utilisation des combustibles, deux domaines en augmentation croissante, génèrent de plus en plus de dioxyde de carbone.

Le cycle du dioxyde de carbone n'est plus capable maintenant de fonctionner de manière équilibrée.

Une conséquence grave de cette augmentation du dioxyde de carbone dans l'atmosphère est le réchauffement climatique, le dioxyde de carbone étant le principal gaz à effet de serre.

Pour limiter, voire réduire la quantité de dioxyde de carbone présent dans l'atmosphère, il y a plusieurs possibilités décrites dans les **documents 3, 4, 5, 6 et 7.**

• 1re possibilité : réduire la quantité de dioxyde de carbone produite

Cela est déjà mis en œuvre dans les lieux où il y a de fortes émissions de dioxyde de carbone : centrales thermiques, raffinage, sidérurgie, cimenteries. Cela s'obtient par la maîtrise de la consommation énergétique et l'amélioration de l'efficacité énergétique (*cf.* **document 3**).

• 2e possibilité : stocker le dioxyde de carbone

Dans les lieux de forte production de dioxyde de carbone, on capte ce gaz et on le stocke en sous-sol.

Sous forte pression, le dioxyde de carbone passe à l'état liquide et on l'injecte sous des couches géologiques imperméables (couches d'argile par exemple).

• 3e possibilité : valoriser le dioxyde de carbone

a. *En tant que réactif*

Il peut servir de matière première pour obtenir de l'urée (*cf.* **document 4**).

À partir de l'urée, on peut fabriquer des résines urée-formol, plastiques très utilisés.

Il peut aussi servir de matière première pour des réactions biocatalysées par des enzymes. Le dioxyde de carbone peut être ainsi converti en molécules intéressantes pour divers secteurs de la chimie (*cf.* **document 7**).

b. *En tant que solvant*

Le dioxyde de carbone peut être utilisé dans les procédés d'extraction supercritique, en particulier pour l'obtention des parfums (*cf.* **document 5**). Dans ce cas, le dioxyde de carbone joue le rôle d'un solvant.

c. *En tant que biocatalyseur*
On utilise le dioxyde de carbone pour obtenir de la biomasse à partir de microalgues. Cette biomasse sera transformée par la suite en biocarburant. On peut aussi obtenir des molécules à haute valeur ajoutée pour l'alimentation et la santé (*cf.* **document 6**).

• **4e possibilité : utiliser des procédés ne produisant pas de dioxyde de carbone**
Il est possible de produire de l'énergie sans utiliser de combustibles fossiles, par exemple en utilisant l'énergie nucléaire ou les énergies renouvelables comme l'énergie solaire ou l'énergie éolienne.

Sujet 32 Hydratation lors d'un marathon

5 pts — 1 heure

France métropolitaine – La Réunion, juin 2018

Calculatrice autorisée

LISTE DES NOTIONS

- DJA
- Absorbance
- Quantité de matière
- Concentration molaire

Une marathonienne, âgée de 35 ans, court le marathon en 4 heures. En moyenne, la perte en eau d'une marathonienne est comprise entre 1,5 et 2,5 litres par heure de course. Consciente des risques de déshydratation, la marathonienne décide d'assurer ses besoins en eau à l'aide d'une boisson isotonique qui contient notamment des « sucres libres » et un colorant alimentaire, le bleu brillant.

Dans cet exercice, on s'interroge sur les risques liés aux quantités de bleu brillant et de « sucres libres » ingérées lors d'un marathon, si la marathonienne ne consomme que cette boisson.

Concernant le sucre, l'Organisation mondiale de la santé (OMS) recommande que l'apport énergétique dû aux « sucres libres » ne dépasse pas 10 % des besoins énergétiques journaliers.

Le bleu brillant est un composé chimique de couleur bleu foncé utilisé comme colorant alimentaire (E133). La dose journalière admissible (DJA) pour ce colorant, quantité maximale qu'une personne peut consommer par jour sans risque pour sa santé, est de 12,5 milligrammes par kilogramme de masse corporelle.

La quantité de bleu brillant présente dans la boisson isotonique n'est pas indiquée. Pour la déterminer, on réalise l'expérience suivante :

- à partir d'une solution mère S_0 de bleu brillant de concentration molaire C_0 égale à 0,100 mmol·L^{-1}, on prépare par dilution six solutions aqueuses S_i (i variant de 1 à 6) de volume $V = 100{,}0$ mL en prélevant un volume V_i de solution mère ;
- après réglage du spectrophotomètre à la longueur d'onde de 630 nm, on mesure l'absorbance de chacune des solutions S_i ainsi que celle de la boisson.

Solution S_i	S_1	S_2	S_3	S_4	S_5	S_6
Volume V_i de solution S_0 prélevé (en mL)	1,0	2,0	3,0	5,0	8,0	10,0
Absorbance	0,134	0,259	0,434	0,745	1,150	1,402

L'absorbance de la boisson isotonique est égale à 0,789.

Données :

- masse molaire moléculaire du colorant E133 : 793 $g \cdot mol^{-1}$;
- énergie apportée par les « sucres libres » contenus dans 100 mL de boisson isotonique : 68,5 kJ ;
- besoins énergétiques pour une femme d'âge compris entre 20 et 40 ans, le jour d'un marathon : 19×10^{-3} kJ.

1 Déterminer le volume maximal de boisson isotonique que la marathonienne peut ingérer le jour du marathon pour suivre les recommandations de l'OMS concernant les « sucres libres ». **1 pt**

2 Calculer la valeur de la concentration molaire en bleu brillant de la solution S_5 obtenue par dilution. **1 pt**

SPÉCIALITÉ

Problème

Lors d'un marathon, afin de compenser la totalité de sa perte en eau, la marathonienne consomme uniquement la boisson isotonique étudiée précédemment. Déterminer si la marathonienne respecte les recommandations concernant les « sucres libres » et le bleu brillant lors de ce marathon. **3 pts**

Les clés pour réussir

1 Calculez les besoins en sucres recommandés, et par proportionnalité, déduisez-en le volume de boisson.

2 Lors d'une dilution, la quantité de matière se conserve.

Problème

Déterminez le volume d'eau perdue, correspondant à celui de boisson énergétique.

Calculez les concentrations molaires C des différentes solutions proposées dans le tableau de valeurs et construisez le graphe de $A = f(C)$. Modélisez par une droite passant par l'origine.

Par lecture graphique, en utilisant la valeur de l'absorbance de la solution, déduisez-en la concentration en E133 de la boisson.

Supposez que la masse de la marathonienne est de 40 kg environ.

Calculez la quantité de matière, la masse de E133, puis la masse de E133 par kilogramme de masse corporelle. Comparez à la DJA et concluez.

Concernant les sucres libres, comparez le volume de boisson au volume calculé dans la question 1.

Sujet 32 Corrigé

1 S'APPROPRIER – Les données utiles pour répondre à la question sont :
(1) Énergie apportée par les « sucres libres » contenus dans 100 mL de boisson isotonique : 68,5 kJ.
(2) Besoins énergétiques le jour d'un marathon pour une femme d'âge compris entre 20 et 40 ans : 19×10^3 kJ.
(3) Concernant le sucre, l'Organisation mondiale de la santé (OMS) recommande que l'apport énergétique dû aux « sucres libres » ne dépasse pas 10 % des besoins énergétiques journaliers.

ANALYSER – Le raisonnement pour répondre à la question est le suivant.
L'apport en sucres libres maximum est de 10 % **(3)** des besoins énergétiques **(2)**, soit $0{,}10 \times 19 \times 10^3$ kJ.
100 mL de boisson apportent 68,5 kJ en énergie. Le volume correspondant s'obtient par proportionnalité.

RÉALISER – L'application numérique est la suivante.

$$V = \frac{\eta E_J V_E}{E}$$

Besoins énergétiques journaliers $E_J = 19 \times 10^3$ kJ ; pourcentage maximal en apport en sucres libres $\eta = 10\ \% = 0{,}10$; énergie apportée pour $V_E = 100$ mL soit 0,100 L de boisson $E = 68{,}5$ kJ, d'où :

$$V = 2{,}8 \text{ L}$$

COMMUNIQUER – La réponse à la question peut être rédigée de la manière suivante.
L'apport maximal en sucres libres est de $\eta = 10\ \%$ des besoins énergétiques journaliers E_J. On en déduit que l'énergie maximale est de ηE_J.

L'énergie apportée pour $V_E = 100$ mL $= 0{,}100$ L de boisson est $E = 68{,}5$ kJ. Donc proportionnellement, on peut écrire que le volume maximal de boisson est $V = \frac{\eta E_J v_E}{E}$.

A. N. : $E_J = 19 \times 10^3$ kJ ; $\eta = 10~\% = 0{,}10$; $V_E = 100$ mL $= 0{,}100$ L ; $E = 68{,}5$ kJ, d'où :

$$\boldsymbol{V = 2{,}8\ \mathrm{L}}$$

2 Lors d'une dilution, la quantité de matière est conservée. On en déduit que $C_0V_0 = C_5V_5$ avec C_0 la concentration de la solution mère et V_0 le volume de solution mère dans la solution S_5, C_5 la concentration de la solution S_5 et V_5 le volume de la solution S_5.
La concentration molaire en bleu brillant de la solution S_5 est :

$$C_5 = \frac{C_0V_0}{V_5}$$

A. N. : $C_0 = 0{,}100$ mmol·L^{-1} $= 1{,}00 \times 10^{-4}$ mol·L^{-1} ; $V_0 = 8{,}0$ mL ; $V_5 = 100{,}0$ mL, d'où :

$$\boldsymbol{C_5 = 8{,}0 \times 10^{-6}\ \mathrm{mol \cdot L^{-1}}}$$

Problème

S'APPROPRIER – Les données utiles pour répondre à la question sont :

(1) La dose journalière admissible (DJA) est de 12,5 milligrammes par kilogramme de masse corporelle.

(2) La marathonienne court le marathon en 4 heures.

(3) L'absorbance de la boisson isotonique est égale à 0,789.

(4) La perte en eau de la marathonienne est comprise entre 1,5 et 2,5 litres par heure de course.

(5) Tableau de l'absorbance A en fonction de la concentration molaire C en E133.

(6) Masse molaire moléculaire du colorant E133 : 793 g · mol^{-1}.

ANALYSER – Les étapes du raisonnement sont les suivantes :

- Le volume d'eau perdue lors de la course est compris entre 1,5 et 2,5 L par heure de course **(4)** × 4 heures de course **(2)**, il correspond au volume de boisson isotonique.
- La mesure de l'absorbance de la boisson **(3)** permet de connaître sa concentration molaire en E133 à partir d'une lecture graphique de la courbe de $A = f(C)$ **(5)**.

SPÉCIALITÉ

- La quantité de matière en E133 peut être calculée à partir des deux réponses précédentes. On en déduit la masse de E133 correspondante grâce à la donnée de la masse molaire **(6)**.
- On peut estimer que la masse d'une marathonienne est de 40 kg, par exemple Mare Dibaba (1 m 51 et 38 kg selon Wikipedia).
- On en déduit la masse de E133 par kilogramme de la marathonienne et on compare à la DJA qui est de 12,5 mg par kg de masse corporelle.
- Concernant les sucres libres, le volume maximal de boisson a été calculé à la question 1, soit 2,8 L à comparer avec le volume total de boisson.

RÉALISER – Les calculs à réaliser sont les suivants.

Le volume d'eau perdue est compris entre $1,5 \times 4 = 6$ L et $2,5 \times 4 = 10$ L.

Le tableau de l'absorbance des solutions proposées en fonction de leur concentration est :

Solution	S_1	S_2	S_3	S_4	S_5	S_6
Absorbance	0,134	0,259	0,434	0,745	1,150	1,40
Concentration (µmol·L^{-1})	1,0	2,0	3,0	5,0	8,0	10,0

La courbe correspondante est :

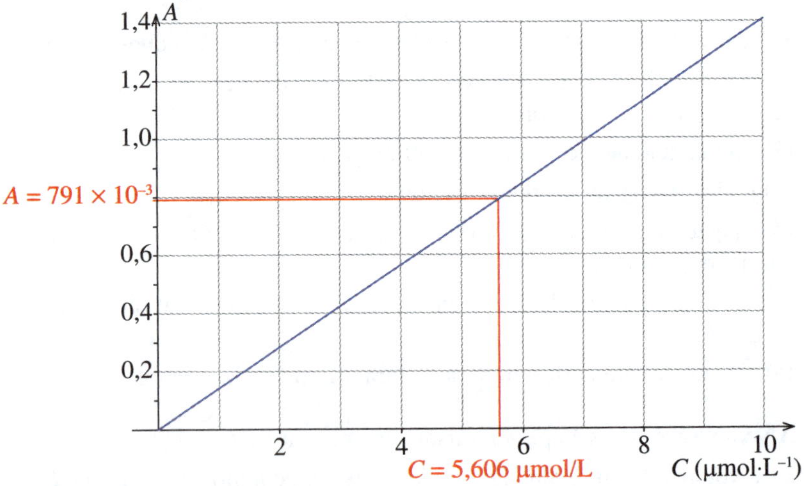

Pour $A = 0,789$, on peut lire sur le graphe $C = 5,6$ µmol · L^{-1}.

La quantité de matière est $n = CV$ avec C la concentration en E133 et V le volume de boisson, soit :

$$5,6 \times 10^{-6} \times 6 = 3,36 \times 10^{-5} \text{ mol} < n < 5,6 \times 10^{-6} \times 10 = 5,6 \times 10^{-5} \text{ mol}$$

L'intervalle de masse correspondant est, en sachant que $m = nM$ avec M la masse molaire du E133 :
$3{,}36 \times 10^{-5}$ mol $\times$ 793 g·mol^{-1} = 0,027 g < m < $5{,}6 \times 10^{-5} \times 793$ = 0,044 g
En supposant que la marathonienne a une masse de 40 kg, la masse de E133 par kilogramme de masse corporelle appartient à l'intervalle suivant :
0,68 mg < masse de E133 par kilogramme de masse corporelle < 1,1 mg

VALIDER

- Concernant les sucres libres, le volume maximal étant de 2,8 L, inférieur à 6,0 L, **la marathonienne ne respecte pas les recommandations journalières**.
- Concernant le E133, la DJA, valant 12,5 mg par kilogramme de masse corporelle, est supérieure à l'intervalle trouvé, **la marathonienne respecte donc les recommandations journalières**.

COMMUNIQUER – La réponse au problème posé peut être rédigée de la manière suivante.
On suppose dans tout l'exercice que la masse de la marathonienne est de 40 kg (exemple de Mare Dibaba, 1 m 51 pour 38 kg selon Wikipedia).
Le volume d'eau perdue lors de la course est compris entre 1,5 et 2,5 litres par heure de course qui dure 4 heures, soit un volume V tel que 6,0 L < V < 10 L correspondant au volume de boisson isotonique à consommer.
À partir du tableau de valeurs proposé dans l'énoncé, on peut établir le graphe de l'absorbance en fonction de la concentration des solutions filles (voir schéma page précédente).
L'absorbance A de la boisson valant A = 0,789, la lecture graphique permet d'obtenir la concentration molaire en E133 de la boisson isotonique, soit C = 5,6 µmol·L^{-1}.
La quantité de matière en E133 est alors $n = CV$ avec C la concentration molaire en E133 dans la boisson et V son volume.
On en déduit que $3{,}36 \times 10^{-5}$ mol < n < $5{,}6 \times 10^{-5}$ mol.
La masse de E133 correspondante appartient alors à l'intervalle :

$$0{,}027 \text{ g} < m < 0{,}044 \text{ g}$$

En divisant par la masse supposée de la marathonienne, on a finalement :
0,68 mg < masse de E133 par kilogramme de masse corporelle < 1,1 mg
La DJA n'étant pas atteinte, on en déduit que la marathonienne respecte les recommandations en E133.
Concernant les sucres libres, le volume maximal de boisson a été calculé à la question 1, soit 2,8 L. En buvant entre 6,0 L et 10,0 L de boisson, la marathonienne absorbe plus que la quantité de sucres libres recommandée par l'OMS.

SPÉCIALITÉ

Sujet 33 — Pompage solaire dans le désert du Sahel

5 pts — 50 min

France métropolitaine – La Réunion, juin 2016

Calculatrice autorisée

LISTE DES NOTIONS

- Cellules photovoltaïques
- Énergie de gap, longueur d'onde de coupure
- Choix d'un type de cellule photovoltaïque
- Énergie nécessaire pour élever de l'eau
- Détermination d'une surface de panneaux solaires

Le pompage solaire consiste à élever l'eau d'un puits vers un réservoir, à l'aide d'une pompe à moteur électrique alimentée par des panneaux de cellules photovoltaïques. L'eau ainsi puisée peut par exemple couvrir les besoins domestiques d'une population ou bien permettre l'irrigation de cultures. Ces systèmes trouvent toute leur pertinence dans la mesure où la difficulté d'accéder à l'eau concerne souvent des régions où l'ensoleillement est fort.

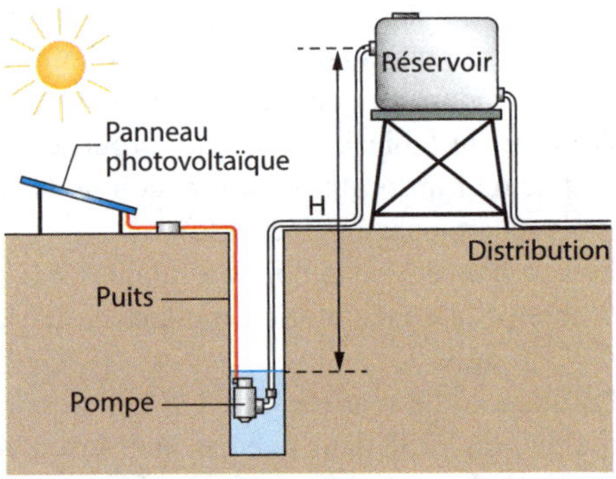

Schéma simplifié de l'installation

On s'intéresse à une station de pompage située dans le Sahel malien. Pour un bon fonctionnement, il est nécessaire d'adapter le débit de la pompe aux besoins en eau, et la hauteur totale H d'élévation de l'eau à la configuration des lieux.

Le volume quotidien d'eau nécessaire est $V = 35\ \text{m}^3$ lorsque les besoins en eau sont importants. Le moteur de la pompe fonctionne pendant les six heures les plus ensoleillées de la journée ; c'est sur cette durée que le volume d'eau quotidien attendu doit être élevé de la hauteur $H = 50$ m.

Données :

- $1 \text{ eV} = 1{,}60 \times 10^{-19}$ J ;
- constante de Planck : $h = 6{,}63 \times 10^{-34}$ J·s ;
- la valeur de la célérité de la lumière dans le vide est supposée connue ;
- masse volumique de l'eau : $\rho = 1{,}0 \times 10^3 \text{ kg·m}^{-3}$;
- intensité de la pesanteur : $g = 9{,}8 \text{ N·kg}^{-1}$;
- rendement d'une conversion d'énergie exprimée en pourcentage (%) :

$$r = \frac{\text{énergie utile}}{\text{énergie reçue}} \times 100 \;;$$

- la puissance du rayonnement solaire reçu par l'ensemble des panneaux est le produit de la puissance surfacique du rayonnement solaire par la surface S des panneaux : $P_{\text{reçu}} = P_{\text{surf}} \times S$.

Doc. 1 Principe de fonctionnement des cellules photovoltaïques

Les cellules photovoltaïques sont constituées de matériaux semiconducteurs. Quand elles sont éclairées, ces cellules se comportent comme un générateur. Dans les matériaux semi-conducteurs, les diagrammes énergétiques des électrons sont constitués de bandes : on distingue en particulier la bande de valence et la bande de conduction. Ces deux bandes sont séparées d'une énergie E_g appelée gap, caractéristique du matériau. Des électrons peuvent transiter de la bande de valence vers la bande de conduction en absorbant un photon d'énergie supérieure à E_g. C'est ce mécanisme qui donne naissance au courant électrique dans une cellule photovoltaïque.

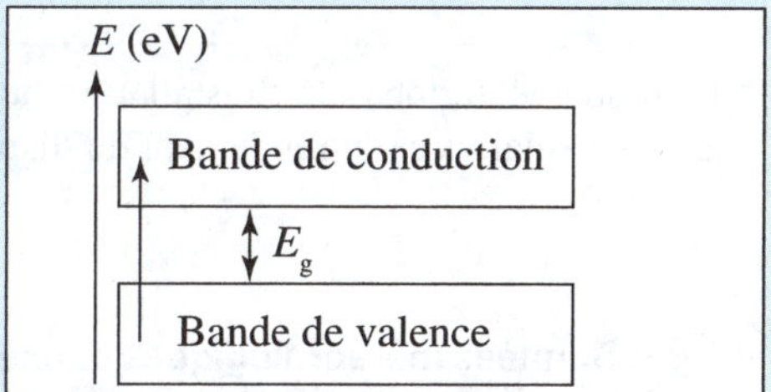

La flèche ↑ reliant les bandes de valence et de conduction désigne une transition énergétique par absorption d'un photon.

Diagramme d'énergie des électrons d'un matériau semi-conducteur

La puissance du rayonnement solaire reçue par la cellule n'est pas intégralement convertible en puissance électrique. On considère que les photons d'énergie inférieure à E_g ne permettent pas la transition vers la bande de conduction. Il existe alors une longueur d'onde de coupure λ_C au-delà de laquelle il n'y a aucune conversion.

Les cellules les plus courantes sont constituées de silicium cristallin ou de silicium amorphe.

SPÉCIALITÉ

Doc. 2 Caractéristiques des cellules photovoltaïques utilisables pour la station de pompage

Types de cellules photovoltaïques	Énergie de gap *Eg* (en eV)	Rendement global de l'installation*	Avantages	Inconvénients
Cellule en silicium monocristallin	1,12	6,4 %	Très bon rendement Durée de vie importante	Coût très élevé
Cellule en silicium polycristallin	1,12	5,2 %	Bon rendement Durée de vie importante Bon rapport qualité/prix	Rendement faible sous un faible éclairement
Cellule en silicium amorphe	1,77	2,8 %	Faible coût Bon fonctionnement avec un éclairement faible	Rendement faible en plein soleil Courte durée de vie

* Le rendement global de l'installation tient compte du rendement des panneaux solaires et du rendement du dispositif de pompage.

Doc. 3 Données météorologiques concernant la région du Sahel malien où se situe le projet

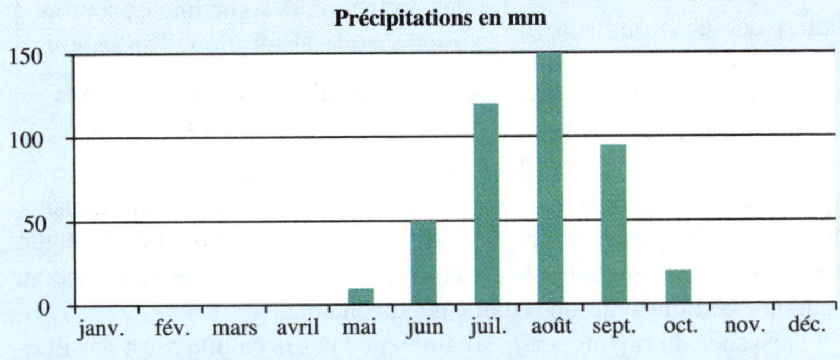

D'après Météo France

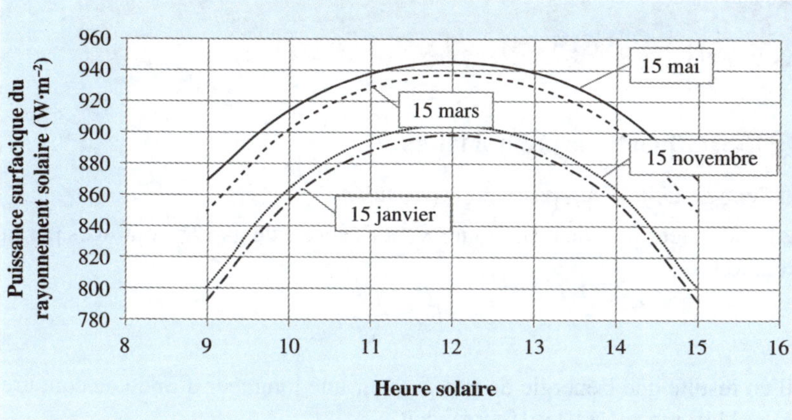

Partie I Questions préliminaires

10 min **1 pt**

1 Pour l'installation, on souhaite utiliser un matériau dont la longueur d'onde de coupure est $\lambda_C = 1\,110$ nm. Proposer un type de cellule qui pourrait être utilisé en précisant le(s) critère(s) de choix retenu(s). **0,5 pt**

2 Calculer l'énergie nécessaire pour élever 1,0 m^3 d'eau d'une hauteur de 50 m. **0,5 pt**

Partie II Problème

40 min **4 pts**

Estimer la surface totale des panneaux solaires permettant de satisfaire aux besoins en eau au cours d'un mois de l'année où ces besoins sont importants au Sahel malien.

Les clés pour réussir

Partie I

1 Utilisez la relation $E_g = \frac{hc}{\lambda_c}$. La valeur de la célérité de la lumière est $3{,}00 \times 10^8$ m·s^{-1}.

Partie II

- On choisit des cellules en silicium polycristallin.
- La puissance surfacique moyenne du rayonnement solaire s'obtient à partir du diagramme donné dans l'énoncé.
- On choisit le mois de janvier : pas de précipitations et le plus faible ensoleillement.
- La surface de panneaux solaires nécessaire doit être réaliste.

SPÉCIALITÉ

Sujet 33 Corrigé

Partie I Questions préliminaires

1 Type de cellule qui pourrait être utilisé

• La longueur d'onde de coupure λ_c et l'énergie de gap E_g sont liées par la relation :

$$E_g = \frac{hc}{\lambda_c}$$

Il en résulte que l'énergie de gap E_g pour une longueur d'onde de coupure $\lambda_c = 1110 \text{ nm} = 1{,}110 \times 10^{-6}$ m vaut :

$$E_g = \frac{6{,}63 \times 10^{-34} \times 3{,}00 \times 10^8}{1{,}110 \times 10^{-6}} = 1{,}79 \times 10^{-19} \text{ J}$$

Sachant que $1\text{eV} = 1{,}60 \times 10^{-19}$ J, on peut exprimer E_g en eV :

$$E_g = \frac{1{,}79 \times 10^{-19}}{1{,}60 \times 10^{-19}} = \mathbf{1{,}12\ eV}$$

Remarque
La valeur de la célérité de la lumière c vaut $3{,}00 \times 10^8$ m·s^{-1} : cette valeur est considérée comme connue !

• D'après le tableau des caractéristiques des cellules photovoltaïques donné dans l'énoncé, on constate que les cellules en silicium monocristallin ou polycristallin peuvent convenir car l'énergie de gap E_g de ces cellules a la valeur demandée : 1,12 eV.
Mais les cellules en silicium monocristallin ont un coût très élevé. **Il est donc préférable de choisir des cellules en silicium polycristallin** qui ont un bon rendement, une durée de vie importante et un bon rapport qualité/prix.
Le fait que ces dernières aient un rendement faible sous un faible éclairement n'est pas vraiment gênant quand on est au Sahel.

2 Énergie nécessaire pour élever un volume $v = 1{,}0$ m³ d'eau d'une hauteur $H = 50$ m

L'énergie W nécessaire pour élever une masse d'eau m d'une hauteur H est égale à l'augmentation de l'énergie potentielle de pesanteur de cette masse d'eau :

$$W = mgH$$

avec $m = \rho v$, d'où :

$$W = \rho v g H$$

A.N. : $\rho = 1{,}0 \times 10^3\ \text{kg·m}^{-3}$; $v = 1{,}0\ \text{m}^3$; $g = 9{,}8\ \text{N·kg}^{-1}$; $H = 50$ m,
d'où :

$$\mathbf{W = 4{,}9 \times 10^5\ J}$$

Partie II Estimation de la surface totale *S* des panneaux solaires

Lorsque les besoins en eau sont importants, le volume quotidien d'eau nécessaire est $V = 35\ \text{m}^3$ et il faut élever d'une hauteur $H = 50$ m cette eau. D'après la question I.2, l'énergie nécessaire pour élever ce volume V d'eau d'une hauteur H est :

$$W_1 = \rho V g H \qquad \textbf{(1)}$$

Comme la station de pompage fonctionne avec un moteur électrique alimenté par des panneaux de cellules photovoltaïques de type cellules en silicium polycristallin (*cf.* question I.1), le rendement global de l'installation est $r = 5{,}2\ \%$.

Soit E_{lum} l'énergie lumineuse que doivent recevoir les panneaux de cellules photovoltaïques.

Elle est telle que $W_1 = r\,E_{\text{lum}}$, d'où :

$$E_{\text{lum}} = \frac{W_1}{r} \qquad \textbf{(2)}$$

(W_1 correspond à l'énergie utile et E_{lum} à l'énergie reçue.)

Cette énergie lumineuse E_{lum} est reçue pendant une durée $\Delta t = 6$ heures s'écoulant durant les 6 heures les plus ensoleillées de la journée : c'est-à-dire entre 9 h et 15 h.

Soit $P_{\text{reçu}}$ la puissance moyenne du rayonnement solaire reçu par l'ensemble des panneaux.

Soit P_{surf} la puissance surfacique moyenne du rayonnement solaire.

On a donc :

$$P_{\text{reçu}} = P_{\text{surf}} \times S \qquad \textbf{(3)}$$

De plus, par définition :

$$P_{\text{reçu}} = \frac{E_{\text{lum}}}{\Delta t} \qquad \textbf{(4)}$$

Des relations **(3)** et **(4)**, on déduit :

$$\frac{E_{\text{lum}}}{\Delta t} = P_{\text{surf}} \cdot S$$

En utilisant la relation **(2)**, on obtient :

$$\frac{W_1}{r\Delta t} = P_{\text{surf}} \cdot S$$

ou encore en utilisant la relation **(1)** :

$$\frac{\rho V g H}{r \Delta t} = P_{\text{surf}} \cdot S$$

d'où :

$$S = \frac{\rho V g H}{P_{\text{surf}} \cdot r \cdot \Delta t} \qquad \textbf{(5)}$$

Pour déterminer la surface S minimale, on se place au mois de janvier. Pour ce mois, les besoins en eau sont importants car les précipitations sont nulles : c'est un mois très sec, il n'y a aucune pluie.
De plus, en janvier, la puissance surfacique du rayonnement solaire est minimale.
Si on se limite à une estimation de la surface S, on peut prendre comme valeur de la puissance surfacique moyenne du rayonnement solaire sa valeur moyenne entre ses deux valeurs extrêmes.

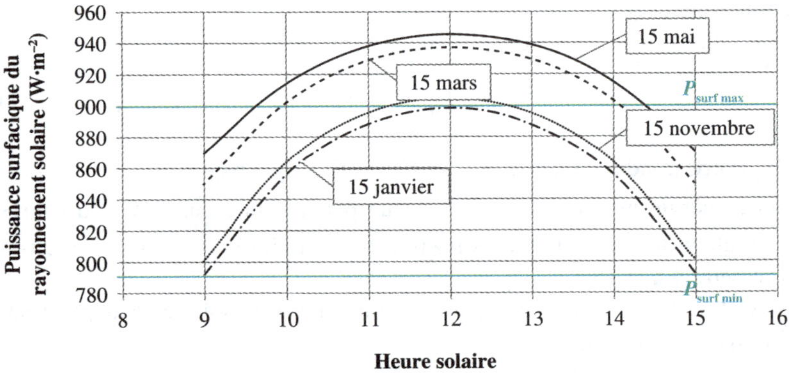

Graphiquement :

$$P_{\text{surf max}} = 900 \text{ W·m}^{-2} \text{ et } P_{\text{surf min}} = 790 \text{ W·m}^{-2}$$

d'où :

$$P_{\text{surf}} = \frac{900 + 790}{2} = 845 \text{ W·m}^{-2}$$

A.N. : la relation **(5)** donne :

$$S = \frac{1{,}0 \times 10^3 \times 35 \times 9{,}8 \times 50}{845 \times 0{,}052 \times 6 \times 3600} = 18 \text{ m}^2$$

Cette surface est de taille raisonnable : elle correspond à 18 panneaux de 1 m^2 de cellules photovoltaïques.

Ce système d'alimentation électrique par panneaux photovoltaïques est donc pertinent pour faire fonctionner des pompes permettant de fournir de l'eau en quantité suffisante dans le Sahel malien.

Sujet 34 Traitement de l'eau d'un bassin d'ornement

5 pts — 50 min

France métropolitaine – La Réunion, juin 2017

Calculatrice autorisée

LISTE DES NOTIONS

- Dilution
- Absorbance
- Loi de Beer-Lambert
- Concentration
- Dosage par étalonnage

Crédit : D.R.

Comme tout être vivant, les poissons ne sont pas à l'abri des maladies. Celle des « points blancs » se rencontre assez fréquemment dans les aquariums et bassins d'eau douce. Cette maladie, due à un parasite, se soigne avec du vert de malachite à condition de respecter rigoureusement les doses et les durées d'exposition préconisées.

Crédit : Biosphoto/Noun

Dans un parc zoologique, se trouve un bassin d'ornement dans lequel de nombreux poissons ont les symptômes de cette maladie : présence de petits points blancs, état amorphe et irritation.
Un technicien introduit dans l'eau du bassin une solution de vert de malachite. À la fin du traitement des poissons, il souhaite éliminer le vert de malachite restant par ajout de charbon actif dans l'eau. Pour cela, le technicien réalise une analyse de l'eau du bassin pour déterminer la concentration en vert de malachite.

L'objectif de ce problème est de trouver la quantité de charbon actif nécessaire à l'élimination du vert de malachite restant dans le bassin.

Données :

- le vert de malachite est noté $(VM)^+$;
- masse molaire du vert de malachite : $M((VM)^+) = 329\ g{\cdot}mol^{-1}$;
- on considère que seul le vert de malachite $(VM)^+$ absorbe dans le domaine du visible ;
- dimensions moyennes du bassin d'ornement contenant les poissons à traiter :

– profondeur : $h = 0{,}50$ m ;
– largeur : $\ell = 3{,}0$ m ;
– longueur : $L = 8{,}0$ m.

Doc. 1 Protocole expérimental mis en œuvre par le technicien

- À partir d'une solution aqueuse S_0 de vert de malachite de concentration molaire égale à $2{,}2 \times 10^{-5}\ mol{\cdot}L^{-1}$, préparer des solutions diluées 5 fois, 2,5 fois et 2 fois notées respectivement S_1, S_2 et S_3.
- Mesurer l'absorbance A des solutions aqueuses étalons de vert de malachite à la longueur d'onde du maximum d'absorption dans l'eau de cette espèce chimique : 617 nm.
- Mesurer l'absorbance de l'eau du bassin à la longueur d'onde 617 nm.

Doc. 2 Résultats des mesures d'absorbance effectuées par le technicien

Solution	S_1	S_2	S_3
Dilution de la solution S_0	S_0 diluée 5 fois	S_0 diluée 2,5 fois	S_0 diluée 2 fois
A	0,35	0,72	0,90

L'absorbance de l'eau du bassin mesurée par le technicien est $A_{eau} = 0{,}67$.

1 Déterminer la valeur de la concentration massique en vert de malachite $(VM)^+(aq)$ de la solution aqueuse S_0. **0,75 pt**

2 Montrer que la loi de Beer-Lambert est vérifiée avec la gamme étalon réalisée par le technicien. **1,25 pt**

Doc. 3 **Le charbon actif en aquariophilie**

Le charbon actif est un composé carboné qui est généralement fabriqué à partir de matières végétales (bois, houille). La structure microporeuse unique de ce charbon le rend idéal pour la filtration et le traitement de l'eau.

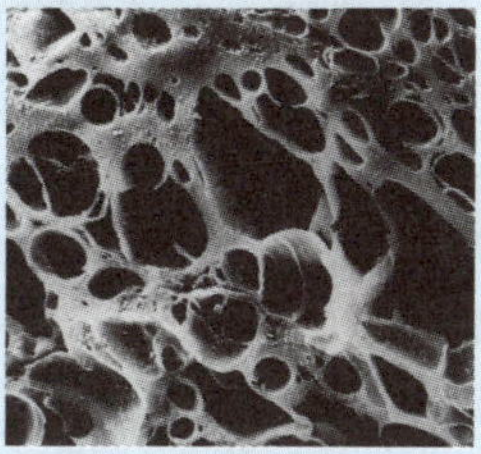

Crédit : D.R.

Structure microporeuse du charbon actif

Chaque grain de charbon actif développe une surface de contact avec l'eau comprise entre 500 et 1 500 m^2 par gramme, ce qui est énorme au regard de son faible volume ! Il acquiert alors une forte capacité de fixation, notamment vis-à-vis des molécules organiques (pesticides, colorants, médicaments...).

Pour le traitement de l'eau, le charbon actif se présente en granulés ou en poudre.

On admet que 1 g de charbon actif peut ainsi retenir au minimum 10 mg de vert de malachite.

Problème

3 Déterminer le nombre de sacs de charbon actif de 500 g que doit utiliser le technicien pour éliminer le vert de malachite restant dans l'eau du bassin d'ornement du parc. **3 pts**

Les clés pour réussir

1 Utilisez la relation entre les concentrations massique et molaire.

2 Calculez, à partir de la concentration de la solution mère S_0, la concentration des solutions filles S_1, S_2 et S_3.

Tracez la courbe de l'absorbance en fonction de la concentration que l'on modélise par une droite passant par l'origine validant la loi de Beer-Lambert.

3 Déterminez la concentration en vert de malachite à partir de l'absorbance de l'eau du bassin et en utilisant la courbe établie précédemment. Déterminez la masse correspondante de vert de malachite présent dans l'eau du bassin, puis déduisez-en le nombre de sacs de charbon nécessaire.

Sujet 34 Corrigé

1 La concentration massique c_m est liée à la concentration molaire c_0 par la relation :

$$\boldsymbol{c_m = c_0 M((VM)^+)}$$

A.N. : $c_0 = 2{,}2 \times 10^{-5}$ mol·L^{-1} ; $M((VM)^+) = 329$ g·mol^{-1},

d'où :

$$\boldsymbol{c_m = 7{,}2 \times 10^{-3}\ \text{g·L}^{-1}}$$

La concentration massique en vert de malachite de la solution aqueuse S_0 est de $7{,}2 \times 10^{-3}$ g·L^{-1}.

2 On calcule, pour chaque solution fille ou solution diluée S_1, S_2 et S_3, la concentration molaire en vert de malachite.

Soit F_i le facteur de dilution de la solution S_i avec $i = \{1, 2, 3\}$, alors :

$$\boldsymbol{c_i = \frac{c_0}{F_i}}$$

A.N. : $c_0 = 2{,}2 \times 10^{-5}$ mol·L^{-1} ; $F_1 = 5$; $F_2 = 2{,}5$; $F_3 = 2$,

d'où :

$c_1 = 4{,}4 \times 10^{-6}$ mol·L^{-1}, $c_2 = 8{,}8 \times 10^{-6}$ mol·L^{-1}, $c_3 = 1{,}1 \times 10^{-5}$ mol·L^{-1}.

On récapitule les données dans le tableau suivant :

Solution S_i	S_1	S_2	S_3
c_i (10^{-6} mol·L^{-1})	4,4	8,8	11
A	0,35	0,72	0,90

On peut alors tracer le graphe de l'absorbance A en fonction de la concentration en utilisant le tableau ci-avant :

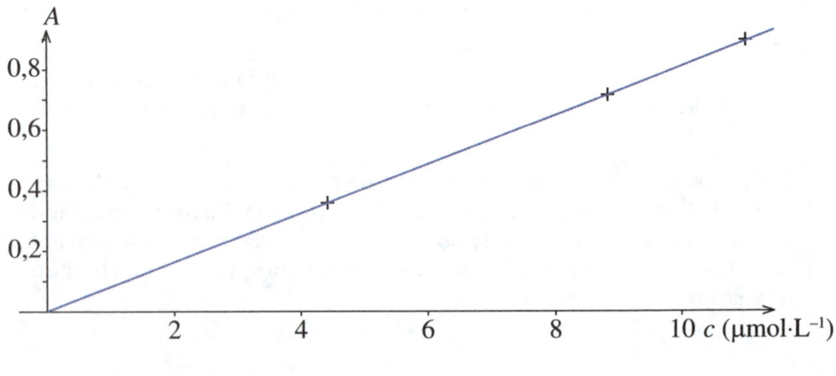

La courbe représentative est une droite passant par l'origine : on peut donc en conclure que l'absorbance A est proportionnelle à la concentration molaire en vert de malachite.

La loi de Beer-Lambert est donc bien vérifiée.

Remarque

La loi de Beer-Lambert est une relation empirique donnant l'absorbance A d'une solution en fonction de sa concentration c en substance colorée :

$$A = kc$$

avec k le coefficient de proportionnalité qui dépend en particulier de la nature de la solution, de la longueur d'onde du rayonnement, de l'épaisseur de solution traversée...

3 Pour déterminer le nombre de sacs de charbon actif de 500 g, il faut utiliser la correspondance entre la masse de charbon utilisé et la masse de vert de malachite traité.

Il est donc nécessaire de déterminer la masse de vert de malachite présent dans l'eau du bassin : il faut pour cela connaître le volume du bassin, la masse molaire du vert de malachite et sa concentration dans l'eau du bassin. Cette dernière est déterminée par la donnée de l'absorbance de l'eau du bassin mesurée par le technicien.

En reprenant cette démarche dans le sens inverse de celui décrit ci-avant, on obtient le nombre N de sacs de charbon.

• **Détermination de la concentration en vert de malachite de l'eau du bassin**

L'absorbance de l'eau du bassin est $A_{eau} = 0{,}67$. En reportant cette valeur dans le graphe de $A = f(c)$, on obtient $c = 8{,}2 \times 10^{-6}$ mol·L^{-1}.

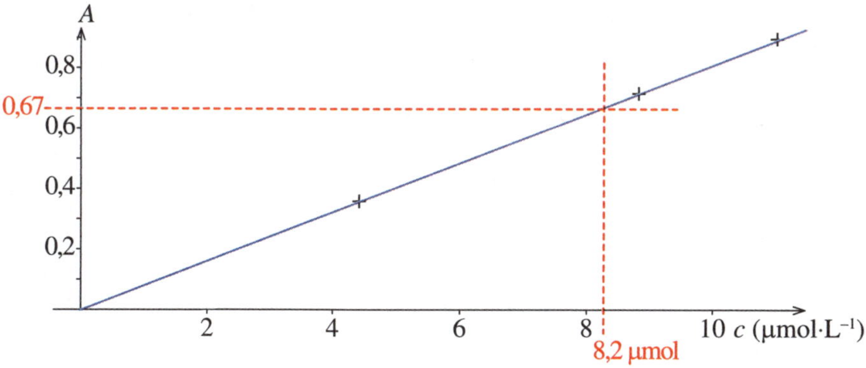

SPÉCIALITÉ

• Détermination de la masse de vert de malachite dans le bassin

Soit m la masse de vert de malachite. On a : $m = cVM((\text{VM})^+)$, avec V le volume d'eau du bassin, soit $V = hL\ell$.

Finalement, $\boldsymbol{m = c\, hL\ell M((\text{VM})^+)}$

> **Gagnez des points !**
> Le volume $hL\ell$ est calculé en m^3. Cela signifie qu'il faut convertir la masse molaire en $mol{\cdot}m^{-3}$.

A.N. : $h = 0{,}50$ m ; $L = 8{,}0$ m ; $\ell = 3{,}0$ m ;
$c = 8{,}2 \times 10^{-6}\ mol{\cdot}L^{-1} = 8{,}2 \times 10^{-3}\ mol{\cdot}m^{-3}$; $M((\text{VM})^+) = 329\ g{\cdot}mol^{-1}$,

d'où : $m = 32$ g de vert de malachite dans le bassin

• Détermination de la masse de charbon nécessaire

« 1 g de charbon actif peut ainsi retenir au minimum 10 mg de vert de malachite ». On en déduit qu'au maximum, il faut $\dfrac{32}{10 \times 10^{-3}} = 3\,200$ g, soit 3,2 kg de charbon.

• Détermination du nombre de sacs de charbon

Soit N le nombre de sacs de charbon : $N = \dfrac{3200}{500} = 6{,}4$.

Pour éliminer le vert de malachite restant dans l'eau du bassin d'ornement du parc, le technicien doit utiliser 6,4 sacs de charbon.

> **Remarque**
> On peut aussi répondre 7 sacs si l'on considère le nombre entier de sacs de charbon.

Sujet 35 L'effet Larsen

5 pts 50 min

Antilles-Guyane, juin 2013

Calculatrice autorisée

LISTE DES NOTIONS

- Fréquence d'un son
- Incertitude sur une mesure
- Spectre en fréquence d'un son
- Niveau sonore
- Intensité sonore
- Microphone
- Haut-parleur

Doc. 1 L'effet Larsen ou quand le haut-parleur se met à siffler

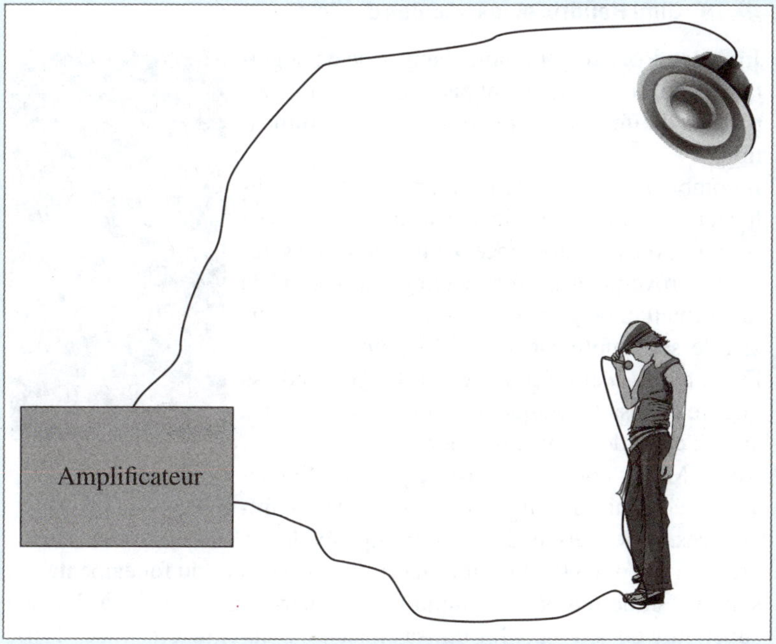

Cet effet se produit lorsqu'un haut-parleur et un microphone, branchés sur la même chaîne d'amplification, sont placés à proximité l'un de l'autre. Le son émis par le haut-parleur est capté par le microphone qui le retransmet amplifié au haut-parleur.
L'effet Larsen apparaît dès que le niveau sonore du haut-parleur capté par le microphone est supérieur au niveau sonore émis directement par le chanteur ou le conférencier (un niveau sonore s'exprime en décibels (dB)).
Cette amplification en boucle (ou rétroaction) produit un signal qui augmente progressivement en intensité jusqu'à atteindre les limites de fonctionnement du matériel, pouvant même l'endommager...
Ce phénomène est fréquent dans les sonorisations de spectacles ou de conférences. Il apparaît aussi avec les combinés téléphoniques munis d'un haut-parleur et les prothèses auditives, produisant un sifflement aigu très douloureux.

Extrait du site http://www.udppc.assofr/

Doc. 2 **Jimi Hendrix et les pédales d'effets**

Jimi Hendrix

Jimi Hendrix a révolutionné l'approche de la guitare électrique, notamment par son utilisation des pédales d'effets et des ressources de l'amplification.
Il combina tout d'abord la saturation des amplificateurs à lampes (en jouant à un haut volume sonore) avec la « Fuzz Face », une pédale de saturation provoquant un fort écrêtage du son. Cela lui permettait de générer du *feedback* (dû au Larsen de ses amplificateurs) qu'il pouvait contrôler en temps réel grâce au levier de vibrato de sa guitare ou à sa technique de main droite. Il arriva ainsi à créer de nouvelles sonorités.
Roger Mayer construisit ensuite pour lui l'Octavia, une pédale de saturation jouant sur les fréquences. Elle permettait, électroniquement, de créer un son pur à l'octave inférieure de la fréquence du fondamental du son joué et de renforcer l'amplitude de l'harmonique située à l'octave supérieure du son joué. Il l'utilisa en studio d'enregistrement dès 1967. Il utilisa également la pédale wah-wah.

Traduction de *feedback* : rétroaction.
Note : une note jouée à l'octave inférieure de la première a une fréquence moitié par rapport à elle.

D'après le site Wikipedia

Pédale d'effets

Doc. 3 Enregistrement et spectre en fréquence d'un son musical de guitare électrique

La **figure a** représente le signal obtenu avec un microphone enregistrant le son produit par une guitare électrique jouant une seule note.

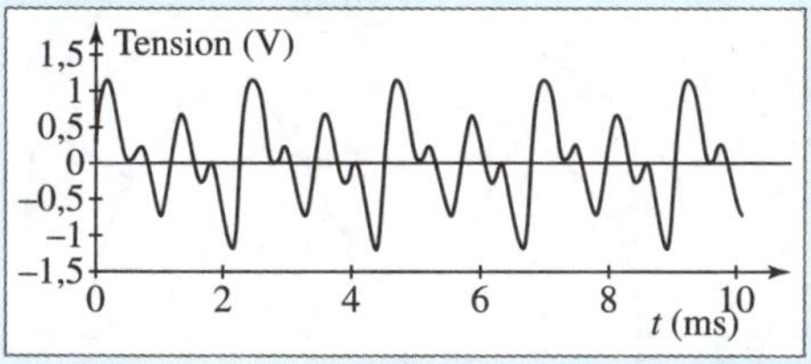

Figure a

L'analyse spectrale permet de révéler la « signature acoustique » d'un son en faisant apparaître les amplitudes des signaux sinusoïdaux qui composent le signal périodique en fonction de leur fréquence. La **figure b** est le spectre en fréquence du son enregistré sur la **figure a.**

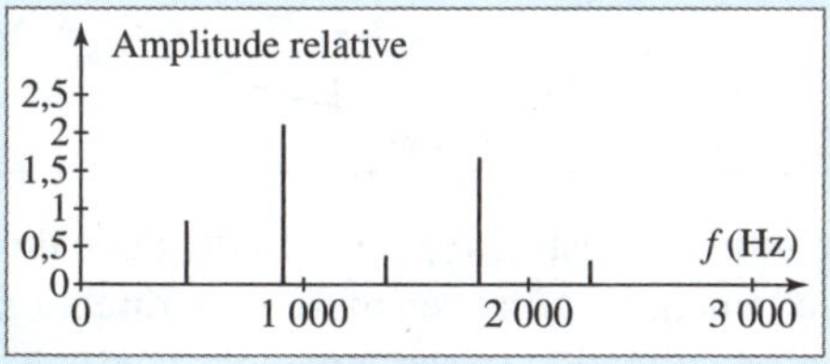

Figure b

Doc. 4 Intensité sonore et niveau sonore

L'intensité sonore I (exprimée en $\text{W} \cdot \text{m}^{-2}$) et le niveau sonore L (exprimé en décibels) sont liés par la relation :

$$I = I_0 \times 10^{\frac{L}{10}}$$

avec $I_0 = 1{,}0 \times 10^{-12}\ \text{W} \cdot \text{m}^{-2}$, intensité sonore de référence.

Doc. 5 Caractéristiques du haut-parleur utilisé

Le haut-parleur utilisé ici est considéré comme omnidirectionnel : il émet des sons uniformément dans l'espace. On considérera que la puissance acoustique P (en W) est constante et qu'elle vérifie la relation : $P = 4\pi d^2 I$ avec I, intensité sonore en $W \cdot m^{-2}$ et d, distance entre le haut-parleur et le microphone en m.

Doc. 6 Caractéristiques du microphone utilisé

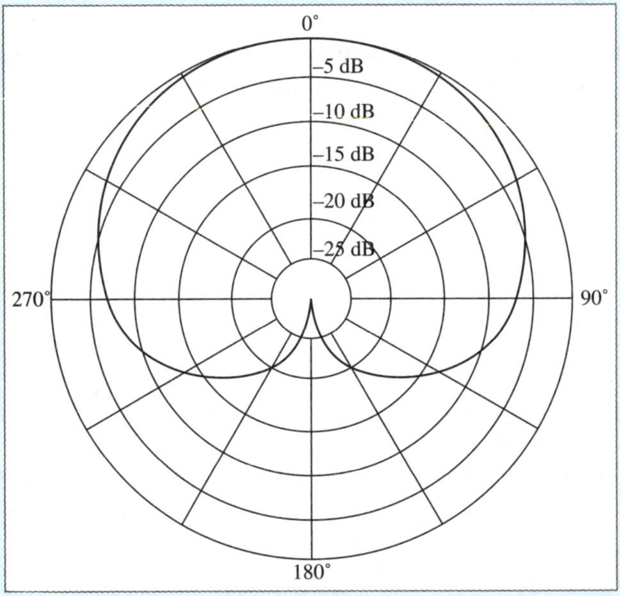

Le microphone utilisé ici est de type cardioïde, donc directionnel.
Il capte essentiellement les sons venant dans la direction de son axe.
Si le son vient d'une direction faisant un angle avec son axe, le son reçu par le microphone est atténué d'un certain nombre de décibels.
Par exemple, si un son arrive avec un angle de 60° par rapport à l'axe du micro, il sera atténué de 3 dB.

En s'appuyant sur les documents donnés, répondre aux questions suivantes :

1 Comment doivent-être connectés un haut-parleur et un microphone pour que l'effet Larsen ait lieu ? **0,75 pt**

2 Quels sont les dangers que présente l'effet Larsen ? **0,75 pt**

3 Citer un cas où l'effet Larsen est recherché. **0,75 pt**

4 Pour mesurer le plus précisément possible la période du son complexe produit par la guitare électrique, on commence par mesurer la durée de quatre périodes du signal enregistré sur le **document 3**, puis on en déduit que $T = (2{,}25 \pm 0{,}05)$ ms.

L'incertitude sur la fréquence f est dans ce cas :

$$U(f) = f\frac{U(T)}{T}$$

Donner la valeur de la fréquence f du son musical enregistré en exprimant l'incertitude $U(f)$ sur la mesure. **1 pt**

5 Que pourra-t-on observer sur le spectre en fréquence si le guitariste rajoute l'effet d'une pédale Octavia ? **0,75 pt**

6 Un chanteur se produit devant un public dans les conditions correspondant au schéma ci-dessous. Le niveau sonore à 1,0 m du haut-parleur est de 92 dB. La voix du chanteur a un niveau sonore de 73 dB. Les caractéristiques du microphone utilisé sont décrites dans le **document 6**. Déterminer la distance minimale d nécessaire entre le haut-parleur et le microphone pour que l'effet Larsen soit évité. **1 pt**

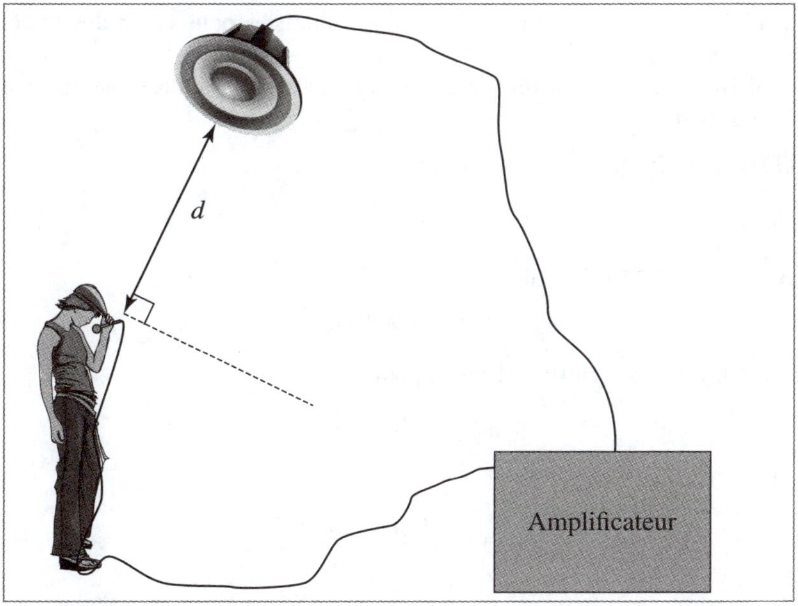

SPÉCIALITÉ

Les clés pour réussir

5 D'après le **document 5**, la pédale Octavia permet de passer à l'octave inférieure et renforce l'amplitude de l'octave supérieure.

6 Attention, ce sont les intensités sonores qui s'ajoutent, pas les niveaux sonores !

Sujet 35 Corrigé

1 D'après le **document 1**, le son reçu par un microphone est envoyé à un haut-parleur ; le haut-parleur émet un son qui peut être capté par le microphone et transmis de nouveau au haut-parleur (rétroaction). **Cet effet se produit donc si le microphone et le haut-parleur sont trop proches l'un de l'autre.**

2 L'effet Larsen entraîne une amplification en boucle croissante, d'où deux dangers principaux :

- **endommager le matériel** (trop d'énergie) ;
- **faire mal aux oreilles** (sifflement aigu).

3 L'effet Larsen est utilisé par certains guitaristes pour **créer des effets sonores**.
Jimi Hendrix a ainsi « révolutionné l'approche de la guitare électrique » (**document 2**).

4 Étude de fréquences (document 3)

$$f = \frac{1}{T}$$

A. N. : $T = 2{,}25$ ms, d'où :

$$f = 444{,}4 \text{ Hz}$$

En se limitant à 3 chiffres, comme pour T, on écrira :

$$\boldsymbol{f = 444 \text{ Hz}}$$

Incertitude sur la mesure :

$$U(f) = f\frac{U(T)}{T} = \frac{1}{T}\frac{U(T)}{T}$$

$$\underset{\substack{\uparrow \\ \text{en Hz}}}{U(f)} = \underbrace{\frac{1}{2{,}25 \times 10^{-3}}}_{T \text{ en secondes}} \times \underbrace{\frac{0{,}05}{2{,}25}}_{\substack{U(T) \\ \text{et } T \\ \text{dans la} \\ \text{même} \\ \text{unité}}} \approx 10 \text{ Hz}$$

d'où :

$$\mathbf{f = (444 \pm 10)\ Hz}$$

> **L'astuce du prof**
> En regroupant,
> $U(f) = \dfrac{10^3 \times 0{,}05}{(2{,}25)^2} = 9{,}88$ Hz.
> Or $f = 444{,}4$ Hz.
> Il faut réarranger correctement ; on prendra $U(f) = 10$ Hz ;
> $f = (444 \pm 10)$ Hz.

5 D'après le **document 2**, la pédale Octavia permet de passer à l'octave inférieure, donc à la fréquence $\dfrac{f}{2} = 222$ Hz.

Par ailleurs, la pédale Octavia renforce l'amplitude de l'octave supérieure, de fréquence $2f = 888$ Hz, d'où le spectre :

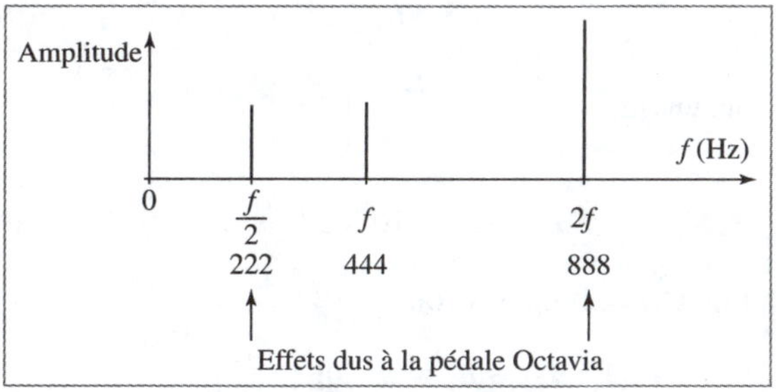

6 Étudions comment éviter l'effet Larsen dans le cas proposé par l'énoncé. D'après le **document 1**, le niveau sonore du haut-parleur capté par le microphone doit être inférieur au niveau sonore émis directement par le chanteur. D'après la figure de la question **6**, le chanteur envoie 73 dB dans le microphone. Le microphone reçoit par ailleurs un niveau sonore L_{HP} provenant du haut-parleur, que nous allons calculer en utilisant les **documents 4**, **5** et **6**.

- **Document 4** :

$$I = I_0 \times 10^{\frac{L}{10}} \text{ d'où } L = 10 \log \frac{I}{I_0}$$

> **L'astuce du prof**
> Exploitez l'échelle logarithmique ;
> log = logarithme décimal.

- **Document 5** :

$$I = \frac{P}{4\pi d^2}$$

Soit I_1 à la distance d_1 : $I_1 = \dfrac{P}{4\pi d_1^2}$

Soit I_2 à la distance d_2 : $I_2 = \dfrac{P}{4\pi d_2^2}$

SPÉCIALITÉ

d'où : $$\frac{I_2}{I_1} = \left(\frac{d_1}{d_2}\right)^2$$

Soit L_1 à la distance d_1 : $$L_1 = 10 \log \frac{I_1}{I_0}$$

Soit L_2 à la distance d_2 : $$L_2 = 10 \log \frac{I_2}{I_0}$$

Il vient : $$L_2 - L_1 = 10 \log \frac{I_2}{I_0} - 10 \log \frac{I_1}{I_0}$$

or $$\log b - \log a = \log \frac{b}{a}$$

d'où : $$L_2 - L_1 = 10 \log \left(\frac{I_2}{I_0} \times \frac{I_0}{I_1}\right) = 10 \log \frac{I_2}{I_1}$$

Or, nous avons vu que : $$\frac{I_2}{I_1} = \left(\frac{d_1}{d_2}\right)^2$$

d'où : $$L_2 - L_1 = 10 \log \left(\frac{d_1}{d_2}\right)^2$$

On sait que $\log(x^2) = 2 \log x$, d'où :

$$L_2 - L_1 = 20 \log \left(\frac{d_1}{d_2}\right)$$

soit : $$L_2 = L_1 + 20 \log \left(\frac{d_1}{d_2}\right)$$

Or $$\log \frac{a}{b} = -\log \frac{b}{a}$$

d'où : $$L_2 = L_1 - 20 \log \left(\frac{d_2}{d_1}\right)$$

Pensez-y !
On vérifie que L diminue quand d augmente.

• **Document 6** : le microphone est directionnel. Quand un signal arrive avec un angle de 90° par rapport à l'axe du micro, il est atténué de plus de 5 dB.
Sur la figure, le point A indique l'intersection de la caractéristique du microphone avec l'axe de direction 90°. On peut estimer que A correspond à –6 dB.

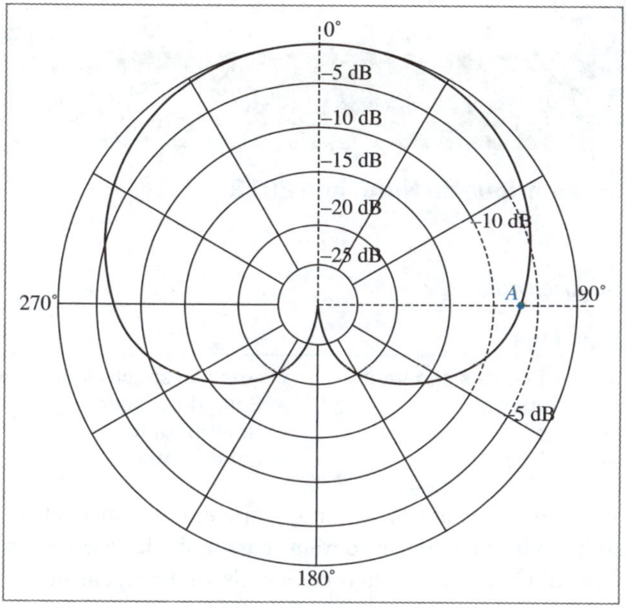

Le microphone reçoit donc :

- 73 dB de la voix directe du chanteur ;
- $L(d)$ – 6 dB du haut-parleur.

Pour éviter l'effet Larsen, on doit choisir d tel que :

$$L(d) - 6 \text{ dB} \leqslant 73 \text{ dB}$$

Pour la distance minimale :

$$L(d_{\text{minimale}}) - 6 \text{ dB} = 73 \text{ dB}$$

$$L(d_{\text{minimale}}) = (73+6) \text{ dB} = 79 \text{ dB}$$

Pour $d_1 = 1$ m, $L_1 = 92$ dB. Pour d_{minimale} $L_2 = 79$ dB.

Or $$L_2 = L_1 - 20 \log \frac{d_{\text{minimale}}}{d_1}$$

d'où : $$L_1 - L_2 = 13 \text{ dB} = 20 \log \frac{d_{\text{minimale}}}{d_1}$$

soit : $$d_{\text{minimale}} = d_1 \times 10^{13/20} = 10^{0,65} \times d_1$$

A. N. : $d_1 = 1$ m, d'où : $\boldsymbol{d_{\text{minimale}} = 4{,}5}$ **m**

L'astuce du prof

La calculatrice donne $10^{0,65} = 4{,}466\,8...$
Il faut se limiter aux chiffres significatifs. Ici, on arrondit donc au dixième le plus proche, c'est-à-dire 4,5 m.

SPÉCIALITÉ

Sujet 36 — Concert en sous-sol

5 pts — 50 min

Amérique du Nord, juin 2013

Calculatrice autorisée

LISTE DES NOTIONS

- Instruments à cordes et à vent
- Acoustique musicale
- Ondes sonores
- Hauteur d'un son
- Analyse spectrale d'un son
- Salle de concert
- Réverbération
- Loi de Sabine

Trois jeunes musiciens amateurs (un guitariste, un pianiste et un flûtiste) projettent de donner un concert devant leurs amis dans le sous-sol d'une maison. Lors d'une répétition dans ce lieu, ils s'interrogent sur les améliorations à apporter pour éviter une réverbération trop importante.

Les parties I et II sont indépendantes. Les documents utiles sont regroupés à la fin de l'exercice.

Partie I Accord des instruments

25 min — 1,5 pt

Avant le concert, les musiciens doivent « accorder » leurs instruments. Pour cela, ils utilisent un diapason qui émet la note *La*3. Chacun joue cette note sur son instrument, la compare à celle émise par le diapason et procède aux réglages permettant d'obtenir une note de même hauteur.
En utilisant les enregistrements des différents sons produits et leurs spectres, répondre aux questions suivantes :

1 Quelle est la fréquence f de vibration du son émis par le diapason ? **0,75 pt**

2 Les trois musiciens jouent-ils une note de même hauteur ? Justifier. **0,75 pt**

Partie II La pièce du sous-sol est-elle une bonne salle de concert ?

25 min — 3,5 pts

Le concert a lieu dans une salle au sous-sol d'une maison. La salle a une forme parallélépipédique, de longueur $L = 10{,}0$ m, de largeur $\ell = 5{,}0$ m et de hauteur $h = 3{,}0$ m.
Cette salle, vide et sans vitrage, possède une porte en bois de surface $S_{bois} = 3{,}0\ m^2$.

Le sol, les murs et les plafonds sont en béton d'une surface totale : $S_{béton} = 187\ m^2$.

1 Quels sont les phénomènes physiques qui interviennent au cours de la propagation du son dans une salle ? En citer au moins trois. **0,75 pt**

2 Quelle est l'unité du coefficient de valeur 0,16 dans la formule de Sabine (**document 7**) ? **0,5 pt**

3 En l'absence de spectateurs, la pièce du sous-sol est-elle une bonne salle de concert ? Justifier. **1,25 pt**

4 On souhaite obtenir une durée de réverbération égale à 2,0 s. Pour cela, on dispose sur les murs des panneaux absorbants verticaux de coefficient d'absorption acoustique $\alpha_{panneau} = 0{,}50$.
Quelle surface de panneau faut-il utiliser pour satisfaire la nouvelle durée de réverbération T_R ? **1 pt**

Doc. 1 Correspondance entre la hauteur et la fréquence associée de quelques notes de la gamme tempérée

Note	La_1	La_2	La_3	Si_3	Do_4	$Ré_4$	Mi_4	Fa_4	Sol_4	La_4
Fréquence (Hz)	110	220	f	494	523	587	659	698	783	880

Doc. 2 Enregistrement de la note La_3 émise par le diapason

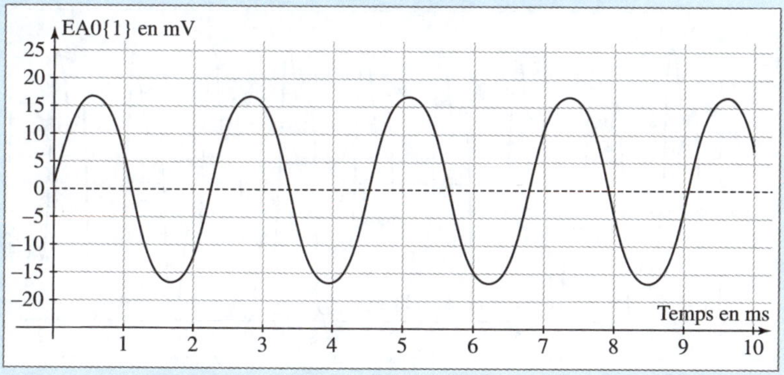

Doc. 3 **Enregistrement et spectre du son émis par le piano**

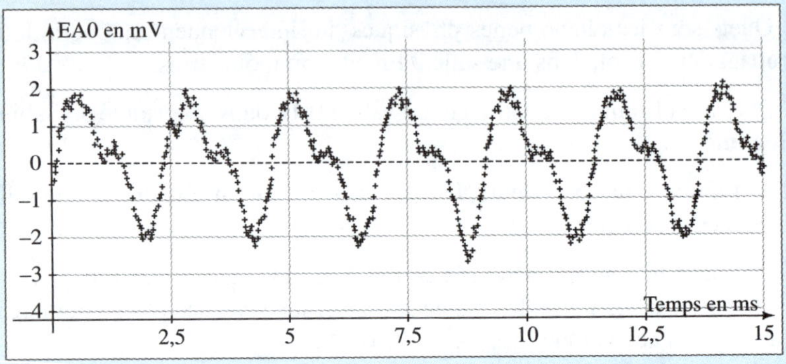

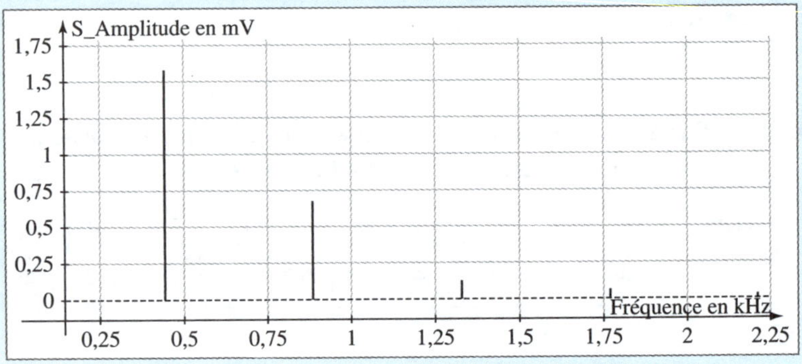

Doc. 4 **Enregistrement et spectre du son émis par la flûte**

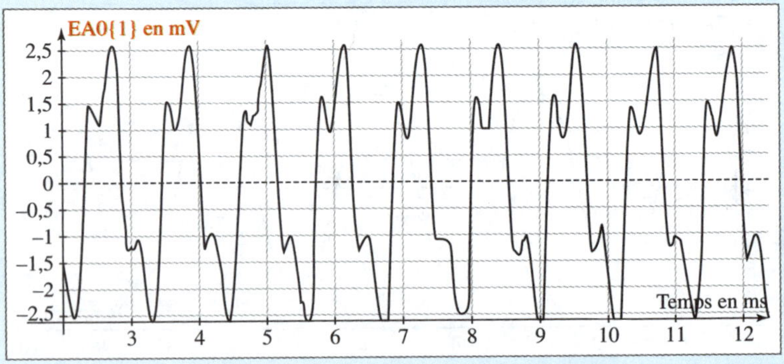

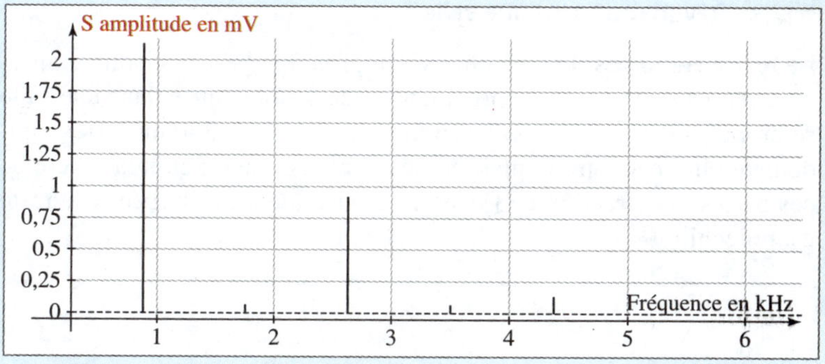

Doc. 5 **Enregistrement et spectre du son émis par la guitare**

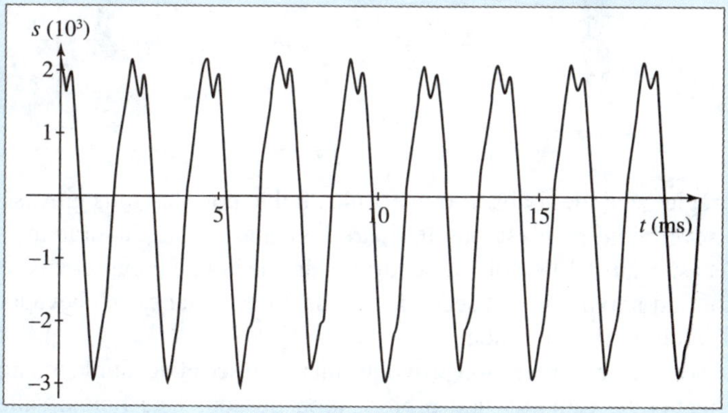

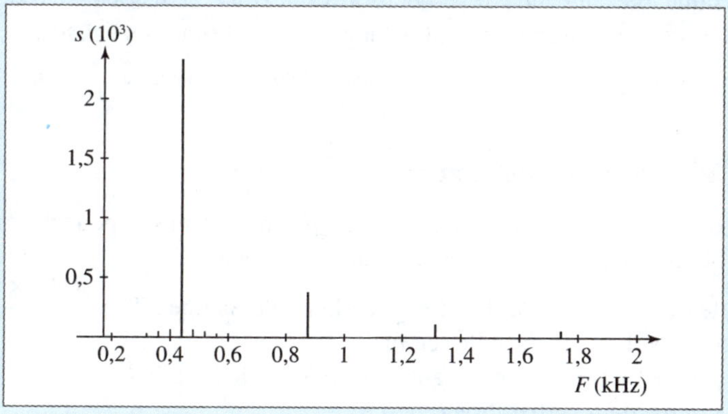

SPÉCIALITÉ

Doc. 6 **Réverbération d'une salle**

La réverbération est le phénomène qui prolonge l'énergie sonore après un arrêt net de la source sonore. Une onde sonore émise dans une salle se propage dans toutes les directions à la vitesse de 340 m/s. Très rapidement elle rencontre le plafond, le sol et les murs. Selon la nature de ces parois, une fraction de l'énergie acoustique est absorbée et le reste est réfléchi.

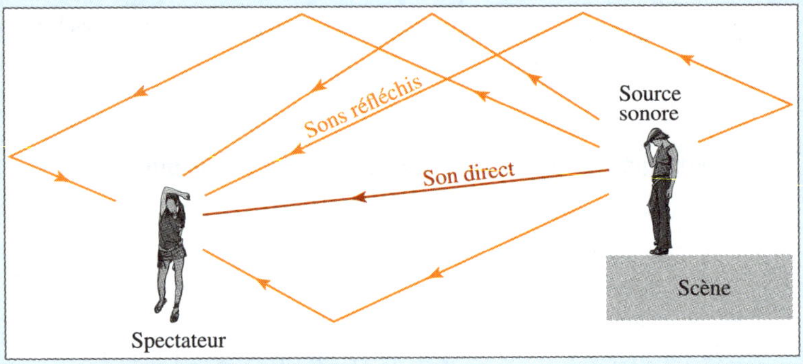

En règle générale, l'absorption est plus faible pour les sons graves.
La réverbération n'est pas toujours souhaitée pour un orateur, sauf effets spéciaux. Elle doit être courte pour une bonne compréhension du texte ; au maximum 0,8 seconde. Au-delà, les syllabes se chevauchent et l'intelligibilité diminue.
L'absence de réverbération provoque un rendu sec et dur sur la musique ; on recherche toujours une prolongation du son. Une bonne salle de musique présente une réverbération de 1,0 à 2,5 secondes. L'orgue nécessite une réverbération plus longue : c'est le cas des églises.

D'après http://www.sonorisation-spectacle.org/

Doc. 7 **Durée de réverbération**

La durée de réverbération T_R est le temps mis par un son pour décroître de 60 dB après la coupure de la source sonore.

Cette durée T_R se calcule à l'aide de la loi de Sabine : $T_R = \dfrac{0{,}16 \times V}{A}$
avec V : volume de la salle (en m^3) ;
A : aire de la surface absorbante équivalente de la salle (en m^2) ;
T_R : durée de réverbération (en s).

On définit la surface équivalente A par :

$$A = \sum_i (\alpha \cdot S_i)$$

où α_i représente le coefficient d'absorption du matériau de surface S_i. Il dépend de la nature du matériau et de la fréquence du son.

Coefficients d'absorption acoustique moyens, α_M, de différents matériaux à une fréquence de 500 Hz

Matériau	Plâtre	Carrelage	Béton	Bois	Verres	Dalles acoustiques
α_M (pas d'unité)	0,030	0,020	0,010	0,15	0,18	0,75

D'après http://www.acouphile.fr/

Les clés pour réussir

Partie I

1 On détermine la fréquence f par la connaissance de la période T de vibrations.

Pour une meilleure précision, on mesure une durée correspondant à plusieurs périodes.

2 Pour déterminer la hauteur d'une note dans la fréquence de son fondamental, on peut soit utiliser le spectre du son (on obtient directement la hauteur du son), soit utiliser l'enregistrement de la vibration comme à la question précédente.

Partie II

2 Exprimez le coefficient 0,16 en fonction de T_R, A et V.

3 Recherchez si la durée de réverbération est inférieure à 2 s (condition pour avoir une « bonne » salle de musique).

4 N'oubliez pas que si on met des panneaux absorbants verticaux de surface totale S, on diminue d'autant la surface des murs en béton atteinte par le son.

SPÉCIALITÉ

Sujet 36 Corrigé

Partie I Accord des instruments

1 La fréquence f de la vibration du son émis par le diapason est égale à la fréquence f du signal électrique obtenu de l'enregistrement de cette vibration sonore.

Comme $f = \frac{1}{T}$, avec T la période du signal électrique (donc aussi période de la vibration sonore émise par le diapason), on utilise le **document 2** pour mesurer cette période T :

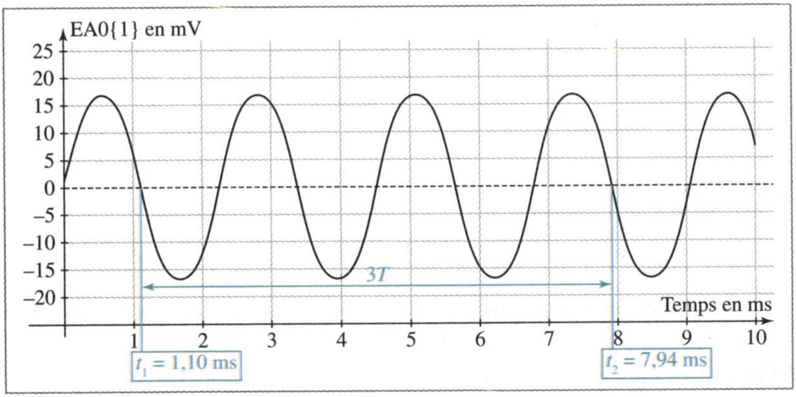

Document 2 : Enregistrement de la note La_3 émise par le diapason

On a : $3T = t_2 - t_1$

A. N. : $T = \frac{t_2 - t_1}{3} = 2{,}28 \text{ ms} = 2{,}28 \times 10^{-3} \text{ s}$

d'où :

$$\boldsymbol{f = \frac{1}{T} = 439 \text{ Hz}}$$

Pensez-y !

Pour avoir une meilleure précision sur la valeur de T, il vaut mieux mesurer une durée correspondant à plusieurs périodes : ici 3.

Remarque

La valeur de T étant déterminée avec 3 chiffres significatifs, on exprimera f avec aussi 3 chiffres significatifs.

2 Pour connaître la hauteur de la note émise par chaque instrument, on peut utiliser deux méthodes.

• *Première méthode : par l'analyse spectrale*

La fréquence du fondamental donne la hauteur du son.

– Son émis par le piano

On utilise le spectre du **document 3**.

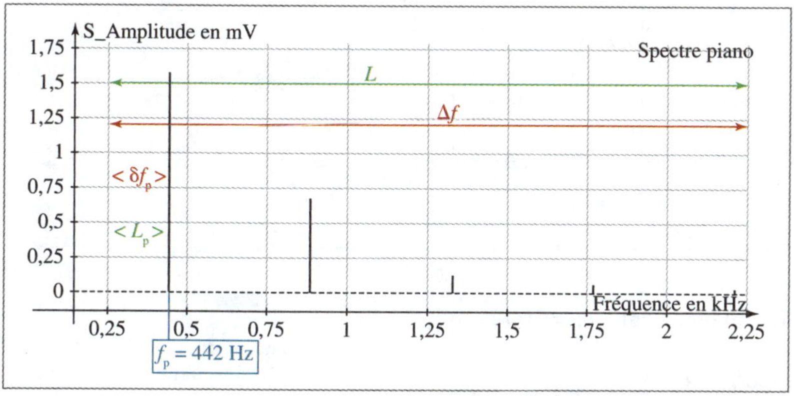

Détail du calcul : $f_p = 250 + \delta f_p$

et $\dfrac{\delta f_p}{\Delta f} = \dfrac{\ell_p}{L}$ avec $\Delta f = 2000$ Hz.

Pensez-y !
Attention, l'origine des abscisses n'est pas 0 Hz !

ℓ_p et L étant les longueurs des segments correspondant à δf_p et Δf.

Graphiquement, on a :

$$\frac{\ell_p}{L} = 9{,}62 \times 10^{-2}$$

d'où : $\delta f_p = 9{,}62 \times 10^{-2}\,\Delta f = 9{,}62 \times 10^{-2} \times 2000$

soit : $\delta f_p = 192$ Hz

Il en résulte :

$$\mathbf{f_p = 442\ Hz}$$

– Son émis par la flûte

On utilise le spectre du **document 4**.

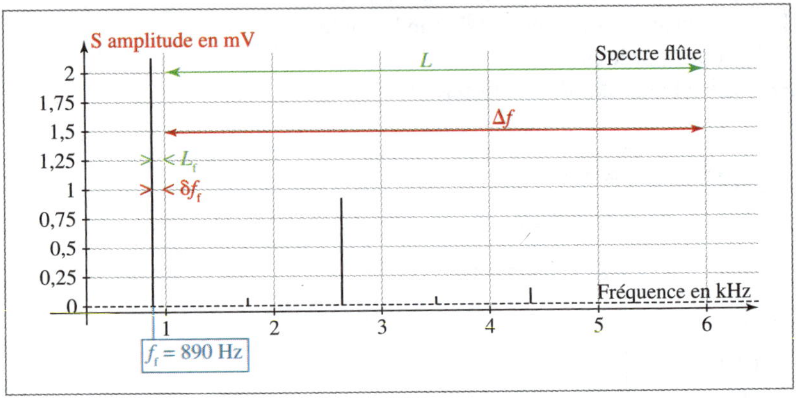

Pensez-y !

Attention, l'origine des abscisses n'est pas 0 Hz !

Détail du calcul : $f_p = 1000 - \delta f_f$

et $\dfrac{\delta f_f}{\Delta f} = \dfrac{\ell_f}{L}$ avec $\Delta f = 5000$ Hz.

ℓ_f et L étant les longueurs des segments correspondant à δf_f et Δf.

Graphiquement, on a : $\dfrac{\ell_f}{L} = 2{,}2 \times 10^{-2}$

d'où : $\delta f_f = 2{,}2 \times 10^{-2} \Delta f = 2{,}2 \times 10^{-2} \times 5000$

soit : $\delta f_f = 110$ Hz

Il en résulte :

$$\boldsymbol{f_f = 890 \text{ Hz} = 8{,}9 \times 10^2 \text{ Hz}}$$

Remarque

L'écriture $f_p = 8{,}9 \times 10^2$ Hz est plus correcte, car la valeur de f_p n'est connue qu'avec 2 chiffres significatifs, mais à l'usage, on écrit plutôt 890 Hz.

– Son émis par la guitare
On utilise le spectre du **document 5**.

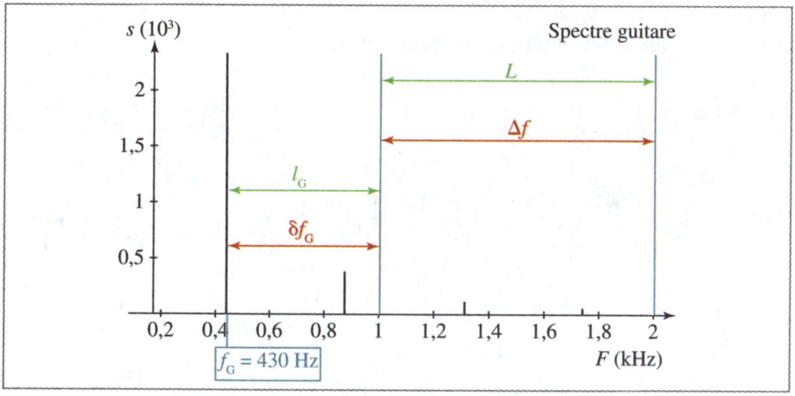

Détail du calcul : $f_G = 1000 - \delta\, f_G$

Pensez-y !
Attention, l'origine des abscisses n'est pas 0 Hz !

et on a $\dfrac{\delta f_G}{\Delta f} = \dfrac{\ell_G}{L}$ avec $\Delta f = 1000$ Hz.

ℓ_f et L étant les longueurs des segments correspondant à δf_G et Δf.

Graphiquement, on a : $\dfrac{\delta f_G}{\Delta f} = 0{,}57$

d'où : $\delta f_G = 0{,}57 \cdot \Delta f = 0{,}57 \times 1000$

soit : $\delta f_G = 570$ Hz

Il en résulte :

$$\mathbf{f_G = 430\ Hz = 4{,}3 \times 10^2\ Hz}$$

Remarque

Pour l'écriture de la valeur de f_G, on peut faire la même remarque que précédemment pour l'écriture de f_f.

SPÉCIALITÉ

• *Deuxième méthode : en utilisant l'enregistrement du son*

C'est la méthode que l'on a utilisée à la question **1** pour déterminer la fréquence du son émis par le diapason.

– Son émis par le piano

On utilise l'enregistrement du **document 3**.

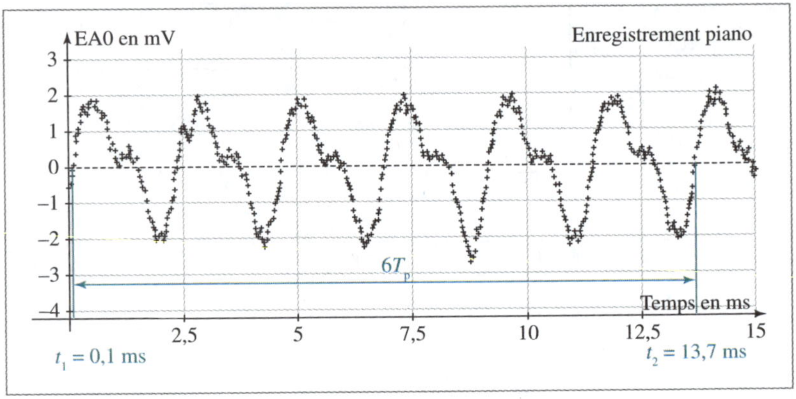

On a : $$6T_p = t_2 - t_1$$

A. N. : $T_p = \dfrac{t_2 - t_1}{6} = 2{,}27 \text{ ms} = 2{,}27 \times 10^{-3}$ s,

d'où :

$$\mathbf{f_p = \frac{1}{T_p} = 441\ Hz}$$

– Son émis par la flûte

On utilise l'enregistrement du **document 4**.

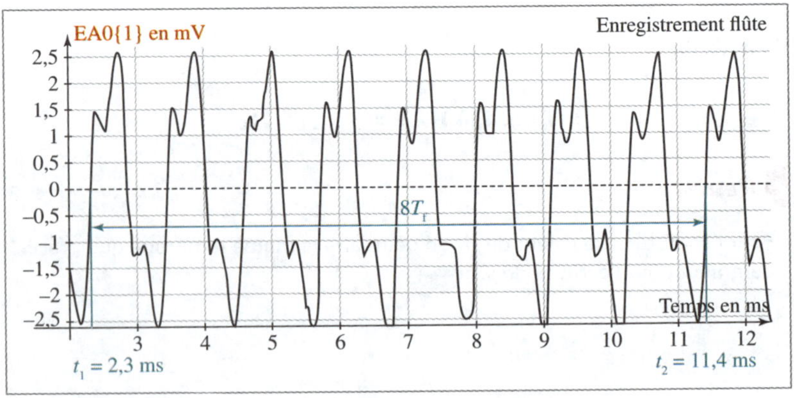

On a : $8T_f = t_2 - t_1$

d'où $T_f = \frac{t_2 - t_1}{8} = 1,14 \text{ ms} = 1,14 \times 10^{-3}$ s.

Pensez-y !
Attention, l'origine des abscisses n'est pas 0 s !

On en déduit : $f_f = \frac{1}{T_f}$ **879 Hz**

– Son émis par la guitare
On utilise l'enregistrement du **document 5**.

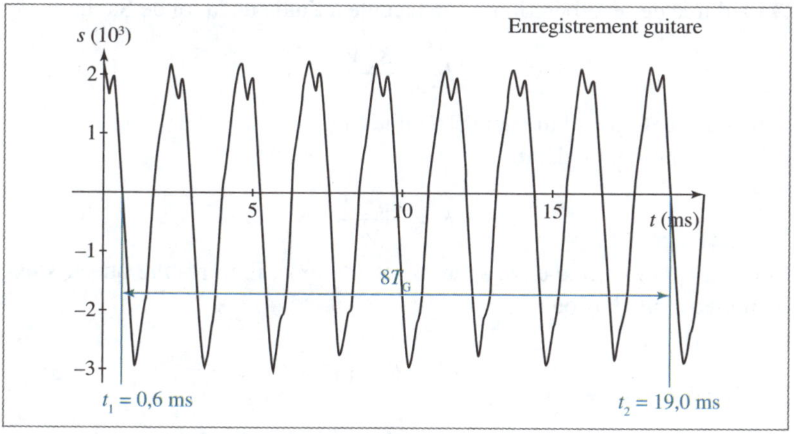

On a : $8T_G = t_2 - t_1$

A. N. : $T_G = \frac{t_2 - t_1}{8} = 2,30 \text{ ms} = 2,30 \times 10^{-3}$ s,

d'où :

$$f_G = \frac{1}{T_G} = 435 \text{ Hz}$$

• À partir des résultats obtenus avec les deux méthodes, on a :

$f_p = 442$ Hz ou 441 Hz, soit $f_p \approx 4,4 \times 10^2$ Hz

$f_f = 890$ Hz ou 879 Hz, soit $f_f \approx 8,85 \times 10^2$ Hz

et $f_G = 430$ Hz ou 435 Hz, soit $f_G \approx 4,4 \times 10^2$ Hz

Il en résulte que **le pianiste et le guitariste jouent la même note : un La_3**. C'est d'ailleurs la note émise par le diapason, sa hauteur est d'environ 440 Hz. **Le flûtiste joue une autre note : un La_4** de hauteur 880 Hz environ.

Partie II La pièce du sous-sol est-elle une « bonne » salle de concert ?

1 Trois phénomènes physiques interviennent au cours de la propagation du son dans une salle :

- **la réflexion ;**
- **l'absorption ;**
- **la diffraction.**

2 La durée de réverbération T_R se calcule à l'aide de la loi de Sabine :

$$T_R = \frac{K \cdot V}{A}$$

avec K le coefficient qui vaut 0,16 unité SI.
De cette relation, on déduit :

$$K = \frac{T_R \cdot A}{V}$$

Comme T_R s'exprime en s, A en m^2 et V en m^3, il en résulte que ***K* s'exprime en $\mathbf{s \cdot m^{-1}}$**, d'où :

$$\mathbf{K = 0{,}16\ s \cdot m^{-1}}$$

3 Déterminons le temps de réverbération T_R de la pièce du sous-sol.
D'après la loi de Sabine, on a :

$$T_R = \frac{0{,}16 \times V}{A}$$

- La salle en sous-sol ayant une forme parallélépipédique, de longueur L, de largeur ℓ et de hauteur h, son volume V est donné par la relation :

$$V = L \cdot \ell \cdot h$$

A. N. : $L = 10{,}0$ m ; $\ell = 5{,}3$ m ; $h = 3{,}0$ m,
d'où :

$$V = 1{,}5 \times 10^2\ m^3$$

- L'aire de la surface absorbante équivalente de la salle est donnée par la relation :

$$A = \sum(\alpha_i \cdot S_i)$$

où α_i représente le coefficient d'absorption du matériau de surface S_i.

Cette salle n'ayant que deux matériaux de surface (bois et béton), on a :

$$A = \alpha_{\text{bois}} \cdot S_{\text{bois}} + \alpha_{\text{béton}} \cdot S_{\text{béton}}$$

A. N. : $\alpha_{\text{bois}} = 0{,}15$; $\alpha_{\text{béton}} = 0{,}010$; $S_{\text{bois}} = 3{,}0\ \text{m}^2$; $S_{\text{béton}} = 187\ \text{m}^2$,
d'où : $A = 2{,}32\ \text{m}^2$
soit : $\boldsymbol{T_R = 10\ \text{s}}$

Sachant qu'une bonne salle de concert présente une réverbération comprise entre 1,0 et 2,5 s (*cf.* **document 6**), **la salle en sous-sol avec une durée de réverbération de 10 s n'est pas une bonne salle de concert**.

4 On installe sur les murs des panneaux absorbants verticaux de surface totale S_{panneau} et de coefficient d'absorption acoustique $\alpha_{\text{panneau}} = 0{,}50$.
L'aire de la surface absorbante équivalente de la salle devient :

$$A = \alpha_{\text{bois}}\, S_{\text{bois}} + \alpha_{\text{béton}}\, (S_{\text{béton}} - S_{\text{panneau}}) + \alpha_{\text{panneau}}\, S_{\text{panneau}} \quad \textbf{(2)}$$

Si l'on veut que $T_R = 2{,}0$ s, il faut que l'aire de la surface absorbante équivalente de la salle devienne :

$$A = \frac{0{,}16\, V}{T_R}$$

A. N. : $T_R = 2{,}0$ s,

d'où : $A = 12\ \text{m}^2$

> **Pensez-y !**
> Attention, les panneaux absorbants étant placés devant les murs en béton, la surface totale des parties bétonnées de la salle devient $S_{\text{béton}} - S_{\text{panneau}}$.

Déterminons la surface S_{panneau} nécessaire pour obtenir $A = 12\ \text{m}^2$.
De la relation **(2)**, on tire :

$$A = \alpha_{\text{bois}}\, S_{\text{bois}} + \alpha_{\text{béton}}\, S_{\text{béton}} - \alpha_{\text{béton}}\, S_{\text{panneau}} + \alpha_{\text{panneau}}\, S_{\text{panneau}}$$

d'où : $A - \alpha_{\text{bois}}\, S_{\text{bois}} - \alpha_{\text{béton}}\, S_{\text{béton}} = S_{\text{panneau}}(-\alpha_{\text{béton}} + \alpha_{\text{panneau}})$

Il en résulte : $$S_{\text{panneau}} = \frac{A - \alpha_{\text{bois}}\, S_{\text{bois}} - \alpha_{\text{béton}}\, S_{\text{béton}}}{-\alpha_{\text{béton}} + \alpha_{\text{panneau}}}$$

A. N. : $\boldsymbol{S = 20\ \text{m}^2}$

> **Remarque**
> Vu la précision des données (souvent 2 chiffres significatifs seulement), on donnera la valeur de *S* avec 2 chiffres significatifs.

En installant $20\ \text{m}^2$ de panneaux isolants devant des murs en béton, la pièce du sous-sol devient une bonne salle de concert.

SPÉCIALITÉ

Sujet 37 Le cor des Alpes

5 pts

50 min

France métropolitaine – La Réunion, juin 2014

Calculatrice autorisée

LISTE DES NOTIONS

- Intensité sonore
- Fréquence minimale d'un son émis par un instrument à vent
- Seuil d'audibilité en fonction de la fréquence
- Niveau d'intensité sonore

Chaque année, au mois de juillet, se déroule le festival international du cor des Alpes à Haute-Nendaz, en Suisse. Cet instrument folklorique était jadis utilisé par les bergers pour communiquer entre eux.

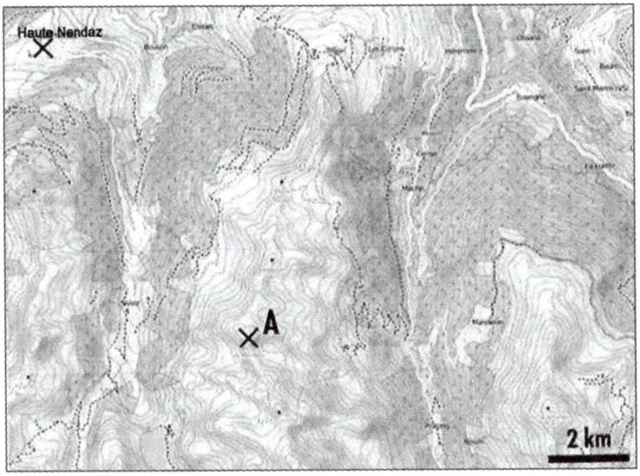

Un berger, situé au sommet d'une colline (point A sur la carte) joue la note la plus grave de son cor des Alpes. Son instrument a une longueur de 3,4 m.

Pourra-t-on l'entendre à Haute-Nendaz si le niveau d'intensité sonore est de 100 dB à un mètre de l'instrument ? **5 pts**

Hypothèses de travail :

- L'amortissement de l'onde n'est pas pris en compte : la dissipation d'énergie au cours de la propagation est négligeable.
- Le rayonnement de la source est supposé isotrope.

L'analyse des données ainsi que la démarche suivie seront évaluées et nécessitent d'être correctement présentées. Les calculs numériques seront menés à leur terme avec rigueur. Il est aussi nécessaire d'apporter un regard critique sur le résultat et de discuter de la validité des hypothèses formulées.
Donnée : intensité acoustique de référence $I_0 = 1,0 \times 10^{-12}\ \mathrm{W \cdot m^{-2}}$.

Doc. 1 **Valeurs de la célérité du son dans l'air en fonction de la température**

Température (en °C)	10	20	30	40
Célérité (en $\mathrm{m \cdot s^{-1}}$)	337	343	349	355

Doc. 2 **Un instrument à vent : le cor des Alpes**

Lorsque l'on souffle dans un cor des Alpes pour la première fois, il semble impossible d'en sortir un seul son harmonieux. Mais avec un peu de pratique, on peut apprendre à produire jusqu'à vingt-deux notes, ceci sans utiliser ni valve ni bouton. La gamme de notes réalisable sur cet instrument dépend d'abord de sa géométrie, puis du talent de celui qui en joue. Les premiers cors des Alpes datent du XIVe siècle, ils étaient traditionnellement utilisés par les gardiens de troupeaux pour communiquer entre eux sur des distances d'une dizaine de kilomètres. Cet instrument de la famille des cuivres est fait d'une seule pièce de bois, un tube recourbé à son extrémité et mesurant en général deux à quatre mètres de long. Pour en jouer, le musicien souffle dans une embouchure. La note la plus grave est atteinte lorsque la longueur d'onde de l'onde sonore associée à la note est égale à deux fois la longueur du cor.

Doc. 3 **L'intensité sonore d'une source isotrope**

Pour une source isotrope (c'est-à-dire émettant la même énergie dans toutes les directions) de puissance P, l'intensité sonore I au point M dépend de la distance d à la source et s'exprime de la façon suivante :

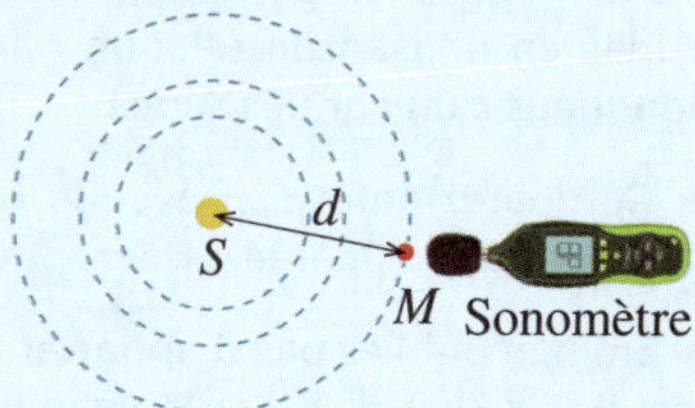

$$I = \frac{P}{4\pi d^2}$$ avec I en $\mathrm{W \cdot m^{-2}}$; P en W ; d en m

SPÉCIALITÉ

Doc. 4 **Seuil d'audibilité humaine en fonction de la fréquence**

Le graphique suivant indique les valeurs minimales de niveau d'intensité sonore audible en fonction de la fréquence.

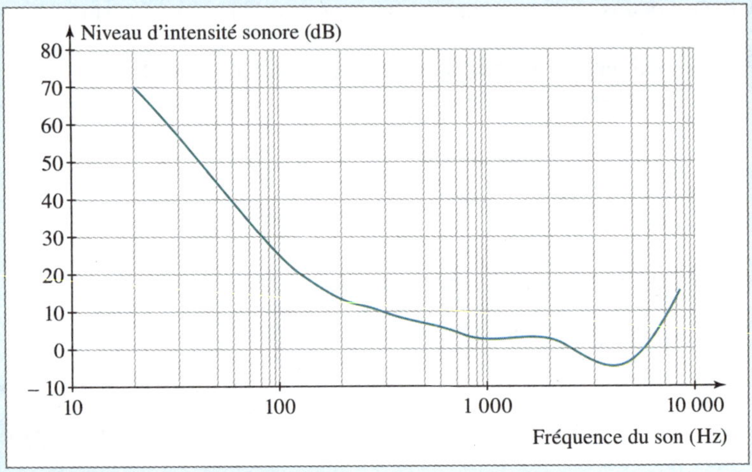

Les clés pour réussir

- Déterminez la distance entre la source sonore (le cor des Alpes) et le village de Haute-Nendaz en utilisant la carte géographique et son échelle.
- Déterminez le niveau d'intensité sonore L_{HN} à Haute-Nendaz en vous rappelant que :

$$L_{HN} = 10\log\left(\frac{I_{HN}}{I_1}\right)$$

- Estimez la température en montagne l'été pour déterminer la célérité du son dans l'air, puis calculez la fréquence du son émis par le cor des Alpes en utilisant la relation reliant la longueur d'onde λ du son à la longueur ℓ du cor des Alpes.
- Comparez enfin L_{HN} avec le niveau d'intensité sonore seuil pour la fréquence considérée.
- Enfin, n'oubliez pas d'apporter un regard critique sur le résultat (le son est-il pur ?) et discutez la validité des hypothèses formulées (la source est-elle isotrope ?).

Sujet 37 Corrigé

1 Pour répondre à la question : « Pourra-t-on entendre de son du cor des Alpes à Haute-Nendaz ? », il faut d'abord :
– déterminer la distance d entre la colline où le berger joue du cor des Alpes et le village de Haute-Nendaz où l'on cherche à l'entendre, car l'intensité sonore, donc le niveau sonore, dépend de la distance séparant le lieu d'écoute à la source sonore ;
– déterminer la fréquence f du son émis par le cor des Alpes, car le niveau d'intensité sonore minimal pour entendre un son dépend de sa fréquence.

- **Détermination de la distance d**

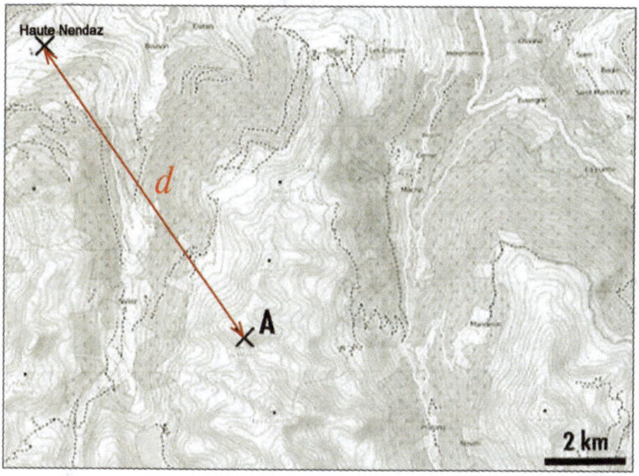

Sur la carte, la distance d est représentée par un segment 4,35 fois plus grand que le segment représentant 2 km.
On a donc : $d = 4{,}35 \times 2 = 8{,}7$ km

- **Détermination de la fréquence f du son émis par le cor des Alpes**

Comme la note la plus grave est atteinte quand la longueur d'onde λ de l'onde sonore associée à la note est égale à 2 fois la longueur ℓ du cor des Alpes (*cf.* **document 2**), on a :

$$\lambda = 2\ell \quad (\text{avec } \ell = 3{,}4 \text{ m})$$

Comme $\lambda = vT\ \dfrac{v}{f}$, on a :

$$f = \frac{v}{\lambda} = \frac{v}{2\ell}$$

La température en été dans les Alpes Suisses étant dans la journée de l'ordre de 20 °C, on a $v = 343\ \text{m} \cdot \text{s}^{-1}$ (*cf.* **document 3**).
A. N. : $v = 343\ \text{m} \cdot \text{s}^{-1}$; $\ell = 3{,}4$ m,
d'où : $\mathbf{f = 50\ Hz}$

2 Détermination du niveau d'intensité sonore L_{HN} à Haute-Nendaz

Par définition, le niveau d'intensité sonore L_{HN} à Haute-Nendaz vaut :

$$L_{HN} = 10 \log\left(\frac{I_{HN}}{I_0}\right) \quad \textbf{(1)}$$

I_{HN} étant l'intensité sonore du son perçu à Haute-Nendaz, son provenant du cor des Alpes. Par définition (*cf.* **document 3**), on a :

$$I_{HN} = \frac{P}{4\pi d^2} \quad \textbf{(2)}$$

avec P la puissance sonore du son émis par le cor des Alpes et d la distance entre la colline A et le village de Haute-Nendaz.
Soit I_1 l'intensité sonore du son, à la distance d_1 de la source sonore :

$$I_1 = \frac{P}{4\pi d^2} \quad \textbf{(3)}$$

Soit L_1 le niveau de l'intensité sonore à la distance d_1 de la source sonore :

$$L_1 = 10 \log\left(\frac{I_1}{I_0}\right) \quad \textbf{(4)}$$

Il en résulte :

$$L_{HN} - L_1 = 10 \log\left(\frac{I_{HN}}{I_0}\right) - 10 \log\left(\frac{I_1}{I_0}\right)$$

soit : $$L_{HN} - L_1 = 10 \log\left(\frac{\frac{I_{HN}}{I_0}}{\frac{I_1}{I_0}}\right) = 10 \log\left(\frac{I_{HN}}{I_1}\right)$$

Soit en utilisant les relations **(2)** et **(3)** :

$$L_{HN} - L_1 = 10 \log\left(\frac{P}{4\pi d^2} \cdot \frac{4\pi d_1^2}{P}\right)$$

d'où : $$L_{HN} - L_1 = 10\log\left(\frac{d_1}{d_2}\right)^2 = 20\log\frac{d_1}{d_2}$$

Finalement :

$$\mathbf{L_{HN} = L_1 + 20\log\left(\frac{d_1}{d_2}\right)}$$

A. N. : Pour $d_1 = 1$ m, $L_1 = 100$ dB, d'où :

$$L_{HN} = 100 + 20\log\left(\frac{1}{8{,}7 \times 10^3}\right)$$

d'où : $$L_{HN} = 100 - 20\log(8{,}7 \times 10^3)$$

soit : $$\mathbf{L_{HN} = 21\ dB}$$

3 Le son est-il audible à Haute-Nendaz ?

Utilisons le graphique donné dans le **document 4**.

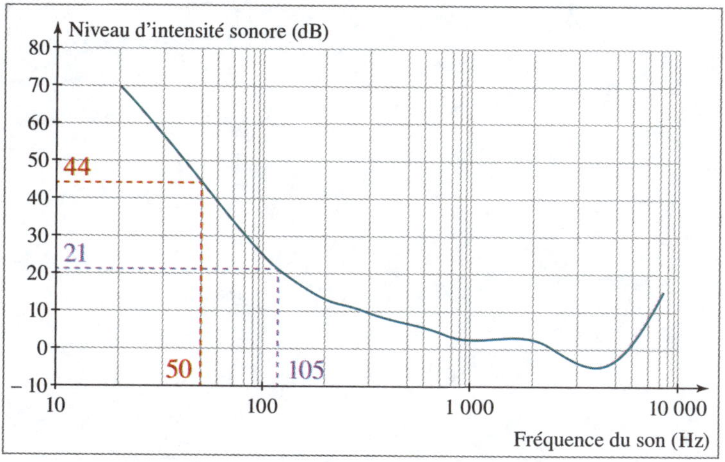

On constate que pour un son de fréquence 50 Hz, le son n'est audible que si son niveau d'intensité sonore est supérieur à 44 dB.

Or $L_{HN} = 21$ dB < 44 dB.

Le son du cor des Alpes n'est pas audible à Haute-Nendaz.

4 Regard critique sur le résultat

Le son du cor des Alpes n'est probablement pas pur : c'est vraisemblablement un son complexe qui contient des harmoniques de fréquences $f_n = nf$. D'après la courbe du **document 4**, on constate que pour des sons de fréquences supérieures à 105 Hz, le seuil de niveau d'intensité sonore pour

les entendre est inférieur à 21 dB, donc les harmoniques de rang $n > 2$ pourraient être audibles.
Mais au son du cor des Alpes s'ajoutent probablement d'autres sons de niveau d'intensité sonore bien plus élevé que 21 dB, et en pratique, on n'entend pas à Haute-Nendaz le son émis par le cor des Alpes, que ce soit le fondamental ou les harmoniques.

5 Validité des hypothèses formulées

En montagne, le rayonnement du son émis par le cor des Alpes n'est probablement pas parfaitement homogène.
De plus, des parois montagneuses peuvent engendrer un phénomène d'écho qui peut parfois renforcer le niveau d'intensité sonore perçu.
Enfin, l'amortissement de l'onde sonore n'est plus forcément négligeable, ce qui revient alors à diminuer le niveau d'intensité sonore perçu.

Sujet 38 Comment protéger la coque d'un bateau de la corrosion ?

5 pts 50 min

France métropolitaine – La Réunion, juin 2013

Calculatrice autorisée

LISTE DES NOTIONS

- Potentiels redox
- Anode sacrificielle
- Réactions d'oxydoréduction
- Électrolyse d'une solution ionique
- Incertitudes

La corrosion est un phénomène bien connu des marins. Les bateaux dont la coque est en acier en sont victimes et doivent en être protégés. Une méthode de protection consiste à poser à la surface de la coque des blocs de métal que l'on appelle « anodes sacrificielles ».

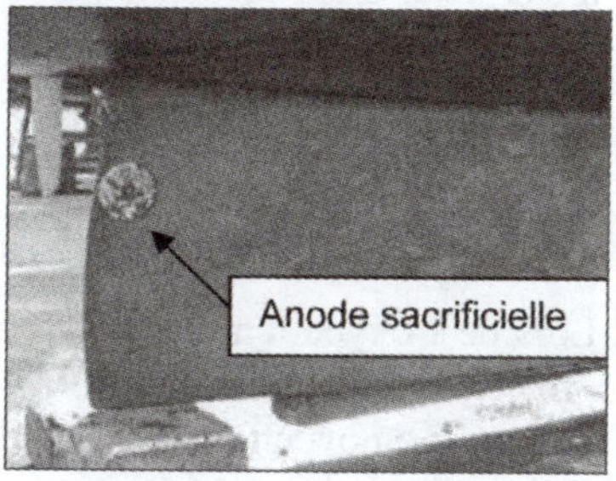

Image provenant du site www.hisse-et-oh.com

L'objectif de l'exercice est d'évaluer, à l'aide des documents ci-après, la masse de l'anode sacrificielle nécessaire à la protection d'un bateau.

Doc. 1 Le phénomène de corrosion

La corrosion d'un métal M est sa transformation à l'état de cation métallique M^{k+} par réaction avec le dioxygène dissous dans l'eau.
Le métal perd un ou plusieurs électrons, il est oxydé selon la demi-équation rédox :

$$M \rightleftarrows M^{k+} + ke^-$$

Une mole de métal oxydé produit k moles d'électrons.

Doc. 2 Potentiels standard de différents métaux

Pour prévoir les réactions d'oxydoréduction, on peut s'appuyer en première approche sur l'échelle suivante, appelée échelle des potentiels standard. Tous les couples oxydant/réducteur peuvent être classés par leur potentiel standard.
Échelle des potentiels standard de quelques couples à 20 °C :

Élément	Couple	Potentiel standard (V)
Plomb	Pb^{2+}/Pb	−0,126
Étain	Sn^{2+}/Sn	−0,138
Nickel	Ni^{2+}/Ni	−0,257
Fer	Fe^{2+}/Fe	−0,447
Zinc	Zn^{2+}/Zn	−0,760
Aluminium	Al^{3+}/Al	−1,67
Magnésium	Mg^{2+}/Mg	−2,37

Lorsque deux métaux sont en contact et peuvent être oxydés par le dioxygène, c'est celui dont le couple a le potentiel standard le plus faible qui s'oxyde : il constitue l'anode et protège l'autre métal qui ne réagira pas.

Doc. 3 Protection d'un bateau avec coque en acier

Lors de l'oxydation de l'anode sacrificielle, il s'établit un courant de protection au niveau de la surface S de la coque immergée. Sa densité de courant moyenne, intensité de courant par unité de surface, vaut :
$j = 0{,}1\ \text{A} \cdot \text{m}^{-2}$.
Ce courant a son origine dans la charge électrique échangée lors de la réaction d'oxydoréduction.
L'intensité I d'un courant électrique peut s'exprimer en fonction de la charge électrique Q échangée au cours de la réaction pendant une durée Δt :

$$I = \frac{Q}{\Delta t}$$

où, dans le système international, I s'exprime en ampères (A), Q en coulombs (C) et Δt en secondes (s).

Partie I Questions préalables

15 min 1,5 pt

1 Un bateau possède une coque en acier donc composée essentiellement de fer. Écrire la demi-équation de l'oxydation du fer métallique en considérant uniquement les couples du **document 2**. **0,5 pt**

2 Citer, en justifiant votre réponse, les métaux du tableau du **document 2** susceptibles de protéger la coque en acier d'un bateau. Pourquoi l'anode utilisée est-elle qualifiée de « sacrificielle » ? **1 pt**

Partie II Problème

35 min 3,5 pts

On désire protéger pendant une année la coque en acier d'un bateau par une anode sacrificielle en zinc. La surface de coque immergée dans l'eau de mer vaut $S = 40\ m^2$. Une anode sacrificielle sur une coque de bateau doit être remplacée quand elle a perdu 50 % de sa masse.
Quelle est la masse totale d'anode sacrificielle en zinc qu'on doit répartir sur la coque pour la protéger pendant une année ? Exercer un regard critique sur la valeur trouvée.
Données :

- Masse molaire du zinc : $M = 65{,}4\ g \cdot mol^{-1}$.
- Une mole d'électrons possède une charge électrique $q = 9{,}65 \times 10^4\ C$.

Remarque : l'analyse des données, la démarche suivie et l'analyse critique du résultat sont évaluées et nécessitent d'être correctement présentées.

SPÉCIALITÉ

Les clés pour réussir

Partie I

Utilisez le tableau du **document 2** : plus le potentiel standard est petit, plus le métal est réducteur.

Partie II

Utilisez le **document 3** pour en déduire l'intensité du courant global.
Faites attention à la précision des résultats.
Discutez l'intérêt de l'anode sacrificielle.

Sujet 38 Corrigé

Partie I Questions préalables

1 La demi-équation de l'oxydation du fer métallique en considérant uniquement le couple oxydant/réducteur Fe^{2+}/Fe est :

$$\mathbf{Fe \rightleftarrows Fe^{2+} + 2e^-}$$

2 Les métaux susceptibles de protéger la coque en acier d'un bateau sont les métaux dont le potentiel standard du couple oxydant/réducteur, auquel ils appartiennent en tant que réducteur, est inférieur au potentiel standard du couple Fe^{2+}/Fe de valeur $-0,447$ V.
Dans le tableau du **document 2**, les métaux qui conviennent sont :

- **le zinc** (potentiel standard du couple $Zn^{2+}/Zn = -0,760$ V) ;
- **l'aluminium** (potentiel standard du couple $Al^{3+}/Al = -1,67$ V) ;
- **le magnésium** (potentiel standard du couple $Mg^{2+}/Mg = -2,37$ V).

Dans la pile qui s'établit avec le couple Fe^{2+}/Fe, ces métaux vont jouer le rôle d'anode. Ils vont s'oxyder à la place du fer. À terme, ces métaux formant l'anode vont disparaître : on parle donc d'« anode sacrificielle ».

Remarque

Lors du fonctionnement de cette pile, en appelant M le métal formant cette anode, on aura :

$$M(s) \rightarrow M^{n+}(aq) + ne^-$$

et

$$Fe^{2+}(aq) + 2e^- \rightarrow Fe(s)$$

Soit globalement :

$$2\,M(s) + n\,Fe^{2+}(aq) \rightarrow 2\,Mn^{2+}(aq) + n\,Fe(s)$$

Partie II Problème

On utilise une anode sacrificielle en zinc.
La masse de zinc consommée en 1 année est :

$$m_{Zn} = n_{Zn} M_{Zn}$$

avec n_{Zn} la quantité de matière de zinc consommée et M_{Zn} la masse molaire du zinc.

À l'anode, on a la demi-équation électronique :

$$Zn(s) \rightarrow Zn^{2+}(aq) + 2\ e^-$$

représentant l'oxydation du zinc métal en ion zinc Zn^{2+}.
De cette équation, on déduit :

$$n_{Zn^{2+}} = \frac{n_{e^-}}{2}$$

avec n_{e^-} la quantité de matière d'électrons échangés en 1 année.
La charge électrique Q échangée au cours d'une année est donc :

$$Q = n_{e^-} q$$

avec q la charge électrique d'une mole d'électrons.

Remarque

q est aussi appelé le Faraday (symbole $\mathcal{F}$).

Il en résulte :

$$m_{Zn} = n_{Zn} M_{Zn}$$

d'où :

$$m_{Zn} = \frac{n_{e^-}}{2} M_{Zn}$$

soit :

$$m_{Zn} = \frac{Q}{2q} M_{Zn} \qquad \textbf{(1)}$$

Pour connaître m_{Zn}, il faut connaître Q.
Par définition, $Q = I\Delta t$, avec $\Delta t = 1$ an.
De plus, la densité de courant par unité de surface est définie par :

$$j = \frac{I}{S}$$

d'où :

$$I = jS$$

soit :

$$Q = jS\Delta t \qquad \textbf{(2)}$$

La relation **(1)** devient, en utilisant l'égalité **(2)** :

$$\boldsymbol{m_{Zn} = \frac{jS\Delta t M_{Zn}}{2q}}$$

SPÉCIALITÉ

On obtient ainsi la masse de zinc consommée par an.

A. N. : $j = 0{,}1\ \text{A}\cdot\text{m}^{-2}$; $S = 40\ \text{m}^2$; $\Delta t = 1\ \text{an} = 31\,536\,000\ \text{s}$;

$M_{Zn} = 65{,}4 \times 10^{-3}\ \text{kg}\cdot\text{mol}^{-1}$; $q = 9{,}65 \times 10^4\,\text{C}$,

d'où :

$$\boldsymbol{m_{Zn} = 42{,}8\ \text{kg}}$$

L'anode sacrificielle devant être remplacée quand elle a perdu 50 % de sa masse, la masse totale de zinc à répartir sur la surface de la coque du bateau doit être le double de celle qui a été consommée en 1 an. Soit m_{as} la masse de l'anode sacrificielle :

$$\boldsymbol{m_{as} = 2\ m_{Zn}}$$

A. N. : $m_{Zn} = 42{,}8\ \text{kg}$,

d'où : $$m_{as} = 85{,}5\ \text{kg}$$

Dans les données, l'intensité du courant n'est connue qu'avec 1 seul chiffre significatif ($j = 0{,}1\ \text{A}\cdot\text{m}^{-2}$).

Il faut donc aussi exprimer la valeur de la masse de l'anode sacrificielle avec 1 seul chiffre significatif, d'où :

$$\boldsymbol{m_{as} = 9 \times 10^1\ \text{kg}}$$

L'astuce du prof

Faites bien attention aux chiffres significatifs : dans un produit, c'est toujours la valeur avec le moins de chiffres significatifs qui impose le nombre de chiffres significatifs du résultat final.

Remarques

- Sur la photo, on voit une anode sacrificielle de dimensions relativement petites : l'anode sacrificielle est probablement composée de plusieurs petits blocs de zinc répartis sur la coque en acier du bateau, en particulier près du gouvernail.
- La masse de l'anode sacrificielle inférieure à 100 kg est négligeable par rapport à celle du bateau qui est probablement, vu la photo, supérieure à 100 tonnes : elle ne met donc pas en cause l'équilibre du bateau, ni sa flottabilité.
- Le prix de l'anode sacrificielle en zinc (environ 130 euros les 90 kg) est négligeable par rapport au coût du bateau, qui est de plusieurs dizaines de millions d'euros, vu sa taille donnée par la photo.
- Le paramètre le moins bien connu pour calculer la masse de l'anode sacrificielle est la valeur de la densité de courant j, valeur donnée avec 1 seul chiffre significatif.

Sujet 39 Des récifs coralliens artificiels

5 pts 50 min

France métropolitaine, septembre 2016

Calculatrice autorisée

LISTE DES NOTIONS

- Électrolyse
- Tableau d'avancement
- Masse volumique
- Charge électrique
- Durée de réaction

Dans cet exercice, on se propose d'étudier la reconstitution des récifs coralliens dans l'île de Bali, grâce à la technique de l'électrolyse.

SPÉCIALITÉ

Doc. 1 Programme de repeuplement et de préservation des récifs coralliens

De nombreux récifs coralliens sont fortement endommagés par des actions humaines ou par des phénomènes météorologiques et climatiques (réchauffement climatique, acidification des océans…). Les scientifiques Wolf Hilbertz et Thomas Goreau sont à l'origine du projet « Biorock », programme de repeuplement et de préservation des récifs. Ce programme repose sur l'utilisation de structures métalliques qui se recouvrent au bout de quelques heures de carbonate de calcium $CaCO_3$, alors qu'en temps normal, le corail doit générer lui-même cette roche qui lui sert de squelette. La croissance des coraux greffés sur la surface métallique est 3 à 5 fois supérieure à celle mesurée dans les conditions naturelles, et ces coraux sont beaucoup plus résistants.

D'après http://www.futura-sciences.com

Doc. 2 **Dispositif « Biorock » au nord de Bali**

À Bali, la croissance moyenne du squelette des coraux naturels est de l'ordre de 2 mm par an. Une équipe de chercheurs souhaite fabriquer un récif corallien artificiel à Permutaran grâce à la technique « Biorock ». Ils ont besoin pour cela de déposer du carbonate de calcium sur des structures métalliques.

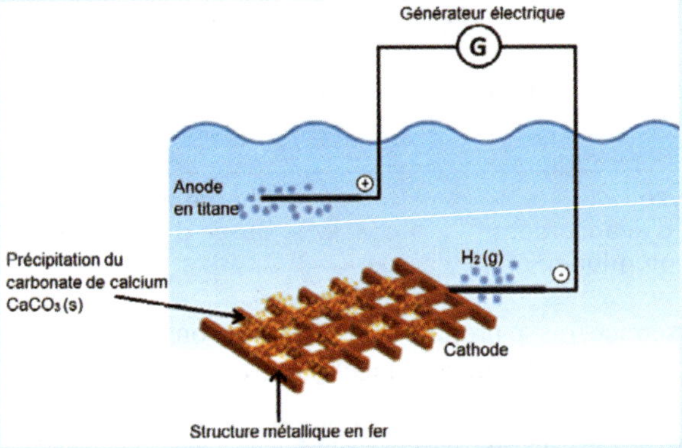

Schéma du dispositif installé à Permutaran à Bali

D'après http://www.globalcoral.org

Le dispositif installé au nord de Bali est réalisé avec des moyens très simples :
- le fer acheté sur les marchés locaux est soudé sur place ;
- des plongeurs attachent des coraux à cette grille avec du fil de fer fin ;
- l'installation est électrifiée sous une tension de 3,0 V et un courant de 10 A.

La cathode est le siège d'une réduction modélisée par la demi-équation suivante :

$$2\,H_2O(\ell) + 2e^- = H_2(g) + 2\,HO^-(aq) \qquad (1)$$

Doc. 3 **Formation du carbonate de calcium $CaCO_3$**

Le dioxyde de carbone CO_2 présent dans l'atmosphère et dissous dans l'eau, ainsi que les ions Ca^{2+} présents naturellement dans l'eau de mer réagissent avec les ions HO^- produits à la cathode pour former le carbonate de calcium selon la réaction suivante :

$$Ca^{2+}(aq) + CO_2(g) + 2\,HO^-(aq) \rightarrow CaCO_3(s) + H_2O(\ell) \qquad (2)$$

On ne tiendra pas compte des réactions de précipitation des autres ions présents dans l'eau de mer.

Doc. 4 L'intensité du courant électrique

Lors de la réaction d'oxydoréduction, la relation liant l'intensité I du courant électrique et la charge électrique échangée Q pendant une durée Δt est :

$$Q = I \times \Delta t$$

où I s'exprime en ampères (A), Q en coulombs (C) et Δt en secondes (s).

Données :
- masse molaire : $M(CaCO_3) = 100{,}0\ g{\cdot}mol^{-1}$;
- masse volumique du carbonate de calcium : $\rho = 2{,}9 \times 10^3\ kg{\cdot}\ m^{-3}$;
- une mole d'électrons possède une charge électrique égale en valeur absolue à $9{,}65 \times 10^4$ C.

1 Calculer la quantité de matière d'électrons, en moles, nécessaire à l'obtention d'une masse $m = 1{,}0$ g de carbonate de calcium. **1,5 pt**

2 À partir des documents fournis, calculer la durée d'électrolyse nécessaire à la réalisation d'un dépôt artificiel de carbonate de calcium de 2 mm d'épaisseur sur une surface métallique de 4 m^2.
Commenter la valeur obtenue en admettant que le squelette du corail n'est fait que de carbonate de calcium. **3,5 pts**

Les clés pour réussir

1 Déterminez la quantité de matière de carbonate de calcium correspondant à une masse de 1,0 g.
À partir de la transformation chimique **(2)** du **document 3**, déduisez-en la quantité de matière d'ions hydroxyde correspondante.
Faites de même à partir de la transformation **(1)** du **document 2** pour obtenir la quantité de matière d'électrons.

2 Calculez le volume de carbonate de calcium du dépôt artificiel.
Déterminez la masse de carbonate de calcium correspondante à partir du volume du dépôt et de la masse volumique du carbonate de calcium.
Reprenez la méthode de la question précédente afin d'obtenir la quantité de matière d'électrons nécessaire à ce dépôt.
Déterminez ensuite la charge totale Q, produit de la charge électrique molaire des électrons et de leur quantité de matière. Elle s'exprime en coulombs (C).
Le **document 4** donne la relation entre l'intensité I du courant, la charge totale Q et la durée Δt de l'électrolyse. Utilisez cette relation pour calculer Δt.
Proposez une valeur numérique en jours.

Sujet 39 Corrigé

1 La quantité de matière d'électrons est liée à celle des ions hydroxyde : la réaction d'équation bilan **(1)** du **document 2** permet de trouver cette relation.
De même, la quantité de matière d'ions hydroxyde est aussi liée à celle de carbonate de calcium : voir réaction **(2)** du **document 3**.
Enfin, la quantité de matière de carbonate de calcium peut se déduire de la masse m de ce dernier : $n(CaCO_3) = \dfrac{m}{M(CaCO_3)}$.

En enchaînant à rebours ces trois étapes, on obtient la quantité de matière d'électrons nécessaire.

Quantité de matière de carbonate de calcium

$$n(CaCO_3) = \frac{m}{M(CaCO_3)}$$

A.N. : $m = 1{,}0$ g ; $M\ (CaCO_3) = 100{,}0\ g{\cdot}mol^{-1}$ (donnée de l'énoncé), d'où :

$$n(CaCO_3) = 1{,}0 \times 10^{-2}\ mol$$

Quantité de matière d'ions hydroxyde

Le tableau d'avancement de la réaction **(2)** du **document 3** est le suivant :

Équation bilan	$Ca^{2+}(aq)$ +	$CO_2(g)$ +	$2\ HO^-(aq)$ →	$CaCO_3(s)$ +	$H_2O(\ell)$
État d'avancement	Quantité de matière				
État initial	$n_0(Ca^{2+})$	$n_0(CO_2)$	$n_0(HO^-)$	0	Excès
État en cours	$n_0(Ca^{2+}) - x$	$n_0(CO_2) - x$	$n_0(HO^-) - 2x$	x	Excès
État final	$n_0(Ca^{2+}) - x_{max}$	$n_0(CO_2) - x_{max}$	$n_0(HO^-) - 2x_{max}$	x_{max}	Excès

En supposant que tous les ions hydroxyde ont réagi (réactif limitant), la quantité de matière d'ions hydroxyde à l'état final est nulle :

$$n_0(HO^-) - 2x_{max} = 0$$

d'où :

$$x_{max} = \frac{n_0(HO^-)}{2}$$

Or on constate aussi que x_{max} est la quantité de matière de carbonate de calcium obtenu à l'état final.

Ainsi, $n(CaCO_3) = x_{max} = \frac{n_0\left(HO^-\right)}{2}$ et on en déduit que :

$$\boldsymbol{n_0(HO^-) = 2x_{max} = 2\, n(CaCO_3)}$$

A. N. : $n_0(HO^-) = 2 \times 1{,}0 \times 10^{-2} = \mathbf{2{,}0 \times 10^{-2}\ mol}$

Quantité de matière d'électrons

À partir de la réaction **(1)** du **document 2**, on établit le tableau d'avancement :

Équation bilan	$2\ H_2O(\ell)$ +	$2e^-$ =	$H_2(g)$ +	$2\ HO^-(aq)$
État d'avancement	**Quantité de matière**			
État initial	excès	$n_0(e^-)$	0	0
État en cours	excès	$n_0(e^-) - 2x$	x	2x
État final	excès	$n_0(e^-) - 2x_{max}$	x_{max}	$2x_{max}$

Les électrons étant limitants, $n_0(e^-) - 2x_{max} = 0$, soit $n_0(e^-) = 2x_{max}$.
Or la lecture du tableau d'avancement permet aussi d'écrire que $2x_{max} = n_{EF}(HO^-)$, quantité d'ions hydroxyde à l'état final, qui correspond aussi à la quantité de matière d'ions hydroxyde utilisée précédemment, c'est-à-dire $n_0(HO^-)_{\text{Réaction (1)}}$.
Finalement, on a :

$$n_0(e^-) = 2x_{max} = n_{EF}(HO^-) = n_0(HO^-)_{\text{Réaction (1)}} = 2{,}0 \times 10^{-2}\ \text{mol}$$

La quantité de matière d'électrons nécessaire pour l'obtention de 1,0 g de carbonate de calcium est de 2,0 × 10^{-2} mol.

Remarque

On pourrait s'épargner les tableaux d'avancement en regardant simplement la stœchiométrie des deux équations des réactions **(1)** et **(2)**.

2 On reprend le même raisonnement que précédemment après avoir calculé la masse de carbonate de calcium contenu dans le dépôt artificiel grâce à la relation entre masse, volume et masse volumique. La valeur de la masse volumique est proposée dans les données de l'énoncé.
On obtient ainsi la quantité de matière d'électrons nécessaire $n(e^-)$.
La donnée de la charge d'une mole d'électrons permet ensuite de calculer la charge totale Q correspondant à cette quantité d'électrons $n(e^-)$.

SPÉCIALITÉ

Utilisant enfin la relation du **document 4**, on en déduit la durée de l'électrolyse Δt à partir de la valeur du courant I donnée dans le **document 2**.

Volume V du dépôt

$$V = Se$$

avec S la surface de dépôt et e son épaisseur.

A.N. : $S = 4\ \text{m}^2$; $e = 2\ \text{mm} = 2 \times 10^{-3}\ \text{m}$,

d'où : $$\mathbf{V = 8 \times 10^{-3}\ m^3}$$

Masse m de carbonate de calcium déposé

La masse est liée au volume V et à la masse volumique ρ par la relation :

$$m = \rho V$$

A.N. : $\rho = 2{,}9 \times 10^3\ \text{kg·m}^{-3}$; $V = 8 \times 10^{-3}\ \text{m}^3$,

d'où : $$m(CaCO_3) = 23{,}2\ \text{kg} = \mathbf{23{,}2 \times 10^3\ g}$$

Remarque

Logiquement, on ne devrait garder qu'un seul chiffre significatif au résultat numérique. Cependant, la masse étant un résultat intermédiaire, on tiendra compte de la précision faible dans le résultat final.

Quantité d'électrons $n(e^-)$ nécessaire au dépôt

La question **1** a permis de mettre en évidence que :

$$n(e^-) = n(HO^-) = 2n(CaCO_3) = 2\ \frac{m(CaCO_3)}{M}$$

A.N. : $m(CaCO_3) = 23{,}2 \times 10^3\ \text{g}$; $M = 100{,}0\ \text{g·mol}^{-1}$,

d'où : $$n(e^-) = \mathbf{4{,}64 \times 10^2\ mol}$$

Charge totale Q apportée par les électrons

La charge d'une mole d'électrons, que l'on note $\mathcal{F}$, vaut $9{,}65 \times 10^4$ C par mole d'électrons. On peut alors en déduire que la charge totale Q est telle que :

$$Q = \mathcal{F} \times n(e^-)$$

A.N. : $\mathcal{F} = 9{,}65 \times 10^4\ \text{C·mol}^{-1}$; $n(e^-) = 4{,}64 \times 10^2\ \text{mol}$,

d'où : $$\mathbf{Q = 4{,}48 \times 10^7\ C}$$

Remarque

La charge d'une mole d'électrons est appelée constante de Faraday et vaut $\mathcal{F} = 9{,}65 \times 10^4\ \text{C·mol}^{-1}$.

Durée Δt de l'électrolyse

Le **document 4** donne la relation $Q = I \times \Delta t$, soit :

$$\Delta t = \frac{Q}{I}$$

A.N. : $Q = 4{,}48 \times 10^7$ C ; $I = 10$ A (donnée du **document 2**),

d'où : $\mathbf{\Delta t = 4{,}48 \times 10^6}$ **s** ou environ 52 jours

La durée de l'électrolyse nécessaire à la réalisation du dépôt de carbonate de calcium de 4 m² sur 2 mm d'épaisseur est d'environ 52 jours.

Remarque

La précision des dimensions du dépôt (surface et épaisseur données avec un seul chiffre significatif) ne permet pas d'être davantage précis sur la réponse numérique finale.

La durée calculée est relativement importante bien qu'elle soit « de 3 à 5 fois supérieure à celle mesurée dans les conditions naturelles », précise le **document 1**.

Sujet 40 « Ça farte ! »

5 pts — 50 min

Centres étrangers, juin 2013

Calculatrice autorisée

LISTE DES NOTIONS

- Bilan des forces
- Deuxième loi de Newton
- Vecteur accélération
- Mouvement rectiligne uniformément varié
- Énergie potentielle de pesanteur
- Énergie cinétique
- Transfert thermique
- Frottements
- Électronégativité
- Polarisation d'une liaison chimique
- Molécules apolaires

Le fart est un revêtement spécifique appliqué sous les skis ou les planches à neige avant usage. Il permet d'améliorer soit le glissement, soit l'adhérence sur la neige et de protéger la semelle (partie en contact avec la neige). [...] La branche de la physico-chimie, nommée tribologie, a contribué à introduire l'art du fartage dans le domaine de la haute technologie.

D'après http://fr.wikipedia.org/wiki/Fart

Les documents suivants apportent quelques informations relatives à la technique du fartage.

Doc. 1 Contact ski-neige

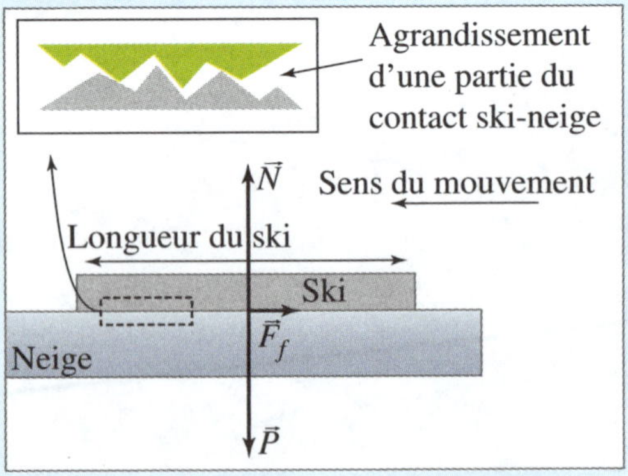

Matériaux en contact	μ
Bois – Bois	0,3
Acier – Acier	0,42
Acier – Acier lubrifié	0,05
Acier – Glace	0,014
Gomme – Asphalte	0,7
Ski – Neige	0,02

Pour comprendre la fonction du fart, il faut commencer par étudier les phénomènes qui entrent en jeu quand le ski est en contact avec la neige. Lorsqu'un corps glisse sur un plan, il se crée un frottement de glissement. Cette force dépend des aspérités des deux surfaces en contact (figure ci-avant), mais aussi du type de lien chimique existant entre les atomes des deux surfaces. La force de frottement s'exerce dans la direction opposée à la vitesse du corps. **Son intensité dépend du poids du corps, de l'inclinaison du plan et de la nature des corps en contact.** Cet effet est traduit par un paramètre μ, appelé coefficient de frottement. Il varie en fonction des matériaux (voir tableau « Quelques valeurs de μ ») et de la rugosité de la superficie.
Pendant la durée du glissement, la force de frottement dissipe de l'énergie cinétique en la transformant en chaleur, comme nous le constatons lorsque nous nous frottons les mains pour les réchauffer. Dans le cas du ski, cet effet a une conséquence très importante : la chaleur fait fondre la neige, et une pellicule d'eau s'interpose entre le ski et la neige.

D'après « Sportifs high tech Nunzio Lanotte » – Sophie Lem, Collection Belin : *Pour la science*

Doc. 2 Composition du fart

Le fart s'interpose entre le ski et la neige et a pour fonction d'optimiser les conditions de l'interface. Pour atteindre cet objectif, on utilise principalement des substances qui appartiennent à deux familles de composés : les hydrocarbures et les fluorocarbures. [...] Les fluorocarbures sont des substances fortement hydrophobes, ce qui les rend particulièrement intéressantes pour le fartage. [...]
Toutefois les fluorocarbures présentent des inconvénients. Ils peuvent être nocifs pour la santé et pour l'environnement et coûtent très cher. C'est la raison pour laquelle on les associe généralement à de la paraffine ainsi qu'à d'autres hydrocarbures solides à longue chaîne carbonée.

Doc. 3 Modélisation du contact ski-neige

Les schémas ci-après montrent une représentation modélisant un contact ski-neige.
Lors de la glisse, des gouttes d'eau se forment à l'interface ski-neige. Lorsqu'une goutte s'établit au contact d'un solide, elle adopte une configuration particulière qui traduit les interactions entre le solide et le liquide. L'angle θ, représenté sur les schémas ci-après, caractérise ces interactions.

SPÉCIALITÉ

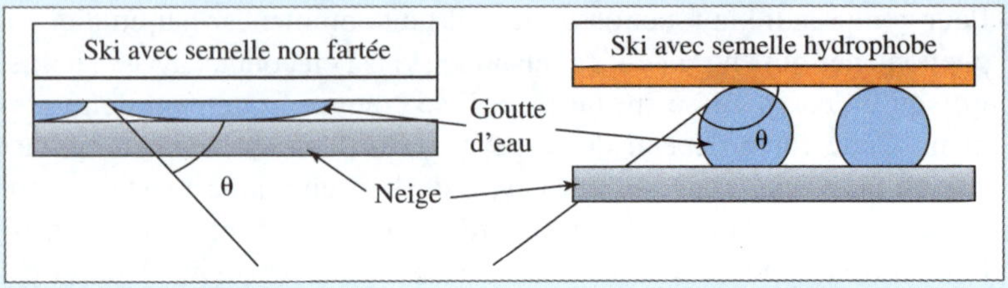

Schéma 1 **Schéma 2**

1 La figure du **document 1** est schématisée partiellement sur le **document 4** ci-après, mais cette fois le contact ski-neige se fait sur une pente, inclinée d'un angle α par rapport à l'horizontale.

Doc. 4 Schéma du contact ski-neige sur une pente inclinée d'un angle α par rapport à l'horizontale

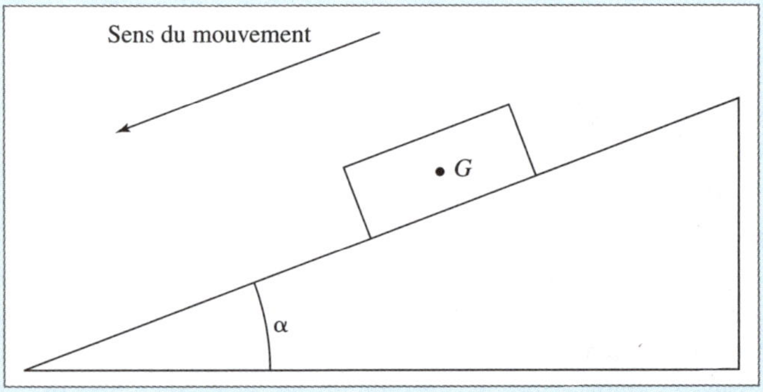

a. Représenter sur le **document 4** les forces extérieures appliquées au centre d'inertie G du système considéré, en supposant le mouvement rectiligne uniformément accéléré. On apportera un soin particulier à la longueur relative des vecteurs, sans toutefois choisir d'échelle particulière. L'action due à l'air ne sera pas prise en compte. **1 pt**

b. Rédiger une légende explicative du schéma proposé. **1 pt**

2 Décrire en quelques lignes les transferts d'énergie mis en jeu dans la situation évoquée à la question **1**. **0,75 pt**

3 Expliquer pourquoi les fluorocarbures sont particulièrement intéressants pour le fartage. **0,75 pt**

4 Les électronégativités des éléments hydrogène, carbone et fluor sont respectivement 2,1 ; 2,6 et 4,0.

a. Les hydrocarbures solides à longue chaîne carbonée utilisés pour le fartage des skis ont pour formule générale C_nH_{2n+2} (avec $n \geqslant 18$). En quoi ces hydrocarbures sont-ils également intéressants pour le fartage ? **0,75 pt**

b. Les fluorocarbures sont des polymères de formule semi-développée suivante :

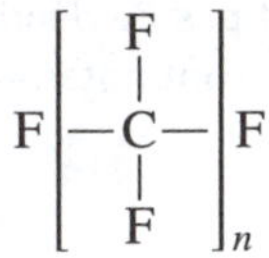

- Mettre en évidence le caractère polaire d'une liaison C—F . **0,5 pt**
- Pourquoi, selon vous, les molécules de fluorocarbure sont-elles cependant hydrophobes ? **0,25 pt**

Les clés pour réussir

1 a. Vérifiez que le vecteur somme vectorielle $\vec{N} + \vec{P}$ a bien comme direction la ligne de plus grande pente, cette somme vectorielle ayant même direction que le vecteur accélération.

3 Les fluorocarbures sont très hydrophobes.

4 a. Les hydrocarbures solides à longue chaîne carbonée sont eux aussi hydrophobes.

b. On peut avoir des liaisons polaires dans une molécule et avoir une molaire apolaire : pensez à la géométrie de la molécule.

Sujet 40 Corrigé

1 a. Forces subies par le ski :

- son poids $\vec{P}$ (vertical, vers le bas) ;
- la réaction normale $\vec{N}$, perpendiculaire à la piste ;
- la force de frottement $\vec{F}_f$, tangente à la piste et opposée à la vitesse du skieur, donc au sens du mouvement.

Les forces $\vec{N}$ et $\vec{F}_f$ sont des forces de contact, appliquées en des points appartenant à la surface de contact ski-piste.

Cependant, la deuxième loi de Newton permet de décrire le mouvement du centre de masse du ski **comme si** toutes les forces étaient appliquées au centre de masse, d'où le schéma des forces reportées sur le **document 4**.

Remarque

Ce schéma ne donne pas les points d'application effectifs des forces de contact $\vec{N}$ et $\vec{F}_f$, donc ne permet pas de décrire les mouvements de rotation autour du centre de masse (qui sont notamment sources de chute pour les skieurs !)

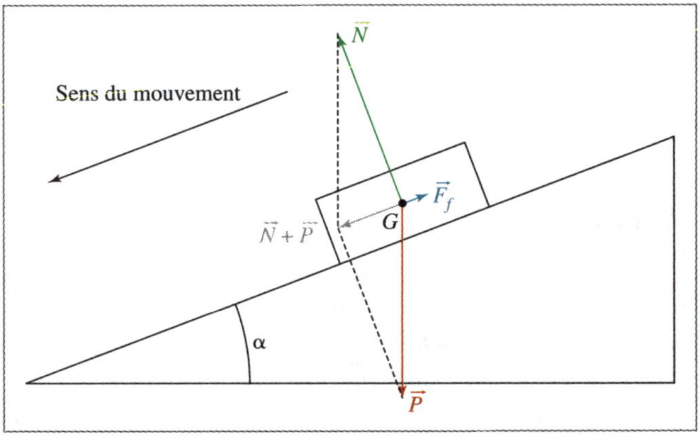

Doc. 4 – Schéma du contact ski-neige sur une pente inclinée d'un angle α par rapport à l'horizontale

b. La deuxième loi de Newton appliquée au centre de masse du ski s'écrit :

$$m\vec{a} = \vec{N} + \vec{P} + \vec{F}_f$$

$\vec{a}$ et $\vec{F}_f$ étant parallèles à la piste, $\vec{N} + \vec{P}$ doit être parallèle à la piste, ce qui impose de choisir convenablement la longueur de $\vec{N}$ par rapport à celle de $\vec{P}$ et par rapport à l'inclinaison de la piste.

Le mouvement décrit par l'énoncé est rectiligne uniformément accéléré, donc $\vec{a}$ est dans le sens du mouvement.

Il faut donc que la longueur de la somme $\vec{N} + \vec{P}$ soit supérieure à la longueur de $\vec{F}_f$.

2 Bilan énergétique

Au cours de la descente, l'énergie potentielle du ski (et du skieur) diminue. Par contre, l'énergie cinétique augmente (la vitesse augmente). Une partie de l'énergie potentielle est perdue par frottement, sous la forme de chaleur.
Au cours de la descente, l'énergie potentielle est transformée :

- en partie en énergie cinétique ;
- en partie en chaleur.

D'après le **document 1**, « la chaleur fait fondre la neige et une pellicule d'eau s'interpose entre le ski et la neige ».

3 Les fluorocarbures sont fortement hydrophobes (**document 2**) ; les gouttes d'eau formées entre le ski et la neige sont alors presque sphériques (schéma 2 du **document 3**), ce qui minimise les surfaces de contact entre l'eau et les surfaces solides. Ainsi, les frottements sont eux-mêmes diminués, la glisse est meilleure.

4 a. Les hydrocarbures solides à longue chaîne carbonée, comme la paraffine, ont pour formule générale C_nH_{2n+2} (avec $n \geqslant 18$) sur leur chaîne carbonée.
Ils ont donc des liaisons C—C non polarisées et des liaisons C—H faiblement polarisées, car la différence d'électronégativité entre les atomes de carbone et d'hydrogène est faible : elle vaut 2,6 – 2,1 = 0,5.
La polarisation nulle des liaisons C—C et la faible polarisation des liaisons C—H donnent aux hydrocarbures solides des propriétés hydrophobes recherchées pour le fartage des skis.
De plus, les hydrocarbures solides coûtent nettement moins cher que les fluorocarbures.

b. • La différence d'électronégativité entre un atome de fluor et un atome de carbone est importante : elle vaut 4,0 – 2,6 = 1,4.
Le fluor, l'atome le plus électronégatif, attire les électrons de la liaison entre ces deux atomes.
Il en résulte que l'atome de fluor a une charge partielle négative $-\delta$ et que l'atome de carbone a une charge partielle positive $+\delta$ (l'ensemble est globalement neutre), soit :

$$\overset{-\delta}{F} — \overset{+\delta}{C}$$

• La polarisation, même importante, des liaisons dans une molécule n'est pas une condition suffisante pour avoir une molécule polaire.
En effet, la géométrie de la molécule a son importance, et si les centres géométriques des charges partielles positives et des charges partielles négatives sont confondus, la molécule n'est pas polaire : elle est apolaire.

SPÉCIALITÉ

C'est le cas des fluorocarbures, qui sont des polymères de formule semi-développée :

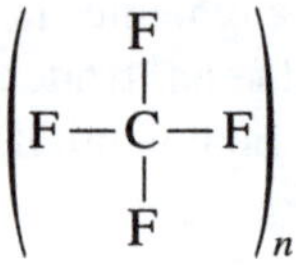

En effet, si l'on met les charges partielles électriques, on a :

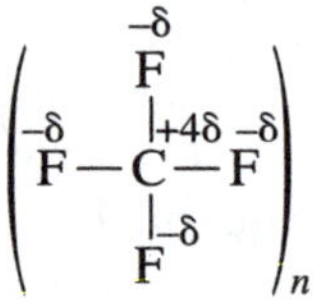

Le centre géométrique des charges partielles négatives est confondu avec le centre géométrique des charges partielles positives : on a une molécule, ou plus exactement un polymère, apolaire.
Les fluorocarbures apolaires sont donc hydrophobes (malgré des liaisons polarisées).

Concours

Concours Puissance Alpha, avril 2018

Les exercices du concours Puissance Alpha sont un bon moyen de revoir l'ensemble du programme de Chimie de Terminale S en quelques heures. Ils vous permettent de vérifier si les notions importantes du programme sont bien assimilées, et vous offrent un entraînement très efficace en fin de révision du baccalauréat.

Calculatrice non autorisée

Les exercices comportent 4 affirmations repérées par les lettres a, b, c et d. Indiquer pour chaque affirmation si elle est VRAIE ou FAUSSE. Il est conseillé de justifier vos réponses.

Notation

- Toute réponse exacte rapporte un point.
- Toute réponse inexacte entraîne le retrait d'un point.
- L'annulation d'une réponse ou l'abstention n'est pas prise en compte, c'est-à-dire ne rapporte ni ne retire aucun point.
- Une bonification d'un point est ajoutée chaque fois qu'un exercice est traité correctement en entier (c'est-à-dire lorsque les réponses aux 4 affirmations sont exactes).
- L'attention des candidats est attirée sur le fait que, dans le type d'exercices proposés, une lecture attentive des énoncés est absolument nécessaire, le vocabulaire employé et les questions posées étant très précis.

Données :

- Masse molaire atomique du fer : $M(\text{Fe}) = 56{,}0\ \text{g} \cdot \text{mol}^{-1}$.
- Étoile chromatique :

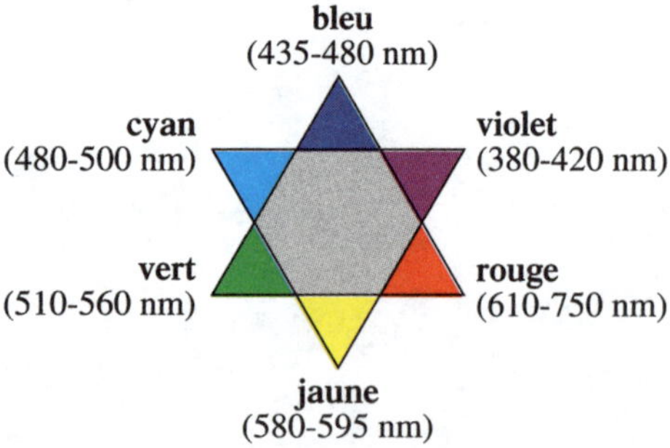

10 min

Puissance alpha, avril 2018

41 Étude d'une solution d'acide nitreux

On dispose d'une solution d'acide nitreux $HNO_2(aq)$ de concentration $C = 1,0 \times 10^{-2}$ mol · L^{-1}. Le pH de cette solution est égal à 2,7.

Données :

- couple acide/base :

  $HNO_2(aq)$/base conjuguée du couple : $pK_A = 3,3$ (à 25 °C)
- produit ionique de l'eau : $K_e = 1,0 \times 10^{-14}$ (à 25 °C).

a. L'acide nitreux est un acide totalement dissocié dans l'eau.

b. La base conjuguée de l'acide nitreux est l'ion nitrate NO_3^-.

On ajoute à la solution d'acide nitreux une solution basique d'éthanoate de sodium $\left(Na^+(aq) + CH_3COO^-(aq)\right)$ de telle sorte que le pH du mélange obtenu, après réaction acido-basique, soit égal à 5,0.

c. Dans ce mélange, la concentration en acide nitreux est plus de 10 fois supérieure à celle de sa base conjuguée.

d. La concentration en ions hydroxyde HO^- dans le mélange obtenu est égale à $1,0 \times 10^{-9}$ mol · L^{-1}.

Sujet 41 Corrigé

a. FAUX

pH = 2,7 : on peut donc en déduire la concentration des ions oxonium dans la solution.

$$\left[H_3O^+\right] = 10^{-pH} = 10^{-2,7} = 1,2 \times 10^{-3}\ \text{mol} \cdot \text{L}^{-1}$$

En faisant réagir l'acide nitreux $HNO_2(aq)$ dans l'eau, l'équation de la réaction est :

$$HNO_2 = NO_2^- + H^+$$
$$H_2O + H^+ = H_3O^+$$
$$\overline{HNO_2 + H_2O = NO_2^- + H_3O^+}$$

avec NO_2^- la base conjuguée de l'acide nitreux HNO_2.

CONCOURS

Le tableau d'avancement de la réaction est le suivant :

		HNO_2	+ H_2O	= NO_2^-	+ H_3O^+
État	**Avancement**	**Quantité de matière**			
initial	$x = 0$	n_A	n_B	0	0
en cours	x	$n_A - x$	$n_B - x$	x	x
final	$x = x_f$	$n_A - x_f$	$n_B - x_f$	x_f	x_f

En supposant la réaction totale et l'eau en large excès, on en conclut que l'acide nitreux est limitant et que :

$$x_f = x_{max} = n_A = n_{EI}(HNO_2) = n_{EF}(H_3O^+)$$

En négligeant la réaction d'autoprotolyse de l'eau, on note que les quantités de matière d'acide nitreux à l'état initial et d'ions oxonium à l'état final sont égales.

Le volume du mélange étant constant, l'égalité est aussi valable pour les concentrations : $C = [HNO_2] = [H_3O^+]$.

Or $C = 1{,}0 \times 10^{-2}$ mol · L^{-1} $\neq [H_3O^+] = 1{,}2 \times 10^{-3}$ mol · L^{-1}.

On en conclut que la réaction n'est pas totale et que l'acide nitreux n'est pas totalement dissocié dans l'eau.

Remarque

Si la réaction était totale, $[H_3O^+] = 1{,}0 \times 10^{-2}$ mol · L^{-1} et le pH aurait été de pH $= -\log[H_3O^+] = 2{,}0$.
Le taux de dissociation est ici $t = \dfrac{x_f}{x_{max}} = 0{,}2 \neq 1$.

b. FAUX

$HNO_2 = NO_2^- + H^+$: la base conjuguée de l'acide nitreux est NO_2^- et non NO_3^-.

c. FAUX

La relation entre le pH d'une solution et le rapport des concentrations en acide et base conjuguée est : $pH = pK_A - \log\dfrac{[NO_2^-]}{[HNO_3]}$.

On peut alors en déduire le rapport entre les concentrations en base et acide conjugués : $\dfrac{[NO_2^-]}{[HNO_3]} = 10^{pK_A - pH}$, soit : $\dfrac{[HNO_3]}{[NO_2^-]} = 10^{-pK_A + pH}$.

A. N. : pH = 5,0 et $pK_A = 3{,}3$ donc $\dfrac{[HNO_3]}{[NO_2^-]} = 50$ et non 10 comme proposé.

d. VRAI

La concentration en ions oxonium vaut :

$$[H_3O^+] = 10^{-pH} = 10^{-5,0} = 1,0 \times 10^{-5} \text{ mol} \cdot \text{L}^{-1}$$

On en déduit la concentration en ions hydroxyde : $[H_3O^+][HO^-] = K_e$, soit

$$[HO^-] = \frac{K_e}{[H_3O^+]}.$$

A. N. : $K_e = 1,0 \times 10^{-14}$ mol · L^{-1} ; $[H_3O^+] = 1,0 \times 10^{-5}$ mol · L^{-1},

d'où :
$$[HO^-] = 1,0 \times 10^{-9} \text{ mol} \cdot \text{L}^{-1}$$

10 min

Puissance alpha, avril 2018

42 L'eau de Javel

Doc. L'eau de Javel

L'eau de Javel est un produit courant utilisé pour son pouvoir désinfectant. Elle doit ses propriétés aux ions hypochlorite $C\ell O^-$. Ces ions peuvent donner lieu à diverses réactions, dans lesquelles interviennent de nombreux facteurs : concentrations, température, rayonnements UV...

L'eau de Javel est commercialisée soit en berlingots de 200 mL, soit en bouteilles ou bidons de différents volumes. Les deux conditionnements diffèrent par la concentration en ions hypochlorite : elle est de l'ordre de 2,0 mol · L^{-1} dans les berlingots et de 0,50 mol · L^{-1} dans les bouteilles et bidons.

Les emballages d'eau de Javel portent les recommandations suivantes : conserver au frais, à l'abri du soleil et de la lumière, ainsi qu'une date limite d'utilisation au-delà de laquelle l'eau de Javel ne sera plus efficace.

Dans une eau de Javel, les ions hypochlorite $C\ell O^-(aq)$ réagissent lentement selon la réaction de décomposition de bilan :

$$C\ell O^-(aq) \rightarrow C\ell^-(aq) + \frac{1}{2}\, O_2(g)$$

On réalise l'étude cinétique de la réaction décrite dans le document ci-dessus en titrant les ions hypochlorite présents dans un berlingot de volume $V = 200$ mL.

Le graphique $x = f(t)$ ci-après, réalisé à la température constante de 20 °C, précise l'évolution de l'avancement de la réaction au cours du temps.

CONCOURS

Avancement *x* de la réaction en fonction du temps

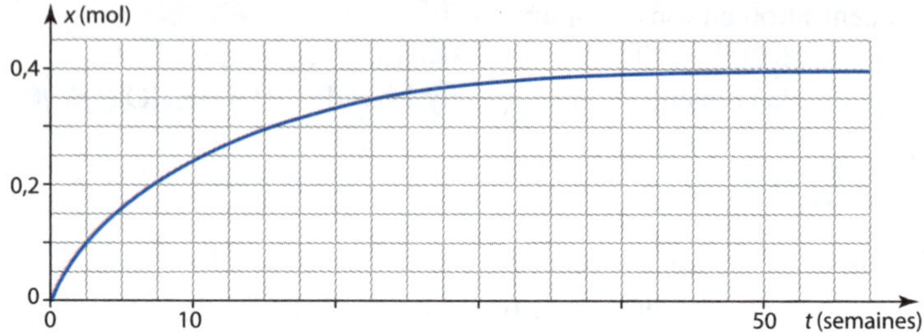

a. Le temps de demi-réaction $t_{1/2}$ de la décomposition des ions hypochlorite dans un berlingot est d'environ 20 semaines.
b. Au bout de 15 semaines, la concentration en ions hypochlorite dans le berlingot est d'environ 0,5 mol · L^{-1}.
c. À une température de 25 °C, la valeur du temps de demi-réaction $t_{1/2}$ de la réaction de décomposition serait plus élevée que la valeur à 20 °C.

L'eau de Javel en berlingot étant trop concentrée, on peut lire sur l'emballage qu'il est conseillé de la diluer. Une personne décide de verser un berlingot dans un litre d'eau.
d. La concentration en ions hypochlorite de cette eau de Javel diluée sera de 0,40 mol · L^{-1}.

Sujet 42 Corrigé

a. FAUX
Le temps de demi-réaction est le temps au bout duquel l'avancement est égal à la moitié de l'avancement final.
On constate sur la courbe ci-après que l'avancement x se stabilise à la valeur de 0,4 mol $= x_f$, donc que $\frac{x_f}{2} = 0{,}2$ mol.
Cet avancement est atteint pour $t = 7$ semaines.

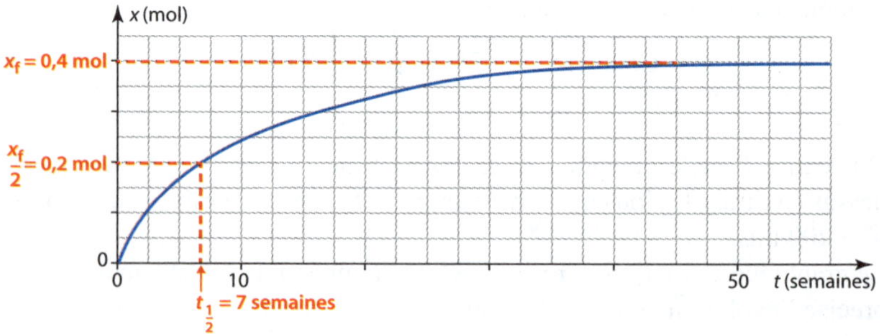

b. VRAI

Par la lecture directe de la courbe à $t = 15$ semaines, l'avancement est un peu inférieur à 0,3 mol.

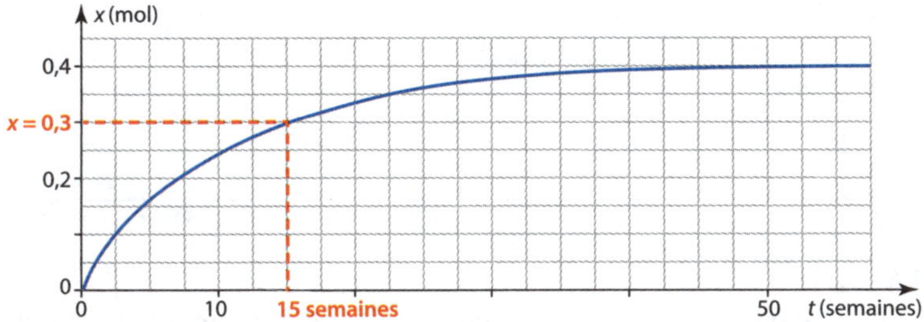

La réaction étudiée est $ClO^-(aq) \rightarrow Cl^-(aq) + \frac{1}{2} O_2(g)$.

Le tableau d'avancement de la réaction est alors :

		$ClO^-(aq)$ →	$Cl^-(aq)$ +	$\frac{1}{2} O_2(g)$
État	**Avancement**	**Quantité de matière**		
initial	$x = 0$	n_0	0	0
en cours	x	$n_0 - x$	x	$\frac{x}{2}$
final	$x = x_f$	$n_0 - x_f$	x_f	$\frac{x_f}{2}$

Le réactif unique étant forcément limitant, on a $n_0 = x_f$.
Dans un berlingot, la concentration est de $c_0 = 2{,}0 \text{ mol} \cdot \text{L}^{-1}$ pour un volume de $V = 200$ mL. On en déduit la quantité initiale d'ions hypochlorite dans le berlingot $n_0 = c_0 V = 2{,}0 \times 0{,}200 = 0{,}40$ mol.
À l'instant $t = 15$ semaines, la quantité d'ions hypochlorite est alors :
$n = n(ClO^-) = n_0 - x = 0{,}40 - 0{,}3 = 0{,}1$ mol environ en surestimant légèrement la quantité de ClO^- donnée par la courbe à $t = 15$ semaines.
Cela correspond alors à une concentration :

$$[ClO^-] = \frac{n}{V} = \frac{0{,}1}{0{,}200} = 0{,}5 \text{ mol} \cdot \text{L}^{-1} \text{ environ}$$

c. FAUX

La température est un facteur cinétique : la plupart du temps, plus la température est élevée, et plus la réaction est rapide.
À 25 °C, le palier de fin de réaction est atteint plus rapidement qu'à 20 °C : le temps de demi-réaction est donc plus faible à 25 °C qu'à 20 °C.

CONCOURS

Avancement x de la réaction en fonction du temps

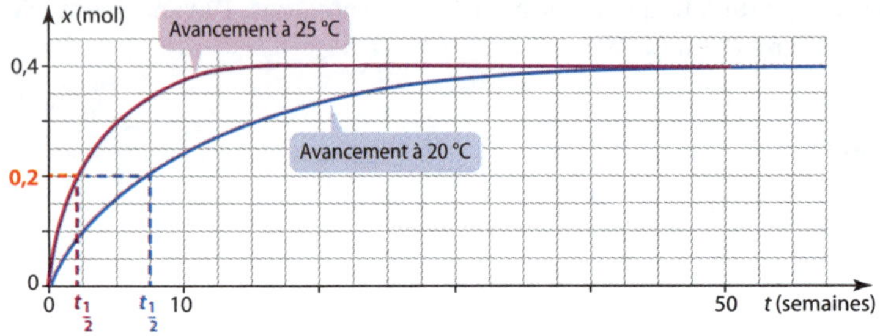

d. FAUX

En ne supposant aucun autre effet qu'un effet de dilution, on a un facteur de dilution :

$$F = \frac{V_{\text{solution diluée}}}{V_{\text{berlingot}}} = \frac{1{,}2}{0{,}200} = 6$$

En effet, l'énoncé précise « une personne décide de verser un berlingot dans un litre d'eau », donc le volume total de la solution diluée sera :

$$V_{\text{solution diluée}} = 1\ \text{L} + 0{,}200\ \text{L} = 1{,}2\ \text{L}$$

On en déduit une relation entre les concentrations en ions hypochlorite dans la solution diluée et dans le berlingot :

$$[\text{ClO}^-]_{\text{solution diluée}} = \frac{[\text{ClO}^-]_{\text{berlingot}}}{F}$$

A. N. : $[\text{ClO}^-]_{\text{berlingot}} = 2{,}0\ \text{mol} \cdot \text{L}^{-1}$; $F = 6$,

d'où : $[\text{ClO}^-]_{\text{solution diluée}} = 0{,}33\ \text{mol} \cdot \text{L}^{-1}$

10 min

Puissance alpha, avril 2018

43 Étude d'une solution d'éosine

L'éosine en solution a des propriétés asséchantes et antiseptiques. Elle est largement utilisée dans le milieu médical tout comme à la maison pour désinfecter des plaies. Le technicien de laboratoire remarque que sur une solution d'éosine, que l'on notera S, la concentration n'a pas été indiquée. Il décide de réaliser une étude spectrophotométrique afin de déterminer la concentration de la solution.

Après étalonnage du spectrophotomètre, il réalise le spectre d'une autre solution d'éosine notée S′ dont il connaît la concentration $C' = 1{,}0 \times 10^{-5}\ \text{mol} \cdot \text{L}^{-1}$. Il obtient le spectre donné ci-après.

Spectre d'une solution d'éosine de concentration $C' = 1{,}0 \times 10^{-5}\ \text{mol} \cdot \text{L}^{-1}$

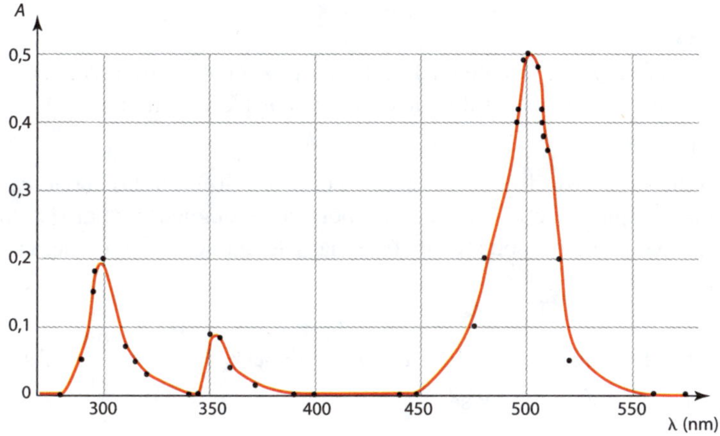

Donnée :

Formule de l'éosine

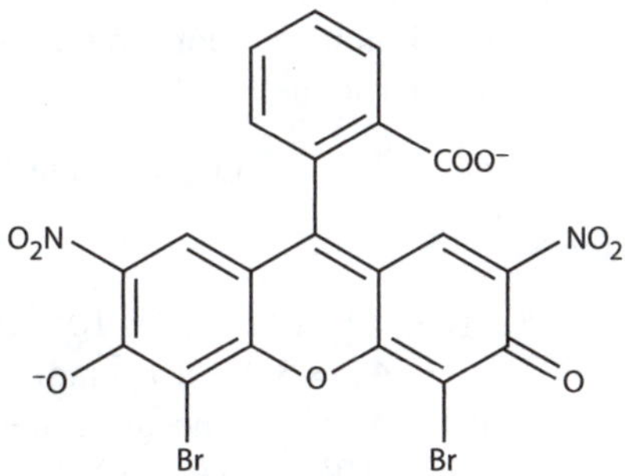

a. Le spectre réalisé de la solution d'éosine est un spectre d'absorption UV-visible.

b. L'éosine est une espèce chimique de couleur cyan.

Il souhaite mesurer dans les mêmes conditions que précédemment (même spectrophotomètre et même cuve), l'absorbance de la solution d'éosine S de concentration inconnue. Cette solution étant trop concentrée, il prépare un volume $V_{S1} = 200$ mL de solution S_1, en diluant 10 fois la solution S. Il effectue alors la mesure de l'absorbance de la solution S_1, pour une longueur d'onde $\lambda = 500$ nm, et obtient $A_1 = 1{,}5$.

c. Pour préparer la solution S_1, il faut prélever un volume $V = 10{,}0$ mL de solution S.

d. La concentration de la solution S d'éosine est égale à $3{,}0 \times 10^{-4}\ \text{mol} \cdot \text{L}^{-1}$.

Sujet 43 Corrigé

a. VRAI
La courbe fait état de longueurs d'onde comprises entre 270 nm et 580 nm. Cette gamme de longueurs d'onde est bien dans l'UV-visible.

b. FAUX
Le maximum d'absorbance est obtenu pour $\lambda = 500$ nm. Le cercle chromatique indique une couleur cyan-vert pour cette longueur d'onde. La couleur complémentaire, couleur opposée dans le cercle chromatique, est le rouge-violet.

c. FAUX
Le facteur de dilution F vaut 10. Or $F = \frac{V_{S_1}}{V_S}$ donc $V_S = \frac{V_{S_1}}{F} = \frac{200}{10} = 20$ mL et non 10 mL comme proposé.

d. VRAI
La courbe proposée montre que $A' = 0{,}5$ pour une longueur d'onde $\lambda = 500$ nm pour la solution S′ de concentration $C' = 1{,}0 \times 10^{-5}\ \text{mol} \cdot \text{L}^{-1}$.
L'absorbance est proportionnelle à la concentration de la solution (loi de Beer-Lambert), donc $\frac{A'}{C'} = \frac{A_1}{C_1}$. On en déduit la concentration $C_1 = \frac{A_1 C'}{C_1}$ de la solution S_1.

A. N. : $A' = 0{,}5$; $A_1 = 1{,}5$; $C' = 1{,}0 \times 10^{-5}\ \text{mol} \cdot \text{L}^{-1}$,
d'où :
$$C_1 = 3{,}0 \times 10^{-5}\ \text{mol} \cdot \text{L}^{-1}$$
La solution S étant 10 fois plus concentrée que S_1, on a pour la concentration C :
$$C = 10C_1 = 3{,}0 \times 10^{-4}\ \text{mol} \cdot \text{L}^{-1}.$$

10 min

Puissance alpha, avril 2018

44 Spectroscopie

On souhaite identifier la molécule X ayant un seul groupe caractéristique de formule brute C_4H_8O. On a le choix entre les trois molécules **A**, **B** et **C** représentées ci-dessous :

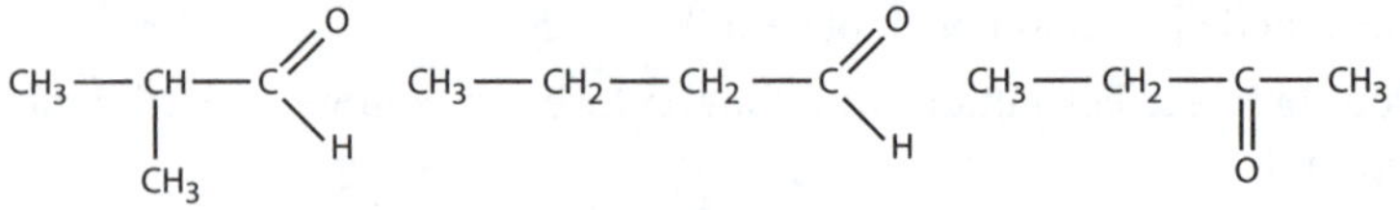

A **B** **C**

Doc. 1 **Spectre infrarouge de la molécule X**

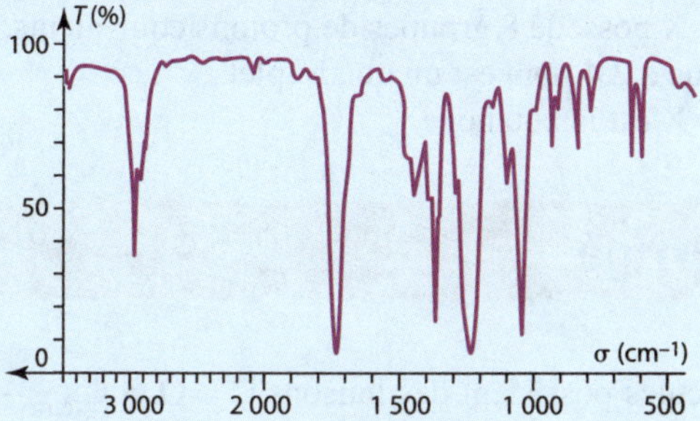

Doc. 2 **Spectre RMN de la molécule X**

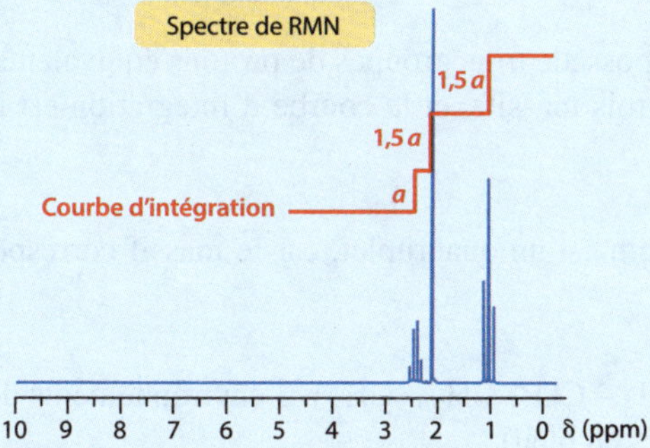

Donnée : Table spectroscopique IR simplifiée :

Liaison	Nombre d'onde (cm^{-1})	Intensité
O – H alcool libre	3 500 – 3 700	Forte, fine
O – H alcool lié	3 200 – 3 400	Forte, large
O – H acide carboxylique	2 500 – 3 200	Forte à moyenne, large
N – H amine	3 100 – 3 500	Moyenne
N – H amide	3 100 – 3 500	Forte
N – H amine ou amide	1 560 – 1 640	Forte ou moyenne
C_{tri} – H	3 000 – 3 100	Moyenne
$C_{tét}$ – H	2 800 – 3 000	Forte
C = O ester	1 700 – 1 740	Forte
C = O amide	1 650 – 1 740	Forte
C = O aldéhyde et cétone	1 650 – 1 730	Forte
C = O acide	1 680 – 1 710	Forte

Remarques :
C_{tri} signifie que l'atome de carbone est trigonal, c'est-à-dire relié à 3 voisins.
$C_{tét}$ signifie que l'atome de carbone est tétragonal, c'est-à-dire relié à 4 voisins.

a. L'étude du spectre IR de la molécule X ne permet pas d'identifier celle-ci parmi les trois molécules **A**, **B** et **C** proposées.
b. La molécule X possède 8 groupes de protons équivalents.
c. Le signal situé à 2,4 ppm est un quadruplet.
d. La molécule X est la butanone.

Sujet 44 Corrigé

a. VRAI
Les trois molécules possèdent des liaisons C = O et $C_{tétra}$ – H. Le spectre IR ne permet donc pas d'identifier la molécule X parmi les molécules **A**, **B** ou **C**.

b. FAUX
La molécule X possède trois groupes de protons équivalents, car le spectre RMN possède trois massifs, et la courbe d'intégration est représentée par trois marches.

c. VRAI
Le signal 2,4 ppm est un quadruplet, car le massif correspondant possède 4 pics.

d. VRAI
La butanone $CH_3 – CO – CH_2 – CH_3$ a 3 environnements de protons équivalents (entourés en bleu).
Le tableau suivant récapitule le nombre *N* d'atomes d'hydrogène dans l'environnement, le nombre *n* de plus proches voisins et la multiplicité du signal *m*, sachant que $m = n + 1$ (règle des $n + 1$-uplets).

Environnement	*N*	*n*	$m = n + 1$
$CH_3 – CO – CH_2 – CH_3$	3H	0	1 singulet
$CH_3 – CO – CH_2 – CH_3$	2H	3	4 quadruplet
$CH_3 – CO – CH_2 – CH_3$	3H	2	3 triplet

Le spectre RMN proposé est bien constitué de trois signaux : un singulet, un quadruplet et un triplet.
Vérifions la courbe d'intégration : en prenant comme référence ou marche élémentaire de hauteur *a* celle représentant l'environnement 2H, les autres environnements de 3H sont représentés par des marches $\frac{3}{2} = 1{,}5$ fois plus grandes, soit une hauteur de 1,5*a*.
C'est bien ce que l'on observe sur le spectre :

- le quadruplet est représenté par une marche de hauteur *a* ;
- le triplet et le singulet sont représentés par une marche d'intégration de 1,5*a*.

Puissance alpha, avril 2018

10 min

45 Étude d'un anti-diarrhéique

L'Adiaril® est une préparation de régime pour réhydrater les enfants en cas de diarrhée. Ce produit ne contient ni lait, ni protéine de lait, ni gluten. On dissout chaque sachet de 7,00 g dans l'eau pour obtenir 200 mL de solution. La notice de ce médicament indique entre autres comme composition pour un sachet de 7,00 g : 2,65 g de glucose, 2,49 g de saccharose et 0,210 g de chlorure.

Afin de vérifier la masse d'ions chlorure présente dans un sachet, on dissout le contenu d'un sachet dans une fiole jaugée de 200 mL.

On réalise le titrage conductimétrique d'un volume $V_1 = 20{,}0$ mL de cette solution à l'aide d'une solution titrante de nitrate d'argent :

$(Ag^+(aq) + NO_3^-(aq))$ de concentration $C = 4{,}25 \times 10^{-2}\ mol \cdot L^{-1}$.

L'équation de la réaction support de ce titrage est :

$$Ag^+(aq) + Cl^-(aq) \rightarrow AgCl(s)$$

Le graphique $\sigma = f(V)$ ci-dessous précise l'évolution de la conductivité du mélange au cours du titrage.

Évolution de la conductivité du mélange au cours du titrage

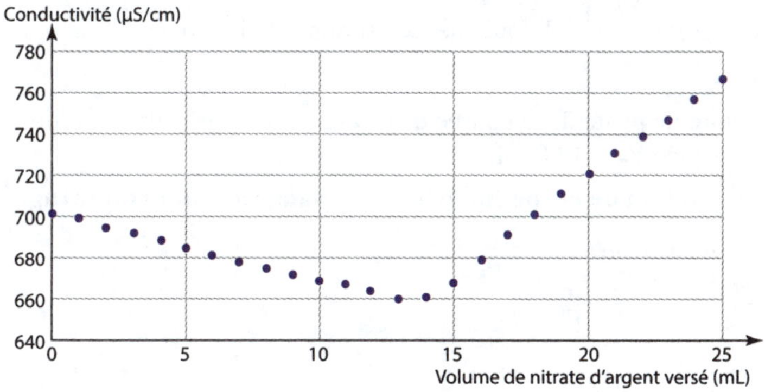

Données :

- $4{,}25 \times 7 = 29{,}75$;
- écart relartif : $e = \dfrac{|m(\text{théo}) - m(\exp)|}{m(\text{théo})}$.

a. La mesure de la conductivité dépend du type d'ions présents en solution, mais pas de leur concentration.

b. Si la solution de nitrate d'argent avait été deux fois plus concentrée, le volume équivalent aurait été $V_{éq} = 28$ mL.

c. La quantité de matière d'ions chlorure présente dans le sachet est égale à $n = 0{,}595$ mmol.

La masse de chlorure dans un sachet déterminée expérimentalement est égale à $m = 0{,}211$ g.

d. L'écart relatif est donc d'environ 5 %.

Sujet 45 Corrigé

a. FAUX

La loi de Kohlrausch précise qu'avec λ_i la conductivité molaire ionique de l'espèce X_i et $[X_i]$ sa concentration :

$$\sigma = \sum_i \lambda_i [X_i]$$

La conductivité dépend donc du type d'ions présents en solution, mais aussi de leur concentration.

b. FAUX

Si la solution titrante est deux fois plus concentrée, alors pour le même volume de cette solution, on apporte deux fois plus d'ions titrants Ag^+. La quantité d'ions Ag^+ à l'équivalence est donc atteinte pour $\frac{V_E}{2}$ et non $2V_E$.

c. FAUX

La rupture de pente de la courbe de titrage se produit pour un volume V_E à l'équivalence $V_E = 14{,}0$ mL.

Évolution de la conductivité du mélange au cours du titrage

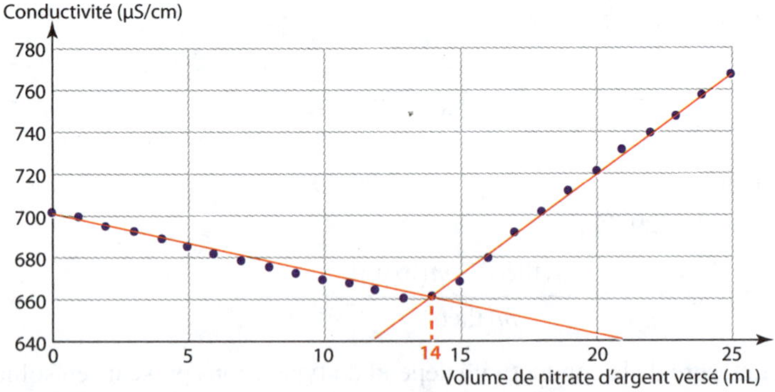

L'équation support de titrage étant $Ag^+(aq) + Cl^-(aq) \rightarrow AgCl(s)$, on en déduit que la relation à l'équivalence est $n_E(Ag^+) = n(Cl^-)$.

Remarque

On pourrait établir la relation à l'équivalence grâce au tableau d'avancement de la réaction support de titrage.

On en déduit que la quantité d'ions chlorure dosés est :

$$n(\mathrm{Cl}^-) = CV_\mathrm{E}$$

A. N. : $C = 4{,}25 \times 10^{-2}$ mol · L^{-1} ; $V_\mathrm{E} = 14 \times 10^{-3}$ L,
d'où : $n(\mathrm{Cl}^-) = 0{,}595$ mmol en utilisant l'aide proposée
Cependant, le sachet est dissous dans 200 mL, mais on ne dose que 20 mL de cette solution, soit 1/10e du sachet.
Le sachet contient donc 10 × 0,595 mmol = 5,95 mmol de Cl^-.

d. FAUX

$e = \dfrac{|0{,}211 - 0{,}210|}{0{,}210} = \dfrac{1}{2} \times 10^{-2}$ soit 0,5 %, et non 5 % comme proposé.

10 min

Puissance alpha, avril 2018

46 Traitement des rosiers

La chlorose des rosiers est une décoloration plus ou moins prononcée des feuilles, due à un manque de chlorophylle. Cette maladie peut provenir d'une insuffisance en fer indispensable à la synthèse de la chlorophylle. Dans le commerce, on trouve des solutions dites « anti-chlorose » riches en ions fer (II) Fe^{2+}(aq), qu'il convient de pulvériser directement sur les plantes et les sols.

Un jardinier dispose d'une solution S « anti-chlorose » et cherche à utiliser le plus efficacement ce produit. Pour cela, il doit retrouver le fournisseur, consulter son site commercial et déterminer la dose d'application nécessaire et suffisante pour traiter ses rosiers. Il décide de doser les ions fer (II) contenus dans la solution S en suivant le protocole décrit dans le **document 1**.

Extrait du bac S Nouvelle-Calédonie, 2014.

CONCOURS

Doc. 1 Protocole de titrage des ions fer (II) dans une solution S « anti-chlorose »

- Diluer 20 fois une solution « anti-chlorose » S contenant les ions Fe^{2+}(aq) de concentration C à déterminer. La solution ainsi obtenue est appelée S′.
- Introduire dans un erlenmeyer un volume $V_1 = 10{,}0$ mL de solution S′ et de l'acide sulfurique.
- Réaliser le titrage à l'aide d'une solution titrante de permanganate de potassium (K^+(aq) + MnO_4^-(aq)) de concentration $C_2 = 5{,}0 \times 10^{-3}$ mol · L^{-1}.

L'équation de la réaction support du titrage s'écrit:

$$MnO_4^-(aq) + 5Fe^{2+}(aq) + 8H^+(aq) \rightarrow Mn^{2+}(aq) + 5Fe^{3+}(aq) + 4H_2O(\ell)$$

On admet que toutes les espèces chimiques mises en jeu au cours de ce titrage sont incolores ou peu colorées, à l'exception des ions permanganate MnO_4^- qui donnent au liquide une couleur violette.

Doc. 2 Quelques noms commerciaux et caractéristiques des produits « anti-chlorose »

Nom du produit commercial	Teneur en fer (g · L^{-1})	Utilisation référencée
Fer A 400 LiquidoFer 400	40,0	Dépôt sur les sols
Fer Cler	22,4	Dépôt sur les sols
Fer Soni 39F	20,0	Dépôt sur les sols et pulvérisation sur les feuilles
FerroTonus	40,0	Dépôt sur les sols
PlantoFer 30	30,0	Dépôt sur les sols
FerTi H32	1,12	Dépôt sur les sols et pulvérisation sur les feuilles

a. La disparition de la coloration violette permet de repérer la fin du titrage.
b. À l'équivalence, la quantité d'ions permanganate MnO_4^-(aq) introduite est cinq fois moins élevée que la quantité d'ions Fer (II) Fe^{2+}(aq) contenue dans la solution S′.

Lors du titrage réalisé, l'équivalence est obtenue pour un volume versé $V_{éq} = 8{,}0$ mL de la solution de permanganate de potassium.
c. La solution S′ « antichlorose » a une concentration égale à :

$$2{,}0 \times 10^{-2} \text{ mol} \cdot \text{L}^{-1}$$

d. La spécialité commerciale dosée est le « Fer Cler ».

Sujet 46 Corrigé

a. FAUX

Le permanganate de potassium de couleur violette est la solution titrante. Cela signifie qu'avant l'équivalence, tous les ions MnO_4^- permanganate sont consommés, et la solution est incolore.

Après l'équivalence, les ions permanganate ne réagissent plus avec les ions fer II Fe^{2+} et colorent la solution en violet.

La proposition exacte serait : l'apparition de la coloration violette permet de repérer la fin du titrage colorimétrique.

b. VRAI

On peut établir la relation à l'équivalence à partir du tableau d'avancement de la réaction support de titrage. Seules les quantités de matière des réactifs sont complétées ci-après :

		MnO_4^- +	$5Fe^{2+}$	$+ 8H^+ \rightarrow Mn^{2+} + 5Fe^{3+} + 4H_2O$
État	**Avancement**	**Quantité de matière**		
initial	$x = 0$	n_O	n_R	non complété
en cours	x	$n_O - x$	$n_R - 5x$	non complété
équivalence	$x = x_{max}$	$n_O - x_{max}$	$n_R - 5x_{max}$	non complété

avec n_O la quantité de matière d'ions permanganate et n_R celle d'ions fer II. À l'équivalence, n_O et n_R sont telles que les deux réactifs MnO_4^- et Fe^{2+} sont limitants :

$$\begin{cases} n_O - x_{max} = 0 \\ n_R - 5x_{max} = 0 \end{cases} \Rightarrow \begin{cases} x_{max} = n_O \\ x_{max} = \dfrac{n_R}{5} \end{cases}$$

On en déduit que $n_O = \dfrac{n_R}{5}$ (relation à l'équivalence).

À l'équivalence, la quantité d'ions permanganate contenue dans la solution S′ est 5 fois moins élevée que celle des ions fer II.

c. VRAI

La relation à l'équivalence permet d'écrire : $[Fe^{2+}] \times V_1 = 5[MnO_4^-]V_E$. On en déduit que la concentration en ions fer II dosés dans $V_1 = 10$ mL de solution S′ est telle que :

$$\left[Fe^{2+}\right]_{S'} = \frac{5C_2V_E}{V_1}$$

car $[MnO_4^-] = [K^+] = C_2$.

CONCOURS

A. N. : $C_2 = 5{,}0 \times 10^{-3}$ mol · L^{-1} ; $V_E = 8{,}0 \times 10^{-3}$ L ; $V_1 = 10{,}0 \times 10^{-3}$ L,

d'où : $\left[Fe^{2+}\right]_{S'} = 2{,}0 \times 10^{-2}\ mol \cdot L^{-1}$ dans la solution S′

d. VRAI

La solution S commerciale est 20 fois plus concentrée que la solution S′.
On a donc $\left[Fe^{2+}\right]_S = 20\left[Fe^{2+}\right]_{S'} = 0{,}4\ mol \cdot L^{-1}$.

La concentration massique est alors $C_m = \left[Fe^{2+}\right]_S \times M(Fe^{2+})$ en multipliant la concentration molaire précédente par la masse molaire des ions fer II.

A. N. : $\left[Fe^{2+}\right]_S = 0{,}4$ mol · L^{-1} ; $M(Fe^{2+}) = 56$ g · mol^{-1},

d'où $C_m = 22{,}4$ g · L^{-1}

ce qui correspond bien au « Fer Cler ».

10 min

Puissance alpha, avril 2018

47 Alcalinité de l'eau d'une piscine

Pour déterminer l'alcalinité de l'eau d'une piscine, on effectue le titrage pH-métrique d'un volume de 50,0 mL de cette eau par une solution d'acide chlorhydrique ($H^+(aq) + Cl^-(aq)$) de concentration $C = 2{,}0 \times 10^{-2}$ mol · L^{-1}. Le pH de cette eau, avant titrage, est environ égal à 8.

Doc. Paramètres d'une eau de piscine

L'eau a des paramètres qu'il ne faut pas bouleverser, surtout dans une piscine. Il y a notamment le pH, le TH (titre hydrotimétrique renseignant sur la dureté de l'eau) et le TAC (titre alcalimétrique complet renseignant sur l'alcalinité de l'eau).
L'alcalinité de l'eau et donc le TAC dépendent de la concentration en ions carbonate CO_3^{2-} et hydrogénocarbonate HCO_3^-.
Le TAC indique le pouvoir tampon de l'eau : plus il est élevé, plus le pH est stable.
Détermination du TAC :
Le TAC (exprimé en degrés français °F) d'une eau correspond au volume (en mL) d'une solution d'acide chlorhydrique de concentration $C = 2{,}0 \times 10^{-2}$ mol · L^{-1} nécessaire pour atteindre l'équivalence lors du titrage d'un volume de 100,0 mL de cette eau.

Données :

- Zone de virage de quelques indicateurs colorés :
  – vert de bromocrésol : 3,8-5,4 ;
  – jaune d'alizarine : 1,9-3,3 ;
  – bleu de bromothymol : 6,0-7,6 ;
  – hélianthine : 3,1-4,4.
- pK_A des couples acide/base à 25 °C :
  $CO_2, H_2O/HCO_3^-$: $pK_{A2} = 6{,}3$; HCO_3^-/CO_3^{2-} : $pK_{A1} = 10{,}3$.
- Diagramme de distribution, en fonction du pH, des deux couples $CO_2, H_2O/HCO_3^-$ et HCO_3^-/CO_3^{2-} :

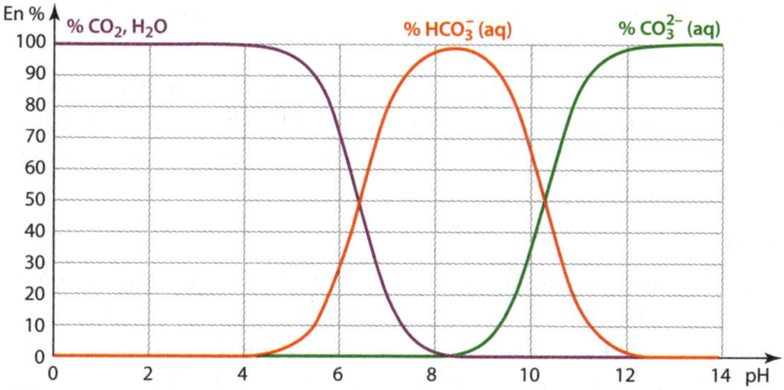

Le graphique pH $= f(V)$ ci-dessous précise l'évolution du pH en fonction du volume V d'acide chlorhydrique, pour un volume versé d'acide chlorhydrique supérieur à 10 mL.

Évolution du pH en fonction du volume *V* d'acide chlorhydrique, pour un volume versé supérieur à 10 mL

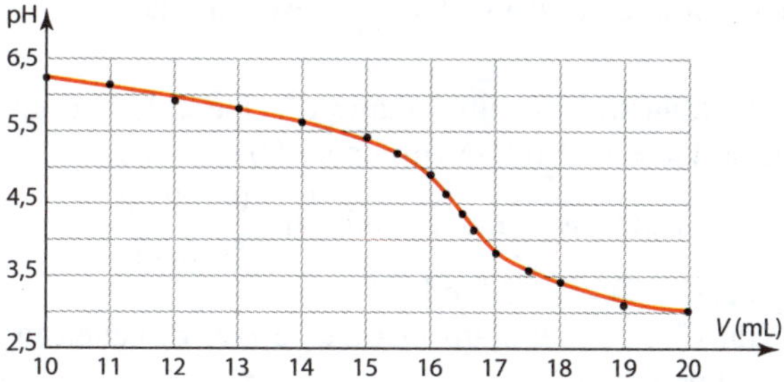

a. Ce titrage aurait pu être effectué par colorimétrie. Dans ce cas, l'indicateur coloré le plus adapté pour ce titrage est le vert de bromocrésol.

b. Dans ce titrage, c'est l'espèce prédominante HCO_3^- qui réagit essentiellement avec l'acide chlorhydrique.

CONCOURS

c. L'ion hydrogénocarbonate est une espèce ampholyte.
d. Le TAC de l'eau de cette piscine est de 16,5 °F.

Sujet 47 Corrigé

a. FAUX
La zone de virage du vert de bromocrésol est 3,8-5,4. La courbe de titrage montre une équivalence à un pH_E autour de 4,3 qui appartient à la zone de virage de l'indicateur coloré. L'indicateur coloré pourrait donc être pertinent.
Cependant, cette zone est atteinte pour un volume de solution titrante entre 15 et 17 mL. On ne peut donc pas observer de rupture de couleur.
Finalement, la zone de virage est bien adaptée au saut de pH, mais correspond à un écart de volume de solution titrante trop large. Ce titrage n'aurait pas pu être effectué par colorimétrie, même si l'indicateur coloré le plus adapté aurait été le vert de bromocrésol.

b. FAUX
La courbe de titrage comprend des mesures de pH entre 2,5 et 6,5. Or le diagramme de distribution en fonction du pH montre que pour un pH dans cet intervalle, l'espèce CO_2,H_2O est prédominante. Cette espèce est le produit de la réaction de sa base conjuguée HCO_3^- avec l'acide chlorhydrique :

$$HCO_3^- + H_3O^+ \rightarrow CO_2, H_2O + H_2O$$

Dans ce titrage, c'est l'espèce HCO_3^- qui réagit avec l'acide chlorhydrique, mais ce n'est pas toujours l'espèce prédominante.

c. VRAI
L'ion hydrogénocarbonate HCO_3^- est à la fois la base du couple $CO_2, H_2O/HCO_3^-$ et l'acide du couple HCO_3^-/CO_3^{2-}. C'est donc une espèce ampholyte.

d. FAUX
La courbe de titrage montre un volume d'acide chlorhydrique versé à l'équivalence de $V_E = 16{,}5$ mL environ pour 50,0 mL de solution titrée.

Pour 100,0 mL de cette eau, il faudrait utiliser $\dfrac{100{,}00 \text{ mL}}{50{,}0 \text{ mL}} = 2$ fois plus de solution titrante, soit $2V_E = 33{,}0$ mL.
La définition du TAC permet d'affirmer que le TAC de cette eau de piscine est de 33,0 °F et non 16,5 °F.

10 min

Puissance alpha, avril 2018

48 Analyse de protocole

Doc. 1 Protocole de la synthèse de l'éthanoate d'isopentyle, principal constituant de l'arôme de banane

Introduire dans un ballon muni d'un réfrigérant un volume $V_A = 8{,}8$ mL de 3-méthylbutan-1-ol (A), un volume $V_B = 6{,}0$ mL d'acide éthanoïque (B), puis ajouter goutte à goutte un volume $V = 4{,}0$ mL d'acide sulfurique concentré tout en refroidissant le ballon à l'aide d'un bain de glace.
Porter ensuite le milieu réactionnel à reflux pendant 45 min.

Doc. 2 Équation de la réaction de synthèse de l'éthanoate d'isopentyle

$$\underset{\textbf{A}}{C_5H_{11}OH} + \underset{\textbf{B}}{CH_3CO_2H} \rightleftarrows \underset{\textbf{C}}{C_7H_{14}O_2} + H_2O$$

Données :

$$\frac{4}{3} \approx 1{,}3 \,; \quad \frac{8{,}8}{13} \approx 0{,}68 \,; \quad \frac{1}{1{,}3} \approx 0{,}77 \,; \quad \frac{0{,}68}{1{,}3} \approx 0{,}53 \,; \quad \frac{6{,}8}{8} \approx 0{,}85.$$

	A	B	C
Masse molaire en g · mol⁻¹	88	60	130
Valeur approchée de la masse volumique en g · mol⁻¹	0,80	1,0	

a. L'acide sulfurique joue le rôle de catalyseur.

b. La formule topologique du 3-méthylbutan-1-ol est :

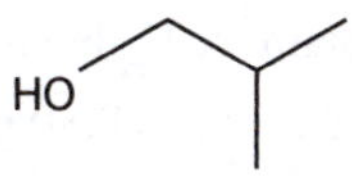

c. Le 3-méthylbutan-2-ol (non utilisé ici) est l'énantiomère du réactif A (3-méthylbutan-1-ol).

Après séparation et traitement du mélange obtenu après chauffage à reflux, on obtient une masse $m_e = 8{,}8$ g d'éthanoate d'isopentyle.

d. Le rendement de cette réaction est d'environ $r \approx 68$ %.

CONCOURS

Sujet 48 Corrigé

a. VRAI

L'acide sulfurique ne rentre pas dans le bilan de la réaction. C'est certainement un catalyseur.

b. FAUX

Le 3-méthylbutan-1-ol a pour formule semi-développée :

$$HO-CH_2-CH_2-\underset{\underset{CH_3}{|}}{CH}-CH_3$$

En faisant disparaître les groupements CH_2 et CH_3, et en brisant les liaisons, on obtient la formule topologique suivante ne correspondant pas à la formule proposée :

Remarque

La formule proposée est celle du 2-méthylpropan-1-ol de formule semi-développée $HO-CH_2-CH(CH_3)-CH_3$.

c. FAUX

Le 3-méthylbutan-2-ol de formule $CH_3-CHOH-CH(CH_3)-CH_3$ est un isomère de constitution de position du 3-méthybutan-1-ol.

En effet, seule la position du groupe alcool change de carbone de rattachement. Il ne s'agit donc pas de deux énantiomères.

d. FAUX

Calculons les quantités de matière des différents réactifs à l'état initial.

Quantité de (A) : $n_A = \dfrac{\rho_A V_A}{M_A}$ avec ρ_A la masse volumique, M_A la masse molaire et V_A le volume du 3-méthylbutan-1-ol.

A. N. : $\rho_A = 0{,}80\ g \cdot mL^{-1}$; $M_A = 88\ g \cdot mol^{-1}$; $V_A = 8{,}8\ mL$,

d'où :
$$n_A = 8{,}0 \times 10^{-2}\ mol$$

Quantité de (B) : $n_B = \dfrac{\rho_B V_B}{M_B}$

A. N. : $\rho_B = 1{,}0\ g \cdot mL^{-1}$; $M_B = 60\ g \cdot mol^{-1}$; $V_B = 6{,}0\ mL$,

d'où :
$$n_B = 1{,}0 \times 10^{-1}\ mol$$

Le tableau d'avancement de la réaction A + B → C + D est le suivant :

		A +	B →	C +	D
État	**Avancement**	**Quantité de matière**			
initial	$x = 0$	$8{,}0 \times 10^{-2}$	$1{,}0 \times 10^{-1}$	0	0
en cours	x	$8{,}0 \times 10^{-2} - x$	$1{,}0 \times 10^{-1} - x$	x	x
final	$x = x_{max}$	$8{,}0 \times 10^{-2} - x_{max}$	$1{,}0 \times 10^{-1} - x_{max}$	x_{max}	x_{max}

Le réactif limitant est le 3-méthylbutan-1-ol (A) et $x_{max} = n_A = 8{,}0 \times 10^{-2}$ mol qui est aussi la quantité maximale d'éthanoate d'isopentyle (C) obtenue : $n_C(\text{théo}) = x_{max} = 8{,}0 \times 10^{-2}$ mol.

La masse expérimentalement obtenue est de $m_C = 8{,}8$ g, ce qui correspond à $n_C(\exp) = \dfrac{m_e}{M_C}$.

A. N. : $m_e = 8{,}8$ g ; $M_C = 130\ \text{g} \cdot \text{mol}^{-1}$,

d'où :

$$n_C(\exp) = 6{,}8 \times 10^{-2}\ \text{mol}$$

Le rendement de la réaction est :

$$r = \frac{n_C(\exp)}{n_C(\text{théo})} \times 100$$

A. N. : $n_C(\text{théo}) = 8{,}0 \times 10^{-2}$ mol ; $n_C(\exp) = 6{,}8 \times 10^{-2}$ mol,

d'où :

$$r = 85\ \%$$

et non 68 % comme proposé.

10 min

Puissance alpha, avril 2018

49 Compétition entre mécanismes

CONCOURS

Doc. 1 Réactivité du 1-bromopentane en présence de tert-butanolate

Le 1-bromopentane réagit avec l'ion tert-butanolate pour former deux composés **A** et **B** en proportions respectives 15 % et 85 %.

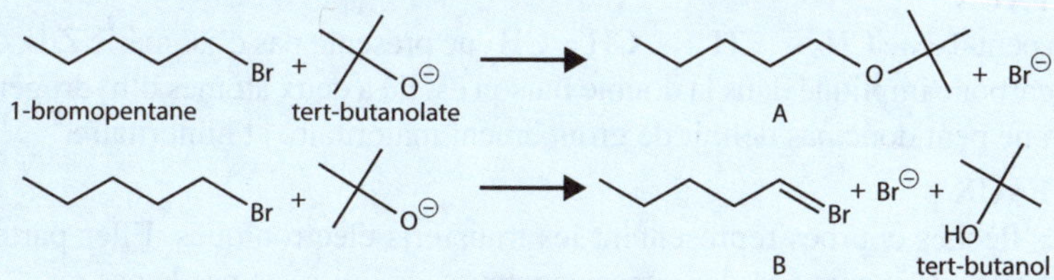

Doc. 2 **Réactivité du 1-bromopentane en présence d'ion éthanolate**

Le 1-bromopentane réagit avec l'ion éthanolate pour former deux composés **C** et **B** ci-dessous en proportions respectives 90 % et 10 %.

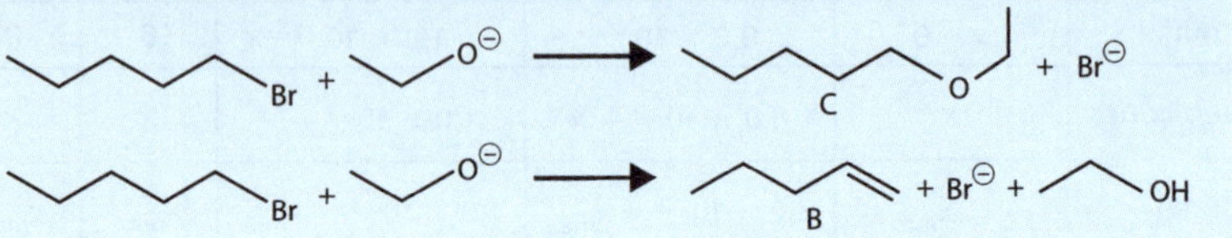

Données :
Électronégativité : $\chi(C) = 2{,}6$; $\chi(O) = 3{,}4$; $\chi(H) = 2{,}2$; $\chi(Br) = 3{,}0$.

a. La réaction conduisant à la formation du composé **A** est une réaction de substitution.

b. Le pent-1-ène (composé **B**) présente deux diastéréoisomères.

Le mécanisme d'obtention de **A** peut être décomposé en deux étapes :

Étape 1 :

Étape 2 :

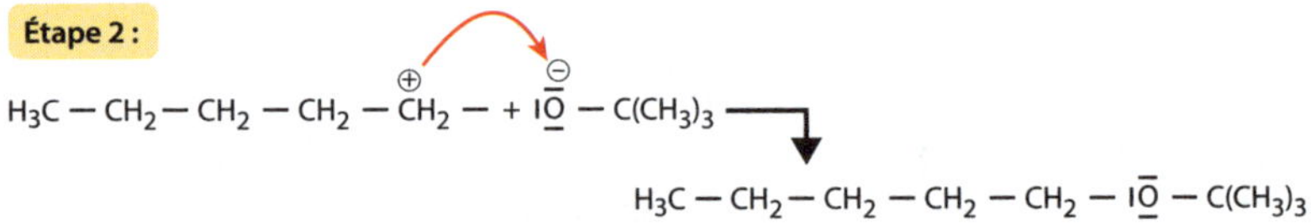

c. Dans l'étape 2, la flèche courbe symbolisant le transfert d'un doublet d'électrons est correctement représentée.

d. Un chimiste souhaite synthétiser du pent-1-ène (composé **B**) à partir du 1-bromopentane. Il obtiendra un meilleur rendement avec l'ion éthanolate.

Sujet 49 Corrigé

a. VRAI
Dans cette réaction, on a substitué $CH_3-C(CH_3)_2-O$ à l'atome de brome Br.

b. FAUX
Le pent-1-ène $CH_3-(CH_2)_2-CH=CH_2$ ne présente pas d'isomérie Z/E, car le carbone impliqué dans la double liaison est lié à deux atomes d'hydrogène. On ne peut donc pas définir de groupement majoritaire et minoritaire.

c. FAUX
Les flèches courbes représentent les transferts électroniques. Elles partent des sites donneurs vers les sites accepteurs, ce qui n'est pas le cas ici.

d. FAUX

Le **document 1** propose une synthèse de **B** avec un rendement de 85 %, alors que le **document 2** propose la synthèse de **B** avec l'ion éthanolate avec un rendement de 10 %.

La synthèse n° 2 avec l'ion éthanolate a donc un rendement plus faible.

10 min

Puissance alpha, avril 2018

50 Synthétiser un dipeptide

La leucine et l'alanine sont deux acides aminés. En biochimie, les acides aminés jouent un rôle crucial dans la structure, le métabolisme et la physiologie des cellules de tous les êtres vivants connus, en tant que constituants des peptides et des protéines. Les acides aminés protéinogènes, dont font partie la leucine et l'alanine, sont les unités de base de construction des protéines.

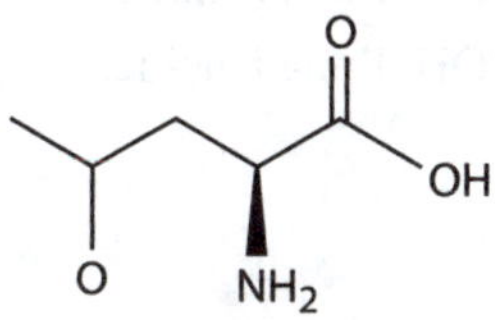

Leucine

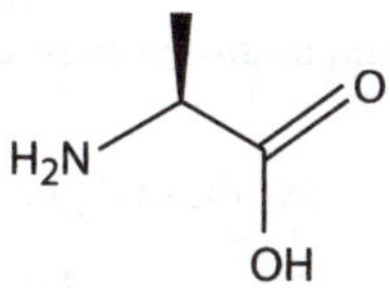

Alanine

a. La leucine et l'alanine sont deux molécules chirales.

On envisage la réaction entre l'alanine et la leucine.

b. Cette réaction peut conduire à quatre dipeptides différents.

Le protocole expérimental a permis de synthétiser le composé **C** suivant :

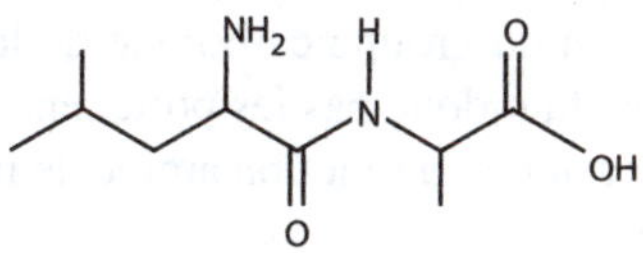

c. Lors de la formation de la fonction amide, il y a libération d'une molécule d'eau.

d. Pour synthétiser le composé **C**, il a fallu protéger le groupe carboxyle de la leucine et le groupe amine de l'alanine.

CONCOURS

Sujet 50 Corrigé

a. VRAI

Les deux molécules ont des atomes de carbone asymétriques et sont chirales.

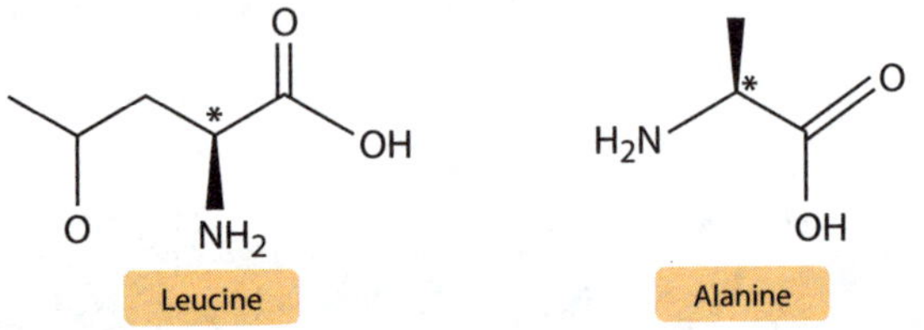

b. VRAI

La fonction amide – NH_2 d'une molécule peut réagir avec la fonction acide carboxylique – COOH.

On a donc 4 possibilités :

- – NH_2 d'une leucine réagit avec – COOH d'une autre leucine ;
- – NH_2 d'une alanine réagit avec – COOH d'une autre alanine ;
- – NH_2 d'une leucine réagit avec – COOH d'une alanine ;
- – NH_2 d'une alanine réagit avec – COOH d'une leucine.

c. VRAI

La réaction de synthèse de C est :

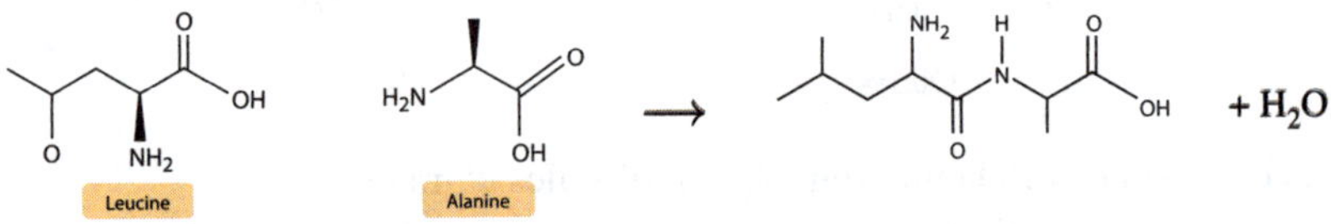

C est obtenu par réaction de la fonction acide carboxylique de la leucine et de la fonction amine de l'alanine.

Une molécule d'eau est libérée pour toute liaison amide formée.

d. FAUX

C est produit par réaction du groupe carboxyle de la leucine et du groupe amine de l'alanine, il ne faut donc pas les protéger.

En revanche, il a fallu protéger la fonction amine de la leucine et la fonction carboxyle de l'alanine.

Concours Puissance 11, mai 2017

Les exercices du concours Puissance 11 sont un bon moyen de revoir l'ensemble du programme de Physique-Chimie de Terminale S en quelques heures. Ils vous permettent de vérifier si les notions importantes du programme sont bien assimilées, et vous offrent un entraînement très efficace en fin de révision du baccalauréat.

Calculatrice non autorisée

Les exercices comportent 4 affirmations repérées par les lettres a, b, c et d. Indiquer pour chaque affirmation si elle est VRAIE ou FAUSSE. Il est conseillé de justifier vos réponses.

Notation

- Toute réponse exacte rapporte un point.
- Toute réponse inexacte entraîne le retrait d'un point.
- L'annulation d'une réponse ou l'abstention n'est pas prise en compte, c'est-à-dire ne rapporte ni ne retire aucun point.
- Une bonification d'un point est ajoutée chaque fois qu'un exercice est traité correctement en entier (c'est-à-dire lorsque les réponses aux 4 affirmations sont exactes).
- L'attention des candidats est attirée sur le fait que, dans le type d'exercices proposés, une lecture attentive des énoncés est absolument nécessaire, le vocabulaire employé et les questions posées étant très précis.

Données pour l'ensemble des exercices :

On donne les masses molaires atomiques suivantes (en $g{\cdot}mol^{-1}$) :

H	C	O
1,0	12,0	16,0

Puissance 11, mai 2017

10 min

51 Onde sonore

Deux microphones M_1 et M_2 distants de $L = 2{,}00\ m$, sont reliés respectivement aux voies 1 et 2 d'un oscilloscope. Un émetteur (E) est placé entre les deux microphones (*cf.* **schéma**). À l'instant $t = 0\ s$, il commence à émettre une onde sonore qui se propage vers les deux microphones. Les oscillogrammes obtenus sont représentés ci-après. La durée de balayage de l'oscilloscope est égale à 2 ms·div^{-1}.

Schéma du montage

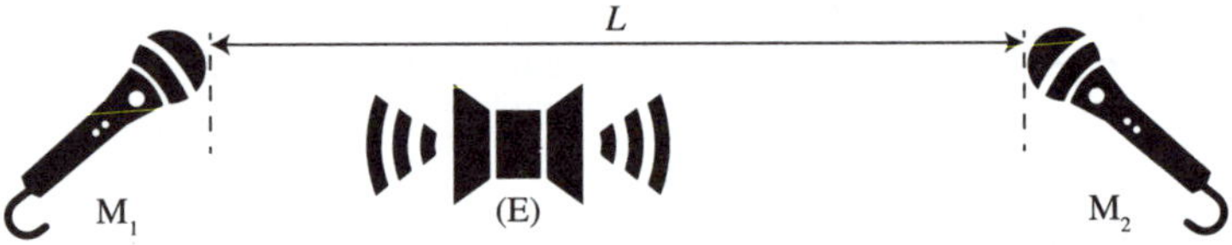

Oscillogrammes obtenus

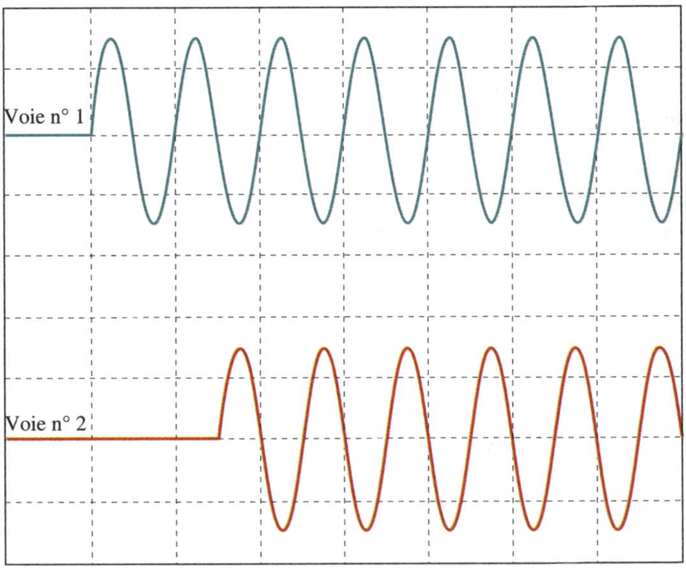

Donnée : célérité du son dans l'air $c = 340$ m·s^{-1}.

a. L'onde sonore est une onde mécanique longitudinale.
b. La longueur d'onde de l'onde sonore est de 0,34 m.
c. L'émetteur est à 0,49 m du microphone M_1.
d. L'onde émise atteint plus rapidement les microphones si on double sa fréquence.

Sujet 51 Corrigé

a. VRAI

Une onde acoustique est une onde de compression-dilatation du milieu dans lequel elle se propage. La déformation est donc dans la direction de la propagation de l'onde : l'onde sonore est alors une onde mécanique longitudinale.

b. FAUX

L'oscillogramme de l'une ou l'autre des voies permet d'obtenir la période T de l'onde sonore. Par exemple, en utilisant l'oscillogramme de la voie 1 :

$$7T = 7 \text{ div} \times 2\text{ms/div} = 14 \text{ ms}$$

soit une période T de 2 ms.

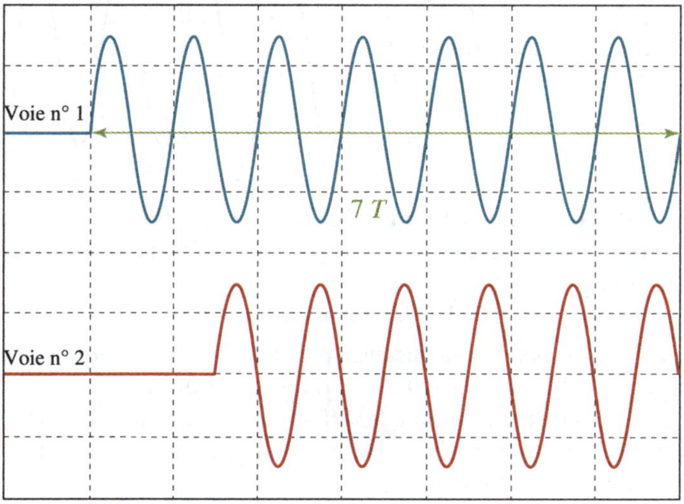

Remarque

Il faut prendre un maximum de périodes pour gagner en précision. L'oscillogramme de la voie 1 permet de mesurer 7 périodes, alors que celui de la voie 2 ne permet de mesurer que 5 périodes entières.

CONCOURS

La longueur d'onde λ de l'onde est liée à la période T :

$$\lambda = cT$$

avec c la célérité du son dans l'air.

A. N. : $T = 2 \times 10^{-3}$ s ; $c = 340$ m·s^{-1}, d'où $\lambda = 0{,}68$ m, c'est-à-dire le double de la longueur d'onde proposée.

c. VRAI

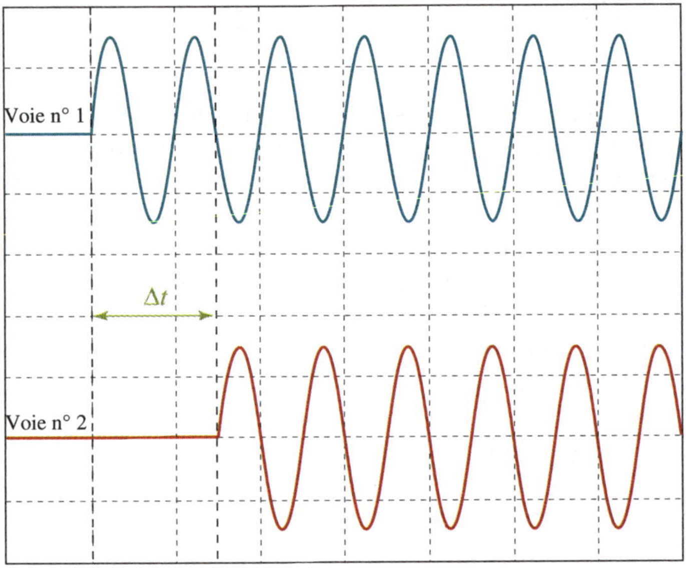

Soit Δt la durée qui s'écoule entre l'instant de réception du signal sur la voie 1 et celui de la réception sur la voie 2. Les oscillogrammes permettent d'évaluer Δt :

$$\Delta t = 1{,}5 \text{ div} \times 2 \text{ ms/div} = 3 \text{ ms}$$

Cette durée correspond à une distance parcourue par l'onde $d = c\Delta t$.

A. N. : $\Delta t = 3 \times 10^{-3}$ s ; $c = 340$ m·s^{-1}, d'où : $d = 1{,}020$ m.

La distance d correspond aussi à la différence de parcours de l'onde entre l'émetteur (E) et le microphone (M_2) d'une part, et l'émetteur (E) et le microphone (M_1) d'autre part.

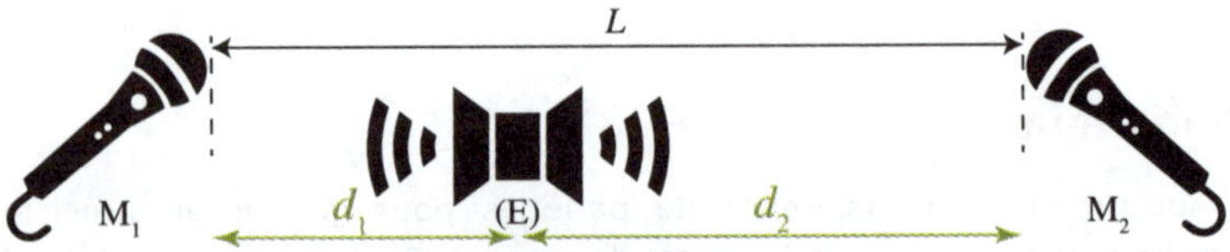

Soit $d = d_2 - d_1 = 1{,}020$ m avec d_2 la distance EM_2 et d_1 la distance EM_1.

Par ailleurs, les deux microphones sont distants de $L = 2{,}00$ m, donc :

$$d_1 + d_2 = L = 2{,}00 \text{ m}$$

On obtient donc un système de 2 équations à 2 inconnues, qui se résout facilement : $d_2 = 1{,}51$ m et $d_1 = 0{,}49$ m, réponse proposée pour la distance $EM_1 = d_1$.

Remarque

La valeur numérique $d = 1{,}020$ m est en fait trop précise pour la durée de balayage de l'oscilloscope à 1 chiffre significatif.
En considérant que la distance d vaut environ 1 m, on obtient $d_1 = 0{,}5$ m, ce qui permet de valider la réponse, car 0,49 m correspond à la valeur de d trouvée si l'on considère une moindre précision.

d. FAUX

En supposant que l'air n'est pas un milieu dispersif, la vitesse d'une onde est indépendante de sa fréquence.

10 min

Puissance 11, mai 2017

52 Différencier des molécules organiques par spectroscopie

Le spectre RMN ci-dessous est celui de l'une des trois molécules A, B ou C suivantes :

A : $CH_3–CH_2–CH_2–CO_2H$
B : $CH_3–CH_2–C(=O)O–CH_3$
C : $CH_3– C(=O)O–CH_2–CH_3$

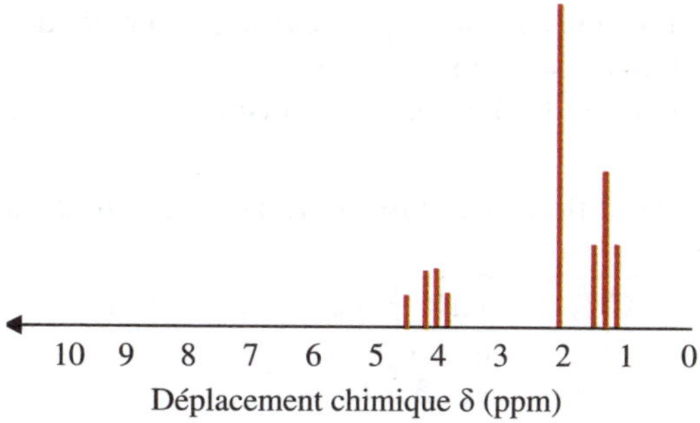

Table de données pour la spectroscopie RMN

Proton concerné en gras	Déplacement chimique δ (ppm)
C**H**$_3$- C	0,9 - 1
C**H**$_3$- C-O	1,4
C**H**$_3$ - CO - R	2,2
C**H**$_3$ - CO - O - R	2,0
C**H**$_3$ - O –CO -R	3,7
C - C**H**$_2$ - C	1,3
C - C**H**$_2$ - O - R	3,4
C - C**H**$_2$ - O - H	3,6
C - C**H**$_2$- O - CO - R	4,1

a. La molécule B se nomme propanoate de méthyle.
b. Les molécules A, B et C sont des molécules isomères.
c. Le triplet à δ = 1,3 ppm correspond à un groupe de protons équivalents possédant 3 protons voisins.
d. Le spectre RMN est celui de la molécule B.

Sujet 52 Corrigé

a. VRAI
La molécule B est bien le propanoate (3 atomes de carbone) de méthyle (1 atome de carbone) :

$$CH_3 - CH_2 - C(=O)O - CH_3$$

b. VRAI
Les molécules A, B et C ont la même formule brute $C_4H_8O_2$, mais des formules semi-développées différentes : ce sont des isomères.

c. FAUX
La multiplicité du signal à d = 1,3 ppm est de 3. La règle des n + 1 uplets permet de conclure à n = 2 voisins et non 3 :
$m = n + 1 = 3$ donc $n = 3 - 1 = 2$ protons voisins.

d. FAUX
Si l'on examine les différents environnements de protons de la molécule B, on en déduit que :

CH_3	CH_2	– C(=O)O –	CH_3
$n = 2$ soit $m = 3$ avec δ vers 1 ppm	$n = 3$ soit $m = 4$ avec δ = 1,3 ppm		$n = 0$ soit $m = 1$ avec δ = 3,7 ppm

avec n correspondant au nombre de protons plus proches voisins, m la multiplicité du signal sur le spectre RMN attendu et δ le déplacement chimique attendu.
En comparant avec le spectre RMN proposé, on constate que seul le premier signal de multiplicité 3 vers 1 ppm est présent. Il ne s'agit donc pas du spectre de la molécule B.

Remarque

Le spectre proposé correspond davantage à celui de la molécule C.

Puissance 11, mai 2017

10 min

53 Disques optiques et diffraction

La capacité de stockage des disques optiques est limitée par les phénomènes de diffraction. Pour augmenter cette capacité, il convient de diminuer le diamètre d du faisceau laser qui vient lire le disque. Ce diamètre dépend de la longueur d'onde λ de la radiation et de l'ouverture numérique (ON) qui caractérise le système optique, selon la loi $d = 1,22 \times \dfrac{\lambda}{\text{ON}}$.

Les données sont gravées sur le disque sur une piste en forme de spirale, entre les rayons R_{min} = 20 mm et R_{max} = 60 mm. Cette piste part de l'intérieur du disque, à partir d'un rayon R_{min}, en progressant vers l'extérieur jusqu'à un rayon R_{max}. À chaque tour, la spirale se décale d'une **distance e**, nommée **pas** de la spirale. Sur la vue microscopique ci-contre, **c'est la distance constante entre deux « rangées » consécutives**. La longueur L de la spirale est obtenue par la relation approchée :

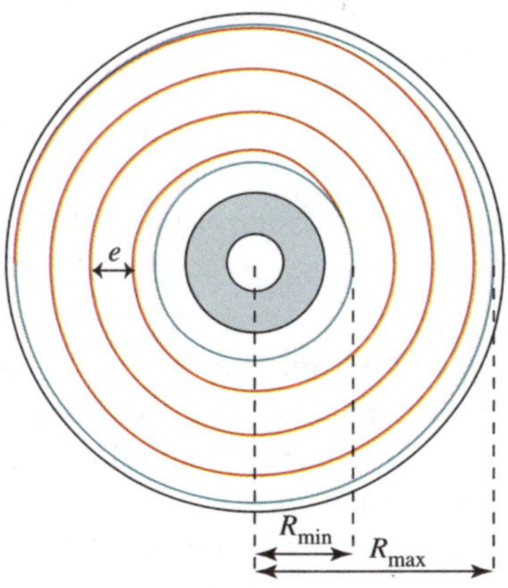

$$L \approx \frac{\pi}{e}\ (R^2_{max} - R^2_{min})$$

Caractéristiques des différents disques optiques

Format	CD	DVD	Blu-ray
Longueur d'onde (nm)	780	650	405
Ouverture numérique (sans dimension)	0,45	0,60	0,85
Écartement des lignes ou pas (µm)	1,6	0,74	0,32

Données :

$1{,}22 \times \dfrac{7{,}8}{4{,}5} = 2{,}1$; $1{,}22 \times \dfrac{4{,}5}{7{,}8} = 0{,}70$; $1{,}22 \times \dfrac{6{,}5}{6{,}0} = 1{,}3$;

$1{,}22 \times \dfrac{8{,}5}{4{,}05} = 2{,}6$; $1{,}22 \times \dfrac{6{,}0}{6{,}5} = 1{,}1$; $1{,}22 \times \dfrac{4{,}05}{8{,}5} = 0{,}58$.

a. Le phénomène de diffraction se manifeste si le diamètre de l'ouverture du laser est supérieur à la longueur d'onde de la radiation.

b. Le diamètre du faisceau laser du Blu-ray est environ égal à 0,58 µm.

c. Quel que soit le format du disque utilisé, le faisceau n'éclaire qu'une seule ligne à la fois.

d. La différence de longueur de piste entre celle du Blu-ray et celle du CD est environ égale à 25 km.

Sujet 53 Corrigé

a. FAUX

Le phénomène de diffraction se manifeste si le diamètre de l'ouverture est de l'ordre de grandeur ou inférieur à la longueur d'onde de la radiation.

b. VRAI

$$d = 1{,}22 \times \frac{\lambda}{\mathrm{ON}}$$

A. N. : $\lambda = 405$ nm $= 4{,}05 \times 10^{-7}$ m ; ON = 0,85 pour un Blu-ray,
d'où : $d = 0{,}58 \times 10^{-6}$ m $= 0{,}58$ µm

c. VRAI

Dans le cas du Blu-ray, on a calculé un diamètre $d = 0{,}58$ µm pour un écartement de lignes de 0,32 µm. Le laser n'éclaire donc qu'une seule ligne à la fois. Même s'il « mord » sur les autres, ces dernières ne sont pas éclairées complètement.

Il en est de même pour le DVD ou le CD.

A. N. : pour le DVD, $\lambda = 650$ nm $= 6{,}50 \times 10^{-7}$ m ; ON = 0,60 ;
d'où : $d = 1{,}3$ µm

Ce diamètre est inférieur au double de l'écartement de 0,74 µm.

A. N. : pour le CD, $\lambda = 780$ nm $= 7{,}80 \times 10^{-7}$ m ; ON $= 0{,}45$;
d'où : $d = 2{,}1$ µm
Ce diamètre est inférieur au double de l'écartement de 1,6 µm.

d. VRAI

La longueur d'une piste est donnée par la relation approchée :

$$L = \frac{\pi}{e}\,(R_{max}^2 - R_{min}^2)$$

On en déduit que la différence de longueur de piste entre celle d'un Blu-ray et celle d'un CD est :

$$L_{Blu\text{-}ray} - L_{CD} = (R_{max}^2 - R_{min}^2)\left(\frac{\pi}{e_{blu\text{-}ray}} - \frac{\pi}{e_{CD}}\right)$$

A. N. : $R_{min} = 2{,}0 \times 10^{-2}$ m ; $R_{max} = 6{,}0 \times 10^{-2}$ m ; $e_{Blu\text{-}ray} = 3{,}2 \times 10^{-7}$ m ; $e_{CD} = 1{,}6 \times 10^{-6}$ m, d'où $L_{Blu\text{-}ray} - L_{CD} = 25 \times 10^3$ m soit 25 km.

10 min

Puissance 11, mai 2017

54 Chute libre

Une balle de masse m est lancée d'une hauteur $h = 1{,}5$ m, avec une vitesse initiale $\vec{v}_0$, inclinée d'un angle α par rapport à l'horizontale, dans le champ de pesanteur terrestre supposé uniforme. On note v_x la composante du vecteur vitesse sur l'axe Ox horizontal, et v_y sa composante sur l'axe Oy vertical orienté vers le haut. L'évolution des deux composantes du vecteur vitesse avec le temps t est représentée sur le graphe ci-contre.

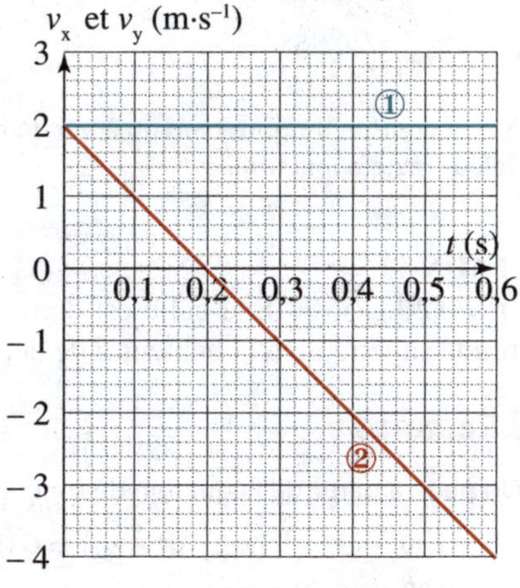

Donnée :
Intensité du champ gravitationnel terrestre : $g = 9{,}8$ m·s^{-2}.

a. La valeur de la vitesse initiale est $v_0 = 4{,}0$ m·s^{-1}.
b. L'angle α est égal à 45°.
c. Au sommet de la trajectoire, la balle a une vitesse nulle.
d. À l'instant $t = 0{,}20$ s, la balle est à nouveau à la hauteur h.

CONCOURS

Sujet 54 Corrigé

a. FAUX

La lecture sur le graphe des ordonnées à l'origine pour v_x et v_y donne $v_{0x} = v_{0y} = 2{,}0\ \text{m·s}^{-1}$.
On en déduit :

$$v_0 = \sqrt{v_{0x}^2 + v_{0y}^2} = \sqrt{8}\ \text{m·s}^{-1}$$

et non 4,0 m·s^{-1} comme proposé.

b. VRAI

L'angle α est défini par sa tangente :

$$\tan\alpha = \frac{v_{0y}}{v_{0x}} = 1$$

soit :

$$\alpha = \text{Arctan}\,1 = 45°$$

c. FAUX

Au sommet, le vecteur vitesse est horizontal, tangent à la trajectoire : $v_y = 0$, mais v_x est non nul.

Remarque

Sur la courbe, on note bien qu'à aucun moment v_x ne s'annule, mais que la valeur reste constante.

d. FAUX

À $t = 0{,}20$ s, $v_y = 0$, la balle est donc au sommet de sa trajectoire, à une altitude supérieure à la hauteur h de départ.

Remarque

On peut, à partir de l'équation du mouvement, répondre à la question :

$$\vec{a}(0, -g) \Rightarrow \vec{v}(v_{0x}, -gt + v_{0y}) \Rightarrow \overrightarrow{OM}\left(x = v_{0x}t,\ y = -\frac{1}{2}gt^2 + v_{0y}t + h\right)$$

À $t = 0{,}20$ s, $v_y = 0$ donc :

$$t = \frac{v_{0y}}{g}$$

et en remplaçant dans l'expression de y, on trouve :

$$y = \frac{v_{0y}^2}{g} + h \neq h$$

Puissance 11, mai 2017

55 Le spectrophotomètre

10 min

Un spectrophotomètre est un appareil qui permet de mesurer l'absorbance d'une solution homogène à une longueur d'onde donnée. La lumière est un « outil » précieux en chimie analytique. En effet, toute espèce chimique est susceptible d'interagir avec des radiations lumineuses. Par exemple, le colorant bleu patenté E131 présente dans son spectre d'absorption une absorbance maximum pour un faisceau de longueur d'onde $\lambda = 660$ nm.

Données :

- constante de Planck : $h \approx 6{,}6 \times 10^{-34}$ J·s ;
- célérité de la lumière dans le vide : $c \approx 3{,}0 \times 10^{8}$ m·s^{-1} ;
- électronvolt 1 eV $\approx 1{,}6 \times 10^{-19}$ J.

Le diagramme simplifié des niveaux d'énergie de l'atome X considéré est donné ci-après :

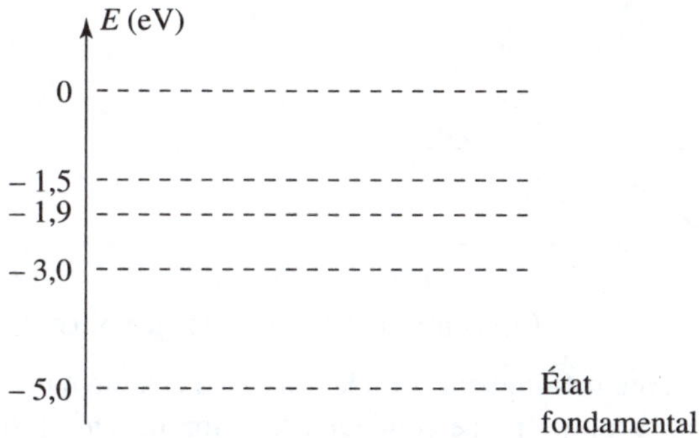

a. Lors d'une désexcitation, un atome X émettant la radiation de longueur d'onde $\lambda = 660$ nm perd une énergie environ égale à 1,9 eV.

L'atome X reçoit dans son état fondamental une radiation dont le quantum d'énergie vaut 3,0 eV.

b. La radiation reçue n'est pas absorbée par l'atome X.

Le colorant bleu patenté E131 est utilisé dans l'industrie alimentaire. On choisit la spectrophotométrie pour savoir si un enfant de 50 kg peut consommer deux paquets de bonbons sans dépasser la dose journalière admissible (DJA) en colorant E131 qui colore ces bonbons. L'unité de la DJA est le mg par kg de masse corporelle et par jour.

Colorant	DJA (mg/kg/jour)	Masse molaire du colorant (g·mol^{-1})
Bleu patenté E131	2,5	1 160

CONCOURS

Pour effectuer ce dosage par spectrophotométrie, on extrait le colorant d'un bonbon en mettant ce dernier dans un bécher avec 20 mL d'eau distillée sur la plaque d'un agitateur magnétique chauffant. On transvase la solution obtenue dans une fiole jaugée de 50 mL et on complète avec de l'eau jusqu'au trait de jauge. Afin d'obtenir une courbe d'étalonnage, on mesure l'absorbance de 5 échantillons de concentration en colorant connue à la longueur d'onde $\lambda = 660$ nm et on trace la courbe ci-dessous.

Évolution de l'absorbance *A* en fonction de la concentration en E131

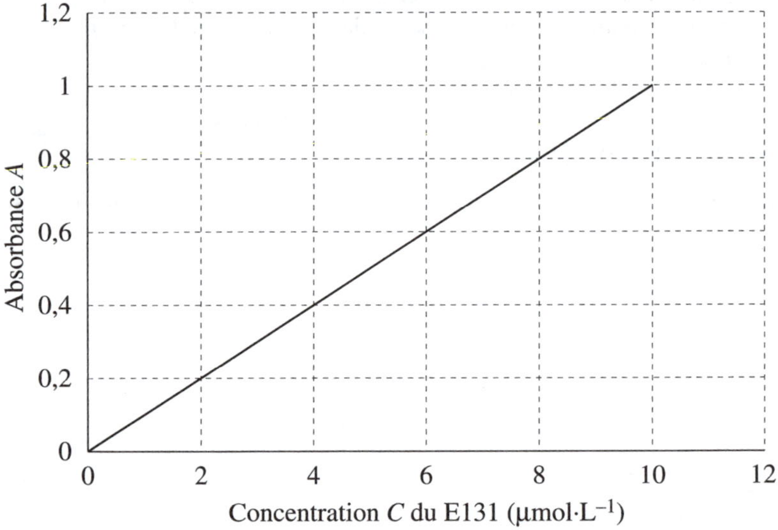

Toujours à la même longueur d'onde, on place ensuite dans le spectrophotomètre la solution préparée contenant le colorant. On mesure une absorbance $A = 0{,}80$.

c. La masse de colorant dans l'échantillon est environ égale à 4,6 mg.

d. La dose journalière admissible n'est pas dépassée si l'enfant de 50 kg mange deux paquets de 50 bonbons par jour.

Sujet 55 Corrigé

a. VRAI

On a $E = h\dfrac{c}{\lambda} = \dfrac{6{,}6\times10^{-34}\times3{,}0\times10^{8}}{660\times10^{-9}} = 3{,}0\times10^{-19}$ J.

En divisant par la valeur d'un électronvolt, on obtient bien $E = 1{,}9$ eV.

b. VRAI

La radiation reçue n'est pas absorbée, car le quantum d'énergie ne correspond à aucune énergie de transition, c'est-à-dire à aucune différence de niveaux d'énergie du diagramme proposé.

c. FAUX

La lecture de la courbe de l'évolution de l'absorbance en fonction de la concentration permet d'obtenir la concentration en colorant d'une solution d'absorbance 0,80 :

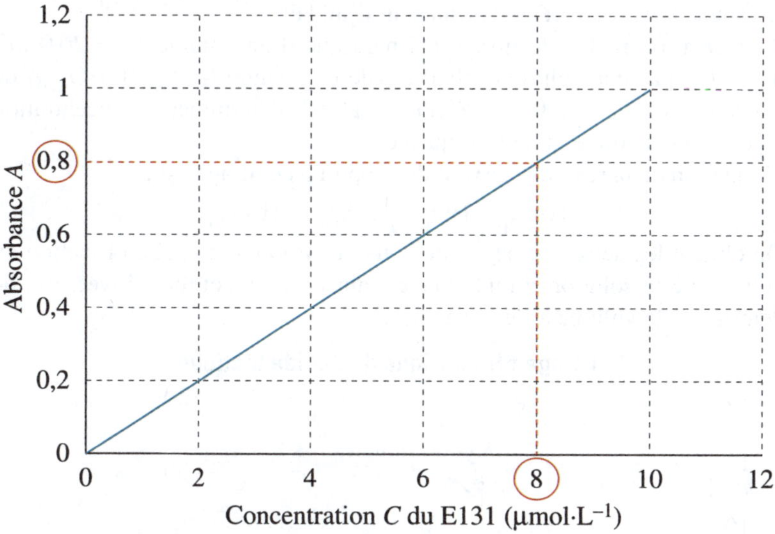

La masse de colorant m est alors :

$$m = cVM$$

avec c la concentration en colorant lue sur le graphe, V le volume de la solution obtenue et M la masse molaire du colorant.

A. N. : $c = 8$ µmol/L $= 8 \times 10^{-6}$ mol·L^{-1}; $V = 50$ mL $= 5{,}0 \times 10^{-2}$ L ; $M = 1\,160$ g·mol^{-1},

d'où :

$$m = 4{,}6 \times 10^{-4} \text{ g}$$

soit 0,46 mg et non 4,6 mg proposé.

d. VRAI

Deux paquets de 50 bonbons par jour correspondent à 100 bonbons consommés par jour. La masse de colorant bleu patenté consommée est ainsi de $100 \times 4{,}6 \times 10^{-4}$ g, soit $4{,}6 \times 10^{-2}$ g par jour pour cet enfant de 50 kg.

Cela correspond alors à $4{,}6 \times 10^{-2}$ g/50 kg, soit 0,92 mg/kg/jour, ce qui est inférieur à la DJA de 2,5 mg/kg/jour.

Puissance 11, mai 2017

10 min

56 L'acidité d'un lait

Le lait est très légèrement acide (pH voisin de 6,6). La surveillance de l'acidité est un moyen de surveiller l'état de fraîcheur d'un lait. En effet, le lait frais ne contient pas d'acide lactique, mais au cours du temps, une partie du lactose qu'il contient se transforme en acide lactique de formule $C_3H_6O_3$. Ainsi, l'acidité augmente quand le lait est moins frais.

On souhaite vérifier l'état de fraîcheur d'un lait.

Pour cela, on réalise le titrage pH-métrique d'un volume V_a = 20,0 mL de ce lait par une solution d'hydroxyde de sodium ($Na^+_{(aq)} + HO^-_{(aq)}$) de concentration $C_b = 5{,}00 \times 10^{-2}$ mol·L^{-1} afin de déterminer la concentration C_a en acide lactique, noté HA, qu'il contient.

L'équation de la réaction servant de support à ce titrage est :

$$HA_{(aq)} + HO^-_{(aq)} \rightarrow A^-_{(aq)} + H_2O_{(\ell)}$$

On obtient les deux courbes ci-dessous : l'évolution du pH en fonction du volume de la solution titrante versée, ainsi que la courbe dérivée afin de déterminer le volume à l'équivalence.

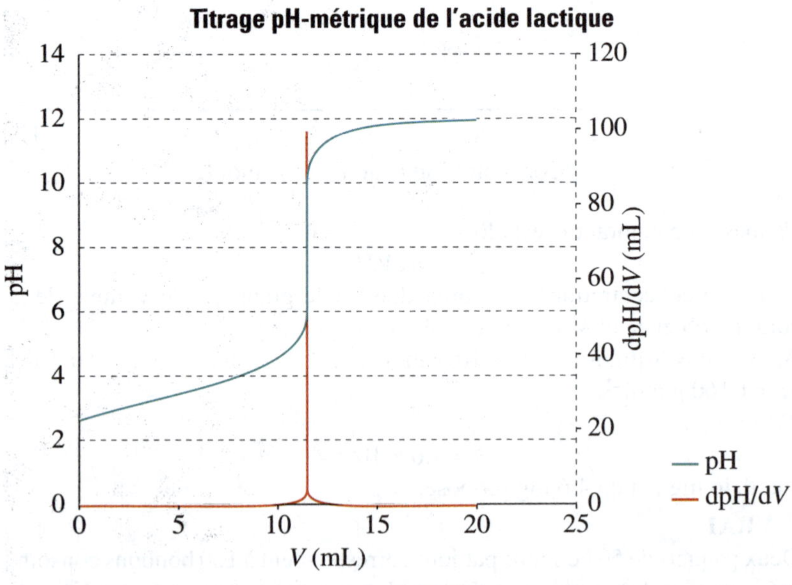

a. La transformation servant de support à ce titrage doit être limitée.

b. À l'équivalence, tout l'acide lactique initialement présent a été consommé par les ions hydroxyde.

c. La concentration C_a en acide lactique dans ce lait est égale à $3{,}0 \times 10^{-1}$ mol·L^{-1}.

Par convention, l'acidité d'un lait s'exprime en degrés Dornic, notés °D : 1 °D correspond à la présence de 0,10 g d'acide lactique dans un litre de lait. Un lait est considéré comme frais si son acidité est inférieure à 18 °D.

d. Le lait dosé est frais.

Sujet 56 Corrigé

a. FAUX
Une transformation servant de support de titrage doit être totale (donc non limitée), unique et rapide.

b. VRAI
À l'équivalence, tout le réactif titré a été consommé par le réactif titrant. C'est une définition de l'équivalence.

c. FAUX
La courbe de titrage permet de repérer le volume de soude versé à l'équivalence : il correspond au volume du pic de la dérivée du pH en fonction du volume V versé.

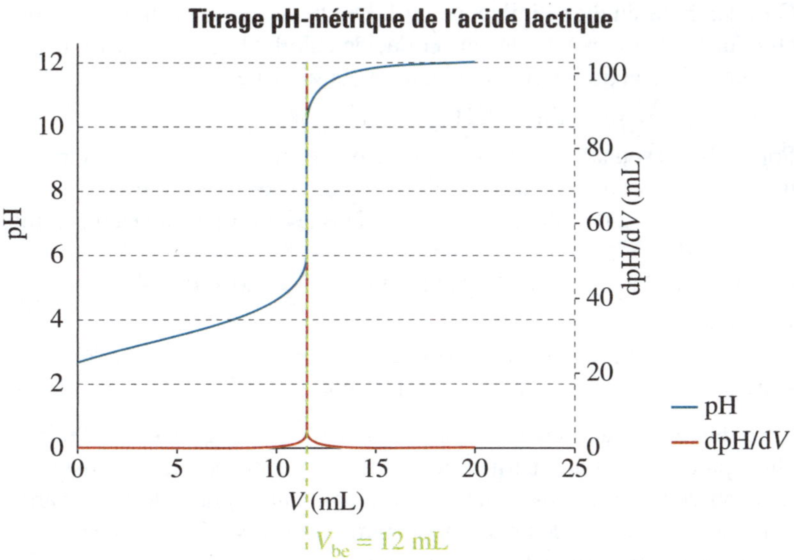

Un tableau d'évolution de la transformation support du titrage permettrait d'établir la relation à l'équivalence :

$$C_a V_a = C_b V_{be}$$

soit :

$$C_a = \frac{C_b V_{be}}{V_a}$$

A. N. : $V_a = 20 \times 10^{-3}$ L ; $V_{be} = 12 \times 10^{-3}$ L ; $C_b = 5{,}00 \times 10^{-2}$ mol·L^{-1}, d'où :

$$C_a = 3{,}0 \times 10^{-2} \text{ mol·L}^{-1}$$

et non $3{,}0 \times 10^{-1}$ mol·L^{-1} comme proposé.

d. FAUX

La concentration massique en acide lactique du lait est :

$$C_m = C_a M$$

avec M la masse molaire moléculaire de l'acide lactique.

A. N. : $C_a = 3{,}0 \times 10^{-2}$ mol·L^{-1} ; $M = M(C_3H_6O_3) = 90$ g·mol^{-1}, d'où :

$$C_m = 2{,}7 \text{ g·L}^{-1}$$

ce qui correspond à 27 °D, largement supérieur au seuil de 18 °D. Le lait n'est donc pas frais.

10 min

Puissance 11, mai 2017

57 Catalyse dans un bain-marie

On cherche à étudier l'influence de la température sur la transformation chimique ayant lieu entre le zinc et l'acide chlorhydrique ($H^+_{(aq)} + Cl^-_{(aq)}$).

L'équation de la transformation totale est la suivante :

$$Zn_{(s)} + 2H^+_{(aq)} \rightarrow Zn^{2+}_{(aq)} + H_{2(g)}$$

Pour cela, on souhaite laisser une moitié du mélange réactionnel à température ambiante et placer l'autre moitié dans un bain-marie à 50 °C.

Un volume $V = 2{,}0$ L d'eau est introduit dans le bain-marie à la température ambiante de 20 °C.

La puissance de la résistance chauffante vaut $P = 2{,}0 \times 10^3$ W.

Données :

- capacité thermique massique de l'eau : $C_{eau} \approx 4 \times 10^3$ J·K^{-1}·kg^{-1} ;
- masse volumique de l'eau : $\rho_{eau} \approx 1{,}0$ kg·L^{-1}.

a. La durée de chauffage pour atteindre les 50 °C est égale à $\Delta t = 2$ min.

Un capteur de pression permet de suivre l'évolution des deux transformations au cours du temps (à température ambiante et dans le bain-marie). À l'aide des mesures de pression, on a tracé ci-après l'évolution de l'avancement x au cours du temps à température ambiante.

Avancement x de la réaction en fonction du temps

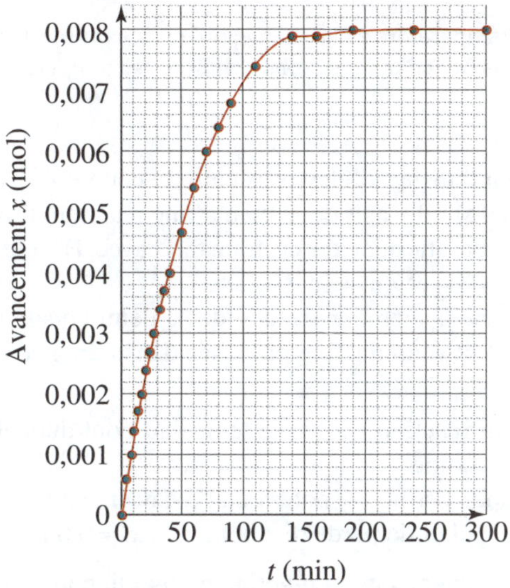

b. La réaction entre le zinc et l'acide chlorhydrique est une réaction d'oxydoréduction.

c. Le temps de demi-réaction $t_{1/2}$ à température ambiante est environ égal à 40 min.

d. À la température de 50 °C, l'avancement $x(t_{1/2})$ est supérieur à :

$$4{,}0 \times 10^{-3} \text{ mol}$$

Sujet 57 Corrigé

a. VRAI

On suppose que la résistance sert entièrement à faire chauffer l'eau. L'énergie fournie par la résistance $P\Delta t$ est totalement transférée à l'eau pour la chauffer. L'eau reçoit donc une énergie :

$$\Delta U = C_{eau} m_{eau} \Delta T = C_{eau} \rho_{eau} V \Delta T$$

On en déduit que $\Delta U = P\Delta t = C_{eau}\rho_{eau}V\Delta T$, soit une durée de chauffage de :

$$\Delta t = \frac{C_{eau}\rho_{eau}V\Delta T}{P}$$

A. N. : $C_{eau} = 4 \times 10^3$ J·K^{-1}·kg^{-1} ; $\rho_{eau} = 1{,}0$ kg·L^{-1} ; $V = 2{,}0$ L ; $\Delta T = 50 - 20 = 30$ °C $= 30$ K ; $P = 2{,}0 \times 10^3$ W,

d'où : $$\Delta t = 120 \text{ s} = 2 \text{ min}$$

CONCOURS

Remarque

La variation de température est la même, qu'elle s'exprime en degrés Celsius (°C) ou en kelvins (K), ce qui n'est pas vrai pour les températures.

b. VRAI

La réaction est un transfert d'électrons entre le couple $Zn^{2+}(aq)/Zn(s)$ et le couple $H^+(aq)/H_2(g)$: il s'agit donc bien d'une réaction d'oxydoréduction. Les demi-équations attestent de ce transfert, avec H^+ plus oxydant que Zn^{2+} : $2H^+ + 2e^- = H_2$ et $Zn = Zn^{2+} + 2e^-$.

L'addition membre à membre de ces deux demi-équations donne bien l'équation bilan d'oxydoréduction proposée dans l'énoncé.

c. VRAI

Le temps de demi-réaction $t_{1/2}$ est le temps au bout duquel l'avancement final est réduit de moitié.

L'analyse du graphe permet de noter que l'avancement final de la réaction, correspondant au palier de fin de réaction, vaut $x_f = 0{,}008$ mol.

Avancement x de la réaction en fonction du temps

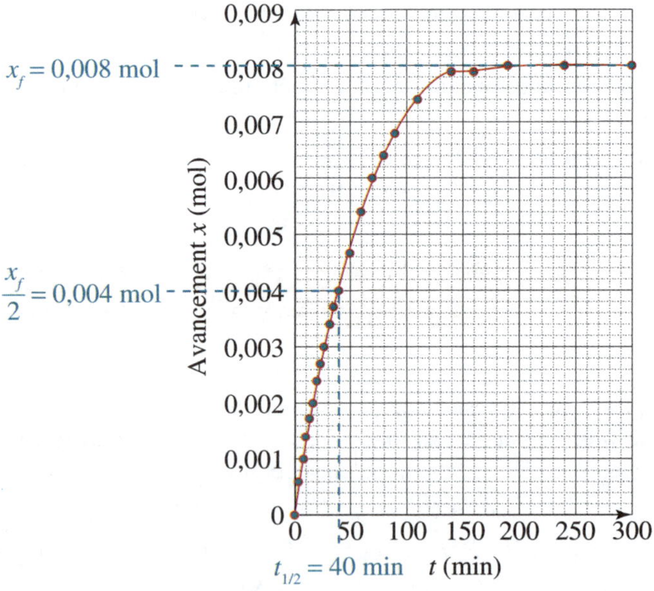

Le temps de demi-réaction $t_{1/2}$ est l'abscisse du point de la courbe d'ordonnée $x = \frac{x_f}{2} = 0{,}004$ mol.

La lecture directe permet d'obtenir $t_{1/2} = 40$ min.

d. FAUX

La courbe proposée est celle de l'évolution de l'avancement à $T = 20$ °C. La température est un facteur cinétique, donc la transformation est plus rapide à 50 °C qu'à la température ambiante de 20 °C. Le palier sera inchangé, mais atteint plus tôt à 50 °C qu'à 20 °C. Cela signifie que les temps de demi-réaction sont différents, mais que l'avancement $x(t_{1/2})$ reste inchangé.

Remarque

La réaction est plus rapide à 50 °C qu'à 20 °C. Les temps de demi-réaction sont différents : $t_{1/2}$ (50 °C) < $t_{1/2}$ (20 °C).

Puissance 11, mai 2017

10 min

58 Chute dans un fluide visqueux

La chute verticale d'une bille lâchée sans vitesse initiale dans un fluide visqueux est enregistrée par une webcam (voir **figure 1**). Par traitement informatique des données, on représente :

- sur la **figure 2** : l'évolution de la vitesse V_G du centre d'inertie de la bille ;
- sur la **figure 3** : l'évolution des énergies cinétique (E_c), potentielle de pesanteur (E_p) et mécanique (E_m) en fonction du temps.

Figure 1

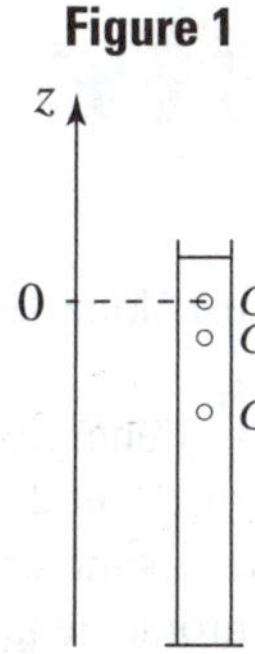

Figure 2 : Vitesse du centre d'inertie de la bille V_G en fonction du temps

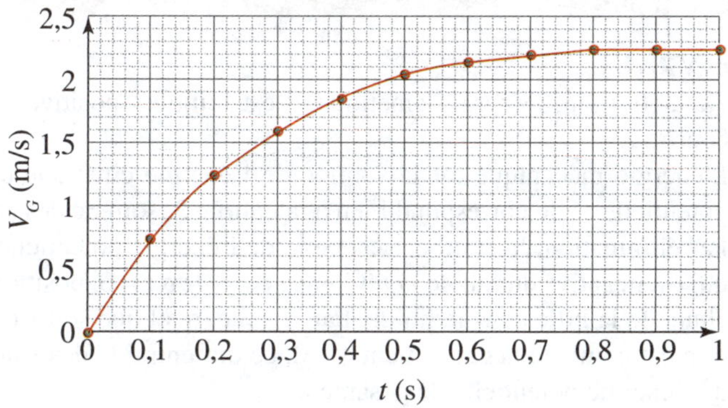

CONCOURS

Figure 3

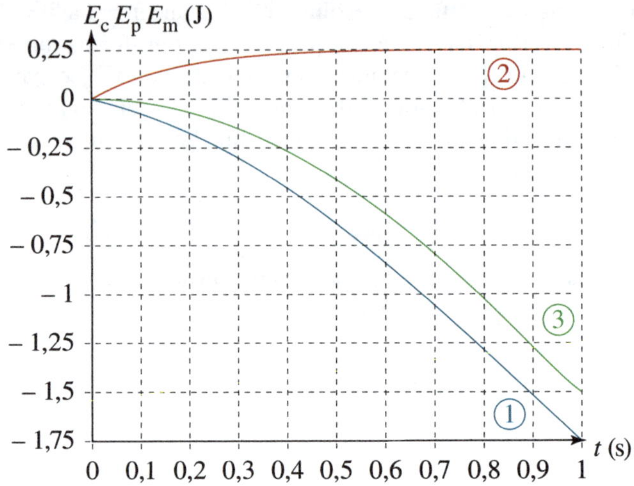

a. Les courbes associées à leurs énergies respectives sont :

Courbe 1	Courbe 2	Courbe 3
E_p	E_c	E_m

b. La masse de la bille est environ égale à 100 g.

c. Après une durée de chute de 0,8 s, les forces agissant sur la bille se compensent.

d. Entre 0,7 s et 0,8 s, le travail des forces de frottements est égal à – 0,25 J.

Sujet 58 Corrigé

a. VRAI

Par définition, l'énergie cinétique *P* est toujours positive : c'est donc la courbe 2.

L'énergie mécanique est la somme de l'énergie cinétique et de l'énergie potentielle : elle correspond bien à la courbe 3, somme des courbes 1 et 2.

Par élimination, la courbe 1 est celle de l'énergie potentielle de pesanteur qui est négative du fait de la référence $E_p = 0$ en $z = 0$, position initiale de la chute de la bille dans le fluide. Par la suite, quel que soit l'instant, la position est comptée négativement $z < 0$, ce qui entraîne des valeurs négatives de l'énergie potentielle de pesanteur.

b. VRAI

La **figure 2** permet d'obtenir par lecture directe la valeur de la vitesse limite $v_\ell = 2{,}25\ \text{m·s}^{-1}$.

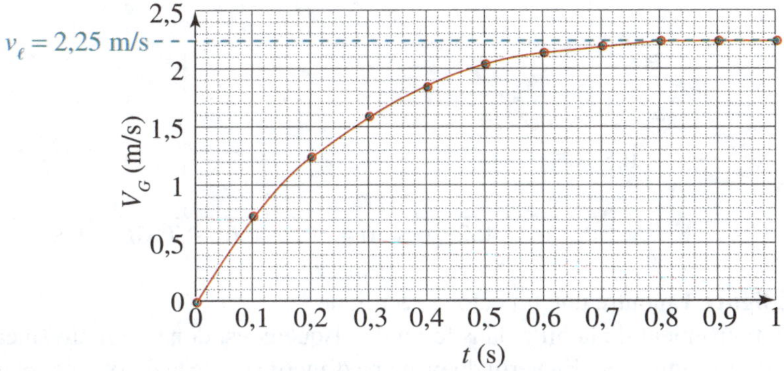

La **figure 3** donne la valeur de l'énergie cinétique correspondant à cette vitesse limite, c'est-à-dire au moment du palier : $E_c\,(v_\ell) = 0{,}25$ J.

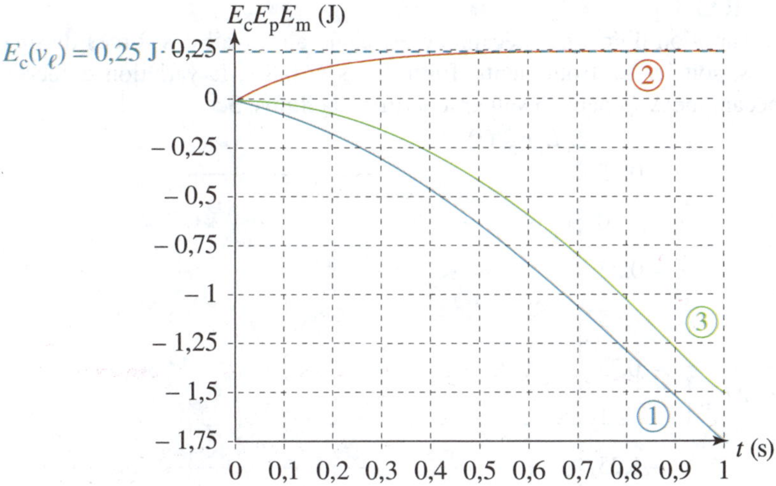

Or $E_c(v_\ell) = \dfrac{1}{2} m v_\ell^2$ soit $m = \dfrac{2E_c(v_\ell)}{v_\ell^2}$.

A. N. : $E_c(v_\ell) = 0{,}25$ J ; $v_\ell = 2{,}25\ \text{m·s}^{-1}$, d'où $m = 0{,}10$ kg, soit 100 g si l'on ne tient pas compte de la précision.

c. VRAI

La **figure 2** montre qu'après une durée de chute de 0,8 s, l'énergie cinétique est constante, le palier est atteint. La vitesse est donc constante et vaut la vitesse limite de $2{,}25\ \text{m·s}^{-1}$.

Vitesse du centre d'inertie de la bille V_G en fonction du temps

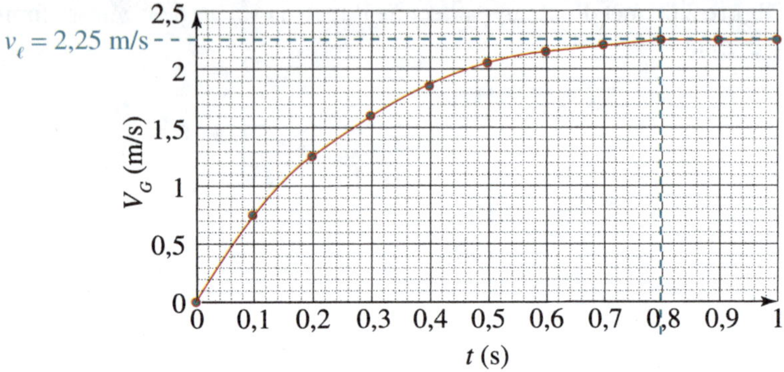

La **figure 1** montre une trajectoire rectiligne.

Le mouvement de la bille dans le fluide visqueux est donc un mouvement rectiligne uniforme. En vertu du principe d'inertie ou de la deuxième loi de Newton, l'accélération est nulle et la résultante des forces l'est donc aussi. Les forces agissant sur la bille se compensent.

d. VRAI

La variation d'énergie mécanique est égale au travail des forces dissipatives, soit ici les frottements. Entre 0,7 s et 0,8 s, la variation d'énergie mécanique ΔE_m peut s'évaluer à partir de la **figure 3** :

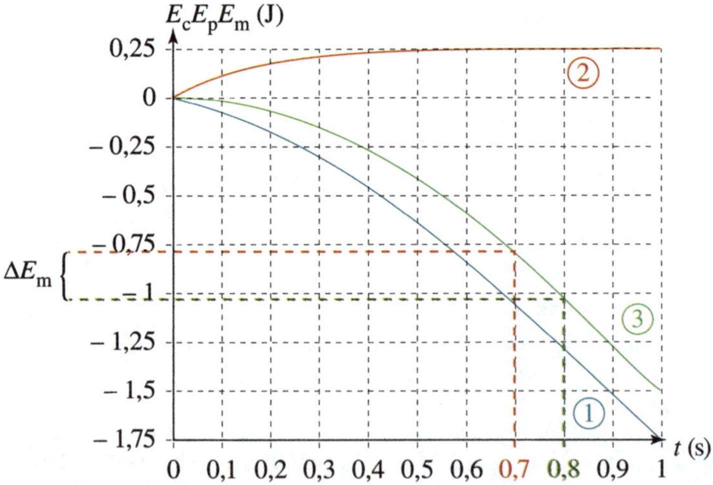

La valeur absolue de ΔE_m correspond sur la **figure 3** à une division verticale du graphe, soit à une valeur de 0,25 J. En revanche, entre 0,7 s et 0,8 s, la variation d'énergie mécanique est négative : l'énergie mécanique diminue. On en déduit donc que $\Delta E_m = -0{,}25$ J, ce qui correspond aussi au travail des forces de frottements.

10 min

Puissance 11, mai 2017

59 Synthèse du bénorilate

Le Salipran® est un médicament diantalgique utilisé notamment contre la douleur. Son principe actif est le bénorilate, ester obtenu à partir de l'aspirine et du paracétamol. C'est le seul produit organique obtenu lors de cette réaction, dont le rendement est inférieur à 100 %.

(D'après le sujet de Physique-Chimie – Amérique du Sud -Bac S – 2010)

Nom	Paracétamol	Aspirine	Bénoritate	Acide salicylique
Formule topologique	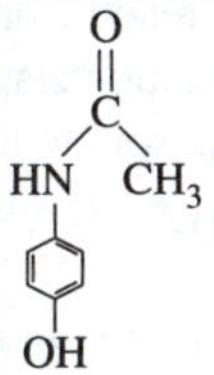	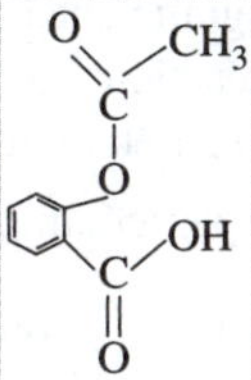	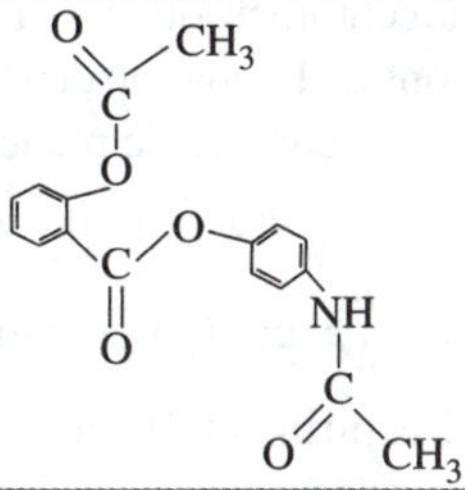	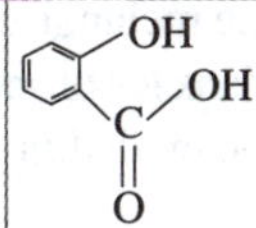
Formule brute	$C_8H_9O_2N$	$C_9H_8O_4$	$C_{17}H_{15}O_5N$	$C_7H_6O_3$
Masse molaire ($g{\cdot}mol^{-1}$)	151	180	313	138
Propriété	Antalgique	Antalgique	Diantalgique	Antalgique
Température de fusion	169 °C	135 °C	178 °C	158 °C
Température d'ébullition	> 500 °C			211 °C

a. L'acide salicylique est liquide à température ambiante.

b. La réaction de synthèse du bénorilate n'est pas une réaction sélective.

On introduit dans un ballon un mélange stœchiométrique d'aspirine (masse m_1 = 36,0 g) et de paracétamol (masse m_2) et l'on y ajoute quelques gouttes d'acide sulfurique concentré (catalyseur de la réaction). On chauffe à reflux pendant 30 minutes. Après ce chauffage, on sépare le bénorilate et on le purifie par une méthode appropriée. Après séchage, on obtient une masse m_3 de bénorilate égale à 31,3 g.

c. La masse m_2 est égale à 30,2 g.

d. Le rendement de la réaction est environ égal à 60 %.

Sujet 59 Corrigé

a. FAUX
La température de fusion de l'acide salicylique est de 158 °C, soit très au-dessus de la température ambiante. L'acide salicylique est donc solide et non liquide.

b. FAUX
La réaction de synthèse du bénorilate est une réaction sélective : le bénorilate est « le seul produit organique lors de cette réaction ».

c. VRAI
Le mélange est stœchiométrique : cela signifie que les réactifs ont été introduits dans les proportions de l'équation de la réaction. La réaction étant mole à mole, on en déduit que les quantités de matière à l'état initial sont telles que :

$$n(\text{aspirine}) = n(\text{paracétamol})$$

avec $n(\text{aspirine}) = \frac{m_1}{M_1}$ et $n(\text{paracétamol}) = \frac{m_2}{M_2}$ où M_1 est la masse molaire moléculaire de l'aspirine et M_2 celle du paracétamol.
L'égalité des quantités de matière des réactifs à l'état initial se traduit par la relation :

$$\frac{m_1}{M_1} = \frac{m_2}{M_2}$$

On en déduit la masse de paracétamol à introduire à l'état initial :

$$m_2 = \frac{m_1}{M_1} \times M_2$$

A. N. : $m_1 = 36{,}0$ g ; $M_1 = 180$ g·mol^{-1} ; $M_2 = 151$ g·mol^{-1},
d'où :

$$m_2 = 30{,}2 \text{ g}$$

d. FAUX
L'équation de la réaction est, de manière simplifiée :

$$\text{aspirine} + \text{paracétamol} = \text{bénorilate} + \text{eau}$$

Un tableau d'évolution de la réaction montre que la quantité d'ester formé théoriquement $n_{\text{théo}}$, c'est-à-dire si l'on considère la réaction comme totale, est égale à celle n_0 de l'un ou l'autre des réactifs introduits dans les proportions stœchiométriques.

		Aspirine	+ Paracétamol =	Bénorilate	+ Eau
État	**Avancement**	**Quantité de matière**			
E.I.	$x = 0$	n_0	n_0	0	/
E.C.	x	$n_0 - x$	$n_0 - x$	x	/
E.F.	$x = x_{max} = n_0$	$n_0 - x_{max} = 0$	$n_0 - x_{max} = 0$	$x_{max} = n_0$	/

Dans ce tableau, on a : $n_0 = \dfrac{m_1}{M_1} = \dfrac{m_2}{M_2}$.

A. N. : $m_1 = 36{,}0$ g ; $M_1 = 180$ g·mol^{-1} ou $M_2 = 151$ g·mol^{-1} ; $m_2 = 30{,}2$ g
d'où :
$$n_0 = 0{,}2 \text{ mol}$$
La masse de bénorilate théorique est :
$$m_{\text{théo}} = n_{\text{théo}} M_3 = n_0 M_3$$
avec M_3 la masse molaire moléculaire de l'ester.

A. N. : $n_0 = 0{,}2$ mol ; $M_3 = 313$ g·mol^{-1},
d'où :
$$m_{\text{théo}} = 62{,}3 \text{ g}$$
Le rendement r de la réaction est le rapport entre la masse expérimentalement obtenue et la masse théorique. C'est une grandeur sans unité que l'on peut exprimer en pourcentage.
$$r = \frac{m_3}{m_{\text{théo}}}$$
A. N. : $m_{\text{théo}} = 62{,}3$ g ; $m_3 = 31{,}3$ g,
d'où :
$$r = 0{,}50$$
soit un rendement de 50 % et non de 60 % comme proposé.

10 min

Puissance 11, mai 2017

60 Transmission d'un signal par fibre optique

Avant d'implanter un réseau de fibres optiques dans une agglomération, des tests sont effectués. L'atténuation de puissance subie par le signal transmis caractérise la qualité de la transmission. On réalise ainsi différentes mesures afin de sélectionner la longueur d'onde du faisceau la mieux adaptée.

Données :

- l'atténuation est donnée par la relation :
$$A(\text{dB}) = 10 \times \log\left(\frac{P_{\text{émise}}}{P_{\text{reçue}}}\right)$$
- $\log(2) \approx 0{,}3$.

a. Pour une puissance reçue correspondant à 1 % de la puissance émise, l'atténuation serait $A = 10$ dB.

Lors d'une mesure effectuée entre deux points distants de 6 km, on constate que l'atténuation est de $A = 1{,}2$ dB.

b. Avec un laser de longueur d'onde $\lambda = 1{,}4$ µm, l'atténuation entre les deux points serait inférieure à 1,2 dB.

c. La longueur d'onde de la lumière laser utilisée lors de la mesure est environ égale à 1,55 µm.

d. Après 6 km, la puissance reçue représente 80 % de la puissance émise.

Atténuation linéique α en fonction de la longueur d'onde

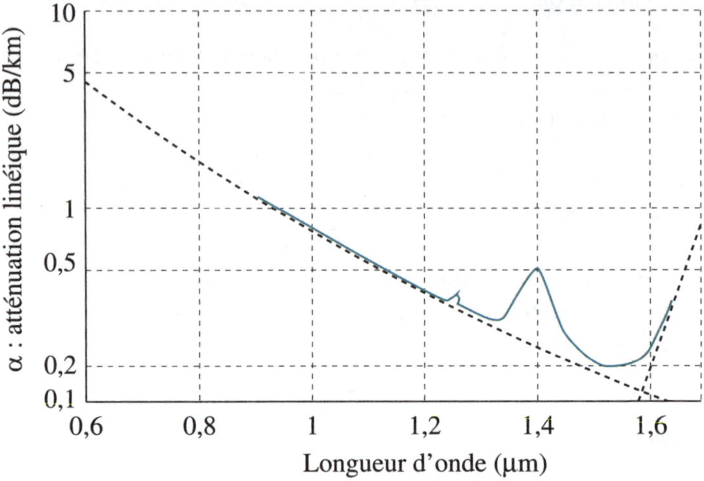

Sujet 60 Corrigé

a. FAUX

La puissance reçue correspond à 0,01 % de la puissance émise donc :

$$\frac{P_{\text{émise}}}{P_{\text{reçue}}} = \frac{P_{\text{émise}}}{0{,}001 \times P_{\text{émise}}} = 100$$

On en déduit alors l'atténuation : $A = 10 \times \log\left(\frac{P_{\text{émise}}}{P_{\text{reçue}}}\right) = 10 \times \log 100$, soit A = 20 dB et non 10 dB comme proposé.

b. FAUX

La lecture de la courbe de l'atténuation linéique en fonction de la longueur d'onde montre que pour une longueur d'onde λ = 1,4 µm, l'atténuation linéique est de α = 0,5 dB/km.

Or l'atténuation A est telle que :

$$A = \alpha d$$

avec d la distance entre deux points d'une mesure.

A. N. : α = 0,5 dB/km ; d = 6 km,

d'où : A = 3 dB, supérieure à 1,2 dB

Atténuation linéique α en fonction de la longueur d'onde

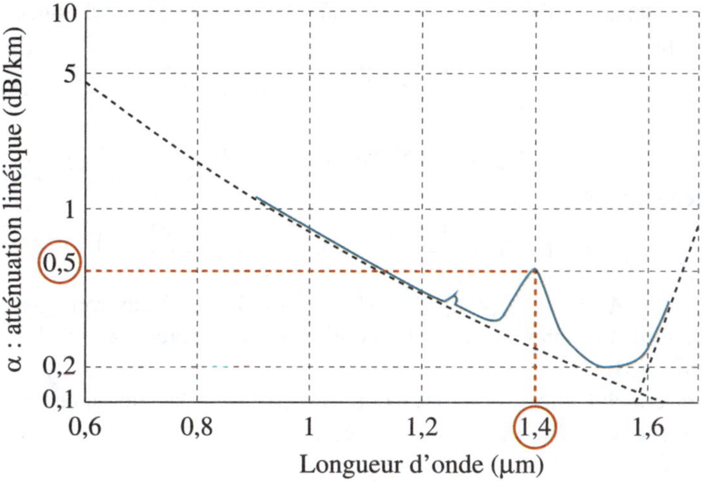

c. VRAI

Lors de la mesure de l'atténuation A sur une distance d, l'atténuation linéique α se calcule comme précédemment :

$$\alpha = \frac{A}{d}$$

A. N. : $A = 1{,}2$ dB ; $d = 6$ km,

d'où : $$\alpha = 0{,}2 \text{ dB/km}$$

En utilisant le graphe de l'atténuation linéique en fonction de la longueur d'onde, on peut constater que α = 0,2 dB/km correspond bien à une longueur d'onde de λ = 1,55 µm.

Atténuation linéique α en fonction de la longueur d'onde

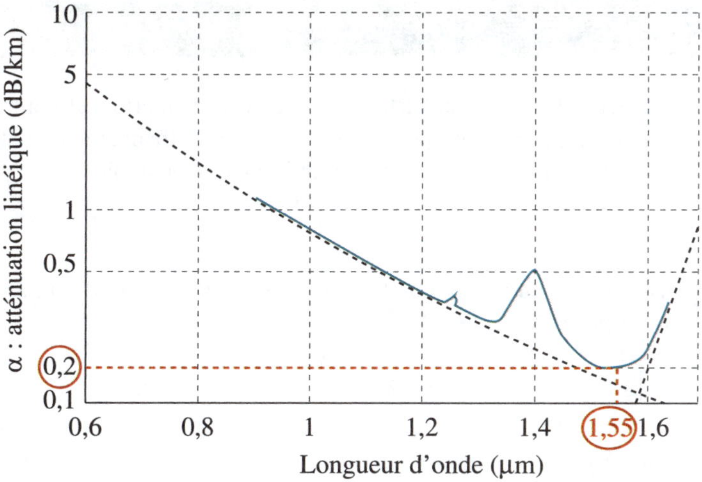

CONCOURS

d. FAUX

Supposons que l'affirmation **d.** soit vraie. Dans ce cas, les puissances sont telles que :

$$P_{\text{reçue}} = 0{,}80 \times P_{\text{émise}}$$

ou encore : $$\frac{P_{\text{émise}}}{P_{\text{reçue}}} = \frac{P_{\text{émise}}}{0{,}80 \times P_{\text{émise}}} = \frac{1}{0{,}80} = \frac{10}{8}$$

L'atténuation A est alors :

$$A = 10 \times \log\left(\frac{10}{8{,}0}\right) = 10 \times \log(10) - 10 \times \log\left(2^3\right)$$

soit : $A = 10 - 30 \times \log(2) = 10 - 30 \times 0{,}3 = 1$ dB environ

Or l'atténuation mesurée dans les conditions de l'exercice est de 1,2 dB et non de 1 dB.

On en conclut que l'hypothèse faite est erronée : la puissance reçue ne représente pas 80 % de la puissance émise.

Remarque

Le calcul exact permet d'affirmer que la puissance reçue représente 76 % de la puissance émise, ce qui n'est pas très éloigné de la proposition **d**.

10 min

Puissance 11, mai 2017

61 L'essence de lavande

L'essence naturelle de lavande, très utilisée en parfumerie, est composée d'environ 200 espèces chimiques dont le linalol et l'éthanoate de linalyle.
La formule topologique du linalol est représentée ci-dessous :

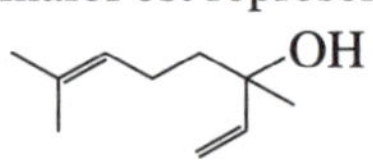

La déshydratation du linalol conduit à la formation d'eau et d'un mélange de trois composés A, B et C.

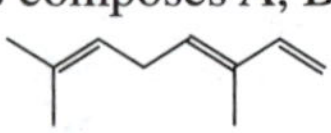

A

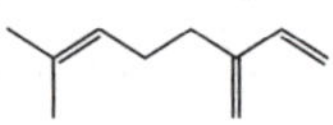

B

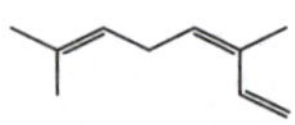

C

a. La réaction de déshydratation est une élimination.

b. A et C sont des diastéréoisomères.

À partir de chacune des molécules A, B et C, l'addition de dihydrogène à haute température et en présence d'un catalyseur conduit au même composé D ne comportant que des liaisons simples.

c. Le composé D est le 2,6-diméthyloctane.

Une masse *m* d'éthanoate de linalyle peut être synthétisée à partir de 0,50 mol de linalol et 0,20 mol d'anhydride éthanoïque par une réaction d'estérification totale dont l'équation chimique est présentée ci-dessous :

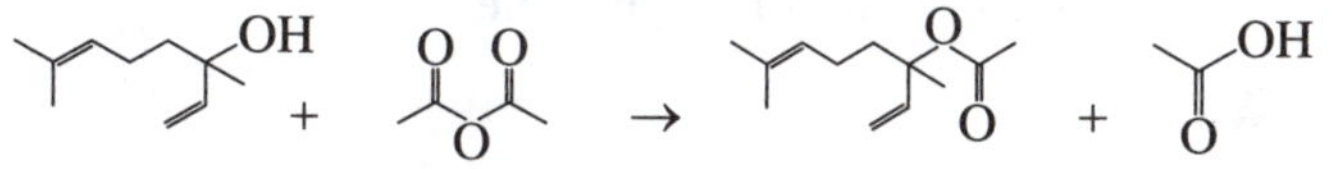

d. La masse d'éthanoate de linalyle obtenue est égale à 39,2 g.

Sujet 61 Corrigé

a. VRAI

La réaction de déshydratation conduit à la formation d'eau en plus du composé A, B ou C suivant le cas. Une molécule d'eau est donc « éliminée » : il s'agit bien d'une élimination.

b. VRAI

A et C sont des diastéréoisomères Z/E : le composé A est l'isomère (E) et le composé C l'isomère (Z).

A C

Remarque

L'isomère (Z) possède ses groupements majoritaires (en rouge dans les formules topologiques ci-dessus) du même côté de la double liaison (en pointillés), alors que l'isomère (E) possède ses groupements majoritaires de part et d'autre de la double liaison.

c. VRAI

Le composé D est le résultat d'addition de dihydrogène sur A, B ou C : le composé D est donc un alcane.

Sa formule topologique est alors :

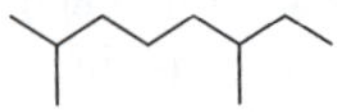

La formule semi-développée correspondante est :

$$CH_3 - \underset{\displaystyle CH_3}{\underset{|}{CH}} - (CH_2)_3 - \underset{\displaystyle CH_3}{\underset{|}{CH}} - CH_2 - CH_3$$

Le composé D est bien le **2,6-diméthyloctane.**

Remarque

Le composé D a une chaîne principale de 8 atomes de carbone (chaîne horizontale ci-avant) que l'on numérote de la gauche vers la droite. Deux ramifications méthyl sont rattachées au carbone 2 et au carbone 6.

d. VRAI

Le tableau d'évolution de la réaction est :

		Linalol	+ Anhydride éthanoïque	→ Éthanoate de linalyle	+ Acide éthanoïque
État	**Avancement**	**Quantité de matière (en mol)**			
E.I.	$x = 0$	0,50	0,20	0	0
E.C.	x	$0,50 - x$	$0,20 - x$	x	x
E.F.	$x = x_{max}$	$0,50 - x_{max}$	$0,20 - x_{max}$	x_{max}	x_{max}

L'anhydride éthanoïque est le réactif limitant :

$$0,20 - x_{max} = 0 \text{ et } x_{max} = 0,20 \text{ mol}$$

La quantité d'ester produit est donc : $n(\text{ester}) = x_{max} = 0,20$ mol.

La masse d'ester s'écrit $m(\text{ester}) = n(\text{ester}) \times M(\text{ester})$ avec $M(\text{ester})$ la masse molaire moléculaire de l'éthanoate de linalyle de formule $C_{12}H_{20}O_2$.

A. N. : $M(\text{ester}) = 12M(\text{C}) + 20M(\text{H}) + 2M(\text{O}) = 196$ g/mol

d'où : $m(\text{ester}) = 39,2$ g

La réaction est totale, donc la masse calculée ci-avant est la masse théoriquement obtenue.

Remarque

En pratique, la masse obtenue n'est jamais la masse théoriquement calculée. La masse d'éthanoate de linalyle réellement obtenue ici est donc inférieure à 39,2 g.

10 min

Puissance 11, mai 2017

62 Étude documentaire sur l'écoconstruction

(D'après le sujet du Bac S, session 2015, Liban)

De plus en plus de particuliers soucieux de réduire les émissions des gaz à effet de serre s'orientent vers l'écoconstruction. Pour maîtriser au mieux la dépense énergétique, plusieurs points de vigilance sont à considérer : l'isolation, la ventilation, la qualité des ouvertures et la maîtrise des ponts thermiques (endroits du bâtiment où la chaleur s'échappe plus vite).

Cette étude documentaire porte sur une maison sans étage de surface habitable 100 m², dans une région où la température de l'air extérieur est en moyenne égale à 5 °C.

Données :

- $2{,}4 \times 3{,}6 \approx 8{,}6$; $\dfrac{12}{5} = 2{,}4$;
- expression de la résistance thermique R_{th} d'une paroi d'épaisseur e (en m), de surface S (en m²) et de conductivité thermique λ ($W{\cdot}m^{-1}{\cdot}K^{-1}$) :

$$R_{th} = \frac{e}{\lambda S}$$

- expression du flux thermique de conduction : $\varphi = \dfrac{\Delta T}{R_{th}}$.

Doc. 1 Quelques informations sur l'isolation d'une partie de la maison

	Surface (m²)	Matériaux	Épaisseur (cm)	Résistance thermique (S.I.)
Sol	70	Mortier chaux	25	0,020
Vitres	15	Triple vitrage verre/air	3,6	$R_{th(vitre)}$
Combles (espaces sous la toiture)	80	Gypse/cellulose	1,3	0,050
		Granulé de chanvre	20	

Doc. 2 Bilan des transferts thermiques dans la maison sur une journée

	Murs extérieurs	Sol	Combles	Vitres
Transfert thermique Q (MJ)	57	38	25	8,6

Doc. 3 Définition de la maison passive

On dit d'une maison qu'elle est passive lorsque ses besoins en chauffage sont inférieurs à 54 MJ par m² habitable et par an.

D'après le site http://fr.ekopedia.org

a. La résistance thermique R_{th} s'exprime en $W \cdot K^{-1}$.

Un poêle à bois essaie de combler les pertes énergétiques dues aux vitres, au sol, aux combles, aux murs extérieurs et maintient la température intérieure de la maison constante à 20 °C. Cela est possible à condition que ce poêle fournisse chaque jour une énergie $E_{fournie}$.

b. L'énergie fournie par le poêle à bois chaque jour est $E_{fournie} = 1{,}3 \times 10^2$ MJ.

c. La conductivité thermique des vitres est $\lambda_{vitre} = 0{,}016\ W \cdot m^{-1} \cdot K^{-1}$.

On estime que par an, la période de chauffage avec ce poêle dans la maison dure 100 jours.

d. La maison étudiée est passive.

Sujet 62 Corrigé

a. FAUX

La résistance thermique est définie comme :

$$R_{th} = \frac{e}{\lambda S}$$

Elle est donc homogène à l'inverse du produit d'une longueur par une conductivité thermique.

Son unité est donc l'inverse de $W \cdot m^{-1} \cdot K^{-1} \cdot m$, c'est-à-dire $K \cdot W^{-1}$.

b. VRAI

La température ne varie pas, l'énergie interne de la maison est donc nulle :

$$\Delta U = 0$$

L'énergie fournie par le poêle est alors égale, en valeur absolue, à celle cédée au milieu extérieur par les vitres, le sol, les combles et les murs extérieurs.

Cette énergie est donc la somme des transferts thermiques exprimés dans le **document 2**.

A. N. : $E_{fournie} = 57 + 38 + 25 + 8{,}6 = 128{,}6$ MJ

soit $E_{fournie} = 1{,}3 \times 10^2$ MJ en ne gardant qu'une précision de 2 chiffres significatifs.

c. VRAI

La conductivité thermique des vitres est :

$$\lambda_{\text{vitre}} = \frac{e}{R_{\text{th}}S} \text{ avec } R_{\text{th}} = \frac{\Delta T}{\varphi} \text{ et } \varphi = \frac{Q}{\Delta t}$$

Finalement, on obtient $\lambda_{\text{vitre}} = \frac{Q \cdot e}{\Delta t \cdot \Delta T \cdot S}$.

A. N. : $\Delta t = 1$ jour $= 24 \times 3\,600 = 8{,}6 \times 10^4$ s ; $Q = 8{,}6 \times 10^6$ J ; $S = 15$ m^2 ; $e = 3{,}6 \times 10^{-2}$ m ; $\Delta T = 20 - 5 = 15$ K,

d'où :

$$\lambda = 0{,}016 \text{ W·m}^{-1}\text{·K}^{-1}$$

d. FAUX

L'énergie fournie calculée précédemment est de 130 MJ par jour pour une surface habitable de 70 m^2 (surface au sol).

L'énergie fournie par m^2 habitable et par an est alors de :

$$\frac{130 \times 365}{70} = 475 \text{ MJ·m}^{-2}\text{·an}^{-1}$$

Ce résultat est très largement supérieur au seuil de 54 MJ·m^{-2}·an^{-1}. La maison étudiée n'est donc pas passive.

Puissance 11, mai 2017

10 min

63 Transformation en chimie organique

Les bromoalcanes (R-Br avec R groupement alkyle) réagissent avec les ions hydroxyde selon une réaction pour mener à la formation d'un alcool (R-OH) et d'un ion bromure.

a. Cette réaction est une réaction d'addition.

b. Dans une liaison chimique, l'atome portant une charge partielle δ^- est l'atome le plus électronégatif.

c. Lors de la rupture d'une liaison, la flèche courbe (décrivant le mécanisme réactionnel) part de l'atome riche en électrons (ou donneur de doublet d'électrons).

Un chimiste propose le mécanisme réactionnel ci-dessous pour la réaction de saponification des esters :

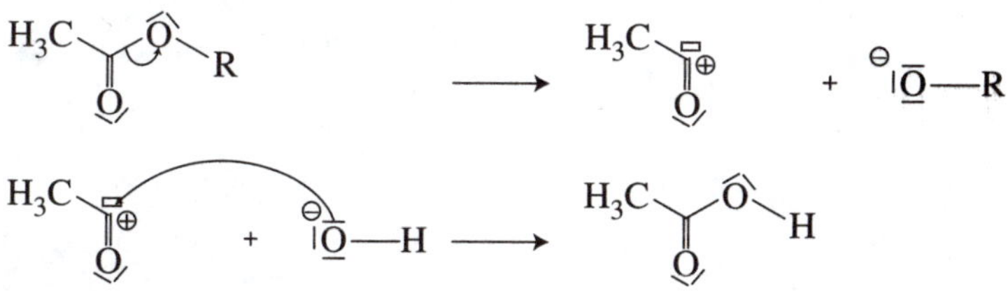

CONCOURS

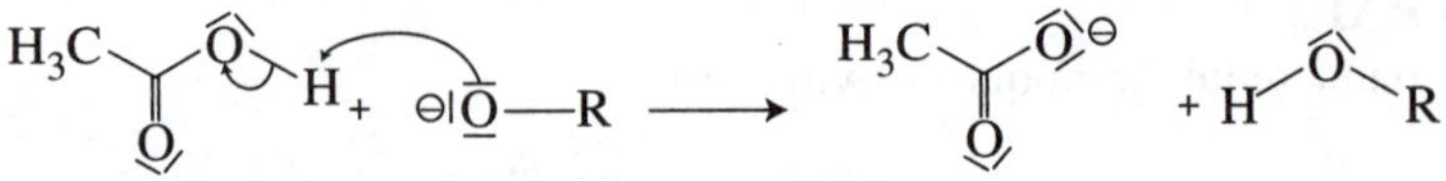

d. La flèche courbe de la seconde étape de ce mécanisme réactionnel est bien orientée.

Sujet 63 Corrigé

a. FAUX

L'équation de la réaction est :

$$R\text{-}Br + HO^{-} \rightarrow R\text{-}OH + Br^{-}$$

Le brome se substitue dans cette transformation au groupement hydroxyle. Il s'agit donc d'une substitution et non d'une addition.

b. VRAI

Dans une liaison, l'atome le plus électronégatif possède une charge partielle négative que l'on note δ^{-}.

Remarque

L'atome le moins électronégatif porte alors une charge partielle positive notée δ^{+}.

c. VRAI

Lors de la rupture d'une liaison, la flèche courbe (décrivant tout mécanisme réactionnel) représente le mouvement d'un doublet d'électrons du site donneur vers le site accepteur.

d. VRAI

La flèche est bien orientée : elle part du site donneur vers le site accepteur ou lacune du carbocation.

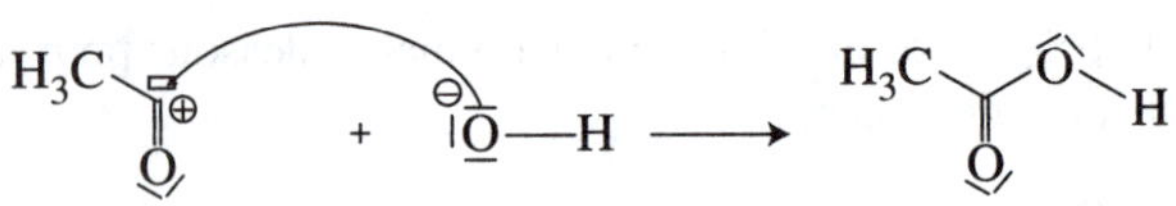

Puissance 11, mai 2017

64 Décollage d'une fusée : la propulsion par réaction

10 min

Doc. 1 Décollage d'une fusée Ariane 5

Le 23 mars 2012, un lanceur Ariane 5 a décollé du port spatial de l'Europe à Kourou (Guyane), emportant à son bord le véhicule de transfert automatique (ATV) qui permet de ravitailler la station spatiale internationale (ISS).
Au moment du décollage, la masse de la fusée est égale à 8×10^2 tonnes, dont environ 3,5 tonnes de cargaison : ergols, oxygène, air, eau potable, équipements scientifiques, vivres et vêtements pour l'équipage à bord de l'ATV.

D'après http://www.esa.int/esaCP/Pr_10_2012_p_FR.html

On étudie le décollage de la fusée et l'on se place dans le référentiel terrestre supposé galiléen :

- le débit d'éjection des gaz au décollage vaut $D = 3,0 \times 10^3$ kg·s^{-1} ;
- la vitesse d'éjection des gaz au décollage vaut $V_G = 4,0$ km·s^{-1}.

À la date $t = 0$ s, le système {fusée + gaz}, supposé pseudo-isolé, est immobile.

a. Un système pseudo-isolé n'est soumis qu'à son poids.

b. D'après la 2e loi de Newton, si un système est pseudo-isolé, alors sa quantité de mouvement est nulle.

On considère que la masse de gaz éjectée est négligeable devant la masse de la fusée et que, par conséquent, cette dernière n'a pas varié à la date $t =$ 1 s.

c. La vitesse de la fusée à la date $t = 1$ s est égale à 10 m·s^{-1}.

En réalité, le système {fusée + gaz} n'est pas pseudo-isolé.
On considère l'instant $t = 1$ s où l'ensemble vient de décoller.
La force de poussée a pour norme $F = D \times V_G$ et l'intensité du champ de pesanteur $g = 10$ m·s^{-2}.

d. À cet instant, l'accélération du système a pour valeur $a = 5$ m·s^{-2}.

Sujet 64 Corrigé

a. FAUX

Un système pseudo-isolé est un système soumis à un ensemble de forces qui se compensent, c'est-à-dire dont la résultante est un vecteur nul.

Si le système n'est soumis qu'à son poids, aucune force ne compense ce dernier, et la résultante des forces, se résumant au poids, ne peut être nulle. Un système pseudo-isolé ne peut donc pas être soumis uniquement à son poids.

b. FAUX

La deuxième loi de Newton stipule que la dérivée temporelle de la quantité de mouvement d'un système est égale à la résultante des forces extérieures s'exerçant sur ce système :

$$\frac{d\vec{p}}{dt} = \sum \vec{F}_{ext}$$

Dans le cas d'un système pseudo-isolé, la résultante des forces extérieures s'exerçant sur le système est nulle.

On en déduit que la dérivée temporelle de la quantité de mouvement du système est nulle aussi : $\frac{d\vec{p}}{dt} = \vec{0}$.

Cela signifie donc que la quantité de mouvement du système pseudo-isolé est un vecteur constant. Ce vecteur peut être le vecteur nul, mais ce n'est pas une généralité comme le laisse supposer la proposition **b.**.

Remarque

Dans le cas de cet exercice, le vecteur quantité de mouvement est un vecteur constant qui est égal au vecteur quantité de mouvement à $t = 0$ s par exemple. Or à « la date $t = 0$ s, le système {fusée + gaz}, supposé pseudo-isolé, est immobile » : le vecteur quantité de mouvement est ici nul, car sa vitesse est nulle.

Dans le cas précis de cet exercice, l'affirmation **b.** est vraie, mais ce n'est pas le cas de tout système pseudo-isolé.

c. FAUX

L'application de la seconde loi de Newton à ce système {fusée + gaz} pseudo-isolé permet de conclure à la conservation du vecteur quantité de mouvement du système. On a donc :

$$\vec{p}(t = 0\ \text{s}) = \vec{p}(t = 1\ \text{s})$$

Le système étant immobile à $t = 0$ s, $\vec{p}(t = 0\ \text{s}) = \vec{0}$ et l'égalité précédente se développe en :

$$\vec{0} = m_F \vec{V}_F + m_G \vec{V}_G$$

avec m_F la masse de la fusée qui est supposée ne pas avoir varié entre les instants $t = 0$ s et $t = 1$ s, m_G la masse de gaz éjecté, $\vec{V}_F$ le vecteur vitesse de la fusée et $\vec{V}_G$ le vecteur vitesse d'éjection des gaz.

On en déduit donc :

$$\vec{V}_F = -\frac{m_G \vec{V}_G}{m_F}$$

Concernant les normes, la relation vectorielle précédente devient :

$$V_F = \frac{m_G V_G}{m_F}$$

D'après l'énoncé, la masse des gaz éjectés pendant une seconde vaut :

$$D \times 1 \text{ s} = 3{,}0 \times 10^3 \text{ kg}$$

A. N. : $m_G = 3{,}0 \times 10^3$ kg ; $V_G = 4{,}0$ km·s^{-1} = $4{,}0 \times 10^3$ m·s^{-1} ;
$m_F = 8 \times 10^2$ tonnes = 8×10^5 kg,

d'où : $$V_F = 15 \text{ m·s}^{-1}$$

La vitesse de la fusée à la date $t = 1$ s est égale à 15 m·s^{-1} et non 10 m·s^{-1}.

d. VRAI

Le système n'est plus considéré comme pseudo-isolé : la résultante des forces extérieures agissant sur lui n'est plus nulle.

La seconde loi de Newton s'écrit donc :

$$\frac{\mathrm{d}\vec{p}}{\mathrm{d}t} = \vec{F} + \vec{P}$$

avec $\vec{F}$ la force de poussée (force verticale vers le haut) et $\vec{P}$ le poids du système (force verticale vers le bas).

La masse du système peut être considérée comme constante entre $t = 0$ s et $t = 1$ s, car l'énoncé précise que « la masse de gaz éjectée est négligeable devant la masse de la fusée et que, par conséquent, cette dernière n'a pas varié à la date $t = 1$ s ».

La quantité de mouvement $\vec{p}$ peut alors être remplacée par $m\vec{a}$ avec m la masse du système correspondant à la masse de la fusée en première approximation et $\vec{a}$ le vecteur accélération du système. On obtient ainsi :

$$m_F \vec{a} = \vec{F} + \vec{P} = D\vec{V}_G + m_F \vec{g}$$

Par projection sur l'axe vertical, la relation vectorielle devient :

$$m_F a = DV_G - m_F g \Rightarrow a = \frac{DV_G}{m_F} - g$$

A. N. : $D = 3{,}0 \times 10^3$ kg·s^{-1} ; $V_G = 4{,}0 \times 10^3$ m·s^{-1} ; $m_F = 8 \times 10^5$ kg ; g = 10 m·s^{-2}, d'où : $a = 5{,}0$ m·s^{-2}.

CONCOURS

10 min

Puissance 11, mai 2017

65 Niveau sonore et numérisation

La note jouée par un instrument de musique avec une intensité sonore I est enregistrée par un détecteur qui est relié à un ordinateur. Les oscillogrammes correspondant au son enregistré et au signal numérisé sont représentés sur les graphes ci-dessous.

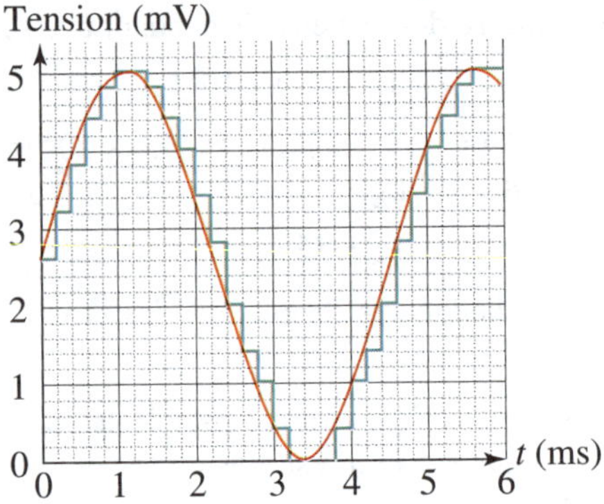

Donnée :

- intensité sonore de référence : $I_0 = 1{,}0 \times 10^{-12}$ W·m^{-2}.

Note	*Do 2*	*Ré 2*	*Mi 2*	*Fa 2*	*Sol 2*	*La 2*	*Si 2*
Fréquence (en Hz)	130,81	146,83	164,81	174,61	196,00	220,00	246,94

a. La note jouée par l'instrument est un *Do 2*.

b. Le pas de quantification est de 0,2 mV.

c. La fréquence d'échantillonnage est de 5 kHz.

La même note est jouée par dix instruments identiques dans les mêmes conditions que précédemment.

d. Le niveau sonore reçu par le détecteur est dix fois plus élevé.

Sujet 65 Corrigé

a. FAUX

La courbe de l'évolution temporelle de la tension permet d'obtenir la période T de la note jouée.

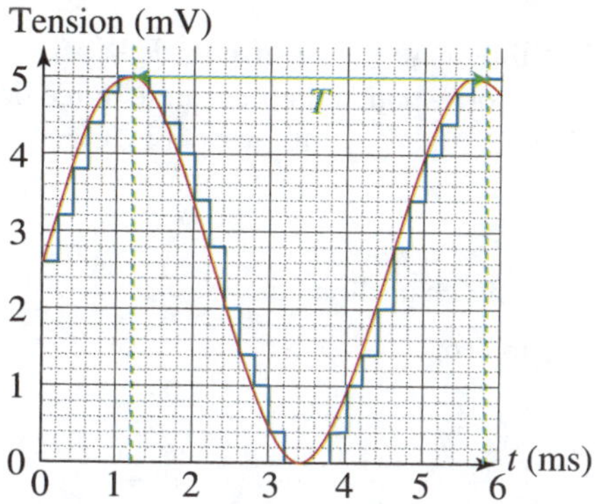

La période T correspond à 5,8 ms – 1,2 ms = 4,6 ms. La fréquence de la note f est telle que $f = \frac{1}{T}$.

A. N. : $T = 4{,}6 \times 10^{-3}$ s,

d'où : $$f = \frac{1}{4{,}6 \times 10^{-3}} \lesssim \frac{1000}{5} = 200 \text{ Hz}$$

Sans forcément faire le calcul exact de la fréquence de la note jouée, on peut montrer que la fréquence est légèrement supérieure à 200 Hz. La fréquence d'un *Do 2* étant de 130,81 Hz, la note jouée ne peut être un *Do 2*.

Remarque

Le calcul exact de la fréquence donne f = 217,4 Hz ou $2{,}2 \times 10^2$ Hz en conservant la précision de la lecture sur la courbe. Il semble qu'il s'agisse davantage d'un *La 2* de fréquence 220,00 Hz.

b. VRAI

Le pas de quantification est la tension minimale de numérisation. Le graphe permet de conclure que ce pas est d'un « petit carreau » vertical, soit 0,2 mV.

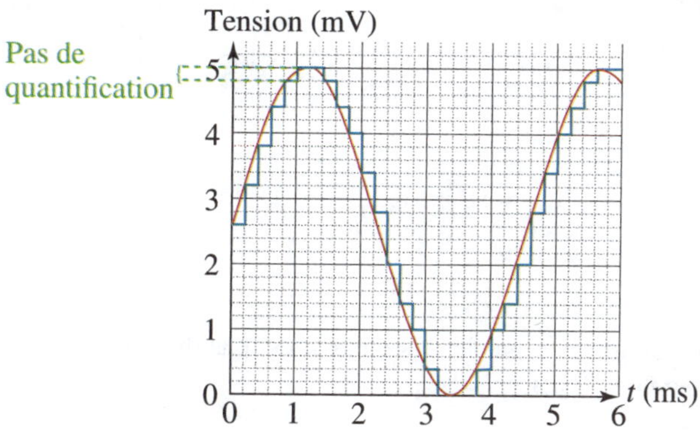

CONCOURS

c. VRAI

La fréquence d'échantillonnage f_e est l'inverse de la période d'échantillonnage T_e. Cette dernière correspond à la plus petite durée de numérisation. Le graphe permet de noter que T_e vaut un « petit carreau » horizontal, soit 0,2 ms.

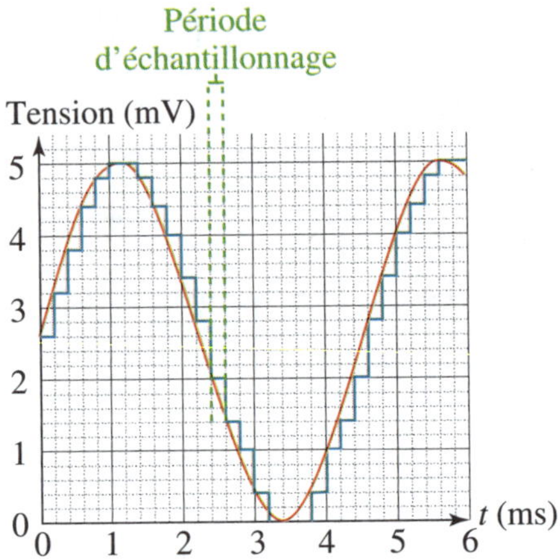

A. N. : $T_e = 0{,}2 \times 10^{-3}$ s,

d'où : $$f_e = 5 \text{ kHz}$$

d. FAUX

La note est jouée par dix instruments identiques, donc l'intensité sonore I_{10} est dix fois plus importante que l'intensité sonore I de la note jouée par un seul instrument : $I_{10} = 10 \times I$.

Le niveau sonore L est défini à partir de l'intensité sonore I par la relation :

$$L = 10 \times \log \frac{I}{I_0} \text{ avec } I_0 = 1{,}0 \times 10^{-12} \text{ W·m}^{-2}$$

Le niveau sonore L_{10} reçu lorsque les dix instruments jouent la même note vaut alors :

$$L_{10} = 10 \times \log \frac{I_{10}}{I_0} = 10 \times \log \frac{10 \times I}{I_0}$$

que l'on peut écrire aussi :

$$L_{10} = 10 \times \log \frac{I_{10}}{I_0} + 10 \times \log (10)$$

$$L_{10} = L + 10 \text{ en dB}$$

Le niveau sonore reçu par le détecteur n'est pas dix fois plus élevé, mais est augmenté de 10 dB.

Remarque

De manière générale, lorsque N instruments de musique identiques jouent la même note de musique, L_N (dB) = $L + 10 \times \log(N)$.
Dans le cas de deux instruments, $10 \times \log(2) = 3$ dB : l'augmentation du niveau sonore est alors de 3 dB.

10 min

Puissance 11, mai 2017

66 Satellite artificiel de la Terre

Doc. 1 Le rôle des satellites

Le premier satellite artificiel Spoutnik I fut lancé par l'URSS en 1957. Depuis cette époque, plus de 5 500 satellites artificiels ont été placés en orbite. Les satellites jouent un rôle important à la fois sur les plans économique (télécommunication, positionnement, prévision météorologique), militaire (renseignement) et scientifique (observation astronomique, microgravité, Terre, océanographie, altimétrie).

https://fr.wikipedia.org/wiki/Spoutnik

On s'intéresse dans cet exercice à un satellite S de masse $m = 500$ kg qui décrit une trajectoire circulaire autour de la Terre. Il se situe à une altitude $h = 270$ km par rapport à la surface terrestre.

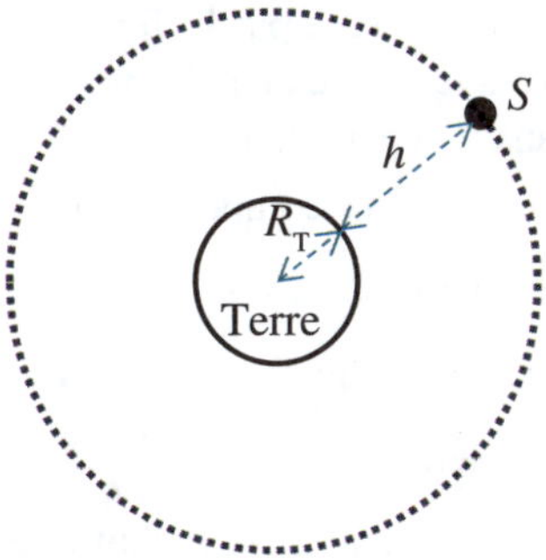

Données :

- $\sqrt{60} \approx 8$;
- constante de gravitation : $G = 6{,}67 \times 10^{-11}$ S. I. ;
- rayon de la Terre : $R_T = 6{,}40 \times 10^3$ km ;
- masse de la Terre : $M = 6{,}00 \times 10^{24}$ kg.

a. La force exercée par la Terre sur ce satellite a pour norme $F = G\,\frac{m \cdot M}{h^2}$.

b. Le rayon de son orbite est égal à $6{,}67 \times 10^3$ km.

c. La vitesse de ce satellite est de 80 km·s^{-1}.

d. Si on double le rayon de l'orbite, alors on quadruple la période de révolution.

Sujet 66 Corrigé

a. FAUX

La force exercée par la Terre sur le satellite est inversement proportionnelle au carré de la distance entre le centre de la Terre et le satellite. Cette dernière correspond à $R_T + h$, et non à l'altitude h comme le laisse supposer l'énoncé de la proposition **a.**.

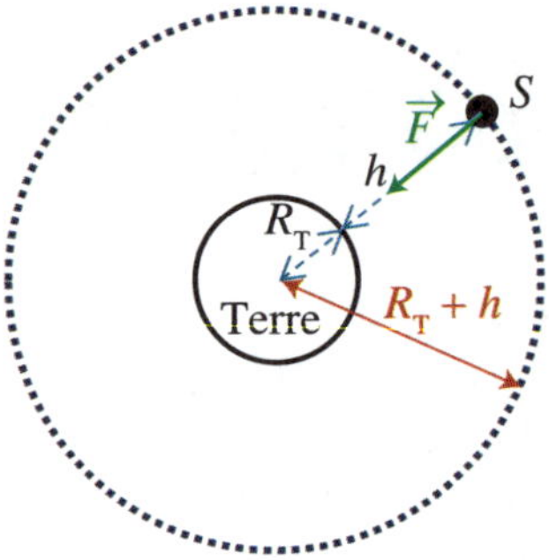

La force exercée par la Terre sur le satellite a donc pour norme :

$$F = G\frac{mM}{(R_T + h)^2}$$

b. VRAI

Le rayon de l'orbite R est donc : $R = R_T + h$.

A. N. : $R_T = 6{,}40 \times 10^3$ km ; $h = 270$ km, d'où : $R = 6{,}67 \times 10^3$ km.

c. FAUX

Le satellite a un mouvement circulaire, et la force exercée par la Terre sur le satellite est centripète, c'est-à-dire dirigée vers le centre de la Terre.

Appliquons donc la seconde loi de Newton dans le repère de Frénet :

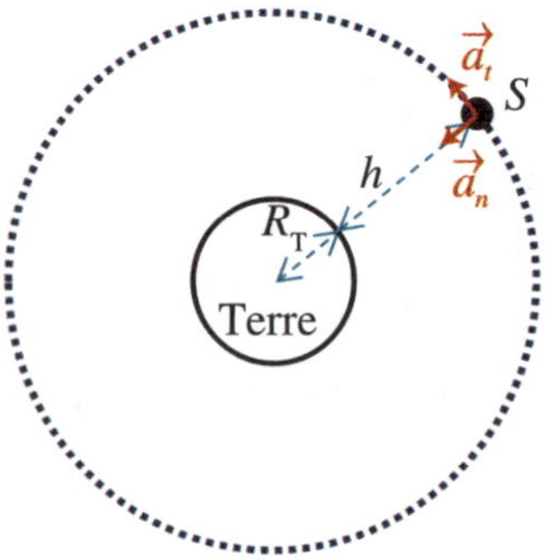

- $F = ma_n$ avec a_n la composante normale de l'accélération, soit $a_n = \frac{v^2}{R}$;
- $0 = ma_t$ avec a_t la composante tangentielle de l'accélération, soit $a_t = \frac{dv}{dt}$.

De la seconde équation, on déduit que la dérivée de la valeur de la vitesse est nulle ($\frac{dv}{dt} = 0$), donc que la valeur de la vitesse est une constante : le mouvement du satellite est un mouvement circulaire uniforme.

La première équation permet de calculer la valeur de la vitesse :

$$F = ma_n \Rightarrow \mathrm{G}\,\frac{mM}{R^2} = m\,\frac{v^2}{R}$$

La masse m du satellite, ainsi que le rayon de la trajectoire R étant non nuls, cette dernière relation se simplifie en : $\mathrm{G}\,\frac{M}{R} = v^2$.

On en déduit alors l'expression de la valeur de la vitesse v : $v = \sqrt{\frac{\mathrm{G}M}{R}}$.

A. N. : $\mathrm{G} = 6{,}67 \times 10^{-11}$ SI ; $M = 6{,}00 \times 10^{24}$ kg ;
$R = 6{,}67 \times 10^3$ km $= 6{,}67 \times 10^6$ m,
d'où : $v = 8 \times 10^3$ m·s^{-1}
soit 8 km·s^{-1} et non 80 km·s^{-1} comme proposé.

d. FAUX

Le mouvement du satellite est circulaire uniforme, la période de révolution T correspond à la durée d'un tour complet autour de la Terre, soit la durée correspondant à une distance d'un périmètre p à la vitesse v.
On a donc :

$$v = \frac{p}{T}$$

avec $p = 2\pi R$ périmètre du cercle, trajectoire de rayon R et $v = \sqrt{\frac{\mathrm{G}M}{R}}$.

On en déduit la période T :

$$T = \frac{p}{v} = 2\pi R\sqrt{\frac{R}{\mathrm{G}M}}$$

soit :

$$T = 2\pi\sqrt{\frac{R^3}{\mathrm{G}M}}$$

Si le rayon de l'orbite est doublé (soit $R' = 2R$), alors la période T' devient :

$$T' = 2\pi\sqrt{\frac{R'^3}{\mathrm{G}M}} = 2\pi\sqrt{\frac{8R^3}{\mathrm{G}M}}$$

soit :

$$T' = \sqrt{8}\,T$$

Si l'on double le rayon de l'orbite, la période de révolution est multipliée par $\sqrt{8} = 2\sqrt{2} = 2 \times 1{,}4 = 2{,}8$ environ, et non par 4.

CONCOURS

Concours Puissance 11, mai 2016

Les exercices du concours Puissance 11 sont un bon moyen de revoir l'ensemble du programme de Physique de Terminale S en quelques heures. Ils vous permettent de vérifier si les notions importantes du programme sont bien assimilées, et vous offrent un entraînement très efficace en fin de révision du baccalauréat.

Calculatrice non autorisée

Les exercices comportent 4 affirmations repérées par les lettres a, b, c et d. Indiquer pour chaque affirmation si elle est VRAIE ou FAUSSE. Il est conseillé de justifier vos réponses.

Notation

- Toute réponse exacte rapporte un point.
- Toute réponse inexacte entraîne le retrait d'un point.
- L'annulation d'une réponse ou l'abstention n'est pas prise en compte, c'est-à-dire ne rapporte ni ne retire aucun point.
- Une bonification d'un point est ajoutée chaque fois qu'un exercice est traité correctement en entier (c'est-à-dire lorsque les réponses aux 4 affirmations sont exactes).
- L'attention des candidats est attirée sur le fait que, dans le type d'exercices proposés, une lecture attentive des énoncés est absolument nécessaire, le vocabulaire employé et les questions posées étant très précis.

Données pour l'ensemble des exercices :
Masses molaires atomiques en g·mol^{-1} :

H	C	O
1,0	12,0	16,0

Étoile chromatique :

Puissance 11, mai 2016

67 Onde progressive

10 min

Dans une cuve remplie d'eau, on dispose à une extrémité deux haut-parleurs qui sont reliés à un générateur de fonctions et qui émettent simultanément une impulsion sonore. De l'autre côté de la cuve, on place deux récepteurs, l'un dans l'air, l'autre dans l'eau. Les récepteurs sont à une distance $D = 3{,}0$ m des émetteurs et sont reliés à un oscilloscope dont l'oscillogramme est donné ci-dessous.

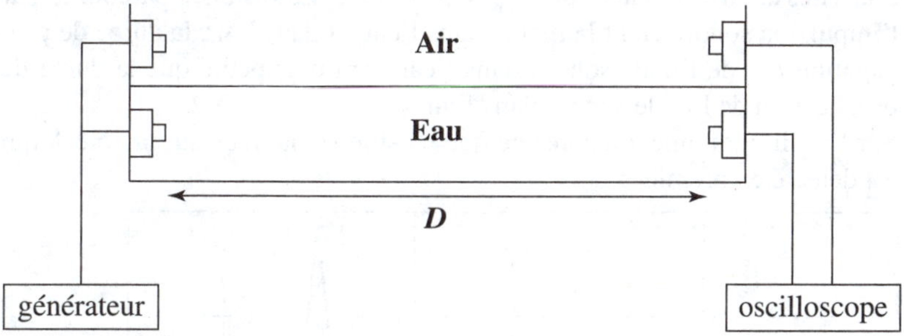

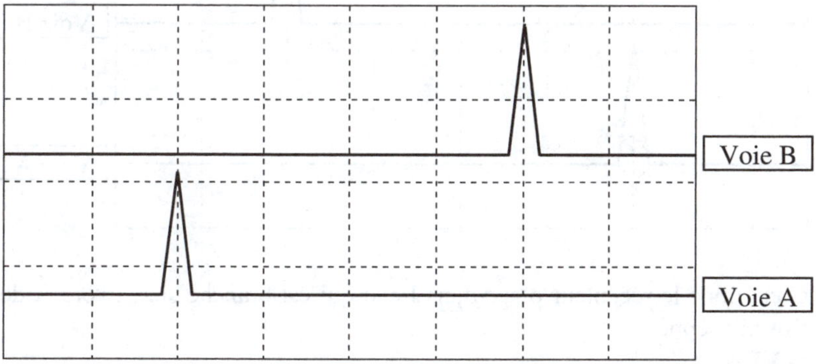

Données :

- vitesse du son dans l'air ≈ 3×10^2 m·s^{-1} ;
- vitesse du son dans l'eau ≈ 1,5 km·s^{-1}.

a. Une onde sonore est une onde mécanique transversale.

b. Le récepteur placé dans l'eau est branché sur la voie A de l'oscilloscope.

c. La durée de balayage de l'oscilloscope est de 2 ms par division.

d. Pour effectuer cette expérience, l'impulsion sonore doit avoir une durée inférieure à 8 ms.

Sujet 67 Corrigé

a. FAUX

Une onde sonore est une onde mécanique **longitudinale**, la direction de la perturbation : compression-dilatation du milieu de propagation étant la même que la direction de propagation de l'onde sonore.

b. VRAI

La vitesse du son dans l'eau $v_{eau} = 1{,}5\ km{\cdot}s^{-1}$ est nettement supérieure à la vitesse du son dans l'air $v_{air} = 330\ m{\cdot}s^{-1}$. La distance parcourue par l'impulsion sonore étant la même dans l'eau et dans l'air, la durée de propagation t_{eau} de l'onde sonore dans l'eau sera plus petite que la durée de propagation de l'onde sonore dans l'air.

Sur l'oscillogramme, on constate que c'est le signal reçu sur la voie A qui est détecté en premier :

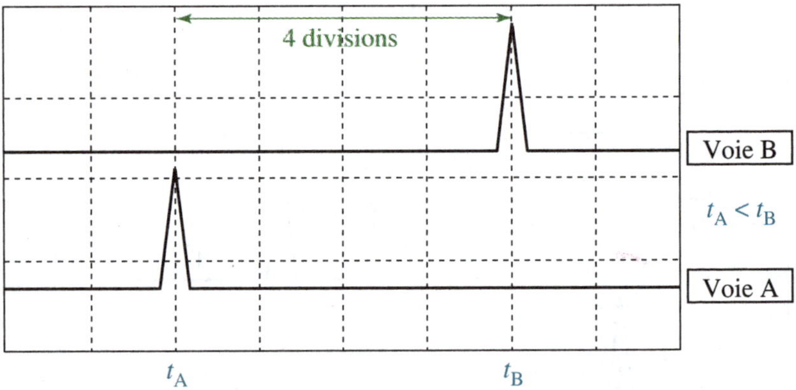

C'est donc le récepteur placé dans l'eau qui est branché sur la voie A de l'oscilloscope.

c. VRAI

On a : $$t_A = t_{eau} + \theta \text{ et } t_B = t_{air} + \theta$$

θ étant une durée correspondant au retard dû aux appareils utilisés : θ est le même pour les deux voies car on utilise des récepteurs identiques et un même générateur.

On a : $$t_{eau} = \frac{D}{v_{eau}} \text{ et } t_{air} = \frac{D}{v_{air}}$$

d'où : $$t_B - t_A = (t_{air} + \theta) - (t_{eau} + \theta) = t_{air} - t_{eau}$$

soit : $$t_B - t_A = \frac{D}{v_{eau}} - \frac{D}{v_{air}}$$

A.N. : $D = 3{,}0$ m ; $v_{eau} = 3 \times 10^2$ m·s^{-1} ; $v_{air} = 1{,}5 \times 10^3$ m·s^{-1},
d'où : $t_B - t_A = 10^{-2} - 2 \times 10^{-3} = 8 \times 10^{-3}$ s = 8 ms.
Or, d'après l'oscillogramme fourni, $t_B - t_A$ est représenté par 4 divisions.
La durée de balayage de l'oscilloscope est bien de $\frac{8}{4} = 2$ ms par division.

d. FAUX
La durée de l'impulsion sonore importe peu, ce qui compte, c'est le décalage entre le début de l'impulsion reçue par chaque récepteur.
Dans le cas d'une impulsion de longue durée, on obtient :

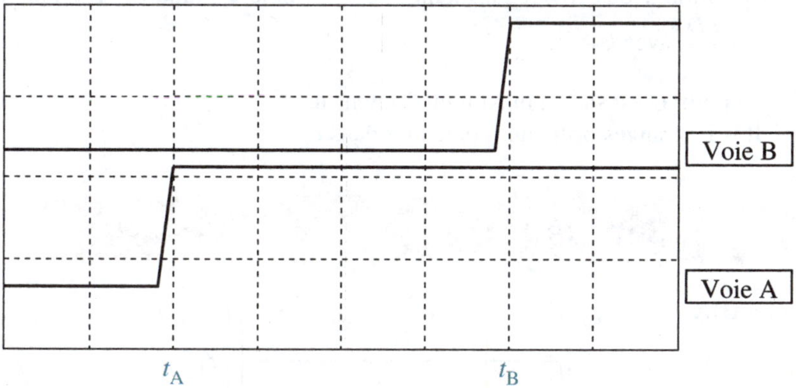

Puissance 11, mai 2016

68 Fentes d'Young

10 min

En 1801, Thomas Young réalisa une expérience qui mit en évidence le caractère ondulatoire de la lumière. On renouvelle cette expérience, dite des fentes d'Young, avec un laser de longueur d'onde $\lambda = 550$ nm, deux fentes de largeur a identique ($a = 150$ µm) séparées d'une distance $b = 0{,}525$ mm et un écran blanc situé à la distance $D = 3{,}00$ m des fentes (*cf.* schéma).

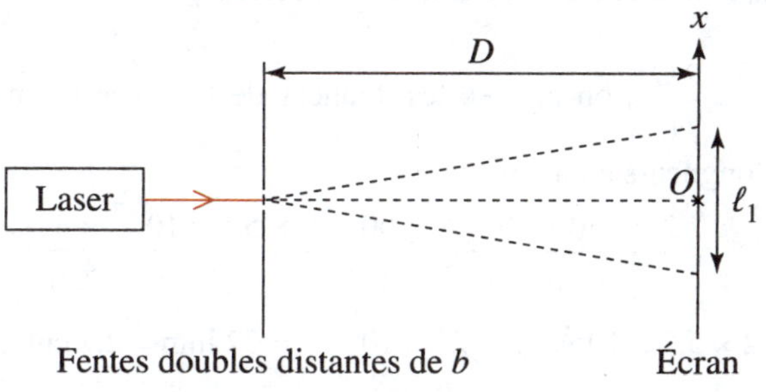

Données :

$\frac{5{,}25}{1{,}5} = 3,5$; $\frac{5{,}5 \times 3{,}0}{5{,}25} \approx 3{,}1$.

a. La largeur de la tache centrale de diffraction est donnée par la relation $\ell_1 = \frac{2\lambda D}{b}$.

b. La largeur ℓ_1 de la tache centrale est de 2,2 cm.

La position x des franges brillantes se détermine à l'aide de la relation $x = k\frac{\lambda D}{b}$ avec $k \in \mathbb{Z}$.

c. Le point O est sur un maximum d'intensité.

d. Il y a 7 franges brillantes contenues dans ℓ_1.

Sujet 68 Corrigé

a. FAUX

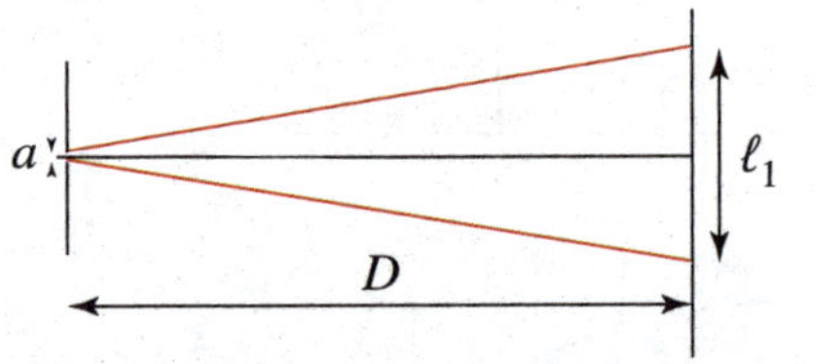

La largeur ℓ_1 de la tache centrale de diffraction, due au passage d'une lumière monochromatique de longueur λ à travers une fente de largeur a située à la distance D de l'écran sur lequel on observe la tache centrale de diffraction, est donnée par la relation :

$$\ell_1 = \frac{2\lambda D}{a}$$

(et non $\ell_1 = \frac{2\lambda D}{b}$ avec b la distance séparant les deux fentes, utilisée pour étudier un phénomène d'interférences lumineuses).

b. VRAI

Comme $\ell_1 = \frac{2\lambda D}{a}$, on a, avec les données de l'énoncé et en exprimant toutes les longueurs en mètres :

$$\ell_1 = \frac{2 \times 550 \times 10^{-9} \times 3{,}00}{150 \times 10^{-6}} = \frac{2 \times 5{,}5 \times 10^{-7} \times 3{,}00}{1{,}50 \times 10^{-4}}$$

soit : $\ell_1 = 2 \times 5{,}5 \times 10^{-3} \times 2 = 22 \times 10^{-3}$ m $= 22$ mm $= 2{,}2$ cm.

c. VRAI

Si $k = 0$, on a $x = 0$, abscisse du point O sur l'axe orienté sur l'écran.

d. VRAI

Il faut $\frac{-\ell_1}{2} < x < \frac{\ell_1}{2}$ soit : $-\frac{\ell_1}{2} < \frac{k\lambda D}{b} < \frac{\ell_1}{2}$.

Sachant que $\ell_1 = \frac{2\lambda D}{a}$, on obtient :

$$-\frac{\lambda D}{a} < \frac{k\lambda D}{b} < \frac{\lambda D}{a}$$

d'où :

$$-\frac{1}{a} < \frac{k}{b} < \frac{1}{a}$$

On a donc :

$$k_{max} < \frac{b}{a} = \frac{0,525}{0,15} = 3,5$$

Comme $k \in \mathbb{Z}$, on a $k_{max} = 3$.

De même,

$$k_{min} > -\frac{0,525}{0,15} = -3,5$$

Comme $k \in \mathbb{Z}$, on a $k_{min} = -3$.

Il y a donc 7 franges brillantes contenues dans la tache centrale de diffraction de largeur ℓ_1, car on a 7 valeurs de k possibles : $k = -3, -2, -1, 0, 1, 2$ et 3 (à chaque valeur de k correspond une frange brillante).

10 min

Puissance 11, mai 2016

69 Mouvement d'une charge électrique

CONCOURS

Un condensateur plan est constitué de deux armatures planes horizontales distantes de d, soumises à une différence de potentiel $U_{AB} = V_A - V_B = 10$ kV, où V_A (respectivement V_B) est le potentiel de l'armature A (respectivement B). Le champ électrostatique $\vec{E}$ entre les armatures est uniforme, de valeur $5,0 \times 10^4$ V·m^{-1}.

Au point O de coordonnées (0 ; 0), une particule de charge q pénètre, avec une vitesse $\vec{v}_0$ selon l'axe (Ox), dans la zone où règne le champ électrostatique et décrit la trajectoire représentée sur le schéma ci-contre.

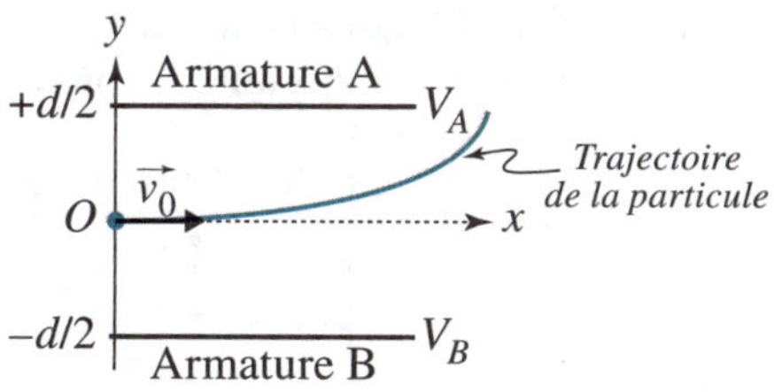

Donnée :

Valeur absolue de la charge électrique de la particule : $|q| = e = 1,6 \times 10^{-19}$ C.

a. La distance d séparant les deux armatures est de 20 cm.
b. L'intensité de la force électrostatique est de $8{,}0 \times 10^{-14}$ N.
c. La charge de la particule est positive.
d. Sachant que les équations horaires du mouvement de la particule sont $\begin{cases} x(t) = v_0 t \\ y(t) = \dfrac{eE}{2m}t^2 \end{cases}$, l'équation de la trajectoire de la particule est $y(x) = \dfrac{eE}{mv_0^2}x^2$.

Sujet 69 Corrigé

a. VRAI

Par définition du champ électrique, on a :

$$\|\vec{E}\| = \frac{U_{AB}}{d}$$

d'où : $$d = \frac{U_{AB}}{\|\vec{E}\|} = \frac{10 \times 10^3}{5{,}0 \times 10^4} = 2{,}0 \times 10^{-1} = 0{,}20\,\text{m}$$

soit : $$d = 20\ \text{cm}$$

b. FAUX

Par définition : $$\vec{F} = q\vec{E}$$

soit : $$\|\vec{F}\| = |q| . \|\vec{E}\|$$

Avec les données de l'énoncé :

$$\|\vec{F}\| = 1{,}6 \times 10^{-19} \times 5{,}0 \times 10^4 = 8{,}0 \times 10^{-15}\,\text{N}$$

(et non $\|\vec{F}\| = 8{,}0 \times 10^{-14}\,\text{N}$).

c. FAUX

Comme le champ électrique $\vec{E}$ a son sens dirigé vers les potentiels décroissants, la projection de $\vec{E}$ suivant l'axe Oy donne $-E$.

De plus, la force $\vec{F}$ qui a même direction que $\vec{E}$ est dirigée vers l'intérieur de la concavité de la trajectoire ; d'où le schéma :

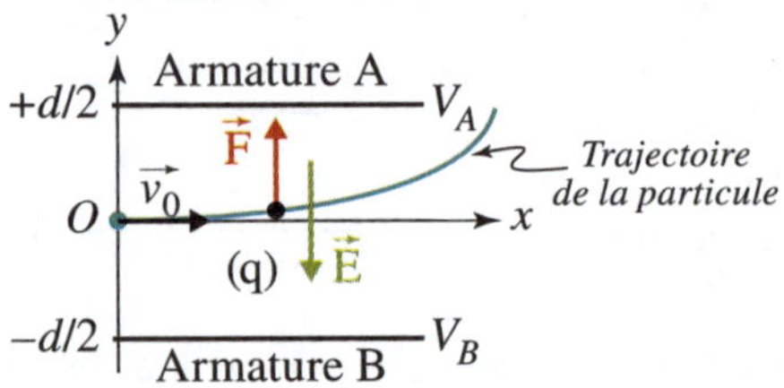

Comme $F = -qE$ avec F et $-E$ projections de $\vec{F}$ et $\vec{E}$ suivant l'axe Oy, on a :

$$q = -\frac{F}{E}$$

F et E étant positifs, on a $q < 0$ donc $q = -$ e.
La charge électrique q n'est donc pas positive : elle est négative.

d. VRAI

On a $x = v_0 t$ et $y = \frac{\mathrm{e}Et^2}{2m}$.

De l'expression de x, on déduit $t = \frac{x}{v_0}$,

d'où :

$$y = \frac{\mathrm{e}E}{2m}\frac{x^2}{v_0^2}$$

On retrouve la solution proposée par l'énoncé.

10 min

Puissance 11, mai 2016

70 Durée de vie d'un pion

Un pion π^- est une particule qui peut être émise lors d'une collision entre un proton et un deuton. Le pion est une particule instable dont la durée de vie est de $\tau = 2{,}60 \times 10^{-8}$ s dans le référentiel dans lequel il est au repos. On considère un pion qui se dirige en ligne droite à une vitesse de 0,70 c, dans le référentiel terrestre, vers un détecteur situé à une distance de 5,0 m de la source qui émet la particule. On rappelle que les durées propre Δt_0 et mesurée Δt sont reliées par la relation $\Delta t = \gamma \Delta t_0$ où $\gamma = \frac{1}{\sqrt{1 - \frac{v^2}{c^2}}}$ avec v la vitesse relative du référentiel propre par rapport à un autre référentiel galiléen.

Données :

- $\frac{1}{\sqrt{0{,}51}} = 1{,}40$; $1{,}4 \times 2{,}6 \approx 3{,}6$;
- célérité de la lumière dans le vide : $c = 3{,}00 \times 10^8$ m·s^{-1}.

a. Le référentiel dans lequel le pion est au repos est en translation rectiligne uniforme par rapport au référentiel terrestre.

b. τ est un temps mesuré.

c. La durée de vie du pion dans le référentiel terrestre est d'environ $3{,}6 \times 10^{-8}$ s.

d. Le pion ne sera pas détecté par ce dispositif.

CONCOURS

Sujet 70 Corrigé

a. VRAI

Ces deux référentiels sont en translation rectiligne l'un par rapport à l'autre.

b. FAUX

τ est le temps propre de la particule (et non le temps mesuré dans le référentiel terrestre).

c. VRAI

Δt, la durée mesurée dans le référentiel terrestre, vaut $\Delta t = \gamma \Delta t_0 = \gamma\tau$ (la durée propre Δt_0 est la durée de vie τ).

D'où :
$$\Delta t = \frac{1}{\sqrt{1-\frac{v^2}{c^2}}}\tau = \frac{1}{\sqrt{1-0,7^2}}.\tau$$

$$\Delta t = \frac{1}{\sqrt{0,51}} \times 2,60 \times 10^{-8}$$

soit : $\Delta t = 3,6 \times 10^{-8}$ s

d. FAUX

Pour parcourir une distance d dans le référentiel terrestre, le pion a besoin d'une durée $\Delta t'$ avec :

$$\Delta t' = \frac{l}{v}$$

A.N. : $l = 5,0$ m ; $v = 0,7\ c = 0,7 \times 3,00 \times 10^8$ m/s $= 2,1 \times 10^8\ \text{m·s}^{-1}$,

d'où : $\Delta t' = 2,4 \times 10^{-8}$ s

Cette durée $\Delta t'$ est inférieure à la durée mesurée Δt : le pion peut être détecté par ce dispositif.

10 min

71 Transferts thermiques

Le vitrage d'une fenêtre d'immeuble a une surface $S = 2,5$ m^2. Il est constitué de deux vitres d'une épaisseur $e_1 = 4,0$ mm chacune, séparées par une couche d'air d'épaisseur $e_2 = 16$ mm, soit une épaisseur totale de 24 mm.

Le graphique ci-dessous représente l'évolution de la température dans ce double vitrage en fonction de la distance x mesurée depuis la face extérieure.

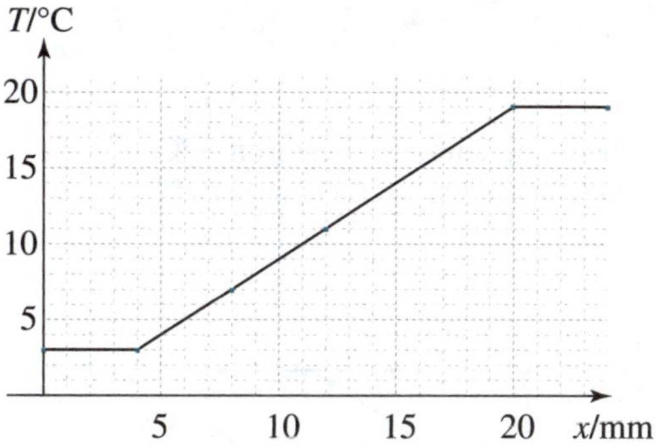

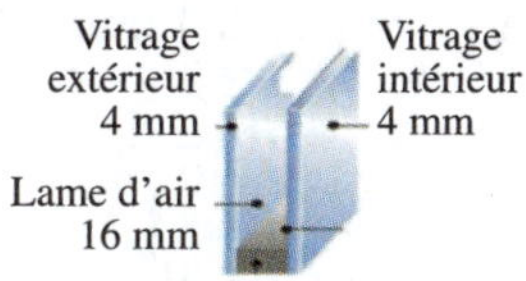

Les températures des deux faces externes du double vitrage sont constantes au cours du temps. Le flux thermique qui traverse l'ensemble est égal à 40 W.

Données :

- Le flux thermique Φ (en watts) s'exprime en fonction de la résistance thermique R_{th} et de la différence de température ΔT (en kelvins) selon la relation $\Phi = \dfrac{\Delta T}{R_{th}}$.
- Résistance thermique d'une paroi de 2,5 m^2 :

Matériau	R_{th} (en $K \cdot W^{-1}$)
Vitre de 24 mm d'épaisseur	$8{,}0 \times 10^{-3}$
Béton de 20 cm d'épaisseur	$8{,}5 \times 10^{-2}$

a. Il fait plus chaud à l'intérieur de l'immeuble qu'à l'extérieur.
b. La résistance thermique de la paroi vitrée double vitrage est égale à 0,40 $K \cdot W^{-1}$.
c. Un mur de béton de même surface et de 20 cm d'épaisseur est un meilleur isolant thermique que la paroi en double vitrage.
On remplace le double vitrage d'épaisseur totale égale à 24 mm par un simple vitrage d'épaisseur e_3 = 24 mm et de même surface.
d. Le flux thermique est 5 fois plus élevé.

CONCOURS

Sujet 71 Corrigé

a. VRAI

À l'extérieur de l'immeuble, la température est d'environ 3 °C.
À l'intérieur de l'immeuble, la température est d'environ 19 °C.

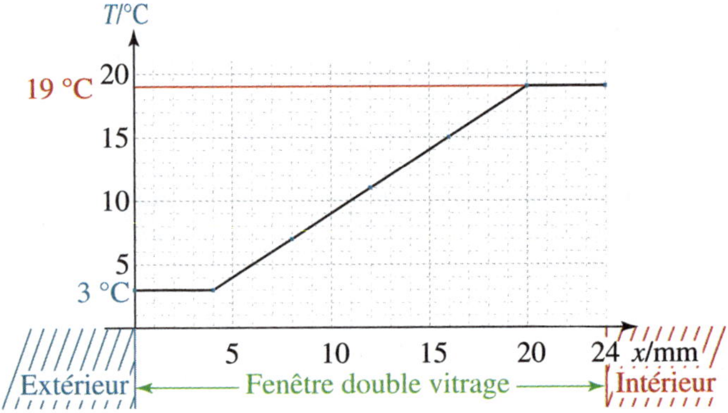

b. VRAI

Par définition : $$\Phi = \frac{\Delta T}{R_{th}}$$

d'où : $$R_{th} = \frac{\Delta T}{\Phi}$$

On a : $$\Delta T = T_{int} - T_{ext} = 19 - 3 = 16\ °C = 16\ K$$

d'où : $$R_{th} = \frac{16}{40} = 0{,}4\ K \cdot W^{-1}$$

c. FAUX

- La paroi vitrée double vitrage de surface $S = 2{,}5\ m^2$ a une résistance thermique $R_{th_1} = 0{,}4\ K \cdot W^{-1}$ (*cf.* question précédente).
- Le mur de béton de 20 cm d'épaisseur et de même surface $S = 2{,}5\ m^2$ a une résistance thermique $R_{th_2} = 8{,}5 \times 10^{-2}\ K \cdot W^{-1}$.

$$R_{th_1} > R_{th_2}$$

Or, plus la résistance thermique est importante, meilleure est l'isolation thermique.
C'est donc la paroi vitrée double vitrage qui est le meilleur isolant thermique et non le mur de béton de 20 cm.

d. FAUX

La vitre de 24 mm d'épaisseur a une résistance thermique $R_{th_3} = 8{,}0 \times 10^{-3}\,\text{K·W}^{-1}$, soit 50 fois plus faible que la résistance thermique $R_{th_1} = 0{,}4\ \text{K·W}^{-1}$ de la paroi double vitrage $\left(\dfrac{0{,}4}{8{,}0\times 10^{-3}} = 50\right)$.

La différence de température ΔT étant la même, le flux Φ est inversement proportionnel à la résistance thermique.
Le flux thermique à travers le simple vitrage d'épaisseur $e_3 = 24$ mm et de même surface sera donc 50 fois (et non 5 fois) plus élevé que celui à travers la paroi vitrée double vitrage.

10 min

Puissance 11, mai 2016

72 Skieur

Dans le référentiel terrestre supposé galiléen, on considère un skieur remontant une pente faisant un angle α avec l'horizontale, en tenant une perche dont la direction fait un angle β avec la piste. La masse du skieur et de son équipement est de 90 kg. Il remonte la piste rectiligne à une vitesse constante de 2,0 m·s^{-1}. On considère l'ensemble des forces de frottements constant, opposé au vecteur vitesse, et de valeur égale à 20 N.

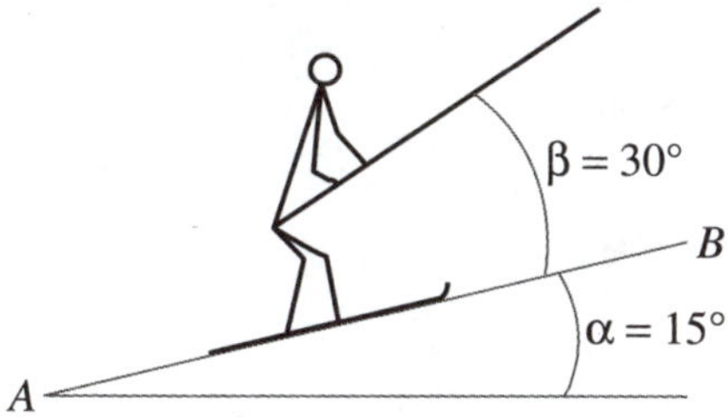

Données :

- intensité du champ de pesanteur g ≈ 10 m·s^{-2} ;
- $\sin(30°) = \dfrac{1}{2}; \sin(15°) \approx \dfrac{1}{4}; \cos(30°) = \dfrac{\sqrt{3}}{2}; \cos(15°) \approx 1; \sqrt{3} \times 3 \approx 5{,}2$.

a. L'unité newton équivaut au kg·m^2·s^{-2}.
b. La résultante des forces est orientée selon la direction des skis.
c. La tension de la perche vaut $2{,}6 \times 10^2$ N.
d. Le travail des forces de frottements sur un déplacement $AB = 100$ m est égal à $-2{,}0 \times 10^3$ J.

CONCOURS

Sujet 72 Corrigé

a. FAUX

Prenons par exemple la définition du poids d'un corps à la surface de la Terre :

$$P = mg$$

Le poids P s'exprime en newtons : c'est une force.

La masse m s'exprime en kg.

L'accélération de la pesanteur s'exprime en $m{\cdot}s^{-2}$.

L'unité newton équivaut donc au $kg{\cdot}m{\cdot}s^{-2}$ (et non au $kg{\cdot}m^2{\cdot}s^{-2}$).

b. FAUX

Si le skieur remonte la piste rectiligne à vitesse constante V_0, il en résulte $\vec{V}_0 = \overrightarrow{\text{constante}}$ car $\vec{V_0}$ a aussi une direction et un sens qui ne varient pas.

Cela implique que le vecteur accélération $\vec{a}$ du skieur est nul car $\vec{a} = \dfrac{d\vec{V}_0}{dt} = \vec{0}\cdot$

En considérant le référentiel terrestre comme galiléen, on a, en appliquant la deuxième loi de Newton (appelée aussi relation fondamentale de la dynamique) :

$$\sum \overrightarrow{\text{forces}} = m\,\vec{a} = \vec{0} \quad \text{car } \vec{a} = \vec{0}$$

La résultante des forces étant nulle, on ne peut pas définir de direction pour cette résultante des forces !

c. FAUX

Soit le schéma ci-dessous.

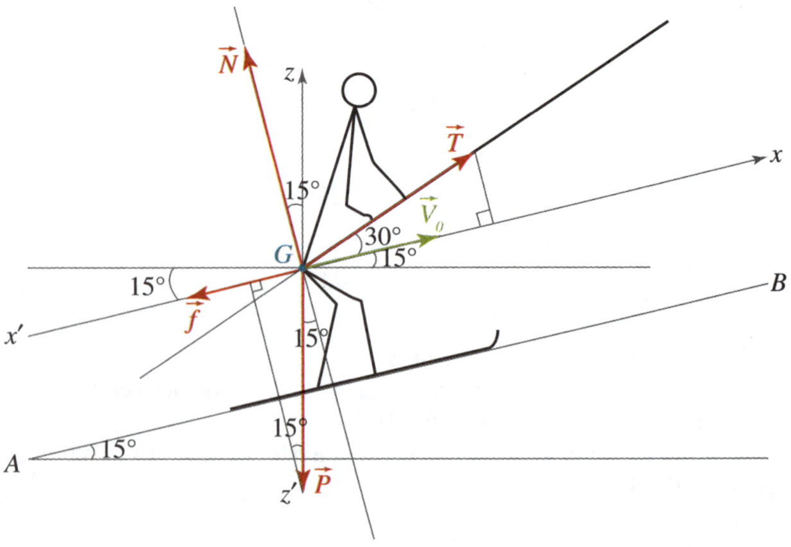

Pour simplifier le schéma, on a ramené toutes les forces en un point unique G.

Le skieur étant animé d'un mouvement rectiligne uniforme, on a :

$$\sum \overrightarrow{\text{forces}} = \vec{0} \text{ soit } \vec{P} + \vec{N} + \vec{f} + \vec{T} = \vec{0}$$

avec :

- $\vec{f}$ la force de frottement, de même direction et de sens opposé au vecteur vitesse $\vec{V}_0$;
- $\vec{P} = m\vec{g}$ le poids du skieur et de son équipement, $\vec{P}$ est une force verticale dirigée vers le bas ;
- $\vec{N}$ la réaction de la piste sur le skieur : $\vec{N}$ est perpendiculaire à la piste ;
- $\vec{T}$ la tension de la perche.

Projetons l'équation vectorielle suivant l'axe $x'x$, axe perpendiculaire au vecteur $\vec{N}$.

On a : $$-f - P\sin 15° + T\cos 30° = 0$$

soit : $$T = \frac{f + P\sin 15°}{\cos 30°} \text{ avec } P = mg$$

d'où : $$T = \frac{20 + (90 \times 10 \sin 15°)}{\cos 30°}$$

$$T = \frac{20 + \left(900 \times \frac{1}{4}\right)}{\frac{\sqrt{3}}{2}} = \frac{(20 + 225) \times 2}{\sqrt{3}}$$

$$T = \frac{445 \times 2}{\sqrt{3}} = \frac{890}{\sqrt{3}} = \frac{890 \times 3}{5{,}2} = \frac{2670}{5{,}2}$$

d'où : $$T \approx 510 \text{ N (et non 260 N)}$$

d. VRAI

$W\vec{f}_{A\to B} = -\vec{f} \cdot \overrightarrow{AB} = -f \cdot AB$ ($\vec{f}$ et $\overrightarrow{AB}$ sont deux vecteurs de même direction, mais de sens opposé).

A.N. $W\vec{f}_{(A\to B)} = -20 \times 100 = -2{,}0 \times 10^3$ J.

CONCOURS

10 min

Puissance 11, mai 2016

73 Mouvement des planètes

On modélise les trajectoires des planètes du système solaire par des cercles de rayons r dont le centre O est le soleil de masse M_s. Sur le graphe ci-après, on représente l'évolution du carré de la période de révolution (T) de quatre planètes en fonction du cube du rayon de leur orbite.

Données :

- $\dfrac{1}{(3{,}65 \times 3{,}6 \times 2{,}4)^2} = 1{,}0 \times 10^{-3}$; $M_s = 2{,}0 \times 10^{30}$ kg ;
- constante de gravitation universelle $G = 6{,}67 \times 10^{-11}$ S.I.

a. La planète associée au point C du graphe est la Terre.

b. La norme de l'accélération d'une planète s'écrit $\dfrac{G\,M_s}{r^3}$.

c. L'unité de G dans le Système international est le $m^2 \cdot s^{-2} \cdot kg^{-1}$.

d. La valeur de la constante de Kepler $\dfrac{T^2}{r^3}$ est de 3×10^{-34} $an^2 \cdot m^{-3}$.

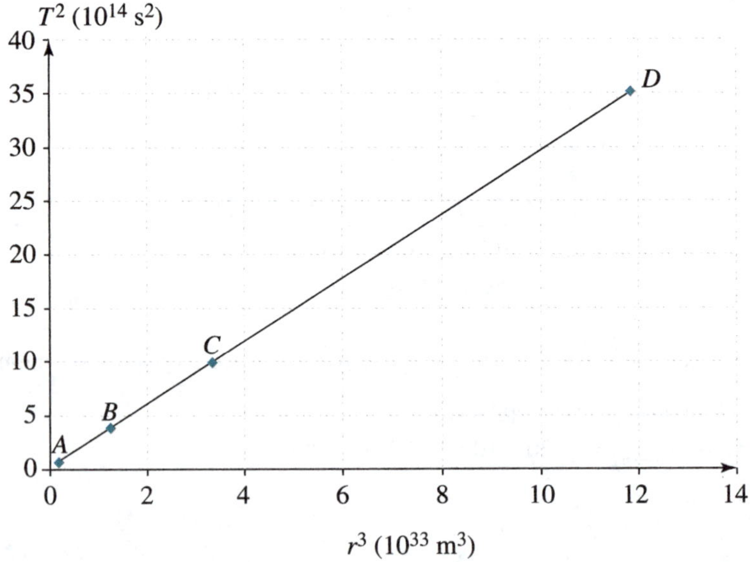

Sujet 73 Corrigé

a. VRAI

La période de révolution T_T de la Terre est de 1 an.
Comme 1 an = 365 × 24 × 3600 s, on a :

$$T_T = 3{,}65 \times 10^2 \times 2{,}4 \times 10^1 \times 3{,}6 \times 10^3$$

soit : $$T_T = (3{,}65 \times 2{,}4 \times 3{,}6) \times 10^6 \text{ s}$$

d'où : $$T_T^{\,2} = (3{,}65 \times 2{,}4 \times 3{,}6)^2 \times 10^{12} \text{ s}^2$$

En utilisant l'aide aux calculs fournie par l'énoncé, on a :

$$T_T^2 = \frac{1}{1{,}0 \times 10^{-3}} \times 10^{12} = 10^{15} \text{s}^2 = 10 \times 10^{14} \text{s}^2$$

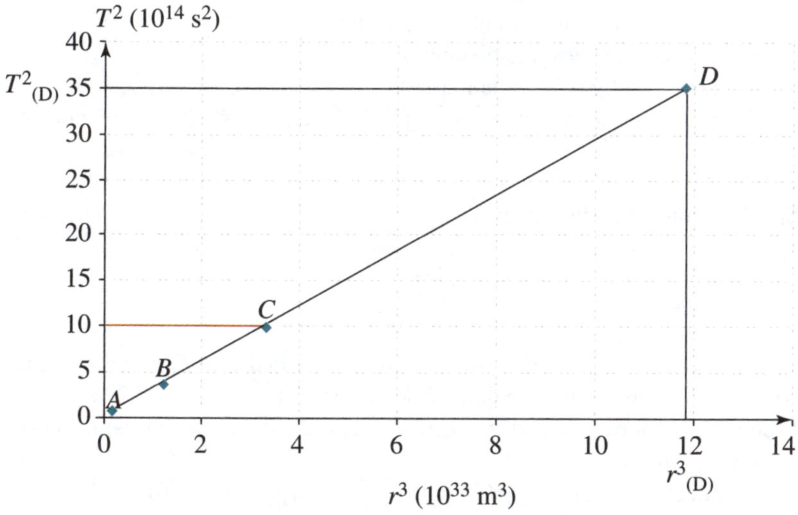

D'après le graphe fourni dans l'énoncé, $T^2 = 10 \times 10^{14}$ s^2 correspond à la planète *C*.
La planète associée au point *C* est donc la Terre.

b. FAUX

D'après la loi de la gravitation universelle, la force d'attraction du Soleil sur une planète est :

$$\vec{F} = \frac{G\, m\, M_s\, \vec{n}}{r^2}$$

$\vec{n}$ étant un vecteur unitaire centripète :

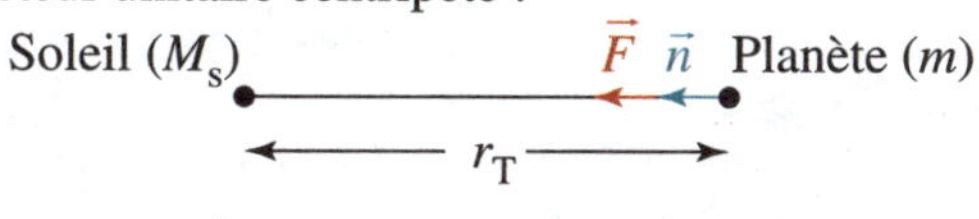

CONCOURS

D'après la deuxième loi de Newton, en considérant le référentiel héliocentrique comme galiléen et en négligeant les autres forces agissant sur la planète étudiée, on a :

$$\vec{F} = m\,a\,\vec{n}$$

avec : $a = \dfrac{G\,M_s}{r^2}$ (et non $a = \dfrac{G\,M_s}{r^3}$).

c. FAUX

De la relation $a = \dfrac{G\,M_s}{r^2}$, on déduit :

$$G = \frac{a\,r^2}{M_s}$$

a s'exprime en $m\cdot s^{-2}$ (c'est une accélération).
r s'exprime en m (c'est une distance).
M_s s'exprime en kg (c'est une masse).
G s'exprime donc en $m\cdot s^{-2}\cdot m^2\cdot kg^{-1}$ soit en $m^3\cdot s^{-2}\cdot kg^{-1}$ (et non en $m^2\cdot s^{-2}\cdot kg^{-1}$).

d. VRAI

Soit k la constante de Kepler avec :

$$k = \frac{T^2}{r^3}$$

d'où : $$T^2 = k\,r^3$$

k est donc le coefficient directeur (ou pente) de la droite $T^2 = f(r^3)$ passant par l'origine, droite donnée dans le document fourni.
Prenons les coordonnées d'un point de cette droite, par exemple les coordonnées du point D.
Graphiquement, on a $T^2_{(D)} = 35 \times 10^{14}\ s^2$ et $r^3_{(D)} = 11{,}8 \times 10^{33}\ m^3$.
Sachant que $10 \times 10^{14}\ s^2 = 1\ an^2$ (*cf.* question **a.**), on a :

$$k = \frac{3{,}5}{11{,}8 \times 10^{33}} = 0{,}3 \times 10^{-33} = 3 \times 10^{-34}\,an^2\cdot m^{-3}$$

10 min

Puissance 11, mai 2016

74 Pendule et cinétique chimique

En 1818, Louis Jacques Baron Thenard, chimiste français, découvre le peroxyde d'hydrogène H_2O_2, plus couramment connu aujourd'hui sous le nom d'eau oxygénée. Son collaborateur Bernard Courtois reçut le prix de l'Académie des sciences en 1831 pour la découverte du diiode I_2.
Dans le laboratoire de l'école polytechnique, ils entreprennent l'étude cinétique de la transformation totale entre le peroxyde d'hydrogène et les ions iodure $I^-_{(aq)}$.
L'équation chimique modélisant cette transformation s'écrit :

$$H_2O_{2\,(aq)} + 2I^-_{(aq)} + 2H^+_{(aq)} \rightarrow I_{2(aq)} + 2H_2O_{(l)}$$

Pour mesurer le temps lors de cette cinétique, ils utilisent le pendule de Galilée en suspendant une bille de plomb de masse $m = 50$ g et de centre d'inertie G à un fil de longueur ℓ accroché en O comme l'indique la figure ci-dessous.

La position à l'équilibre G_0 de G est choisie comme origine des altitudes z. Pour un amortissement faible, la pseudo période T du pendule est voisine de sa période propre T_0. L'expression de la période propre du pendule est l'une des propositions suivantes :

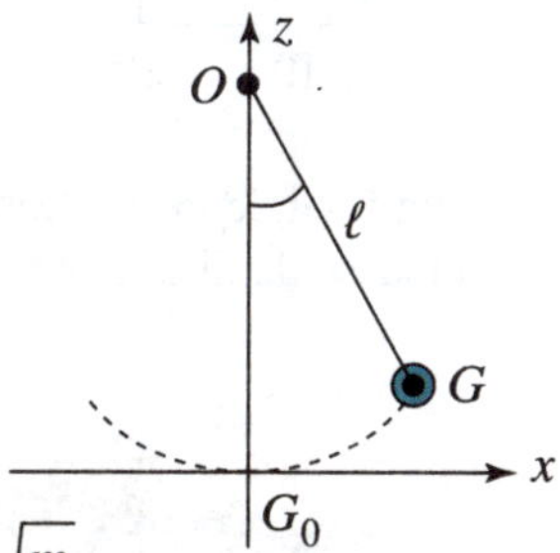

$$T_0 = 2\pi\sqrt{\ell}\,;\ T_0 = 2\pi\sqrt{\frac{\ell}{g}}\,;\ T_0 = 2\pi\sqrt{\frac{g}{\ell}}\,;\ T_0 = 2\pi\sqrt{\frac{m}{\ell}}.$$

ℓ désigne la longueur du fil et m la masse du pendule.

Données :

- intensité du champ de pesanteur : $g \approx 10\ \text{m}\cdot\text{s}^{-2}$;
- masse molaire moléculaire approximative du diiode I_2 : $M \approx 100\ \text{g}\cdot\text{mol}^{-1}$;
- on prendra : $\pi^2 \approx 10$;

Louis demande à son assistant de réaliser un pendule qui « bat la seconde » afin de faciliter les mesures pour la cinétique.

a. L'expression de la période propre du pendule simple qui convient parmi celles proposées est : $T_0 = 2\pi\sqrt{\frac{g}{\ell}}$.

b. Le fil utilisé par Bernard a une longueur $\ell \approx 1$ m.

CONCOURS

Le document ci-dessous présente les résultats de la cinétique étudiée : évolution de la quantité de matière respective des trois réactifs en fonction du temps.

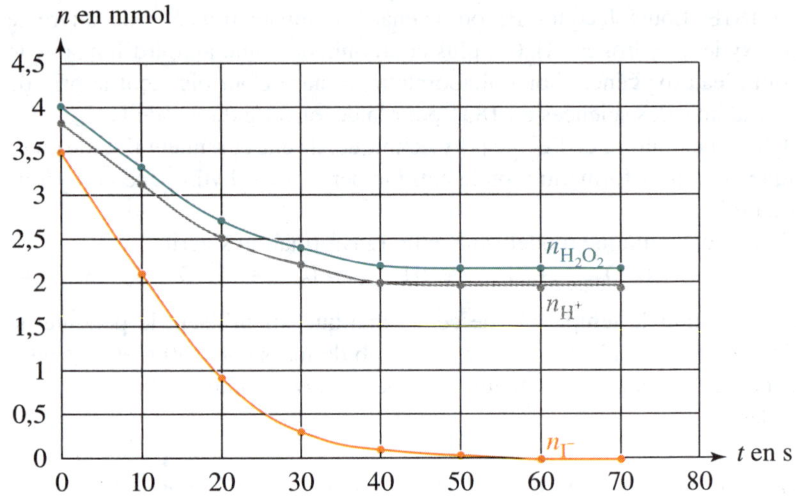

c. L'état final de la réaction est atteint à partir de 70 s.

d. La masse de diiode obtenue est environ égale à 0,18 g.

Sujet 74 Corrigé

a. VRAI

Faisons l'analyse dimensionnelle de l'expression proposée $T_0 = 2\pi\sqrt{\frac{\ell}{g}}$.

ℓ s'exprime en mètres $\Rightarrow [\ell] = L$.
g s'exprime en mètres par seconde au carrés $\Rightarrow [g] = LT^{-2}$.
(l'écriture [X] signifie : dimension de X et les 3 dimensions de base sont L la longueur, M la masse et T le temps)

d'où : $$\left[2\pi\sqrt{\frac{\ell}{g}}\right] = L^{\frac{1}{2}}(LT^{-2})^{-\frac{1}{2}} = L^{\frac{1}{2}}L^{-\frac{1}{2}}T = T$$

L'expression de T_0 est bien homogène à un temps : elle peut être retenue.
Faisons l'analyse dimensionnelle des autres expressions :

$\left[2\pi\sqrt{\ell}\right] = L^{\frac{1}{2}} \neq T$: à rejeter

$\left[2\pi\sqrt{\frac{g}{L}}\right] = L^{\frac{1}{2}}T^{-1}L^{-\frac{1}{2}} = T^{-1} \neq T$: à rejeter

$\left[2\pi\sqrt{\frac{m}{\ell}}\right] = M^{\frac{1}{2}}L^{-\frac{1}{2}} \neq T$: à rejeter

Une seule proposition convient : l'expression de la période propre d'un pendule est donc bien $T_0 = 2\pi\sqrt{\frac{\ell}{g}}$.

Remarque

Lors de l'analyse dimensionnelle, on ne tient pas compte des nombres contenus dans l'expression.

b. VRAI

Un pendule qui « bat la seconde » est un pendule qui met 1 seconde pour faire 1 « aller » ou 1 « retour », c'est-à-dire pour passer d'une élongation maximale dans un sens à une élongation maximale dans l'autre sens :
Sa période est donc $T = 1{,}00 + 1{,}00 = 2{,}00$ s.

Comme $T = 2\pi\sqrt{\frac{\ell}{g}}$, on en déduit :

$$T^2 = \frac{4\pi^2\ell}{g}$$

d'où :

$$\ell = \frac{gT^2}{4\pi^2}$$

Sachant que $g \approx 10\ \text{m}\cdot\text{s}^{-2}$ et $\pi^2 \approx 10$, on a $\ell \approx 1$ m.

c. FAUX

D'après le document fourni, l'état final de la réaction est atteint à $t = 60$ s (et non 70 s).
Après $t = 60$ s, les quantités de matière des différents corps présents dans le mélange réactionnel ne varient plus.

CONCOURS

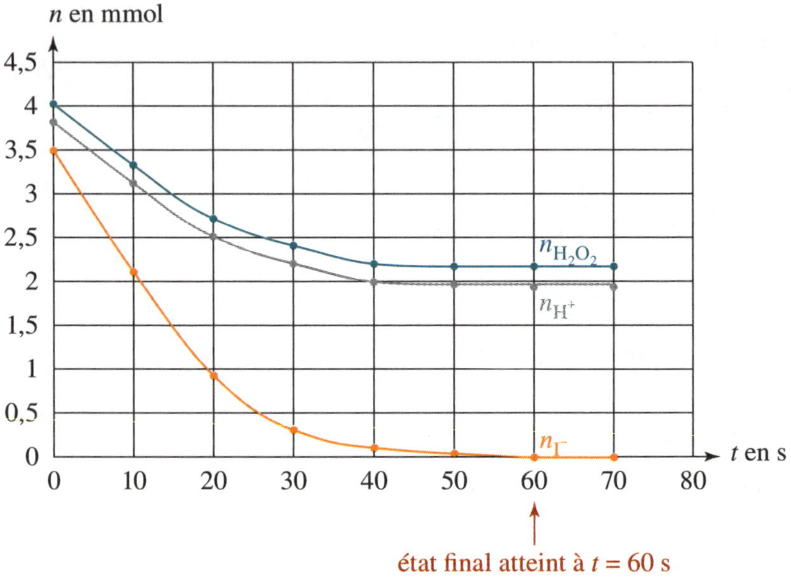

d. VRAI

D'après l'équation chimique modélisant cette transformation :

$$H_2O_{2(aq)} + 2I^-_{(aq)} + 2H^+_{(aq)} \rightarrow I_{2(aq)} + 2H_2O_{(l)}$$

la quantité de matière de diiode obtenue est égale à la moitié de la quantité de matière d'ions iodure présente initialement, sachant que tous les ions iodure ont réagi lors de cette transformation (*cf.* document).

donc : $$n_{I_2\text{final}} = \frac{n_{I^-\text{initial}}}{2}$$

Attention !
Ne pas confondre iode et diiode !

D'après le document, on a :

$n_{I^-\text{initial}} = 3{,}5 \times 10^{-3}$ mol

d'où : $$n_{I_2\text{ final}} = 1{,}75 \times 10^{-3}\text{ mol}$$

La masse de diiode obtenue en fin de réaction est $m_{I_2\text{ final}} = n_{I_2\text{ final}} \times M$

avec M la masse molaire du diiode, soit :

$$m_{I_2\text{ final}} = 1{,}75 \times 10^{-3} \times 2 \times 100 = 0{,}175\text{ g} \approx 0{,}18\text{ g}$$

10 min

Puissance 11, mai 2016

75 Feux d'artifice

La pyrotechnie, du grec « *pyros* » feu et « *teckhnê* » savoir-faire, est la technique des feux d'artifice inventée par les Chinois, il y a plus de mille ans. Une fusée pyrotechnique de masse $M = 400$ g est tirée verticalement depuis un mortier fixé au sol, avec une vitesse initiale $V_0 = 50{,}0 \text{ m·s}^{-1}$. Le mouvement de son centre d'inertie G s'effectue dans un repère vertical $\left(O, \vec{j}\right)$ orienté vers le haut. On choisit l'instant $t_0 = 0$ s, lorsque le centre d'inertie G est confondu avec l'origine du repère O.

Les courbes du **document 1** représentent l'évolution temporelle de l'énergie cinétique E_c, de l'énergie potentielle de pesanteur E_p et de l'énergie mécanique totale E_m de la fusée, lors de son mouvement ascendant dans le référentiel terrestre supposé galiléen.

On prend l'origine de l'énergie potentielle de pesanteur au point O.

À l'apogée (au sommet), une charge d'éclatement provoque l'explosion de la fusée et disperse les garnitures pyrotechniques appelées « étoiles ». Le mouvement d'une « étoile » produite lors de l'explosion de la fusée à l'apogée de sa trajectoire s'effectue dans le repère $\left(O, \vec{i}, \vec{j}\right)$. On prend comme nouvelle origine des temps l'instant où l'« étoile » est projetée à partir du point A à une altitude y_A, avec un vecteur vitesse initiale $\overrightarrow{v_A}$ appartenant au plan xOy et incliné d'un angle α par rapport à l'horizontale.

Les courbes du **document 2** représentent l'évolution temporelle des composantes V_x et V_y du vecteur vitesse $\vec{v}$ d'une « étoile ». On néglige les actions mécaniques liées à l'air (poussée d'Archimède et force de frottements).

Données :

- intensité du champ de pesanteur : $g \approx 10 \text{ m·s}^{-2}$;
- $60{,}8^2 \approx 3700$.

CONCOURS

Doc. 1

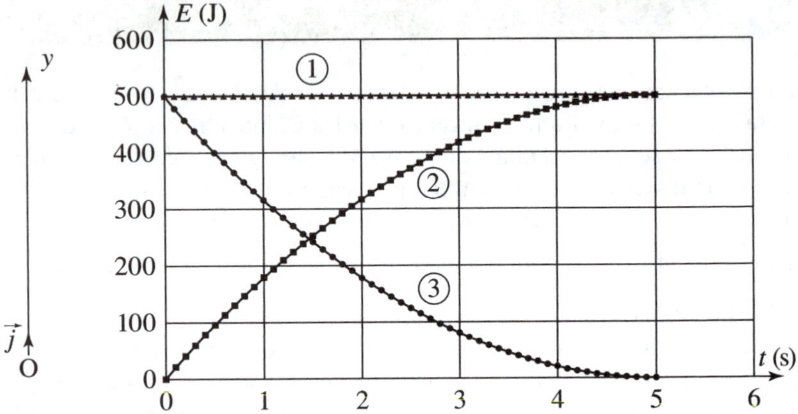

Doc. 2

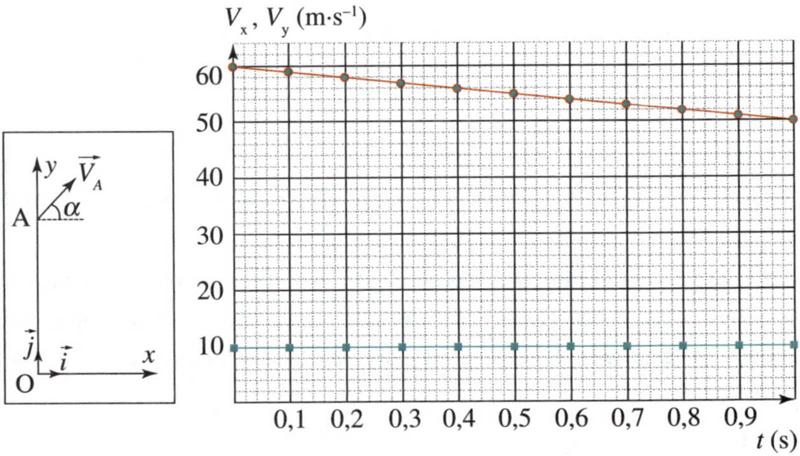

a. L'évolution de l'énergie potentielle de pesanteur de la fusée est représentée sur la courbe n° 2 du **document 1**.

b. La fusée explose 1,5 s environ après son décollage.

c. La fusée atteint son apogée à 100 m du sol.

d. La vitesse V_A d'une étoile lors de l'explosion a une valeur supérieure à 180 km·h^{-1}.

Sujet 75 Corrigé

a. VRAI
L'énergie potentielle de pesanteur E_p de la fusée augmente avec l'altitude. La courbe 2 du **document 1** représente bien l'évolution de l'énergie potentielle de pesanteur de la fusée.

Remarque

On considère la variation de masse de la fusée lors de son mouvement ascendant comme négligeable, ce qui confirme d'ailleurs la courbe 1 de ce **document 1**, la courbe 1 représentant l'énergie mécanique totale E_m de la fusée, E_m restant constante.

b. FAUX
À l'apogée, l'énergie potentielle de pesanteur E_p de la fusée est égale à son énergie mécanique totale E_m car la vitesse de la fusée devient nulle, la fusée ayant été lancée verticalement.
D'après le **document 1**, c'est à $t = 5{,}0$ s (et non à $t = 1{,}5$ s) que la fusée atteint son apogée et qu'elle explose.

c. FAUX
À $t = 0$, $E_m = E_{c\ initiale}$.
À $t = 5{,}0$ s (apogée atteinte : $y = y_{max} = y_A$), on a :

$$E_{pp\ A} = E_{c\ initiale}$$

Sachant que l'origine de l'énergie potentielle de pesanteur est prise à $y = 0$:

$$Mgy_A = \frac{1}{2}MV_0^2$$

d'où $y_A = \dfrac{V_0^2}{2g} = \dfrac{50{,}0^2}{2 \times 10} = 125\,\text{m}$ (et non 100 m).

Remarque

On néglige, comme le propose l'énoncé, la poussée d'Archimède et les forces de frottement.

d. VRAI
Lors de l'explosion de la fusée, la vitesse initiale V_A d'une « étoile » vaut :

$$V_A = \sqrt{V_{Ax_i}^2 + V_{Ay_i}^2}$$

CONCOURS

D'après le **document 2**, on a $V_{Ax_i} = 10\ \text{m·s}^{-1}$ et $V_{Ay_i} = 60\ \text{m·s}^{-1}$, d'où :

$$V_A = \sqrt{10^2 + 60^2} = \sqrt{3700} = 60{,}8\ \text{m·s}^{-1}$$

Comme $1\ \text{m·s}^{-1} = 3{,}6\ \text{km·h}^{-1}$, on a :

$$V_A = 60{,}8 \times 3{,}6 > 60 \times 3 = 180\ \text{km·h}^{-1}$$

La vitesse V_A d'une étoile lors de l'explosion est bien supérieure à $180\ \text{km·h}^{-1}$ ($V_A \approx 219\ \text{km·h}^{-1}$).

Sujets d'oral

Sujet 76 Interférométrie radar par satellite

20 min

Sujet inédit

Calculatrice non autorisée

Doc. 1 Surveillance de zones à risque

Pour surveiller les déformations de terrain, un satellite d'observation passe à intervalles de temps réguliers à la distance L au-dessus d'une zone à surveiller. Ce satellite est équipé d'un radar et d'un détecteur. Le tout fonctionne en ondes millimétriques sinusoïdales de longueur d'onde $\lambda = 6$ mm. À chaque passage, le radar envoie une onde au sol. L'onde se réfléchit et revient au détecteur.
Si le sol se soulève ou s'affaisse, la longueur L se modifie. On représente la carte des modifications verticales observées entre deux passages du satellite.

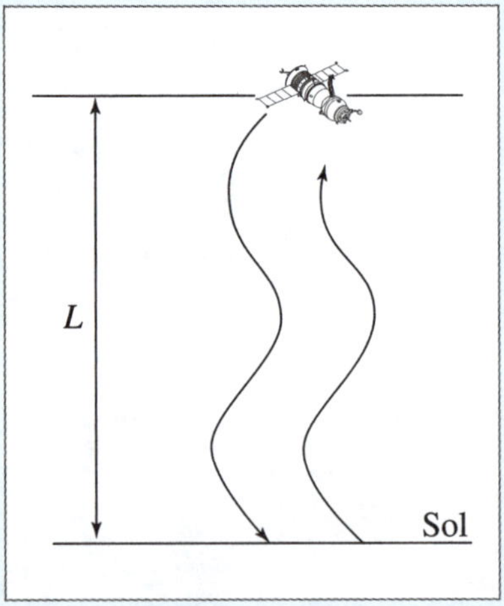

Satellite d'observation surveillant les déformations de terrain

Doc. 2 **Cartographie des déformations**

On représente d'une même couleur l'ensemble des points dont le déplacement vertical ΔL diffère par un multiple de $\frac{\lambda}{2}$. La surveillance de la zone de la gare Saint-Lazare à Paris, lors de grands travaux, a permis d'établir la carte suivante.

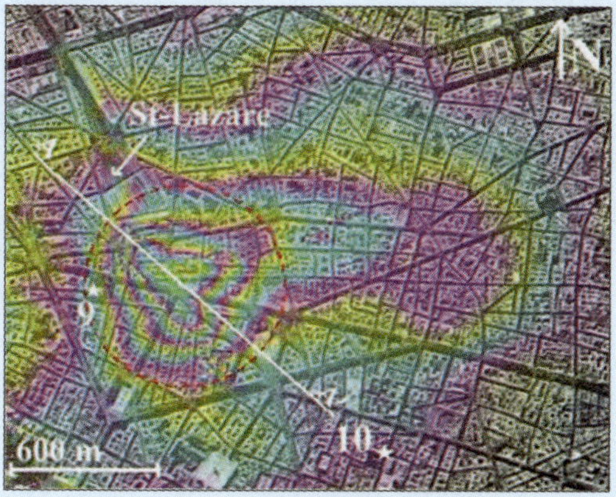

Mise en évidence d'un soulèvement au sud de la gare Saint-Lazare à Paris. Une frange (un cycle de couleur) représente 3 mm de déplacement vertical (Le Mouélic *et al.*, GRL 2002).

1 Quelle est la durée Δt d'un aller-retour du signal radar, en fonction de L et de la célérité c de l'onde électromagnétique qui constitue le signal ? Que vaut cette célérité c ?

2 On considère les franges de couleur rose. Quelle est la différence $\Delta L_2 - \Delta L_1$ du déplacement vertical pour deux franges roses consécutives ? Peut-on savoir s'il s'agit d'un affaissement ou d'un effondrement ?

3 Où est le point de soulèvement maximal ?

4 Expliquer les analogies et les différences avec l'interférométrie proprement dite.

Sujet 76 Corrigé

1 La durée d'un aller-retour est $\Delta t = \dfrac{2L}{c}$.
$\mathbf{c = 3 \times 10^8\ m \cdot s^{-1}}$ dans le vide.

> **Pensez-y !**
> Toutes les ondes électromagnétiques, notamment la partie visible (lumière), ont la même célérité dans le vide.

2 $\left|(\Delta L_2 - \Delta L_1)\right| = \dfrac{\lambda}{2} = \mathbf{3\ mm}$

On ne sait pas si ΔL_2 est plus grand ou plus petit que ΔL_1, donc on ne sait pas s'il s'agit d'un effondrement ou d'un soulèvement. Une observation de terrain est nécessaire en complément.

3 Le soulèvement (cas indiqué sur la figure, en légende) est maximal au **centre *C***.

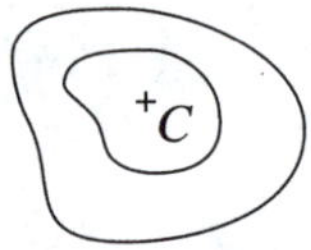

4 ΔL_2 et ΔL_1 sont des mesures obtenues par différence de durée d'un aller-retour lors de deux passages successifs des satellites :

$$\Delta L_2 = L_2(t + T) - L_2(t)$$

$$\Delta L_1 = L_1(t + T) - L_1(t)$$

Il ne s'agit donc pas de superposition, à un instant donné, de deux ondes cohérentes (au sens des interférences), mais de la comparaison informatique de signaux enregistrés à des dates différentes, et visualisés à la manière des figures d'interférences.

Sujet 77 — Quand une étoile a un compagnon caché (exoplanète ou étoile « naine »)

20 min

Sujet inédit

Calculatrice autorisée

Document — L'étoile HD 75767

L'étoile HD 75767 présente un spectre continu sur lequel se détachent des raies d'absorption (logiciel SalsaJ, téléchargeable gratuitement sur http://fr.euhou.net).

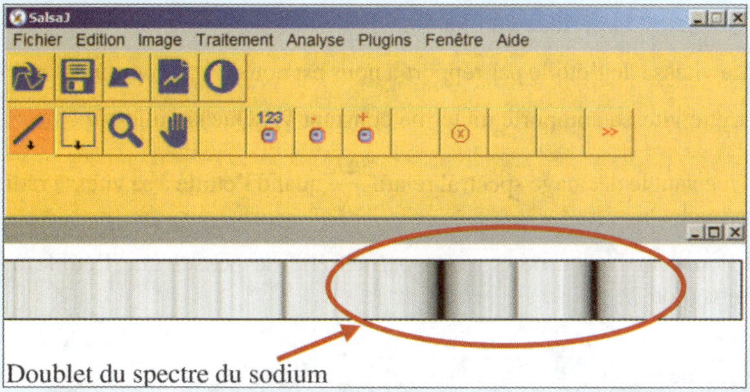

Les deux raies sombres dans l'ovale rouge sont les raies d'absorption du sodium, dans le spectre de cette étoile. Ces raies, dans le spectre de l'étoile HD 75767, ont une longueur d'onde apparente qui évolue périodiquement.

La variation $\Delta\lambda$ d'une longueur d'onde λ traduit la vitesse V de la source par rapport à l'observateur (effet Doppler) :

$$\frac{\Delta\lambda}{\lambda} = \frac{\pm V}{c}$$

avec c la vitesse de la lumière dans le vide.

La courbe ci-après donne la vitesse du mouvement de l'étoile par rapport à nous, en $km \cdot s^{-1}$, en fonction du temps t, en jours.

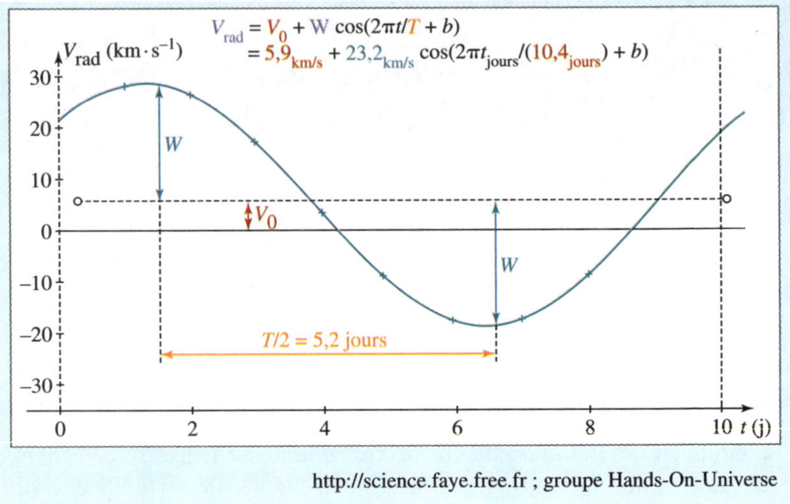

http://science.faye.free.fr ; groupe Hands-On-Universe

1 Quelle est la période du mouvement de l'étoile ?

2 La vitesse de l'étoile par rapport à nous est notée V_{rad}. Pourquoi « rad » ?

3 Cette vitesse comporte un terme constant V_0. Que signifie-t-il ?

4 Que vaut le décalage spectral relatif $\frac{\Delta\lambda}{\lambda}$ quand l'étoile a sa vitesse radiale maximale ?

5 Pourquoi la courbe ci-avant permet-elle de penser que l'étoile a un compagnon ?

Sujet 77 Corrigé

1 $\frac{T}{2} = 5{,}2$ jours, donc $\boldsymbol{T = 10{,}4}$ **jours**.

2 La notation $v_{radialè}$ rappelle que l'effet Doppler dépend de la composante du vecteur vitesse sur l'axe source-observateur (SO).

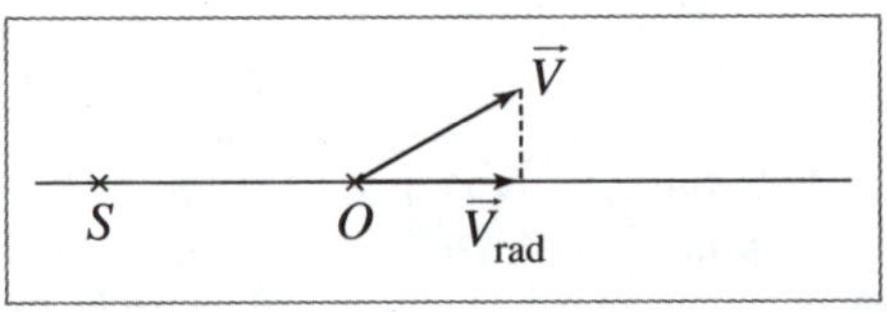

3 Le terme V_0 veut dire qu'en plus du mouvement d'oscillation (dû à l'objet caché), le système binaire (étoile + objet caché) s'éloigne de nous.

4
$$\frac{\Delta\lambda}{\lambda} = \frac{V_{max}}{c} = \frac{V_0 + W}{c}$$

A. N. : $V_0 = 5{,}9\ \text{km}\cdot\text{s}^{-1}$; $W = 23{,}2\ \text{km}\cdot\text{s}^{-1}$; $c = 3 \times 10^5\ \text{m}\cdot\text{s}^{-1}$, d'où :

$$\frac{\Delta\lambda}{\lambda} = \mathbf{9{,}7 \times 10^{-5}}$$

Remarque

Cette valeur extrêmement faible implique la plus haute technologie de spectroscopie.

5 Si l'étoile n'avait pas de compagnon, on aurait une observation correspondant à V_0 seul. Avec un compagnon, l'étoile tourne autour de leur centre de masse commun, d'où l'évolution sinusoïdale de la vitesse radiale.

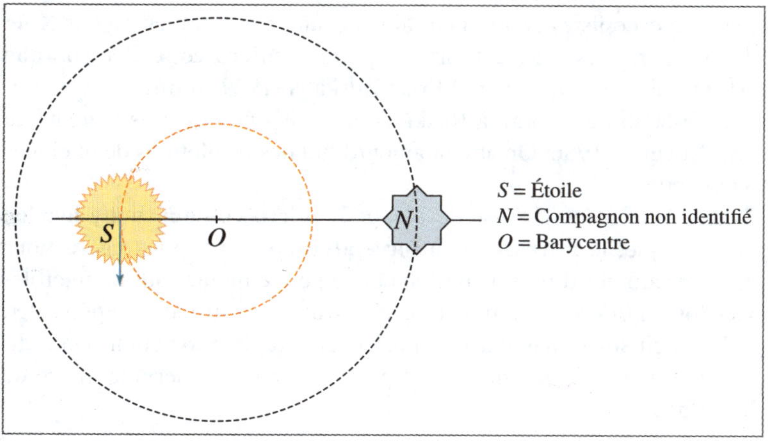

Sujet 78 Les microscopes, explorateurs de l'infime

20 min

Sujet inédit

Calculatrice autorisée

Document **Les microscopes, explorateurs de l'infime**

Depuis sa naissance au XIIIe siècle, la **microscopie optique** a permis de découvrir les protozoaires des eaux marécageuses (100 micromètres), les spermatozoïdes et les cellules végétales (30 micromètres), les cellules du sang (20 micromètres), les levures (8 micromètres) et les bactéries (2 micromètres). Il est impossible de voir des virus (de 300 nm à 20 nm) avec des appareils optiques courants.

Les microscopistes se tournent alors, d'une part vers les rayons X, et d'autre part vers les électrons. Le premier **microscope électronique** est réalisé en Allemagne par Ernst Ruska en 1929. Il offre une résolution de 60 nm et vaudra à Ruska de devenir l'un des trois lauréats du prix Nobel de 1986. On atteint aujourd'hui des résolutions de quelques nanomètres.

Depuis les années 1980 se développe la **microscopie à sonde locale** ; par exemple, le **microscope à force atomique** utilise les interactions entre les atomes d'un échantillon et une pointe montée sur un microlevier (ou *cantilever*). La pointe balaie (scanne) la surface à représenter, et l'on agit sur sa hauteur selon un paramètre de rétroaction. Un ordinateur enregistre cette hauteur et peut ainsi reconstituer une image de la surface.

La combinaison des méthodes de l'imagerie médicale IRM et de sondes à force atomique permet d'atteindre une résolution de plus en plus fine des images obtenues. On parle désormais de nano-microscopie.

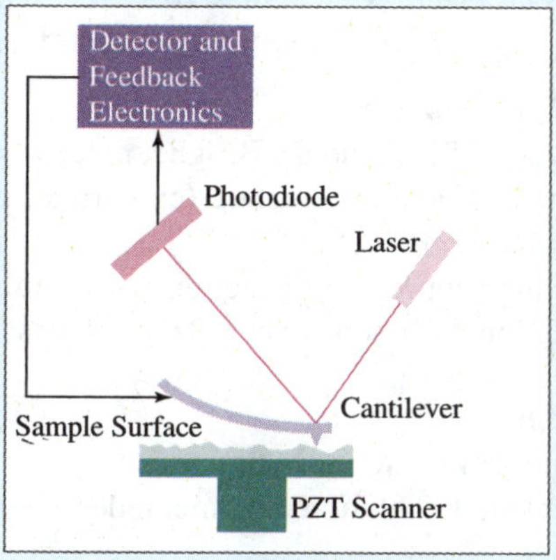

http://en.wikipedia.org/wiki/File:Atomic_force_microscope_block_diagram.svg

Figure 1 – Schéma de principe

© Roland Wiesendanger

Allers, A. Schwarz, U. D. Schwarz, Wiesendanger, Institute of Applied Physics, University of Hamburg, Allemagne

Figure 2 – Reconstitution d'une surface d'atomes de 10 nm de côté

1 Microscope optique

a. Quel est le phénomène physique qui limite la résolution des microscopes optiques ?

b. Situer les longueurs d'onde optiques par rapport aux résolutions données dans le document.

2 Microscope électronique

Dans un microscope électronique, on remplace les photons lumineux par des électrons accélérés par une tension électrique qui leur donne une énergie cinétique E_c que l'on suppose ici égale à 10 keV.

Données : masse d'un électron $m = 9{,}1 \times 10^{-31}$ kg ; charge de l'électron $1{,}6 \times 10^{-19}$ C ; constante de Planck $h = 6{,}62 \times 10^{-34}$ J·s.

a. Convertir les keV en joules.

b. Exprimer la longueur d'onde de De Broglie, notée λ, de ces électrons en fonction de leur quantité de mouvement p (en norme), puis en fonction de leur énergie cinétique E_c.

c. Calculer numériquement λ. La diffraction vous semble-t-elle le facteur limitant de la résolution des microscopes électroniques ?

3 Nano-microscopie

a. Estimer la résolution atteinte sur la **figure 2**.

b. Résumer brièvement l'évolution des méthodes de microscopie et les résolutions obtenues.

Sujet 78 Corrigé

1 a. La résolution des microscopes optiques est limitée par la **diffraction** (voir tache de diffraction, angle $\frac{\lambda}{a}$ avec λ la longueur d'onde et a la taille de l'objet diffractant).

b. La limite 300 nm (qui vaut 0,3 µm) apparaît au premier paragraphe du document ; c'est un peu inférieur aux longueurs d'onde du domaine visible.

On peut écrire : **taille observable** $\gtrsim \frac{\lambda}{2}$

2 a. $\mathbf{1\ keV = 1{,}6 \times 10^{-19} \times 10^{3} = 1{,}6 \times 10^{-16}\ J}$.

b. $\lambda = \frac{h}{p}$; $p = \|\vec{p}\|$ avec h la constante de Planck.

$E_c = \frac{1}{2}mv^2$ et $\vec{p} = m\vec{v}$ d'où :

$$E_c = \frac{p^2}{2m}$$

donc : $$p = \sqrt{2mE_c}$$

soit : $$\lambda = \frac{h}{\sqrt{2mE_c}}$$

c. A. N. : h = $6{,}62 \times 10^{-34}$ J·s ; $m = 9{,}1 \times 10^{-31}$ kg ; $E_c = 10$ keV, d'où :

$$\boldsymbol{\lambda = 1{,}2 \times 10^{-11}\ \text{m}}$$

λ est très inférieure au nanomètre. Or, la résolution, d'après le document, est de quelques nanomètres seulement. En effet, dans le microscope électronique, les interactions des électrons avec l'échantillon ne se réduisent pas à la seule diffraction.

3 a. La **figure 2** montre une vingtaine d'atomes sur 10 nm, donc une résolution de $\frac{10}{20} = \mathbf{0{,}5\ nm}$.

b. On peut résumer les ordres de grandeur :
- microscopie optique : résolution de 500 nm ;
- microscopie électronique : résolution de quelques nm ;
- nano-microscopie : résolution de 0,5 nm.

Sujet 79 Brève histoire de la RMN

20 min

Sujet inédit

Calculatrice non autorisée

Document **Spectrométrie RMN du proton pour l'éthanol**

La **figure 1** donne le premier spectre RMN du proton pour l'éthanol, spectre réalisé en 1951 à l'Université de Stanford.

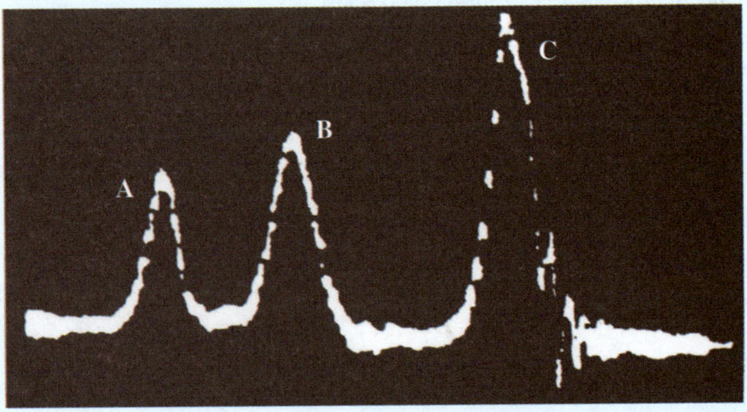

Figure 1

La **figure 2** donne l'allure des pics B et C de spectrométrie RMN du proton pour l'éthanol, pics obtenus avec un appareil RMN d'aujourd'hui.

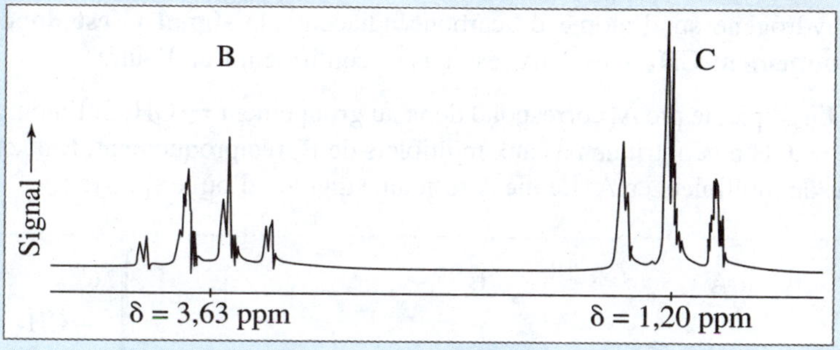

http://www3.wooster.edu/chemistry/is/brubaker/nmr/nmr_spectrum.html

Figure 2

1 Donner la formule semi-développée de l'éthane.

2 Donner la formule semi-développée de l'éthanol.

3 Identifier le nombre de groupes de protons équivalents de la molécule d'éthanol.

4 Que peut-on dire de la multiplicité des signaux B et C ? En déduire les groupements B et C.

5 À quel groupement le pic A correspond-il ? Compléter l'allure du spectre de la **figure 2**.

Sujet 79 Corrigé

1 La formule semi-développée de l'éthane est $\mathbf{CH_3—CH_3}$.

2 La formule semi-développée de l'éthanol est $\mathbf{CH_3—CH_2—OH}$.

3 La molécule d'éthanol contient **3 groupes de protons équivalents** distincts : $—CH_3$, $—CH_2$ et $—OH$.

4 Le signal B est un quadruplet, il y a (4 – 1), donc 3 atomes d'hydrogène sur l'atome de carbone adjacent ; **le signal B est donc le groupement** $\mathbf{CH_2}$.

On doit noter que l'atome H du groupement —OH ne contribue pas aux multiplets de B.
Le signal C est un triplet : $n + 1 = 3$, donc 2 voisins ; il y a en effet 2 atomes d'hydrogène sur l'atome de carbone adjacent ; **le signal C est donc le groupement CH_3**. Ces deux résultats se confirment l'un l'autre.

5 Le 3e pic, le pic A, correspond donc au groupement —OH. Si l'atome H de —OH ne contribue pas aux multiplets de B, réciproquement, B ne crée pas de multiplets en A. Le pic A reste un singulet, d'où le spectre :

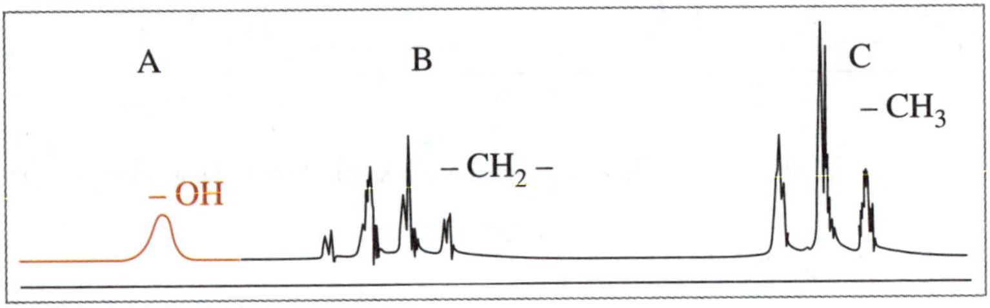

Remarque

L'intensité du pic correspondant à OH est beaucoup plus faible que celle des autres pics, car il ne correspond qu'à un seul proton.
OH ne conduit pas à un signal multiple, car c'est ce qu'on appelle un proton échangeable (protons « acides » : acide carboxylique, alcool, aminé). La vitesse d'échange de ce proton avec d'autres molécules ou le solvant transforme un signal qui devrait être multiple à la base en une moyenne. Si on travaillait à basse température, on pourrait voir le couplage entre OH et CH_2.

Sujet 80 Alerte chez les abeilles

20 min

Sujet inédit

Calculatrice non autorisée

Document **Spectres infrarouges de l'hexan-1-ol**

Les phéromones d'alarme émises par les abeilles contiennent de l'hexan-1-ol. On donne ci-dessous la partie 4 000-2 500 cm^{-1} du spectre infrarouge de l'hexan-1-ol en phase gazeuse et du spectre infrarouge de l'hexane-1-ol en film liquide.

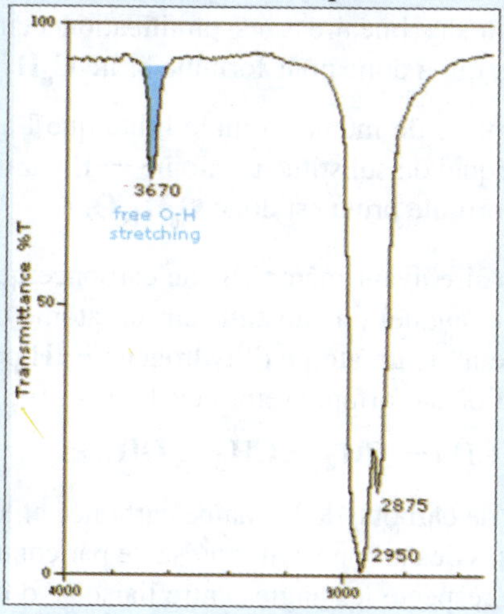

Hexan-1-ol en phase gazeuse

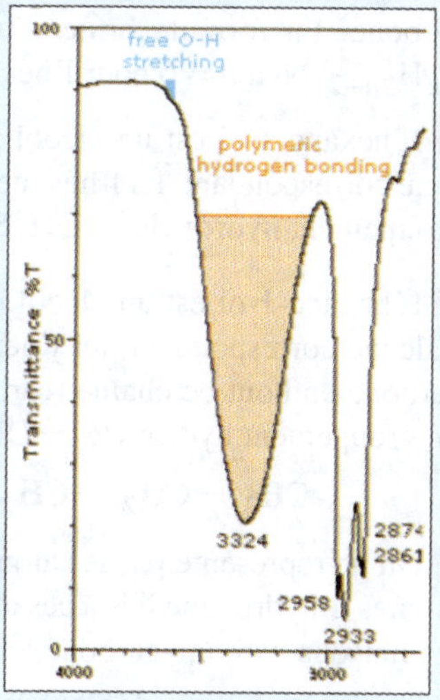

Hexan-1-ol en film liquide

1 Donner la formule brute de l'hexane.

2 Donner la formule brute de l'hexan-1-ol.

3 Donner la formule semi-développée de l'hexan-1-ol.

4 Donner la représentation topologique de l'hexan-1-ol.

5 Interpréter et comparer les deux spectres de l'hexan-1-ol.

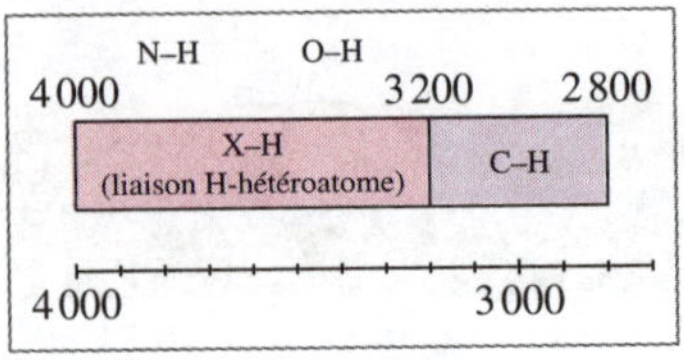

D'après http://www.slooporganicchemistry.com/

Sujet 80 Corrigé

1 L'hexane est un alcane linéaire sans ramification ayant 6 atomes de carbone. La formule brute d'un alcane linéaire sans ramification étant C_nH_{2n+2}, on a $n = 6$ pour l'hexane, qui a donc pour formule brute $\mathbf{C_6H_{14}}$.

2 L'hexane-1-ol est un alcool primaire de même formule brute que l'alcane correspondant, ici l'hexane, auquel on substitue un atome —H par un groupement hydroxyle —OH. Sa formule brute est donc $\mathbf{C_6H_{14}O}$.

3 L'hexane-1-ol est un alcool primaire ayant même chaîne carbonée que l'alcane correspondant, ici l'hexane, auquel on substitue sur un atome de carbone en bout de chaîne (carbone n° 1) un atome d'hydrogène —H par un groupement hydroxyle —OH, d'où sa formule semi-développée :

$$\mathbf{CH_3—CH_2—CH_2—CH_2—CH_2—CH_2—OH}$$

4 On ne représente pas les atomes de carbone de la chaîne carbonée et les atomes d'hydrogène liés à ces atomes de carbone. On représente par contre les liaisons carbone-carbone, et on respecte les angles entre liaisons, d'où la représentation topologique demandée : 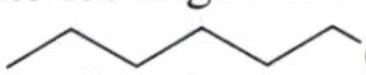OH.

5 On reconnaît dans les deux spectres, vers 2 950 cm^{-1}, les bandes d'absorption dues aux vibrations d'élongation des liaisons C—H. On observe :

- en phase gazeuse, une bande d'absorption étroite, centrée sur 3 670 cm^{-1}, due aux liaisons OH, dites « libres » ;
- en film liquide, une bande d'absorption très large, à un nombre d'onde plus petit (autour de 3 324 cm^{-1}), due aux liaisons O—H dites « liées », c'est-à-dire impliquées dans des liaisons hydrogène.

Sujet 81 — Un recyclage doux du dioxyde de carbone

20 min

Sujet inédit

Calculatrice non autorisée

Document — Dioxyde de carbone et respect de l'environnement

Problématique

Comment traiter le problème du dioxyde de carbone produit par l'activité humaine ? Trois sortes de réponses sont envisageables :

A. Réduire les émissions de CO_2.

B. Séquestrer le dioxyde de carbone dans des couches géologiques.

C. Valoriser le dioxyde de carbone, en l'utilisant comme matière première, par des procédés de synthèse respectueux de l'environnement, et à un coût raisonnable.

Une réponse « douce »

Des chercheurs du CEA, Thibault Cantat et son équipe, ont mis au point un système de recyclage du dioxyde de carbone. « La difficulté principale à relever dans les questions portant sur le recyclage du CO_2 est d'ordre énergétique et elle est double, détaille Thibault Cantat. Tout d'abord, le CO_2 étant très stable, il faut apporter de l'énergie pour le faire réagir et le convertir en un nouveau produit. » Problème résolu grâce à un dérivé du silicium (le silane ou organosilane) et à assez basse température (100 °C).

$$CO_2 + R_2N{-}H + \underbrace{R'_3Si{-}H}_{\text{Organosilane}} \xrightarrow[100\,°C,\ 24\,h]{\text{Catalyseur}} R_2N{-}C(=O){-}H + \underbrace{R'_3Si{-}OH}_{\text{Silanol}}$$

Catalyseur

5 %

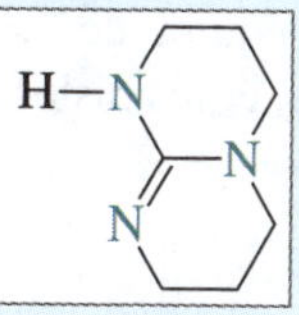

Le silicium est abondant dans la croûte terrestre, mais l'industrie produit peu d'organosilane.

Le silanol n'a pas d'utilisation dans l'industrie. Les chimistes cherchent à recycler le silanol en organosilane.

L'utilisation des formamides dans l'industrie chimique reste limitée.

SUJETS D'ORAL

Valorisation du CO_2 Sans métal Sans solvant Sans additif Une seule étape Réactifs non-toxiques	Les chercheurs envisagent néanmoins de généraliser ce procédé en employant d'autres catalyseurs afin de produire, à partir de dioxyde de carbone, des alcools et des éthers, qui pourront être utilisés à la fois comme carburants et dans l'industrie chimique.

Mais la réaction ne peut pas se faire seule. Il faut un catalyseur. « En son absence, aucune réaction n'a été observée, même après deux semaines à 150 °C ! », se souvient le chercheur. Ici, le catalyseur est une molécule organique, ce qui représente une avancée importante : « la quasi-totalité des procédés catalytiques repose sur l'emploi de catalyseurs métalliques, coûteux et souvent toxiques ».

Adapté de http://www.pourlascience.fr
(journaliste à *Pour la Science,* Cécile Fourrage)

1 On donne les trois qualificatifs suivants : chimie verte, curatif, préventif. Attribuer le qualificatif convenable à chacune des propositions A, B, C des réponses au problème du dioxyde de carbone. À quelle catégorie A, B, ou C s'applique la réponse « douce » proposée par Thibault Cantat et son équipe (CEA) ?

2 Nommer le groupement fonctionnel dans $R_2N—H$; dans $R_2N—COH$.

3 Définir un catalyseur, son rôle, son intérêt. Le catalyseur proposé est-il plus toxique ou moins toxique qu'un catalyseur à base de métaux ?

4 En spectroscopie RMN, le déplacement chimique du signal d'un proton est défini par rapport au signal d'un composé de référence qui est généralement le tétraméthylsilane (noté TMS), de formule chimique $(CH_3)_4Si$. Quelle est la valence du silicium d'après ce composé ? Est-ce vérifié dans l'organosilane et dans le silanol ? Situer l'atome Si dans le tableau périodique.

5 Résumer l'apport de la réponse « douce » de l'équipe de T. Cantat au respect de l'environnement, son intérêt, ses limites, et les pistes d'amélioration de cette réponse.

Sujet 81 Corrigé

1 **A = préventif ; B = curatif ; = chimie verte.**
La réponse « douce » proposée dans le document s'inscrit dans la « chimie **verte** » **(proposition C)**.

2 Le groupement fonctionnel dans $R_2N—H$ est l'**amine** ; dans $R_2N—COH$ l'**amide** (il s'agit du formamide, qui dérive de l'acide formique).

3 Un catalyseur est une substance qui augmente la vitesse de réaction, mais qui est régénérée à la fin de la réaction (il n'est pas consommé). Le catalyseur proposé est un catalyseur organique ; les catalyseurs organiques sont **moins toxiques** et moins chers que les catalyseurs à base de métaux.

4 Si est lié à 4 groupements méthyl dans TMS, donc l'atome Si est **tétravalent**, ce qui est vrai aussi d'après la formule de l'organosilane (Si lié à 3 groupements méthyl et 1 hydrogène) et le silanol (Si lié à 3 groupements méthyl et 1 groupement hydroxyle). Si appartient à la **colonne du carbone** dans le tableau périodique.

5 **Une réponse « douce » au problème du dioxyde de carbone**
Recycler le carbone produit par l'activité humaine est un enjeu de taille, du fait de la contribution de ce carbone à l'effet de serre.
La réaction de transformation du dioxyde de carbone par une amine et un organosilane se produit sans intermédiaires toxiques (contrairement aux procédés chimiques qui existent déjà, comme la synthèse de l'urée, engrais azoté obtenu par action de l'ammoniac sur le dioxyde de carbone) et à température assez peu élevée.
Cependant, la réaction proposée dans le document ne donne pas des produits très intéressants pour l'industrie. D'où la recherche d'autres catalyseurs permettant d'obtenir des carburants ou d'autres produits à plus forte valeur ajoutée.

Mémento

1 Nomenclature des molécules organiques

Squelette carboné

- Le nom d'une chaîne carbonée contient un préfixe qui indique le nombre d'atomes de carbone de cette chaîne carbonée.
- Liste des préfixes :

1 C : méth-	6 C : hex-
2 C : éth-	7 C : hept-
3 C : prop-	8 C : oct-
4 C : but-	9 C : non-
5 C : pent-	10 C : dec-

Les chaînes ramifiées ont après le préfixe ci-avant le sufixe -yl.

Famille de molécules organiques

Pour chaque famille, on donne dans l'ordre : nom, définition, suffixe, formule générale, exemple avec nom et formule topologique.

Alcane

- Hydrocarbure n'ayant que des liaisons C—C simples.
- Suffixe : -ane.
- C_nH_{2n+2}
- Exemple :

$CH_3—CH(CH_3)—CH_2—CH_2—CH_3$ 2 méthylpentane

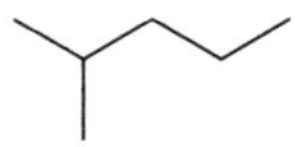

Alcène

- Hydrocarbure ayant une liaison C=C.
- C_nH_{2n}
- Suffixe : -ène.
- Exemple : $CH_2=CH—CH_2—CH_3$ but-1-ène 

Alcyne

- Hydrocarbure ayant une liaison triple C≡C.
- C_nH_{2n-2}
- Suffixe : -yne.
- Exemple : $CH_3—C≡C—CH_2—CH_3$ pent-2-yne 

Alcool

- Molécule ayant le groupement hydroxyle : —OH.
- Suffixe : -ol.
- **Alcool primaire** : 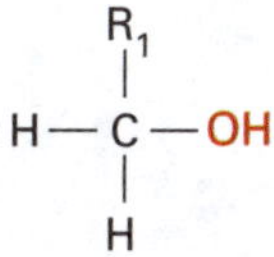 (R_1 groupement carboné ou H ici)

Exemple : $CH_3—CH_2—OH$ éthanol 

- **Alcool secondaire** : 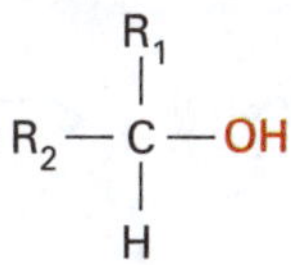

Exemple : 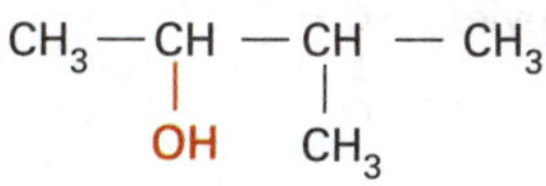 3 méthylbutan-2-ol 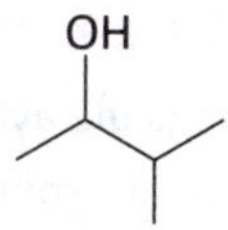

- **Alcool tertiaire** : 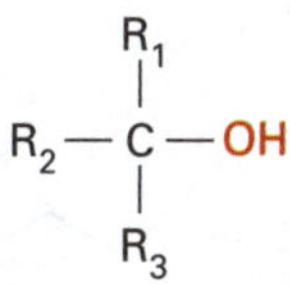

Exemple : 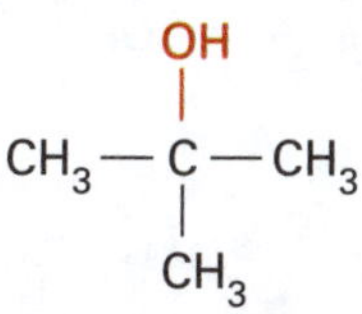 méthylpropanol 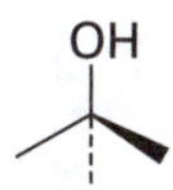

Acide carboxylique

- Molécule possédant le groupement carboxyle 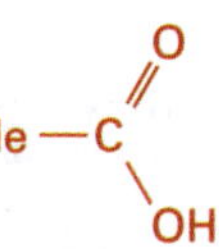
- Au début du nom : acide
- Suffixe : -oïque
- 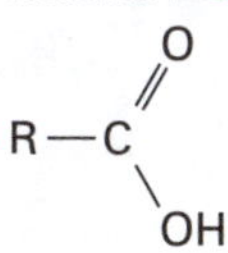
- Exemple : 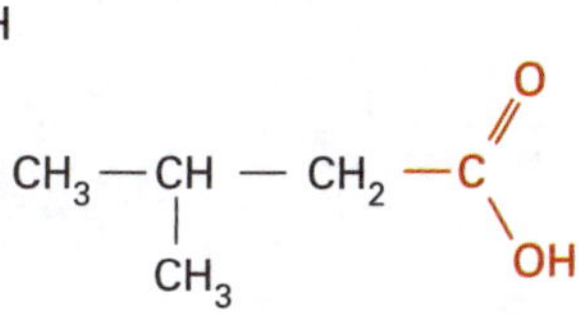 acide 3-méthylbutanoïque

Aldéhyde

- Molécule ayant le groupement : 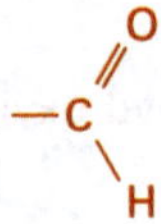
- Suffixe : -al
- 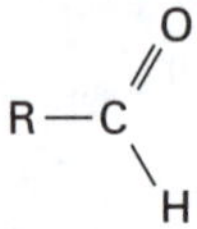
- Exemple : 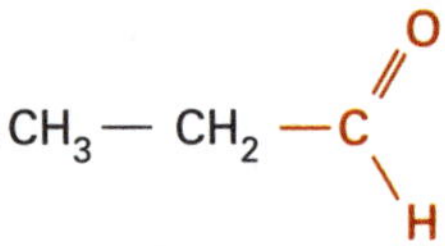 propanal 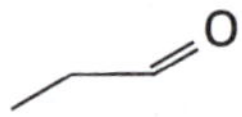

Cétone

- Molécule ayant le groupement carbonyle : 
- Suffixe : -one
- 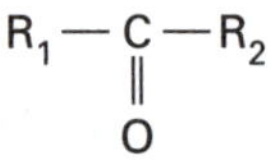
- Exemple :

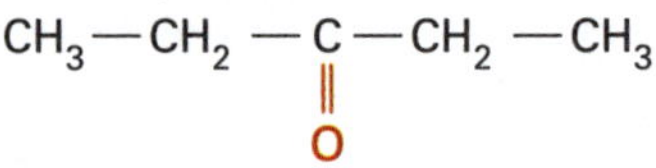 pentan-2-one 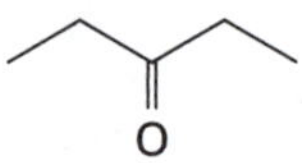

Ester

- Molécule ayant le groupement ester : 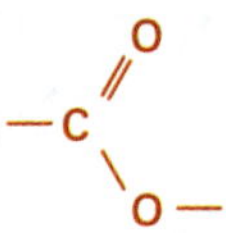
- 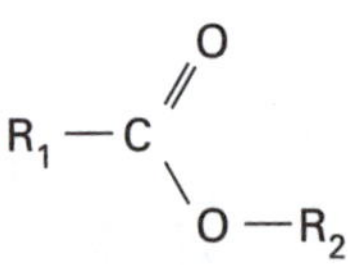 « R_1—C »-oate de « R_2 »-yle
- R_1 et R_2 groupements carbonés
- Exemple :

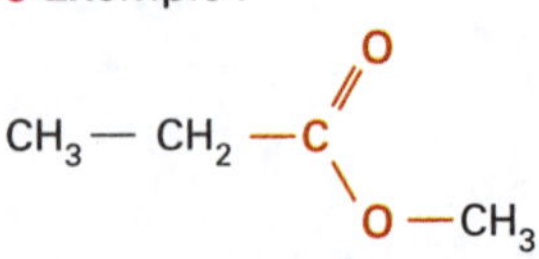 propanoate de méthyle 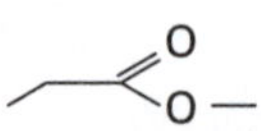

Amine

- Molécule ayant le groupement amine : $—NH_2$
- $R_1—NH_2$
- Exemple : $CH_3—CH_2—NH_2$

éthanamine 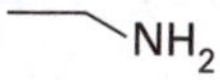

Remarque

Comme pour les alcools, on a des amines :

- primaires $R_1—NH_2$,
- secondaires $R_1—N(R_2)—H$
- tertiaires $R_1—N(R_2)—R_3$.

Amide

- Molécule ayant le groupement amide : 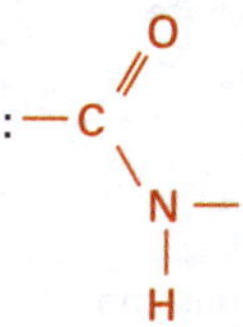
- 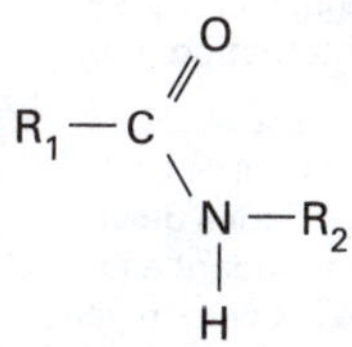
- Exemple :

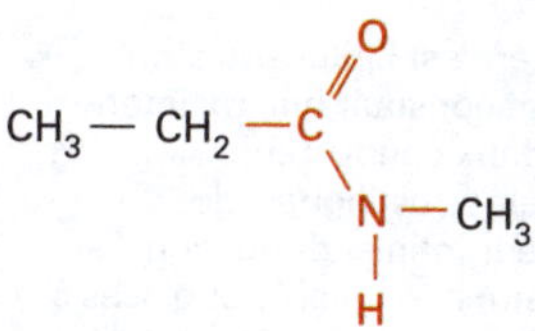

N méthylpropanamide 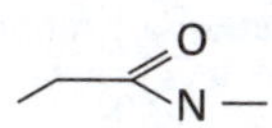

Remarque

Les groupements R_1, R_2 et R_3 sont les groupements carbonés, sauf mention contraire.

2 L'analyse dimensionnelle

L'analyse dimensionnelle se fonde sur les dimensions des grandeurs physiques, exprimées de façon abstraite par une lettre, ou de façon concrète par une unité.

Unités fondamentales

Unités de base du SI, 6 grandeurs physiques du programme du bac			
Grandeur	**Unité**	**Symbole**	**Définition**
Longueur	**Mètre**	**m**	Le mètre est la longueur du trajet parcouru dans le vide par la lumière pendant une durée de 1/299 792 458 de seconde.
Masse	**Kilogramme**	**kg**	Le kilogramme est l'unité de masse ; il est égal à la masse du prototype international du kilogramme.
Temps	**Seconde**	**s**	La seconde est la durée de 9 192 631 770 périodes de la radiation correspondant à la transition entre les deux niveaux hyperfins de l'état fondamental de l'atome de césium 133.
Courant électrique	**Ampère**	**A**	L'ampère est l'intensité d'un courant constant qui, maintenu dans deux conducteurs parallèles, rectilignes, de longueur infinie, de section circulaire négligeable et placés à une distance de 1 mètre l'un de l'autre dans le vide, produirait entre ces conducteurs une force égale à 2×10^{-7} newton par mètre de longueur.
Température thermodynamique	**Kelvin**	**K**	Le kelvin, unité de température thermodynamique, est la fraction 1/273,16 de la température thermodynamique du point triple de l'eau.
Quantité de matière	**Mole**	**mol**	La mole est la quantité de matière d'un système contenant autant d'entités élémentaires qu'il y a d'atomes dans 12,0 g de carbone 12.

Unités dérivées

À l'aide de ces unités fondamentales, on construit les **unités dérivées** :

- vitesse : en $m \cdot s^{-1}$;
- accélération : en $m \cdot s^{-2}$;
- force : en N (newtons) soit en $kg \cdot m \cdot s^{-2}$;
- énergie : en J (joules) soit en $kg \cdot m^2 \cdot s^{-2}$;
- concentration massique volumique C_m d'un soluté dans un solvant (ce dernier étant en Terminale S quasiment toujours l'eau). C_m s'exprime en $g \cdot L^{-1}$;
- concentration molaire volumique C d'un soluté dans un solvant. C s'exprime en $mol \cdot L^{-1}$. Remarque : la masse molaire M de soluté s'exprimant en $g \cdot mol^{-1}$, on a $C_m = M \cdot C$;
- volume molaire V_m, utilisé pour le gaz, qui s'exprime en $L \cdot mol^{-1}$. Pour un gaz assimilable à un gaz parfait, dans les conditions normales de température et de pression ($t = 0$ °C et $P = 1$ atm), on a $V_m = 22{,}4\ L \cdot mol^{-1}$;
- absorbance A_λ sans dimension, c'est-à-dire sans unité.

L'absorptivité molaire $_\lambda$ (appelée aussi coefficient d'extinction molaire) s'exprime en $L \cdot mol^{-1} \cdot m^{-1}$.

La concentration molaire volumique de l'espèce colorée X notée [X] s'exprime en $mol \cdot L^{-1}$.

La longueur L s'exprime en m, d'où :

$$\underbrace{1\,(\text{pas d'unité})}_{A} = \underbrace{L \cdot mol^{-1} \cdot m^{-1}}_{\varepsilon_\lambda} \times \underbrace{m}_{L} \times \underbrace{mol \cdot L^{-1}}_{[X]}$$

Analyse dimensionnelle et homogénéité des équations

L'**analyse dimensionnelle** repose sur le fait que ne peuvent être comparées que des grandeurs ayant la même dimension : il est possible de comparer deux longueurs entre elles, mais pas une longueur et une masse entre elles.

L'analyse dimensionnelle comme outil de vérification

L'analyse dimensionnelle permet de vérifier la viabilité d'une équation ou du résultat d'un calcul.

Exemple

- Accélération en m × s^{-2} ; force = masse × accélération, en kg × m × s^{-2} ; énergie = force × déplacement en kg × m^2 × s^{-2}.
- Vérifions que la relation $E = mc^2$ est bien homogène.
c s'exprime, en m × s^{-1} d'où mc^2 en kg × m × s^{-2}, ce qui est bien homogène à l'énergie définie ci-dessus.

L'analyse dimensionnelle comme outil de recherche

L'analyse dimensionnelle permet d'établir la forme qualitative d'un résultat, à partir de laquelle construire un modèle.

Exemple

Soit g l'accélération de la pesanteur en m × s^{-2} et h une hauteur.
gh s'exprime donc en s^{-2} ; $v = \sqrt{(gh)}$ est homogène à une vitesse.
Ainsi, la modélisation la plus simple de la célérité v de la houle donne $v = \sqrt{(gh)}$, d'où une estimation de la profondeur des océans par mesure de vitesse de la houle, dans certains cas, à partir de laquelle on peut ensuite établir des modèles plus complexes.

3 Mesures et incertitudes

- L'ensemble des opérations d'une mesure (ou mesurage) permet d'attribuer à une grandeur à mesurer (ou mesurande M) un résultat formé :
– d'une valeur m ;
– d'une incertitude $\pm \Delta M$ autour de cette valeur.
- Le rapport $\frac{\Delta M}{m}$ est appelé précision sur le résultat du mesurage.
- On distingue deux types d'incertitudes :
– type A (méthode statistique) ;
– type B (estimation par un jugement scientifique).

Incertitude de type A (méthode statistique)

On dispose de n observations m_k. On en calcule la moyenne arithmétique :

$$m_{\text{moyenne}} = \frac{1}{n}\sum_{k=1}^{n} m_k$$

L'écart-type expérimental s'écrit :

$$\sigma_{\text{expérimental}} = \sqrt{\frac{1}{n-1} \times \sum_{k=1}^{n} m_k (m_k - m_{moyenne})^2}$$

L'incertitude-type est définie comme l'écart-type sur la valeur moyenne. On prend :

$$\sigma = \sqrt{\frac{1}{n}} \times \sigma_{\text{expérimental}}$$

Incertitude de type B (estimation par un jugement scientifique)

Si l'on ne dispose pas d'observations répétées, on utilise les informations expérimentales dont on dispose pour proposer une incertitude :
– indication donnée par le constructeur ;
– incertitude de lecture sur un appareil de mesure ;
– incertitude d'observation (par exemple sur l'observation du virage d'un indicateur coloré, ou d'une mise en évidence d'un point d'équivalence en chimie)...

Présentation du résultat

On définit une incertitude-type élargie $\Delta M = k \cdot \sigma$ où k est un facteur d'élargissement et σ l'incertitude-type. Plus k est grand, plus il est probable qu'une mesure ultérieure donne un résultat contenu dans l'intervalle $[m - \Delta M, m + \Delta M]$.

Un cas usuel (distribution gaussienne) consiste à prendre $k = 2$; on a alors 95 % de chances qu'une mesure ultérieure se place dans l'intervalle $[m - \Delta M, m + \Delta M]$.

On présentera le résultat global sous la forme suivante :

$M = m \pm \Delta M$, unité, niveau de confiance

À retenir

- Dans les calculs intermédiaires, on garde le maximum de chiffres, de façon à ne pas accumuler les erreurs systématiques.
- En revanche, pour le résultat final, le nombre de chiffres significatifs est tel que la précision ne peut être supérieure à celle des données.
- Pour le nombre de chiffres significatifs en présence de logarithme (cas du pH, du pKa, par exemple), on utilise la règle internationale ci-après : « Il y a autant de chiffres significatifs pour la valeur écrite en format scientifique que de chiffres significatifs après la virgule dans son logarithme. »
Exemple : pKa $= -\log K_A$ d'où $K_A = 10^{-\text{pKa}}$. Si pKa = 4,76 (deux chiffres significatifs après la virgule), on a $K_A = 10^{-4,76} = 1,7 \cdot 10^{-5}$, K_A étant exprimé avec deux chiffres significatifs.

4 Classification périodique des éléments chimiques

Numéro atomique → Z ; X ← Symbole de l'élément ; Nom

H 1 hydrogène																	He 2 hélium
Li 3 lithium	Be 4 béryllium											B 5 bore	C 6 carbone	N 7 azote	O 8 oxygène	F 9 fluor	Ne 10 néon
Na 11 sodium	Mg 12 magnésium											Al 13 aluminium	Si 14 silicium	P 15 phosphore	S 16 soufre	Cl 17 chlore	Ar 18 argon
K 19 potassium	Ca 20 calcium	Sc 21 scandium	Ti 22 titane	V 23 vanadium	Cr 24 chrome	Mn 25 manganèse	Fe 26 fer	Co 27 cobalt	Ni 28 nickel	Cu 29 cuivre	Zn 30 zinc	Ga 31 gallium	Ge 32 germanium	As 33 arsenic	Se 34 sélénium	Br 35 brome	Kr 36 krypton
Rb 37 rubidium	Sr 38 strontium	Y 39 yttrium	Zr 40 zirconium	Nb 41 niobium	Mo 42 molybdène	Tc 43 technétium	Ru 44 ruthénium	Rh 45 rhodium	Pd 46 palladium	Ag 47 argent	Cd 48 cadmium	In 49 indium	Sn 50 étain	Sb 51 antimoine	Te 52 tellure	I 53 iode	Xe 54 xénon
Cs 55 césium	Ba 56 baryum	L	Hf 72 hafnium	Ta 73 tantale	W 74 tungstène	Re 75 rhénium	Os 76 osmium	Ir 77 iridium	Pt 78 platine	Au 79 or	Hg 80 mercure	Tl 81 thallium	Pb 82 plomb	Bi 83 bismuth	Po 84 polonium	At 85 astate	Rn 86 radon
Fr 87 francium	Ra 88 radium	A	Rf 104 rutherfordium	Db 105 dubnium	Sg 106 seaborgium	Bh 107 bohrium	Hs 108 hassium	Mt 109 meitnerium	Ds 110 darmstadtium	Rg 111 roentgénium	Cn 112 copernicium	Nh 113 nihonium	Fl 114 flérovium	Mc 115 moscovium	Lv 116 livermorium	Ts 117 tennessine	Og 118 oganesson

L = Lanthanides : 57 à 71 **A = Actinides : 89 à 103**

D'après www.iupac.org

5 Formulaire de Physique

Ondes et matière

- **Magnitude de Richter** :

$$M = \log\left(\frac{y_{max}}{y_0}\right)$$

avec y_{max} et y_0 en m.

- **Niveau d'intensité sonore** :

$$L = 10\log\left(\frac{I}{I_0}\right)$$

avec L en dB, I et I_0 en $W \cdot m^{-2}$ et $I_0 = 10^{-2}\ W \cdot m^{-2}$.

- **Fréquence** :

$$N = \frac{1}{T}$$

avec N en Hz, T en s.

- **Longueur d'onde** :

$$\lambda = cT = \frac{c}{N}$$

avec λ en m, c en $m \cdot s^{-1}$, T en s, N en Hz.

- **Retard** :

$$\Delta t = \frac{\Delta x}{c}$$

avec Δt en s, Δx en m, c en $m \cdot s^{-1}$.

- **Diffraction** :

$$\theta = \frac{\lambda}{a}$$

avec θ en rad, λ et a en m.

- **Déphasage** :

$$\Delta\varphi = \frac{2\pi\Delta t}{T}$$

avec $\Delta\varphi$ en rad, Δt et T en s.

- **Interfrange** :

$$i = \frac{\lambda d}{S_1S_2}$$

avec i, λ, d, S_1S_2 en m.

- **Effet Doppler-Fizeau** :

$$\frac{v}{c} = \frac{\Delta\lambda}{\lambda}$$

avec v et c en $m \cdot s^{-1}$, $\Delta\lambda$ et λ en m.

Lois et modèles

- **Vecteur position :**

$$\overrightarrow{OM}(t) = x(t)\vec{i} + y(t)\vec{j} + z(t)\vec{k}$$

- **Vecteur vitesse :**

$$\vec{v}(t) = v_x(t)\vec{i} + y(t)\vec{j} + v_z(t)\vec{k}$$

- **Vecteur accélération :**

$$\vec{a}(t) = a_x(t)\vec{i} + a_y(t)\vec{j} + a_z(t)(\overrightarrow{k})$$

- **Accélération dans le repère de Frenet :**

$$\vec{a}(t) = \frac{\mathrm{d}v}{\mathrm{d}t}\vec{\tau} + \frac{v^2}{R}\vec{n}$$

- **1re loi de Newton :**

$$\sum\vec{F} = \vec{0} \Rightarrow \vec{V} = \overrightarrow{\text{constante}}$$

- **2e loi de Newton :**

$$\sum\vec{F} = m\vec{a}$$

- **3e loi de Newton :**

$$\vec{F}_{A/B} + \vec{F}_{B/A} = \vec{0}$$

- **Quantité de mouvement :**

$$\vec{p} = m\vec{v}$$

avec p en $kg \cdot m \cdot s^{-1}$, m en kg, v en $m \cdot s^{-1}$.

- **3e loi de Kepler :**

$$\frac{T^2}{a^3} = \frac{4\pi^2}{GM}$$

avec T en s, a en m, M en kg, $G = 6{,}67 \times 10^{-11}\ N \cdot kg^{-2} \cdot m^2$.

- **Travail d'une force constante :**

$$W_{A \to B}(\vec{F}) = \vec{F} \cdot \overrightarrow{AB}$$

avec $W_{A \to B}$ en J, m en kg, F en N, AB en m.

- **Énergie potentielle de pesanteur :**

$$E_{pp} = mgz$$

avec E_{pp} en J, m en kg, $g = 9{,}8\ m \cdot s^{-2}$, z en m.

- **Énergie potentielle électrique :**

$$E_{pé} = qV$$

avec $E_{pé}$ en J, q en C, V en V.

- **Énergie cinétique :**

$$E_k = \frac{1}{2}mv^2$$

avec E_k en J, m en kg, v en $m \cdot s^{-1}$.

- **Poids :**

$$\vec{P} = m\vec{g}$$

avec P en N, m en kg, $g = 9{,}8\ m \cdot s^{-2}$.

- **Force électrostatique :**

$$\vec{F} = q\vec{E}$$

avec F en N, q en C, E en $V \cdot m^{-1}$.

- **Énergie potentielle élastique :**

$$E_{pé} = \frac{1}{2} kx^2$$

avec $E_{pé}$ en J, k en N · s^{-1}, x en m.

- **Période d'un pendule simple :**

$$T_0 = 2\pi\sqrt{\frac{\ell}{g}}$$

avec T_0 en s, ℓ en m, $g = 9{,}8$ m · s^{-2}.

Défis du XXIe siècle

- **Dilatation des durées :**

$$\Delta t' = \frac{\Delta t_0}{\sqrt{1 - \frac{v^2}{c^2}}}$$

avec $\Delta t'$ et Δt_0 en s, v et c en m · s^{-1}.

- **Flux thermique :**

$$\rho_{th} = \frac{Q}{\Delta t}$$

avec ρ_{th} en W, Q en J, Δt en s.

- **Résistance thermique :**

$$R_{th} = \frac{\Delta T}{\rho_{th}}$$

avec ρ_{th} en W, ΔT en K et R_{th} en K · W^{-1}.

- **Variation d'énergie interne :**

$$\Delta U = c \cdot \Delta T$$

avec ΔU en J, ρ_{th} en W et ΔT en K.

- **Relation de De Broglie :**

$$\lambda = \frac{h}{p}$$

avec λ en m, $h = 6{,}63 \times 10^{-34}$ J · s, p en kg · m · s^{-1}.

- **Rapport signal sur bruit :**

$$r_{sb} = \frac{P_s}{P_b}$$

avec P_s et P_b en W.

- **Atténuation en décibels :**

$$A_{dB} = -10\log\left(\frac{P_{s(reçu)}}{P_{s(émis)}}\right)$$

avec A_{dB} en dB, $P_{s(émis)}$ et $P_{s(reçu)}$ en W.

6 Formulaire de Chimie

Acides et bases

- **Définition du pH :**

$$[H_3O^+] = 10^{-pH} \text{ ou } pH = -\log[H_3O^+]$$

- **Produit ionique de l'eau :**

$$K_e = [H_3O^+]_f[HO^-]_f = 10^{-14} \text{ à } 25\,°C$$

- **Couple acide/base :** AH/A^- tel que

$$AH \rightleftarrows A^- + H^+$$

- **Réaction acide/base entre deux couples** A_1H/A^- et A_2H/A_2^- :

$$A_1H + A_2^- \rightleftarrows A_1^- + A_2H$$

- **Acide fort (totalement dissocié dans l'eau) :**

$$AH(aq) + H_2O(\ell) \rightarrow A^-(aq) + H_3O^+(aq)$$

- **Acide faible (partiellement dissocié dans l'eau) :**

$$AH(aq) + H_2O(\ell) \rightleftarrows A^-(aq) + H_3O^+(aq)$$

- **pH d'un acide fort :**

$$pH = -\log c$$

- **pH d'une base faible :**

$$pH = 14 + \log c \text{ (à 25 °C)}$$

- **Constante d'acidité :**

$$K_a = \frac{[H_3O^+]_{éq}[A^-]_{éq}}{[AH]_{éq}}$$

- **pKa :**

$$pKa = -\log K_a$$

- **Diagramme de prédominance :**

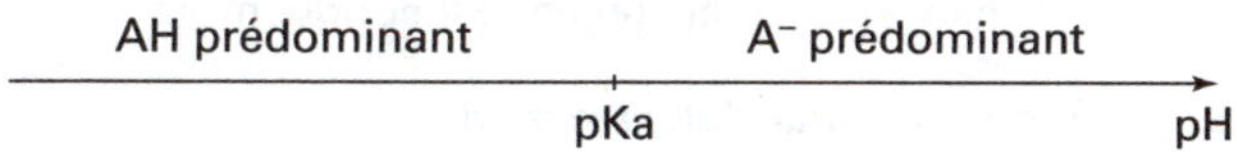

- **Solution tampon :**

$$pH = pKa$$

- **Temps de demi-réaction :**

$$x_{t_{1/2}} = \frac{x_f}{2}$$

- **Vitesse volumique de réaction :**

$$v(t) = \frac{1}{V}\frac{dx}{dt}$$

Chimie organique

- **Carbone asymétrique** *C tel que :

avec A, B, D et E des atomes ou groupements différents

- **Isomères Z/E :**

(Z) (E)

Contrôles qualité

- **Équivalence acide/base :**

Soit la réaction aA(aq) + bB(aq) → cC(aq).

À l'équivalence, $\frac{n_{i(A)}}{a} = \frac{n_{i(B)}}{b}$

soit : $$bC_aV_a = aC_bV_b$$

(V_a et V_b volumes des solutions introduites à l'équivalence)

- **Conductivité d'une solution (loi de Kohlrausch) :**

$$\sigma = \Sigma_i \lambda_i [X_i]$$

- **Absorbance (loi de Beer-Lambert) :**

$$A = \varepsilon_{(\lambda)} \ell C$$

- **Rendement d'une synthèse :**

$$r = \frac{\text{masse obtenue réellement}}{\text{masse maximale obtenue théoriquement}}$$

- **Taux d'avancement maximal d'une réaction :**

$$\tau_f = \frac{x_f}{x_{max}}$$

Si pas de perte lors d'une réaction, $\tau_f = r$.

PHYSIQUE

■ **Capacité thermique** : énergie qu'il faut apporter à un corps pour augmenter sa température de 1 kelvin. Unité : $J \cdot K^{-1}$.

■ **Capacité thermique massique** : capacité thermique par unité de masse. Unité : $J \cdot K^{-1} \cdot kg^{-1}$.

■ **Constante de Planck** : constante fondamentale de la mécanique quantique, de valeur $h \approx 6{,}63 \times 10^{-34}$ J · s.

■ **Décibel (dB)** : unité sans dimension, correspondant à $L(\text{dB}) = 10\log\left(\frac{P}{P_0}\right)$, utilisée en télécommunications, en acoustique...

■ **Diffraction d'une onde** : comportement d'une onde au voisinage du bord d'une ouverture ou d'un obstacle opaque. Ne pas confondre avec réfraction, ni avec dispersion. La diffraction ne change pas la longueur d'onde. Angle caractéristique : $\theta = \frac{\lambda}{a}$.

■ **Dispersion d'une onde dans un milieu** : phénomène dans lequel la célérité d'une onde dans un milieu dispersif dépend de sa fréquence. Un prisme de verre est un système dispersif pour la lumière. On obtient un spectre lumineux. Ne pas confondre avec réfraction, ni avec diffraction.

■ **Dualité onde-corpuscule** : principe selon lequel tous les objets de l'univers microscopique présentent simultanément des propriétés d'ondes et de particules.

■ **Échantillonnage** : conversion d'un signal analogique (continu) en signal numérique (discret). La fréquence d'échantillonnage d'un signal doit être égale ou supérieure au double de la fréquence maximale contenue dans ce signal (critère de Shannon).

■ **Énergie interne d'un système** : énergie du système dans le référentiel barycentrique du système.

■ **Force conservative** : force dont le travail est indépendant du chemin suivi par son point d'action (c'est le cas de la force de gravitation).

■ **Flux thermique** : puissance thermique à travers une surface. Unité : W (watt).

■ **Flux thermique surfacique** : flux thermique par unité de surface. Unité : $W \cdot m^{-2}$.

■ **Frottement solide** : phénomène constaté au niveau de la surface de contact entre deux solides, comprenant une composante tangentielle T et une composante normale N, modélisées notamment par les lois de Coulomb ($T < f \cdot N$).

■ **Intensité acoustique** : puissance d'une onde sonore par unité de surface, perpendiculairement à sa direction de propagation. Unité : $W \cdot m^{-2}$ (watts par mètre carré).

■ **Lois de Kepler relatives au mouvement des planètes** :
– loi des orbites (trajectoires elliptiques, voire circulaires) ;
– loi des aires (qui implique que la vitesse est maximale au périhélie et minimale à l'aphélie) ;
– loi des périodes $\frac{T^2}{a^3} = \frac{4\pi^2}{GM}$.

■ **Longueur d'onde** : période spatiale d'un phénomène périodique. Pour une onde de célérité c et de période temporelle T, la longueur d'onde s'écrit : $\lambda = cT$.

■ **Mode de vibration** : fréquence spécifique de vibration.

■ **Neutron** : particule neutre que l'on trouve dans les noyaux atomiques. Ne pas confondre avec le neutrino.

■ **Niveau d'intensité acoustique** : échelle logarithmique utilisant le rapport de l'intensité acoustique I du son que l'on mesure à une intensité acoustique de référence fixée à $I_0 = 1 \times 10^{-12}\ \text{W}\cdot\text{m}^{-2}$ (1 picowatt par mètre carré). On pose $L = 10\log_{10}\left(\frac{I}{I_0}\right)$; L s'exprime en décibels (dB), sans dimension.

■ **Onde** : propagation d'une perturbation produisant sur son passage une variation réversible des propriétés physiques locales du milieu.

■ **Onde de De Broglie** : onde associée à une particule de quantité de mouvement p par la relation $\lambda = \frac{h}{p}$ avec λ la longueur d'onde de De Broglie et h la constante de Planck.

■ **Onde électromagnétique** : modèle utilisé pour représenter les rayonnements électromagnétiques et associé à la notion de photon.

■ **Onde longitudinale** : onde provoquée par une perturbation dont la direction est parallèle à la direction de propagation de l'onde (ondes sonores, certaines ondes sismiques...).

■ **Onde progressive à une dimension** : onde dont la progression dans l'espace peut être décrite par des fonctions $f(x + vt) + g(x - vt)$.

■ **Onde progressive périodique** : onde progressive présentant une double périodicité : spatiale (longueur d'onde λ) et temporelle (période T). Dans les cas « simples », $\lambda = cT$, où c est la célérité de l'onde.

■ **Onde sonore** : onde mécanique longitudinale produite par vibration de matière, fréquences audibles comprises entre 20 et 20 000 Hz.

■ **Onde stationnaire à une dimension** : onde qui oscille sans se déplacer. Une onde stationnaire à une dimension peut être représentée par un produit de fonctions à variables indépendantes $F(x)\ G(t)$.

■ **Onde transversale** : onde provoquée par une perturbation dont la direction est perpendiculaire à la direction de propagation de l'onde (mouvements des cordes d'un instrument de musique, certaines ondes sismiques...).

■ **Positon ou positron** : antiparticule associée à l'électron. Ne pas confondre avec le proton.

■ **Postulats d'Einstein (1905)** :

– Les lois de la physique ont la même forme dans tous les référentiels inertiels.

– La vitesse de la lumière dans le vide a la même valeur dans tous les référentiels inertiels.

■ **Quarks** : particules élémentaires constituant les protons et les neutrons.

■ **Rayonnement électromagnétique** : transfert d'énergie par échange de photons.

■ **Référentiel** : repère d'espace + base de temps. L'origine du repère d'espace est un corps ponctuel, réel ou imaginaire.

■ **Référentiel barycentrique** : référentiel dont l'origine est le centre de masse d'un système, et dont le repère d'espace est en translation par rapport à ceux des référentiels galiléens.

■ **Référentiel de Copernic** : référentiel centré sur le centre de masse du système solaire et dont les axes pointent vers trois étoiles éloignées.

■ **Référentiel de Kepler** : référentiel héliocentrique, d'axes parallèles à ceux du référentiel de Copernic.

■ **Référentiel galiléen (ou inertiel)** : référentiel dans lequel un objet isolé (sur lequel ne s'exerce aucune force ou sur lequel la résultante des forces est nulle) est en mouvement de translation rectiligne uniforme. (Cela signifie que le principe d'inertie, qui est énoncé dans la première loi de Newton, y est vrai. Dans un référentiel non inertiel, il faut ajouter des forces d'inertie.)

■ **Référentiel terrestre** : référentiel dont le repère d'espace est centré en un point de la Terre, et dont les axes sont liés à la Terre. Il pourra être considéré comme galiléen pour des expériences de courte durée par rapport à la durée d'un jour (période de rotation propre de la Terre).

■ **Réfraction d'une onde** : déviation d'une onde à la traversée de l'interface entre deux milieux. Ne pas confondre avec diffraction, ni avec dispersion. La réfraction change la longueur d'onde. Loi de Descartes pour la réfraction entre deux milieux d'indices n_1 et n_2 : $n_1\sin(i_1) = n_2\sin(i_2)$.

■ **Résistance thermique** :

$$R_{\text{thermique}} = \frac{\text{Différence de température}}{\text{Flux thermique}}.$$

Unité : $K \cdot W^{-1}$.

■ **Spectre électromagnétique** : ensemble des fréquences possibles pour tous les rayonnements électromagnétiques, rayons gamma, rayons X, ultraviolets, visible, infrarouges, micro-ondes, ondes radio.

CHIMIE

■ **Absorbance** : grandeur sans unité correspondant à la fraction d'intensité lumineuse absorbée par une espèce lorsqu'elle est éclairée par un faisceau lumineux (anciennement appelée densité optique).

■ **Acide aminé** : molécule organique possédant à la fois un groupe fonctionnel acide carboxylique et un autre groupe fonctionnel amine.

■ **Acide de Brönsted** : espèce susceptible de céder un proton H^+.

■ **Addition** : réaction au cours de laquelle un atome ou groupe d'atomes est ajouté à la molécule initiale.

■ **Alcane** : composé organique constitué uniquement d'atomes de carbone et d'hydrogène engagés dans des simples liaisons.

■ **Alcène** : composé organique constitué uniquement d'atomes de carbone et d'hydrogène possédant au moins une double liaison entre deux atomes de carbone.

■ **Alcool** : composé organique comportant un groupe fonctionnel hydroxy —OH selon le schéma R—OH.

■ **Aldéhyde** : composé organique comportant un groupe fonctionnel oxo constitué d'une double liaison C=O selon le schéma :

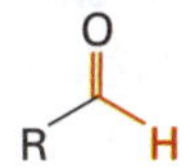

■ **Amide** : composé organique comportant un groupe fonctionnel constitué d'une double liaison C=O et d'une simple liaison C—N sur le même carbone selon le schéma :

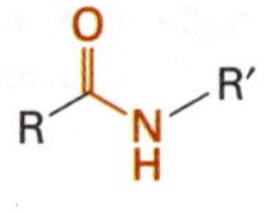

Amine : composé organique comportant une simple liaison C—N selon le schéma R—NH_2.

Bande de vibration d'élongation : zone du spectre IR correspondant à l'énergie permettant de faire entrer en vibration deux atomes le long de l'axe de la liaison dans laquelle ils sont engagés.

Base de Brönsted : espèce susceptible de capter un proton H^+.

Carbone asymétrique : carbone lié à quatre enchaînements d'atomes (substituants) différents.

Catalyse enzymatique : catalyse d'une réaction en utilisant un catalyseur qui est une enzyme.

Catalyse hétérogène : catalyse d'une réaction en utilisant un catalyseur qui est dans une phase différente de celle des réactifs/produits.

Catalyse homogène : catalyse d'une réaction en utilisant un catalyseur qui est dans la même phase que les réactifs/produits.

Catalyseur : espèce susceptible d'accélérer une réaction chimique sans participer à son bilan. Un catalyseur est sélectif et est régénéré au cours de la réaction, d'où son utilisation en faible quantité.

Cétone : composé organique comportant un groupe fonctionnel oxo constitué d'une double liaison C=O selon le schéma :

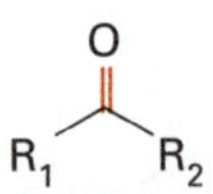

Chauffage à reflux : chauffage d'un milieu réactionnel réalisé à l'aide d'un réfrigérant permettant d'augmenter la vitesse de réaction tout en travaillant à quantité de matière et pression constantes.

Chimiosélectivité : cas où une réaction se produit sur une fonction chimique plutôt que sur une autre.

Chirale : une molécule est chirale si elle n'est pas superposable à son image dans un miroir plan.

Chromatographie : méthode physique de séparation d'espèces chimiques basée sur leurs différences d'affinités avec deux phases, une stationnaire et une mobile. Dans la CCM, la phase fixe est le support de silice et la phase mobile est l'éluant.

Cinétique chimique : étude de l'ensemble des phénomènes associés à la vitesse d'une réaction chimique.

Composé organique : espèce constituée d'atomes de carbone et d'une gamme réduite d'éléments non métalliques tels que H, N, O, S, P, Cl...

Conductimétrie : méthode d'électroanalyse qui permet de mesurer les propriétés conductrices d'une solution ionique (ou électrolyte).

Conformères : représentations d'une molécule qui diffèrent par une ou plusieurs rotations autour de liaisons simples.

Constante d'acidité (K_a) : constante thermodynamique associée à l'équilibre chimique de dissociation d'un acide.

Déplacement chimique (RMN) : mesuré en parties par million, il correspond à la différence de fréquence de résonance d'un H donné par rapport à ceux d'une molécule de référence.

Développement durable : pour les êtres humains, concept qui sous-entend un équilibre dans la satisfaction des besoins essentiels : conditions économiques, environnementales, sociales et culturelles d'existence au sein d'une société (selon l'Afnor en 2012).

■ **Diastéréoisomères** : isomères de configuration non images l'un de l'autre dans un miroir plan et non superposables.

■ **Distillation** : procédé de séparation d'un mélange de substances liquides (mélange homogène) dont les températures d'ébullition sont différentes. Les substances les plus volatiles sont successivement vaporisées, puis recondensées dans un réfrigérant pour être extraites du mélange.

■ **Domaine de prédominance** : domaine de pH au sein duquel la concentration en acide ou en base est au moins dix fois supérieure à celle de la base ou l'acide conjugué.

■ **Électronégativité** : tendance d'un atome à attirer à lui les électrons d'une liaison dans laquelle il est engagé.

■ **Élimination** : réaction au cours de laquelle un atome ou groupe d'atomes est enlevé à la molécule initiale.

■ **Énantiomères** : molécules images l'une de l'autre dans un miroir plan, mais non superposables.

■ **Équivalence (titrage)** : à l'équivalence, la solution titrante et la solution titrée ont réagi dans les proportions stœchiométriques.

■ **Ester** : composé organique comportant un groupe fonctionnel oxo constitué d'une double liaison C═O et d'une simple liaison C—O sur le même carbone selon le schéma :

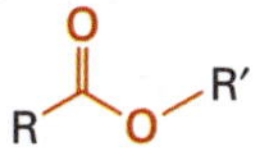

■ **Formule topologique** : représentation d'une molécule dans laquelle les liaisons carbone-carbone sont représentées par des segments, chaque extrémité correspondant à un atome de carbone. Les atomes d'hydrogène ne sont pas représentés dans cette formule.

■ **Indicateur coloré (titrage)** : couple de deux espèces chimiques colorées (au moins une des deux) dont l'une prédomine à un pH donné.

■ **Infrarouges** : domaine du spectre correspondant à des longueurs d'onde allant de 800 nm à 1 mm. Les énergies associées à ces longueurs d'onde sont susceptibles de provoquer des vibrations des atomes autour des liaisons dans lesquelles ils sont engagés.

■ **Intégration (RMN)** : nombre de protons associé à un signal sur un spectre RMN.

■ **Liaison hydrogène** : liaison faible (de 7 à 40 $kJ \cdot mol^{-1}$) qui s'établit entre un hydrogène porté par un atome électronégatif (O ou N) et un doublet non liant d'un autre atome électronégatif (O ou N).

■ **Liaison polarisée** : liaison entre deux atomes pour laquelle il y a apparition d'un moment dipolaire en raison de la différence d'électronégativité entre les deux atomes.

■ **Mélange biphasique** : mélange de deux constituants dans deux phases différentes (états physiques différents ou substances non miscibles).

■ **Mélange racémique** : mélange équimolaire de deux énantiomères.

■ **Multiplicité (RMN)** : nombre de pics sur un signal RMN.

■ **Produit ionique de l'eau** : constante thermodynamique associée à l'équilibre d'autoprotolyse de l'eau ($2H_2O = H_3O^+ + HO^-$).

■ **Protection de fonction** : cas où l'on fait réagir un groupe fonctionnel avec un autre de manière à créer une nouvelle fonction qui ne sera pas détériorée lors des étapes de synthèse ultérieures et qui pourra être assez aisément retransformée en la fonction initiale.

■ **Protons équivalents (RMN)** : protons ayant strictement le même environnement chimique (cette notion est en fait bien plus complexe, mais toute explication supplémentaire sort du cadre du programme).

■ **Rendement d'une synthèse** : rapport de la quantité de matière réellement obtenue sur la quantité de matière qu'il est théoriquement possible d'obtenir.

■ **Représentation de Cram** : représentation dans laquelle un trait simple correspond à une liaison dans le plan de la feuille, un triangle plein à une liaison en avant du plan de la feuille et un triangle hachuré à une liaison en arrière du plan de la feuille.

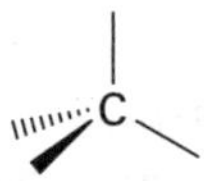

—— Liaison dans le plan de la feuille

▬ Liaison en avant du plan de la feuille

IIIII··· Liaison en arrière du plan de la feuille

■ **RMN (résonance magnétique nucléaire)** : technique très utile en chimie organique qui permet, grâce à l'application de champs magnétiques, de déterminer l'environnement chimique des hydrogènes, et donc les fonctions chimiques à côté desquelles ils se trouvent.

■ **Site accepteur d'électrons (électrophile)** : site pauvre en électrons (défaut) susceptible d'en prendre à un site riche en électrons via la formation d'une liaison.

■ **Site donneur d'électrons (nucléophile)** : site riche en électrons (excès) susceptible de les donner à un site pauvre en électrons via la formation d'une liaison.

■ **Solution tampon** : solution constituée d'un mélange acide/base dont le pH reste fixe lors d'un ajout modéré d'un autre acide ou d'une autre base.

■ **Stéréoisomères** : molécules dont l'enchaînement des liaisons et des atomes est identique mais qui diffèrent par la disposition des atomes dans l'espace.

– Stéroisomères de conformation : on passe de l'un à l'autre par rotation autour de liaisons simples.

– Stéreoisomères de configuration : on passe de l'un à l'autre en rompant ou en créant des liaisons.

■ **Substitution** : réaction au cours de laquelle un atome ou groupe d'atomes est échangé avec un autre.

■ **Température d'ébullition** : température à laquelle un corps passe de l'état liquide à l'état gazeux.

■ **Température de fusion** : température à laquelle un corps passe de l'état solide à l'état liquide.

■ **Temps de demi-réaction** : temps au bout duquel la quantité de matière de réactif limitant a été divisée par deux ($x_f = x_{max}/2$).

■ **Titrage** : technique de dosage permettant de déterminer la concentration d'une espèce chimique en solution.

Dépôt légal : août 2019 - N° de projet : 10252263
Imprimé en France par Maury-Imprimeur
45330 Malesherbes
N° d'imprimeur : 237981